한중일	韓中日
공용한자	共用漢字
808자	808字

한중일
공용한자
808자

韓中日
共用漢字
808字

808 공용한자
편찬위원회 지음

808자는
'화이부동(和而不同)'의
첫 걸음

말이 생각이면 글은 소통입니다. 한자(漢字)는 어떻습니까. 중국에서 비롯했지만 5천 년 세월을 거치면서 아시아의 문자가 됐습니다. 그중에서도 한국과 중국·일본은 한자 문화권의 세 축입니다. 세 나라는 고유의 한자문화를 지켜왔고, 달리 발전해왔습니다. 중국은 간화자(簡化字)를 쓰지만 일본은 약자(略字), 우리는 정자(正字)를 씁니다.

같은 한자이지만 완전히 뜻이 달라진 경우도 꽤 됩니다. 그래도 '한자를 통한 소통'이란 본질은 크게 바뀌지 않았습니다. 말을 몰라도 한자만 쓸 줄 알면 한중일 세 나라 국민 간에는 웬만큼 의사소통이 가능합니다. 한자가 한국과 중국·일본의 지적문화적 소통을 가능케 하는 연결고리란 얘기입니다.

한자는 또 과거를 이해하는 매개체이기도 합니다. 유럽의 고전문화를 알려면 라틴어를 통해야 하듯이 한중일 삼국의 역사와 문화를 이해하려면 한자를 몰라서는 안 됩니다.

한자의 미래는 어떨까요. 이어령 선생은 한자가 '미래의 문화자원·문화자본'이 된다고 내다봤습니다. "2040~50년에는 국제공항에 아웃(OUT)인(IN) 식의 영어뿐 아니라 출(出)·입(入) 식의 한자도 등장할 것"이라는 겁니다. 아예 한자를 '아시아의 싱킹 툴(thinking tool, 생각의 도구)'로 만들자는 제안도 했습니다. 서양의 알파벳 같은 문자권을 만들면 아시아에 강력한 문화적 연대가 생기고 세계의 축을 아시아로 옮겨오는 기반이 될 것이란 얘기입니다.

'미래를 지향하는 한중일 협력'을 내걸고 중앙일보가 중국 신화사, 일본 니혼게이자이신문과 공동 개최해 온 한중일 30인회가 올해로 10년을 맞았습니다. 때맞춰 이번에 『한중일 공용한자 808자』보급판을 내게 된 것은 참으로 뜻 깊은 일이라고 생각합니다.

808자를 선정하는 과정에도 나름 곡절이 있었습니다. 2010년 일본 나라에서 열린 제5회 한중일 30인회에서 이배용 전 이화여대 총장이 처음으로 공용한자 제정의 필요성을 제기했습니다. 2년 뒤 서울에서 '한중일 공용한자 500자'가 선정됐고 이듬해인 2013년 일본 홋카이도에서 이를 800자로 늘렸습니다. 중국일본에서 쓰는 기초 상용한자를 담으려면 800자는 돼야 하기 때문입니다. 같은 해 중국 인민대학이 주최한 실무 연구모임(한국측 진태하 인제대 석좌교수, 이권재 대한민국 한자교육연구회 이사장)에서 삼국이 공동으로 많이 쓰는 29자를 넣고 어느 한 나라에서라도 덜 쓰이는 21자를 빼면서 800자는 최종적으로는 808자가 됐습니다. 중국에서 (八)자는 재물과 관계된 좋은 숫자입니다. 808은 8자가 두 개나 겹쳤으니 이를 익히면 좋은 일이 많이 생기리라 기대합니다.

공용한자 808자 보급판은 15명의 국내 대표 학자들이 5개월 여의 집필과 2개월 여의 감수를 거쳐 완성했습니다. 808자 각각의 유래와 용례를 소개하고 이에 얽힌 역사·문화적 배경을 에피소드로 풀어냈습니다. 단순한 한자 학습서가 아닌 인문학에 기초한 교양서로서의 역할을 톡톡히 해낼 것으로 기대합니다. 삼국을 오가는 비즈니스맨과 중국어·일본어 학습자, 학생들에게 한자 공부는 물론 삼국의 문화역사를 배우고 익히는 즐거움을 줄 것입니다.

공용한자 808자를 더 널리 확산하는 방안도 마련돼야 하겠습니다. 초등학교만 졸업해도 공용한자 808자를 알 수 있도록 학교 교육과정과 연계하는 것이 한 방법이 될 것입니다. 이미 몇몇 기업에서 808자를 사내 한자 검정 능력 시험에 활용하고 있습니다. 보급판 출간에 맞춰 더 많은 기업의 참여가 잇따르기를 기대합니다. 도로 표지판, 관광용 책자, 상점 간판에 '808자'를 사용해나가는 것도 좋은 방법이 될 수 있습니다. 중국과 일본의 학자 중에는 2018년 평창올림픽, 2020년 도쿄올림픽을 계기로 808자를 삼국 상호교류를 증진하는 도구로 활용하자는 아이디어를 낸 분도 있습니다.

기회가 충만한 시대는 동시에 지혜가 넘치는 시대입니다. 1960년대 일본 경제가 기적의 신화를 창조하고 있을 때 중국의 지혜를 다룬 책들이 일본에서 전례 없이 큰 인기를 누렸습니다. 1970~80년대엔 일본의 지혜와 경험을 다룬 책들이 한국에서 큰 인기를 누렸습니다. 1990년대 중국에선 한국의 지혜와 경험을 다룬 책들이 인기였습니다. 한중일 세 나라는 서로 배우고 익히면서 오늘의 번영을 이뤄온 것입니다.

일찍이 공자는 화이부동(和而不同)을 말했습니다. "서로 다르지만 조화롭다." 역사와 영토 문제로 조화가 깨진 지금의 한중일이 나아갈 길을 말해주는 듯합니다. 공용한자 808자의 지향점도 마찬가지입니다. 808자는 화이부동의 시작이기도 합니다. 2015년 청양의 해는 한중일 세 나라가 공용한자를 완성해 보급하는 기념비적인 한 해, 화이부동의 첫 발을 떼는 한 해가 될 것입니다.

중앙일보 · JTBC 회장
홍석현

한자의 만리장성을
허는 대신 눕히자

- 한중일 공용한자 제정과
그 출간의 의미

'한중일 공용한자 808자'가 제정되고 마침내 그것이 한 권의 책으로 마무리되어 우리 책상 위에 오르게 되었습니다. 여기에서 '우리'는 좁게는 이를 제정한 한중일 30인회를 가리키며 넓게는 한자를 익히고 사용하는 모든 사람들을 일컫는다고 할 수 있습니다. 그리고 그 '우리'가 해낸 일은 아주 작아 보이지만 참으로 큰 것이라 할 수 있습니다.

한자를 '제2의 만리장성'이라고 부르는 사람들이 있습니다. 근대화의 장벽 내지 열린사회를 막는 성문으로 간주한 것입니다. 그래서 개화기 이후부터 그 장성의 벽을 허물고 낮추려는 작업들이 계속되어 왔습니다. 한자를 제한하고 간소화하려는 문자 정책, 중국의 간자화, 일본의 약자화 그리고 한글 전용을 법제화한 한국의 경우가 그러합니다.

그러나 이번에 우리가 제정한 '한중일 공용한자'는 그와는 다른 시각에서 출발한 것입니다. 번거로운 장애물로 생각했던 한자가 이제는 한중일 문화를 잇는 소통의 통로로 이용될 수 있기 때문입니다. 중국사 연구의 대가인 조지프 니담의 지적처럼 만리장성을 옆으로 눕히면 로마가도와 같은 넓은 길이 됩니다. 개화기 이전만 해도 동아시아 사람들은 일상적 소통에서 고급한 담론에 이르기까지 필담을 통해 자유롭게 의사소통할 수 있었습니다. 뜻글인 한자를 공동의 문자기반으로 삼았기 때문에 가능했던 일입니다.

오히려 근대에 와서 문자의 기능과 효율성만 강조한 나머지 나라마다 제각각인 한자 개혁으로 인한 단절 현상이 심화되어 왔습니다. 그 결과 이제는 한자의 자형도 다르고 문자의 사용 빈도수도 다릅니다. 글자 뜻에도 변화가 일어나 같은 한자어를 써도 소통이 어려워진 것입니다.

문자만이 아닙니다. 그것을 활용한 용어법에도 큰 틈이 생겼습니다. 한국과 일본의 자동차(自動車)를 중국에서는 기차(氣車)라고 합니다. 또 한국·중국에서 대장부라고 하면 씩씩하고 건장한 남자를 뜻하지만 일본에서는 괜찮다는 뜻입니다. 같은 한자를 쓰기 때문에 오히려 더 큰 오해와 혼란이 일어납니다. 제2차 세계대전 때의 일입니다. 일본 점령군이 길을 횡단하던 중국 농민들에게 빨리 가라는 신호로 '주(走)'자를 써서 보여주었습니다. 그런데도 더 천천히 걸어가는 그들을 보고 성급한 군인들이 총을 쏜 사건이 발생했다고 합니다. 일본에서 '주(走)'는 '뛰다(run)'라는 뜻이지만 본 고장 중국에서는 그냥 '가다(go)'라는 의미였던 것입니다.

그러나 한자의 분할과 다양성은 부(負)보다 긍정적인 역할을 하는 경우도 있습니다. '공부(工夫)'란 한자어는 중국에서는 '여가', 한국에서는 '배움을 뜻하는 공부' 그리고 일본에서는 '무엇을 궁리하는 아이디어'입니다. 하지만 각기 다른 의미를 결합하면 더욱 다양하고 풍부한 의미를 낳게 됩니다. 사람은 '여가'가 있어야 그리스어의 경우처럼 학교에서 '공부'를 할 수 있고 공부를 해야만 좋은 생각을 할 수 있습니다. 한자 특유의 창조적 상상력이 탄생하는 것이지요.

세계 문명이 글로벌해질수록 권역화하는 경향을 우리는 직접 보고 겪어왔습니다. 그리고 국가 네트워크의 권역화는 생물학적 유전자의 DNA보다도 문화 유전자라고 일컫는 문자의 밈(meme)에 의존한다는 주장도 대두하고 있습니다. 한자문화권의 부상을 예언한 레온 반 데르 메르쉬가 그렇고

제임스 베네트의 영어권(anglosphere) 이론 등이 그러한 예일 것입니다. 알파벳을 사용하고 있는 서구문명사회가 정체기에 빠져 있을 때 한자를 사용하고 있는 아시아 지역에서는 놀라운 변화와 발전이 일어나고 있다는 이론이나, 앞으로의 세계 문명은 영어를 공용어로 사용하는 나라들에 의해 주도된다는 앵글로스피어론이나 서로의 주장은 엇갈려도 문자를 중심으로 문화의 권역화를 바라보는 시각은 동일합니다.

문명의 축이 서구에서 아시아로 옮겨지고 있다는 가정이 사실이든 아니든 지금 우리는 동아시아의 문화자원을 캐고 닦아서 새로운 아시아 시대에 대비하지 않으면 안 될 시점에 와있습니다. 그리고 그것을 가시화한 것인 바로 한중일 석학들이 뜻을 모아 함께 제정한 '한중일 공동상용 한자 808자'입니다. 그리고 그러한 의지를 행동으로 옮긴 것이 바로 이 책의 출간이라고 할 수 있습니다.

과거에는 동아시아의 청소년들에게 강력한 문화적 동질성을 부여했던 『천자문』이라는 책이 있었습니다. 하지만 그 텍스트에는 한중일 모두가 많이 상용하고 있는 '봄 춘(春)'자도 '북녘 북(北)'자도 빠져 있습니다. 반대로 잘 사용하지 않는 한자가 반 이상을 차지하고 있습니다. 그러므로 세 나라에서 상용하는 한자의 빈도수를 과학적으로 측정하고 엄밀히 선별해 제정한 이번 한중일 공용한자 808자는 분명 옛날 천자문을 대신하여 아시아 청소년들의 텍스트 역할을 할 수 있을 것입니다. 아시아만이 아닙니다. 앞으로 한자를 배우려는 모든 세계인들에게도 가장 중요한 입문서요 지침서가 되어 줄 것입니다.

전설에 의하면 눈이 네 개였다는 창힐(蒼頡)이 한자를 완성하자, 어둠 속에서 귀신이 우는 소리가 들렸다고 합니다. 문자의 빛이 귀신이 숨는 어둠을 몰아냈기 때문입니다. 이 808자를 익히는 사람들에게는 더 이상 한자는 만리장성의 장벽이 아니라 넓게 뚫린 아시아의 가도가 될 것입니다. 또한 공용한자의 글자 하나하나에서 수천 년간 축적된 문화의 빛이 발할 것입니다. 그리고 귀신을 울렸다는 그 빛은 지난날 어두웠던 아시아의 밤을 불사를 것입니다.

이것이 한중일 30인회(위원장 이홍구)가 제정한 공용한자 808자가 갖는 의의며 그것을 펴내는 우리의 보람입니다.

한중일 30인회 문화분과
이어령

『한중일 공용한자 808자』의
감수를 마치고

우리나라의 중앙일보가 중국의 신화사, 일본의 니혼게이자이신문과 공동 주최한 한중일 30인회에서 약 4년의 협의를 거쳐 세 나라의 공용한자 808자를 선정한 것은 매우 뜻 깊은 일이다. 이를 통해 동아시아 세 나라의 협력 기반이 다져지고 미래 세대의 교류가 활성화될 것이기 때문이다.

한자는 약 6천 년 전에 중국에서 만들어지기 시작한 문자이지만 6세기 무렵 우리나라에 본격적으로 유입되어 점차 한자문화가 형성되었고, 중국 당나라 시기(618-907년)에는 일본으로 건너가 국가 경영과 개인 수양의 근간으로 인식되어 왔다. 따라서 한자는 동아시아의 문화를 이해하는 핵심 코드라고 할 수 있다.

한자는 기본적으로 형태·발음·뜻의 세 요소를 지니고 있다. 이것이 오랜 세월이 지나면서 지역 간에 약간의 차이가 생긴 것은 자연스런 현상이다. 한국·중국·일본의 생활과 문화가 공통된 면도 있지만 차이점도 적지 않고 사용하는 언어도 서로 다르기 때문이다. 그래도 한자는 태생이 자연과 사물의 속성을 형태 속에 담아낸 것이어서 수천 년의 세월이 흘렀어도 그 변화가 크지 않았다. 이것이 한중일 세 나라의 공용한자 808자를 선정할 수 있었던 토대라고 할 수 있다.

『한중일 공용한자 808자』는 세 나라의 문화계를 대표하는 한중일 30인회가 오랜 숙고와 논의 끝에 합의한 결과를 한 권의 자전(字典)으로 편찬한 것이다. 이 책은 세 나라 국민뿐만 아니라 전 세계 사람들에게 한자문화를 통한 동아시아 각국의 공유가치와 이를 기반으로 한 소통의 힘을 알리는 계기가 되어 한중일 세 나라가 갈등을 극복하고 미래를 공유하는 밑거름 역할을 할 수 있을 것이다.

이 책은 808자 각 글자에 대해 우선 한국 한자의 자형과 발음 및 기본 뜻을 앞머리에 내세운 다음 한중일 세 나라에서 현재 사용하는 자형(字形)·발음·뜻을 비교적 상세하게 정리하여 한 눈에 공통점과 차이점을 대조해 볼 수 있게 하였고, 각 글자의 갑골문(甲骨文)·금문(金文)·소전(小篆)·예서(隷書)해서(楷書) 등의 자형을 소개하여 역사적 변천 과정을 알 수 있게 하였다.

다음으로 각 글자의 자원(字源)을 설명하였다. 먼저 그 글자가 중국 동한(東漢)의 허신(許愼)이 『설문해자說文解字』에서 조자(造字)의 원리로 제시한 육서(六書: 象形指事會意形聲轉注假借) 중의 어느 것에 해당하는지를 밝힌 다음에 갑골문과 『설문해자』를 중심으로 하고 금문과 소전을 방증자료로 하여 각 글자의 형성 과정과 최초의 의미를 상세히 해설했다. 그리고 그 글자가 어떤 과정을 거쳐 최초의 의미에서 후대의 의미로 변화하고 확장되었는지 설득력 있게 설명하여 독자들이 각 글자의 자형과 의미의 연관 관계를 쉽게 이해할 수 있게 하였다.

마지막으로 '용법(用法)' 항목을 두어 한중일 세 나라에서 공통적으로 가장 많이 쓰이는 뜻을 실제 용례를 통해 설명한 다음에 각 나라마다 다르게 쓰이거나 독특하게 활용되는 경우를 예문을 들어가며 밝혀놓아 독자들이 각 글자에 대해 세 나라의 공통 용법과 개별 용법을 쉽게 알 수 있도록 하였다.

이 책에 수록된 808자는 한중일 세 나라의 공용한자인 만큼 사실상 우리의 일상생활에서 가장 자주 접하는 기본 한자들이다. 이 한자들의 형태·발음·뜻을 익히고 그 자형의 역사적 변천과정과 자원(字源)을 파악하고 나서 현재 사용되는 용법을 알게 되면 그것만으로도 우리의 문자생활이 한결 더 깊이와 폭을 지니게 될 것이고, 나아가 우리 언어의 핵심을 장악하여 사고력과 표현력이 증대될 것이다. 또한 이 자전은 한중일 세 나라 한자의 공통점과 차이점을 일목요연하게 정리해놓아서 세 나라의 한자문화가 어떻게 가치를 공유하며 부분적으로 차별화되었는지 독자들이 쉽게 이해할 수 있을 것이다. 이 책을 통해 독자들은 동아시아의 한자문화를 이해하고 파악하여 삼국 협력의 길을 모색할 수 있을 것이며, 우리의 미래 세대에게 밝은 내일을 열어줄 수 있을 것이다.

이 책의 편찬에 참여한 것은 필자 개인적으로도 매우 유익하고 보람된 일이었다. 이어령 선생께서는 이 사업을 직접 기획하고 설계했을 뿐만 아니라 작업을 진두지휘하셨고, 집필위원과 감수위원들은 협업과 분업을 통해 이 책의 완성도를 높이기 위해 최선을 다했으며, 송필호 중앙일보 부회장과 노재현 중앙북스 대표를 비롯한 중앙일보·중앙북스 임직원들은 이 사업이 유종의 미를 거둘 수 있도록 심혈을 기울여 진행을 이끌어갔다. 이 자리를 빌려 모든 분들께 깊이 감사드린다.

감수위원을 대표하여
송용준

● 감수위원(가나다순)

김언종　고려대학교 한문학과 교수. '한국실학학회 회장, 한국고전번역학회 회장,
金彦鍾　한국경학학회 회장을 역임했다. 주요 저서로『정다산논어고금주원의총
　　　　괄고징丁茶山論語古今注原義總括考徵』,『한자의 뿌리 1·2』등이 있다.

송용준　서울대학교 중어중문학과 교수. 한국중국어문학회 회장, 서울대학교 인
宋龍準　문학연구원장을 역임했다.『중국한시』,『식탁 위의 논어』,『중국시율학
　　　　中國詩律學』,『구북시화北詩話』,『진관사연구秦觀詞研究』등의 저역서와
　　　　다수의 논문을 집필했다.

심경호　고려대학교 한문학과 교수 및 고려대학교 한자한문연구소 소장을 맡고
沈慶昊　있다. 일본 메이지대학교 객원교수를 역임했다. 주요 저서로『한국한문
　　　　기초학사』,『심경호 교수의 동양고전 읽기 : 논어』등이 있다.

이규갑　연세대학교 중어중문학과 교수. 한국중국언어학회 회장을 역임했다. 주
李圭甲　요 저서로『한자학교정漢字學敎程』,『고려대장경이체자전高麗大藏經異體
　　　　字典』,『한자가 궁금하다』등이 있다.

이준식
李浚植 성균관대학교 중어중문학과 교수, 성균관대박물관장을 맡고 있다. 한국 중어중문학회장을 역임했다. 저역서로『선진양한서사시연구』,『중국현실주의문학론』(공저),『사기』(공역) 등이 있다.

정재서
鄭在書 이화여자대학교 중어중문학과 교수. 하버드–옌칭 연구소 객원교수를 역임했다. 주요 저서로『산해경 역주』,『동양적인 것의 슬픔』,『이야기 동양신화』,『사라진 신들과의 교신을 위하여』등이 있다.

한자를 통해 시공을 초월한
교류 활성화되길

우리 문화는 '한자'라는 든든한 뿌리와 줄기에 토양을 두고 있다. 나무가 더 많은 꽃을 피우고 향기로운 과실을 맺으려면 뿌리에 자양분을 주어야 하지만, '한글'이라는 달콤한 열매만 귀하게 여기는 작금(昨今)의 현실이 참으로 아쉽다.

한자는 동아시아 문화를 잇는 가교이다. 또한 한자를 통해 시공을 초월한 교류가 가능하다. 전혀 말이 통하지 않아도 과거와 현재, 그리고 미래를 잇는 오묘한 비결이 바로 한자에 숨어 있다.

지난여름, 뜨거운 날씨만큼 뜨거운 열정으로 '808 공용한자 편찬위원회'의 일원으로 참여했다. 꽃과 열매만 귀히 여기고 문화의 근간을 소홀히 대해왔던 죄책감과 소명의식으로 뜻을 모았다. 국내 최고의 문자학자인 강혜근·김애영·류동춘·문병순·박홍수·오제중·윤창준·하영삼 교수는 자원풀이와 용법부분을 책임 집필하였고, 필자는 808자의 부수별 분류와 뜻풀이·자형의 변천 등을 전담했다. 필순과 코드 분류에도 공을 들였는데 편집 과정에서 아쉽게도 필순은 빠졌고 코드는 유니코드만 부록으로 수록하는 것으로 대체되었다. 향후 보완할 기회가 오리라 생각한다.

2014년 9월 19일 『한중일 공용한자 808자』 편찬 발족식을 시작으로 몇 차례의 진지하고 뜨거웠던 모임을 거쳐 2015년 1월 7일 현판식이 열렸다. 우리 모두가 기대한 것은 각기 다른 모양새였지만 한중일 808자는 서로 무척 닮아 있었다. 예측하고는 있었지만 놀라웠다. 한중일 세 나라가 동일한 근간에서 각자 꽃을 피우고 있음을 새삼 깨달았다.

『한중일 공용한자 808자』를 통해 각자의 차이보다는 동질성을 확인하게 된 이제, 아름다운 꽃을 피우고 향기로운 열매를 맺기 위해서는 문화의 근간인 한자를 사랑으로 가꿔나가야 한다. 과거와 현재의 한자는 미래와도 소통하는 비전(祕傳)이기 때문이다.

집필진을 대표하여
심소희

● 집필진(가나다순)

강혜근　충남대학교 중어중문학과 교수. 주요 저서로『원리로 익히는 간화자』,
康惠根　『강혜근의 고사성어 다시 읽기』,『한자동의어 사전』,『한자이야기』,『알
　　　　기 쉬운 현대 중국어 어법』등이 있다.

김애영　안양대학교 중국어과 교수. 연세대학교에서 문자학으로 박사 학위를 취
金愛英　득했다. 주요 저서로『생활속의 한자』(공저),『딴딴이의 생생 중국어읽
　　　　기』(공저) 등이 있다.

류동춘　서강대학교 중국문화전공 교수. 서울대학교 중어중문학과를 졸업하고,
柳東春　국립대만대학교 중문연구소에서 고문자학으로 석사, 박사 학위를 취득
　　　　했다.『중국어학개론』(공저),『그림으로 보는 한자이야기』등의 저서와
　　　　다수의 논문을 집필했다.

문병순　경희대학교 중국어학과 교수. 경희대학교 중국어학과를 졸업하고 국립
文炳淳　대만대학교에서 중국고문자학으로 석사 및 박사학위를 취득했다. 주요
　　　　저서로『한자와 한자어휘』(공저),『전국시대 중국의 인장』등이 있으며,
　　　　중국고문자학에 관한 다수의 논문을 집필했다.

박흥수　한국외국어대학교 중국언어문화학부 교수. 한국외국어대학교를 졸업
朴興洙　하고, 국립대만사범대학교에서 박사학위를 취득했다. 주요 저서로『중
　　　　국 언어와 문자』,『한자문화학』등이 있으며, 한자학과 어휘론에 관한 다
　　　　수의 논문을 집필했다.

심소희
沈小喜
이화여자대학교 중어중문학과 교수. 이화여자대학교 중어중문학과를 졸업하고 연세대학교에서 성운학으로 석사 및 박사학위를 취득했으며, 중국 북경대학교에서 중국어 음성학으로 박사학위를 취득했다. 주요 저서로『한자정음관의 통시적 연구』,『음성학과 공학의 만남』등이 있다.

오제중
吳濟仲
건국대학교 중어중문학과 교수. 건국대학교 중어중문학과를 졸업하고, 국립대만사범대학교에서 문자학으로 석사 및 박사학위를 취득했다.『중국문화산책』(공저),『테마로 중국문화를 말하다』(공저) 등의 저서와 다수의 문자학 관련 논문을 집필했다.

윤창준
尹彰浚
계명대학교 국제지역학부 중국학전공 교수. 연세대학교에서 한자문화학으로 박사학위를 취득했다. 주요 저역서로『문화로 보는 중국』,『중국문화산책』(공저),『테마로 중국문화를 말하다』(공저) 등이 있다.

하영삼
河永三
경성대학교 중문과 교수, 한국한자연구소 소장, 세계한자학회(WACCS) 상임이사를 맡고 있다. 대만 정치대학에서 박사학위를 취득했다. 주요 저서로『한자어원사전』,『한자와 에크리튀르』,『한자야 미안해』,『한자의 세계』등이 있다.

이 책은 '한중일 30인회'에서 선정한 삼국에서 두루 쓰이는 한자 808자를 익히는 것을 목적으로 한다. 초판 발간 이후로도 내용을 더욱 보강하고 오류를 바로잡을 계획이다.

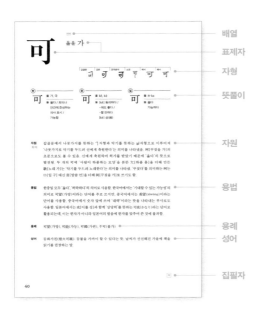

- 배열
- 표제자
- 자형
- 뜻풀이
- 자원
- 용법
- 용례
- 성어
- 집필자

이 책의 구성

배열 한중일 공용한자 808자는 한국어 독음 순으로 배열하였다.

표제자 한국에서 사용하는 한자인 정자체로 표기하였으며, 한자의 대표적인 뜻과 독음을 제시하고, 필요한 경우 복수의 훈독을 제시하였다.

자형 갑골문에서 해서까지 한자의 자형을 보여줌으로써 한자의 출현 시기와 자형 변천 과정을 알 수 있도록 하였다.

뜻풀이 한자의 모양과 음, 뜻을 나라별로 비교하였다.

자원 해당 한자의 육서를 밝히고, 각 글자의 형성 과정과 최초의 의미를 상세히 해설하고, 그 글자가 어떤 과정을 거쳐 최초의 의미에서 후대의 의미로 변화하고 확장되었는지 설명하였다.

용법 한중일 삼국에서 가장 많이 쓰이는 뜻을 설명한 후 각 나라마다 다르게 쓰이거나 독특하게 활용되는 경우를 예문을 들어가며 밝혔다.

용례 한중일 삼국 공통으로 사용하는 단어를 밝혔다.

성어 해당 한자가 포함된 대표적인 한자 성어(成語)를 수록하였다.

집필자 한자의 자원과 용법을 서술한 집필자의 이름을 다음과 같이 약어로 기재하였다.
囝 강혜근, 囝 김애영, 囲 류동춘, 囸 문병순,
囲 박흥수, 囜 오제중, 囵 윤창준, 囜 하영삼

20

표기 및 문장 부호

- 중국어와 일본어의 지명과 인명은 우리말 독음대로 표기하되 괄호 안에 한자를 밝혀두었다.
- 용법 중 실례로 제시되는 한자의 경우 한국어에서 사용하는 한자는 한국어 독음, 중국어 한자는 한어병음, 일본어 한자는 히라가나나 가타카나를 괄호 안에 밝혀두었다.
- 자원과 용법에서는 편의를 위해 간화자나 약자 대신 정자를 사용하였다.
- 단어의 의미와 정의는 작은 따옴표(' '), 인용문은 큰 따옴표(" "), 책 제목은 겹낫표(『』), 글의 제목은 홑낫표(「」), 한자의 독음만을 밝힐 때는 괄호, 한자의 훈독을 밝힐 때는 대괄호([ ])를 사용하였다.

자형

갑골문	금문	전국문자	소전	예서	해서

- **갑골문(甲骨文)** 중국의 상(商)나라 후기의 문자로 거북의 껍질이나 짐승의 뼈에 새긴 글자이다.
- **금문(金文)** 중국 상나라와 서주 시대, 춘추전국 시대에 청동기에 주조한 글자이다.
- **전국문자(戰國文字)** 중국 전국시대에 여러 지역에서 사용하던 글자이다.
- **소전(小篆)** 진시황이 전국을 통일한 뒤 신속한 의사소통을 위해 표준화한 문자이다.
- **예서(隸書)** 중국 한(漢)나라 때 사용된 글자로 소전의 구조를 간단하게 하고, 곡선을 직선으로 고쳐, 보다 빠르게 쓸 수 있도록 고안된 글자이다.
- **해서(楷書)** 중국 한(漢)나라 말기에 발달하여 현재까지 사용되는 글자로 예서에서 변한 것이다.

육서

'자원'에서는 한자를 육서(六書) 중 하나로 분류하였다. 육서에 대해서는 논란이 있으나 이 책은 학술적인 것을 따지는 것이 아니므로 『설문해자』를 토대로 분류했음을 밝힌다.

- **상형(象形)** 사물의 모양을 본떠서 만든 글자이다. 예) 角(각)은 짐승의 뿔 모양을 본뜬 글자.
- **지사(指事)** 추상적인 부호를 사용하여 만든 글자이다. 예) 上(상)과 下(하)는 선의 위아래에 점을 찍어 사물의 위와 아래를 표시한 글자.
- **회의(會意)** 둘 이상의 글자를 결합하여 새로운 뜻을 나타내게 된 글자이다. 예) 男(남)은 쟁기[力]로 밭[田]을 가는 것이 남자의 일이라는 의미에서 '남자'라는 뜻을 나타냄.

- **형성(形聲)** 회의와 마찬가지로 두 글자를 결합하되 한 부분은 음을, 한 부분은 의미를 나타낸다.
  예) 感(감)은 뜻 부분인 心[마음 심]과 음 부분인 咸[다 함]으로 이루어져 '(마음으로) 느끼다'를 의미함.

- **전주(轉注)** 전주에 대해서는 아직까지 정설이 없지만, 『설문해자』에 따르면 같은 부수에 속하며
  서로 뜻풀이를 할 수 있는 글자이다. 예) 耂[(본래 의미) 늙을 고]와 老[늙을 로], 刉[새길 각]과 [새길 계].

- **가차(假借)** 어떤 의미를 나타낼 수 있는 글자가 없을 때 음이 같은 글자를 빌려 쓴 글자이다.
  예) 프랑스를 佛蘭西(불란서)라고 쓰는 것.

용어 정의

- **정자체(正字體)** 서사 규범에 부합되는 표준 글자체로, 한자의 경우 해서 또는 해서체(楷書體)가 정자체이다.

- **간화자(簡化字)** 해서의 복잡한 필획을 간략하게 고친 글자로, 현재 중국에서 사용하는 표준 문자이다.
  간체자(簡體字)라고도 부른다.

- **번체자(繁體字)** 간화자에 의해 대체된 한자를 가리킨다. 간화자와 비교할 때 상대적으로 필획이
  복잡하다는 의미에서 번체자라고 한다.

- **이체자(異體字)** 정자체와 음과 뜻은 같으나 모양이 다른 글자를 가리킨다.

- **초문자(草文字)** 초서(草書)를 이르는 말로, 초자(草字)라고도 한다.

- **본자(本字)** 약자(略字)・속자(俗字)・고자(古字) 등에 대하여, 해서체를 기본으로 삼는 본래의 한자를
  이르는 말이다.

- **속자(俗字)** 세간에서 두루 쓰이는 문자로서, 정식 자체가 아닌 글자를 가리킨다.

- **갖은자** 한자에서, 보통의 글자보다 획을 많이 하여 모양과 구성을 달리한 글자.
  '一'에 대한 '壹', '三'에 대한 '參' 따위를 말한다.

- **혹체자(或體字)** 소전과 자형이 다른 이체자를 이르는 말이다.

- **변체(變體)** 본래의 형태를 변화시켜 만든 것을 이르는 말이다.

- **고문(古文)** 중국 고대 문자, 즉 중국 고대 자체를 가리킨다. 『설문해자』에서는 '고문'을 한나라 때에
  발굴된 고문 경전의 서체를 가리키는 용어로 사용했는데, 실제로는 전국시기에 각 제후국에서 사용하던
  글자이다.

일본어 히라가나 · 가타가나 50음도

• 히라가나 읽는 법

	ㅇ		ㅋㄱ		ㅅ	ㅈ	ㅌㄷ		촉	ㄴ	ㅎ	ㅂ	ㅃ	ㅁ	야		ㄹ	와		
ㅏ	あ a	ぁ la	か ka	が ga	さ sa	ざ za	た ta	だ da		な na	は ha	ば ba	ぱ pa	ま ma	や ya	ゃ lya	ら ra	わ wa	ゎ lwa	ん n
ㅣ	い i	ぃ li	き ki	ぎ gi	し si	じ zi	ち ti	ぢ di		に ni	ひ hi	び bi	ぴ pi	み mi			り ri			
ㅜ	う u	ぅ lu	く ku	ぐ gu	す su	ず zu	つ tu	づ du	っ ltu	ぬ nu	ふ hu	ぶ bu	ぷ pu	む mu	ゆ yu	ゅ lyu	る ru			
ㅔ	え e	ぇ le	け ke	げ ge	せ se	ぜ ze	て te	で de		ね ne	へ he	べ be	ぺ pe	め me			れ re			
ㅡ	お o	ぉ lo	こ ko	ご go	そ so	ぞ zo	と to	ど do		の no	ほ ho	ぼ bo	ぽ po	も mo	よ yo	ょ lyo	ろ ro	を wo		

• 가타가나 읽는 법

	ㅇ		ㅋㄱ		ㅅ	ㅈ	ㅌㄷ		촉	ㄴ	ㅎ	ㅂ	ㅃ	ㅁ	야		ㄹ	와			
ㅏ	ア a	ァ la	カ ka	ガ ga	サ sa	ザ za	タ ta	ダ da		ナ na	ハ ha	バ ba	パ pa	マ ma	ヤ ya	ャ lya	ラ ra	ワ wa	ワ lwa	ン n	
ㅣ	イ i	ィ li	キ ki	ギ gi	シ si	ジ zi	チ ti	ヂ di		ニ ni	ヒ hi	ビ bi	ピ pi	ミ mi			リ ri				
ㅜ	ウ u	ゥ lu	ク ku	グ gu	ス su	ズ zu	ツ tu	ヅ du	ッ ltu	ヌ nu	フ hu	ブ bu	プ pu	ム mu	ユ yu	ュ lyu	ル ru				ヴ vu
ㅔ	エ e	ェ le	ケ ke	ゲ ge	セ se	ゼ ze	テ te	デ de		ネ ne	ヘ he	ベ be	ペ pe	メ me			レ re				장음
ㅡ	オ o	ォ lo	コ ko	ゴ go	ソ so	ゾ zo	ト to	ド do		ノ no	ホ ho	ボ bo	ポ po	モ mo	ヨ yo	ョ lyo	ロ ro	ヲ wo			ー -

24

28

29

30

31

32

33

價

001

값 가

갑골문	금문	전국문자	소전	예서	해서
			價	價	價

한 ────────
價
음 가
뜻 값, 가격 / 가치

중 ────────
价
음 jià, jiè
뜻 [jià] 값, 가격 / 가치
[jiè] 심부름꾼

일 ────────
価
음 か ka
뜻 값, 가격 / 가치

자원
형성

의미 부분인 人[사람 인]과 소리 부분인 賈[장사 고]로 이루어짐. 사람[人]이 물건을 사고팔 때[賈] 흥정하게 되는 것이 가격이므로 '물건 가격'을 의미함. 賈[장사 고]는 의미 부분인 貝[조개 패]와 소리 부분인 襾[덮을 아]로 이루어짐. 貝[조개]는 고대 화폐로 사용되어 '돈'과 관련된 의미를 나타냄.

용법

한중일 모두 '값'이나 '값어치'의 의미로 사용함. 주식이나 주권의 가격을 뜻하는 株價(주가, かぶか)의 경우 중국어에서는 株[주식 주] 대신 股[넓적다리 고]를 써서 股價(gǔjià)라고 씀. 또 중국어에서는 '가격'을 의미하는 단어로 價格(jiàgé)와 함께 價錢(jiàqian)을 쓰기도 함.

용례

價格(가격), 價値(가치), 物價(물가)

성어

동가홍상(同價紅裳): 같은 값이면 빨간색 치마라는 뜻으로, "이왕이면 다홍치마"라고도 함. 같은 조건이라면 더 나은 것을 고름을 이르는 말.

街

거리 가

갑골문	금문	전국문자	소전	예서	해서
			街	街	街

한 街 음 가
뜻 거리, 시가, 큰길 /
네거리

중 街 음 jiē
뜻 거리, 큰길 /
장, 시장

일 街 음 がい gai, かい kai
뜻 거리, 시가 /
네거리

자원
형성
의미 부분인 行[다닐 행]과 소리 부분인 圭[서옥 규]로 이루어짐. 전국 문자부터
보이기 시작했는데, 行은 갑골문에서 본래 네거리를 본뜬 상형문자였음. 이에 원래
의미는 '거리', '한길'이었음. 『설문』˚에서는 "사방으로 통하는 큰길"로 풀이하였음.

용법
한중일 모두 '거리'나 '큰길'이라는 의미로 사용하며, 주로 '~街(가)'처럼 접미사로 쓰임.
일본어에서 街를 まち로 읽을 경우에는 '상가 등이 밀집된 곳, 번화한 거리'라는 뜻이 됨.
중국어에서는 '길거리를 한가로이 거닐며 구경하다'라는 뜻의 逛街(guàngjiē)로 활용됨.

용례
街道(가도), 街路(가로), 商街(상가)

성어
가담항설(街談巷說): 거리에서 주고받는 말. 길거리나 세상사람들 사이에 떠도는
이야기나 소문을 이름.

˚ 중국의 가장 오랜 자전(字典) 『설문해자說文解字』의 약칭. 한(漢)나라 때 허신(許愼)이
저술한 것으로 알려져 있음.

윤

003

假

거짓 가

갑골문	금문	전국문자	소전	예서	해서
		𪡓	𠍫	假	假

한
假
음 가
뜻 거짓, 가짜 /
임시적 / 빌리다 /
만약, 가령

중
假
음 jiǎ, jià
뜻 [jiǎ] 거짓(의),
가짜(의) /
가정하다 /
만약, 가령 / 빌리다
[jià] 휴가, 휴일

일
仮
음 か ka, け ke
뜻 거짓, 가짜 /
빌리다 /
잠시, 임시로

자원
형성

의미 부분인 人[사람 인]과 소리 부분인 叚[빌릴 가]로 이루어짐. 본래 假와 叚는 동일한 글자였음. 叚의 금문[𠬞]을 보면, 절벽[厂]의 위쪽에 있는 사람이 손[彐]을 뻗어 아래에 있는 다른 사람의 손[又]을 잡아당기는 것임을 알 수 있음. 즉 아래에 있는 사람이 위에 있는 사람의 도움을 받아 절벽 위로 올라가는 모양에서 '빌리다'라는 뜻을 취함. 전국문자에 와서 人을 더하여 '사람의 힘'을 강조함. 또 빌린 것°은 진짜 내 것이 아니므로 '임시의', '거짓의'라는 의미가 파생됨.

용법

한중일 모두 '거짓'이나 '가짜'라는 의미로 가장 많이 사용함. 한국어와 일본어에서는 '임시'라는 뜻으로 쓰여 假稱(가칭, かしょう), 假處分(가처분, かりしょぶん)과 같이 사용함. 중국어에서는 '거짓'이라는 뜻뿐만 아니라 '휴가'라는 뜻으로도 쓰여 暑假(shǔjià, 여름방학)와 寒假(hánjià, 겨울방학)와 같이 사용함. 그러나 한국어와 일본어에서는 假 대신 暇[틈 가]를 사용하여 休暇(휴가, きゅうか)라고 씀.

용례 假象(가상), 假說(가설), 眞假(진가)

성어 호가호위(狐假虎威): 여우가 호랑이의 위세를 빌림. 남의 힘에 기대어 약한 사람 등을 누르는 행위를 이르는 말.

° 오랜 자전(字典) 『설문』

강

37

歌

004 노래 가

갑골문	금문	전국문자	소전	예서	해서
	咢哥	阿	鄂	歌	歌

한
歌 음 가
뜻 노래, 노래하다 /
읊다

중
歌 음 gē
뜻 노래, 노래하다 /
찬양하다

일
歌 음 か ka
뜻 노래, 노래하다

자원
형성

의미 부분인 欠[하품 흠]과 소리 부분인 哥[노래 가]로 이루어짐. 금문과 전국문자에서는 欠 대신 言[말씀 언] 또는 音[소리 음]을 의미 부분으로 사용하고 있음. 소전에서부터 입을 벌리고 있는 사람의 모습을 본뜬 欠을 의미 부분으로 쓰고 있음. 소리 부분으로 사용된 哥는 의미 부분 역할도 겸하고 있음. 可[옳을 가]는 갑골문에서 의미 부분 口[입 구]와 소리 부분 丂[공교할 고/교]로 이루어져 '승낙하다'라는 뜻을 나타내는데, 후에 중복된 형태 哥로 쓰면서 '노래하다'를 의미하게 되었음. 현대 중국어에서의 哥(gē)는 '형(兄)'을 의미함.

용법

한중일 모두 '노래'라는 의미로 가장 많이 사용함. 또 軍歌(군가, jūngē, ぐんか)와 같이 일정한 명사 뒤에 쓰여 노래의 종류를 나타내는 의미로도 사용함. 한국어와 일본어에서 歌曲(가곡, かきょく)는 '성악곡'을 뜻하지만, 중국어에서 歌曲(gēqǔ)는 일반적인 '노래'라는 뜻임. 중국어에서는 唱歌(chànggē)와 같이 '노래하다'라는 동사로도 사용함.

용례

歌舞(가무), 歌手(가수), 歌唱(가창)

성어

고성방가(高聲放歌): 높은 목소리로 마구 노래 부름. 길거리에서 시끄럽게 노래를 부르는 행동을 이르는 말.

문

加 더할 가

갑골문	금문	전국문자	소전	예서	해서

한

加 음 가
뜻 더하다, 보태다 /
가입하다

중

加 음 jiā
뜻 더하다, 보태다 /
가입하다 /
가하다, 하다

일

加 음 か ka
뜻 더하다, 보태다 /
가입하다

자원
회의

쟁기를 나타내는 力[힘 력]과 말하는 입을 나타내는 口[입 구]로 이루어짐.『설문』에서는
"말로 서로 더해주다"로 풀이했는데, 힘[力]들여 남에 대해 입[口]으로 없는 것까지
보태 이야기하는 것, 즉 '무고(誣告)'를 의미했음. 후에 '말을 보태다'라는 의미만
남아서 '더하다'라는 뜻으로 쓰였음. 일설에는 갑골문에 加가 따로 보이지 않는
것으로 보아, 원래 力으로 加와 力의 뜻을 함께 나타냈는데 후에 '가하다'라는 동사
의미를 구별하기 위하여 의미 없는 口를 보탰다고 함.

용법

한중일 모두 '더하다', '가입하다'의 의미로 사용함. 중국어에서는 '(어떤 행동을
남에게) 하다'의 뜻을 나타내는 동사로도 사용하는데, 가령 嚴加(yánjiā)는 '더욱
엄하게 ~하다'의 의미임. '증세(增稅)하다'의 뜻을 나타내는 加捐(jiājuān), '기름을
넣다' 또는 '힘을 내다'를 뜻하는 加油(jiāyóu)는 중국어에서만 쓰는 표현임. 한국어와
일본어에서 '같은 편이 되어 어떤 일에 힘을 더하는 것'을 加擔(가담, かたん)이라고
하는데, 중국어에서는 주로 參加(cānjiā)라고 함.

용례

加工(가공), 加入(가입), 增加(증가)

성어

주마가편(走馬加鞭): 달리는 말에서 채찍을 휘두른다는 뜻. 잘 이뤄지고 있는 일에
더욱 속도를 내는 것을 이르는 말.

可

옳을 가

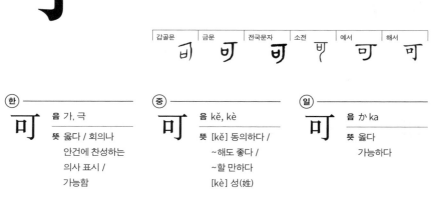

갑골문	금문	전국문자	소전	예서	해서
비	可	비	비	可	可

한
可
음 가, 극
뜻 옳다 / 회의나 안건에 찬성하는 의사 표시 / 가능함

중
可
음 kě, kè
뜻 [kě] 동의하다 / ~해도 좋다 / ~할 만하다 / [kè] 성(姓)

일
可
음 か ka
뜻 옳다 / 가능하다

자원
회의

갑골문에서 나뭇가지를 뜻하는 丁자형과 악기를 뜻하는 ㅂ자형으로 이루어져 '나뭇가지로 악기를 두드려 신에게 축원한다'는 의미를 나타냈음. 呵[꾸짖을 가]의 초문으로도 볼 수 있음. 신에게 축원하여 허가를 받았기 때문에 '옳다'의 뜻으로 발전됨. 두 개의 可에 '사람이 하품하는 모양'을 본뜬 欠[하품 흠]을 더해 만든 歌[노래 가]는 '악기를 두드려 노래한다'는 의미를 나타냄. '꾸짖다'를 의미하는 呵는 口[입 구] 대신 言[말씀 언]을 더해 訶[꾸짖을 가]로 쓰기도 함.

용법

한중일 모두 '옳다', '허락하다'의 의미로 사용함. 한국어에서는 '기대할 수 있는 가능성'의 의미로 可望(가망)이라는 단어를 주로 쓰지만, 중국어에서는 希望(xīwàng)이라는 단어를 사용함. 중국어에서 숫자 앞에 쓰여 '대략'이라는 뜻을 나타내는 부사로도 사용함. 일본어에서는 成[이룰 성]과 함께 '상당히'를 뜻하는 可成(かなり)라는 단어로 활용되는데, 이는 한자가 아니라 일본어의 발음에 한자를 맞추어 쓴 것에 불과함.

용례 可望(가망), 可能(가능), 可憐(가련), 不可(불가)

성어 등화가친(燈火可親): 등불을 가까이 할 수 있다는 뜻. 날씨가 선선해진 가을에 책을 읽기를 권장하는 말.

박

家 집가

갑골문	금문	전국문자	소전	예서	해서

한
家
음 가
뜻 집 / 가족, 집안 /
전문가

중
家
음 jiā
뜻 집 / 가정, 집안 /
어떤 지식, 기예에
정통한 사람

일
家
음 か ka, け ke
뜻 집 / 가족, 집안 /
전문가

자원
회의
집을 나타내는 宀[집 면]과 돼지를 나타내는 豕[돼지 시]로 이루어짐. '집과 돼지를
갖고 있는 씨족공동체'를 의미하였는데, 후에 '사람이 거주하는 공간', '가족', '전문가'
등의 의미로 확대 사용하고 있음. 씨족공동체를 의미하는 글자에 豕를 쓴 이유는
돼지가 가축 중 가장 번식력이 강하고 상대적으로 쉽게 키울 수 있었기 때문임.
또 다른 이유는 돼지가 두터운 지방층 덕분에 독사의 공격에도 살아남을 수 있는
가축이었기 때문임.

용법
한중일 모두 '집', '가족'의 의미로 많이 사용함. 중국어에서는 科學家(kēxuéjiā)처럼
명사 뒤에서 '그 방면의 일을 전문적으로 하는 사람'이라는 뜻으로 사용하는데,
한국어와 일본어에서는 科學者(과학자, かがくしゃ)처럼 者[놈 자]를 사용함. 한국어와
일본어에서 大家(대가, たいか)는 '어떤 분야에서 뛰어난 사람' 또는 '부잣집'을
뜻하지만, 중국어에서 大家(dàjiā)는 '모두', '함께'라는 의미를 주로 나타냄.

용례
家庭(가정), 國家(국가), 作家(작가)

성어
가화만사성(家和萬事成): 집안이 화목하면 모든 일이 잘 이루어짐. 가족, 나아가 더
큰 조직의 화합과 단결을 중시하는 말.

各

각각 각

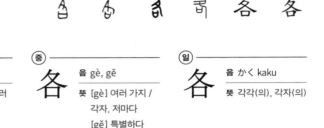

갑골문	금문	전국문자	소전	예서	해서
合	合	谷	咢	各	各

한
各
음 각
뜻 각각, 각자 / 여러

중
各
음 gè, gě
뜻 [gè] 여러 가지 /
각자, 저마다
[gě] 특별하다

일
各
음 かく kaku
뜻 각각(의), 각자(의)

자원
회의
움집을 뜻하는 口[입 구]와 발을 뜻하는 夂[뒤져 올 치]로 이루어짐. 움집[口] 안으로
향하는 발[夂]을 통해 '오다'의 뜻을 나타냄. 다리를 움직여 오고 간다라는 점에서
卻[물러날 각], 脚[다리 각] 등과 뜻이 통함. 지금은 그 자형의 뜻과 전혀 상관없는
'각각'의 뜻으로 쓰임.

용법
한중일 모두 '제각기', '다르다'의 의미로 사용함. 한국어와 일본어에서는 '온갖
종류'를 各種(각종, かくしゅ)라고 쓰는데, 중국어에서는 各種(gèzhǒng) 외에 各類
(gèlèi)도 자주 사용함. 또한 한국어와 일본어에서는 '각각의 사람'을 各自(각자, かくじ)
라고 쓰는데, 중국어에서는 各自(gèzi)보다 每個人(měigèrén)이라는 표현을 더
많이 사용함. 한국어와 중국어에서는 '각각의 주'를 每[늘 매]를 써서 每週(매주)와
每個星期(měigexīngqī)로 표현하는데, 일본어에서는 每 대신 各을 써서 各
週(かくしゅう)로 나타냄.

용례
各別(각별), 各自(각자), 各種(각종)

성어
각자도생(各自圖生): 각자 스스로 살아갈 길을 꾀함. 집단에서 떨어져 홀로 살 길을
찾아야 한다는 뜻.

박

角 뿔 각

갑골문	금문	전국문자	소전	예서	해서

한 角
음 각
뜻 뿔 / 각, 모서리 /
겨루다 / 음계

중 角
음 jiǎo, jué
뜻 [jiǎo] 뿔 /
(~儿) 모서리
[jué] (~儿) 역할,
역, 배역 / 다투다,
겨루다

일 角
음 かく kaku
뜻 뿔 / 뾰족한 것 /
각, 모서리 /
겨루다 / 음계

자원
상형
짐승의 뿔 모양을 본뜬 글자임. 갑골문에서 짐승의 뿔을 그렸는데, 무늬가 있는 것이
특징임. 모양으로 보아 소뿔로 보임. 뾰족하고 모난 뿔의 형상을 통해 '모서리'라는
의미를 나타냈고, 뿔을 맞부딪치며 싸우는 모습에서 '다투다'라는 의미도
파생되었음. 뿔은 겉은 단단하지만 안은 부드러워 속을 파내면 잔이나 악기는 물론
다양한 장식물로도 쓸 수 있었음. 대표적인 예가 뿔피리인데, 그래서 角은 오음(吾音)
중 하나를 지칭하게 되었음. 오음은 宮(궁), 商(상), 角(각), 徵(치), 羽(우)를 이름.

용법
한중일 모두 '뿔', '모서리', '겨루다'의 의미로 많이 사용함. 중국어에서는 이러한 뜻
외에 '배역'의 뜻으로도 쓰여, 가령 '캐릭터'를 角色(juésè)라고 씀. 또 중국어에서는
화폐 단위로도 쓰이는데 1角(jiǎo)는 1元(yuán)의 10분의 1에 해당함.

용례
角度(각도), 角逐(각축), 蝸角(와각)

성어
와각지쟁(蝸角之爭): 달팽이 더듬이 위에서 벌이는 다툼. 아주 하찮은 싸움이나
갈등을 이르는 말.

010

看 볼 간

갑골문	금문	전국문자	소전	예서	해서
	𤾷	𥄉	𥆩	看	看

한 看
음 간
뜻 보다, 바라보다 / 지키다, 감시하다 / 방문하다 / 돌보다

중 看
음 kàn, kān
뜻 [kàn] 보다, 구경하다 / ~라고 보다[판단하다] / 대하다 [kān] 돌보다, 지키다 / 감시하다

일 看
음 かん kan
뜻 보다 / 지키다 / 살피다

자원
회의

금문과 전국 문자에서는 의미 부분인 目[눈 목]과 소리 부분인 倝[해돋을 간]이 결합된 𤾷 형태임. 그러나 소전으로 오면서 소리 부분 倝이 手[손 수]로 잘못 바뀌어 해서까지 이어지고 있음. 따라서 예서는 두 개의 의미 부분인 手와 目이 결합하여 눈 위에 손을 얹고 멀리 보는 상황을 묘사한 글자로 설명할 수 있음. 후에 '(대충) 보다', '감시하다', '~로 여기다' 등의 의미로 확대 사용함.

용법

한중일 모두 '보다'라는 의미로 가장 많이 사용함. 기관 또는 상점에서 사람들의 눈에 잘 띄게 걸거나 붙이는 간판을 한국어와 일본어에서는 看板(간판, かんばん)으로 쓰지만, 중국어에서는 招牌(zhāopai)를 더 많이 사용함. 또한 한국어와 일본어에서는 '환자를 돌보는 것'을 看病(간병, かんびょう)라고 하는데, 중국어에서 看病(kànbìng)은 '(병원에서) 진료 받다'라는 의미임. 그리고 '큰 관심 없이 대강 보아 넘김'을 한국어와 일본어에서는 看過(간과, かんか)라고 하는데, 중국어에서 看過(kànguò)는 '본 적 있다'라는 의미임.

용례

看做(간주), 看破(간파)

성어

주마간화(走馬看花): 말을 타고 꽃을 구경함. 겉만 훑어보고 속은 자세히 살피지 않는 일.

문

間

사이 간

갑골문	금문	전국문자	소전	예서	해서
	閈	朤	閒	間	間

한

間
음 간
뜻 사이, 틈 / 때 / 간첩 / 이간하다, 헐뜯다

중

间
음 jiān, jiàn
뜻 [jiān] 사이, 가운데 / 방 [jiàn] (~儿) 틈, 사이 / 간접적인

일

間
음 かん kan, けん ken
뜻 사이, 틈 / 좋은 기회 / 몰래 살피다 / 간(두 기둥의 사이)

자원
회의

금문에 처음 보이는 間은 달이 문틈에 있거나[閈], 문 위에 있거나[朤], 달 옆에 편방을 추가한 것[朤]으로 다양하지만, 모두 門[문 문]과 月[달 월]이 주요 구성 성분으로 '문 사이로 보이는 달'을 본뜬 것임. 이 자형을 해서로 그대로 옮기면 閒[한가할 한]이 되는데 후에 달빛[月]에서 햇빛[日]으로 바뀐 間이 '틈', '사이'의 의미로 쓰이게 되자 閒은 '여가'의 의미로 쓰였음.

용법

한중일 모두 시간이나 공간의 '사이', '틈'의 의미로 가장 많이 사용함. '두 사람 사이를 멀어지게 하다'라는 의미의 離間(이간, líjiàn, りかん)이라는 단어로도 사용함. '방' 혹은 '공간'의 뜻도 지니고 있어, 중국어에서는 洗手間(xǐshǒujiān, 화장실), 房間 (fángjiān, 방) 등으로 쓰고, 일본어에서는 間を借りる(まをかりる, 방에 세 들다) 등으로 씀. 그 외에 일본어에서는 '기회'의 의미를 나타내 間に乗ずる(かんにじょうずる, 기회를 틈타다)와 같이 씀.

용례

間隙(간극), 間諜(간첩), 時間(시간)

성어

지호지간(指呼之間): 손짓이나 소리로 부르는 거리라는 뜻. 아주 가까운 거리를 이르는 표현.

敢

감히 감

갑골문	금문	전국문자	소전	예서	해서
🔣	🔣	🔣	敢	敢	敢

한
敢
음 감
뜻 감히 / 감행하다 /
용감하다

중
敢
음 gǎn
뜻 용감하다 /
과감하게 ~하다 /
감히

일
敢
음 かん kan
뜻 감히 / 감행하다 /
용감하다

자원
회의
금문에 처음 나오며 오른쪽 편방은 爭[다툴 쟁]의 갑골문 [🔣]과 같이 두 손이 서로 하나의 사물을 놓고 겨루는 모습을 본뜬 것임. 여기에 입[口] 모양이 더해진 것은 입으로 다투고 손으로 빼앗으며 적극적으로 나서서 행동하는 것을 의미하는 것임. 『설문』에서는 "진취적이다(進取也)"라고 풀이하였음. 이처럼 본래의 의미는 '겨루어 쟁취하는 것'이며, 여기에서 확장되어 '용감하다', '감히' 등의 뜻이 나오게 되었음.

용법
한중일 모두 '감히', '감행하다'의 의미로 가장 많이 사용함. 중국어에서는 '일 따위를 맡아서 능히 해내는 것'을 敢當(gǎndāng)이라고 하는데, 한국어에서는 堪[견딜 감]을 써서 堪當(감당)이라고 표현함. 한국어와 일본어에서는 '용감하게 싸운다'라는 뜻으로 敢鬪(감투, かんとう)를 쓰며, 운동 경기에서 전력을 다한 선수에게 주는 상을 감투상이라고 함. 한편 중국어에서 不敢當(bùgǎndāng)은 '천만의 말씀입니다'와 같은 겸양의 의미를 지님.

용례
敢行(감행), 勇敢(용감), 果敢(과감)

성어
언감생심(焉敢生心): 어찌 감히 그런 마음을 품을 수 있겠냐는 뜻. 감히 하지 못하는 일을 가리킬 때 쓰는 표현.

感 느낄 감

갑골문	금문	전국문자	소전	예서	해서
			感	感	感

한 感 음 감
뜻 느끼다 / 감동하다 /
감사하다 /
-감(접미사)

중 感 음 gǎn
뜻 느끼다 / 감동하다 /
감사하다

일 感 음 かん kan
뜻 느끼다 / 감동하다 /
감사하다 /
-감(접미사)

자원
형성
의미 부분인 心[마음 심]과 소리 부분인 咸[다 함]으로 이루어져 '마음이 움직이다'를
의미함. 즉 외부 사물 또는 현상에 반응하는 사람의 감정을 의미함. 후에 '감각', '감촉',
'감사', '감염' 등 의미로 확대 사용하고 있음.

용법
한중일 모두 '외부 사물 또는 현상에 느끼는 사람의 마음'이라는 의미로 가장 많이
사용함. 또 삼국 모두 使命感(사명감, shǐmìnggǎn, しめいかん), 責任感(책임감,
zérèngǎn, せきにんかん)과 같이 일부 명사 뒤에 쓰여 특정한 '느낌'의 뜻을 나타내는
접미사로 사용함. 다만 '코가 막히고 머리가 아프며 열이 오르는 증상'을 한국어에서
感氣(감기)라고 하지만 중국어에서는 感冒(gǎnmào), 일본어에서는 風邪(かぜ)라고
함. 또한 '전기에 감전되다'라고 할 때 한국어와 일본어에서는 感電(감전, かんでん)
이라고 하지만, 중국어에서는 觸電(chùdiàn)이라고 함.

용례
感動(감동), 感謝(감사), 責任感(책임감)

성어
감지덕지(感之德之): 깊이 느껴 매우 좋게 여김. 상대방의 좋은 뜻을 고맙게
받아들이는 마음.

甘 달 감

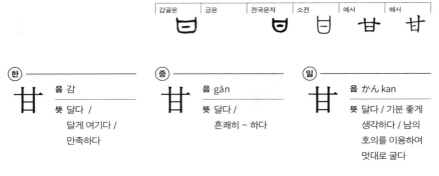

갑골문	금문	전국문자	소전	예서	해서
甘	甘	甘	甘	甘	甘

한

甘

음 감

뜻 달다 /
달게 여기다 /
만족하다

중

甘

음 gān

뜻 달다 /
흔쾌히 ~ 하다

일

甘

음 かん kan

뜻 달다 / 기분 좋게
생각하다 / 남의
호의를 이용하여
멋대로 굴다

자원
지사

'입 속에 무엇인가를 물고 있는 모습'을 나타냈음. 맛있는 것은 입에 물고 천천히
음미하는 것이므로 이 모습으로 '맛있다'라는 뜻을 나타낸 것임. '맛있는 물이 나오는
샘'을 감천(甘泉)이라고 하는데 여기에서는 원래의 뜻으로 쓰였음. 후에 苦[쓸 고]와
반대 의미를 지닌 '달다'의 뜻으로도 쓰였음. 또 대상이 맛에서 일반적인 것으로
확장되어 고진감래(苦盡甘來)처럼 생활이나 일에서의 '좋은 것'이라는 뜻으로도 쓰임.
현대 중국어에서 '달다'라는 뜻은 혀를 나타내는 舌[혀 설]을 보태 甜(tián)으로 표현함.

용법

한중일 모두 '달다'와 '좋게 여기다'의 의미로 가장 많이 사용함. 甘苦(감고)는
한국어에서 '단맛과 쓴맛', '고락'을 의미하는데, 중국어와 일본어에서는 다른 의미가
더 있음. 예를 들어 중국어 甘苦(gānkǔ)는 '고충'이라는 뜻을, 일본어 甘苦(かんく)는
'고생을 달갑게 여기다'라는 뜻을 더 가짐.

용례

甘苦(감고), 甘受(감수), 甘草(감초)

성어

감언이설(甘言利說): 달콤한 말과 듣기에 즐거운 이야기. 거짓으로 상대를 꾀는 말을
일컬음.

류

減 덜 감

갑골문	금문	전국문자	소전	예서	해서

한

減 음 감
뜻 덜다, 덜어내다 /
줄다, 줄어들다

중

減 음 jiǎn
뜻 빼다, 덜다,
덜어내다 / 줄다,
쇠퇴하다

일

減 음 げん gen
뜻 줄다, 줄어들다

자원
형성

의미 부분인 水[물 수]와 소리 겸 의미 부분인 咸[다 함]으로 이루어짐. 咸의 갑골문은 큰
도끼[戌]로 사람의 머리[口]를 잘라내는 모양임. 즉 몸의 일부인 머리를 잘라내므로
잘린 만큼 줄어들어 '덜어내다', '줄어들다'라는 의미를 갖게 되고, 머리가 없으면
생명을 유지할 수 없게 되므로 '죽(이)다'라는 의미로도 쓰임. 또한 생명이 다하므로
'다', '모두'의 의미로도 쓰임.

용법

한중일 모두 '덜어내다', '줄어들다'의 의미로 가장 많이 사용함. 사칙연산인 가감승제
(加減乘除)에서 '빼기'를 의미하는 용어로도 쓰임. 다이어트를 위해 체중을 줄이는
것을 한국어와 일본어에서는 減量(감량, げんりょう)라 하고, 중국어에서는 肥[살찔
비]를 써서 減肥(jiǎnféi)라고 함.

용례

減量(감량),減稅(감세), 減少(감소)

성어

십년감수(十年減壽): 목숨에서 10년이 줄어든다는 뜻. 자칫 잘못하여 목숨을 잃을
뻔한 위기를 이르는 말.

江 강 강

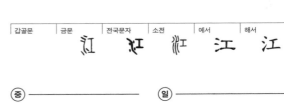

갑골문	금문	전국문자	소전	예서	해서

한 江 음 강 / 뜻 강, 큰 내

중 江 음 jiāng / 뜻 강 / 장강

일 江 음 こう kou / 뜻 큰 강

자원
형성

의미 부분인 水[물 수]와 소리 부분인 工[장인 공]으로 이루어짐. 본래는 장강(長江)을 지칭하는 말이었으나 점차 '규모가 비교적 큰 하천'을 가리키게 되었음. 지역을 나눌 때 주로 큰 강이나 산을 기준으로 하여 나누는데 서울은 한강(漢江)을 중심으로, 중국은 장강(長江)을 중심으로 강북(江北), 강남(江南)이라고 함. 또 중국은 황하(黃河)를 중심으로 하북(河北), 하남(河南)이라고도 함. 또한 강산(江山)이라 하여 '국토'를 지칭하기도 함.

용법

한국어와 중국어에서는 '큰 강'을 의미하여 중국의 珠江(Zhūjiāng), 한국의 漢江(한강)과 같이 쓰임. 그런데 일본에는 '강'이라 이름 붙여진 것이 없음. 일본에서 제일 긴 강이 시나노강인데 川[내 천]을 써서 信濃川(しなのがわ)라 부름. 또한 일본어에서는 '바다·호수 따위의 작은 후미'를 나타내는 入り江(いりえ)라는 의미로 쓰이기도 함.

용례

江南(강남), 江河(강하), 江湖(강호)

성어

금수강산(錦繡江山): 비단을 수놓은 듯 아름다운 강산. 우리 국토의 아름다움을 비유적으로 이르는 말.

김

講

강론할 강

갑골문	금문	전국문자	소전	예서	해서
			講	講	講

한
講
음 강
뜻 강론하다 /
이야기하다 /
화해하다 /
강의, 강론

중
讲
음 jiǎng
뜻 말하다,
이야기하다 /
설명하다 /
상의하다 /
중시하다

일
講
음 こう kou
뜻 설명하다 / 익히다 /
꾀하다 / 화해하다

자원
형성

의미 부분인 言[말씀 언]과 소리 부분인 冓[짤 구]로 이루어짐. 현재의 발음을 보면 冓(구)와 講(강)의 발음에 큰 차이가 있지만 예전에는 아주 가까운 발음이었음. 冓가 소리 부분으로 들어간 글자인 構[얽을 구], 購[살 구], 顜[밝을 강], 構[김맬 강] 등이 '구' 또는 '강'의 발음으로 읽히는 것은 바로 이런 이유 때문임. 講의 의미는 '말하다'라는 뜻에서 '꾀하다', '화해하다'라는 뜻으로 점차 확장되었음.

용법

한국어와 일본어에서는 '청중 앞에서 강의 형식으로 말하는 것'을 講演(강연, こうえん) 으로 표현하지만, 중국어에서는 演講(yǎnjiǎng)으로 글자의 순서가 다름. 그리고 중국어에서는 '중시하다'라는 뜻으로도 쓰는데, 예를 들면 講義氣(jiǎngyìqi)는 '의리를 중시하다'라는 뜻임. 이런 쓰임은 중국어에서만 보임. 일본어에서는 '~講 (こう)'의 형태로 써서 같이 신앙을 가진 신자들의 단체를 이르는 말로 사용함.

용례   講評(강평), 講和(강화), 特講(특강)

성어   권학강문(勸學講文): 학문을 권하고 문장을 독려함. 공부와 독서 등을 장려하는 일.

强

강할 강

갑골문	금문	전국문자	소전	예서	해서
		强	彊	强	强

한 —————
强
음 강
뜻 강하다 / 힘쓰다 /
억지로 하다 /
강요하다

중 —————
強
음 qiáng, qiǎng,
jiàng
뜻 [qiáng] 강하다 /
우월하다
[qiǎng] 억지로 하다
[jiàng] 고집스럽다

일 —————
強
음 きょう kyou,
ごう gou
뜻 강하다 / 딱딱하다 /
강요하다 /
-強. 수량을 표시할
때 우수리가 있음을
나타내는 말

자원
형성
의미 부분인 虫[벌레 충, 벌레 훼]와 소리 부분인 弘[클 홍]으로 이루어짐. 원래
'쌀벌레'를 가리키는 말인데, 쌀벌레는 모르는 사이에 곡식에 나타나고 또 나방으로
변신함. 그래서 옛사람들에게 생명력이 '강하다'는 인상을 심어주었고, 이에 '억지로',
'고집스럽다'라는 뜻으로 확장되었음.

용법
한중일 모두 '강하다'의 의미로 가장 많이 사용함. 중국어에서 勉强(miǎnqiǎng)은
'억지로 하거나 시킴'의 뜻으로 사용되지만, 일본어에서 勉強(べんきょう)는 이런
뜻은 없고 '노력'이나 '공부'를 가리킴. 한국어와 일본어에서는 '정도가 강하다'라는
의미를 强性(강성, きょうせい)으로 나타내지만, 중국어에서는 剛[굳셀 강]을 써서
剛性(gāngxìng)이라고 씀. 일본어에서는 100人強(ひゃくにんきょう, 100명 이상)와
같이 수나 단위 다음에서 셈하지 않은 우수리가 있음을 나타내는 접미사로도 쓰임.

용례
强硬(강경), 强力(강력), 堅强(견강)

성어
강노지말(强弩之末): 강력한 석궁 화살의 끝. 강한 힘을 가진 사람이나 세력이 다하여
약해지는 현상.

류

내릴 **강**, 항복할 **항**

갑골문	금문	전국문자	소전	예서	해서
𨸛	𨸛	𨸛	𨸛	降	降

한

降

음 강, 항

뜻 [강] 내리다,
내려주다 / 떨어지다
[항] 항복하다,
항복시키다

중

降

음 jiàng, xiáng

뜻 [jiàng] 내리다,
내려가다 / 낮추다 /
출생하다
[xiáng] 항복하다,
항복시키다

일

降

음 こう kou

뜻 내리다, 내려오다 /
항복하다, 항복시키다 /
비, 눈 등이 오다 /
과거에서 현재로 오다

자원
형성

의미 부분인 阜[언덕 부]와 소리 부분인 夅[내릴 강]으로 이루어짐. 흙 계단[阜]
아래로 내려가는 것[夅]을 의미함. 의미 부분으로 쓰인 阜는 원래 황토지대에 반지하
식으로 만들어진 원시 형태의 집에서 지하로 내려가는 흙 계단을 그렸는데, 세로 획은
수직 벽을 뜻하고 나머지는 흙을 깎아 만든 홈을 뜻함. 그래서 阜는 흙 계단이나 언덕,
흙으로 만든 구조물 등을 뜻함. 예서에 들면서 지금의 阜와 같은 자형이 되었으며,
다른 글자들과 결합할 때는 계단을 하나 줄여 阝[언덕 부]로 씀. 降은 '내려가다'라는
의미로 쓰이다가, 이후 전쟁에서 질 때 언덕에 설치된 보루나 산에서 내려오는 것에
빗대어 '항복하다'라는 의미로 쓰였는데, 이때는 발음을 '강'이라 하지 않고 '항'이라
하여 항복(降伏)과 같이 썼음.

용법

한중일 모두 '내려오다', '내려가다'를 기본 의미로 사용하며, '항복하다'라는 의미도
삼국 모두 사용. 다만 한국어와 중국어에서는 전자의 경우 강(jiàng)으로, 후자일
경우에는 항(xiáng)으로 구분하여 읽음에 유의해야 함. 또 고대에는 어떤 시점 이후를
나타낼 때 以降(이강)을 썼으나 지금은 以後(이후)로 씀. 일본어에서는 '적이나
상대편의 힘에 눌려 굴복한다'는 의미로 降伏(こうふく)보다 降参(こうさん)을 많이 씀.

용례

降臨(강림), 下降(하강), 降伏(항복), 投降(투항)

성어

청심강화(淸心降火): 마음을 맑게 하고 화를 내림. 마음을 평안하게 하고 불같이
뜨거운 마음을 가라앉히라는 뜻.

53

ㄱ

020

改 고칠 개

갑골문	금문	전국문자	소전	예서	해서

한 改 음 개
뜻 고치다, 바꾸다 / 바로잡다

중 改 음 gǎi
뜻 고치다 / 개정하다

일 改 음 かい kai
뜻 고치다, 바꾸다 / 검사하다, 점검하다

자원
형성
갑골문과 금문에는 巳[뱀 사]로 구성된 攺[역귀 쫓을 이]는 있지만 己[자기 기]로 구성된 改는 보이지 않음. 이에 나진옥(羅振玉)*은 『설문』에 수록된 改가 바로 갑골문의 攺와 같은 문자인 것으로 보았음. 한편 곽말약(郭沫若)**은 攺는 손에 들고 있는 회초리[攴]와 무릎을 꿇고 있는 아이[巳]로 구성된 것으로 어린아이에게 벌주는 것을 묘사한 것이라 하였다. 이처럼 본래의 뜻은 '아이를 훈계하여 옳은 길을 가도록 바로잡는 것'이며, 여기서 확장되어 '고치다', '개정하다', '바꾸다', '검사하다' 등의 뜻이 나왔음. 『설문』에서는 "바꾸는 것이다"라고 풀이하였는데, 이는 이미 확대된 의미를 본래의 뜻으로 오해한 것임.

용법
한중일 모두 '고치다'의 의미로 가장 많이 사용함. '잘못을 고쳐 올바르게 되다'라는 의미의 改過遷善(개과천선)을 중국어에서는 改惡從善(gǎi'ècóngshàn)이라고 표현함. 한편 역에서 승차권을 확인하는 것을 한국어와 일본어에서는 改札(개찰, かいさつ) 라고 하지만, 중국어에서는 표를 자른다는 의미에서 剪票(jiǎnpiào)라고 표현함.

용례
改正(개정), 改造(개조), 改革(개혁)

성어
개과천선(改過遷善): 잘못을 고쳐 착하게 됨. 자신의 잘못을 바로잡아 옳고 바른 방향으로 나아가는 일.

---

* 1866 ~ 1940, 중국 근대에 저명한 고고학자이자 현대 농학의 개척자임.
** 1892 ~ 1978, 중국의 역사학자이자 시인임.

오

個 낱 개

갑골문	금문	전국문자	소전	예서	해서
				個	個

한 個
음 개
뜻 낱, 셀 수 있는
물건의 하나하나 /
개, 낱개로 된
물건을 세는 단위

중 个
음 gè
뜻 개, 명, 사람(세는
단위) / 단독의 /
(~儿) 키, 크기

일 個
음 か ka, こ ko
뜻 낱, 셀 수 있는
물건의 하나하나 /
개, 낱개로 된
물건을 세는 단위

자원
형성

의미 부분인 人[사람 인]과 소리 부분인 固[굳을 고]로 이루어짐. 소리 부분인 固는
'굳다'라는 뜻임. 『자휘字彙』*에서 '個는 个와 같다'고 했으며, 단옥재(段玉裁)**는
"箇를 个로 쓰며, 个는 竹[대 죽]의 반쪽"이라고 했음. 본래는 箇[낱 개]가 정자이고,
个와 個는 이체자였음. 중국어 간화자의 个는 필획이 적은 고대 자형을 가져와
사용하고 있는 것임.

용법

한중일 모두 '낱낱'이나 '낱개'라는 의미로 많이 사용함. 한국어와 일본어에서는
個別(개별, こべつ)가 '하나씩 따로 나뉘어 있는 상태'를 의미하는데, 중국어에서 個別
(gèbié)는 '개별'의 의미 외에 '극소수의', '극히 드문'이라는 의미도 나타냄.

용례

個性(개성), 個月(개월), 個人(개인), 個體(개체)

성어

각개격파(各個擊破): 따로 하나씩 때려 부숨. 싸움 등에서 대상을 잘게 쪼개 하나하나
상대하여 싸워 누름을 이르는 말.

---

* 중국의 자전으로 명나라의 매응조(梅膺祚)가 편찬하여 1615년 간행되었음.
** 1735~1815, 중국 청나라 때의 학자로 설문학(說文學)의 시조라 할 수 있음.

皆 다 개

갑골문	금문	전국문자	소전	예서	해서

한 ——————

皆 음 개
뜻 모두, 함께

중 ——————

皆 음 jiē
뜻 모두, 전부

일 ——————

皆 음 かい kai
뜻 모조리, 모두

자원
회의

금문의 윗부분은 두 사람의 모습을 본뜬 것이고, 아랫부분은 사람의 입모양을 본뜬 것임. 소전은 比[견줄 비]와 白[흰 백]으로 이루어져 있음. 『설문』에서는 "皆는 '모두'라는 의미를 나타내며, 허사이다. 比와 白으로 이루어진 글자이다"라고 하였음. 아마도 처음 글자를 만들 때에는 여러 명의 사람이 같은 목소리를 낸다는 의미를 취하여 '모두'라는 의미를 나타냈으나, 이후 입모양을 본뜬 부분이 白으로 잘못 변화하여 오늘날 皆의 자형이 된 것으로 보임.

용법

한중일 모두 '모두', '전부', '다'의 의미로 사용함. 한국어와 일본어에서는 '일정 기간 동안 빠지지 않고 출석 또는 출근한 것'을 皆勤(개근, かいきん)이라고 하는데, 중국어에서는 全勤(quánqín)이라고 함. 현대 중국어에서는 '모두'를 의미하는 글자로 皆보다는 都(dōu)를 주로 사용함. 일본어에서는 모든 사람, 즉 '여러분'을 皆さん(みなさん)이라고 함.

용례

皆勤(개근), 皆伐(개벌), 擧皆(거개)

성어

거세개탁(擧世皆濁): 세상 모두가 혼탁하다는 뜻. 사회 전체가 좋지 않은 풍조에 물들어 있음을 이르는 표현.

윤

56

開

열 개

갑골문	금문	전국문자	소전	예서	해서
			開	開	開

한

開

음 개

뜻 열다, 열리다 /
(꽃이) 피다 /
개발하다 /
시작하다

중

开

음 kāi

뜻 열다, 열리다 /
(꽃이) 피다 /
운전하다 /
제거하다 /
(물이) 끓다 /
시작하다

일

開

음 かい kai

뜻 열다 / 꽃이 피다 /
시작하다 / 가르쳐
지혜를 넓히다

자원
회의

『설문』에 따르면 고문 𨳿는 문의 모양을 본뜬 門[문 문]과 빗장의 모양인 一[한 일], 그리고 아래의 양손을 본뜬 글자로 이루어졌음. 즉 '양손으로 문의 빗장을 잡고 여는 모양'이라 할 수 있음. 양손을 나타내는 곡선 모양이 소전에 이르러 직선으로 바뀌어서 오늘날의 開와 같은 자형이 되었음.

용법

한중일 모두 '열다', '시작하다', '개척하다'의 의미로 사용함. 중국어에서는 훨씬 다양한 용법으로 쓰임. 예를 들면 開車(kāiche, 운전하다), 開單子(kāidānzi, 영수증을 발급하다), 開心(kāixīn, 기분이 좋다), 開水(kāishuǐ, 물을 끓이다)와 같이 동사로 활용됨. 그 외에도 술 한 잔을 두 번에 나누어 마시면 兩開(liǎngkāi), 세 번에 나누어 마시면 三開(sānkāi)라고 표현해 '횟수'를 나타내는 '번'의 의미로도 사용함.

용례

開幕(개막), 開封(개봉), 開拓(개척)

성어

개문납적(開門納賊): 문을 열고 도둑을 맞아들인다는 뜻으로, 스스로 화를 불러들임을 이르는 말.

킴

客 손 객

갑골문	금문	전국문자	소전	예서	해서
	客	客	客	客	客

한 客 음 객
뜻 손님, 나그네 /
사람 / 과거 /
쓸데없다

중 客 음 kè
뜻 손님 / 바이어 /
외래의 / 객관적인

일 客 음 きゃく kyaku,
かく kaku
뜻 손님 / 물건을
사는 사람 / 과거 /
손님 접대용 도구나
그릇을 세는 말

자원
형성
의미 부분인 宀[집 면]과 소리 부분인 各[각각 각]으로 이루어짐. 지붕과 두 벽면을
본뜬 宀은 '손님이 묵는 객사'의 뜻을 나타내고, 움집과 발로 이루어진 各은 손님이
밖으로부터 들어오는 모습을 나타냄.『설문』에서는 "기거하는 것"으로 풀이하였음.
'손님'을 나타내는 글자에 賓[손님 빈]도 있는데, 賓客(빈객)과 같이 씀. 손님은
공경해야 할 대상이기 때문에 '공경'의 뜻도 내포하고 있는데, 이 점에서 敬[공경
경]과 뜻이 통함. 또한 '손님'은 주인을 대하는 것이 조심스럽기 때문에 '삼가다'의
뜻도 내포하고 있는데, 이 점에서는 恪[삼갈 각]과 뜻이 통하는 것으로 볼 수 있음.

용법
한중일 모두 '손님', '자객', '객관적인'의 의미로 사용함. 중국어와 일본어에서는
'남의 집을 방문한 사람'을 客人(kèrén, きゃくじん)이라고 하지만 한국어에서는 이
표현을 잘 쓰지 않음. 한국어에서 주로 쓰는 旅行客(여행객)이라는 말도 중국어와
일본어에서는 行(행)을 뺀 旅客(lǚkè, りょかく)로만 씀. 한국어와 일본어에서는 '하는 일
없이 남의 집에 얹혀서 얻어먹고 지내는 사람'을 食客(식객, しょっかく)라고 하는데,
중국어에서는 '음식점의 손님'이라는 뜻으로만 씀.

용례
客氣(객기), 客室(객실), 旅客(여객)

성어
객반위주(客反爲主): 손님이 도리어 주인 행세를 함. 사물이나 일의 순서가 뒤바뀜을
이르는 말.

박

58

去 갈 거

갑골문	금문	전국문자	소전	예서	해서

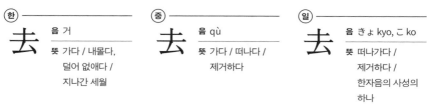

한

去 음 거
뜻 가다 / 내몰다,
덜어 없애다 /
지난 세월

중

去 음 qù
뜻 가다 / 떠나다 /
제거하다

일

去 음 きょ kyo, こ ko
뜻 떠나가다 /
제거하다 /
한자음의 사성의
하나

자원
상형

갑골문부터 보이는 去는 글자의 윗부분과 아랫부분으로 나뉘어 있음. 그런데 각각 무엇을 본뜬 것인가에 대해서는 아직 정설이 없음. 어떤 학자들은 大[클 대]와 口[입 구]로 이루어졌다고 주장하고, 어떤 학자들은 大와 凵[입 벌릴 감]으로 구성된 글자라고 주장함. 『설문』에서는 "去는 '사람이 서로 멀어진다'라는 뜻이다. 大는 뜻 부분이고, 凵은 소리 부분이다"라고 하였음. 『설문』의 해석을 따르는 학자들은 大가 사람을 가리키고, 凵은 어떤 특정 구역을 나타내는데, 사람이 어떤 특정 구역 밖에 위치하므로 '떠나가다'라는 의미로 해석되는 것이라 주장함.

용법

한중일 모두 '가다'의 의미로 사용함. 중국어에서는 '오다'를 뜻하는 來(lái)의 반의어로서 주로 쓰임. 또 '세상을 뜨다'라는 의미의 去世(qùshì)로도 쓰임. 일본어에서는 さる로 읽어 '제거하다'라는 의미를 나타내기도 함. 한국어에서 去來(거래)는 '물건을 매매하다'라는 뜻이지만, 중국어에서 去來(qùlái)는 '갑시다'라는 뜻임.

용례

去就(거취), 過去(과거), 除去(제거)

성어

거두절미(去頭截尾): 머리와 꼬리를 자름. 앞과 뒤를 빼고 문제의 핵심에 바로 다가서려는 일을 말함.

윤

擧 들 거

갑골문	금문	전국문자	소전	예서	해서
	𦥑	𦥑	擧	擧

한 擧
음 거
뜻 들다 / 일으키다 /
행하다 / 시험 /
온통, 다

중 举
음 jǔ
뜻 들다 / 일으키다 /
추천하다 /
전부, 온

일 挙
음 きょ kyo
뜻 들다 / 행동 /
빼앗다 / 열거하다 /
모두

자원
형성
두 개의 의미 부분인 手[손 수]와 𦥑[마주 들 여]로 이루어짐. '손[手]으로 드는[𦥑] 것'을 의미함. 手는 손을 그린 상형자이고, 𦥑는 臼[절구 구]와 廾[두 손으로 받들 공]이 결합한 모습인데, 臼는 두 손이 변한 모습이고 廾도 두 손을 그린 것으로, 두 사람이 손을 맞잡고 무엇인가를 드는 모습을 그렸음. 이처럼 擧는 '들다'가 원래 뜻이고, 이로부터 '일으키다', '행하다', '흥기하다' 등의 뜻으로 확대되었음. 여기에서 다시 '추천하다'라는 뜻이 나왔고, 후에 '시험'을 지칭하는 뜻으로 쓰여 '과거시험에 참여하거나 합격한 사람'을 擧人(거인)이라고 했음.

용법
한중일 모두 '들어 올리다', '추천하다'의 의미로 많이 사용함. 삼국 모두 '온', '모두'의 의미로도 쓰이는데, 그 예로 '온 국민'을 의미하는 擧國(거국, jǔguó, きょこく)라는 단어가 있음. 드물기는 하지만 한국어와 일본어에서는 '인재를 뽑아 쓰다'를 擧用(거용, きょよう)라고 하지만, 중국어에는 그런 단어가 없고 대신 錄用(lùyòng)이라고 표현함.

용례 擧手(거수), 選擧(선거), 快擧(쾌거)

성어 일거양득(一擧兩得): 한 번의 움직임으로 두 가지 효과를 거둠. 한 가지 일로 두 가지 이익을 얻는다는 뜻.

居

살 거

갑골문	금문	전국문자	소전	예서	해서

한

居
음 거
뜻 살다, 거주하다 /
있다, 차지하다

중

居
음 jū
뜻 살다 / 저축하다 /
~에 처하다

일

居
음 きょ kyo
뜻 앉다, 살다 /
가만히 앉아서 아무
노력도 하지 않다 /
집에 붙이는 아호

자원
형성

의미 부분 尸[주검 시]와 소리 부분 古[옛 고]로 이루어짐. 원래 '다리를 뻗고
앉다'라는 의미에서, 후에 '살다', '머물다'라는 의미로 확대 사용하고 있음. 의미
부분으로 사용된 尸의 갑골문은 人[사람 인]과 유사함. 이로 인해 尸가 포함된 대다수
글자는 '시체'와는 상관없이 '사람'을 의미하는 경우가 대부분임. 尸가 후에 '죽은
사람'이라는 의미로 확대 사용되자 死[죽을 사]를 추가한 屍[주검 시]를 만들었음.
또한 '바닥에 주저앉다'라는 의미를 되살리기 위해 足[발 족]을 추가한 踞[걸어앉을
거]를 만들었음.

용법

한중일 모두 '살다'의 의미로 가장 많이 사용함. 다만 동일한 의미를 가지더라도 단어의
활용에서는 차이를 보일 때도 있는데, 예를 들면 한국어에서는 '가족이 일상적으로
모여 생활하는 공간'을 居室(거실)이라고 하는데, 중국어에서는 客廳(kètīng)이라
하고, 일본어에서는 居間(いま)라고 함.

용례

居住(거주), 居處(거처), 同居(동거)

성어

거안사위(居安思危): 안전할 때 위험을 생각함. 평안한 시기에 미리 위험에
대비하라는 뜻.

巨 클 거

갑골문	금문	전국문자	소전	예서	해서

한 巨 음 거
뜻 크다, 많다 / 자

중 巨 음 jù
뜻 크다

일 巨 음 きょ kyo, こ ko
뜻 크다, 많다 /
훌륭하다

자원
회의

갑골문에서는 大[클 대] 혹은 夫[지아비 부]와 工[장인 공]으로 이루어져 성인 남성[夫]이 톱이나 자 같은 공구[工]를 쥔 모습을 그렸음. 이후 힘이 세고 몸집이 큰 성인 남성이라는 뜻에서 '크다', 공구로 하는 토목공사 등은 규정된 법칙을 지켜야 한다는 뜻에서 '규칙'을 뜻하게 되었음. 다만 '크다'의 뜻을 나타낼 때에는 공구를 그린 부분만 남은 巨를 썼고, '규칙'을 말할 때에는 성인 남성[夫]을 그린 부분이 矢[화살 시]로 잘못 변한 矩[모날 구](榘의 본자)를 써서, 두 개의 다른 글자로 분화했음.

용법

한중일 모두 '크다', '많다'의 의미로 주로 사용함. '어느 일정 분야에서 뛰어난 사람'을 일컫는 巨匠(거장, jùjiàng, きょしょう)에서처럼 '위대하다'라는 의미로도 사용함.

용례

巨大(거대), 巨富(거부), 巨額(거액)

성어

명문거족(名門巨族): 이름이 난 집안의 잘 나가는 가족. 이름이 나고 세력이 있는 큰 집안을 가리킴.

하

62

세울 건

갑골문	금문	전국문자	소전	예서	해서

한

建

음 건

뜻 세우다, 만들다 /
아뢰다, 개진하다

중

建

음 jiàn

뜻 세우다, 창립하다 /
제기하다, 제안하다

일

建

음 けん ken, こん kon

뜻 세우다, 설립하다 /
(의견 등을) 올리다

자원
회의

의미 부분인 聿[붓 율]과 廴[길게 걸을 인]으로 이루어짐. 聿은 붓을 본뜬 모양으로
후에 筆[붓 필]로 대체되어 쓰였고, 廴은 彳[조금 걸을 척]의 아랫부분을 길게 늘인
모양으로 길 혹은 길을 가는 것을 뜻하므로, 길에서 붓을 잡고 무엇인가를 그리는
모양으로 '설계한다'라는 의미임. 설계가 이루어져야 건물이든 도시든 이루어질 수
있으므로 '건설하다', '제안하다'의 의미로 쓰였음.

용법

한중일 모두 '세우다', '아뢰다'의 의미로 사용함. 삼국 모두 입춘을 맞으면 立春榜
(입춘방)을 문에 써 붙여 봄이 오는 것을 기뻐함과 동시에 좋은 일과 경사가 가득하기를
바라는 풍습이 있는데, 중국에서는 宜春(yíchūn)이라고 쓰고, 한국과 일본에서는 立
春大吉, 建陽多慶(입춘대길 건양다경)이라고 씀. 한편 建은 『사기史記』의 한 구절인
'高屋建瓴(고옥건령, 높은 지붕에서 항아리의 물을 쏟다)'에서는 '엎지르다'라는 뜻을
나타내기도 함.

용례

建國(건국), 建議(건의), 建築(건축)

성어

건양다경(建陽多慶): 입춘을 맞아 많은 경사를 맞음. 입춘에 써 붙이는 문구로,
집안에 좋은 일이 많이 생기라는 축원.

犬 개 견

갑골문	금문	전국문자	소전	예서	해서

한 ── 犬 음 견
뜻 개 / 하찮은 것의 비유

중 ── 犬 음 quǎn
뜻 개

일 ── 犬 음 けん ken
뜻 개

자원
상형
고대 자형을 보면 '개'를 그렸는데, 날씬한 몸통에 치켜 올라간 꼬리가 특징적임. 개는 청각과 후각이 뛰어나고 영리해 일찍부터 가축화되어 인간의 곁에서 사랑을 받아왔으며, 인간과 가장 가까운 동물의 하나가 되었음. 그래서 犬으로 구성된 글자는 개 그 자체는 물론, 단독 생활을 즐기고 싸움을 좋아하는 개의 속성, 후각이 발달한 개의 기능 등을 뜻함.

용법
한중일 모두 '개'를 기본 의미로 사용함. 개는 맡은 임무를 충실히 수행하고 주인에게 충성을 다함. 그 때문에 忠犬(충견)에서처럼 충성의 상징으로 여겨졌음. 그러나 시비를 따지지 않고 무조건 주인에게 복종하는 개의 속성은 비판이나 멸시의 대상이 되기도 했음. 이 때문에 '권력의 개'에서처럼 부정적 의미의 '앞잡이'라는 뜻이 나왔고 다른 단어와 결합하여 멸시하거나 모멸하는 말로도 쓰임. 이때에는 한중일 모두 走狗(주구, zǒugǒu, そうく)에서와 같이 犬보다는 狗[개 구]를 주로 쓰는 경향이 있음.

용례
犬猿之間(견원지간), 猛犬(맹견), 名犬(명견)

성어
견원지간(犬猿之間): 개와 원숭이처럼 나쁜 사이라는 뜻. 다투면서 서로 마음을 합치지 못하는 사람들의 사이를 이르는 표현.

하

堅

굳을 견

갑골문	금문	전국문자	소전	예서	해서
			堅	堅	堅

한
堅 음 견
뜻 굳다, 굳어지다 /
튼튼하다

중
坚 음 jiān
뜻 단단하다 /
견고한 사물

일
堅 음 けん ken
뜻 단단하다, 굳다

자원
형성

의미 부분인 土[흙 토]와 소리 겸 의미 부분인 臤[굳을 간, 어질 현]으로 이루어짐.
'굳다'라는 의미의 臤이 '흙'을 의미하는 土와 합쳐져 '(흙이) 단단히 굳다'라는 의미가
되었음. 이로부터 딱딱하고 굳은 것을 표현할 때 堅을 많이 쓰게 되었는데, 예를 들어
껍질이 딱딱한 열매를 堅果(견과)라 하고, 굳고 딱딱한 것을 堅固(견고)라 함.

용법

한중일 모두 '단단하다', '굳다'의 의미로 가장 많이 사용함. '중요한 역할을 하는
인물'이라는 의미의 中堅(중견, zhōngjiā, ちゅうけん)과 같은 단어에도 사용함.
다만 중국어에서는 中堅보다 骨幹(gǔgàn)이라는 단어를 더 많이 사용함. 한국어와
일본어에서는 야구 경기의 수비수 중 가운데 지역을 맡은 선수를 中堅手(중견수,
ちゅうけんしゅ)라고 하는데, 중국어에서는 中場手(zhōngchángshǒu)라고 함.

용례

堅實(견실), 堅忍(견인), 堅決(견결)

성어

견벽청야(堅壁淸野): 성벽을 견고히 쌓고 눈앞의 들판을 깨끗이 함. 싸움에 앞서
자신의 준비 상황을 철저하게 가다듬는 일.

김

見

볼 견

갑골문	금문	전국문자	소전	예서	해서

한

見
음 견, 현
뜻 [견] 보다 /
견해, 생각
[현] 뵙다 /
보이다, 나타나다

중

见
음 jiàn, xiàn
뜻 [jiàn] 보다 /
마주치다 /
의견, 생각
[xiàn] 나타나다,
드러나다

일

見
음 けん ken, げん gen
뜻 보다 /
자기 생각, 학설 /
보이다, 나타나다

자원
회의

갑골문을 보면 사람이 무엇인가를 보고 있는 모양을 본뜬 글자임을 알 수 있음. 『설문』에서는 "의미 부분인 儿[사람 인]과 目[눈 목]으로 이루어졌으며, 본래 의미는 '보다'이다"라고 했음. 갑골문에는 머리 모양을 눈[目]으로 대신한 자형들이 많음. 가령 頁[머리 혈]의 갑골문[㓞]과 首[머리 수]의 갑골문[㘐]을 보면 '머리' 모양이 서로 비슷한데, 首의 금문[㗊]을 보면 '머리'가 '눈'으로 대체되었음을 알 수 있음.

용법

한중일 모두 '보다', '생각'의 의미로 많이 사용함. '미처 찾아내지 못하였거나 아직 알려지지 아니한 사물이나 현상, 사실 따위를 찾아냄'을 뜻하는 發見(발견, はっけん)을 중국어에서는 見 대신 現[나타날 현]을 써서 發現(fāxiàn)이라고 함. '기자들을 불러 모아서 사건이나 현상에 대해 설명하거나 해명하는 모임'을 뜻하는 記者會見(기자회견, きしゃかいけん)을 중국어에서는 記者招待會(jìzhězhāodàihuì), 記者會(jìzhěhuì)라고 함. 일본어에서는 '보다'라는 뜻의 동사로 쓰여, 新聞を見る(しんぶんをみる, 신문을 보다)와 같이 씀.

용례 意見(의견), 見聞(견문), 偏見(편견)

성어 축록자불견산(逐鹿者不見山): 사슴을 쫓는 사람은 산을 보지 못한다는 뜻. 어느 한 목표에 골몰하느라 다른 일을 생각하지 못하는 경우를 이르는 말.

강

결단할 결

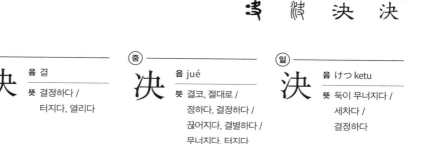

갑골문	금문	전국문자	소전	예서	해서
		灡	澫	決	決

한
決 **음** 결
뜻 결정하다 /
터지다, 열리다

중
決 **음** jué
뜻 결코, 절대로 /
정하다, 결정하다 /
끊어지다, 결별하다 /
무너지다, 터지다

일
決 **음** けつ ketu
뜻 둑이 무너지다 /
세차다 /
결정하다

자원
형성

의미 부분인 水[물 수]와 소리 부분인 夬[깍지 결, 터놓을 쾌]로 이루어졌음. 원래 '막힌 곳을 뚫어 물을 잘 흐르게 하다'라는 의미임. 夬은 손에 무엇인가를 들고 있는 모양으로, 막힌 것을 뚫는 모양에서 '터지다', '정하다'의 의미로 확대되었음. 또한 부정어와 함께 써서 '결코' 등의 의미로 쓰였음.

용법

한중일 모두 '정하다'의 의미로 많이 사용함. 부정의 의미를 더욱 강조하기 위해 중국어에서는 부정어를 덧붙여 決不(juébù, 결코 ~하지 않다)라고 쓰고, 일본어에서는 決して(けっして, 결코)라고 씀. 그 외에 한국어와 일본어에서는 '대금이나 증권의 수불에 의하여 거래를 청산하는 것'을 決濟(결제, けっさい)라고 하는데, 중국어에서는 結帳(jiézhàng)이라 함. '결정하여 조처하다'라는 의미의 處決(처결, chǔjué)은 중국어에서는 '사형을 집행하다'라는 의미로 주로 쓰임. 한국어와 일본어에서는 處決(처결, しょけつ)를 '결정하여 조처하다'의 의미로만 사용함.

용례 決裂(결렬), 決然(결연), 決定(결정)

성어 속전속결(速戰速決): 빨리 싸워 승부를 금세 가림. 싸움을 오래 끌지 않고 신속하게 나아가 승부를 가리는 일.

潔

깨끗할 결

갑골문	금문	전국문자	소전	예서	해서
			潔	潔	潔

한 潔 음 결
뜻 깨끗하다, 청렴하다 /
간결하다

중 洁 음 jié
뜻 깨끗하다, 청렴하다 /
간결하다

일 潔 음 けつ ketu
뜻 깨끗하다 /
간결하다

자원
형성
의미 부분인 水[물 수]와 소리 겸 의미 부분인 絜[헤아릴 혈]로 이루어짐.『설문』은
絜을 "삼 한 다발"로 풀이하였는데, 칼[刀]과 줄[糸]을 이용하여 삼[丰]을 묶은 모습으로
이해할 수 있음. 여기에서 '둘레'라는 의미가 생겼고, 묶어놓으면 가지런하므로
'깨끗하다'라는 의미가 더해짐. 潔의 이체자로 洁[물 길]도 있음. 현대 중국어에서
洁은 潔의 간화자로 사용됨.

용법
한중일 모두 '깨끗하다', '간결하다'의 의미로 많이 사용함. 또한 清廉潔白(청렴결백)
에서처럼 '품행이 바르고 청렴하다'라는 뜻으로도 쓰임. 대체로 좋은 의미에 쓰이는
글자이나 潔癖(결벽, jiépǐ, けっぺき)와 같이 너무 깨끗해서 오히려 좋지 않은 습성을
가리키기도 함.

용례
潔白(결백), 潔癖(결벽), 簡潔(간결)

성어
청렴결백(清廉潔白): 마음이 깨끗하고 곧아 재물을 탐하지 않음. 바르고 깨끗한
사람을 일컫는 표현.

김

結 맺을 결

갑골문	금문	전국문자	소전	예서	해서
			結	結	結

한

結 음 결
뜻 맺다, 묶다, 매다 /
끝내다, 마치다 /
엉기다

중

结 음 jiē, jié
뜻 [jiē] 열매를 맺다
[jié] 매다, 묶다 /
엉기다 / 종료하다

일

結 음 けつ ketu, けち keti
뜻 맺다, 결부하다 /
맹세를 하다 /
결말이 나다

자원
형성

의미 부분인 糸[가는 실 멱]과 소리 부분인 吉[길할 길]로 이루어짐. 『설문』에서는 "묶는다"라고 풀이하였음. 즉 '실로 매듭을 짓고 연결하는 것'을 뜻하여 이로부터 '맺다', '묶다', '연결하다' 등의 의미가 나오게 되었음. 이후 '함께 모여 엉켜 있는 사물'이나 '서로 관계 지어지는 일' 등을 뜻하게 되었고, '어려운 일의 가장 중요한 부분'을 비유하는 데도 쓰였음.

용법

한중일 모두 '맺다', '묶다', '마치다'의 의미로 많이 사용함. 한국어와 중국어에서는 結構(결구, jiégòu)처럼 '짜임새', '구조'의 의미로도 사용하는데, 일본어에서 結構(けっこう)는 '훌륭함', '부족함이 없음'이라는 의미임. 한국어에서 結(결)은 글의 체계를 기승전결로 구분할 때의 '넷째 단계'를 뜻하기도 함. 중국어에서 結賬(jiézhàng)은 '계산하다'라는 의미인데, 한국어와 일본어에서는 사용하지 않는 단어임.

용례

結果(결과), 結論(결론), 結婚(결혼)

성어

결자해지(結者解之): 끈을 묶은 사람이 그것을 푼다는 뜻으로, 문제를 야기한 사람이 그것을 해결해야 함을 이르는 표현.

036

輕

가벼울 경

갑골문	금문	전국문자	소전	예서	해서
			輕	輕	輕	輕

한 輕
음 경
뜻 가볍다 /
가벼이 여기다 /
경솔하다

중 轻
음 qīng
뜻 가볍다, 얕다 /
경박하다 /
경시하다

일 軽
음 けい kei, きん kin
뜻 가볍다 / 경솔하다 /
업신여기다

자원
형성
의미 부분인 車[수레 거]와 소리 부분인 巠[물줄기 경]으로 이루어짐. 車는 금문(☒)
에서 수레의 형상을 사실적으로 그렸는데, 자형이 줄어 오늘날의 자형이 되었음.
巠은 經[지날 경]의 본자로 베 짜는 베틀을 그렸음. 베틀[巠]처럼 날렵하고
가벼운 수레[車]라는 의미에서 '가볍다', '경쾌하다'의 의미가 나왔음. 이후 '나이가
젊다'라는 뜻도 갖게 되었는데, '젊은이'를 한국어에서는 靑年(청년)이라고 하지만,
중국어에서는 年輕人(niánqīngrén)이라고 함.

용법
한중일 모두 '가볍다'의 의미로 많이 사용함. 일본어에서는 '간단한 식사'를 의미하는
輕食(けいしょく)처럼 '간단하다'라는 뜻으로도 쓰이는데, 한국어에서도 이의
영향을 받아 '간단한 서양식 일품요리'를 뜻하는 輕洋食(경양식)이라는 말이
생겨났음. 이에 반해 중국에서는 '간단한 식사'를 便飯(biànfàn)이라 하고, '라면'은
方便面(fāngbiànmiàn)이라 하여 便[편할 편]을 씀. 그런가 하면 중국어에서는 年輕
(niánqīng)처럼 '나이가 어리거나 젊음'이라는 뜻도 있음. 또 중국어에서는 부담이
적은 것을 뜻하기도 하여, 일의 부담이 적을 때 工作輕(gōngzuòqīng)이라고 표현함.

용례 輕率(경솔), 輕視(경시), 輕重(경중)

성어 경거망동(輕擧妄動): 가벼운 움직임과 어이없는 행위. 경솔해서 남의 비난을 살 만한
행동을 하는 것을 이르는 말.

하

慶 경사 경

| 갑골문 | 금문 | 전국문자 | 소전 | 예서 | 해서 |

한
慶 음 경
뜻 경사, 축하하다

중
庆 음 qìng
뜻 축하하다 / 길하다

일
慶 음 けい kei
뜻 경사, 축하하다

자원
형성

두 개의 의미 부분인 鹿[사슴 록]과 心[마음 심]으로 이루어져 '귀한 사슴 가죽을 선물하다'라는 의미를 표현하고 있음. 전국문자에서 사슴의 꼬리 부분이 떨어져 나오면서 소전에 이르러 夊[뒤져 올 치]로 잘못 바뀐 것이 해서의 형태가 되었음. 갑골문과 금문에서는 鹿 이외에 廌(치), 麋(미) 등 다양한 형태의 사슴이 보이고 있음. 중국 고대사회에서 축하할 일이 생기면 귀한 사슴 가죽을 주고받았는데, 여기에서 비롯되어 '축하하다', '좋은 일' 등 의미로 확대 사용하고 있음.

용법

한중일 모두 '축하'의 의미로 가장 많이 사용함. 한국어와 일본어에서 '축하할 만큼 매우 기쁘고 즐거운 일'을 慶事(경사, けいじ)라고 하는데, 중국어에서는 喜[기쁠 희]를 써서 喜事(xǐshì)라고 함. 또한 '나라의 경사를 축하하기 위하여 국가에서 법률로 정해 놓은 공휴일'을 한국어와 중국어에서는 國慶日(국경일, guóqìngrì)라고 하지만, 일본어에서는 '넓은 의미의 공휴일'을 뜻하는 旗日(はたび)를 사용함.

용례

慶祝(경축), 慶賀(경하)

성어

적선여경(積善餘慶): 착한 일을 많이 하면 좋은 일이 이어짐. 남에게 베풀어 덕을 쌓은 집안은 후대까지 좋은 일이 생긴다는 뜻.

更

고칠 경, 다시 갱

갑골문	금문	전국문자	소전	예서	해서
				更	更

한

更

음 경, 갱

뜻 [경] 고치다, 바꾸다 /
경(하룻밤을 다섯으로
나눈 시간의 단위)
[갱] 다시

중

更

음 gēng, gèng

뜻 [gēng] 고치다,
바꾸다 /
경험하다 / 경
[gèng] 더욱, 훨씬 /
다시, 또

일

更

음 こう kou

뜻 바꾸다, 새로워지다 /
교대하다 / 경

자원
회의

의미 부분 攴[칠 복]과 소리 겸 의미 부분 丙[남녘 병]으로 이루어짐. 손에 막대기를
쥐고 무엇인가를 움직이는 모습으로 '옮기다', '바꾸다'의 뜻을 나타냈음. 자형에
변화가 생겨 현재의 자형이 되었고, '고치다', '다시' 등의 의미가 더해졌음. 또한
고대에는 일몰부터 일출까지 하룻밤을 다섯으로 나누어 부르는 시간 단위를 更이라
했는데, 가령 19시에서 21시까지는 初更(초경), 그 다음 21시에서 23시까지는
二更(이경)이라 하였음.

용법

한중일 모두 '바꾸다', '다시' 등의 의미로 많이 사용함. 삼국 모두 성년기에서 노년기로
접어드는 시기를 更年期(갱년기, gēngniánqī, こうねんき)라고 표현함. 중국어에서는
'더욱이', '훨씬' 등의 부사로 자주 쓰여 更重(gèngzhòng, 훨씬 무겁다), 更進一步(gèngjìn
yíbù, 한걸음 더 나아가)와 같이 쓰임. 일본어에서는 혼인 외의 다른 여자와 관계를
맺는 것을 의미하기도 함.

용례

變更(변경), 更生(갱생), 更新(갱신)

성어

개현경장(改弦更張): 거문고의 줄을 고쳐 단단히 맴. 정치적·사회적으로 분위기를
고쳐 개혁하는 일.

김

敬

공경 경

갑골문	금문	전국문자	소전	예서	해서

한 —— 敬 음 경
뜻 존경하다 / 삼가다

중 —— 敬 음 jìng
뜻 존경하다 / 삼가 / 공손히 올리다

일 —— 敬 음 けい kei, きょう kyou
뜻 존경하다, 공경하다 / 일에 조심하다

자원
회의

두 개의 의미 부분인 苟[진실로 구]와 攵[칠 복]으로 이루어짐. 곽말약(郭沫若)은 苟를 '개가 귀를 세우고 앉아 긴장을 늦추지 않고 경계하는 모습'을 본뜬 것으로 판단하였는데, 여기서 의미가 확장되어 '공경'의 뜻을 가지게 되었다고 하였음. 이후 손에 몽둥이를 들고 있는 모습을 본뜬 攵을 더하여 지금의 敬이 되었으며, 이것은 개를 몰고 와서 경계를 서는 모습을 묘사한 것으로 보았음. 그러나 이와 같은 자형 분석에 대해서는 이견이 존재함. 다만 苟는 敬의 초기 자형으로 둘 사이에 상관성이 있음. 『설문』에서는 苟를 "급히 자신을 삼가는 것"이라고 했으며, 敬에 대해서는 "엄숙하다"로 풀이하였음. 둘 모두 이미 의미가 확대된 것으로 서로 연관성을 가지고 있음.

용법

한중일 모두 '존경'과 '공손히 받들어 모심'의 의미로 가장 많이 사용함. 중국어에서는 술이나 음식 등을 공손하게 올린다는 의미로도 쓰임. 가령 술을 공손하게 권하는 것을 敬酒(jìngjiǔ)라고 함. '공경을 표하기 위해 하는 인사'를 뜻하는 敬禮(경례, jìnglǐ, けいれい)는 한중일에서 같은 의미로 통용되는데, 중국어에서는 서신의 말미에 쓰는 '삼가 아뢰다'라는 뜻으로도 사용됨.

용례 敬老(경로), 敬意(경의), 恭敬(공경)

성어 경이원지(敬而遠之): 겉으로는 공경하는 체하면서 속으로는 멀리함. 존경하기는 하되 꺼리어 멀리하는 것을 이르는 표현임.

오

經

지날 경, 글 경

갑골문	금문	전국문자	소전	예서	해서
經	經	經	經	經	經

한 ─────

經

음 경

뜻 지나다 / 다스리다 /
글, 경서 / 날실

중 ─────

经

음 jīng, jìng

뜻 [jīng] 지나다,
거치다 / 경험하다 /
견디다 / 경서
[jìng] 베를 짜다

일 ─────

経

음 けい kei,
きょう kyou,
きん kin

뜻 날실 /
길(남북의 방향) /
경서, 불경 /
지나다

자원
회의

의미 부분인 糸[가는 실 멱]과 소리 겸 의미 부분인 巠[물줄기 경]으로 이루어짐. 糸은
'한 타래 실'의 모양을 본뜬 것으로 '실'의 뜻을 나타냄. '베틀'과 '날실'의 모양을 본뜬
巠은 원래 經의 본뜻인 '날실'을 나타냈는데, 그 뜻을 분명히 하기 위해 糸을 더한
것임. 『설문』에서는 "짜다"라고 풀이하였음. 편직에서 가장 중요한 것이 '세로로
놓인 날실'이므로 '세로로 된 것', '가장 중요한 것' 등의 의미를 나타내게 되었음.
이와 교직하는 방향으로 놓인 '가로로 놓인 씨실'을 나타내는 글자는 緯[씨 위]인데,
이로써 經緯(경위)는 縱橫(종횡)과 함께 '가로와 세로'를 뜻하는 단어로 쓰였음.

용법

한중일 모두 '지나다', '글', '날실'의 의미로 사용함. 한국어와 일본어에서 '일의
전말'을 나타낼 때 經緯(경위, いきさつ)를 쓰는데, 중국어에서는 經過(jīngguò),
原委(yuánwěi), 始末(shǐmò)를 주로 사용함. 베틀의 씨실과 날실을 經緯(경위)라고
하듯이 지구의 남북을 가른 선을 經(경)이라 하고 동서로 가른 선을 緯(위)라고 함.
또한 '글'의 의미도 담고 있어서 중국 사상학술에서 가장 근본적이고 중요한 유가의
전적을 經書(경서, jīngshū)라고 함.

용례

經過(경과), 經書(경서), 經營(경영), 經緯(경위)

성어

경세제민(經世濟民): 세상을 바로잡고 백성을 구함.

驚

놀랄 경

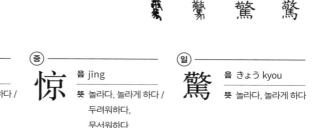

갑골문	금문	전국문자	소전	예서	해서
		驚	驚	驚	驚

한 驚
음 경
뜻 놀라다, 놀라게 하다 / 두려워하다

중 惊
음 jīng
뜻 놀라다, 놀라게 하다 / 두려워하다, 무서워하다

일 驚
음 きょう kyou
뜻 놀라다, 놀라게 하다

자원
회의

의미 부분인 馬[말 마]와 소리 부분인 敬[공경 경]으로 이루어짐. 『설문』에서는 "말이 놀란 것이다"라고 풀이하였음. 驚은 처음에는 '말이 놀란 것'이라는 의미로 사용되었으나, 시간이 지나면서 일반적으로 '사람이 놀라다'라는 의미로 확장되었음. 처음에는 동물에 해당되는 의미로 만들어졌다가 시간이 지나면서 사람에게까지 두루 쓰이게 된 글자로, 또 다른 예로 '돼지우리'를 뜻하던 家[집 가]가 '사람이 사는 집'으로 의미가 변한 경우, '제사용 소를 키우던 우리'라는 뜻이었던 牢[우리 뢰]가 이후 '사람을 가두는 감옥'이라는 의미로 변한 경우 등을 들 수 있음.

용법

한중일 모두 '놀라다', '두려워하다'의 의미로 많이 사용함. 중국어에서도 '두려워하다'의 의미로 쓰이는데, 특히 '말이 놀라다', '놀라 날뛰다'의 의미로도 쓰임. 이는 아마도 글자를 구성한 편방에 馬[말]이 있기 때문인 것으로 보임. 그런데 중국어의 간화자는 惊으로 써서 '말'이 사라졌음. 또한 한국어와 일본어에서는 '(뜻밖의 일에) 놀라서 충격을 받는 것'을 驚愕(경악, きょうがく)라고 하지만, 중국어에서는 驚愕(jīng'è) 외에도 震驚(zhènjīng)이라는 표현을 자주 사용함.

용례

驚愕(경악), 驚異(경이), 驚歎(경탄)

성어

타초경사(打草驚蛇): 풀을 쳐 뱀을 놀라게 함. 한쪽을 징벌하여 다른 한쪽을 긴장하게 하는 행위를 이르는 표현.

윤

75

競 다툴 경

갑골문	금문	전국문자	소전	예서	해서
芡芡	룡룡	趴	驡	競	競

한
競
음 경
뜻 다투다 / 겨루다 /
굳세다

중
竞
음 jìng
뜻 다투다 / 겨루다 /
강하다

일
競
음 きょう kyou,
けい kei
뜻 다투다 / 경쟁하다

자원
회의
갑골문을 보면 무언가로 머리를 장식한 두 사람이 앞서거니 뒤서거니 경쟁하는
모습을 본뜬 글자임을 알 수 있음. 시간이 흐르면서 사람의 머리 부분이 言[말씀 언]
으로 잘못 바뀌었고, 예서에서 또 한 번 필획이 변형되면서 立[설 립]과 口[입 구]로
분리되어 해서의 형태가 되었음. 현대 옥편에서 부수를 立으로 분류하고 있지만
의미상 아무런 관련이 없음.

용법
한중일 모두 '겨루다'라는 의미로 가장 많이 사용함. 한국어와 일본어에서 '일정한
거리를 달려 빠르기를 겨루는 경기'를 競走(경주, きょうそう)라고 하는데, 중국어에서
競走(jìngzǒu)는 육상경기 競步(경보)를 뜻함. 한국어와 일본어에서는 '물건 값을
가장 높게 부르는 사람에게 파는 것'을 競賣(경매, きょうばい)라고 하나 중국어에서는
拍賣(pāimài)라고 함.

용례
競技(경기), 競選(경선), 競爭(경쟁)

성어
쟁장경단(爭長競短): 서로 장점과 단점을 두고 다툼.

耕 밭갈 경

갑골문	금문	전국문자	소전	예서	해서
		耕	耕	耕	耕

한

耕 음 경
뜻 밭을 갈다 /
농사 짓다 /
생계를 꾸리다

중

耕 음 gēng
뜻 밭을 갈다 /
생계를 꾸리다

일

耕 음 こう kou
뜻 밭을 갈다 /
생계를 꾸리다

자원
형성
의미 부분인 耒[가래 뢰]와 소리 부분인 井[우물 정]으로 이루어짐. 井의 모양으로
토지를 나누는 것을 井田(정전)이라고 했는데, 이렇게 보면 井이 耕의 소리뿐 아니라
의미와도 관련되어 있음을 알 수 있음. 耒는 '쟁기'를 본뜬 글자에 木[나무 목]을 합친
글자였는데, 자형 변천을 거쳐 현재의 모습으로 변한 것임.

용법
한중일 모두 '밭을 갈다', '농사 짓다'라는 의미로 많이 사용함. 자기 땅에 자신이 직접
짓는 농사를 중국어에서는 自耕農(zìgēngnóng)이라고 하는데, 한국어와 일본어에서는
自作農(자작농, じさくのう)로 표현함. 또한 한국어와 일본어에서는 농사를 대신해 文筆
(문필)로 생계를 꾸려나가는 것을 筆耕(필경, ひっこう)라고 함.

용례
耕作(경작), 農耕(농경), 水耕(수경)

성어
임경굴정(臨耕掘井): 농사를 지을 때가 되어서야 우물을 파는 행위. 급한 상황이 닥친
뒤에야 움직인다는 뜻으로 준비 부족을 일깨우는 표현.

박

景

볕 경, 그림자 영

갑골문	금문	전국문자	소전	예서	해서
			景	景	景

한 景
음 경, 영
뜻 [경] 볕, 햇빛 /
경치, 풍치 /
남풍, 바람 이름 /
밝다, 환하다 / 크다
[영] 그림자

중 景
음 jǐng
뜻 (~儿) 경치, 풍경 /
배경, 무대 세트 /
현상, 상황 /
존경하다

일 景
음 けい kei
뜻 볕, 햇빛 /
경치, 풍치 /
우러러보다 /
크다 / 경(연극에서
교체되는 장면)

자원
형성

의미 부분인 日[날 일]과 소리 부분인 京[서울 경]으로 이루어짐. 태양[日]이 높은 집[京]들 위를 비추는 모습으로부터 '빛'이라는 뜻이 나왔고, 다시 '풍경'과 '우러러보다'의 의미로 확대되었음. 이후 의미를 더 강조하고자 강렬한 햇살을 뜻하는 彡[터럭 삼]을 더하여 影[그림자 영]으로 분화했음. 의미 부분으로 쓰인 日은 원래 태양을 본뜬 글자였음. 또 소리 부분으로 쓰인 京은 갑골문에서 기단 위에 높다랗게 지어진 집을 그려 '높은 집'의 뜻을 나타냈는데, 이후 높은 집들이 즐비하게 늘어선 '서울'까지 지칭하게 되었음.

용법

한중일 모두 '경치'와 '풍경', '배경'의 의미로 가장 많이 사용함. 일본어에서는 '연극 등의 단락'을 뜻하여 한국어의 第一幕(제일막)을 第一景(だいいっけい)이라 하고, 중국어에서는 場景(chǎngjǐng, 장면)이라는 단어를 사용함. 또 한국어와 일본어에서는 상품을 사는 손님에게 곁들여주는 물품을 景品(경품, けいひん)이라 하는데, 중국어에서는 이를 贈品(zèngpǐn)이라 함. 또 한국어에서는 景慕(경모)나 景仰(경앙)과 같이 '우러러 받들다'라는 의미로도 쓰이는데, 현대 중국어에서는 쓰이지 않는 용법임.

용례 景氣(경기), 景致(경치), 背景(배경)

성어 경승지지(景勝之地): 풍경이 매우 뛰어난 곳.

서울 경

갑골문	금문	전국문자	소전	예서	해서

한

京
음 경
뜻 서울, 수도 /
크다, 높다 /
경(수의 단위)

중

京
음 jīng
뜻 수도 / 북경(北京) /
경(고대의 숫자 단위)

일

京
음 きょう kyou,
けい kei, きん kin
뜻 서울 / 동경(東京)의
준말 / 크다, 높다 /
경(수의 단위)

자원
상형
갑골문은 인위적으로 만든 성벽과 그 위의 지붕을 덮은 망루의 모습을 본뜬 것임.
『설문』에서는 "사람이 만들어놓은 매우 높은 언덕이다"라고 풀이하였음. 한 나라의
서울은 성벽으로 둘러싸서 방어를 하였기에 후에 '서울'이라는 의미로 쓰이게 된
것임. 高[높을 고]와 비교해 보면, 아래에 문이 있고 없고의 차이가 있음. 일설에 京의
아래 세로획[|]은 지사 부호라고 함.

용법
한중일 모두 '수도'를 京이라 부름. 한국에서는 京이 서울을 가리키고, 중국에서는
북경을, 일본에서는 동경을 가리키는 것임. 이에 따라 수도인 도시로 가는 것을
上京(상경, shànjīng, じょうきょう)라고 표현함. 중국어에서 京劇(jīngjù)나 京戲
(jingxi)는 수도인 북경 지역의 전통극만을 가리킴.

용례
京鄕(경향), 上京(상경)

성어
경화자제(京華子弟): 번화한 수도에 사는 좋은 집안의 자제. 귀족 등 좋은 가문
출신으로 수도에 살고 있는 젊은이를 가리키는 표현.

계절 계

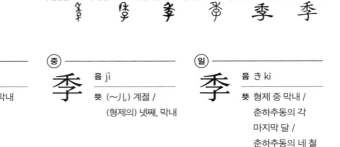

갑골문	금문	전국문자	소전	예서	해서

한

季 음 계

뜻 계절 / 끝, 막내

중

季 음 jì

뜻 (~儿) 계절 /
(형제의) 넷째, 막내

일

季 음 き ki

뜻 형제 중 막내 /
춘하추동의 각
마지막 달 /
춘하추동의 네 철

자원
회의

갑골문과 금문은 禾[벼 화]와 子[어린아이 자]를 본뜬 모습임. 임의광(林義光)[*]은
어린 벼를 나타내는 稺[어린 벼 치]의 고문으로 보았음. 집안에서 어린아이는 항렬이
가장 마지막이므로 이후 뜻이 확장되어 '마지막', '끝' 등의 의미를 가지게 되었음. 한편
춘하추동 각 절기가 마지막으로 끝남이라는 것에서 확장되어 '계절', '절기'의 의미
또한 지니게 되었음. 『설문』에서는 "나이 어린 사람을 일컫는 호칭"으로 풀이하였음.
이것은 이미 확대된 의미를 본뜻으로 오해한 것임.

용법

한중일에서 모두 '절기'의 의미로 가장 많이 사용함. '형제의 차례'를 나타내는
伯仲叔季(백중숙계)에서 보듯이 '막내'라는 의미로도 사용함. 한국어의 盛需期
(성수기)와 非需期(비수기)를 중국어에서는 旺季(wàngjì)와 淡季(dànjì)로 표현함.

용례

季刊(계간), 季節(계절), 冬季(동계)

성어

백중숙계(伯仲叔季): 첫째, 둘째, 셋째, 막내라는 뜻으로, 사형제의 순서를 이르는 말.

[*] ?~1932, 중국의 저명한 고문학 연구자임. 주요 저술에 『문원文源』이 있음.

오

047

計 셀 계

갑골문	금문	전국문자	소전	예서	해서
			計	計	計

한

計

음 계

뜻 세다, 계산하다 /
꾀하다 /
합계, 총계

중

计

음 jì

뜻 세다, 계산하다 /
계획하다
계기, 계량기

일

計

음 けい kei

뜻 수를 세다, 계산하다 /
계량하기 위한 장치 /
짐작하다, 헤아리다 /
합계, 총계

자원
회의

'말하다'라는 뜻을 나타내는 言[말씀 언]과 단위 숫자 가운데 가장 큰 수인 十[열
십]으로 이루어져 '계산하다'라는 뜻을 나타냄. 옛날에는 셈하는 도구가 없어 사람의
입으로 숫자를 불러가며 계산했기 때문에 이런 조합으로 그 뜻을 표현한 것으로 보임.
후에 '계획하다', '꾀하다'의 의미가 더해졌고, 무게나 온도 등을 재는 기구인 '계기'의
뜻도 표현하게 되었음.

용법

한중일 모두 '계산하다', '계획하다'라는 의미로 가장 많이 사용함. 한국어와 중국어
에서는 '한데 합하여 계산한 수'를 합계(合計, héjì)나 총계(總計, zǒngjì)로 표현하는데,
일본어에서는 計(けい) 한 글자로 표현하는 것이 일반적임. 중국어에서 計較(jìjiào)는
'따지다'라는 뜻인데, 부정형은 計 하나로 줄여 써서 不計(bújì)라고 표현함.

용례

計算(계산), 計劃(계획), 設計(설계)

성어

삼십육계(三十六計): 서른여섯 가지 방도, 또는 서른여섯 번째 계책이라는 뜻. 중국의
병법서《삼십육계》에 나오는 말로, 다른 방도가 없을 때는 도망치라는 내용.

류

界

지경 계

갑골문	금문	전국문자	소전	예서	해서
			畍	界	界

한
界 음 계
뜻 지경, 경계 / 한계 / 부근

중
界 음 jiè
뜻 경계 / 범위, 한계 / 계, 분야

일
界 음 かい kai
뜻 경계 / 범위, 한계 / 계

자원
형성

의미 부분인 田[밭 전]과 소리 부분인 介[낄 개]로 이루어져 '경계'라는 뜻을 나타냄. 소전은 田과 介가 좌우 구조였는데 예서에 와서 상하 구조로 바뀌었음. 소리 부분인 介의 갑골문[🧍]은 사람이 갑옷을 입고 있는 모양을 본떠 만든 것으로 알려져 있음. 그러나 『설문』에서는 介를 人[사람 인]과 八[여덟 팔]로 이루어져 있다고 하고, 본래 의미는 "줄을 긋다"라고 했음. 즉 밭[田]에 줄을 그은 것[介]이 경계[界]인 셈인데, 介를 단순히 界의 소리 부분으로 보는 견해도 있음.

용법

한중일 모두 '경계'와 '영역'의 의미로 많이 사용함. 한국어와 일본어에서는 '같은 산업이나 상업에 종사하는 사람들의 활동 분야'를 業界(업계, ぎょうかい)라고 하는데, 중국어에서는 行業(hángyè)라는 표현을 씀. 또한 한국어와 일본어에서는 공업과 상업을 함께 일러 商工業界(상공업계, しょうこうぎょうかい)라고 표현하지만, 중국어에서는 工商界(gōngshāngjiè)라고 표현함.

용례

境界(경계), 分界線(분계선), 世界(세계)

성어

삼천세계(三千世界): 불교에서 말하는 3천 개의 세계. 우주의 무한한 넓이와 크기를 일컬음.

강

告

고할 고

갑골문	금문	전국문자	소전	예서	해서

한

告

음 고

뜻 고하다, 알리다 /
발표하다 /
여쭈다,
(안부를) 묻다

중

告

음 gào

뜻 말하다, 알리다 /
고발하다, 신고하다 /
청구하다

일

告

음 こく koku

뜻 알리다 /
아뢰다, 여쭈다 /
호소하다

자원
회의

소를 뜻하는 牛[소 우]와 울음을 뜻하는 口[입 구]가 합쳐져 '소의 울음'을 뜻하게
되었고, 이를 통해 '알리다'의 뜻을 나타냈음. 이후 言[말씀 언]을 더해 만들어진
誥[고할 고]와 뜻이 통함. 소는 사람의 말을 가장 잘 듣는 가축임. 이 글자는 갑골문
에서부터 쓰였는데, 이를 통해 중국 은(殷)나라 때부터 사람들이 소를 가축으로
길렀고, 그 당시에도 소가 사람의 말을 잘 듣는 가축이었음을 알 수 있음.

용법

한중일 모두 '알리다'의 의미로 가장 많이 사용함. 한국어와 일본어에서 '피해자가
어떤 사실을 수사기관에 알려 판결을 구하다'라는 의미를 告訴(고소, こくそ)라고
쓰는데, 중국어에서는 이 告訴(gàosù)를 '알려주다'라는 의미로 씀. 일본어에서
名告り(なのり)는 '자신의 이름을 말하다'라는 의미임.

용례

告白(고백), 告別(고별), 警告(경고), 廣告(광고)

성어

이실직고(以實直告): 사실 그대로 고함. 거짓을 섞지 않고 바른 대로 말하는 것을 이름.

박

83

固

굳을 고

갑골문	금문	전국문자	소전	예서	해서

한

固

음 고

뜻 굳다, 단단하다 /
완고하다 /
본디, 원래 / 굳이

중

固

음 gù

뜻 굳다, 견고하다 /
견고히 하다 /
굳이, 단호히 /
본래

일

固

음 こ ko

뜻 굳다, 견고하다 /
딱딱하다 /
본래, 처음부터

자원
회의

의미 부분인 □[에워쌀 위]와 소리 겸 의미 부분인 古[옛 고]로 이루어짐. □는
'둘러싸다'라는 의미를 지닌 圍[에워쌀 위]의 본자이고 古는 '오래되다'라는 의미를
지녔음. 오래되다 보면 그것이 관습이 되어 점차 굳게 되는데, 이로써 '굳다',
'견고하다'의 의미로 쓰였음. 한편 굳고 견고한 것은 우물 안 개구리처럼 시야가 좁고
융통성이 없다는 점에서 '고루하다', '완고하다', '처음부터'의 의미로 확대되었음.

용법

한중일 모두 '굳다', '견고하다', '고루하다'의 의미로 가장 많이 사용함. 중국어에서는 이
외에 搭固(dāgù)와 같이 '두 사물을 견고하게 연결하다'라는 뜻으로 쓰이기도 하고,
固然(gùrán)처럼 '물론 ~이거니와'라는 뜻의 접속사로도 쓰임.

용례

固有(고유), 固執(고집), 堅固(견고)

성어

강고무비(強固無比): 강하고 굳세기가 비할 데 없음. 아주 강하고 굳센 사람이나
상황을 일컫는 표현.

김

高 높을 고

갑골문	금문	전국문자	소전	예서	해서
亯	高	髙	高	高	高

한
高 음 고
뜻 높다 / 훌륭하다 /
비싸다

중
高 음 gāo
뜻 높다 / 비싸다 /
존경하다

일
高 음 こう kou
뜻 높다 / 비싸다 /
고상하다

자원
상형
갑골문을 보면 윗부분은 지붕이고, 중간은 몸체, 아랫부분은 땅을 다져 만든 기단으로 높게 지은 건축물을 그렸음. 금문에서는 여러 층의 구조로 변했는데, 한(漢)나라 때 출토된 건물 모형에서는 이미 5~6층 건물까지 등장했음. 이렇듯 高의 원래 뜻은 '높다'이고, 이로부터 '고상함'이나 '지위의 높음'까지 뜻하게 되었음. 高가 의미 부분으로 쓰인 글자들은 모두 '높다'라는 뜻을 나타내는데, 예를 들어 嵩[높을 숭]은 높은[高] 산(山)을 뜻함.

용법
한중일 모두 '높다'라는 뜻에서 '훌륭하다', '고상하다', '비싸다' 등의 의미로 확장되어 쓰임. 한국어와 중국어에서는 금액이나 수량이 '많다'는 것을 표현할 때 多(다, duō)를 쓰지만, 일본어에서는 高(こう)를 많이 씀. '값이 많이 뛰어오르다'를 의미하는 高騰(こうとう), 그리고 '정신이나 기분 따위를 북돋우다'를 의미하는 高揚(こうよう)와 같은 단어가 그 예임. 또 중국어에서는 質量高(zhiliànggāo, 품질이 좋다)처럼 '어떤 표준이나 기준을 넘어서다'라는 뜻으로도 쓰임. 한국어와 중국어에서는 '나이가 많은 사람'을 高齢(고령, gāolíng)이라고 하지만, 일본어에서는 高年(こうねん)이라고 함.

용례
高價(고가), 高級(고급), 最高(최고)

성어
고침안면(高枕安眠): 베개를 높이 베고 편안히 잔다는 뜻으로, 걱정이나 근심이 없는 평안한 상태에서 보내는 시간을 이르는 말.

생각할 고

갑골문	금문	전국문자	소전	예서	해서

한

考

음 고

뜻 자세히 생각하다 /
늙다 / 죽은 아버지 /
치다, 두드리다

중

考

음 kǎo

뜻 시험을 보다 /
생각하다 / 늙다
죽은 아버지

일

考

음 こうkou

뜻 조사하다, 시험하다 /
곰곰이 생각하다 /
돌아간 아버지

자원
형성

갑골문을 보면 考[생각할 고]와 老[늙을 노]는 모두 머리가 길고 허리가 굽은 노인이 지팡이를 짚고 있는 형상을 본뜬 것인데, 다만 지팡이의 모양만 조금씩 다름. 『설문』에서는 "考는 '늙었다'라는 뜻이다. 老의 생략한 자형을 의미 부분으로 삼고, 丂[공교할 교]를 소리 부분으로 삼았다"라고 하였음. 한편 老에 대해서 『설문』은 "老는 '늙었다'의 뜻이다. 70세를 老라고 한다. 人[사람 인], 毛[털 모], 匕[비수 비] 모두 뜻 부분이며, 수염과 머리카락이 하얗게 변했음을 말하는 것이다"라고 풀이하였음. 허신(許愼)*은 考와 老처럼 같은 부수에 속하면서 서로 호훈하는 글자를 전주(轉注)라고 정의하였음.

용법
한중일 모두 '생각하다', '고려하다', '살피다'의 의미로 가장 많이 사용함. 또한 考試 (고시, kǎoshi, こうし)처럼 '시험'이라는 의미로도 사용함. 한국어와 일본어에서는 돌아가신 자신의 아버지를 일컫는 말로도 사용함.

용례
考慮(고려), 思考(사고), 再考(재고)

성어
재고삼사(再考三思): 다시 생각하고 또 생각함. 여러 가지 궁리를 거듭하는 것을 이르는 표현.

---

* 30~120, 중국 후한의 경학자이자 문학자임. 한자의 형(形)의(義)음(音)을 체계적으로 해설한 『설문해자說文解字』를 대표 저서로 남김.

윤

苦 쓸 고

갑골문	금문	전국문자	소전	예서	해서
			苦	苦	苦

한 苦
음 고
뜻 쓰다, 쓴맛 /
힘쓰다, 괴롭다

중 苦
음 kǔ
뜻 쓰다 / 힘들다,
고생스럽다 /
꾸준히

일 苦
음 く ku
뜻 맛이 쓰다 /
고생하다,
괴로워하다 /
수고하다

자원
형성

의미 부분인 艸[풀 초]와 소리 부분인 古[옛 고]로 이루어짐. 『설문』에서는 "아주
쓴 나물이고, 씀바귀과에 속하는 식물이다"라고 풀이하였음. 苦는 아주 쓴맛이 나는
식물로서, 여기서 '쓰다'라는 의미가 나온 것이며, 의미가 확장되어 '(어떤 일이)
힘들다', '괴롭다'라는 의미가 더해진 것으로 보임.

용법

한중일 모두 '쓰다', '괴롭다'의 의미로 사용함. 중국어에서는 남에게 일을 부탁하거나
다른 사람의 도움에 감사할 때 하는 인사말로 辛苦(xīnkǔ)라는 표현을 자주
사용하는데, 이는 '고생스럽지만 부탁드립니다' 혹은 '고생하셨습니다' 정도의
의미로 해석할 수 있음. 또한 한국어와 일본어에서는 '고생을 참아내다', '노고를
아끼지 않다'의 의미를 刻苦(각고, こっく)라고 쓰는데, 중국어에서는 刻苦(kèkǔ)를
'검소하다', '소박하다'의 의미로도 사용함.

용례

苦惱(고뇌), 苦悶(고민), 苦衷(고충)

성어

도탄지고(塗炭之苦): 진구렁에 빠지고 불길에 타는 괴로움. 나쁜 정치나 전쟁 등에
시달리는 백성의 아픔을 이를 때 쓰는 표현.

윤

故 연고 고

갑골문	금문	전국문자	소전	예서	해서
	蚊	蚊	故	故	故

한
故 음 고
뜻 옛, 예로부터 /
옛것, 오래되다 /
연고, 까닭 /
사건, 사고 / 죽다

중
故 음 gù
뜻 원인, 연고 /
사건, 사고 /
고의로, 일부러 /
(사람이) 죽다

일
故 음 こ ko
뜻 옛, 예로부터 /
까닭 / 죽은 사람

자원
형성

의미 부분인 攴[칠 복]과 소리 부분인 古[옛 고]로 이루어짐. 금문에서는 古와 동일한 자형으로 발견되기도 함. 따라서 대가상(戴家祥)˚은 古와 故는 서로 통용될 수 있다고 보았음. 이로부터 '옛것', '오래된 것' 등의 의미가 나왔음. 『설문』에서는 "그렇게 되게 한 것"으로 풀이하였음. 이는 원인과 이유 등을 가리키는 것으로, 여기서 '연고', '원인', '일부러', '억지로' 등의 의미가 더해졌음.

용법

한중일 모두 '까닭', '오래된 것'의 의미로 가장 많이 사용함. 한국어와 일본어에서는 고로(故-), 이런고로(-故-)와 같이 '까닭으로'의 뜻을 나타냄. 또한 죽은 사람의 성명 앞에 쓰여 '이미 세상을 떠난'의 의미로도 사용. 삼국 모두 기계나 기구 따위가 제대로 작동하지 못하는 것을 故障(고장, gùzhàng, こしょう)라고 함.

용례

故事(고사), 故意(고의), 故鄕(고향)

성어

죽마고우(竹馬故友): 대나무 말을 타고 놀던 벗이라는 뜻으로, 어릴 때부터 함께 자란 친구를 일컬음.

˚ 1906~1998, 중국의 저명한 고문학자이자 역사학자임.

오

古 옛 고

갑골문	금문	전국문자	소전	예서	해서

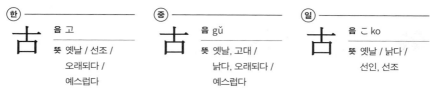

한

古 음 고

뜻 옛날 / 선조 /
오래되다 /
예스럽다

중

古 음 gǔ

뜻 옛날, 고대 /
낡다, 오래되다 /
예스럽다

일

古 음 こ ko

뜻 옛날 / 낡다 /
선인, 선조

자원
회의

원래 '타악기'를 본뜬 글자였는데, '옛날'의 뜻으로 쓰이자 攵[칠 복]을 더해 故[옛 고]를 만들었고, 이후 故 역시 '옛날'의 뜻으로 쓰이자 鼓[북 고]를 만들어 그 뜻을 나타냄. 옛날 사람들은 현악기를 발명하기 전에 타악기를 먼저 만들었을 텐데, 이 글자를 통해서도 타악기의 역사가 매우 이른 시기에 시작되었음을 알 수 있음.

용법

한중일 모두 '오래되다', '옛날'의 의미로 사용함. 한국어와 일본어에서 古物(고물, こぶつ)는 '낡은 물건', '중고품'의 뜻이지만 중국어에서 古物(gǔwù)는 '옛 물건', '골동품'의 뜻을 나타냄. 중국어에서는 '골동품'을 古董(gǔdǒng)이라고도 쓰는데, 한국어와 일본어에서는 骨董(골동, こっとう)로 씀. 중국어에서 骨董(gǔdǒng)은 '골동품'이 아닌 '잡동사니'라는 뜻으로 쓰임. 일본어에서는 '고향'을 古裏(ふるさと)라고 표현하기도 함.

용례

古代(고대), 古典(고전), 復古(복고)

성어

고희(古稀): 고래로 드문 나이라는 뜻으로, 70세를 이르는 말.

穀

곡식 곡

갑골문	금문	전국문자	소전	예서	해서
		穀	穀	穀	穀

한 穀
음 곡
뜻 곡식, 곡물 / 양식 / 기르다 / 알리다, 고함

중 谷
음 gǔ
뜻 곡식, 곡물 / 계곡, 골짜기 / 막다르다

일 穀
음 こく koku
뜻 곡물

자원
형성

의미 부분인 禾[벼 화]와 소리 부분인 殼[껍질 각]으로 이루어짐. 殼은 곡식이 딱딱한 껍질에 싸여 있다는 점에서 穀의 소리뿐만 아니라 의미와도 연관됨. 穀은 갑골문과 금문에는 보이지 않고 전국문자에 비로소 보이기 시작함. 이전에는 禾로 그 뜻을 나타내다가 그 음이 각으로 바뀌자 그 바뀐 소리에 따라 殼을 더해 만든 글자로 추정할 수 있음.

용법

한중일 모두 '곡식'이라는 의미로 가장 많이 사용함. 한국어와 일본어에서는 '곡식으로 빚은 술'을 穀酒(곡주, こくしゅ)라고 하지만, 중국어에서는 米酒(mǐjiǔ)라고 함. 한국어와 중국어에서는 '곡식 낱알의 껍질'을 穀殼(곡각, gǔké)라고 표현함. 일본어에서는 '밥벌레'를 穀潰し(ごくつぶし)라고 표현함.

용례 穀物(곡물), 穀食(곡식), 穀倉(곡창)

성어 오곡백과(五穀百果): 다섯 가지 곡식과 백 가지 과일이라는 뜻으로, 온갖 곡식과 과일을 모두 일컫는 말.

曲 굽을 곡

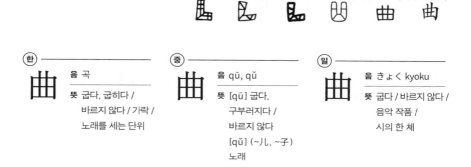

갑골문	금문	전국문자	소전	예서	해서

한

曲
음 곡
뜻 굽다, 굽히다 /
바르지 않다 / 가락 /
노래를 세는 단위

중

曲
음 qū, qǔ
뜻 [qū] 굽다,
구부러지다 /
바르지 않다
[qǔ] (~儿, ~子)
노래

일

曲
음 きょく kyoku
뜻 굽다 / 바르지 않다 /
음악 작품 /
시의 한 체

자원
상형
갑골문은 대나무나 싸리 등으로 만든 바구니를 본뜬 모양으로, 여기에서 '굽다'라는
의미가 나왔음. 굽은 것은 바르지 못하다 하여 '공정하지 않다', '정직하지 않다'의
의미로 쓰였음. 또한 음악 작품 또는 그 작품을 세는 단위로도 쓰임. 『설문』에서도
"물건을 담을 수 있게 한 네모난 기물을 말하는데, 일설에는 누에칠 때 쓰는 채반을
말한다"라고 하였음.

용법
한중일 모두 '굽다', '바르지 않다'라는 의미로 가장 많이 사용하고, 음악 작품을
세는 단위로도 많이 사용함. 한국어와 일본어에서는 曲藝(곡예, きょくげい)와
같이 '재미있는 재주'라는 의미로도 쓰이는데, 중국어에서는 이를 馬戲(mǎxì)로
표현함. 또한 중국어에서는 麴[누룩 곡/국]의 간화자로도 쓰이는데, 그 예로 做曲
(zuòqūzuòqǔ, 메주를 쑤다)가 있음.

용례
曲線(곡선), 曲解(곡해), 歪曲(왜곡)

성어
곡직불문(曲直不問): 옳고 그름을 묻지 아니함.

困 곤할 **곤**

갑골문	금문	전국문자	소전	예서	해서
困		困	困	困	困

한
困
음 곤
뜻 곤란하다, 난처하다 /
가난하다 /
곤괘, 64괘의 하나

중
困
음 kùn
뜻 고생하다 /
곤란하다, 곤궁하다 /
포위하다

일
困
음 こん kon
뜻 곤란하다 /
고생하다

자원
회의
두 개의 의미 부분인 □[에워쌀 위]와 木[나무 목]으로 이루어짐. 성장하려는 나무
[木]가 사방에 둘러쳐진[□] 벽 때문에 제대로 뻗어나가지 못하여 장애를 겪고
있음을 나타내며, 여기에서 '곤란하다', '곤궁하다' 등의 의미가 생겨났음. 너무
피곤하면 자고 싶다는 점에서 睡[잠잘 수]와 함께 '졸리다'의 의미로 쓰이기도 함.

용법
한중일 모두 '곤란하다', '곤궁하다'의 의미로 많이 사용함. 한국어와 일본어에서는
'(피곤해서) 곤한 잠에 빠지다'를 困睡(곤수, こんすい)라고 표현하는데, 중국어에서는
이런 표현을 사용하지 않음. 대신 중국어에서는 困을 '(피곤하여) 졸리다'의 의미로
자주 쓰는데, 가령 '너무 졸리다'를 困極了(kùnjíle)로 표현함. 한국어와 일본어와는
달리 중국어에서는 '포위하다'의 의미로도 쓰이는데, 그 예로 困守(kùnshǒu)는
'(포위된 상황에서) 사수하다'라는 의미를 나타냄.

용례
困辱(곤욕), 困惑(곤혹), 疲困(피곤)

성어
곤이지지(困而知之): 스스로 궁리를 거듭하여 알아감. 열심히 노력해서 얻는
지식이나 실력을 이르는 말.

김

骨 뼈 골

갑골문	금문	전국문자	소전	예서	해서
				骨	骨

한

骨 음 골
뜻 뼈, 골격 /
기골, 의기 /
인품, 됨됨이

중

骨 음 gǔ
뜻 뼈 / 기골, 기개

일

骨 음 こつ kotu
뜻 뼈 / 몸, 신체 /
인품, 기질

자원
회의

두 개의 의미 부분인 冎[뼈 발라낼 과]와 肉[고기 육]으로 이루어진 글자로 '살점이 붙어 있는 뼈'를 나타냄. 骨의 본자인 冎의 갑골문은 뼈들이 서로 받치고 있는 골격을 본뜬 것으로 관절의 튀어나온 부분을 묘사한 것임. 이와 같은 뼈[冎] 모양에 의미를 더 분명히 하기 위해 살점을 나타내는 肉이 추가되어 전국문자 이후의 자형으로 정착되었음. 이로부터 '뼈'를 나타내는 통칭으로 사용되었으며 '기골', '풍격' 등의 의미로 확장되었음.

용법

한중일 모두 '뼈'의 의미로 가장 많이 사용함. 한국어와 일본어에서는 '겉으로 드러나는 기백과 골격'을 氣骨(기골, きこつ)라고 하는데, 중국어에서는 어순을 바꾸어 骨氣(gǔqì)라고 써서 외모보다는 주로 '강직한 기개나 패기'를 표현함. 한국어와 일본어에서는 骨子(골자, こっし)가 주로 '요점'의 뜻으로 쓰이지만, 중국어에서는 傘骨子(sǎngǔzi, 우산살)와 같이 '뼈대'라는 뜻으로 쓰임.

용례

骨折(골절), 甲骨(갑골), 軟骨(연골)

성어

반골(反骨): 거꾸로 솟아난 뼈. 남과 잘 타협할 줄 모르고 다투기 좋아하는 기질을 지닌 사람을 일컫는 말.

오

060

功 공 공

갑골문	금문	전국문자	소전	예서	해서
			钌	功	功

한 ——————
功
음 공
뜻 공, 공적 /
　 일, 직무

중 ——————
功
음 gōng
뜻 공로, 성과 /
　 (～儿) 기술 / 일

일 ——————
功
음 こう kou, く ku
뜻 일, 공적 /
　 효과, 효험

자원
형성

의미 부분인 力[힘 력]과 소리 부분인 工[장인 공]으로 이루어짐. 쟁기 모양을 그린 力은 '힘을 쓰다'라는 뜻이며, 工은 공구의 모양을 그린 것으로 합쳐서 '일하다'라는 뜻을 나타냄. 후에 일을 열심히 한 결과로서의 '업적', '공로', '성취'의 의미로 확장되었음.

용법

한중일 모두 '공로'와 '공적'의 의미로 많이 사용함. 한국어에서 功力(공력)은 '애써서 들이는 정성과 힘'을 의미하는데, 중국어에서 功力(gōnglì)는 '기술'이나 '솜씨'라는 의미로 주로 쓰임. 중국식 권법 중 하나인 쿵푸[功夫]를 현대 중국어에서는 工夫(gōngfu)로 주로 표현함.

용례

功過(공과), 功勞(공로), 功勳(공훈)

성어

형설지공(螢雪之功): 반딧불의 빛과 눈에 비치는 밝음으로 이룬 공부. 많은 어려움 속에서도 부지런히 공부하는 자세를 이르는 말.

류

公평할 공

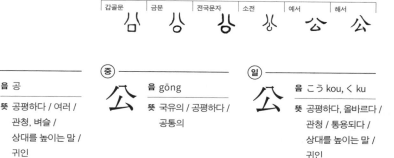

| 갑골문 | 금문 | 전국문자 | 소전 | 예서 | 해서 |

한

公

음 공

뜻 공평하다 / 여러 /
관청, 벼슬 /
상대를 높이는 말 /
귀인

중

公

음 gōng

뜻 국유의 / 공평하다 /
공통의

일

公

음 こう kou, く ku

뜻 공평하다, 올바르다 /
관청 / 통용되다 /
상대를 높이는 말 /
귀인

자원
회의
두 개의 의미 부분인 八[여덟 팔]과 口[입 구]로 이루어짐. 口는 그릇의 일종인 옹기
또는 물건을 상징하며, 八의 본래 의미는 분별 혹은 분리임. 이를 종합하면 '옹기
안의 내용물 혹은 사물을 공평하게 나누다'라는 의미가 됨. 이와 같이 公의 본래
의미는 '치우치거나 사사로움이 없는 것'으로, 이로부터 '공평', '공통', '두루' 등의
의미도 생겼음. 한편 백성을 대하는 기관이나 벼슬아치는 만민에게 평등해야 하므로
'관청', '벼슬' 등의 의미를 가지게 되었음. 또한 여기서 연유하여 고대에는 작위의
명칭으로도 쓰였으며, 이로부터 남성을 높여 부르는 의미로 사용되고, 다시 수컷
동물을 일컫는 의미로 확대해 사용했음.

용법
한중일 모두 '치우치지 않음' 또는 '공공 단체의 일'과 연관된 의미로 사용함.
중국어에서는 버스를 公共汽車(gōnggòngqìchē), 그리고 회사나 직장을 公司(gōngsī)
라고 함. 또한 '킬로그램'과 '킬로미터'를 각기 公斤(gōngjīn)과 公里(gōnglǐ)로 표기함.

용례
公務(공무), 公正(공정), 公平(공평)

성어
대공무사(大公無私): 매우 공정하고 사사로움이 없음. 일을 처리하는 매우 바르고
곧은 자세를 일컫는 표현.

오

空

빌 공

갑골문	금문	전국문자	소전	예서	해서
圶	圅	圅	空	空	空

[한]
空
음 공
뜻 비다, 없다 /
헛되다 / 쓸데없다 /
하늘 / 공간, 구멍

[중]
空
음 kōng, kòng
뜻 [kōng] (속이) 비다 /
하늘 / 쓸데없이
[kòng] 비우다 /
(~儿) 틈

[일]
空
음 くう ku-u
뜻 늘 / 비다, 없다 /
航空機(항공기)의
준말

자원
형성
의미 부분인 穴[구멍 혈]과 소리 겸 의미 부분인 工[장인 공]으로 이루어짐. 여기서 工은 도구로 구멍을 '파내다'라는 의미도 나타내고 있음. 손해파(孫海波)*는 그 의미를 "뚫는 것"이라고 풀이했으며, 『설문』에서는 "구멍이다"라고 풀이하였음. 이처럼 과거에는 空을 孔[구멍 공], 竅[구멍 규]와 같은 의미의 글자로 여기고 사용했음. 이후 뜻이 확대되어 '비다', '공간', '구멍', '헛되다' 등의 의미가 더해졌으며, 더 큰 공간인 '하늘'의 의미도 더해졌음.

용법
한중일 모두 '텅 비었다'는 의미로 주로 사용함. 항공 수송을 위한 공용 비행장을 한국어와 일본어에서는 空港(공항, くうこう)라고 하지만, 중국어에서는 機場(jīchǎng)이라고 표현함. 중국어에서는 有沒有空?(yǒuméiyǒukòng, 시간 있어?)과 같이 '짬', '겨를'의 의미로도 사용함. 한편 한국어에서는 '공술', '공돈'과 같이 일부 명사 앞에 쓰여 '공짜'라는 뜻을 나타내기도 함.

용례
空間(공간), 空白(공백), 空中(공중)

성어
공중누각(空中樓閣): 공중에 떠 있는 건물. 알찬 내용 없이 요란하게 치장만 하는 문장이나 그런 행위.

---

* 1911~1972, 중국의 저명한 고문문학가임. 주요 저술로 『갑골문편甲骨文編』이 있음.

오

장인 공

갑골문	금문	전국문자	소전	예서	해서

(한)
음 공
뜻 장인 / 일, 기능 /
공업 / 정교하다

(중)
음 gōng
뜻 장인, 노동자 /
작업, 노동 / 공업 /
정교하다, 세밀하다

(일)
음 こう kou, く ku
뜻 장인 / 공업 /
도구를 써서 물건을
만들어내다

자원
상형

工의 자원에 대해서는 이견이 분분함. 어떤 사람은 '도끼'를 그렸다고도 하고, 또 어떤 사람은 '자'를 그렸다고도 함. 그러나 갑골문을 보면 땅을 다질 때 쓰던 돌 절굿공이를 그렸음이 분명함. 윗부분은 손잡이이고 아랫부분이 돌 절굿공이인데, 딱딱한 거북딱지에 칼로 새기던 갑골문에서 새기기 편하도록 아랫부분이 네모꼴로 변했을 뿐임. 지금도 황하 유역을 가면 집터를 만들거나 담을 쌓아올릴 때 진흙을 다져 만드는 판축법(版築法)을 자주 볼 수 있는데, 이때 가장 유용하게 쓰이는 도구가 바로 돌 절굿공이임. 그러한 절굿공이가 그 지역의 가장 대표적이고 기본적인 도구라는 뜻에서 '공구'의 뜻이 나왔고, '어떤 일에 뛰어나다'라는 뜻도 갖게 되었음.

용법

한국어와 중국어에서는 '일'이나 '노동'이라는 의미 이외에 工巧(공교, gōngqiǎo)에서처럼 '정밀하다'라는 뜻도 가짐. 그래서 중국에서는 세밀화를 工筆畫(gōngbǐhuà)라고 함. 또 한국어에서 工夫(공부)는 '학문이나 기술을 배우고 익히다'라는 뜻이지만, 중국어와 일본어에는 이런 뜻이 없음. 이에 해당하는 중국어는 學習(xuéxí) 정도이고 工夫(gōngfu)는 '시간'이나 '틈'이라는 뜻으로 쓰임. 또한 일본어에서 이에 해당하는 단어는 勉強(べんきょう)이며 工夫(くふう)는 '고안하다'라는 뜻임.

용례

工事(공사), 加工(가공), 士農工商(사농공상)

성어

동공이곡(同工異曲): 재주는 같아도 나오는 곡조는 다름. 같은 기술을 배웠어도 그 결과는 다를 수 있다는 뜻.

하

共

함께 공

갑골문	금문	전국문자	소전	예서	해서
𠬞	𠬞	𠬞	𦥑	共	共

한

共
음 공
뜻 함께, 같이 /
같은, 동일한 /
함께 하다

중

共
음 gòng
뜻 함께, 같이 /
같은, 동일한 /
전부, 모두 /
공산당(共産黨)의
준말

일

共
음 きょう kyou
뜻 함께, 같이 /
공산주의(共産主義),
공산당의 준말

자원
회의
갑골문은 양손으로[廾] 물건[口]을 함께 받쳐 들고 있는 모습을 묘사한 것임. 그 자형을
이루고 있는 廾[두 손으로 받들 공]의 갑골문은 두 손으로 받드는 모습을 본뜬 것으로
바로 共의 초기 자형임. 한편 곽말약(郭沫若)은 共을 '두 손으로 고대 옥기(玉器)의
일종인 璧[구슬 벽, 얇게 고리 모양으로 만든 옥]을 들고 있는 것'을 묘사한 글자로
보았음. 이러한 것에서 확장되어 '함께', '모두', '같이' 등의 뜻이 나왔음.

용법
한중일 모두 '함께', '모두'의 의미로 가장 많이 사용함. 중국어에서는 '모두', '전부'
등을 一共(yígòng)이라고 표현함. 한국어에서도 공히(共-)와 같이 '일정한 수효나
양을 빠짐없이 모두'를 뜻하는 부사로 사용함.

용례
共同(공동), 共有(공유), 公共(공공)

성어
천인공노(天人共怒): 하늘과 사람이 함께 분노함. 누구나 화를 낼 만큼 나쁜 행위.

오

科 과목 과

ㄱ

갑골문	금문	전국문자	소전	예서	해서
			科	科	科

한

科 음 과

뜻 과목, 과정 / 그루
(초목을 세는 단위) /
법, 법률 /
과(생물학상의
분류 명목)

중

科 음 kē

뜻 과(연구 분야나
사무 직의 구분) /
과학 /
과(생물학상의
분류 명목) /
부과하다

일

科 음 か ka

뜻 등급 /
과(생물학상의
분류 명목) /
죄를 과하다 /
허물, 법 /
과거

자원
회의

'곡식'의 뜻을 지닌 禾[벼 화]와 '곡식의 용량을 재는 단위'인 斗[말 두]로 이루어짐.
곡식의 용량을 재는 단위에서 초목을 세는 단위인 '그루'의 뜻으로 발전되었고, 다시
학문을 세는 단위인 '과목'의 뜻으로 발전되었음. 禾는 그 음이 科와 비슷하기 때문에
禾를 科의 소리 부분으로 풀이하기도 함. 科는 갑골문, 금문, 전국문자에 보이지 않고
소전에서 비로소 보임. 이것으로 볼 때 소전을 사용한 진(秦)나라 시기부터 곡식의
용량을 재는 단위로 科를 사용했음을 알 수 있음.

용법

한중일 모두 학문의 분류에 따른 '과목', '과정'의 의미로 주로 사용함. 한국어와
일본어에서는 '그릇된 허물'을 나타낼 때 罪過(죄과, ざいか), 罪科(죄과, つみとが)로
적지만, 중국어에서는 罪過(zuìguo)로만 적음. 한국어와 일본어에서는 課長(과장,
かちょう)이라고 하지만, 중국어에서는 科長(kēzhǎng)이라고 함. 한국어와 일본어
에서는 單科大學(단과대학, たんかだいがく)라고 하지만, 중국어에서는 專科大學
(zhuānkēdàxué)라고 함. 또 일본어에서는 '중벌'의 의미를 重科(じゅうか)로 표현함.

용례
科學(과학), 教科(교과), 眼科(안과)

성어
금과옥조(金科玉條): 황금이나 옥돌과 같은 규정이라는 뜻으로, 아주 중요한
규범이나 원칙을 이르는 말.

박

課

과정 **과**

갑골문	금문	전국문자	소전	예서	해서
			課	課	課	課

한

課 음 과
뜻 과정, 과목 /
매기다, 부과하다 /
세금 / 공부하다 /
부서

중

课 음 kè
뜻 수업, 강의 /
과(교재의 한 단락) /
세금 / (세금을)
부과하다

일

課 음 か ka
뜻 할당하다 / 일과 /
과(교재의 한 단락)

자원
형성

의미 부분인 言[말씀 언]과 소리 겸 의미 부분인 果[실과 과]로 이루어짐. 果는 원래 나무[木] 위에 과실이 열린 모양을 본뜬 글자인데, 일설에는 果를 소리 부분으로 쓰는 夥[많을 과], 窠[보금자리 과], 顆[낟알 과] 등의 글자가 모두 '물건별로 구분하다'라는 의미를 담고 있다고 보아 果가 '구분하다', '(등급을) 매기다'라는 뜻도 가진다고 함. 이 견해에 의하면 課에서 果는 소리 겸 의미 부분으로 쓰였다고 봐야 함. 오늘날에는 주로 '교재의 한 단락'을 나타내는 글자로 쓰임.

용법

한국어와 일본어에서 세금을 부여하는 것을 賦課(부과, ふか)라고 쓰지만, 중국어에서는 어순을 바꾸어 課賦(kèfù)라고 씀. 한국어와 일본어에서 課業(과업, かぎょう)는 '꼭 해야 할 일'을 나타내지만, 중국어에서는 '수업'이나 '학업'만을 가리킴. 또 한국어와 일본어에서는 학교에서의 수업 교재를 教科書(교과서, きょうかしょ)라고 하지만, 중국어에서는 課本(kèběn)이라고 함.

용례

課稅(과세), 課題(과제), 日課(일과)

성어

일성월과(日省月課): 나날이 살피고 다달이 매김. 늘 벌어지는 시험과 테스트.

류

果

실과 **과**

갑골문	금문	전국문자	소전	예서	해서

<한>
果
음 과
뜻 과실, 열매 / 결과 /
과연, 정말로 /
과감하다

<중>
果
음 guǒ
뜻 과일 / 결말 /
과연, 정말로

<일>
果
음 か ka
뜻 과일, 열매 /
결과 / 결단을
내리다 /
마침내, 필경

자원
상형
금문에서는 나무에 열매가 달린 형상을 묘사하여 田[밭 전] 모양에 과실을 나타내는 점을 찍어 글자를 만들었고, 이후 전국문자부터는 금문에서 田의 가운데 빈 칸마다 과실을 나타내는 점을 찍었던 것을 생략하였음. 『설문』에서는 "果는 나무 열매를 뜻한다. 木은 뜻 부분으로, 열매가 나무에 열린 모습을 그렸다"라고 하였음. '열매'는 처음에 열리는 것이 아니라 나중에 열리는 것이므로, 이후 의미가 확장되어 '결과'라는 의미가 더해졌음.

용법
한중일 모두 '과일', '열매', '결과'라는 의미로 사용함. 일본어에서는 はか로 읽어 '결과'라는 의미를 나타내기도 함. 한국어와 일본어에서는 '과일'의 다른 말로 果實(과실, かじつ)를 쓰는데, 중국어에서는 果實(guǒshí)보다 水果(shuǐguǒ)를 더 많이 사용함. 또한 중국어에서는 '만일', '만약'이라는 의미를 지닌 접속사 如果(rúguǒ)로 널리 활용됨.

용례
結果(결과), 成果(성과), 效果(효과)

성어
인과응보(因果應報): 원인과 결과는 서로 물고 물린다는 뜻으로, 좋은 일을 하면 좋은 결과, 나쁜 일을 하면 나쁜 결과를 맺음을 이르는 말.

윤

지날 과

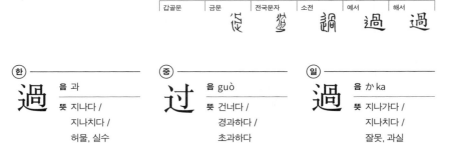

갑골문	금문	전국문자	소전	예서	해서

한 ─────────
過 음 과
뜻 지나다 /
지나치다 /
허물, 실수

중 ─────────
过 음 guò
뜻 건너다 /
경과하다 /
초과하다

일 ─────────
過 음 か ka
뜻 지나가다 /
지나치다 /
잘못, 과실

자원
형성
의미 부분인 辵[쉬엄쉬엄 갈 착]과 소리 부분인 咼[입 비뚤어질 괘]로 이루어짐. 『설문』에서는 "지나는 것"으로 풀이하였음. 辵은 彳[조금 걸을 척]과 止[그칠 지]가 합쳐진 것으로 彳은 네거리의 모습을 본뜬 行[갈 행]의 좌측 편방에 해당하며, 止는 趾[발 지]의 초기 문자로 발의 모습을 묘사한 것임. 이로써 辵은 '가다'라는 의미를 가지게 되었고, 이로부터 '지나다', '경과하다', '잘못' 등으로 의미가 확장되었음.

용법
한중일 모두 '지나다', '건너다'의 의미로 많이 사용함. 중국어에서는 看過(kànguò, 본적 있다)와 같이 '과거의 경험'을 나타냄. 한편 한중일 모두 過去(과거, guòqù, かこ)를 '미래의 반대 의미'로 표현하는데, 중국어에서는 동사 뒤에서 '떠나다', '지나가다'의 의미를 나타내기도 함. 또한 한국어와 일본어에서는 '잘못', '허물'을 過誤(과오, かご)로 표현하지만, 중국어에서는 過失(guòshī)로 표현함.

용례
過去(과거), 經過(경과), 通過(통과)

성어
과유불급(過猶不及): 지나치면 오히려 미치지 못함과 같음. 행동이나 생각 등이 지나치면 오히려 안 좋다는 의미임.

오

官 벼슬 관

갑골문	금문	전국문자	소전	예서	해서
官	官	官	官	官	官

한
官
음 관
뜻 관리, 벼슬,
벼슬자리 /
관청 / 일, 직무

중
官
음 guān
뜻 관리, 벼슬아치 /
관청의 /
관직에 오르다

일
官
음 かん kan
뜻 관리, 벼슬아치 /
관공서 / 관직

자원
회의
두 개의 의미 부분인 宀[집 면]과 𠂤[쌓을 퇴]로 이루어져 '많은 사람이 집 안에 모여 휴식하고 있는 상황'을 묘사한 글자임. 𠂤는 堆[모일 퇴]와 동일한 의미임. 후에 '사람들이 모인 공간', '숙소', 더 나아가 '관청', '직무' 등의 의미로 확대되자, 官의 원래 의미를 되살리기 위해 食[밥 식]을 추가한 館[집 관]을 만들게 되었음. 따라서 官과 館은 같은 글자에서 파생된 관계임.

용법
한중일 모두 '기구' 또는 '직위'의 의미로 가장 많이 사용함. 한국어에서는 국가행정기관의 최고책임자를 長官(장관)이라고 하지만 중국어에서는 部長(bùzhǎng)이라고 하며, 일본어에서는 大臣(だいじん)이라고 함. 중국어에서는 직위가 낮은 관리를 '참깨'에 비유해 芝麻官(zhimaguān)이라고 함.

용례
官僚(관료), 官吏(관리), 器官(기관)

성어
탐관오리(貪官汚吏): 탐욕스러운 관리와 더러운 행위의 공무원. 뇌물수수나 비리를 저지르는 공무원을 일컫는 말.

ㄱ

문

觀

볼 관

갑골문	금문	전국문자	소전	예서	해서
			觀	觀	觀

한
觀
음 관
뜻 보다 / 생각, 견해 /
경치, 모습

중
观
음 guān
뜻 보다, 살피다 /
경치, 풍경 /
인식, 견해

일
観
음 かん kan
뜻 잘 보다 /
본질을 깨닫다 /
견해, 관점

자원
형성
의미 부분인 見[볼 견]과 소리 부분인 雚[황새 관]으로 이루어짐. 『설문』에서는
"자세히 살펴보다"라고 풀이하였음. 갑골문에는 觀이 없고 雚만 있는데, 雚이
'황새'를 본뜬 글자라는 의견이 있는가 하면, 일설에 의하면 '부엉이처럼 큰 눈을 가진
맹금류가 먹이를 찾기 위해 자세하게 관찰하고 있다'라는 뜻을 가지고 있으며, 후에
'관찰하다'라는 뜻을 보다 명확하게 나타내기 위해 雚에 見을 더해 觀을 만들었다고 함.

용법
한중일 모두 '보다'의 의미로 많이 사용하고, 또한 '견해'나 '관점'의 의미로도 사용함.
한국어와 일본어에서 '관광하러 다니는 사람'을 뜻하는 觀光客(관광객, かんこうきゃく)
를 중국어에서는 주로 遊客(yóukè)라고 함. 한국어와 일본어에서는 '운동 경기, 공연,
영화 따위를 보거나 듣는 사람'이라는 뜻으로 觀客(관객, かんきゃく), 觀衆(관중, かん
しゅう)을 모두 사용하지만, 중국어에서는 觀衆(guānzhòng)만을 사용하는데 '텔레비전
시청자'라는 뜻도 포함함.

용례
觀光(관광), 觀點(관점), 觀察(관찰), 客觀(객관), 主觀(주관)

성어
좌정관천(坐井觀天): 우물에 앉아 하늘을 봄. 좁은 시각으로 세상을 보는 일.

104

關

빗장 관

갑골문	금문	전국문자	소전	예서	해서
𦉪	𨳡	關	關	關	關

한
關
음 관
뜻 관계하다 / 빗장 /
닫다, 잠그다 /
관문

중
关
음 guān
뜻 닫다, 잠그다 /
관계(가 있다) /
전환점 / 빗장 /
관문

일
関
음 かん kan
뜻 빗장 / 관문 /
잠그다 /
중요한 장소, 장치 /
관계하다

자원
형성

의미 부분인 門[문 문]과 소리 겸 의미 부분인 䦆[북 관]으로 이루어짐. 䦆은 絲[실
사]의 생략형과 丱[쌍상투 관]으로 이루어진 글자인데, 丱은 아이의 머리 모양으로,
양쪽으로 머리를 또아리 튼 후 가운데에 비녀로 질러놓은 모양임. 즉 문을 잠글 때
실로 묶은 후 빗장으로 고정시킨 모습으로 해석할 수 있음. 후에는 '닫다'라는 의미
외에 '관계하다' 등의 의미로 확장되어 쓰였음.

용법

한중일 모두 '관계하다', '빗장', '관문'의 의미로 가장 많이 사용함. 중국어에서는
'괜찮다', '상관없다'의 의미로 沒關係(méiguānxi)가 일상생활에 자주 쓰임. 한국어와
일본어에서는 공항이나 항구, 국경 등에서 세금을 징수하거나 수출입 화물을
감시하기 위하여 설치된 정부기관을 稅關(세관, ぜいかん)이라 하는데, 중국어에서는
이를 海關(hǎiguān)이라 함. 본래는 '바다의 관문'이라는 의미였는데, 후에 '공항,
항구 등에 설치한 세관'을 의미하게 되었음.

용례

關聯(관련), 關門(관문), 機關(기관), 難關(난관), 稅關(세관)

성어

오불관언(吾不關焉): 나는 그 일에 관여하지 않는다는 뜻으로, 사안에 개입하지
않으려는 사람의 태도를 가리키는 말.

廣

넓을 광

갑골문	금문	전국문자	소전	예서	해서
	廣	廣	廣	廣	廣

한

廣

음 광

뜻 넓다, 넓이 /
넓히다 /
널찍하다

중

广

음 guǎng

뜻 넓다, 넓이 /
많다 / 넓히다

일

広

음 こう kou

뜻 넓다, 넓이 /
넓히다, 발전시키다

자원
형성

의미 부분인 广[집 엄]과 소리 부분인 黃[누를 황]으로 이루어짐. 금문에서 보듯이 '(벽이 없이) 지붕과 기둥으로 만들어진 커다란 건축물'을 의미함. 글자의 구조는 금문에서 해서까지 큰 변화 없이 발전해왔음. 广을 의미 부분으로 사용한 글자는 宀[집 면], 厂[기슭 엄]과 마찬가지로 대부분 '건축물' 또는 '집' 등 실내공간과 관련이 있음. 후에 '넓다', '크다' 등의 의미로 확장됨.

용법

한중일 모두 '넓다'라는 의미로 가장 많이 사용함. '전파나 유선을 이용하여 대중에게 음성이나 영상을 보내는 것'을 한국어와 일본어에서는 放送(방송, ほうそう)라고 하지만 중국어에서는 廣播(guǎngbō)라고 함. 또한 일본어에서 廣言(こうげん)은 '큰소리를 치다', '호언장담하다'라는 의미로 쓰임.

용례

廣告(광고), 廣大(광대), 廣場(광장)

성어

광대무변(廣大無邊): 넓고 크고 끝이 없음. 매우 너르고 아득히 큰 곳을 이르는 말.

光 빛광

갑골문	금문	전국문자	소전	예서	해서

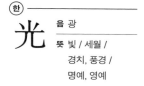

한 光
음 광
뜻 빛 / 세월 /
경치, 풍경 /
명예, 영예

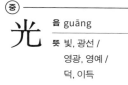

중 光
음 guāng
뜻 빛, 광선 /
영광, 영예 /
덕, 이득

일 光
음 こう kou
뜻 빛나다, 비치다 /
빛 / 시간 /
영광스러움

자원
회의

불을 의미하는 火[불 화]와 무릎 꿇고 앉은 사람을 의미하는 儿[사람 인]으로 이루어짐. '등불을 머리에 짊어지고 있는 노예의 모습'을 나타낸 글자임. 중국 고대사회에는 다양한 신분의 노예가 존재했음. 그중 '등불'을 담당했던 노예가 있었음을 光이라는 글자를 통해 확인할 수 있음. 원래 의미는 '등불'이며, 후에 '밝다', '명예', '경치' 등 주로 긍정적인 의미로 확대 사용하고 있음.

용법

한중일 모두 '빛'의 의미로 가장 많이 사용함. 삼국에서 光臨(광림, guānglín, こうりん)은 '남이 찾아오는 것'을 높여 일컫는 말인데, 한국어에서는 枉臨(왕림)을 더 많이 사용함. 중국어에서는 '아무것도 없이 텅 비다'라는 뜻의 형용사로도 사용함. 예를 들어 光身(guāngshēn)은 아무것도 입지 않은 '맨몸'을, 光頭(guāngtóu)는 '대머리'를 뜻함.

용례

光明(광명), 觀光(관광), 風光(풍광)

성어

전광석화(電光石火): 번갯불이나 부싯돌의 불. 일이 매우 빠른 것을 가리키는 말.

教 가르칠 교

갑골문	금문	전국문자	소전	예서	해서
𡥈	𢼄	𢻰	𢻰	教	教

한
教
음 교
뜻 가르치다, 깨우치다 /
종교

중
教
음 jiāo, jiào
뜻 [jiāo] 가르치다
[jiào] 가르치다,
가르침 / 종교

일
教
음 きょう kyou
뜻 가르치다 / 종교

자원
형성

두 개의 의미 부분인 子[아들 자]와 攴[칠 복], 그리고 소리 부분인 爻[효 효]로
이루어졌으나 이들 모두를 의미 부분으로 보아 회의자로 여기는 시각도 있음. 일부
금문은 의미 부분인 攴과 소리 부분인 爻로만 구성되어 있으나 대부분은 攴과 孝[본받을
교]로 구성되어 있음. 攴은 손에 막대기를 들고 있는 모습을 본뜬 것으로 윗사람이
가르침을 시행하는 것을 의미함. 또한 『설문』에서는 孝를 '모방하는 것'이라고 하여,
"아랫사람은 본받아 따르는 것"이라 풀이하였음. 이로써 위에서 가르치고 아래에서
배운다는 의미를 가지게 되었음. 한편 요효수(姚孝遂)*는 『설문』에 수록된 斅[가르칠
효]와 教를 본래 같은 글자로 보았음. 『설문』에서는 斅를 "깨달음"이라고 풀이하였음.
이로부터 '가르치다', '깨우치다', '종교' 등의 의미가 나왔음.

용법

한중일 모두 '가르치다'라는 의미로 가장 많이 사용하며, 신에 대한 믿음을 추구하는
'종교'의 뜻도 가지고 있음. 중국어에서는 '시키다', '하게 하다'의 용법으로도
사용되며 '가르침을 청하는 것'을 請教(qǐngjiào)라고 표현함.

용례

敎育(교육), 敎訓(교훈), 宗敎(종교)

성어

교학상장(敎學相長): 가르치고 배우면서 서로 성장함. 스승은 제자를 가르침으로써
성장하고, 제자는 배움으로써 진보한다는 뜻.

---

* 1926~1996, 중국 화중대학교 중국어문학 교수, 길림대학교 고적연구소 소장 등을 역임했음.

橋

다리 교

갑골문	금문	전국문자	소전	예서	해서
		檽	橋	橋	橋

한
橋
음 교
뜻 다리, 교량
　　가마

중
桥
음 qiáo
뜻 다리, 교량

일
橋
음 きょう kyou
뜻 다리

자원
형성

의미 부분인 木[나무 목]과 소리 부분인 喬[높을 교]로 이루어짐. 『설문』에서는 "물을 건너는 다리"로 풀이하였음. 여기서 '다리'는 배가 아래로 지나갈 수 있도록 높다랗게 아치형으로 설계된 나무다리를 말함. 木을 의미 부분으로 채용한 것은 당시 다리의 재질이 주로 나무였기 때문인 것으로 보임.

용법

한중일 모두 '다리', '교량'이라는 의미로 사용함. 삼국 모두 '~橋(교)'와 같은 형태로 다리의 이름 뒤에 붙여 쓰는 접미사로도 사용함. 일본어에서는 '다리'라는 의미일 때는 はし로 읽고, '~교'라는 접미사로 쓰일 때는 きょう로 읽음. 중국어에서는 사람의 성(姓)으로도 쓰임.

용례

橋梁(교량), 架橋(가교)

성어

은하작교(銀河鵲橋): 은하수의 까마귀 다리. 견우와 직녀가 만날 수 있게 까마귀들이 제 몸으로 만들었다는 다리.

交

사귈 교

갑골문	금문	전국문자	소전	예서	해서
				交	交

한
交
음 교
뜻 사귀다 / 제출하다 /
섞이다

중
交
음 jiāo
뜻 제출하다, 바치다 /
사귀다, 교제하다 /
교차하다 /
친구, 우정

일
交
음 こう kou
뜻 교차하다 /
사귀다, 교제하다 /
바꾸다

자원
상형
다리를 꼬고 서 있는 사람의 정면 모습을 본뜬 글자임. 갑골문 이후의 자형에서도
서로 꼬인 긴 다리의 모습을 계속 간직하고 있음. 본래의 '교차하다'라는 의미에서
후에 '교제하다', '교환하다', '제출하다'의 의미로 확장됨.

용법
한중일 모두 '사귀다', '교제하다'의 의미로 사용함. 삼국 모두 交付(교부, jiāofù, こうふ)와
같이 '제출하다'라는 의미로도 사용함. 한국어와 일본어에서는 交代(교대, こうた
い)를 '어떤 일을 다른 사람이 차례로 맡아 함'의 의미로 주로 쓰지만, 중국어에서는
'상세히 설명하다', '부탁하다', '돌아가 보고하다'라는 뜻으로 사용함.

용례
交涉(교섭), 交替(교체), 外交(외교)

성어
관포지교(管鮑之交): 관중과 포숙아의 우정. 어떤 경우에도 변치 않는 친구 사이의
두터운 우정을 이르는 말.

류

校

학교 교

갑골문	금문	전국문자	소전	예서	해서
		栈	校	校	校

한

校

음 교

뜻 학교 / 장교 /
교정하다

중

校

음 jiào, xiào

뜻 [jiào] 비교하다 /
교정하다
[xiào] 학교 / 장교

일

校

음 こう kou,
きょう kyou

뜻 학교 / 비교하다 /
진지(陣地)에서
대장이 있는 곳의
울타리

자원
형성

의미 부분인 木[나무 목]과 소리 부분인 交[사귈 교]로 이루어짐. 『설문』에서는
"사람을 가둬두는 나무로 만든 도구"라고 풀이하였음. 아마도 사람을 교화하기
위하여 법 또는 규칙을 위반한 사람을 일정 기간 나무로 만든 감옥에 가둬두었던
데에서 '사람을 교화하는 곳'이라는 의미가 시작된 것으로 보임. 이와 관련하여
『맹자孟子』「등문공滕文公」편에 "校者, 敎也"라는 구절이 있는데, 이는 "학교[校]는
가르치는 것[敎]이다"라는 뜻으로 풀이할 수 있음.

용법

한중일 모두 '학교'의 의미로 가장 많이 사용함. 또한 '바로잡다'라는 뜻으로도
쓰여 '잘못된 글자를 바로잡다'를 校正(교정, jiàozhèng, こうせい)이라고 씀.
중국어에서는 校正보다 校對(jiàoduì)라는 단어를 더 많이 씀. 일본어와 중국어에서는
'비교하다'라는 의미로도 쓰임. 일본어에서는 '바르고 그름을 생각하여 비교하다'를
校する(こうする)라고 쓰고, 중국어에서는 '무술을 겨루는 곳'이라는 의미로 校場
(jiàochǎng)이라는 단어를 씀.

용례

校歌(교가), 登校(등교), 學校(학교)

성어

교단양장(校短量長): 단점과 장점을 따짐. 일을 하기에 앞서 상대 또는 상황 등의
장단점을 따지는 일.

윤

球 공구

갑골문	금문	전국문자	소전	예서	해서
			球	球	球

한 球 음 구
뜻 공 / 둥글다

중 球 음 qiú
뜻 공, 볼 / 지구, 별

일 球 음 きゅうkyou
뜻 공, 공을 쓰는 경기 / 둥근 물체

자원
형성
의미 부분인 玉[옥 옥]과 소리 부분인 求[구할 구]로 이루어짐. 고대 악기인 옥경(玉磬)의 일종으로 보기도 하며, 정현(鄭玄)*은『상서尚書』의 주석에서 "아름다운 옥"이라고 풀이하였음. 이후 원형의 옥과 같이 둥근 모양의 것을 두루 지칭하게 되어 '공', '둥글다' 등의 뜻을 갖게 되었음.

용법
한중일 모두 '공' 또는 '둥근 물체와 상관되는 것'을 뜻하는 글자로 사용함. 발로 하는 운동경기를 한국어와 일본어에서는 蹴球(축구, しゅうきゅう)라고 하지만, 중국어에서는 足球(zúqiú)라고 함. 반면 한국어에서 足球(족구)는 축구와는 다른 경기로 발로 공을 차서 네트를 넘겨 승부를 겨루는 경기를 지칭함. 또한 球技(구기, きゅうぎ)는 한국어와 일본어에서 '공을 사용하는 운동경기'를 말하지만, 중국어에서 球技(qiújì)는 '공을 다루는 기술'을 의미함.

용례
球根(구근), 球場(구장), 地球(지구)

성어
전력투구(全力投球): 온 힘을 다해 공을 던짐. 일을 할 때 모든 역량을 쏟는 행위.

---

* 127~200. 중국 후한 말기의 대표적 유학자로서『육예론六藝論』을 대표 저술로 남김.

오

區 구역 구

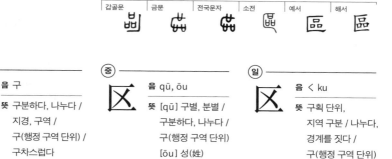

갑골문	금문	전국문자	소전	예서	해서

한

區 음 구

뜻 구분하다, 나누다 /
지경, 구역 /
구(행정 구역 단위) /
구차스럽다

중

区 음 qū, ōu

뜻 [qū] 구별, 분별 /
구분하다, 나누다 /
구(행정 구역 단위)
[ōu] 성(姓)

일

区 음 く ku

뜻 구획 단위,
지역 구분 / 나누다,
경계를 짓다 /
구(행정 구역 단위)

자원
회의

갑골문을 봐도 정확하게 그 의미를 알 수 없지만, '사발'을 선반 위에 올려놓은 모양을 본뜬 글자라고 함. 區가 '구분하다', '구역' 등으로 의미가 확장되자, 질그릇을 의미하는 瓦[기와 와]를 더하여 甌[사발 구]를 만들어 사용하였음. 또 일설에 의하면 品[물건 품]은 사람이 사는 '마을'의 모양이고, 匚[감출 혜]는 구분하는 선으로 '마을을 나누어 관리하는 지역'이라는 뜻이라고 함. 『설문』에서는 그 의미를 "평탄하지 않다", "감추다"로 풀이하였음.

용법

한중일 모두 '나누다', '나누어진 공간'의 의미로 사용함. 갈라놓은 경계 안의 지역을 뜻하는 區域(구역, くいき)를 중국어에서는 區(qū)라고 함. 함부로 드나들지 못하도록 정해놓은 禁止區域(금지구역, きんしくいき)를 중국어에서는 禁區(jìnqū)라고 함. 한국어에서는 牧畜地域(목축지역)이라고 하지만, 중국어에서는 牧區(mùqū)라고 하고, 한국어에서는 市內地域(시내지역)이라고 하지만, 중국어에서는 市區(shìqū)라고 함.

용례

區別(구별), 區分(구분), 地區(지구)

성어

구구세절(區區細節): 이런저런 작고 세밀한 부분.

救 구원할 구

갑골문	금문	전국문자	소전	예서	해서

한 ——

救 음 구

뜻 구하다, 건지다 /
고치다 / 도움

중 ——

救 음 jiù

뜻 구하다, 건져내다 /
돕다, 도움 /
막다, 저지하다

일 ——

救 음 きゅうkyou

뜻 구하다, 건져내다 /
돕다

자원
형성

의미 부분인 攴[칠 복]과 소리 부분인 求[구할 구]로 이루어짐. 오진봉(吳鎭烽)*은
攴[칠 복]과 殳[창 수]는 서로 통용될 수 있으며 求는 裘[갖옷 구]의 의미를 가지고
있다고 하였음. 따라서 救는 손에 이빨 모양의 도구[殳]를 들고 동물 가죽[裘]의
털을 다듬는 것으로, 여기에서 '정리하다', '돌보다' 등의 의미가 나온 것으로 보았음.
그러나 이에 대한 이견 또한 존재함. 한편 『설문』에서는 "저지하는 것이다"라고
했으며, 『광운廣韻』에서는 "돕는 것이다"라고 하였음. 이러한 것에서 '돕다', '구하다',
'막다' 등의 뜻을 가지게 되었음.

용법

한중일 모두 '구하다'의 의미로 가장 많이 사용함. 한국어에서는 어려운 형편을
돕거나 위태로운 지경에서 벗어나게 하는 '구하다(救-)'의 어근으로도 사용됨. 또한
救命(구명, jiùmìng, きゅうめい)은 '목숨을 구하다'라는 의미를 가지고 있지만, 특별히
중국어에서는 '사람 살려!'와 같이 황급히 구조를 청하여 부르짖는 말로도 사용됨.
한편 '소방 장비를 갖추고 있는 특수차'를 한국어와 일본어에서는 消防車(소방차,
しょうぼうくるま)라고 하지만, 중국어에서는 救火車(jiùhuǒchē)라고 함.

용례

救助(구조), 救護(구호), 救命(구명)

성어

구국간성(救國干城): 나라를 구하는 방패와 성벽. 국가의 안보를 이루는 군대 등을
일컫는 말.

---

* 1940~, 현재 중국 섬서성 문물고고연구소 부소장으로 재직중임.

오

句 글귀 구

| 갑골문 | 금문 | 전국문자 | 소전 | 예서 | 해서 |

한

句 음 구

뜻 글귀, 단락 / 구절 /
마디 / 땅 이름

중

句 음 gōu, jù

뜻 [gōu] 인명, 지명에
쓰이는 글자
[jù] 문장 / 마디, 편

일

句 음 く ku

뜻 구절, 단락 /
작품의 단위

자원
형성
口[입 구]에 '입과 반대 방향으로 향한 말 기운'의 형상을 더하여 만들어진 글자로
'말을 더듬다'라는 뜻을 지님. 갑골문에서부터 보이는 것으로 보아 아주 예전부터
말을 더듬는 사람이 있었고 또 말을 더듬는 사람을 특별히 지칭했다는 사실을 알 수
있음. 한편 口를 둘러싼 자형을 사람이 몸을 구부린 모양을 상형한 勹[쌀 포], 丩[얽힐
구]로 풀이하기도 함.

용법
한중일 모두 '글귀'의 의미로 사용함. 한국어와 일본어에서 文章(문장, ぶんしょう)
라고 하는 것을 중국어에서는 句子(jùzi)라고 함. 일본어에서는 '불만'을 나타내는
文句(もんく)와 같이 사용하기도 함. 또한 17자로 된 짧은 시를 가리키는 하이쿠(俳句,
はいく)에도 句를 사용함.

용례
警句(경구), 章句(장구), 絶句(절구)

성어
일언반구(一言半句): 한 마디 말이나 반 구절. 극히 작은 말이나 글을 이르는 말.

九

아홉 구

갑골문	금문	전국문자	소전	예서	해서

한 九 음 구
뜻 아홉 / 많은 수

중 九 음 jiǔ
뜻 아홉 / 많은 수 /
구, 절기명
(동지부터 시작하여
81일간)

일 九 음 きゅう kyu-u, く ku
뜻 구, 아홉 / 많은 수 /
사물의 극

자원
상형
갑골문을 봐도 무엇을 본뜬 글자인지 정확하게 알 수 없음. 그러나 이효정(李孝定)*은
갑골문의 九는 본래 '팔꿈치'의 모양을 본떠 만든 글자인데, 후에 숫자 '아홉'의
의미를 나타내게 되어 다시 새로운 肘[팔꿈치 주]를 만들어 사용했다고 함. 또 일설에
의하면, 구멍 속으로 팔을 뻗어 손으로 더듬어 무엇인지 알아내려는 모양을 본뜬
것이며, 후에 九가 숫자로 사용되자 穴[구멍 혈]을 더하여 究[궁구할 구]를 만들어
사용했다고 함. 『설문』에서는 "양의 변수이다"라고 풀이하고, "구불구불 돌아 끝에
도달한 모양"을 본뜬 글자라고 풀이함.

용법
한중일 모두 숫자 '아홉'을 뜻함. 한중일 모두 하늘의 가장 높은 곳을 九天(구천, jiǔtiān,
きゅうてん)이라고 함. "죽을 고비를 여러 차례 넘기고 겨우 살아남"을 뜻하는 九死一生
(구사일생, jiǔsǐyīshēng)을 일본어에서는 十死に一生(じっし に いっしょう) 혹은
萬死に一生(ばんし に いっしょう)라고도 함. 곱셈에 쓰는 기초 공식을 한국어에서는
九九段(구구단), 九九法(구구법)이라 하고, 일본어에서는 九九(くく)라고 하고,
중국어에서는 小九九(xiǎojiǔjiǔ), 九九乘法歌(jiǔjiǔchéngfǎgē)라고 함.

용례
九重(구중), 九天(구천)

성어
구사일생(九死一生): 아홉 번 죽으려다가 겨우 살아남. 매우 위험한 고비에서
가까스로 벗어남을 이르는 말.

---

* 1918~1997, 중국의 저명한 역사고문학자이며, 대표 저술에 『갑골문자집석甲骨文字集釋』이 있음.

강

究 연구할 구

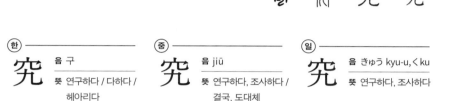

갑골문	금문	전국문자	소전	예서	해서
			究	究	究

한 — 究 음 구
뜻 연구하다 / 다하다 / 헤아리다

중 — 究 음 jiū
뜻 연구하다, 조사하다 / 결국, 도대체

일 — 究 음 きゅう kyu-u, く ku
뜻 연구하다, 조사하다

자원
형성
의미 부분인 穴[구멍 혈]과 소리 부분인 九[아홉 구]로 이루어짐. 穴은 '구멍과 같이 속이 깊다'라는 의미를 취한 것임. 九의 갑골문은 팔꿈치를 본뜬 것으로 후에는 숫자로 사용했음. 『설문』에서는 九를 『주역周易』의 내용을 빌려 "굴곡진 곳의 마지막까지 이르는 것"이라고 하였음. 究에 대해서는 "다하다"라고 풀이하였음. 이로써 '동굴 속 깊은 곳과 같이 끝까지 이르거나 파헤침'을 나타내게 되었으며, 의미가 더욱 확대되어 '이치를 파악하기 위해 마지막까지 연구하다', '헤아리다', '조사하다' 등의 뜻을 갖게 되었음.

용법
한중일 모두 '깊이 조사하여 생각하다', '헤아리다'의 의미로 가장 많이 사용함. 한국어의 講究(강구)는 '좋은 대책과 방법을 찾아내는 것'을 의미하지만, 중국어에서 講究 (jiǎngjiu)는 '중요시하다', '소중히 여기다'의 의미로 쓰임. 한편 대학을 졸업한 이후 진학하는 학술기관을 한국어와 일본어에서는 大學院(대학원, だいがくいん)이라고 하지만 중국어에서는 研究生院(yánjiūshēngyuàn)이라고 함. 또한 한국어의 大學院生 (대학원생)을 중국어에서는 研究生(yánjiūshēng)이라고 함.

용례 講究(강구), 研究(연구), 探究(탐구)

성어 연지구지(研之究之): 갈고 파헤쳐봄. 어떤 일에 대해 깊이 생각하고 따져보는 일을 이르는 말.

오

舊 예 구

갑골문	금문	전국문자	소전	예서	해서

<table>
<tr><td>한</td><td>중</td><td>일</td></tr>
<tr>
<td>舊
음 구
뜻 예, 옛 /
오래다, 오래됨 /
옛 친구</td>
<td>旧
음 jiù
뜻 옛날의 /
헐다, 낡다, 오래다 /
옛 친구</td>
<td>旧
음 きゅう kyu-u
뜻 오래다 / 옛날, 과거 /
옛 친구</td>
</tr>
</table>

자원
형성
의미 부분인 萑[수리부엉이 환]과 소리 부분인 臼[절구 구]로 이루어짐. 갑골문과 금문 모두 새의 모습을 본뜬 것임. 『설문』에서는 "부엉이"라고 풀이함. 이처럼 '새'가 본래의 뜻이나 이후 '옛것'의 의미로 빌려서 사용하게 되었음. 여기에서 '오래되다', '옛날', '옛 친구' 등의 의미가 더해졌음.

용법
한중일 모두 '오래다', '옛날'의 의미로 가장 많이 사용함. 한국어에서는 舊制度(구제도)와 같이 '묵은' 또는 '낡은'의 뜻을 나타내는 접두사로도 사용함. 한편 한국어에서는 가깝게 오래 사귄 사람을 親舊(친구)라고 하지만, 중국어에서는 朋友(péngyou), 일본어에서는 親友(しんゆう) 또는 友人(ゆうじん)이라고 함. 또한 음력설을 한국어에서는 舊正(구정)이라고 하지만, 일본어에서는 舊正月(きゅうしょうがつ), 중국어에서는 春節(chūnjié)라고 함.

용례
舊石器(구석기), 舊式(구식), 舊版(구판)

성어
산천의구(山川依舊): '산과 하천이 옛날 그대로'라는 뜻으로, 자연의 경치가 변치 않는 모습을 일컫는 말.

오

久 오랠 구

갑골문	금문	전국문자	소전	예서	해서
			ㄹ	久	久

한 ─────
久 음 구
뜻 오래다, 길다

중 ─────
久 음 jiǔ
뜻 오래다

일 ─────
久 음 きゅう kyu-u, く ku
뜻 시간적으로 길다

자원
지사
『설문』에서는 "久는 한참 동안 뜸을 뜨는 것이다. 사람의 양쪽 정강이 뒤에 복사뼈가 있는 형상을 본뜬 것이다"라고 하였음. 일부 학자들은 久가 '뜸을 뜨다'라는 의미의 灸[뜸 구]의 초문이라고 주장하는데, 이 주장에 따르면 久는 사람이 병들어 누워 있는 형상을 묘사한 것이라고 함. 이후 久가 '오래되다'라는 뜻으로 가차되어 쓰이자, 久에 뜸을 뜰 때 사용하는 '불'을 나타내는 火[불 화]를 더하여 灸[뜸 구]로 분화했음.

용법
한중일 모두 '오래다', '길다'의 의미로 사용함. 중국어에서 '오래다'를 의미하는 久(jiǔ)는 숫자 9인 九(jiǔ)와 발음이 같아서 중국인들은 오래 살기를 희망하는 뜻에서 숫자 9를 좋아하기도 함. 또한 發財(fācái)가 '큰돈을 벌다'라는 의미인데, 여기에서 發(fā)와 숫자 8인 八(bā)의 발음이 비슷하여 역시 부자되기를 바라는 마음에서 숫자 8을 좋아하기도 함.

용례
永久(영구), 悠久(유구), 持久力(지구력)

성어
천장지구(天長地久): 하늘과 땅이 오래도록 변하지 않음. 하늘과 땅처럼 영원히 변치 않는 것을 가리키는 말.

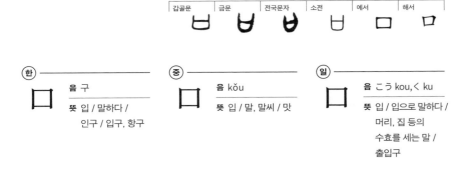

086

口 입구

| 갑골문 | 금문 | 전국문자 | 소전 | 예서 | 해서 |

한 ──────
口
음 구
뜻 입 / 말하다 /
인구 / 입구, 항구

중 ──────
口
음 kǒu
뜻 입 / 말, 말씨 / 맛

일 ──────
口
음 こう kou, く ku
뜻 입 / 입으로 말하다 /
머리, 집 등의
수효를 세는 말 /
출입구

자원
상형

'입을 벌린 모양'을 본뜬 글자임. 이 글자와 자형이 같은 글자 중에는 그 뜻이 입과 관련 없는 것도 있는데, 예를 들어 石[돌 석]에 있는 口는 입과 관련 없는 '돌덩이'를 상형한 글자임. 오히려 이 글자는 신에게 기원하는 글을 담는 그릇의 모양을 상징한다고 보는 설도 있음. 단 齒[이 치]는 입에 이를 더한 글자에 그 소리를 나타내는 止[그칠 지]를 더한 글자인데, 입이 있고 나서 이가 있다는 사실이 글자에도 반영되어 있는 것을 알 수 있음.

용법

한중일 모두 '입'의 의미로 가장 많이 사용함. 한국어와 일본어에서는 '사람들의 입을 통해 전해진 말로 된 문학'을 口碑文學(구비문학, こうひぶんがく)라고 하는데, 중국어에서는 口頭文學(kǒutóuwénxué)라고 함. 한국어에서 '몸의 다친 자리'를 의미하는 傷處(상처)를 중국어와 일본어에서는 傷口(shāngkǒu, きずぐち)로 씀.

용례

口腔(구강), 口傳(구전), 入口(입구)

성어

구밀복검(口蜜腹劍): 입에는 꿀이 있고 배 속에는 칼이 있음. 겉으로는 부드럽지만 속으로 남을 해칠 생각이 있는 사람 또는 그런 행위.

박

120

나라 국

갑골문	금문	전국문자	소전	예서	해서

한

國 음 국
뜻 나라 / 고향

중

国 음 guó
뜻 나라

일

国 음 こく koku
뜻 나라 / 향토

자원
회의
영역을 나타내는 囗[에워쌀 위]와 창을 나타내는 戈[창 과]로 이루어짐. '일정한 영역을 무력으로 호위하다'라는 의미에서 '나라', '국가'의 의미를 나타냄. 금문 이후에는 의미 부분인 囗와 소리 부분인 或[혹 혹]이 합쳐진 글자로 나타났음. 或은 무기[戈]를 들고 성[囗]을 지키는 모습으로 성을 지키려면 무기가 필수적임을 강조했음. 후에 或이 '혹시'라는 의미로 널리 쓰이자 다시 囗를 더하여 國이 되었음.

용법
한중일 모두 '나라'의 의미로 가장 많이 사용함. 일반적으로 國語(국어)라 하면 해당 국가의 국민이 사용하는 표준 언어를 말하므로, 삼국에서는 한국어, 중국어, 일본어에 해당함. 한국과 일본에서는 국어의 명칭이 대내외적으로 한국어와 일본어로 통일되어 있으나, 중국의 경우 中國語(중국어), 普通話(보통화), 國語(국어), 官話(관화) 등 여러 가지로 불리다가, 56개 민족 중 한족(漢族)이 쓰는 말을 표준어로 규정하고 이를 漢語(hànyǔ)로 부르게 되었음.

용례
國民(국민), 國籍(국적), 愛國(애국)

성어
경국지색(傾國之色): 나라를 기울어지게 할 만큼 빼어난 미인. 매우 아름다운 여인을 가리키는 말.

局 판 국

갑골문	금문	전국문자	소전	예서	해서
		局	同	局	局

한 局
음 국
뜻 판(장기, 바둑) /
사태, 형편 /
구분, 구획 /
국, 기관이나
조직의 업무 단위

중 局
음 jú
뜻 판(장기, 바둑) /
판, 번, 경기 등의
승부의 한 판 /
형국, 상황 /
국, 기관이나
조직의 업무 단위

일 局
음 きょく kyuku
뜻 구획하다 /
국, 기관이나
조직의 업무 단위 /
사태, 국면

자원
형성
겸
회의

'몸'을 뜻하는 尸[주검 시]와 '구부리다'의 뜻을 가진 句[글귀 구]로 이루어짐. 句는 소리 부분 역할도 겸하고 있음. 소전에서 句의 丿획이 尸의 몸통 부분에 붙여 쓰면서 생략되었음. 본래 의미는 '몸을 굽히다'이며, 후에 '구부러지다', '작게 나눈 공간이나 부서', '협소', '처지' 등으로 확대 사용함.

용법 한중일 모두 '형국', '부서'의 의미로 사용하고 있음. 한국어와 일본어에서는 結局(결국, けっきょく)을 '일의 마무리' 또는 부사로서 '일의 마무리에 이르러서'라는 뜻으로 사용하지만, 중국어에서 結局(jiéjú)는 '문학작품 또는 드라마의 결말'을 뜻함.

용례 局面(국면), 局長(국장), 局限(국한)

성어 국외지인(局外之人): 게임에 임하지 않는 사람. 상황과 관계가 없는 사람을 일컫는 말.

軍사 군

갑골문	금문	전국문자	소전	예서	해서

한

軍 음 군
뜻 군사 / 진을 치다

중

军 음 jūn
뜻 군사, 군단 /
진을 치다, 주둔하다

일

軍 음 ぐん gun
뜻 군사, 군단 /
진지, 진영

자원
형성
두 개의 의미 부분인 車[수레 거]와 勻[고를 균]으로 이루어짐. 전차[車]를 고르게[勻] 배치함을 뜻함. 이후 전차가 고르게 배치된 '군대'나 무장한 '부대'를 지칭하게 되었음. 군대의 단위로 쓰여 군대를 의미하는 또 다른 글자인 師[스승 사]보다 큰 단위의 군대를 지칭하는데, 옛날에는 하나의 군대가 4,000명 정도의 규모였음.

용법
한중일 모두 '군대'나 '군사'의 의미로 큰 차이 없이 통용함. 한국어와 중국어에서는 군대 편제단위로도 쓰여 軍團(군단, jūntuán)이라고 하면 師團(사단, shītuán)보다 큰 단위를 가리킴. 또 개별적인 단어에서 戰略(전략)을 일본어에서는 軍略(ぐんりゃく)라 하고, 전쟁에 대한 이야기를 적은 책을 이르는 軍事小說(군사소설)을 일본어에서는 軍記(ぐんき)라고 하는 등 일부 차이가 있을 뿐임.

용례
軍隊(군대), 軍事(군사), 軍人(군인)

성어
패군지장(敗軍之將): 싸움에서 진 군대의 장수. 싸움에서 진 지휘자는 그에 대해 변명을 늘어놓지 않아야 한다는 뜻.

090

君 임금 군

갑골문	금문	전국문자	소전	예서	해서

한 君
음 군
뜻 임금, 영주 / 남자의 높임말 / 군자 / 그대, 자네

중 君
음 jūn
뜻 군주, 임금 / 타인에 대한 존칭 / 봉호

일 君
음 くん kun
뜻 천자, 제왕, 임금 / 아버지, 남편에 대한 경칭 / 손아랫사람을 부르는 칭호

자원 형성
'손에 막대기를 들고 있는 모양'을 본뜬 尹[다스릴 윤]과 '명령하다'의 뜻을 나타내는 口[입 구]로 이루어짐. 명령을 내리는 통치자인 '임금'을 나타냄. 이 글자를 통해 옛날에도 통치자에게 '말'이 중요했다는 것을 알 수 있음. 손에 들고 있는 막대기는 통치자의 권력을 상징하는 것으로 볼 수 있음.

용법
한중일 모두 '임금', '군자'의 의미로 많이 사용함. 한국어와 일본어에서는 '겉으로만 착한 체하는 사람'을 僞善者(위선자, ぎぜんしゃ)라고 하지만, 중국어에서는 僞君子(wěijūnzǐ)라고 함. 일본어에서 다른 사람의 아내나 딸을 높여 妻君·女君(めぎみ)라고 부름.

용례
君臣(군신), 君子(군자), 君主(군주)

성어
군자삼락(君子三樂): 어엿한 지식과 덕을 지닌 사람의 세 가지 즐거움이라는 뜻으로, 가족의 평안, 떳떳한 행위, 뛰어난 제자를 가르치는 일을 말함.

박

091

弓 활 궁

| 갑골문 | 금문 | 전국문자 | 소전 | 예서 | 해서 |

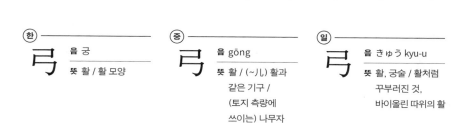

한

弓 음 궁
뜻 활 / 활 모양

중

弓 음 gōng
뜻 활 / (~儿) 활과
같은 기구 /
(토지 측량에
쓰이는) 나무자

일

弓 음 きゅう kyu-u
뜻 활, 궁술 / 활처럼
꾸부러진 것,
바이올린 따위의 활

자원
상형
시위가 풀려 있는 활의 모양을 본뜬 글자임. 하지만 갑골문에서는 매여 있는 모양임. 후에 궁현(弓弦)처럼 활의 모양과 비슷한 물건도 弓으로 나타냈으며, 활처럼 굽은 허리를 궁요(弓腰)라고 부르는 것처럼 굽은 것을 나타낼 때도 弓을 씀.

용법
한중일 모두 '활'의 의미로 사용하고, '활 모양'을 지칭할 때도 사용함. 한중일 모두 '활과 같은 곡선으로 된 형태나 형식'을 아치형 또는 弓形(궁형, gōngxíng, きゅうけい) 라고 함. 한국어와 중국어에서는 전족을 하여 활 모양으로 굽은 여자의 발을 弓足(궁족, gōngzú)라 함. 일본어에서는 '주로 활을 무기로 하는 병사'를 弓足輕(ゆみあしがる)라 함. 또 중국어에서는 弓이 '구부리다'라는 뜻의 동사로도 쓰여 '몸을 굽히다'를 弓身 (gōngshēn)이라고 씀. 중국어에서 步弓(bùgōng)은 '두 발의 거리'나 '활 모양의 나무자'를 나타내는데, 한국어와 일본어에서는 사용하지 않는 표현임.

용례
弓手(궁수), 弓矢(궁시), 石弓(석궁)

성어
경궁지조(驚弓之鳥): 활을 보고 놀란 새. 한 번 무엇인가에 혼이 난 사람은 그와 비슷한 것만 보아도 놀란다는 뜻.

류

125

權 권세 권

갑골문	금문	전국문자	소전	예서	해서
		雚	權	權	權

한 權
음 권
뜻 권세, 권력 / 방편 / 저울, 저울질하다

중 权
음 quán
뜻 권리, 권력 / 임기응변 / 유리한 형세

일 権
음 けん ken, ごん kon
뜻 권력, 세력 / 꾀, 정당치 않은 계략 / 저울, 저울질하다

자원
형성

의미 부분인 木[나무 목]과 소리 부분인 雚[황새 관]으로 이루어짐. 雚은 '황새'를 본뜬 글자라 하기도 하고, '부엉이처럼 큰 눈을 가진 맹금류가 먹이를 찾기 위해 자세히 관찰하다'라는 뜻이라고도 함. 『설문』에서는 "權은 황화목(黃華木)이다. 木은 의미 부분이고, 雚은 소리 부분이다. 일설에는 常道에 어긋나는 것을 뜻한다고도 한다"라고 하였음.

용법

한중일 모두 '권력'이라는 의미로 사용함. 한중일 모두 '권리'라는 의미로도 많이 사용함. 일부 명사 뒤에 접미사로 붙여 '~權(권)'의 형태로 사용하는데 所有權(소유권, suǒyǒuquán, しょゆうけん)이 그 예임. 일본어에서는 '저울추'라는 뜻으로도 쓰여서 '균형'을 權衡(けんこう)라고 쓰기도 함.

용례

權力(권력), 權勢(권세), 權威(권위)

성어

권불십년(權不十年): 권력은 10년을 가지 못한다는 뜻으로, 아무리 강한 권세도 영원히 이어지지 못함을 이르는 말.

윤

勸

권할 권

갑골문	금문	전국문자	소전	예서	해서
			勸	勸	勸

한
勸
음 권
뜻 권하다, 권장하다 /
가르치다

중
劝
음 quàn
뜻 권하다, 타이르다 /
격려하다, 고무하다

일
勧
음 かん kan, けん ken
뜻 권하다, 장려하다 /
가르쳐 인도하다

자원
형성
의미 부분인 力[힘 력]과 소리 부분인 雚[황새 관]으로 이루어짐. 力은 쟁기의 모습을
그린 것인데 '힘을 쓰다'라는 뜻이며 雚은 부엉이 같은 새의 모습으로 이 글자에서는
소리를 나타냄. '힘으로 권하다', '설득하다'의 뜻에서 '권력'이라는 뜻으로 확장되었음.

용법
한중일 모두 '권하다', '인도하다'의 의미로 사용함. 한국어와 일본어에서 '산업을
권하여 장려하다'를 勸業(권업, かんぎょう)라고 하는데, 중국어에서는 사용하지 않는
표현임. 또 한국어와 일본어에서는 '권하여 장려하다'를 勸奬(권장, かんしょう)라고
하는데, 중국어에서는 勸勉(quànmiǎn), 奬勵(jiǎnglì)라고 함. 한국어와 일본어에서
勸進(권진, かんじん)은 '불교를 믿게 하다'라는 뜻인데, 일본어에서는 '절의 보수나
건립을 위해 금품을 거두다'라는 뜻으로도 사용함. 또 중국어에서 勸進(quànjìn)은
'황제의 자리에 오르도록 권하다'의 의미를 나타냄.

용례
勸告(권고), 勸善懲惡(권선징악), 勸酒(권주)

성어
권선징악(勸善懲惡): 착함을 권장하고 악함을 징벌함. 선량한 행동을 장려하며 악한
행동을 제압하는 것을 이르는 말.

류

127

卷 책 권

갑골문	금문	전국문자	소전	예서	해서
			甍	蘙	卷 卷

한
卷
음 권
뜻 책 / 공문서 /
시험지 / 두루마리

중
卷
음 juǎn, juàn
뜻 [juǎn] 말다, 감다 /
(~儿) 권, 통,
두루마리
[juàn] 문서 /
시험지, 시험답안지

일
卷
음 かん kan, けん ken
뜻 굽다, 구부러지다 /
감다 / 서적 / 권

자원
형성

의미 부분인 卩[병부 절]과 소리 부분인 釆[분별할 변]으로 이루어짐.『설문』에서는
"무릎이 구부러지는 부분인 오금"으로 풀이하였음. 卩의 갑골문은 두 손을 가지런히
모으고 무릎을 꿇고 앉아 있는 모습을 본뜬 글자로, 여기서 의미가 확대되어 '굽다',
'말다' 등과 같이 구부러져 있는 것과 관련된 의미가 나오게 됨. 이후 죽간이나 종이에
글을 쓰고 이를 말아놓은 것이 바로 책이기 때문에 '서적', '종이', '시험지' 등의
의미와 책을 세는 단위로도 사용하게 됨.

용법

한중일 모두 '책'이나 '문서' 혹은 '말려 있는 것'과 관련된 의미로 사용함. 한국어에서는
'낱권(-卷)'과 같이 책을 세는 단위로 사용되며, 또는 얇은 종이로 말아서 피우는
담배인 卷煙(궐련)과 같이 역시 말려 있는 것을 나타냄. 중국어에서는 '책'이나 '문서'를
뜻할 때는 제4성으로, '(둥글게) 말다'를 뜻할 때는 제3성으로 발음함. 시험문제가
쓰인 종이나 답안지를 한국어와 일본어에서는 試驗紙(시험지, しけんし)라고 하지만,
중국어에서는 試卷(shìjuàn) 혹은 考卷(kǎojuàn)이라고 함.

용례

開卷(개권), 上卷(상권), 壓卷(압권)

성어

개권유익(開卷有益): 책을 펼치면 이로움이 있다. 독서를 하면 얻는 게 많다는 뜻.

오

貴 귀할 귀

갑골문	금문	전국문자	소전	예서	해서
		貴	賢	貴	貴

한
貴
음 귀
뜻 귀하다 /
(신분이) 높다 /
중요하다, 존중하다

중
贵
음 guì
뜻 비싸다 /
지위가 높다 /
귀하다

일
貴
음 き ki
뜻 존경할 만하다 /
신분이 높다 /
비싸다

자원
형성
고대 중국에서는 조개를 화폐로 사용하였는데, 이에 따라 貝에 '귀한 재물'이라는
뜻이 생김. 貴는 이러한 조개를 두 손으로 들고 있는 모습을 본뜬 글자임. 貝가
들어 있는 글자로 財[재물 재], 貨[재화 화], 資[재물 자] 등이 있는데, 이 글자들을
통해서도 貝에 '재물'의 뜻이 있음을 알 수 있음.

용법
한중일 모두 '귀하다'의 의미로 가장 많이 사용함. 한국어에서는 '물건이 귀해 구하기
어려운 상태'를 品貴(품귀)라고 함. 중국어에서는 '비싸다'의 뜻으로도 많이 쓰임.
중국어에서 '귀하다'라고 할 때는 寶貴(bǎoguì)를 주로 씀. 일본어에서는 상대를
지칭하는 貴樣(きさま)에도 사용함.

용례
高貴(고귀), 富貴(부귀), 珍貴(진귀)

성어
부귀영화(富貴榮華): 부유하고 지위가 높으며 호사를 누림. 사람이 추구하는
현실적인 가치 등을 일컫는 말.

박

歸 돌아갈 귀

| 갑골문 | 금문 | 전국문자 | 소전 | 예서 | 해서 |

한
歸 　음 귀
뜻 돌아가다, 돌아오다 /
따르다 /
마치다, 끝내다

중
归 　음 guī
뜻 돌아가다, 돌아오다 /
돌려주다

일
帰 　음 き ki
뜻 돌아가다, 돌아오다 /
귀착하다, 귀순하다

자원
형성
갑골문에서 오른쪽의 帚[비 추]는 빗자루를 의미하는데, '결혼한 여자'를 뜻하는 婦[며느리 부] 또는 '시집가다'라는 의미의 歸[돌아갈 귀]로 가차되어 쓰였음. 『설문』에서는 "여자가 시집가는 것"으로 풀이하였음. 금문에서는 彳[조금 걸을 척] 혹은 辵[쉬엄쉬엄 갈 착]이 추가되었는데, 이는 '길'을 형상한 것으로, '가다'라는 의미를 강조한 것이며, 여기서 '돌아가다'라는 의미가 더해진 것으로 보임.

용법
한중일 모두 '돌아가다', '돌아오다'의 의미로 사용함. 중국어에서는 뒤에 붙이는 방향보어에 따라 '돌아가다' 혹은 '돌아오다'의 의미가 되는데, 즉 歸來(guīlái)는 '돌아오다'라는 의미를, 歸去(guīqù)는 '돌아가다'라는 의미를 나타냄. 한국어와 일본어에서는 '고향에 돌아가다'를 歸鄉(귀향, ききょう)라고 쓰지만, 중국어에서는 回鄉(huíxiāng) 또는 返鄉(fǎnxiāng)을 주로 사용함. 또한 한국어와 일본어에서는 '가르침을 믿고 의지하다'를 歸依(귀의, きえ)라고 함.

용례
歸國(귀국), 歸還(귀환), 復歸(복귀)

성어
낙엽귀근(落葉歸根): 잎이 떨어져 뿌리로 돌아감. 원래 있던 곳으로 되돌아감을 의미하는 말.

均 고를 균

갑골문	금문	전국문자	소전	예서	해서

한

均

음 균

뜻 고르다, 고르게 하다 /
평평하다 /
경작하다

중

均

음 jūn

뜻 고르다, 고르게 하다 /
모두, 다

일

均

음 きん kin

뜻 고르다 /
땅을 평평하게 하다 /
평등하다

자원
형성

의미 부분인 土[흙 토]와 소리 겸 의미 부분인 勻[고를 균]으로 이루어짐. 금문은
손[又]과 두 점[二]으로 이루어져 손으로 '균일하게 나누다'라는 의미를 나타냄. 후에는
손을 나타낸 모양이 勹[쌀 포]로 변하여 지금의 勻이 되었음. 均의 의미는 '흙을
고르게 하다'로 풀이할 수 있고, 이로부터 '공평하다', '보편적인', '조화롭다' 등의
의미가 더해졌음.

용법

한중일 모두 '균일하다', '고르게 하다'의 의미로 사용함. 중국어에서는 '모두', '다'의
부사로도 쓰이는데, 예를 들어 '어른이나 아이 모두 편안하다'를 老少均安(lǎoshǎojūnān)
으로 표현함.

용례

均一(균일), 均衡(균형), 平均(평균)

성어

세균역적(勢均力敵): 세와 힘이 서로 대등함. 승부를 가리기 힘들 정도로 양측의 힘과
역량이 비슷한 상황을 일컫는 말.

131

極

극진할 극

갑골문	금문	전국문자	소전	예서	해서
			極	極	極

한 極
음 극
뜻 극진하다, 다하다 / 매우 / 끝 / 제위

중 极
음 jí
뜻 정점 / (지구의 남, 북) 극 / (자성체의) 극 / 극하다, 다하다 / 아주, 극히

일 極
음 きょく kyoku, ごく goku
뜻 정점, 한계점 / 한쪽의 끝 / 극히, 아주, 대단히 / 끝까지 다 해버리다

자원
형성

의미 부분인 木[나무 목]과 소리 부분인 亟[빠를 극]으로 이루어짐. 『설문』에서는 "용마루를 뜻한다"라고 하였음. 용마루는 집에서 가장 높은 곳에 위치하므로, 여기서 '절정', '한계점'이라는 의미가 나온 것으로 보임.

용법

한중일 모두 '극진하다', '지극하다'의 의미로 사용함. 한중일 모두 '최고점'이라는 의미로도 쓰여 '지축의 남쪽 끝'을 南極(남극, nánjí, なんきょく)라고 함. 한국어와 일본어에서는 '최고의 상품'을 極上品(극상품, ごくじょうひん) 또는 極品(극품, ごくひん)이라고 하는데, 중국어에서는 極品(jípǐn)이라는 표현만 사용함. 한국어와 일본어에서는 '극히', '대단히'의 뜻을 나타내는 부사로도 많이 사용함.

용례 極甚(극심), 兩極(양극), 積極(적극)

성어 극락정토(極樂淨土): 아미타불이 살고 있다는 불교의 이상 세계를 이르는 말. 더없이 안락하고 편안하며 아무 걱정이 없는 곳.

近

가까울 근

갑골문	금문	전국문자	소전	예서	해서

한

近

음 근

뜻 가깝다 /
가까이하다 / 요즘

중

近

음 jìn

뜻 가깝다, 밀접하다 /
다가가다, 접근하다

일

近

음 きん kin, こん kon

뜻 거리가 가깝다 /
요사이

자원
형성
의미 부분인 辵[쉬엄쉬엄 갈 착]과 소리 부분인 斤[도끼 근]으로 이루어짐. 『설문』에서는 "가깝다"로 풀이함. 辵은 '가다'라는 의미를 가지고 있으며, 이로써 '가까운 거리'라는 뜻을 갖게 되었음. 여기서 확장되어 '가깝다', '밀접하다', '요즘' 등의 의미가 생겼음.

용법
한중일 모두 '가깝다'의 의미로 가장 많이 사용함. 한국어와 중국어에서 遠近(원근, yuǎnjin, おちこち)는 '멀고 가까움'을 의미하지만, 일본어에서는 이외에 '여기저기', '미래와 현재'의 의미도 갖고 있음. 또한 親近(친근, qīnjin, しんきん) 역시 한국어와 중국어에서는 '사이가 가까움'을 나타내는데, 일본어에서는 '측근', '친인척'의 의미도 갖고 있음.

용례
近來(근래), 接近(접근), 最近(최근)

성어
근묵자흑(近墨者黑): 먹을 가까이하는 사람은 검어진다는 뜻으로, 나쁜 무리에 있으면 나쁜 물이 든다는 것을 경계하는 말.

勤 부지런할 근

갑골문	금문	전국문자	소전	예서	해서
	素	勒	勤	勤	勤

한 勤
음 근
뜻 부지런하다 /
근무하다 / 힘쓰다

중 勤
음 qín
뜻 부지런하다 /
빈번하다 / 근무 /
마음을 다하다

일 勤
음 きん kin, ごん gon
뜻 열심히 하다 /
근무하다

자원
형성

의미 부분인 力[힘 력]과 소리 겸 의미 부분인 堇[진흙 근]으로 이루어짐. 堇은 기근을 맞이하여 하늘에 제사 지내는 무당의 모습을 그린 것으로 '기근', '어려움' 등의 뜻을 나타냄. 力은 쟁기를 그린 것인데 '힘을 쓰다'라는 뜻이며, 두 부분의 조합으로 '기근이 닥치지 않게 농업에 힘쓰다'라는 뜻을 표현했고, 여기에서 '부지런하다'의 의미로 확장됨.

용법

한중일 모두 '부지런하다'의 의미로 가장 많이 사용함. 한국어와 일본어에서 모두 '일에 종사하다'라는 의미로 쓰는 勤務(근무, きんむ)를 중국어에서는 사용하지 않고, 대신 工作(gōngzuò)라는 표현을 사용함.

용례

勤勞(근로), 勤勉(근면), 勤務(근무)

성어

근검절약(勤儉節約): 부지런하고 검소하고 절제하고 아낌. 절제하면서 근면하게 일하는 사람이나 그런 행위를 일컫는 말.

류

根

뿌리 근

갑골문	금문	전국문자	소전	예서	해서
		柸	根	根	根

한
根 음 근
뜻 뿌리 / 근본 / 기인하다

중
根 음 gēn
뜻 (~儿) 뿌리 /
(~儿) 근본 /
(~儿) 의거, 근거 /
(~儿) 자손

일
根 음 こん kon
뜻 뿌리 / 근본 / 끈기

자원
형성
의미 부분인 木[나무 목]과 소리 부분인 艮[어긋날 간]으로 이루어짐. 『설문』에서는 "나무뿌리"로 풀이함. 여기에서 '근본'이라는 의미로 확장된 것으로 보임.

용법
한중일 모두 '뿌리', '근본'이라는 의미로 사용함. 일본어에서는 根을 こん으로 읽으면 '끈기'라는 의미를 나타내기도 함. 중국어에서는 根据(gēnjù)라고 하여 '~에 의거하여'라는 전치사로도 활용됨. 거듭제곱근을 나타내는 기호인 루트(root)를 한중일 모두 根號(근호, gēnhào, こんごう)라고 표현함.

용례
根據(근거), 根本(근본), 根絶(근절)

성어
반근착절(盤根錯節): 뿌리에 널리 엉키고 마디는 뒤틀려 얽힘. 이리저리 얽히고 설켜서 매우 해결하기 어려운 일이나 상황을 비유적으로 이르는 말.

禁

禁

금할 **금**

갑골문	금문	전국문자	소전	예서	해서
			禁	禁	禁	禁

한 ——————
禁
음 금
뜻 금하다 /
　견디다, 이겨내다 /
　규칙 / 감옥

중 ——————
禁
음 jīn, jìn
뜻 [jīn] 감당하다 /
　참다
　[jìn] 금하다,
　금지하다 / 감금하다

일 ——————
禁
음 きん kin
뜻 금하다 /
　금지하는 말, 법률 /
　출입을 금한 곳 /
　꺼려 피하다

자원
형성
의미 부분인 示[보일 시]와 소리 부분인 林[수풀 림]으로 이루어짐. 『설문』에서는 "길함을 쫓고 흉함을 피하는 금기"로 풀이함. 임의광(林義光)은 禁의 본래 의미가 禁令(금령)이므로 示의 편방으로 구성된다 하였음. 示는 신에게 제사를 드리기 위한 신주(神主)의 모양을 본뜬 것으로 신이 내리는 복이나 재앙 등과 관련된 의미를 가짐. 이러한 것에서 뜻이 확대되어 현재는 '금지' 혹은 '금기시 하는 것', '참다' 등의 뜻을 가지게 되었음. 또한 출입이 자유롭지 못한 곳, 즉 '감옥' 등의 의미로도 확장되었음.

용법
한중일 모두 '어떤 행위를 하지 못하게 하다'의 의미로 주로 사용함. 한국어에서는 '~을 禁(금)하다'와 같은 형태의 동사로 활용됨. 중국어에서 不禁(bùjīn)은 '절로', '금치 못하고'를 의미하는 부사로 활용됨.

용례
禁忌(금기), 禁止(금지), 監禁(감금)

성어
내자물금(來者勿禁): 오는 사람을 막지 않음.

오

金 쇠 금, 성씨 김

갑골문	금문	전국문자	소전	예서	해서
金	金	金	金	金	金

한

金 음 금, 김

뜻 [금] 쇠, 금속 /
황금 / 돈
[김] 성(姓), 성씨

중

金 음 jīn

뜻 금 / 금속의 총칭 /
징

일

金 음 きん kin, こん kon

뜻 금속 / 가치 있는 것 /
돈, 금전

자원
형성

금문을 보면 거푸집 모양과 쇳물(두 점)의 모양을 본뜬 것임을 알 수 있음. 소전에
와서는 자형이 변하여, 『설문』에서는 "다섯 가지 색깔의 금속이다. 황색이 으뜸이다.
(……) 의미 부분인 土[흙 토]와 소리 부분인 今[이제 금]으로 이루어졌고, 土의
양옆에 있는 점은 쇠가 흙속에 있음을 나타낸다"라고 하였다. 소리 부분인 今이
사라졌으므로 형성자라 하기 어려움. 다섯 가지 금속이란 백금(白金), 청금(靑金),
적금(赤金), 흑금(黑金), 황금(黃金)을 말하며, 金의 본래 뜻은 '황금'이 아니고
'쇠'였음.

용법

한중일 모두 '돈', '쇠붙이'의 의미로 많이 사용함. 전기를 사용한 요금을 뜻하는
電氣料金(전기요금)은 일본어에서는 電氣代(でんきだい)라고도 하며, 중국어에서는
電費(diànfèi)라고 함.

용례

金融(금융), 現金(현금), 黃金(황금)

성어

금석지교(金石之交): 쇠와 돌 같은 우정. 단단한 쇠와 돌처럼 변치 않는 굳건한
우정을 이르는 말.

今 이제 금

갑골문	금문	전국문자	소전	예서	해서

한

今 음 금

뜻 이제, 지금 /
곧, 바로 / 이, 이것

중

今 음 jīn

뜻 지금(의), 현재(의) /
이, 이것

일

今 음 こん kon, きん kin

뜻 지금, 오늘날 /
곧, 바로 /
좀 더, 한 번 더

자원
회의

갑골문을 봐도 무슨 뜻인지 정확하게 알 수 없으나 『설문』에서는 "이때", 즉 "지금"
이라고 풀이하였음. 구석규(裘錫圭)*는 今은 曰[가로 왈]의 갑골문 상하 위치를
바꾸어 거꾸로 쓴 자형으로 '입을 닫고 말하지 않음'이라는 뜻을 나타낸다고 했음.
今의 갑골문 윗부분은 '사람의 입'을 나타내고 아래의 一은 '소리'를 나타내어,
'목소리를 입 속에 머금고 낮은 소리로 읊조리다'라는 뜻을 나타냄. 즉 今은 본래
'읊다'라는 뜻인데, 나중에 '지금'이라는 뜻으로 가차되어 사용되자, 今에 口[입 구]를
더하여 吟[읊을 음]을 만들어냄.

용법

한중일 모두 '이제', '지금'의 의미로 가장 많이 사용함. '말하는 바로 이때'를 뜻하는
只今(지금, ただいま)라는 단어는 한국어와 일본어에서 사용함. 조금 전을 뜻하는
'금방'의 경우 한국어와 일본어에서는 今方(금방, いまがた)라고 하지만,
중국어에서는 馬上(mǎshàng)이라고 함. 한국어와 중국어에서는 '이번'의 다른
표현으로 今番(금번, jīnfān)을 쓰지만, 일본어에서는 今度(こんど)라고 함.

용례

今年(금년), 古今(고금)

성어

금시초문(今時初聞): 이제 처음 듣는 소식.

---

* 1936~, 중국 고문학자이며, 현재 복단대학교 '출토문헌 및 고문자 연구중심'의 교수임.

急 급할 급

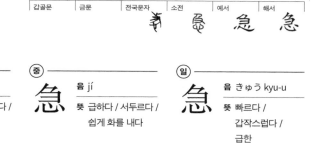

갑골문	금문	전국문자	소전	예서	해서

한

急 음 급

뜻 급하다 / 중요하다 / 빠르다

중

急 음 jí

뜻 급하다 / 서두르다 / 쉽게 화를 내다

일

急 음 きゅう kyu-u

뜻 빠르다 / 갑작스럽다 / 급한

자원
형성

의미 부분인 心[마음 심]과 소리 부분인 及[미칠 급]으로 이루어져 '(마음이) 초조하다'를 의미함. 心은 전국문자부터 해서까지 자형에 큰 변화가 없지만, 及은 약간의 변화가 생겼음. 及은 원래 '다른 사람을 손으로 잡다'를 뜻하는 글자였음. 心과 결합된 急에서 윗부분의 'ク'은 사람에서 변형된 것이고, 중간의 'ㅋ'은 손에서 변형된 것임. 후에 '분노', '큰 일', '빠르다' 등의 의미로 확대 사용하고 있음.

용법

한중일 모두 '급하다'의 의미로 가장 많이 사용함. 한국어에서 '상태가 매우 위태롭고 급한 환자를 치료하고 돌볼 수 있는 시설을 갖춘 방'을 應急室(응급실)이라고 함. 같은 의미를 중국어에서는 急救室(jíjiùshi)로, 일본어에서는 救急治療室(きゅうきゅうちりょうしつ)로 표현함.

용례

急變(급변), 急性(급성), 緊急(긴급)

성어

초미지급(焦眉之急): 눈썹이 탈 만큼 다급함. 그대로 방치할 수 없는 매우 위급한 상황을 비유하는 말.

문

及

미칠 급

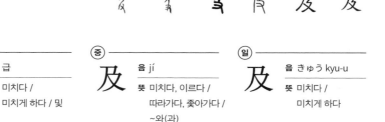

갑골문	금문	전국문자	소전	예서	해서

한
及
음 급
뜻 미치다 /
미치게 하다 / 및

중
及
음 jí
뜻 미치다, 이르다 /
따라가다, 좇아가다 /
~와(과)

일
及
음 きゅう kyu-u
뜻 미치다 /
미치게 하다

자원
회의
'손'을 본뜬 又[손 우]와 '사람'의 모습을 본뜬 人[사람 인]으로 이루어짐. '한 사람이 손으로 다른 사람을 잡는 모습'을 나타낸 글자임. 원래의 뜻은 '붙잡다'였는데, 이후 '미치다'의 뜻으로 널리 쓰임. '붙잡다'의 뜻은 주로 獲[획득할 획]으로 나타냈는데, 이 글자의 편방은 犬[개 견]을 취하고 있음. 이를 통해 획득의 대상이 '사람'에서 '동물'로 점차 바뀌었음을 알 수 있음.

용법
한중일 모두 '미치다', '이르다'의 의미로 주로 사용함. '마침내'를 의미하는 及其也 (급기야)는 한국어에서만 사용함. 중국어에서 及时(jíshí)은 '제때'의 의미를 나타냄. 일본어에서 企及(ききゅう)는 '노력하여 따라가다'의 의미를 나타냄.

용례
論及(논급), 普及(보급), 言及(언급)

성어
족탈불급(足脫不及): 신을 벗고서도 미치지 못함. 아무리 노력해도 따라가지 못하는 상황을 이르는 말.

박

給

줄 급

갑골문	금문	전국문자	소전	예서	해서
		給	給	給	給

한

給 음 급

뜻 주다, 공급하다 /
베풀다

중

给 음 gěi, jǐ

뜻 [gěi] 주다 /
~을 시키다 /
~을 당하다
[jǐ] 공급하다 /
넉넉하다

일

給 음 きゅう kyu-u

뜻 주다, 공급하다 /
급료 / 시중을 들다

자원
형성

의미 부분인 糸[가는 실 멱]과 소리 부분인 合[합할 합]으로 이루어짐. 『설문』에서는 "서로 주는 것"이라고 하였음. 한편 주준성(朱駿聲)*은 이것을 "서로 연결되는 것"이라고 풀이하면서 合은 잇는다[接]라는 의미 부분의 역할도 하는 것이라 하였음. 즉 실을 짜면서 끊어진 부분을 연결한다는 의미로 본 것임. 여기에서 '주다', '공급하다', '베풀다' 등의 뜻을 가지게 되었음.

용법

한중일 모두 '주다', '공급하다'의 의미로 가장 많이 사용함. 한국어와 일본어에서는 한 달을 단위로 하여 지급하는 급료나 직장에서 정기적으로 받는 일정한 보수를 月給(월급, げっきゅう) 또는 俸給(봉급, ほうきゅう)라고 하지만, 중국어에서는 薪水 (xīnshuǐ) 혹은 工資(gōngzī)라고 함.

용례

供給(공급), 發給(발급), 配給(배급)

성어

자급자족(自給自足): 스스로 공급하여 충족함. 필요한 것을 스스로 해결하는 일을 이르는 말.

---

* 1788~1858, 중국 청대의 문학자이며, 대표 저술에 『설문통훈정성說文通訓定聲』이 있음.

記 기록 기

갑골문	금문	전국문자	소전	예서	해서

(한) 記 음 기
뜻 기록하다 /
외우다, 암송하다 /
문서, 글

(중) 记 음 jì
뜻 기억하다 /
기록하다 /
(~儿) 기호 /
책, 글

(일) 記 음 き ki
뜻 기록하다, 적어 두다 /
기억하다

자원
형성
의미 부분인 言[말씀 언]과 소리 겸 의미 부분인 己[몸 기]로 이루어짐. 己는 원래
끈으로 묶은 모양인데, 일인칭을 나타내는 말로 자주 빌려 쓰이게 되자 다시 뜻을
나타내는 糸[가는 실 멱]을 보태어 '정리하다'라는 뜻의 紀[벼리 기]를 만들었음.
말을 정리하여 묶는 것은 특별히 言을 의미 부분으로 하여 記[기록할 기]로 표현함.
이런 연유로 고대 중국어에서 紀와 記는 자주 통용됨. 기록하는 것은 언어의 시간과
공간적 제약을 뛰어넘어 보존하는 것이므로 '기억하다', '외우다'라는 뜻과 이를 모은
'책'이라는 뜻으로 확장됨.

용법
한중일 모두 '기록하다', '기억하다'의 의미로 사용함. 한국어와 일본어에서는 일반적으로
'기록하다'의 의미로 자주 쓰이는 데 반해, 현대 중국어에서는 '기억하다'의 의미로 자주
쓰여 '기억하기 쉽다'를 好記(hǎojì)라 하고, '기억하지 못하다'를 記不得(jìbùdé)라
함. 중국어에서는 '생각해내다'의 뜻으로 記起(jìqǐ)와 想起(xiǎngqǐ)를 같이 사용함.
한국어와 일본어에서는 신문이나 잡지 등에 실린 '어떠한 사실을 알리는 글'을
記事(기사, きじ)라고 하는데, 중국어에서 記事(jìshì)는 그 외에 '일을 기록하다'의
의미도 나타냄. 일본어에서 記章(きしょう)는 '메달'의 의미로 쓰임.

용례
記錄(기록), 記憶(기억), 日記(일기)

성어
박람강기(博覽强記): 널리 보고 잘 외움. 여러 책을 두루 섭렵하고 그 내용을 잘
외우는 사람을 지칭하는 말.

류

期

기약할 기

| 갑골문 | 금문 | 전국문자 | 소전 | 예서 | 해서 |

期 음 기
뜻 기약하다, 약속하다 /
바라다, 기대하다
정하다 / 때, 기회 /
기한

期 음 qī
뜻 때, 시기 / 기한 /
바라다, 기대하다 /
시일을 정하다

期 음 き ki, ご go
뜻 기약하다, 약속하다 /
때, 시기

자원
형성

의미 부분인 月[달 월]과 소리 부분인 其[그 기]로 이루어짐. 『설문』에서는 "(두 사람이) 만나다라고 했지만, 단옥재는 "만날 시간을 약속하다"라고 풀이하였음. 금문은 日[날 일]과 其로 이루어져 있는데, 이후 日이 月로 바뀌었음. 日이나 月은 모두 시간을 나타냄.

용법

한중일 모두 '바라다', '때'의 의미로 많이 사용함. 일 년을 넷으로 나눈 첫째 기간인 1, 2, 3월 석 달 동안을 한국어에서는 一四分期(일사분기)라 하고, 일본어에서는 第一四半期(だいいちしはんき)라고 하고, 중국어에서는 第一季度(diyijìdù)라고 함. 일본어에서는 '기약하다'라는 뜻의 동사로도 사용하여 成功を期する(せいこう を きする, 성공을 기약하다)와 같이 씀.

용례

期間(기간), 期待(기대), 時期(시기), 初期(초기)

성어

불기이회(不期而會): 뜻하지 않게 서로 만남. 예기치 않은 우연한 만남을 이르는 말.

氣 기운 기

갑골문	금문	전국문자	소전	예서	해서
三	气	氮	氣	氣	氣

한
氣
음 기
뜻 기운, 힘 / 공기 /
자연계의 현상, 기후 /
호흡, 숨

중
气
음 qì
뜻 기체, 가스 / 공기 /
(~儿) 호흡, 숨 /
자연계의 현상, 기후 /
냄새

일
気
음 き ki, け ke
뜻 호흡, 숨 / 공기 /
자연계의 현상 /
정신, 기분

자원
형성

고대 자형을 보면 세 개의 가로획으로 공중에 떠다니는 기류를 본뜬 글자임. 일정한 형체가 없이 자유롭게 움직이는 물체를 나타내고, 그 가운데 우리에게 가장 중요한 '공기'와 '숨'을 나타냄. 후에 뜻이 더 확장되어 '맛', '성질', '정신' 등까지 나타내게 되었음. 글자의 모양은 후에 三[석 삼]과 구분하기 위하여 위아래의 획을 구부렸고, 다시 소리 부분인 米[쌀 미]가 추가된 것임.

용법
한중일 모두 '기운', '공기', '숨'의 의미로 사용함. 현대 중국어에서는 生氣(shēngqi)라고 하여 '화내다'라는 의미로 쓰지만, 고대 중국어에서와 마찬가지로 한국어와 일본어에서는 生氣(생기, せいき)를 '활력'의 의미로 사용함. 한국어에서는 '날씨'의 의미로 日氣(일기) 를 사용하지만, 중국어와 일본어에서는 天氣([tiānqì, てんき)를 사용함.

용례
氣力(기력), 生氣(생기), 日氣(일기)

성어
호연지기(浩然之氣): 하늘과 땅을 가득 메운 큰 기운. 막힘이 없어 커다란 뜻을 지님 또는 그런 사람을 이르는 말.

류

己 몸 기

갑골문	금문	전국문자	소전	예서	해서

한

己 음 기
뜻 몸, 자기 /
천간(天干)의
여섯째

중

己 음 jǐ
뜻 자기 /
천간의 여섯째

일

己 음 こ ko, き ki
뜻 자기 /
천간의 여섯째

자원
상형

이 글자의 자원에 대해서는 의견이 분분함. 갑골문을 보면 구불구불하게 놓인 실로 보이는데, 곡선으로 그려야 했지만 딱딱한 거북딱지나 동물 뼈에 칼로 새겨야 했던 갑골문의 특성상 직선으로 그려졌음. 실은 무엇인가를 묶는 데 쓰였으며, 문자가 탄생하기 전 실을 묶고 매듭을 지어 약속 부호로 사용했는데, 소위 結繩(결승)이라는 것임. 이후 이를 더욱 구체화하기 위해 糸[가는 실 멱]을 더해 紀[벼리 기]를 만들어 '기록하다'라는 의미로 사용했음. 記[기록할 기]는 사람의 말[言]을 결승[己]으로 기록해두는 모습임. 이후 己는 起[일어날 기]에서처럼 '몸'이라는 뜻으로 가차되었고, 自己(자기)에서처럼 자신을 지칭하는 일인칭 대명사로도 사용됨.

용법

한중일 모두 '자기'나 '자신'의 의미로 사용함. 일본어에서는 일인칭 대명사(おれ, 나)나 감탄사(つちのと, 뭐야)로 쓰이는 용법이 있으나, 한국어와 중국어에는 그런 용법이 없음.

용례

利己主義(이기주의), 自己(자기), 知彼知己(지피지기)

성어

극기복례(克己復禮): 나를 이겨 예로 돌아감. 스스로 욕망을 억제하고 이겨내어 바르고 올바른 상황으로 나아가는 행위.

起

일어날 기

갑골문	금문	전국문자	소전	예서	해서
			起	起	起

한

起

음 기

뜻 일어서다,
일으키다 /
시작하다

중

起

음 qǐ

뜻 일어서다 / 세우다 /
시작하다 / ~부터

일

起

음 き ki

뜻 일어나다,
일어서다 /
활동을 시작하다 /
시작, 시초

자원
형성

의미 부분인 走[달릴 주]와 소리 부분인 己[몸 기]로 이루어짐. '일어나다'를 의미하는데,
즉 누운 자세에서 앉은 자세로, 앉은 자세에서 선 자세로의 동작 변화를 의미함. 후에
'시작하다', '발생하다', '열다' 등의 의미로 확대 사용함.

용법

한중일 모두 '일어서다', '일으키다'의 의미로 사용함. 한국어와 일본어에 비해 중국어
에서는 좀 더 다양한 뜻으로 사용하고 있음. 가령 不起(buqǐ)는 동사 뒤에 놓여 '~할
역량이 부족함'을 나타냄. 예를 들어 對不起(duibuqǐ)는 '미안하다', 買不起(mǎibuqǐ)
는 '(돈이 없어서) 살 수 없다'를 의미함. '병따개'를 중국어에서는 起子(qǐzi)라고 함.

용례

起床(기상), 起訴(기소), 提起(제기)

성어

기사회생(起死回生): 죽을 고비에서 살아남. 큰 위기에서 벗어나 정상을 회복함을
이르는 말.

技  재주 기

갑골문	금문	전국문자	소전	예서	해서
			技	技	技

한

技 음 기
뜻 재주, 재능, 솜씨, 기술

중

技 음 jì
뜻 기술, 재능, 솜씨

일

技 음 ぎ gi
뜻 기술, 솜씨, 기예

자원
형성
의미 부분인 手[손 수]와 소리 부분인 支[지탱할 지]로 이루어짐. 손[手]으로 댓가지를 제거하고 갈라[支] 여러 가지 생활용품을 만든다는 뜻에서 '손재주'의 뜻이, 다시 '솜씨'와 '기술', '기교', '기능' 등의 뜻이 나왔음. 『설문』에서 支는 "댓가지를 제거하다"라고 풀이했는데, 이를 참고하면 支의 윗부분인 十(열 십)은 원래 댓가지를 그린 것이 변한 것으로 추정됨. 그래서 支는 '나뭇가지'가 원래 뜻이고, 가지는 나무의 몸체에서 갈라져 나온 것이라는 점에서 '갈라지다'의 뜻이, 몸체에 붙어 있다는 점에서 '곁'과 '지탱하다'의 의미가 나왔음. 이후 원래 뜻인 '나뭇가지'의 의미를 더욱 구체화하기 위해 木[나무 목]을 더한 枝[가지 지]로 분화했음.

용법
한중일 모두 '재주', '기술'의 의미로 사용함. 한국어에서 전문 기술을 직업으로 하는 사람을 지칭할 때 技師(기사)라고 표현하는데, 중국어에서는 工程師(gōngchéngshī)라고 함. 이에 반해 '특별한 학술이나 기예를 담당하는 국가 공무원'을 일본어에서는 技官(ぎかん)이라 하지만, 한국어와 중국어에는 이 단어가 없음.

용례
技巧(기교), 技能(기능), 技術(기술)

성어
묘기백출(妙技百出): 갖가지 기술이 쏟아져 나옴.

基 터 기

갑골문	금문	전국문자	소전	예서	해서

基

한

음 기

뜻 터, 기초 /
비롯하다, 기인하다 /
기, 탑이나 비석을
세는 단위

基

중

음 jī

뜻 기초, 토대 /
기초적인

基

일

음 き ki

뜻 터, 토대 /
기, 고정물 등을
세는 단위

자원
형성

의미 부분인 土[흙 토]와 소리 부분인 其[그 기]로 이루어짐. 其는 갑골문에서 '곡물을 까불러 쭉정이나 티끌을 골라내는 키'를 본뜬 글자임. 금문에서는 키를 받쳐놓는 받침대인 土가 더해졌음. 其가 '그것'이라는 대명사의 의미로 주로 쓰이게 되자 후에 '키'의 의미를 나타내기 위해 箕[키 기]를 만들어 사용함. 基는 흙으로 만든 받침대, 즉 토대로서 '기본'을 뜻하고, 그 외에 비석이나 탑을 세는 단위로도 쓰임.

용법

한중일 모두 '기초', '근본'의 의미로 사용하고, 탑이나 무덤 등을 세는 단위로도 사용함. 또한 '화학반응에서 분해되지 않고 변치 않는 성질'을 의미하기도 함. 한국어와 중국어에서는 基督教(기독교, jīdūjiào)라고 하는데, 일본어에서는 基教(ききょう)라고 함. 또한 광동어(廣東語)의 발음이 동성애자인 게이(gay)와 같기 때문에 인터넷상에서 '동성애'를 의미하는 말로 쓰임.

용례

基盤(기반), 基準(기준), 基礎(기초)

성어

불실기본(不失基本): 기본을 잃지 않음, 또는 원칙 등을 허물지 않음.

吉 길할 길

갑골문	금문	전국문자	소전	예서	해서
㐀	吉	吉	吉	吉	吉

한

吉

음 길

뜻 길하다, 좋다 /
훌륭하다

중

吉

음 jí

뜻 길하다, 좋다 /
길림성(吉林省)의
약칭

일

吉

음 きち kiti, きつ kitu

뜻 길하다, 좋다

자원
회의

받침대 위에 도끼나 화살촉과 같은 무기를 세워놓은 모습을 본뜬 글자임. '무기를
보관하다'라는 뜻을 통해 전쟁이 없는 길한 상태의 뜻을 나타냄. 武[굳셀 무]는
일반적으로 戈[창 과]와 止[그칠 지]의 합으로 '전쟁을 그칠 수 있는 것'이 '무력'이라는
뜻으로 풀이하지만, 사실 止의 본뜻은 '발'의 상형을 통해 나타낸 '가다'임. 즉 武의
본뜻은 '무기를 들고 나아가다'라고 풀이할 수 있음. 吉과 武를 통해 예전에 전쟁을
하는 상황이나 하지 않는 상황이나 모두 '무기'가 필수적이었음을 알 수 있음.

용법

한중일 모두 '길하다'의 의미로 사용함. 한국어와 일본어에서는 부정형을 不吉(불길,
ふきつ)라고 쓰지만, 중국어에서는 不吉利(bùjílì) 혹은 不祥(bùxiáng)으로 씀. 不吉利
(bùjílì)의 반대말은 吉利(jílì)임. 일본어에서는 '좋은 소식'을 吉報(きっぽう)라고 함.

용례

吉祥(길상), 吉日(길일), 吉兆(길조)

성어

길흉화복(吉凶禍福): 상서로움과 흉함, 화와 복. 사람의 운수를 일컫는 말.

박

暖 따뜻할 **난**

갑골문	금문	전국문자	소전	예서	해서
				暖	暖

한 暖 음 난 / 뜻 따뜻하다

중 暖 음 nuǎn / 뜻 따뜻하다

일 暖 음 だん dan, のん non / 뜻 따뜻하다

자원
형성
의미 부분인 日[날 일]과 소리 부분인 爰[이에 원]으로 이루어짐. 해[日]를 끌어당기다 [爰]라는 뜻으로부터 '따뜻하다'라는 의미를 나타냈고, 이로부터 '따뜻하게 하다', '열기' 등의 뜻이 나왔음. 원래는 日 대신 火[불 화]를 쓴 煖[따뜻할 난]으로 썼으며, 『설문』에서는 소리 부분이 耎[가냘픈 연]인 煗[따뜻할 난]으로 썼고, 그 이후 지금처럼 暖으로 쓰게 되었다고 풀이함. 暖을 구성하는 爰은 원래 큰 패옥(瑗玉, 원옥)처럼 생긴 물건을 서로 차지하려 손톱[爪]과 손[又]으로 '당기는' 모습을 그렸음. 이후 '이에'라는 발어사로 가차되어 쓰였고, 그러자 '당기다'라는 원래 뜻은 다시 手[손 수]를 더한 援[당길 원]으로 분화했음. 爰으로 구성된 글자들은 '끌어당기다'라는 뜻을 가짐.

용법
한중일 모두 '따뜻하다'라는 의미로 사용함. 한국어에서 暖房(난방)이라고 쓰는 것을 일본어에서는 煖房(だんぼう)로 씀. 한국어에서 溫和(온화)는 날씨나 기후가 따뜻함은 물론 성품이 온화함을 말하기도 하지만, 중국어에서는 전자의 뜻으로만 쓰이고 후자의 뜻은 暖和(nuǎnhuo)를 사용함.

용례
暖帶(난대), 暖房(난방), 溫暖(온난)

성어
난의포식(暖衣飽食): 따뜻이 옷을 입고 배불리 음식을 먹음. 먹고사는 데 별걱정 없는 편안한 생활을 일컫는 말.

하

難 어려울 난

갑골문	금문	전국문자	소전	예서	해서
	難	難	難	難	難

한 難
음 난
뜻 어렵다 /
나무라다 /
근심, 재앙

중 难
음 nán, nàn
뜻 [nán] 어렵다
[nàn] 재난, 불행 /
힐문하다

일 難
음 なん nan
뜻 어렵다
고초, 재난 /
비난하다

자원
형성

금문과 전국문자 모두 難의 자형과 유사하지만, 소전에서는 오른쪽 편방을 隹[새 추]로 쓰지 않고 대신 鳥[새 조]로 씀. 『설문』에서도 표제자를 鸂로 싣고, "鸂는 새 이름이다. 鳥는 뜻 부분이고, 堇[진흙 근]은 소리 부분이다. 難은 이체자이며, 뜻 부분을 鳥 대신 隹로 썼다"라고 하였음. 이후 예서에서는 『설문』의 표제자 대신 이체자 자형인 難을 따라 썼고, 결국 오늘날의 難이 되었음. 難은 본래 새의 이름이었으나, 이후 '어렵다'는 의미로 가차된 것으로 보임.

용법

한중일 모두 '어렵다', '꺼리다', '싫어하다' 등의 의미로 사용함. 한국어와 일본어에서는 難工事(난공사, なんこうじ), 難問題(난문제, なんもんだい)와 같이 명사 앞에서 '~하기 어렵다'의 뜻으로 활용됨. 중국어에서는 '難+동사'의 형식을 이루어, '~하기가 좋지 않다'라는 뜻으로 활용됨. 예를 들면 難看(nánkàn)은 '보기에 좋지 않다'라는 의미임. 또 難聽(nántīng)은 '듣기에 좋지 않다'라는 의미로 쓰이는데, 한국어에서 難聽(난청)은 '방송 전파가 라디오 등에 잘 잡히지 않아 잘 들을 수 없는 상태' 혹은 '청력이 저하 또는 손실된 상태'라는 의미임.

용례

困難(곤란), 論難(논란), 災難(재난)

성어

난형난제(難兄難弟): 누가 형이고 누가 아우인지 가리기 어려움. 수준이 엇비슷해서 서로 우열을 가리기 어려운 상황을 이르는 말.

윤

南 남녘 남

| 갑골문 | 금문 | 전국문자 | 소전 | 예서 | 해서 |

한 — 南 음 남
뜻 남쪽 / 남쪽으로
향하다

중 — 南 음 nán
뜻 남쪽 /
남방(장강 유역과
그 이남 지역)

일 — 南 음 なん nan, な na
뜻 남쪽

자원
상형

종과 비슷한 모양의 악기를 본뜬 글자임. 이 악기가 남쪽에서 왔기 때문에 '남쪽'이라는 뜻으로 쓰였다고 함. 일설에서는 '남쪽'으로 쓰인 것은 단순히 발음 때문이라고 함. 고전에서는 남방의 음악이나 무용도 南이라 하였음.

용법

한중일 모두 '남쪽'이라는 의미로 사용함. 다만 어휘에서는 쓰임이 조금씩 다름. '호박'은 남미가 원산지여서 삼국 모두 南瓜(남과, nánguā, かぼちゃ)라고 씀. 한국어와 일본어에서는 '이리저리 돌아다니다'라는 뜻을 東奔西走(동분서주, とうほん せいそう)라고 표현하나, 현대 중국어에서는 東奔西跑(ddōngbēnxīpáo)나 走南闖北 (zǒunánchuǎngběi)라는 표현을 많이 씀.

용례

南面(남면), 南方(남방), 南北(남북)

성어

남풍불경(南風不競): 남쪽 음악의 기운이 약함. 남쪽 지역의 기세가 북쪽에 비해 떨어짐을 이르는 표현.

류

152

男

사내 남

갑골문	금문	전국문자	소전	예서	해서
𤲃	𤰗	𤲯	𤲰	男	男

한

男 음 남
뜻 사내, 남자 /
아들

중

男 음 nán
뜻 사내, 남자 /
아들

일

男 음 だん dan, なん nan
뜻 사내, 남자 /
아들

자원
회의

의미 부분인 田[밭 전]과 力[힘 력]으로 이루어짐. 力은 농기구인 쟁기를 본떠 만든 글자임. 쟁기[力]로 밭[田]을 가는 것은 전통적으로 남자의 몫이어서 '남자'라는 뜻을 나타냄.

용법

한중일 모두 '남자'의 의미로 사용함. 한 부모가 낳은 남녀 동기를 한국어에서는 男妹(남매)라고 하는데, 중국어와 일본어에서는 兄妹(xiōngmèi, けいまい)라고 함. 혼인을 하여 여자의 짝이 된 남자를 그 여자에 상대하여 이르는 말을 한국어에서는 男便(남편)이라 하는데, 중국어에서는 先生(xiānsheng), 丈夫(zhàngfū)라 하고, 일본어에서는 夫(おっと), 主人(しゅじん)이라고 함.

용례

男性(남성), 男子(남자), 美男(미남)

성어

남부여대(男負女戴): 남자는 짐을 지고, 여자는 머리에 임. 가난과 전쟁 등을 피해 살기 좋은 곳을 떠돌아다니는 상황을 비유적으로 이르는 말.

안 내

| 갑골문 | 금문 | 전국문자 | 소전 | 예서 | 해서 |

內
음 내
뜻 안, 속 / 아내 /
몰래, 가만히

(중)
內
음 nèi
뜻 안, 속 / 처 또는
처가의 친척

(일)
內
음 ない nai, だい dai
뜻 안, 속 / 집 안

자원
회의

⺆[덮을 멱] 혹은 宀 [집 면]과 入[들 입]으로 이루어짐. '어떤 물건의 안쪽 혹은 집 안으로 들어가는 것'을 묘사한 글자임. 『설문』에서는 "안으로 들어가는 것"이라고 하였음. 이후 '집 안', '안쪽', '속' 등의 의미로 사용되었음. 또한 주택의 가장 안쪽에 위치하고 있는 '내실'의 의미로도 확대되면서 여기에는 주로 여성들이 거주하기 때문에 '아내' 혹은 '처가'를 지칭하게 되었음.

용법

한중일 모두 '안' 또는 '속'이라는 의미로 사용함. 한국어와 일본어에서는 어떤 공간의 안을 가리킬 때 社內(사내, しゃない)와 같이 '~內(내)'라는 표현을 씀. 또한 일반적으로 안과 밖을 의미하는 內外(내외, ないがい)의 경우에 한국어와 일본어에서는 '부부 사이'를 지칭하기도 함. 한국어와 일본어에서는 內外를 수량을 나타내는 말에 붙여 '~정도'라는 표현으로 쓰는데, 중국어에서는 內外(nèiwài)보다 左右(zuǒyòu)라는 표현을 더 많이 씀. 중국어에서는 內人(nèirén, 집사람), 內弟(nèidì, 처남)와 같이 처가 또는 처가의 친척을 이르는 표현에 활용함.

용례
內科(내과), 內心(내심), 內容(내용)

성어
내우외환(內憂外患): 안에서 생기는 걱정과 바깥에서 닥치는 어려움. 안팎으로 맞이하는 여러 어려움을 일컫는 말.

오

女

여자 **녀**, 여자 **어**

갑골문	금문	전국문자	소전	예서	해서
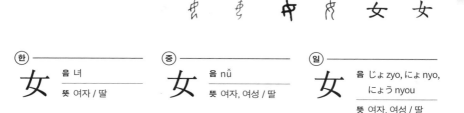				女	女

한
女
음 녀
뜻 여자 / 딸

중
女
음 nǚ
뜻 여자, 여성 / 딸

일
女
음 じょ zyo, にょ nyo, にょう nyou
뜻 여자, 여성 / 딸

자원
상형

무릎을 꿇고 앉아 두 손을 앞으로 모은 여성의 모습을 본뜬 글자임. 시간이 흐르면서 무릎을 꿇은 모습이 서 있는 모습으로 변화되었음. 고대문자에서 여성을 무릎 꿇고 앉은 모습으로 표현한 것은 신체 특성과 생활상의 이유 때문이지 여성의 신분이 미천함을 의미하는 것은 아님. 또한 고대문자에서 무릎을 꿇고 앉아 있는 사람이 모두 여성을 의미하지는 않음.

용법
한중일 모두 '여자'를 가장 기본적인 의미로 사용함. 한국어와 일본어에서 사회적 지위가 높은 여성을 존칭하여 女史(여사, じょし)라고 함. 중국어에서는 후궁을 섬기어 기록과 문서를 맡아 보던 여성 관리를 이르는 말이었으며, 여성의 존칭은 士[선비 사]를 사용하여 女士(nǚshi)라고 함.

용례
女性(여성), 男女(남녀), 少女(소녀)

성어
선남선녀(善男善女): 착한 남자와 착한 여자라는 뜻으로, 불교의 가르침을 따르는 남녀.

年 해 년

갑골문	금문	전국문자	소전	예서	해서

한
年 음 년
뜻 해, 년 / 나이

중
年 음 nián
뜻 해, 년 / 나이

일
年 음 ねん nen
뜻 해, 년 / 나이

자원
형성
갑골문을 보면 '한 사람이 벼를 이고 있는 모양'을 본떠 만든 글자임. 본뜻은 '수확'이었음. 『설문』에서는 "年이 의미 부분인 禾[벼 화]와 소리 부분인 千[일천 천]으로 이루어졌으며, 본뜻은 '곡식이 익다'이다"라고 하였음. 갑골문에서는 글자의 아랫부분이 人[사람 인]이었으나 금문에 와서 年의 소리 부분인 千으로 변했음. 그래서 年의 이체자로 秊[해 년]도 있음. 현대 옥편에서는 年의 부수가 干[방패 간]으로 분류되었는데, 이는 해서의 자형 구조에 따른 것으로 부수의 의미와 전혀 상관없음. 年은 소리 부분인 千이 사라졌으므로 형성자라 하기 어려움.

용법
한중일 모두 '한 해'의 의미로 사용함. 지난해를 뜻하는 昨年(작년, さくねん)을 중국어에서는 去年(qùnián)이라고 함. 지난해의 바로 전 해를 뜻하는 再昨年(재작년, さいさくねん)을 중국어에서는 前年(qiánnián)이라고 함. 後年(후년, hòunián, こうねん)은 한중일 모두 '올해의 다음다음 해'라는 뜻이지만, 한국어에서는 '뒤에 오는 해', 일본어에서는 '후일', '晚年(만년)'이라는 뜻도 있음.

용례
年末(연말), 每年(매년), 新年(신년)

성어
백년하청(百年河淸): 백 년 동안 물이 맑아지기를 기다린다는 뜻으로, 좀체 이루어지기 어려운 일을 비유적으로 이르는 말.

강

생각 **념**

갑골문	금문	전국문자	소전	예서	해서

한

念
음 념
뜻 생각, 생각하다 /
외우다, 읊다

중

念
음 niàn
뜻 그리워하다,
생각하다 /
걱정하다 / 읽다 /
공부하다

일

念
음 ねん nen
뜻 생각, 생각하다 /
외다

자원
형성
의미 부분인 心[마음 심]과 소리 부분인 今[이제 금]으로 이루어짐. '생각하다'의
의미에서 후에 '그리워하다', '관심 갖다' 등의 의미로 확대 사용. 마음속의 근심을
자신도 모르게 입으로 중얼거리며 토로하는 경우가 있는데, 이로 인해 '암송하다',
'읽다' 등의 의미로도 확대 사용함.

용법
한중일 모두 '생각', '기억', '읽다'의 의미로 많이 사용함. 留念(유념)은 한국어에서
'마음에 기억하여 두고 생각함'이라는 뜻이지만, 중국어에서 留念(liúniàn)은 '(사진을)
기념으로 남기다'라는 뜻임. 또한 중국어에서는 念大學(niàndàxué), 念書(niànshū)와
같이 '(학교에) 다니다', '(책을) 읽다'라는 뜻의 동사로 많이 사용함.

용례
念佛(염불), 槪念(개념), 紀念(기념)

성어
무념무상(無念無想): 아무런 생각이 없는 상태. 자기 자신마저도 잊은 높은 경지의
정신 상태를 이르는 말.

怒 성낼 노

갑골문	금문	전국문자	소전	예서	해서
				怒	怒

한 怒 음 노
뜻 성내다, 화내다 /
세차다

중 怒 음 nù
뜻 화내다, 분노하다 /
기세가 강성하다

일 怒 음 ど do, ぬ nu
뜻 성내다, 화내다 /
기세가 당당하다

자원
형성
의미 부분인 心[마음 심]과 소리 부분인 奴[종 노]로 이루어짐. 전국문자에서는
奴 대신 생략형인 女를 사용하고 있음. '화를 내다'라는 의미에서 후에 '흥분하다',
'책망하다', '강렬하다' 등의 의미로 확대 사용함. 怒는 '마음속에서 표출된 감정'을
의미하며, 努[힘쓸 노]는 '신체(몸)에서 표출된 힘'을 의미함. 따라서 두 글자는
동일한 원리로 만들어졌다고 할 수 있음.

용법
한중일 모두 '화내다'의 의미로 가장 많이 사용함. 한국어에서 '몹시 노하여 펄펄 뛰며
성을 냄'을 怒發大發(노발대발)이라고 하지만 중국어와 일본어에는 없는 표현임.
중국어에서는 怒衝衝(nùchōngchōng)이라고 함.

용례
憤怒(분노), 震怒(진노), 喜怒哀樂(희로애락)

성어
희로애락(喜怒哀樂): 기쁨, 성냄, 슬픔, 즐거움. 사람의 각종 감정을 가리키는 말.

農

농사 농

갑골문	금문	전국문자	소전	예서	해서

<한>

農 음 농
뜻 농사 / 농부

<중>

农 음 nóng
뜻 농사짓다 /
농민, 농부

<일>

農 음 のう nou
뜻 농사 / 농민, 농가

자원
회의

금문에서는 '밭'을 의미하는 田[밭 전]과 '조개'를 의미하는 辰[때 신]으로 이루어짐.
『설문』에서는 "경작하는 것이다"라고 하였음. 구석규(裘錫圭)는 여기서 辰이 조개를
의미하며, 조개는 농사 지을 때 사용하는 풀을 베어내는 농기구의 일종이라고
보았음. 農의 갑골문을 보더라도 '양손으로 조개로 만든 도구를 들고 있는 모습' 혹은
'조개로 만든 도구로 풀을 제거하는 모습'을 묘사하고 있어 '농사'와 연관이 있음을 알
수 있음. 여기에서 '농민', '농가'의 의미로 확대 사용함.

용법

한중일 모두 '농사'와 관련된 의미로 사용함. 한국어와 일본어에서 태음력을
지칭하는 陰曆(음력, いんれき)를 중국어에서는 농사력을 뜻하는 農曆(nónglì)라고
함. 한편 중국어에서는 농촌을 떠나서 도시로 진출한 농민 출신 노동자를 農民工
(nóngmíngōng)이라고 함. 한국어와 일본어에서는 '농촌으로 돌아가다'를 歸農(귀농,
きのう)라 하고, 중국어에서는 退耕(tuìgēng)이라 표현함.

용례

農家(농가), 農業(농업), 農村(농촌)

성어

농불실시(農不失時): 농사에서 때를 놓치지 않음. 곡식과 채소를 심고 기르는 농사에서
때맞춰 하는 일의 중요성을 가리키는 말.

能 능할 능

갑골문	금문	전국문자	소전	예서	해서
	叒	敃	爲	能	能

한 ─────
能 음 능
뜻 능하다 / 능력, 재능

중 ─────
能 음 néng
뜻 능력 / ~할 수 있다 / 에너지

일 ─────
能 음 のう nou
뜻 능력, 작용 / 효과, 효력

자원
상형
곰의 머리를 뜻하는 厶[사사 사]와 몸통을 의미하는 月[육고기 육], 다리를 의미하는 匕[비수 비]로 이루어짐. 금문에서는 곰의 모습을 그렸는데, 자형이 많이 변화했음. 곰이 지닌 힘과 용맹스러움 때문에 '곰'을 그린 能에 '능력'과 '재능'이라는 뜻이 생겼음. 이로부터 '능하다', '가능하다', '효능'의 의미로 확대되었음. 그러자 원래 뜻인 '곰'을 나타낼 때에는 火[불 화]를 더해 분화한 熊[곰 웅]을 사용했음.

용법
한중일 모두 원래의 '곰'에서 파생한 '능력', '가능'의 의미로 사용함. 중국어에서는 '에너지'라는 의미로도 사용해 能源(néngyuán)이라 하면 '에너지'를, 核能(hénéng)이라고 하면 '원자력'을 뜻함. 또 한국어와 일본어에는 '예술 분야의 기예'를 뜻하는 藝能(예능, げいのう)라는 단어가 있지만, 중국어에는 없음. 能樂(のうがく)는 일본어에만 있는 단어인데, 일본의 고대 가면 음악극을 가리킴.

용례
可能(가능), 能力(능력), 性能(성능)

성어
무소불능(無所不能): 하지 못하는 일이 없음. 아주 뛰어난 능력, 나아가 거리낌 없이 아무 일이나 하는 방자한 사람을 일컫는 말.

하

많을 다

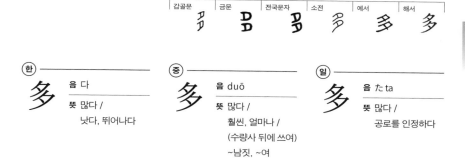

갑골문	금문	전국문자	소전	예서	해서

한

多

음 다

뜻 많다 /
낫다, 뛰어나다

중

多

음 duō

뜻 많다 /
훨씬, 얼마나 /
(수량사 뒤에 쓰여)
~남짓, ~여

일

多

음 た ta

뜻 많다 /
공로를 인정하다

자원
회의

고깃덩어리 두 개를 포개 놓은 모양을 본뜬 글자로서 '많음'을 나타냄. 고깃덩어리를
나타낸 자형이 지금의 夕[저녁 석] 모양으로 바뀐 것임. 肉[고기 육]의 편방을 月[달
월]로 쓰기도 하는데, 이 자형에서 획이 하나 빠진 것임. 예전에 '많음'의 뜻을 나타낼
때 일반적으로 자형을 3개 중첩하여 나타냈음. 예를 들어 星[별 성]도 원래는 日[해
일]이 3개였던 것이 간화된 것이고, 塵[먼지 진] 역시 원래는 鹿[사슴 록]이 3개였던
것이 간화된 것임. 多는 2개의 자형을 중첩함으로써 '많다'라는 의미를 나타냄.
아마도 品[물건 품]과 혼동을 피하기 위해 2개의 자형으로 글자를 만든 것으로 보임.

용법

한중일 모두 '많다'의 의미로 사용함. 한국어와 일본어에서는 '(~할 가능성이) 많다'
라고 할 때 多分(다분, たぶん)으로 표현함. 같은 의미를 중국어에서는 富有(fùyǒu)
라고 씀. '대부분'을 의미하는 太半(태반)의 경우 중국어에서는 多半(duōbàn)으로
쓰고, 일본어에서는 大半(たいはん)으로 씀. 일본어에서 多目(おおめ)는 '(분량,
정도가) 약간 많음'의 뜻을 나타냄.

용례

多少(다소), 多數(다수), 多彩(다채)

성어

다다익선(多多益善): 많을수록 더 좋다는 뜻.

茶 차 **다**, 차 **차**

갑골문	금문	전국문자	소전	예서	해서
			茶	茶	茶

한 ──────
茶 음 **다, 차**
　　뜻 **차 / 차나무**

중 ──────
茶 음 **chá**
　　뜻 **차 / 차나무**

일 ──────
茶 음 **ちゃ tya, さ sa**
　　뜻 **차 / 차나무**

자원
형성
의미 부분인 艸[풀 초]와 소리 부분인 余[나 여]로 이루어짐. 『설문』에서는 "쓴 풀"로 풀이하였음. 소전에서는 오늘날의 茶와는 자형이 조금 다른 荼[씀바귀 도]로 썼음. 예서부터 소리 부분인 余에서 한 획이 빠져 오늘날 茶의 자형이 되었음.

용법
한중일 모두 '식물의 잎이나 뿌리, 과실 등을 달이거나 우리거나 하여 만든 마실 것'을 통틀어 이르는 말로 사용함. 한국어에서는 茶가 茶房(다방), 茶室(다실) 등으로 쓰일 때는 '차'가 아니라 '다'로 읽음.

용례
茶器(다기), 茶房(다방), 紅茶(홍차)

성어
다반사(茶飯事): 차를 마시고 밥을 먹는 일이라는 뜻으로, 생활에서 아주 흔한 일을 이르는 말.

윤

端

끝 단

갑골문	금문	전국문자	소전	예서	해서
			耑	端	端

한
端
음 단
뜻 끝 / 처음, 시초 /
실마리 / 바르다

중
端
음 duān
뜻 바르다 / 받쳐 들다 /
(사물의) 끝 /
(일의) 발단

일
端
음 たん tan
뜻 바르다, 단정하다 /
끝 / 실마리 /
필(피륙을 세는
단위)

자원
형성

의미 부분인 立[설 립]과 소리 부분인 耑[끝 단]으로 이루어짐. '곧다'라는 의미에서 후에 '옳다', '공정하다' 등의 의미로 확대 사용함. 또한 어떤 사물의 끝 부분을 지칭하는 의미로 차용되었고, 이로 인해 '처음', '시작', '실마리' 등의 의미로 재차 확대 사용함. 耑은 뿌리를 내려 땅을 뚫고 새싹이 자라나온 식물의 모습을 본뜬 글자임. 이를 근거로 볼 때 耑이 초기 글자이며, 여기에서 '시작', '끝부분', '실마리'라는 의미가 생겨났을 것으로 추정됨. 후에 '곧다', '단정하다'라는 의미로 재차 확대 사용되자, 의미를 강조하기 위해 立을 추가한 端이 만들어졌고 耑은 폐지되었음.

용법

한중일 모두 '바르다', '끝', '실마리'의 의미로 가장 많이 사용함. '문제를 해결하는 첫 부분'을 한국어와 일본어에서는 端緖(단서, たんしょ)라고 하지만, 중국어에서는 線索(xiànsuǒ)라고 함. 또한 중국어에서는 端茶(duānchá, 차를 대접하다)처럼 '(반듯하게) 받쳐 들다'라는 동사로도 사용함.

용례

端正(단정), 極端(극단), 弊端(폐단)

성어

복잡다단(複雜多端): 일이 이리저리 겹쳐 실마리를 찾을 수 없음. 여러 가지 일이 매우 얽혀 있어 갈피를 잡기 힘든 상황.

團

둥글 **단**

갑골문	금문	전국문자	소전	예서	해서
			團	團	團

한
團
음 단
뜻 둥글다 /
모이다, 모으다 /
모임, 조직

중
团
음 tuán
뜻 단체, 집단 /
함께 모이다 /
둥글다

일
団
음 だん dan, とん ton
뜻 둥글다 /
한데 뭉치다 /
조직, 집단

자원
형성

의미 부분인 囗[에워쌀 위]와 소리 겸 의미 부분인 專[오로지 전]으로 이루어짐. 專의 갑골문을 보면 왼쪽은 방추*의 모양인 叀[오로지 전]이고 오른쪽은 손 모양의 又[또 우]로 되어 있음. 옷감을 짤 때 손으로 紡錘(방추)가 잘 돌아갈 수 있도록 균형을 조절해주는 모양으로 '둥글다'가 본래 의미임. 손을 의미하는 又는 丶[점 주]가 더해져 寸[마디 촌]으로 바뀌어 專이 되었음. 즉 團은 '둥글다', '모이다'의 의미이고, 일정 범위 하에 (사람들이) 모이므로 '조직', '집단'의 의미가 되었음.

용법

한중일 모두 '모이다', '둥글다'의 의미로 주로 사용함. 또한 '일정한 조직체'를 뜻하여 財團(재단), 社團(사단) 團體(단체)와 같이 쓰임. 한국어에서는 '곡물가루를 반죽하여 둥글게 빚어 만든 떡'을 瓊團(경단)이라고 하는데, 일본어에서는 團子(だんご)로, 중국어에서는 團糕(tuángāo) 또는 湯圓(tāngyuán)이라 함. 중국에서는 설날에 온 가족이 모여 식사를 하는 풍습이 있는데, 이를 團圓飯(tuányuánfàn)이라 함.

용례

團扇(단선, 둥근 부채), 團體(단체), 團合(단합)

성어

대동단결(大同團結): 큰 목적을 함께 이루기 위해 뭉침. 각자의 작은 이해관계에서 벗어나 큰 차원에서 화합을 이루는 일.

---

*   여러 가닥의 실을 꼬아 직물을 만드는 도구의 일종이다.(spindle, 스핀들)

김

短

짧을 단

갑골문	금문	전국문자	소전	예서	해서
			短	短	短	短

한
短 음 단
뜻 짧다 / 모자라다 / 허물

중
短 음 duǎn
뜻 짧다 / 결핍되다, 부족하다

일
短 음 たん tan
뜻 짧다 / 부족하다, 나쁘다

자원
형성

의미 부분인 矢[화살 시]와 소리 부분인 豆[콩 두]로 이루어짐. '길다'의 반대 개념인 '짧다'를 의미함. 矢는 '화살'을 본뜬 글자임. 豆는 원래 굽 높은 그릇을 본뜬 글자임. '짧다'는 개념에 왜 '화살'을 의미 부분으로 사용했는지는 아직까지 밝혀진 바가 없음. 현재 갑골문과 금문에는 관련된 자형이 없으며, 금문에서 耑[끝 단]을 차용해 '짧다'로 사용한 기록이 보일 뿐임. 후에 '부족', '허물'의 의미로 확대 사용함.

용법

한중일 모두 '짧다'라는 의미로 가장 많이 사용함. '모자라고 허물이 되는 점'을 한국어에서는 短點(단점)이라고 하지만, 중국어에서는 缺點(quēdiǎn), 일본어에서는 短所(たんしょ)라고 함. 또한 '짧은 뉴스 또는 편지'를 한국어와 일본어에서 短信(단신, たんしん)이라고 하지만, 중국어에서 短信(duǎnxin)은 휴대폰 '문자메시지'를 뜻함. 그리고 한국어와 일본어의 短縮(단축, たんしゅく)는 중국어에서 의미는 동일하지만 어순이 바뀐 縮短(suōduǎn)으로 씀.

용례 短期(단기), 短篇(단편), 長短(장단)

성어 일장일단(一長一短): 장점과 단점이라는 뜻으로, 장점이 있으면 단점도 있음을 이르는 말.

單 홑 단

갑골문	금문	전국문자	소전	예서	해서
¥	¥	¥	單	單	單

한

單 음 단
뜻 하나 / 혼자 /
단자(單子),
물목을 적은 종이

중

单 음 dān, Shàn
뜻 [dān] 하나의 /
혼자의 / 간단하다,
단순하다
[Shàn] 산동성에
있는 현(縣)의 지명

일

単 음 たん tan
뜻 하나, 홀
한결같다, 단순하다

자원
회의

Y자형 나무 막대기 끝에 돌덩이를 달아 만든 무기를 본뜬 글자임. 이 글자는 3,000년 전의 갑골문부터 보이는데, 그 모양이 지금의 새총과 흡사함. '무기'의 뜻으로 볼 때 弓[활 궁]을 더해 만든 彈[탄알 탄]의 의미와 어느 정도 연관됨을 살펴볼 수 있음. 예전에는 고무줄이 없어 지금의 새총과 달랐겠지만 무기를 설계하는 사람들의 인식이 지금이나 옛날이나 크게 다르지 않음을 알 수 있음. '무기'의 뜻에서 '탄알'의 뜻으로 발전되었고, '탄알' 하나하나의 뜻에서 지금의 '홀'이라는 뜻이 생기게 되었음.

용법

한중일 모두 '하나', '혼자'의 의미로 주로 사용함. 일본어에서는 學點(학점)을 單位 (たんい)라고 쓰고, 중국어에서는 學分(xuéfēn)이라고 씀. 중국어에서는 침대보를 牀單(chuángdān)이라고 쓰는데, 이처럼 單이 '침대 따위의 시트'를 의미하기도 함. 單이 '물목을 적은 종이'라는 의미로 쓰일 때 '음식의 목록'을 한국어에서는 食單(식단) 이라고 쓰고, 중국어에서는 菜單(càidān)이라고 씀. 일본어에서는 單을 쓰지 않고 獻立(こんだて)라고 씀.

용례

單獨(단독), 單身(단신), 簡單(간단)

성어

단도직입(單刀直入): 칼을 들고 홀로 적에게 직접 다가감. 곧바로 문제의 핵심에 접근하는 일.

박

166

達 통할 달

갑골문	금문	전국문자	소전	예서	해서
犾	達	達	韃	達	達

한 ——
達
음 달
뜻 통하다, 통달하다 /
이르다, 도달하다 /
전하다

중 ——
达
음 dá
뜻 통하다
도달하다, 도착하다 /
정통하다 / 저명한

일 ——
達
음 たつ tatu, だち dati
뜻 통하다 /
도달하다, 도착하다 /
달성하다 /
뛰어나다, 숙달하다

자원
형성

의미 부분인 辵[쉬엄쉬엄 갈 착]과 소리 부분인 羍[어린 양 달]로 이루어짐.
갑골문에서는 의미 부분인 辵과 소리 부분인 大[클 대]가 합쳐진 구조였으나 금문에
이르러 羊[양 양]이 더해져 현재의 자형이 되었음. 갑골문에 의하면 사람[大]이
길[彳]을 가는 모습을 본뜬 것으로, 여기서 확대되어 '통달하다', '이르다', '도착하다'
등의 의미를 가지게 되었음. 중국 간화자에서는 羍을 大로 줄여 达로 적는데, 이는
갑골문의 모양과 일치함.

용법

한중일 모두 '통하다', '도달하다'의 의미로 가장 많이 사용함. 한국어에서는 '~에
達(달)하다'와 같이 '일정한 정도에 이르다'라는 의미의 동사로 활용함. 한국어와
일본어에서는 목적한 곳이나 수준에 다다르는 것을 到達(도달, とうたつ)라고
하는데 중국어에서는 보편적인 '도착하다', '도달하다'의 경우에는 到達(dàodá)를
사용하지만 추상적인 사물이나 정도에 달성하거나 이르는 경우에는 達到(dádào)로
표현함. 한편 '사물의 이치에 통달한 사람'을 한국어와 중국어에서는 達人(달인,
dárén)이라고 하지만, 일본어에서는 達者(たっしゃ)라고도 함.

용례

達成(달성), 傳達(전달), 通達(통달)

성어

달관귀인(達官貴人): 높은 벼슬에 올라 귀한 사람이라는 뜻으로, 출세해서 좋은
자리와 명예를 누리는 사람을 이르는 말.

談

談 말씀 담

갑골문	금문	전국문자	소전	예서	해서
			談	談	談

한
談 음 담
뜻 말씀 /
말하다, 이야기하다

중
谈 음 tán
뜻 말하다, 이야기하다 /
언론, 담화, 말

일
談 음 だん dan
뜻 이야기하다 /
이야기

자원
형성
의미 부분인 言[말씀 언]과 소리 부분인 炎[불꽃 염]으로 이루어짐. 炎은 淡[묽을 담], 痰[가래 담], 啖[먹을 담] 등의 글자에서도 소리 부분으로 쓰였음. '이야기', '이야기하다' 라는 뜻을 나타냄.

용법
한중일 모두 '이야기하다'의 의미로 많이 사용함. '서로 의논하다'라는 뜻으로 한국어와 일본어에서는 相談(상담, そうだん)을 사용하지만, 중국어에서는 咨詢 (zīxún) 혹은 商談(shāngtán)을 씀. '자신의 의견이나 태도를 공식적으로 밝히는 말'인 談話(담화, だんわ)를 중국어에서는 講話(jiǎnghuà)라고 함.

용례
談論(담론), 談笑(담소), 面談(면담)

성어
호언장담(豪言壯談): 화려하며 큰 소리로 말함. 실제보다 과장해서 자랑 등을 섞어 하는 말.

答 대답 답

갑골문	금문	전국문자	소전	예서	해서
				答	答

한 答 음 답
뜻 대답, 대답하다 /
갚다, 보답하다

중 答 음 dá
뜻 대답하다 /
보답하다

일 答 음 とう tou
뜻 답, 대답하다 /
보답하다

자원
형성
의미 부분인 竹[대 죽]과 소리 부분인 合[합할 합]으로 이루어짐. 대나무[竹]가 예전에는 종이 역할을 했기 때문에 대나무에 글을 써서 남에게 자신의 의견을 나타냈음. 이런 이유로 남에게 '대답하다'라는 뜻으로 쓰였고, 대답하는 것은 남의 질문에 대하여 돌려주는 것이기 때문에 '돌려주다', '보답하다'라는 의미가 더해졌음.

용법
한중일 모두 '대답하다', '보답하다', '돌려주다'의 의미로 사용함. 한국어와 일본어에서 答申(답신, とうしん)은 질문이나 자문에 대한 답으로 '일정한 의견을 진술하다'의 의미로 쓰이지만, 중국어에서는 이러한 표현을 사용하지 않음. 한국어와 일본어에서는 '답장'을 答信(답신, とうしん)이라고 쓰지만, 중국어에서는 回信(huíxìn)이나 回音(huíyīn)이라고 씀. 答理(dāli)는 '응대하다'의 뜻으로 중국어에서만 사용함.

용례
答禮(답례), 答訪(답방), 答辯(답변)

성어
동문서답(東問西答): 동쪽을 묻는데 서쪽을 답함. 엉뚱한 대답을 할 때 쓰는 표현.

當

마땅 **당**

갑골문	금문	전국문자	소전	예서	해서
		當	當	當	當

한 ——————

當

음 당

뜻 마땅하다 /
상당하다 /
일을 당하다 /
잡히다

중 ——————

当

음 dāng, dàng

뜻 [dāng] 상당하다 /
당연히 ~해야 한다 /
담당하다 / (의성어·
의태어) 띵땅
[dàng] 적합하다 /
저당물, 전당포 /
속임수

일 ——————

当

음 とう tou

뜻 마주치다, 들어맞다 /
담당하다
마땅한, 당연한

자원
형성

의미 부분인 田[밭 전]과 소리 부분인 尙[오히려 상]으로 이루어짐. 『설문』에서는
"밭의 크기가 서로 들어맞다"라고 풀이하였음. 후에 '어떤 조건에 들어맞다',
'마땅하다'라는 의미로 확장되었음.

용법

한중일 모두 '마땅하다'의 의미로 가장 많이 사용함. 또한 '이', '그'의 의미로도 쓰여
'그 무렵'을 當時(당시, dāngshí, とうじ)라고 씀. 중국어에서는 '마침 ~한 시기이다'
라는 뜻으로도 쓰이는데, 예를 들면 正當春耕之時(zhèngdāng chūngēng zhìshí, 마침
봄갈이할 시기이다)와 같이 씀. 한중일 모두 어떤 일을 직접 맡아 하는 기관을 當局
(당국, dāngjú, とうきょく)라고 하는데, 중국어에서는 '어떤 일에 직접 관계하거나
참여함'이라는 뜻으로도 사용함.

용례

當時(당시), 當然(당연), 不當(부당), 相當(상당)

성어

노당익장(老當益壯): 나이 들어서 더 건장해짐. 노년에도 왕성한 체력으로 활동하는
사람을 가리키는 말.

堂 집 당

갑골문	금문	전국문자	소전	예서	해서
			堂	堂	堂

한 堂
음 당
뜻 집 / 당당하다,
의젓하다 /
팔촌 안쪽의 친족

중 堂
음 táng
뜻 안채 / 넓고 큰 방,
홀(hall) /
사촌형제나 오촌
숙질의 관계

일 堂
음 どう dou
뜻 높고 큰 집 /
당집(신불을 모신
건물) / 훌륭함

자원
형성
의미 부분 土[흙 토]와 소리 겸 의미 부분인 尙[오히려 상]으로 이루어짐. 尙은 의미 부분 八[여덟 팔]과 소리 겸 의미 부분 向[향할 향]으로 구성된 글자이고, 본래 의미는 '아직', '여전히'였는데 후에 '떠받들다', '존중하다'라는 의미를 나타냈음. 堂은 흙으로 기단을 다진 위에 세운 건물을 본뜬 글자로 '공적인 업무를 하는 곳'을 의미했는데, 후에 '집'의 의미로 쓰이게 되자 공적 업무를 하는 건물은 殿[전각 전]을 만들어 썼음. 또한 같은 집에 사는 사람인 '친족'의 의미도 더해졌음.

용법
한중일 모두 '집', '건물', '의젓한 모양'의 의미로 가장 많이 사용함. 강연이나 의식을 거행하는 건물이나 방을 한국어와 일본어에서는 講堂(강당, こうどう)라 하고, 중국어에서는 礼堂(lǐtáng)이라고 함. 중국어에서는 當堂(dāngtáng)이라고 써서 '현장에서'라는 의미를 표현함. 또한 一堂課(yìtángkè)와 같이 수업 횟수를 세는 단위로 쓰고, 그 밖에 법정의 재판 횟수를 세는 데도 사용함.

용례
堂姪(당질), 祠堂(사당), 天堂(천당)

성어
당구풍월(堂狗風月): 서당 개 3년이면 풍월을 읊는다는 뜻으로, 오래 같은 환경에서 있다 보면 어려운 일도 해낼 수 있음을 비유적으로 이르는 말.

待 기다릴 대

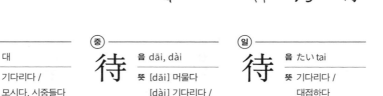

갑골문	금문	전국문자	소전	예서	해서
			待	待	待

한
待
음 대
뜻 기다리다 /
모시다, 시중들다

중
待
음 dāi, dài
뜻 [dāi] 머물다
[dài] 기다리다 /
대우하다

일
待
음 たい tai
뜻 기다리다 /
대접하다

자원
형성
의미 부분인 彳[조금 걸을 척]과 소리 부분인 寺[절 사]로 이루어짐. 『설문』에서는 "기다리는 것"이라고 풀이하였음. 소리 부분으로 쓰인 寺와 待의 발음이 다르기 때문에 寺가 이 글자의 소리 부분이었다는 것이 다소 의문스럽지만, 상고시대에는 寺와 待가 성모와 운모가 같은 쌍성첩운의 관계로서 유사한 독음이었을 것으로 추정됨.

용법
한중일 모두 '기다리다'의 의미로 주로 사용하고, '대접하다', '대우하다' 등의 의미로도 사용함. 중국어에서 招待(zhāodài)는 '(손님이나 고객에게) 대접하다'의 의미로 쓰이고, 期待(qīdài)는 '기대하다', '고대하다', '바라다'의 뜻으로 쓰이며, 等待(děngdài)는 '기다리다'라는 의미로 사용함.

용례
期待(기대), 優待(우대), 接待(접대)

성어
학수고대(鶴首苦待): 학의 목을 한 채 힘겹게 기다림. 목을 길게 빼고서 고달프게 무엇인가를 기다리는 행위를 이르는 말.

代 대신 대

갑골문	금문		예서	

한 代 음 대
뜻 대신하다 / 시대 / 세대

중 代 음 dài
뜻 대신하다 / 세대 / 시기

일 代 음 だい dai, たい tai
뜻 대신하다 / 시대 / 세대

자원
형성
의미 부분인 人[사람 인]과 소리 부분인 弋[주살 익]으로 이루어짐. 弋은 현재 발음이 변해 소리 부분 역할을 하지 못함. 代는 '이것으로 저것을 바꾸다'라는 뜻임. 代에 '시대'라는 뜻이 있는데, 이것은 당(唐)나라 때 사람들이 태종(太宗) 이세민(李世民)의 世[인간 세]를 피휘(避諱)* 해서 代를 사용한 것이 기원이라고 함.

용법
한중일 모두 '대신함'이나 '일정한 기간'의 의미로 많이 사용함. '남을 대리함', '다른 것으로 바꾸어 갈아 채움'을 뜻하는 代身(대신)이라는 단어는 한국어에서만 사용함. 代表(대표, dàibiǎo, だいひょう)는 삼국에서 모두 '전체의 상태나 성질을 어느 하나로 잘 나타냄'을 의미하는데, 중국어에서는 이외에도 '대신하다' 또는 '나타내다'라는 동사로도 사용. 한국어와 일본어에서는 '물건의 값'을 代金(대금, だいきん)이라 하나 중국어에서는 價款(jiàkuǎn)이라고 표현함.

용례
代價(대가), 代替(대체), 時代(시대)

성어
신진대사(新陳代謝): 오래된 것이 없어지고 새것이 대신 생기는 것. 신체의 소화와 순환 기능을 설명할 때 쓰는 말.

---

* 제왕이나 윗사람의 이름 자를 피하는 것.

강

對 대할 대

갑골문	금문	전국문자	소전	예서	해서

한 對
음 대
뜻 대하다, 상대하다 /
　　대답하다 /
　　짝, 배우자

중 对
음 duì
뜻 대하다 /
　　향하다, 대응하다 /
　　대답하다 /
　　(~儿) 짝, 쌍

일 対
음 たい tai, つい tui
뜻 대하다 / 마주 보다 /
　　대답하다 / 짝, 쌍

자원
회의
손을 나타내는 寸[마디 촌]과 땅 위에 자란 무성한 초목을 나타내는 丵[풀 무성할 착]으로 이루어짐. 글자의 모양은 무성한 초목을 손으로 뽑는다는 것을 나타내지만, 이미 '뽑다'의 의미는 흔적을 찾을 수 없음. 초목을 뽑으려면 그쪽으로 향해야 하기 때문에 '향하다'라는 뜻을 나타냄. 향하는 것은 물체의 입장에서는 마주하는 것이기 때문에 '짝', '상대하다', '대치하다'라는 뜻으로 확장되었음. 또 두 개를 마주해 놓고 '비교'하는 것을 나타내고, 비교한 결과로서 '맞다', '정확하다'라는 뜻을 나타냄.

용법
한중일 모두 '대하다', '짝'의 의미로 사용함. 한국어와 일본어에서는 '서로 직접 얼굴을 마주 대하다'를 對面(대면, たいめん)이라고 하는데, 중국어에서는 見面 (jiànmiàn), 會面(huìmiàn)을 주로 사용함. 중국어에서 對面(duìmiàn)은 '반대편', '맞은편'의 뜻을 나타냄. 삼국 모두 對象(대상, duìxiàng, たいしょう)를 '어떤 일의 상대 또는 목표가 되는 것'의 의미로 쓰는데, 중국어에서만 특별히 '애인'을 지칭하기도 함. 이 밖에 중국어에서는 '~에 대하여'라는 뜻의 전치사와 '한 쌍'을 나타내는 단위로 많이 사용함.

용례
對答(대답), 對立(대립), 相對(상대)

성어
대우탄금(對牛彈琴): 소에게 거문고를 들려줌. 하나 마나 한 일을 하는 행위를 비유적으로 이르는 말.

류

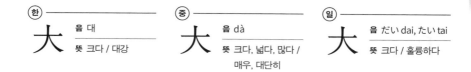

大 클 대

| 갑골문 | 금문 | 전국문자 | 소전 | 예서 | 해서 |

한

大

음 대

뜻 크다 / 대강

중

大

음 dà

뜻 크다, 넓다, 많다 /
매우, 대단히

일

大

음 だい dai, たい tai

뜻 크다 / 훌륭하다

자원
상형

'두 팔과 두 다리를 벌리고 서 있는 사람'을 정면에서 본뜬 글자임. 네 발로 걷는 동물들에 비해 두 발로 서서 걸어다니는 사람이 상대적으로 커 보이므로 '서 있는 사람의 모습'을 통해 '크다'의 뜻을 나타냈음. 사람을 본뜬 글자로는 사람의 옆모습을 본뜬 사람 人[사람 인], 두 팔만 벌리고 있는 모습을 본뜬 子[아들 자], 무릎을 꿇고 있는 여자의 모습을 본뜬 女[계집 여], 여자의 가슴을 강조한 母[어미 모], 아이의 머리가 열려 있는 것을 강조한 兒[아이 아] 등의 글자가 있는데, 각 뜻에 따라 그 모양이 조금씩 다름.

용법

한중일 모두 '크다'의 의미로 주로 사용함. 한국어와 일본어에서 '한 방면에서 특히 뛰어난 사람'을 大家(대가, たいか)라고 하는데, 중국어에서는 專家(zhuānjiā)라고 함. 중국어에서 大家(dàjiā)는 '여러분'이라는 의미로 쓰이며, 일본어에서 大家를 'おおや'로 읽으면 '셋집 주인'이라는 의미임. 일본어에서는 大方(おおかた)가 '대부분'의 뜻을 나타냄.

용례

重大(중대), 增大(증대), 最大(최대)

성어

대기만성(大器晩成): 큰 그릇을 만드는 데는 시간이 오래 걸린다는 뜻. 큰 역할을 할 인물은 오랜 교육과 훈련을 통해 다듬어짐을 이르는 말.

宅 댁 댁, 집 택

| 갑골문 | 금문 | 전국문자 | 소전 | 예서 | 해서 |

한
宅
음 택, 댁
뜻 집 / 무덤 /
댁(남의 집, 부인의
경칭)

중
宅
음 zhái
뜻 댁, 집, 주택

일
宅
음 たく taku
뜻 집, 주거 / 자택 /
(お~) '당신'의
완곡한 어법

자원
형성

의미 부분 宀[집 면]과 소리 부분 乇[부탁할 탁]으로 이루어져 '사람이 거주하는 집'을 의미함. 宀을 의미 부분으로 사용한 글자는 广[집 엄], 厂[기슭 엄]과 마찬가지로 대부분 '건축물' 또는 '집' 등 실내공간과 관련 있음. 현재는 타인의 집을 존칭하는 의미로 확대 사용함.

용법

한중일 모두 '집'의 의미로 사용함. 한국어에서 '남을 높여 그의 집이나 가정, 그의 아내를 이르는 뜻'으로도 사용함. 이 경우 '큰댁', '시댁'과 같이 '댁'으로 읽음. 일본어에도 '상대방 집의 높임말'로 お宅(おたく)라는 표현이 있지만, 중국어에서는 오직 집의 의미로만 사용함.

용례

古宅(고택), 邸宅(저택), 住宅(주택)

성어

만년지택(萬年之宅): 1만 년을 버틸 수 있는 집. 아주 튼튼하게 짓는 건축물을 이르는 표현.

문

176

德 큰 덕

갑골문	금문	전국문자	소전	예서	해서

한 ——————
德 음 덕
뜻 크다 / 덕, 은덕

중 ——————
德 음 dé
뜻 덕, 도덕 / 은혜

일 ——————
德 음 とくtoku
뜻 덕, 바람직한 태도 / 이득

자원
형성
의미 부분인 彳[조금 걸을 척]과 소리 부분인 悳[큰 덕]으로 이루어짐. 『설문』에서는 "올라가는 것"으로 풀이하였음. 소리 부분으로 쓰인 悳의 이체자로 悳[큰 덕]이 있는데, 『설문』에서는 이 悳에 대해서 "悳이란 밖으로는 다른 사람들로부터 얻는 것이고, 안으로는 스스로에게 얻는 것임. 直[곧을 직]과 心[마음 심]으로 이루어졌으며 모두 의미 부분이다"라고 하였음. 즉 悳은 오늘날 '도덕(道德)'의 '덕(德)'과 유사한 의미를 지니고 있음.

용법
한중일 모두 '덕'이라는 의미로 사용함. 한국어와 일본어에서는 '사람됨의 바탕과 성격'을 品性(품성, ひんせい)라고 하는데, 중국어에서는 品性(pǐnxìng) 외에 品德 (pǐndé)라는 단어도 많이 사용함. 또한 한국어에서는 '베풀어준 은혜나 도움'을 나타낼 때 德分(덕분) 또는 德澤(덕택)이라는 단어를 많이 쓰고, 일본어에서는 德澤 (とくたく)를 주로 사용하는데, 중국어에서는 福分(fúfen), 蔭澤(yìnzé), 多虧(duōkuī), 虧得(kuīde) 등 다양한 단어를 활용하여 씀.

용례
德目(덕목), 功德(공덕), 道德(도덕)

성어
덕필유린(德必有隣): 덕을 지닌 사람은 반드시 이웃이 있다는 뜻. 덕성이 높으면 반드시 따르는 사람이 있음을 이르는 말.

圖 그림 도

갑골문	금문	전국문자	소전	예서	해서
	畧	畧	圖	圖	圖

한 ——————
圖 음 도
뜻 그림 / 꾀하다

중 ——————
图 음 tú
뜻 그림 /
꾀하다, 바라다

일 ——————
図 음 ず zu, と to
뜻 그림, 그리다 /
도모하다, 계책

자원
회의
둘레를 에워싼 모양인 □[에워쌀 위]와 소리 겸 의미 부분인 啚[인색할 비]로
이루어짐. 啚는 鄙[인색할 비]의 본자로 주나라 때 호구(戶口) 단위로 500가구를
의미했음. 즉 500가구 단위로 둘레에 경계를 그린 것이라 하여, '그림', '그리다'의
의미를 나타내고, 각 鄙를 다스리기 위해서는 여러 가지 방법을 고려하고 신중하게
계획해야 하므로 '계획하다', '도모하다'의 의미가 더해졌음.

용법
한중일 모두 '그림', '꾀하다', '의도'의 의미로 사용함. 중국어에서는 그림, 사진,
탁본 등을 총칭하여 圖片(túpiān)이라 하고, 이들을 모아놓은 라이브러리를
圖片庫(túpiānkù)라 함. 일본어에서는 '뻔뻔하다'라는 뜻으로 圖圖しい(ずうずうしい)
라는 표현을 쓰는데 이때 圖圖는 표의작용은 없고 유사한 발음을 빌려 쓴 것임.

용례
圖書(도서), 企圖(기도), 地圖(지도)

성어
발분도강(發憤圖强): 스스로 자각하고 노력하여 강해지고자 함. 자신의 부족함을
깨달아 진지한 노력을 기울이는 일.

道 길 도

갑골문	금문	전국문자	소전	예서	해서

ㄷ

한

道
음 도
뜻 길 / 도리, 이치 /
방법 / 말하다 /
도(행정구역)

중

道
음 dào
뜻 (~儿) 길 / 방법 /
도덕 / 도 / 말하다

일

道
음 とう tou, どう dou
뜻 길 / 도리, 이치
방법 / 말하다
도(행정구역)

자원
회의

두 개의 의미 부분인 辵[쉬엄쉬엄 갈 착]과 首[머리 수]로 이루어짐. 『설문』에서 "사람이 다니는 길"이라고 풀이하였음. 주준성(朱駿聲)은 首를 소리 부분으로 보았음. 금문 등의 고문자는 길거리[彳]와 사람의 머리[首]를 본뜬 모습으로 사람이 길을 걷는 것을 나타냄. 이로부터 '길', '방법' 등의 의미를 갖게 되었으며, 더 나아가 추상적 개념의 '도의(道義)'의 의미로 확장되었음.

용법

한중일 모두 '길', '이치'의 의미로 가장 많이 사용함. 한국어와 일본어에서는 濟州道(제주도)나 北海道(ほっかいどう)와 같이 시나 군 따위를 관할하는 지방 행정구역 단위의 하나로도 사용함. 한편 사람이 마땅히 행해야 하는 바른길의 의미인 道理(도리, dàolǐ, どうり)는 한중일 모두 사용하지만, 특히 중국어에서는 '일리가 있다'라는 표현을 有道理(yǒudàolǐ)라고 씀. 이 밖에도 중국어에서는 '알다', '이해하다'를 知道(zhīdào)라고 씀.

용례

道德(도덕), 道路(도로), 車道(차도)

성어

도청도설(道聽塗說): 길에서 듣고 길에서 말한다는 뜻으로, 떠돌아다니는 소문을 이르는 말.

오

都 도읍 도

갑골문	금문	전국문자	소전	예서	해서
		𨛨	䣊	都	都

한 ──────
都 음 도
뜻 도읍, 도시
모두

중 ──────
都 음 dōu, dū
뜻 [dōu] 모두, 전부 /
이미, 벌써
[dū] 수도, 도시

일 ──────
都 음 と to, つ tu
뜻 수도, 도시 / 모두

자원
형성
의미 부분인 邑[고을 읍]과 소리 부분인 者[놈 자]로 이루어짐. 『설문』에 따르면 "선왕의 신주를 모신 종묘가 설치된 도성"이라고 하였음. 이처럼 都는 과거 행정 구역의 명칭으로 비록 시대마다 지칭하는 바는 같지 않으나 사람이 모이는 성읍이라는 공통점을 가지고 있었음. 이로부터 의미가 확대되어 '도시', '모두', '전부' 등의 뜻이 나왔음.

용법
한중일 모두 '도시'의 의미로 주로 사용하고, '모두'의 의미로도 사용함. 한국어에서는 모두 합한 셈을 都合(도합)이라고 하지만 일본어에서 都合(つごう)는 이외에도 '다른 일과의 관계나 형편'을 뜻하기도 함. 중국어에서는 '모두', '전부'를 都(dōu) 외에 總共(zǒnggòng) 혹은 一共(yígòng)으로도 표현함.

용례
都市(도시), 古都(고도), 首都(수도)

성어
웅도거읍(雄都巨邑): 웅장한 수도와 커다란 마을.

도

오

180

徒 무리 도

갑골문	금문	전국문자	소전	예서	해서
	徙	社	徒	徒	徒

한
徒 음 도
뜻 무리 / 헛되다 /
걷다 / 맨손, 맨발 /
형벌

중
徒 음 tú
뜻 근거가 없는 /
다만, 단지 / 걷다 /
무리 / 징역

일
徒 음 と to
뜻 걷다 / 헛된 /
맨손 / 무리 /
죄수

자원
형성
금문 자형은 土[흙 토]와 彳[조금 걸을 척]과 止[그칠 지]로 이루어짐. 여기서 彳은
'길'을 의미하고, 止는 '발'을 의미하므로, 이 두 편방은 모두 '이동하다'의 의미가
있음. 『설문』에서는 "徒는 '걸어서 가는 것'임. 辵[쉬엄쉬엄 갈 착]은 의미 부분이고,
土는 소리 부분이다"라고 하였음. 여러 명의 사람들이 무리지어 걸어가는 형상에서
'무리'라는 의미가 더해진 것으로 보임.

용법
한중일 모두 '무리'의 의미로 사용함. 삼국 모두 '헛되다'의 의미로도 사용함.
한국어와 일본어에서 徒然(도연, とぜん)은 '할 일이 없다'라는 뜻이지만, 중국어에서
徒然(túrán)은 '소용없다'라는 뜻으로 사용됨. 일본어에서 徒情(あだなさけ)는
'풋사랑', '일시적인 부질없는 친절'을 의미함. 한편 일본어에서는 徒를 ただ로 읽어
'무료', '공짜'라는 의미로도 사용함.

용례
敎徒(교도), 信徒(신도), 學徒(학도)

성어
무위도식(無爲徒食): 하는 일 없이 먹음. 일을 하지 않고 놀고먹는 사람이나 그런
행동을 이르는 말.

윤

181

148

度 법도 도, 헤아릴 탁

갑골문	금문	전국문자	소전	예서	해서

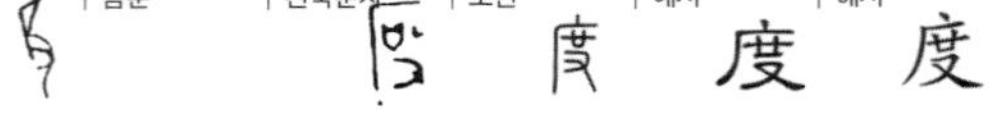

ㄷ

한

度 **음** 도, 탁

뜻 [도] 법도, 규정 / 정도 / 도, 각도, 온도, 경위도의 단위
[탁] 헤아리다

중

度 **음** dū, duó

뜻 [dū] 도 / 넘다, 건너다 / 정도 / 법칙, 규칙
[duó] 추측하다, 헤아리다

일

度 **음** ど do, と to, たく taku

뜻 자 / 헤아리다, 짐작하다 / 규칙 / 횟수

자원 형성 의미 부분인 又[또 우]와 소리 겸 의미 부분인 石[돌 석]으로 이루어짐. 손[又]에 돌[石, 도구]을 들고 길이를 재고 있는 모습을 묘사한 것임. 소리 부분 石은 소전에서 庶[여러 서]의 생략된 형태로 변형되었고, 이로 인해 현재 广[집 엄]을 부수로 사용하고 있지만 의미상 아무런 관련이 없음. 중국 고대에 사용되었던 각종 도량형은 사람의 신체 부위를 이용한 경우가 많음. 度 역시 사람의 손을 활용하고 있지만 구체적으로 어떤 방식으로 길이를 측정했는지는 확인할 방법이 없음. 후에 '법도', '제도', '일정한 규격' 등 의미로 확대 사용함.

용법 한중일 모두 '각종 단위', '규칙'의 의미로 사용함. 중국어에서는 度假(dùjià, 휴가를 보내다)처럼 '(시간을) 보내다'라는 동사로도 사용하며, 일본어에서는 通話度數(つうわどすう, 통화횟수)처럼 '횟수'의 의미로도 사용함.

용례 角度(각도), 程度(정도), 制度(제도)

성어 도외치지(度外置之): 내 생각 밖으로 내버려둠. 마음이나 안중에 두지 않고 내버려두는 일.

문

섬 도

갑골문	금문	전국문자	소전	예서	해서
			鳥	島	島

한 — 島 음 도 뜻 섬

중 — 岛 음 dǎo 뜻 섬

일 — 島 음 とう tou 뜻 섬

자원
형성

의미 부분인 山[뫼 산]과 소리 부분인 鳥[새 조]로 이루어짐. 사방이 바닷물에 둘러싸인 섬에 새가 앉아 있는 모습을 묘사한 글자임. 山은 육지에 있는 '산봉우리'가 아닌 넓은 바다에 있는 '섬'을 비유한 것임. 소전에서는 '새의 발' 부분이 있었지만 예서로 오면서 생략되었음. 후에 바다 이외의 '호수'나 '강 가운데 있는 육지'까지 지칭하는 의미로 확대 사용함.

용법

한중일 모두 '섬'의 의미로 사용함. 중국어에는 安全島(ānquándǎo)라는 표현이 있는데 '(도로 가운데 있는 보행자용) 안전지대'를 뜻함. 긴 건널목 중간에 사람이 잠시 멈춰 서서 다음 신호를 기다릴 수 있도록 배려한 장소임.

용례

獨島(독도), 半島(반도), 列島(열도)

성어

절해고도(絶海孤島): 뭍에서 아주 멀리 떨어져 있는 바다 가운데의 섬. 아주 멀리 떨어져 있는 외딴섬을 가리키는 표현.

到 이를 도

150

갑골문	금문	전국문자	소전	예서	해서
				到	到

한 到
음 도
뜻 이르다 /
　　주도면밀하다

중 到
음 dào
뜻 도달하다 /
　　주도면밀하다 /
　　~에 미치다,
　　~에 이르다

일 到
음 とう tou
뜻 이르다, 도달하다

자원
형성
의미 부분인 至[이를 지]와 소리 부분인 刀[칼 도]로 이루어져 '도달하다'라는
뜻을 나타냄. 至는 矢[화살 시]가 거꾸로 된 모양과 땅을 나타내는 가로획[一]으로
이루어진 글자로, '화살이 공중으로 날아가 떨어져 땅에 도달한 모양'을 본뜬 것임.

용법
한중일 모두 '이르다', '다다르다'라는 의미로 많이 사용함. '목적한 곳에 다다름'을
한국어와 일본어에서는 到着(도착, とうちゃく)라고 하지만, 중국어에서는 抵達
(dǐdá), 到達(dàodá)라고 함. 여기저기를 뜻하는 到處(도처, dàochù)의 경우
일본어에서는 隨所(ずいしょ), 隨處(ずいしょ)라고 함. 중국어에서는 '(기차 혹은
비행기가) 도착하다'라는 의미의 동사로도 사용하여 火車到瞭(huǒchēdàole)와 같이 씀.

용례
到達(도달), 到來(도래)

성어
주도면밀(周到綿密): 여러 곳에 생각이 치밀하게 미침. 일을 매우 치밀하게 계획하고
추진하는 행위.

강

184

刀 칼도

갑골문	금문	전국문자	소전	예서	해서

한 刀 음 도 / 뜻 칼

중 刀 음 dāo / 뜻 칼

일 刀 음 とう tou / 뜻 칼

자원
상형

갑골문을 보면 칼의 모양을 본뜬 것임을 알 수 있음. 그럼 칼날은 刀의 어느 쪽에 있을까. 刃[칼날 인]의 갑골문은 ❧으로, 칼날이 있는 쪽에 점[丶]을 찍어 칼날이라는 뜻을 나타내고 있음. 고대의 화폐 중에 도폐(刀幣)라는 것이 있는데, 그 모양이 칼[ʃ]과 유사하여 붙여진 이름임.

용법

한중일 모두 '칼'이라는 의미로 가장 많이 사용함. 얼굴이나 몸에 난 수염이나 잔털을 깎는 것을 한국어에서는 面刀(면도)라고 하고, 일본어에서는 髭剃り(ひげそり)라고 하며, 중국어에서는 刮臉(guāliǎn)이라고 함. 한국어에서는 電氣面刀器(전기면도기)라고 하고, 일본어에서는 電氣髭剃り(でんきひげそり)라고 하며, 중국어에서는 電動剃鬚刀(diàndòngtìxūdāo)라고 함. 중국어에서는 부엌에서 쓰는 식칼을 菜刀(채도, càidāo)라고 하는데, 한국어에서 채도는 야채나 과일 따위를 가늘고 길쭉하게 채 치는 데 쓰는 '채칼'을 말함. 수술이나 해부를 하기 위하여 '수술 칼을 잡음'을 뜻하는 執刀(집도, しっとう)의 경우 중국어에서는 操刀(cāodāo)라고 표현함.

용례

刀背(도배), 短刀(단도), 長刀(장도)

성어

쾌도난마(快刀亂麻): 날카로운 칼과 어지러운 삼 줄기라는 뜻. 날카로운 칼로 복잡하게 엉킨 것을 단칼에 잘라냄을 이르는 말. 직접적이면서 빠른 해결 방식을 가리킴.

강

讀

읽을 독, 구절 두

갑골문	금문	전국문자	소전	예서	해서
			讀	讀	讀

한
讀
음 독, 두
뜻 [독] 읽다
[두] 구두(句讀) /
이두

중
读
음 dú, dòu
뜻 [dú] 읽다, 보다 /
공부하다
[dòu] 구두(句讀)

일
読
음 どく doku,
とく toku, とう tou
뜻 읽다 /
문장중의 끊임

자원
형성
의미 부분인 言[말씀 언]과 소리 부분인 賣[팔 매]로 이루어짐. 賣는 瀆[도랑 독],
犢[송아지 독], 牘[편지 독] 등의 글자에서도 소리 부분으로 쓰였음. 讀은 두 개의
발음이 있는데, '읽다'라는 뜻으로 쓰일 때는 '독'으로 읽고, '이두', '구두점'의 뜻으로
쓰일 때는 '두'로 읽음.

용법
한중일 모두 '읽다', '구절'의 의미로 사용함. 중국어에서는 '공부하다', '배우다'의
뜻으로도 많이 사용함. 예를 들어 한국어와 일본어에서 讀書(독서, どくしょ)는
'책을 읽다'라는 뜻이지만, 중국어에서는 그 외에 '공부하다'의 뜻으로도 널리
사용함. 중국어에서는 '읽다'의 뜻인 念(niàn)과 '보다'의 뜻인 看(kàn)도 '공부하다',
'배우다'의 뜻으로 두루 사용함.

용례
讀書(독서), 讀者(독자), 句讀(구두)

성어
독서삼매(讀書三昧): 오로지 책 읽기에만 깊이 빠져듦.

獨

홀로 독

갑골문	금문	전국문자	소전	예서	해서
		獨	欘	獨	獨

한 ——
獨
음 독
뜻 홀로, 혼자 /
외롭다

중 ——
独
음 dú
뜻 한 사람, 단독 /
홀로, 혼자 /
외롭다

일 ——
独
음 どく doku,
とく toku
뜻 혼자 /
남과 다르다

자원
형성

의미 부분인 犬[개 견]과 소리 부분인 蜀[나라 이름 촉]으로 이루어짐. 개[犬]는
무리지어 살지 않고 혼자서 살기를 좋아하기 때문에 '홀로'라는 뜻이 생겼으며,
이로부터 '단독', '독립' 등의 의미가 나왔음. 또 獨은 부모가 없는 상태를 가리키는
말로도 쓰임. 소리 부분인 蜀은 원래 '머리가 크게 돌출되고 구부린 모양의 애벌레'를
본뜬 글자임. 이후 중국 사천성(四川省) 지역에 있던 나라 이름을 지칭하게 되었고,
그러자 虫[벌레 충]을 더한 蠋[나비 애벌레 촉]으로 분화했음.

용법

한중일 모두 '홀로', '외롭다'라는 뜻과 여기에서 파생된 '독자'나 '다만' 등의
의미로 사용함. 한국어에서는 獨床(독상), 獨寫眞(독사진)과 같이 일부 명사 앞에
붙어 '한 사람을 위한'이라는 뜻으로도 쓰임. 일본어에서 같은 뜻으로 쓰일 때는
'獨り(ひとり)-'의 형태로 쓰이고, 중국어에서는 單[홑 단]을 주로 사용함. 한편
중국어에서는 無獨有偶(wúdúyǒuǒu, 하나만 있는 것이 아니라 그 짝이 있다)와 같이
'단독'을 뜻하는 명사로 많이 쓰임.

용례

獨立(독립), 獨身(독신), 獨創(독창)

성어

독불장군(獨不將軍): 혼자서는 장군을 하지 못한다는 뜻으로, 자기 고집만 부리며
남의 의견을 듣지 않고 일을 벌이는 사람을 이르는 말.

冬 겨울 동

| 갑골문 | 금문 | 전국문자 | 소전 | 예서 | 해서 |

한	중	일
冬 음 동 / 뜻 겨울	冬 음 dōng / 뜻 겨울	冬 음 とう tou / 뜻 겨울

자원
형성

의미 부분인 冫[이수 변]과 소리 부분인 夂[뒤져 올 종]으로 이루어짐. 冬의 갑골문은 '겨우살이'의 모양을 본떠 만든 글자임. 일부에서는 실의 끝부분을 묶은 '매듭'이라는 주장을 하고 있으나, 이는 갑골문의 모양과는 동떨어진 설명임. 겨우살이는 나무에 기생하는 식물인데, 봄부터 가을까지는 나무의 잎에 가려 보이지 않다가 겨울이 되어 나뭇잎이 모두 떨어지면 비로소 사람의 눈에 띄게 됨. 그래서 '겨울'이라는 뜻을 갖게 되었음. 그렇게 되자 후에 '겨우살이'라는 본래의 뜻을 나타내기 위해 艹[풀 초]를 덧붙여 荅[겨우살이 동]으로 분화했음.

용법

한중일 모두 '겨울'의 의미로 사용함. 중국어에서는 三冬(sāndōng)이라 하여 음력으로 겨울에 해당하는 석 달을 가리키기도 하며, '둥둥', '동동', '탕탕' 등 북이나 문을 두드리는 소리를 나타내는 의성어나 의태어로도 사용함. 최근에는 이를 구분하기 위하여 의성어와 의태어는 口[입 구]를 편방으로 추가한 咚(dōng)으로 쓰기도 함.

용례

冬眠(동면), 冬至(동지), 立冬(입동)

성어

엄동설한(嚴冬雪寒): 매서운 겨울의 눈 내릴 때의 차가움. 매우 추운 기간의 날씨를 표현하는 말.

윤

東　동녘 동

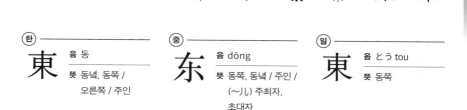

갑골문	금문	전국문자	소전	예서	해서

한
東　음 동
뜻 동녘, 동쪽 /
오른쪽 / 주인

중
东　음 dōng
뜻 동쪽, 동녘 / 주인 /
(～儿) 주최자,
초대자

일
東　음 とう tou
뜻 동쪽

자원
상형
무언가를 싸매는 주머니의 위아래를 동여 매어놓은 형상을 본뜬 글자임. 일부 학자는 東을 橐[묶을 속]의 이체자라고 주장하기도 하는데, 갑골문과 금문의 자형을 보면 일리 있는 주장으로 보임. 즉 본래 '자루'라는 의미의 東이 '동쪽'이라는 의미로 가차되어 사용된 것으로 볼 수 있음. 『설문』에서는 "東은 생동하는 것이다. 木은 의미 부분이다. 관부(官溥)는 '해가 나무 가운데 걸려 있는 것을 그린 것'이라고 하였다" 라고 하였는데, 이는 허신(許愼)이 갑골문을 보지 못하고 소전을 보고 자형을 풀이했기 때문에 범한 오류로 보임. 즉 소전의 자형을 보면 마치 나무 가운데 태양이 걸려 있는 형상처럼 보이기도 함.

용법
한중일 모두 '동쪽'을 나타내는 의미로 사용함. 중국어에서 명사로 쓰여 '주인'이라는 의미도 나타냄. 왜냐하면 옛날부터 주인의 자리는 동쪽, 손님의 자리는 서쪽이었기 때문임. 또한 東西(dōngxi)는 동쪽과 서쪽이라는 의미도 있지만, '사물', '물건'이라는 의미로 주로 쓰임. 일본어에서는 ひがし 라고 읽어 '동풍'이라는 의미로도 사용함.

용례
東方(동방), 東洋(동양), 東海(동해)

성어
동가식서가숙(東家食西家宿): 동쪽 집에서 얻어먹고 서쪽 집에서 잠을 잔다는 뜻으로, 정착하지 못하고 이리저리 떠돌아다니는 사람 또는 그런 행위를 이르는 말.

童

아이 동

갑골문	금문	전국문자	소전	예서	해서
				童	童

한
童 음 동
뜻 아이 /
어린 양이나 소 /
민둥민둥하다,
벗겨지다

중
童 음 tóng
뜻 아동, 어린이 /
미혼의 /
벗어지다

일
童 음 どう dou
뜻 아이, 어린이

자원
회의
의미 부분인 辛[허물 건]과 소리 부분인 重[무거울 중]의 생략형으로 이루어짐.
원래 '죄를 지은 아이'의 뜻이었음. 辛은 형구(刑具)를 나타내는데, 고대 전쟁에서
여자와 아이를 사로잡아 이마에 형구를 매게 하고 심부름을 시켰음. 이러한 모습은
妾[첩 첩]에도 동일하게 나타남. 『설문』에서는 죄를 지은 '남자 노예'를 童(동)이라
하고, 여자 노예를 妾(첩)이라 하였음. 童은 그 뜻을 '죄를 지은 아이'로 보면 從[종
종], 僕[종 복], 奴[노예 노] 등과 뜻이 통하고, '고개 숙여 복종하다'라는 뜻으로 보면
伏[엎드릴 복], 服[복종할 복] 등과 뜻이 통한다고 볼 수 있음.

용법
한중일 모두 '아이', '아동'의 의미로 사용함. 한중일 모두 '어린이들을 위한 노래'를
童謠(동요, tóngyáo, どうよう)라고 하는데, 중국어에서는 兒童歌(értónggē) 혹은
兒歌(érgē)라고도 하고, 일본어에서도 童歌(どうか)라는 표현을 함께 사용함.

용례
童話(동화), 牧童(목동), 兒童(아동)

성어
삼척동자(三尺童子): 키가 세 척인 어린아이, 어려서 철이 들지 않은 작은 아동을
이르는 말.

박

動 움직일 동

갑골문	금문	전국문자	소전	예서	해서
		𣸮	動	動	動

한

動 음 동

뜻 움직이다 / 옮기다 /
흔들리다, 동요하다

중

动 음 dòng

뜻 움직이다, 흔들리다 /
감격하다 /
걸핏하면, 툭하면

일

動 음 どう dou

뜻 움직이다 /
행동, 거동 /
작용하다

자원
형성

의미 부분인 力[힘 력]과 소리 부분인 重[무거울 중]으로 이루어진 글자임. 고문자를
보면 지금의 重은 원래 童[아이 동]이었는데 후에 자형이 변한 것임. 그래서
지금의 발음도 여전히 童을 따르고 있음. 쟁기를 나타내는 力은 원래 농사짓는
것을 나타냈으나, 이른 시기부터 '힘을 쓰다'라는 뜻으로 일반화되었음. 여기서는
'움직이다', '이동하다'의 뜻을 표현함. 후에 '행위', '시작하다'라는 뜻으로 확장되었음.

용법
한중일 모두 '움직이다'라는 의미로 사용함. 어휘에서의 쓰임은 차이가 있는데, 激動
(격동, jidòng, げきどう)는 한국어에서 '정세의 급격한 변동'과 '개인의 내면에서 매우
감동하는 것'을 모두 표현하지만, 중국어에서는 후자만을, 일본어에서는 전자만을
표현함.

용례
激動(격동), 運動(운동), 活動(활동)

성어
경천동지(驚天動地): 하늘이 놀라고 땅이 뒤흔들림. 세상을 몹시 놀라게 하는 행위나
생각, 사건 등을 이르는 말.

同

한가지 동

갑골문	금문	전국문자	소전	예서	해서
븝	肖	눕	同	同	同

한

同

음 동

뜻 한가지 / 같이하다 /
모이다 / 화합하다

중

同

음 tóng

뜻 같다, 같이하다 /
함께, 같이 /
~와[과]

일

同

음 どう dou

뜻 같다 /
일을 같이 하다 /
모이다

자원
상형

'뚜껑이 있는 그릇'을 본뜬 상형자임. 후에 '같다'의 뜻으로 가차되어 쓰이자 筒[대롱
통]을 만들어 본래의 뜻을 나타냈음. 桶[통 통]을 통해서도 그 어원을 엿볼 수 있음.
지금 '그릇'의 뜻으로 쓰고 있는 器[그릇 기]는 갑골문에는 보이지 않고 금문에서야
보이며, 그 자형에 그릇과 직접 관련이 없는 犬[개 견]이 들어 있는 것으로 볼 때
'그릇'의 뜻을 나타내는데 同이 먼저 쓰였음을 알 수 있음.

용법

한중일 모두 '한가지', '같다'의 의미로 사용함. 한국어와 일본어에서는 同情(동정,
どうじょう)가 '타인의 고통이나 불행을 가엾게 생각한다'라는 의미로 쓰이지만,
중국어에서는 同情(tóngqíng)이 '찬성하다'의 의미로도 쓰임.

용례

同感(동감), 同議(동의), 共同(공동)

성어

오월동주(吳越同舟): 오나라 사람과 월나라 사람이 같은 배에 타고 물을 건넘. 서로
적대하던 사람들이 공동의 목표를 이루기 위해 협력하는 상황.

박

頭 머리 두

갑골문	금문	전국문자	소전	예서	해서
			頭	頭	頭

한
頭
음 두
뜻 머리 / 우두머리 /
처음, 첫째 /
두, 동물을 세는
단위

중
头
음 tóu
뜻 머리 / 제일의 /
(~儿) (일의)
처음, 단서 /
(~儿) 첫머리 /
마리, 가축을 세는
단위

일
頭
음 とう tou, ず zu,
と to
뜻 머리 / 처음, 시초 /
우두머리 /
머릿수, 인원수

자원
형성
의미 부분인 頁[머리 혈]과 소리 부분인 豆[콩 두]로 이루어짐. 사람의 가장 높은[豆] 부분에 있는 머리[頁]를 말하며, 머리칼을 뜻하기도 함. 사람의 머리가 가장 위쪽에 위치하므로, 사물의 '첫 부분'이나 '최고' 등을 뜻하기도 함. 또 소와 같은 가축을 헤아리는 단위로도 쓰임. 頁은 갑골문과 금문에서 사람의 머리를 형상적으로 그렸는데, 위의 首[머리 수]와 아래의 儿[사람 인]으로 이루어졌음. 소전에 들면서 首의 윗부분을 구성하는 머리칼이 없어지면서 현재 모습이 됨. 그래서 頁은 원래 '머리'를 뜻하며, 이후 '얼굴'이나 얼굴 부위의 명칭과 관련된 의미를 갖게 됨. 하지만 頁이 책의 '쪽(페이지)'이라는 뜻으로 가차되면서, 豆를 더한 頭로 분화되었음.

용법
한중일 모두 '머리'의 의미와 여기서 파생된 '위', '앞쪽', '시작'이라는 의미로 사용함. 또한 소나 돼지처럼 네발짐승을 헤아리는 단위로도 쓰임. 중국어에서 苦頭(kǔtou) 는 '쓴맛', '고생', '역경'을 뜻하는데, 이렇듯 형용사나 동사 뒤에 놓여 추상명사를 만들기도 함. 돌을 의미하는 石頭(shítou)나 위쪽을 의미하는 上頭(shàngtou)에서 보듯이 명사나 방향을 나타내는 말의 뒤에 놓여 2음절을 만드는 접미사로도 쓰임. 한편 일본어에서는 단독으로 쓸 때 '머릿수', '인원수'의 뜻을 지님.

용례
口頭(구두), 先頭(선두), 念頭(염두)

성어
용두사미(龍頭蛇尾): 시작은 용의 머리, 끝은 뱀의 꼬리. 처음에는 잘했으나 뒤는 흐지부지 끝을 맺는 행위.

193

豆 콩 두

갑골문	금문	전국문자	소전	예서	해서

한
豆 음 두
뜻 콩 / 제기

중
豆 음 dòu
뜻 콩 / 제기

일
豆 음 とう tou, ず zu
뜻 콩 / 제사 때
음식물을 담는
그릇의 하나

자원
상형
갑골문은 다리가 길고 상부가 넓은 뚜껑 있는 쟁반 모양의 '그릇'을 본뜬 것임. 즉 음식물을 담아놓는 그릇으로 제사 때 많이 사용했음. 후에 '콩'의 의미로 가차되어 쓰이게 되었음. 콩은 원래 나무를 타고 넘어가는 콩 넝쿨을 그린 尗[아저씨 숙]으로 썼는데, 이후 '아재비'와 항렬에서 '셋째'라는 뜻으로 가차되자 尗에 艹[풀 초]를 더한 菽[콩 숙]으로 분화되었음.

용법
한중일 모두 '콩'의 의미로 주로 사용함. 한국어와 일본어에서는 콩으로 만든 우유를 豆乳(두유, とうにゅう)라고 하는데, 중국어에서는 이를 豆漿(dòujiāng)이라 하여 따끈하게 데워서 기름에 튀긴 꽈배기나 만두와 함께 아침식사로 먹음.

용례
豆腐(두부), 豆油(두유), 綠豆(녹두)

성어
단사두갱(簞食豆羹): 한 소쿠리의 밥과 한 그릇의 국. 변변치 못한 음식을 일컫는 말.

김

得 얻을 득

갑골문	금문	전국문자	소전	예서	해서
得	得	得	得	得	得

한
得
음 득
뜻 얻다 / 깨닫다

중
得
음 dé, děi
뜻 [dé] 얻다 /
적당하다 / 득의하다
[děi] ~해야 한다

일
得
음 とく toku
뜻 얻다 /
이해하여 깨닫다 /
이득을 얻다

자원
회의

두 개의 의미 부분인 彳[조금 걸을 척]과 룍[얻을 득]으로 이루어짐. 갑골문을 보면 길[彳]에서 조개[貝]를 손[又]으로 잡고 있는 형상임. 조개는 고대 중국사회에서 화폐 대용으로 쓰였으므로 매우 귀한 물건임을 나타냄. 소전에서는 '손'을 나타내는 又가 寸[마디 촌]으로 잘못 변하였고, 조개를 나타내는 貝 역시 日처럼 변하여 오늘날의 得이 되었음. 『설문』에서는 "길을 가다가 무언가를 얻은 것"으로 풀이하였음. 갑골문과 소전의 자형을 분석해보면 룍 역시 의미 부분으로 보는 것이 합당함.

용법

한중일 모두 '얻다', '손에 넣다', '만족하다'의 의미로 사용함. 일본어에서는 とく로 읽으면 '이득', '이익'을 뜻하는 명사로 쓰임. 중국어에서는 得의 발음이 세 가지인데, 먼저 děi로 읽으면 '~해야 한다'라는 의미의 조동사가 되고, dé로 읽으면 '~을 손에 넣다'라는 동사가 되며, de로 읽으면 보어 앞에서 구조조사로 쓰임. 또한 본래의 의미와 상관없이 覺得(juéde)라는 단어는 '~라고 느끼다', '~로 여기다'의 의미로 사용함.

용례

納得(납득), 所得(소득), 獲得(획득)

성어

득어망전(得魚忘筌): 물고기를 잡은 뒤에는 통발을 잊음. 목적을 달성한 뒤에는 그것을 이룬 방법이나 수단을 잊어버리는 행위를 비유적으로 이르는 말.

윤

195

燈 등불 등

갑골문	금문	전국문자	소전	예서	해서
			鐙	燈	燈

한 燈
음 등
뜻 등, 등잔 / 초, 촛불 /
불법(佛法)

중 灯
음 dēng
뜻 등, 램프 /
가열용 연소기,
버너

일 灯
음 とう tou
뜻 등불 /
세상을 비추는 것

자원
형성
의미 부분인 火[불 화]와 소리 부분인 登[오를 등]으로 이루어져 조명 도구인
'등잔'을 의미함. 그러나 이 글자는 원래 金[쇠 금]을 의미 부분으로 사용한 鐙[등잔
등]에서 파생된 것임. 고대사회에 일상용품은 대부분 청동으로 제작되었기에
의미 부분에 金을 사용하였음. 鏡[거울 경], 釜[가마 부], 鈴[방울 령] 등이 그 예임.
소전에는 鐙이 보이고 있으나, 예서에 오면서 의미 부분이 火로 바뀌었음.

용법
한중일 모두 '불을 켜서 어두운 곳을 밝히거나 신호를 보내는 기구'의 의미로 사용함.
한국어와 일본어에서 도로에 설치해 교통 신호를 알려주는 信號燈(신호등, しんごう
とう)를 중국어에서는 紅綠燈(hónglǜdēng)이라고 함.

용례 電燈(전등), 點燈(점등)

성어 등하불명(燈下不明): 등잔 밑이 어둡다는 뜻으로, 가까운 일을 오히려 잘 살피지
못하는 경우 또는 제 사정에 어두운 사람을 일컫는 표현.

문

等 무리 등

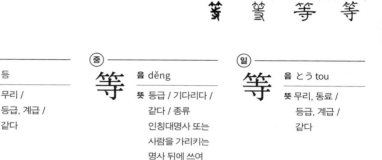

갑골문	금문	전국문자	소전	예서	해서
			萼	等	等

한
等 음 등
뜻 무리 /
등급, 계급 /
같다

중
等 음 děng
뜻 등급 / 기다리다 /
같다 / 종류
인칭대명사 또는
사람을 가리키는
명사 뒤에 쓰여
복수를 나타냄

일
等 음 とう tou
뜻 무리, 동료 /
등급, 계급 /
같다

자원
회의
죽간을 나타내는 竹[대나무 죽]과 관청을 나타내는 寺[절 사/관청 시]로 이루어짐.
寺는 寸[마디 촌]과 止[그칠 지]로 구성되어 '관리가 출근하여 일하는 곳'이라는
뜻을 나타냄. 그리고 관청은 백성을 가지런히 대해야 하므로 '가지런히
하다'라는 뜻을 나타냄. 따라서 等은 『설문』의 설명처럼 "대나무를 가지런히
정리하다"라는 뜻이 처음이고, 또 가지런히 줄 세우니 같은 '무리'가 생기기 때문에
'등급'이라는 뜻으로 확장되었음. 후에 일반적인 '같다'라는 뜻으로 확장되었음.
이등변삼각형(二等邊三角形)에서 等(등)이 바로 이런 뜻으로 쓰인 것임.

용법
한중일 모두 '등급', '무리', '같다'의 의미로 사용함. 한국어와 일본어에서 何等(하등,
なんら)는 주로 부정어와 함께 쓰여 '전혀', '조금도'라는 뜻을 나타내지만,
중국어에서 何等(héděng)은 '어떤', '얼마나'의 뜻을 나타내는 대명사와 '얼마나' 혹은
'어쩌면 그토록'의 뜻을 나타내는 부사로도 쓰임. 중국어에서는 等一下(yíxià, 잠시
기다리세요)처럼 '기다리다'의 뜻을 나타내는 동사로도 자주 사용함.

용례
等級(등급), 對等(대등), 平等(평등)

성어
양성평등(兩性平等): 남자와 여자의 차이가 없음. 법률적으로나 사회적으로 남녀의
차이를 인정하지 않는 일.

163

ㄷ

류

登 오를 등

갑골문	금문	전국문자	소전	예서	해서

한

登 음 등
뜻 오르다 / 나가다 /
기재하다 /
익다, 여물다

중

登 음 dēng
뜻 오르다 / 기재하다 /
(페달 따위를) 밟다 /
신다, 입다 /
여물다, 열매 맺다

일

登 음 と to, とう tou
뜻 오르다 / 나가다 /
기재하다

자원
회의
두 개의 의미 부분인 癶[등질 발]과 豆[콩 두]로 이루어짐. 갑골문과 금문에서는
두 손을 나타내는 편방도 있었으나 소전에서 소실되었음. 자형을 근거로 살펴보면,
'제기'를 나타내는 豆를 두 손으로 떠받들고 앞으로 나아가는 모습을 그린 것으로
보임.『설문』에서는 "마차에 오르는 모습을 그린 것"이라고 풀이하였음. 원래 의미는
'제단에 제기를 두 손으로 떠받들고 올라가다'라는 것이었다가, 이후 일반적인
'오르다'의 의미로 확장됨.

용법
한중일 모두 '오르다', '나가다'의 의미로 많이 사용함. 한국어와 일본어에서는 산에
오르는 것을 登山(등산, とざん)이라고 하나 중국어에서는 爬山(páshān)이라고 함.
중국어에서는 '등기하다', '등록하다', '가입하다'의 의미로도 쓰여 登記(dēngjì)와
같이 씀. 한편 중국어에서는 '신다'라는 의미가 있어 登上鞋(dēngshàngxié, 신을 신다)
와 같이 사용함.

용례
登校(등교), 登記(등기), 登場(등장)

성어
등용문(登龍門): 용이 하늘로 오르는 문이라는 뜻으로, 과거 등에 합격하여 출세의
길에 오르는 통로를 일컫는 말.

落 떨어질 락

갑골문	금문	전국문자	소전	예서	해서
			艸	落	落

한

落

음 낙

뜻 떨어지다 /
줄다, 감소하다 /
마을 / 빗방울 /
울타리

중

落

음 luò, là

뜻 [luò] 떨어지다,
하락하다 /
내리다, 낮추다 /
멈추다, 머무르다 /
마을, 부락
[là] 빠뜨리다 /
처지다

일

落

음 らく raku

뜻 떨어지다 /
뒤떨어지다, 빠지다 /
마을 / 담, 울타리

자원
형성

의미 부분인 艸[풀 초]와 소리 부분인 洛[물 이름 락]으로 이루어짐. 『설문』에서는 "풀이 시드는 것을 零[떨어질 령]이라고 하고, 나뭇잎이 떨어지는 것을 落이라고 한다"라고 풀이하였음. 洛은 水[물 수]와 各[각기 각]으로 구성되어 있는데, 各의 갑골문은 혈거 또는 거주지를 의미하는 凵[입 벌릴 감]을 향하여 다가오는 발로 구성되어 있음. 各이 '거주지로 돌아오다'라는 의미에서 '아래쪽으로 흘러가다'라는 의미로 확장되고, 이로써 落이 '풀이 땅으로 떨어지다'라는 의미를 나타내게 됨.

용법

중국어에서는 '내려오다', '착륙하다'라는 뜻의 降落(jiàngluò)처럼 아래로 이동하는 것을 나타내거나, '낙후되다', '뒤떨어지다'라는 뜻의 落后(luòhòu)처럼 일의 진척 속도가 떨어지는 것을 나타냄.

용례

墜落(추락), 墮落(타락), 下落(하락)

성어

난공불락(難攻不落): 공격하기 어려워 함락하기 어려움. 좀체 허물어지지 않는 목표 등을 말할 때 쓰는 표현.

浪 물결 랑

갑골문	금문	전국문자	소전	예서	해서
			㴌	浪	浪

한 ——————
浪
음 랑
뜻 물결, 파도 /
유랑하다 / 함부로 /
방종하다

중 ——————
浪
음 làng
뜻 물결, 파도 /
시대의 흐름 /
방종하다,
제멋대로이다

일 ——————
浪
음 ろう rou
뜻 물이 흐르는 모양 /
함부로 /
큰 물결

자원
형성
의미 부분인 水[물 수]와 소리 부분인 良[어질 량]으로 이루어짐. 『설문』에 따르면
주로 '파도', '물결'의 의미로 쓰임. 파도는 정처 없이 떠돌아 흐르므로 '유랑', '방랑'의
의미로 확대되고, 다시 '함부로', '쓸데없이'의 의미가 생겨 '낭비', '맹랑' 등으로도 쓰임.

용법
한중일 모두 '물결', '물결처럼 일렁이는 것', '함부로'의 의미로 사용함. 일본어에서는
津浪(つなみ)라고 해서 '해일(일명 쓰나미)'을 의미함. 중국어에서는 浪蕩鬼
(làngdàngguǐ)라 하여 '방탕한 사람'을 비하하는 말로 쓰고, 浪語(làngyǔ)라 하여
'쓸데없는 말'을 가리키는 말로도 쓰는데, 이처럼 浪이 들어가면 폄하 혹은 비하하는
의미를 포함하는 경우가 많음.

용례
浪漫(낭만), 浪說(낭설), 流浪(유랑)

성어
유랑생활(流浪生活): 흐르는 물처럼 보내는 생활. 정처 없이 이리저리 물결처럼
떠다니며 보내는 삶.

킴

200

來 올 래

갑골문	금문	전국문자	소전	예서	해서

한 來
음 래
뜻 오다 /
이래, 그 이후로 /
미래, 후세

중 来
음 lái
뜻 오다 / 발생하다 /
(어떤 동작·
행동을) 하다 /
장래의, 미래의

일 来
음 らい rai
뜻 오다 / 다음의 /
그로부터, 그 후

자원
상형
갑골문을 보면 '밀'의 모양을 본뜬 것임을 알 수 있음. 자형의 윗부분은 '밀의 이삭'이고 아랫부분은 '밀의 뿌리'임. 후에 '오다'라는 뜻을 가차하여 사용하였음. 『시경詩經』 주송(周頌)의 사문(思文)이라는 시에 來가 본뜻으로 사용된 용례가 있음. "우리에게 밀과 보리를 내려주시고, 하늘이 백성을 양육하라 하셨네(貽我來牟, 帝命率育)."

용법
한중일 모두 '오다'의 의미로 가장 많이 사용함. 한국어와 일본어에서는 明年(명년, みょうねん)과 來年(내년, らいねん)을 모두 쓰지만, 중국어에서는 明年(míngnián)만 사용함. '사고 팔다'를 한국어에서는 去來(거래)라고 하지만, 일본어에서는 取引(とりひき)라고 하고, 중국어에서는 買賣(mǎimai)라고 함.

용례
未來(미래), 本來(본래), 以來(이래), 將來(장래)

성어
고진감래(苦盡甘來): 고생이 다 끝나고 행복이 찾아옴. 힘겨운 노력 끝에 성과를 거둠을 이르는 말.

冷

찰 랭

갑골문	금문	전국문자	소전	예서	해서
			燼	冷	冷

한 ——

冷

음 랭

뜻 차다, 한랭하다 /
쌀쌀하다, 얼다 /
인정미가 적다,
깔보다

중 ——

冷

음 lěng

뜻 춥다, 차다 /
냉정하다 /
쓸쓸하다 /
인기 없는 /
실망하다

일 ——

冷

음 れい rei

뜻 차다, 식다 /
쌀쌀하다 /
쓸쓸하다

자원
형성

의미 부분인 冫[얼음 빙]과 소리 부분인 令[하여금 령]으로 이루어짐. 『설문』에서는 "차갑다"로 풀이하였음. 冫은 '얼음'을 나타내는 부수이며, 冫을 편방으로 삼은 글자들, 예를 들어 冬[겨울 동], 冰[얼음 빙] 등은 모두 '얼음' 혹은 '차다'라는 의미와 관련이 있음.

용법

한중일 모두 '차다', '한랭하다', '차게 하다'의 의미로 사용함. 한국어와 일본어에서는 식품의 냉각 장치를 冷藏庫(냉장고, れいぞうこ)라고 하나 중국어에서는 冰箱 (bīngxiāng)으로 씀. '마음이나 태도가 쌀쌀한 것'을 나타내는 데에도 쓰여 冷淡(냉담, lěngdàn, れいたん)과 같이 표현함. 일본어에서는 冷や(ひや)라 하여 '(데우지 않아) 찬 것'이라는 의미로도 쓰임.

용례

冷却(냉각), 冷戰(냉전), 冷酷(냉혹)

성어

잔배냉적(殘杯冷炙): 마시다 남은 술과 식은 고기라는 뜻으로, 변변치 않은 음식을 이르는 표현.

兩 두 량

갑골문	금문	전국문자	소전	예서	해서

한
兩
음 량
뜻 두, 둘 / 냥, 무게를
재는 단위 /
냥, 화폐의 단위

중
两
음 liǎng
뜻 둘 / 두어, 몇몇 /
두 가지의, 별개의

일
両
음 りょう ryou
뜻 둘 / 무게를 재는
단위 / 냥, 화폐의
단위

자원
상형

兩[두 량]과 兩[두 량]은 본래 같은 글자임. 兩[두 량]의 금문에는 𝌆, 𝌆 등의
자형이 보이는데 우생오(于省吾)˙는 이를 車[수레 거]의 갑골문[𝌆]에서 수레의
끌채 앞부분에 매달린 두 개의 멍에를 본뜬 것으로 보았음. 여기서 뜻이 확장되어
나란히 놓인 둘, 즉 '두 개'의 의미를 지니게 되었음. 兩의 금문에서 상단에 첨가된
가로획[一]은 별다른 뜻을 가지고 있지 않음. 『설문』에서는 이를 무게 단위의
일종으로 보아 '24銖(수)를 한 량(一兩)'이라고 하였음. 그러나 수량의 개념은 후대에
생겨난 것으로 여기서 '냥'과 같은 무게 혹은 화폐 단위의 개념이 생겨남.

용법

한중일 모두 '둘', '두 개'의 의미로 가장 많이 사용함. 또한 '양쪽', '양옆'에서처럼
'짝', '쌍'의 의미로도 사용. 중국어에서 兩(liǎng)과 二(èr)는 모두 '둘'을 뜻하나
용법상의 차이가 있음. 일반적으로 수량을 세는 단위 앞에서는 兩本書(liǎngběnshū,
책 두 권)와 같이 兩을 쓰며, 숫자를 셀 때는 一二三(yìèrsān, 하나둘셋)과 같이 二를
사용함. 한편 한중일 모두 강이나 하천의 양쪽 기슭을 兩岸(양안, りょうがん)이라고
하지만, 중국어에서 兩岸(liǎngàn)은 중국과 대만을 지칭하기도 함.

용례

兩家(양가), 兩面(양면), 兩性(양성)

성어

양자택일(兩者擇一): 둘 중에서 하나를 고름이라는 뜻.

˙ 1896~1984, 중국의 고문학자이며, 중국고문학회 명예이사 등을 역임했음.

오

凉

서늘할 량

갑골문	금문	전국문자	소전	예서	해서
			𣲷	凉	凉

한
凉
음 량
뜻 서늘하다
외롭다, 쓸쓸하다 /
(바람을) 쐬다

중
凉
음 liáng, liàng
뜻 [liáng] 서늘하다 /
쓸쓸하다 /
그늘, 선선한 바람
[liàng] 식히다

일
凉
음 りょう ryou
뜻 서늘함,
시원한 바람 /
쓸쓸하다, 적막하다 /
얇다, 적다

자원
형성

의미 부분인 水[물 수]와 소리 부분인 京[서울 경]으로 이루어짐.『설문』에서는 "얇다"의 의미로 풀이하였음. 소전에서 水로 쓴 편방이 후에 예서에서 冫[얼음 빙]으로 변하였으며, 이에 따라 글자의 의미도 편방의 의미를 취하여 '서늘하다'라는 것으로 변하게 된 것으로 보임.

용법

한중일 모두 '서늘하다', '외롭다'의 의미로 사용함. 중국어에서는 liáng으로 읽으면 '차갑다', '서늘하다'의 형용사로 쓰이며, 비유적으로 '낙담하다', '실망하다'의 의미로도 사용함. liàng으로 읽으면 '식히다'의 뜻을 나타내는 동사로 활용됨. 일반적으로 한국어에서는 시원한 물을 冷水(냉수, れいすい)라고 하지만, 중국어에서는 冷水(lěngshuǐ)와 함께 凉水(liángshuǐ)라고도 함. 중국어에서 凉水는 '냉수'라는 의미와 함께 '생수', 즉 끓인 물과 상반되는 의미로도 쓰임.

용례

溫凉(온량), 淒凉(처량), 寒凉(한량)

성어

염량세태(炎凉世態): 뜨겁다가 식는 세상의 모습이라는 뜻. 있는 사람에게는 잘하고, 없는 사람에게는 푸대접하는 세상인심을 일컫는 표현.

윤

量

수량 량

갑골문	금문	전국문자	소전	예서	해서

한

量 음 량

뜻 헤아리다, 계량하다 /
양, 분량 /
되·말 따위 분량을
재는 용기

중

量 음 liáng, liàng

뜻 [liáng] 재다,
측정하다 / 추측하다
[liàng] 수량, 한도

일

量 음 りょう ryou

뜻 되·말 따위 분량을
재는 용기 /
계량하다 / 헤아리다
마음, 능력의 크기

자원
상형

곡식의 양을 재는 그릇인 '되'와 곡식을 담을 수 있는 '포대 자루'를 통해 '헤아리다'의
뜻을 나타낸 글자임. 糧[양식 량]의 편방으로 쓰였다는 점을 통해서도 이 글자가
곡식과 관련이 있음을 살펴볼 수 있음. '헤아리다'의 뜻을 가진 글자로 料[헤아릴
료]가 더 있는데, 이 글자 역시 곡식인 米[쌀 미]로 구성되어 있음. 이것으로 볼 때
고대인들에게 헤아림의 대상으로서 곡식이 매우 중요한 것이었음을 알 수 있음.

용법

한중일 모두 헤아릴 수 있는 '분량', '수량', '무게'의 의미로 사용함. 한국어와 일본어에서
쓰는 假量(가량, くらい)는 중국어에서는 左右(zuǒyòu)로 나타냄. 또 중국어에서는
'가능한 한'의 의미로 盡量(jǐnliàng)이라고 씀. 일본어에서는 '못생기다'의 의미로
不器量(ぶきりょう)라고 씀.

용례

大量(대량), 力量(역량), 重量(중량)

성어

거재두량(車載斗量): 수레에 실을 만큼, 말로 잴 만큼의 많은 양. 흔해서 그다지
귀하지 않은 물건이나 일 등을 뜻하는 말.

박

205

良

어질 량

갑골문	금문	전국문자	소전	예서	해서

한

良
음 량
뜻 어질다 / 좋다 /
남편

중

良
음 liáng
뜻 좋다, 훌륭하다 /
매우 / 선량한 사람

일

良
음 りょう ryou
뜻 아주 좋다 /
약간, 상당히 /
참으로, 진실로

자원
상형
금문부터 보이기 시작하나, 정확하게 무엇을 본뜬 것인가에 대한 정설은 아직까지 없음. 일부 학자는 반지하식 혈거 주택의 형상을 본뜬 것이라고 하고, 일부 학자는 하천 위의 교량을 본뜬 것이라도 함. 자형을 근거로 볼 때 사람이 거주하는 것과 관련이 있어 보이며, 이후 전국문자부터 자형이 오늘날의 良과 유사해졌음. 『설문』에서는 "좋다"라는 뜻으로 풀이하였는데, 아마도 가차된 것으로 보임.

용법
한중일 모두 '어질다', '좋다', '훌륭하다'의 의미로 사용함. 일본어에서는 よい로 읽으면 '어질다'라는 뜻이 되며, やや라고 읽으면 '약간', '얼마쯤', '좀'이라는 의미의 부사로 쓰임. 중국어에서 문어로 쓰일 때는 '매우', '아주'라는 부사로 쓰이며, 일반적인 경우에는 '좋다', '훌륭하다', '우수하다'의 의미로 쓰임.

용례
良識(양식), 良心(양심), 改良(개량)

성어
양금택목(良禽擇木): 좋은 새는 나무를 가려 둥지를 튼다는 뜻으로, 지혜로운 사람은 자신을 알아주는 이를 찾아가서 재능을 발휘함을 이르는 말.

윤

旅

나그네 려

갑골문	금문	전국문자	소전	예서	해서
㫃	㫃	旅	㫃	旅	旅

한
旅 음 려
뜻 나그네 / 군대 /
여행하다

중
旅 음 lǚ
뜻 여행하다 / 함께 /
여행자

일
旅 음 りょ ryo
뜻 여행하다 / 나그네 /
군대

자원
회의
깃발을 나타내는 㫃[나부낄 언]과 두 명의 사람을 나타내는 从[좇을 종]으로 이루어짐. 옛날에 전쟁과 같은 중대사가 있을 때 깃발을 중심으로 사람들이 모였으므로 이후 깃발은 종족을 상징하게 되었음. 이 두 명의 사람은 사람이 '많다'는 것을 표현한 것임. 이 글자의 본래 뜻은 '군대'임. 『주례周禮』에서 '5명을 伍(오), 25명을 兩(양), 100명을 卒(졸), 500명을 旅(여), 2,500명을 師(사)'라 하고 있음. 오늘날 군대의 '사단'과 '여단'의 편제도 이런 것에 근거한 것임. 또 군대는 늘 전장으로 출정하기 때문에 '여행하다'라는 뜻으로 확장되었음.

용법
한중일 모두 '나그네', '여행하다'의 의미로 사용함. '일정한 돈을 지불하고 손님이 묵는 집'의 뜻인 旅館(여관, lǚguǎn, りょかん)의 경우 기본적인 의미는 같지만 세부적인 어감은 삼국이 각기 다름. 한국어에서는 '호텔', '여인숙' 등과 더불어 등급적 구분이 보이고, 일본어에서는 '전통적'이라는 내용을 담고 있음. 중국어에서는 숙박할 수 있는 시설의 총칭으로 쓰임.

용례
旅館(여관), 旅費(여비), 旅行(여행)

성어
역려과객(逆旅過客): 길 가는 손님이라는 뜻으로, 여행길을 지나는 길손을 인생에 비유한 말.

力

힘 력

갑골문	금문	전국문자	소전	예서	해서

한 力 음 력
뜻 힘, 힘쓰다 /
힘쓰다, 애쓰다

중 力 음 lì
뜻 힘, 체력 /
기능, 작용, 능력

일 力 음 りき riki,
りょく ryoku
뜻 힘 / 힘쓰다, 애쓰다

자원
상형
갑골문은 쟁기의 모양을 본뜬 것임. 『설문』의 "사람의 근육"을 본뜬 것이라는 풀이는
잘못되었음. 쟁기라는 뜻으로 쓰이는 耒[가래 뢰]는 力을 손[又]으로 잡고 있는
모습임. 力이 들어간 글자들을 보면 대부분 쟁기의 모습임. 쟁기로 김을 매려면 많은
힘을 써야 하므로 '힘', '노력'의 뜻을 가지는 것임.

용법
한중일 모두 '힘'과 '노력'의 의미로 사용함. 대다수의 어휘가 이음절화한 현대
중국어에서는 '힘', '기운'을 나타낼 때 보통 力氣(lìqi)를 씀. 또 중국어에서는
'적극적'이라는 뜻으로도 쓰여 力邀(lìyāo)는 '적극적으로 초청하다'의 의미를,
力推(lìtuī)는 '적극 추천하다'의 의미를 나타냄. 일본어에서 力一杯(ちからいっぱい)는
'힘껏'이라는 뜻을 나타내고, 力業(ちからわざ)는 '육체노동'을 가리킴. 한편
중국어에서는 '하층 노동자'를 苦力(kǔli)라고 하는데, 영어에서도 이를 받아들여
발음이 유사한 coolie라고 씀.

용례 力量(역량), 實力(실력), 體力(체력)

성어 역발산기개세(力拔山氣蓋世): 힘으로는 산을 뽑고, 기세는 세상을 덮음. 대단한 힘과
기세를 갖춘 인물 또는 그런 모습을 비유적으로 이르는 말.

208

連 이을 련

갑골문	금문	전국문자	소전	예서	해서
		連	連	連	連

한
連
음 련
뜻 잇닿다, 이어지다 /
연속하다 /
관련되다

중
连
음 lián
뜻 잇다, 붙이다 /
계속하여 /
~조차도

일
連
음 れん ren
뜻 이어지다 /
계속해서 /
관련되다

자원
회의
두 개의 의미 부분인 辵[쉬엄쉬엄 갈 착]과 車[수레 거]로 이루어짐. 단옥재(段玉裁)는
"수레를 떠미는 것"이라고 풀이하여 輦[손수레 련]과 같은 글자로 보았음. 사람이
수레[車]를 길에서 밀고 간다[辵]는 뜻이 합쳐진 것으로 이때 수레와 이것을
끄는 사람은 서로 연결되어 있음. 여기서 의미가 확장되어 '이어지다', '계속되다',
'관련되다'라는 의미가 생겨남.

용법
한중일 모두 '이어지다'의 의미로 사용함. 한국어에서는 '연거푸', '연달아'와 같이
'반복하여 계속'의 뜻을 더하는 접두사로 사용함. 중국어에서는 也(yě), 都(dōu)
등과 호응하여 '~조차도', '~마저도'라는 의미를 나타냄. 한편 '일률적으로 연속되어
있는 번호'를 한국어와 일본어에서는 一連番號(일련번호, いちれんばんごう)라고
하는데, 중국어에서는 流水號(liúshuǐhào)라고 함. 또한 일본어에서는 連合(연합)이나
連邦(연방) 등의 준말로도 사용하는데, 가령 국제연합인 유엔(UN)을 國連(こくれん)
이라고 함.

용례
連結(연결), 連續(연속), 連休(연휴)

성어
합종연횡(合從連衡): 세로로 합치고 가로로 뭉친다는 뜻으로, 중국 전국시대의 합종설과
연횡설을 일컬음. 작은 나라가 큰 나라를 상대하기 위해 이리저리 연합함을 이름.

練 익힐 련

갑골문	금문	전국문자	소전	예서	해서
		糤	綵	練	練

한
練
음 련
뜻 익히다, 연습하다 /
겪다 / 경험이 많다

중
练
음 liàn
뜻 연습하다 /
경험이 많다 /
견, 명주 /
생사를 삶아
부드럽고 희게 하다

일
練
음 れん ren
뜻 연습하다,
훈련하다 /
보다 좋은 것으로
만들다 / 반죽하다 /
고르다

자원
형성

의미 부분인 糸[가는 실 멱]과 소리 부분인 柬[가릴 간]으로 이루어짐. 『설문』에서는 "(비단의 원료인) 생사(生絲)를 삶아 부드럽고 희게 하는 것"이라고 풀이하였음. 여기에서 '명주', '익히다' 등의 뜻이 나왔으며, 이와 같은 작업은 숙련이 필요하므로 '연습하다'라는 의미로 확장되어 사용함.

용법

한중일 모두 '익히다', '연습하다'의 의미로 사용함. 한국어에서는 '가르쳐서 훈련시키는 것'을 敎鍊(교련)이라고 하지만, 일본어에서는 敎練(きょうれん)이라고 씀. 한편 중국어의 敎練(jiàoliàn)은 이외에 '감독', '코치'의 의미도 가지고 있음.

용례

練習(연습), 熟練(숙련), 訓練(훈련)

성어

비숙련공(非熟練工): 훈련을 제대로 거치지 않은 노동자.

列 벌일 렬

갑골문	금문	전국문자	소전	예서	해서
		𠛱	𦛙	列	列

한

列 음 렬
뜻 벌이다, 늘어놓다 /
줄짓다 / 차례, 등급 /
열, 행렬

중

列 음 lie
뜻 벌이다, 늘어놓다 /
끼워 넣다 / 열, 줄 /
여럿의, 각각의

일

列 음 れつ retsu
뜻 순서대로 늘어놓다 /
열, 행렬 /
순서, 등급

자원
형성

의미 부분인 刀[칼 도]와 소리 부분인 歹[부서진 뼈 알]로 이루어짐. 본래 列의 소리
부분은 歹이 아니고 𣢆[갈라져 흐를 렬]이었음. 『설문』에서는 그 뜻을 "나누다"라고
풀이하였음. 후에 '나누어 늘어서다'에서 '행렬', '줄을 서다'라는 의미로 확대되었음.

용법

한중일 모두 '늘어놓다', '죽 벌여 늘어선 줄'의 의미로 사용함. 일본어에서는 '(어떤
부류)에 끼다'라는 뜻의 동사로도 쓰여 世界の強国に列する(せかいのきょうこく
にれっする, 세계 강국에 끼다)와 같이 표현함. 중국어에서는 '집어넣다'의 의미로도
쓰여 列入預算(lièrùyùsuàn, 예산에 집어넣다)과 같이 표현함.

용례

列擧(열거), 列車(열차), 羅列(나열)

성어

순국열사(殉國烈士): 나라를 위해 목숨을 바친 훌륭한 사람.

烈

세찰 **렬**

갑골문	금문	전국문자	소전	예서	해서
			𤇃	烈	烈

한

烈 음 렬

뜻 세차다 / 강하다 / 공덕 / 아름답다

중

烈 음 liè

뜻 세차다 / 강직하다 / 공적 / 정의를 위해 목숨을 바친 사람

일

烈 음 れつ retu

뜻 불기운이 세다 / 세차다, 거세다 / 지조를 지켜 어려움을 이겨내다

자원
형성

의미 부분인 火[불 화]와 소리 부분인 列[벌일 렬]로 이루어져 화력(火力)이 강함을 의미함. 후에 '불태우다', '사납다', '거세다' 등의 의미로 확대 사용. 소전에 처음 등장하고 있어 글자의 기원과 변천 과정에 대해 상세하게 설명하기에는 어려움이 있음. 혹자는 전국시대 출토 문헌에 보이는 𤇂, 𤏡 같은 글자들이 烈의 초기 형태라고 주장하기도 함.

용법

한중일 모두 '세차다', '거세다'의 의미로 많이 사용함. 한국어와 중국어에서 烈日(열일, lièrì)은 글자 그대로 '뜨겁게 내리쬐는 태양 또는 날씨'를 뜻하지만 일본어에서는 烈日の氣迫(れつじつのきはく, 매서운 기백)처럼 '세찬 기세'를 비유하기도 함.

용례

烈士(열사), 激烈(격렬), 猛烈(맹렬)

성어

주유열국(周遊列國): 여러 나라를 떠돎. 고국을 떠나 세계의 다른 나라를 이곳저곳 떠도는 일을 이르는 말.

領 거느릴 령

갑골문	금문	전국문자	소전	예서	해서
		領	領	領	領

한
領
음 령
뜻 거느리다 / 받다 /
목, 중요한 부분 /
옷깃

중
領
음 lǐng
뜻 목 / (~儿) 옷깃

일
領
음 りょう ryou,
れい rei
뜻 목, 중요한 부분 /
옷깃 / 손에 넣다

자원
형성

의미 부분인 頁[머리 혈]과 소리 부분인 令[하여금 령]으로 이루어짐. 원래는 저고리나 두루마기에서 머리[頁]와 맞닿는 목에 둘러대어 앞에서 여밀 수 있도록 한 부분, 즉 '옷깃'을 의미했음. 저고리나 두루마기의 목에 둘러대어 앞에서 여밀 수 있도록 된 부분을 말하는 '옷깃'은 '옷깃을 바로잡다'나 '옷깃을 세우다'에서처럼 옷의 매무새를 바로잡는 핵심 부분이자 옷 전체의 중심이 됨. 이 때문에 領에 명령[令]을 내릴 수 있는 '지도자', '통솔하다', '이끌다'라는 의미가 더해졌음.

용법

한중일 모두 '목'을 지칭하고, '목'이 몸을 지탱하는 중요한 부위라는 점에서 '중요한 부분'이라는 의미로 사용함. 중국어에서는 率領(shuàilǐng, 이끌다)에서처럼 '거느리다'나 '이끌다'라는 뜻이 있고, 領敎(lǐngjiào, 가르침을 받다)에서와 같이 '받아들이다'의 뜻으로도 쓰임. 또 일본어에서는 투구나 의복 등을 헤아리는 단위로도 쓰이며, 領土(영토)를 領分(りょうぶん)이라고 씀. 한국어와 일본어에서만 사용하는 領收證(영수증, りょうしゅうしょう)은 중국어에서 收據(shōujù)라고 함. 領海(영해)나 領土(영토) 등은 모두 일본에서 만들어진 한자어로 알려져 있음.

용례

領袖(영수), 領收證(영수증), 領土(영토)

성어

요령부득(要領不得): 사물의 핵심을 잘 잡지 못함. 중요한 내용을 제대로 파악하지 못하는 사람이나 그런 행동.

令 하여금 령

갑골문	금문	전국문자	소전	예서	해서
倉	食	令	令	令	令

한
令
음 령
뜻 명령, 법령, 규정 /
하여금 / 가령 /
좋다, 아름답다

중
令
음 lìng
뜻 명령, 명령하다 /
~하게 하다 /
좋다, 아름답다

일
令
음 りょう ryou,
れい rei
뜻 명령, 법령, 규정 /
명령하다 / 장관 /
좋다

자원
회의
갑골문을 보면 커다란 입[△] 아래에서 명령을 받으려고 무릎 꿇고 앉아 있는 사람 [ ]의 모양을 본뜬 것임을 알 수 있음. 『설문』에서는 "명령을 내리다"라고 풀이하였음.

용법
한중일 모두 '명령'의 의미로 가장 많이 사용함. 한국어와 일본어에서는 주로 명사로 사용되지만, 중국어에서는 '~하게 하다'라는 뜻의 동사로 令人深思(lìngrénshēnsī, 사람을 깊이 생각하게 하다)'와 같이 사용함. 여러 사람이 일정한 동작을 일제히 취하도록 하기 위해 지휘자가 말로 내리는 간단한 명령을 뜻하는 '구령'은 한국어와 중국어에서는 口令(구령, kǒulìng)이라고 하지만, 일본어에서는 号令(ごうれい)라고 함. '이를테면'을 뜻하는 假令(가령)은 한국어에서만 사용함. 한국어와 일본어에서는 '남의 아내에 대한 높임말'이나 '퍼스트 레이디'를 令夫人(영부인, れいふじん)이라 하는데, 중국어에서는 '퍼스트 레이디'를 第一夫人(dìyī fūrén)이라 표현함.

용례
命令(명령), 法令(법령), 指令(지령)

성어
지상명령(至上命令): 가장 높은 명령. 최고의 지시를 일컫는 말.

강

181

例 본보기 례

갑골문	금문	전국문자	소전	예서	해서
			倜	例	例

한 例 음 례
뜻 법식 / 본보기

중 例 음 lì
뜻 본보기 /
관례, 전례 /
규칙에 따라 행하다

일 例 음 れい rei
뜻 같은 무리 /
습관, 관례 /
예, 본보기

자원
형성
의미 부분인 人[사람 인]과 소리 부분인 列[벌일 렬]로 이루어짐. 『설문』에서는 본래 의미를 "비교하다"라고 풀이했음. 소리 부분인 列은 '나누다[分解]'라는 뜻임. 列은 본래 歺[부서진 뼈 알]로 구성된 것이 아니라, 소리 부분이 㐱[갈라져 흐를 렬]이었음. '비교'하려면 나열된 여럿 가운데 기준이 되는 '보기'가 있게 마련이므로 例가 '보기'나 '예'라는 뜻으로 확장되고, 이전부터 내려오는 사례(事例), 즉 '보기'가 모여 '법식(法式)'을 이루게 되니 '법식'이라는 뜻으로도 확장된 것으로 보임.

용법
한중일 모두 '본보기'나 '사례'의 의미로 많이 사용함. '설명을 위한 본보기나 용례가 되는 문장'을 한국어와 일본어에서는 例文(예문, れいぶん)이라고 하지만 중국어에서는 例句(lìjù)라고 함. '보통의 해'를 한국어와 일본어에서는 例年(예년, れいねん)이라고 하지만, '보통 있는 일'을 뜻하는 例事(예사)는 한국어에만 있음. 한국어와 일본어에서는 '例(예)의'와 '例(れい)の'의 형태로 '이미 잘 알고 있는 바로 그'라는 뜻으로도 사용함.

용례
例外(예외), 慣例(관례), 凡例(범례), 事例(사례), 實例(실례), 前例(전례)

성어
사무전례(史無前例): 과거 역사에서 벌어지지 않은 일. 역사적으로도 전례가 없던 일을 가리키는 표현.

강

215

禮

예도 례

갑골문	금문	전국문자	소전	예서	해서
		禮	禮	禮	禮

한
禮
음 례
뜻 예의, 예절 /
예식, 의식 /
예물

중
礼
음 lǐ
뜻 예, 예의 /
예식, 의식 /
선물, 예물 /
예로써 대하다

일
礼
음 らい rai, れい rei
뜻 예, 예의 /
감사, 사례, 답례 /
의식

자원
형성

의미 부분인 示[보일 시]와 소리 겸 의미 부분인 豊[예도 례]로 이루어짐. 豊는 악기를 의미하는 豆[콩 두]와 두 묶음의 옥을 뜻하는 珏[쌍옥 고]로 이루어짐. 상고시대에 예를 행할 때는 반드시 정중한 음악을 연주했으며 옥과 같이 귀한 물건으로 장식한 북을 사용했음. 따라서 화려한 옥장식의 북은 예를 행함에 있어서 없어서는 안 되는 중요한 예기(禮器)로서 豊는 바로 이러한 악기의 모양을 본뜬 것임. 이와 다른 견해로는, 豊를 그릇[豆]에 옥이 가득히[豐, 풍년 풍] 담겨 있는 것을 본뜬 글자로 보았음. 이에 귀한 물건을 담아서 신에게 바치는 기물(器物)이 본래의 의미이나, 여기서 뜻이 확대되어 신에게 행하는 일체의 행위를 일컬어 禮(례)라 여겼음.

용법
한중일 모두 '예로써 나타나는 말투나 몸가짐'의 의미로 사용함. 한국어에서는 남에게 선사하는 물건을 일반적으로 膳物(선물)이라고 하지만, 중국어에서는 禮物(lǐwù)라고 함. 반면 한국어의 禮物(예물)은 '혼인할 때 신랑과 신부가 기념으로 주고받는 물품'의 뜻으로 사용함. 또한 한국어와 일본어에서 한 주의 마지막 날을 뜻하는 日曜日(일요일, にちようび)를 중국어에서는 禮拜天(lǐbàitiān)이라고도 함.

용례
禮儀(예의), 禮節(예절), 婚禮(혼례)

성어
예의범절(禮儀凡節): 예의와 절차. 모든 예절을 이르는 말.

路 길 로

갑골문	금문	전국문자	소전	예서	해서
	路	路	踏	路	路

한 路 음 로 / 뜻 길, 도로

중 路 음 lù / 뜻 길, 도로 / (~儿) 방법, 수단

일 路 음 ろ ro / 뜻 길, 도로 / 거치는 길

자원
형성
의미 부분인 足[발 족]과 소리 부분인 各[각기 각]으로 이루어짐. 足은 다리를 그린 것으로 路에서는 다리로 걸어가는 '길'을 나타냄. 路의 지금 발음과 소리 부분 各의 발음이 많이 다르지만, 옛날의 음은 같거나 매우 비슷했음. 이 글자의 뜻이 후에 더 추상화되어 노정(路程)이나 노선(路線)으로 쓰이기도 함.

용법
한중일 모두 '길'이라는 의미로 주로 사용함. 한국어와 일본어에서 順路(순로, じゅんろ) 는 '사물의 마땅한 순서'를 나타내는데, 일본어에서는 이외에 '코스', '평탄한 길' 등의 뜻도 있음. 중국어에서는 順路(shùnlù)를 '~ 길에', '편하다'의 의미로 사용함. 이 밖에 중국어에서는 路子(lùzi)를 추상화된 뜻의 '연줄', '방법'을 나타내는 데 사용함. 또한 버스의 노선 번호를 '○○路'로 표시함. 일본어에서는 '갓길'을 路肩(ろかた)라 하는데 이는 영어 발음(road shoulder)를 따른 것이며, 한국어에서는 路肩(노견)을 사용했으나 이제는 순우리말을 씀.

용례
路毒(노독), 街路(가로), 道路(도로)

성어
탄탄대로(坦坦大路): 평평하게 잘 깔린 큰길. 앞으로 어려움 없이 크게 뻗어나갈 수 있는 상황을 가리키는 말.

ㄹ

류

老

늘을 로

갑골문	금문	전국문자	소전	예서	해서
				老	老

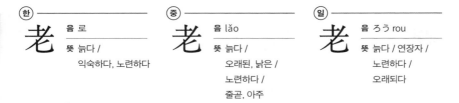

한 ———
老 음 로
뜻 늙다 /
   익숙하다, 노련하다

중 ———
老 음 lǎo
뜻 늙다 /
   오래된, 낡은 /
   노련하다 /
   줄곧, 아주

일 ———
老 음 ろう rou
뜻 늙다 / 연장자 /
   노련하다 /
   오래되다

자원
상형
갑골문은 노인이 지팡이를 짚고 있는 것을 그린 것이고, 금문에서는 지팡이 부분의 형상이 조금 변하였음.

용법
한중일 모두 '늙다', '노련하다'라는 의미로 사용함. 또한 '익숙하다'의 의미로도 쓰여 '어떤 일에 능숙한 것'을 老鍊(노련, lǎoliàn, ろうれん)이라고 함. 중국어에서는 자신보다 나이가 많거나 지위가 높은 사람을 부를 때 성 앞에 붙이는 접두사로 사용되기도 함. 또한 老板(lǎobǎn)이라고 하여 상점의 주인을 칭할 때도 사용함. 老婆(노파, ろうば, lǎopo)는 한국어와 일본어에서는 '늙은 여자'라는 뜻이지만 중국어에서는 단순히 '아내'라는 뜻으로 사용함. 일본어에서 家老(かろう)는 에도 시대 무관집의 가신 중 우두머리를 이르는 말임.

용례
老人(노인), 不老草(불로초), 元老(원로)

성어
생로병사(生老病死): 태어나고 늙고 병들고 죽음. 불교에서 사람의 일생을 이르는 말.

勞 수고로울 로

갑골문	금문	전국문자	소전	예서	해서
		熒	勞	勞	勞

한 勞
음 로
뜻 일하다, 힘들이다 /
지치다 / 위로하다 /
공로

중 劳
음 láo
뜻 피로하다 /
일하다 /
공훈, 공로 /
위로하다

일 労
음 ろう rou
뜻 힘써 일하다 /
지치다 /
위로하다 /
괴롭히다

자원
회의
力[힘 력]과 熒[등불 형]의 생략형으로 이루어짐. 熒은 불을 밝히는 모습으로 '밝다'라는 뜻이 있음. 원래 의미는 '불을 밝혀가며 일하다'임. 여기에서 후에 '노동(勞動)'의 뜻이 나왔음. 일설에는 집[宀]에 난 큰 불[火]을 힘[力]을 다해 끄는 모습을 그려서 '힘들게 일하다'라는 뜻을 표현했다고 함.

용법
한중일 모두 '일하다'의 의미로 사용함. 한국어와 중국어에서는 '애쓰다', '고되다'를 의미하는 단어로 勞苦(노고, láokǔ)를 쓰지만, 일본어에서는 苦勞(くろう)를 씀. 특히 한국어에는 비슷한 의미의 苦生(고생)이라는 단어가 있는데, 중국어와 일본어에는 없는 표현임.

용례
勞苦(노고), 勞動(노동), 功勞(공로)

성어
노심초사(勞心焦思): 마음을 졸이면서 걱정함. 어려운 일을 닥친 사람들의 마음과 생각.

露 이슬 로

갑골문	금문	전국문자	소전	예서	해서
		露	露	露	露

한

露 음 로
뜻 이슬 / 드러나다,
드러내다

중

露 음 lù, lòu
뜻 [lù] 이슬 / (꽃잎,
약재 따위로 만든)
음료나 화장품 /
노숙하다
[lòu] 나타나다

일

露 음 ろ ro, ろう roku
뜻 이슬, 물방울 /
지붕 없는 곳 /
드러나다, 드러내다

자원
형성
의미 부분인 雨[비 우]와 소리 부분인 路[길 로]로 이루어짐.『설문』에서는 "윤택하다"
라고 풀이하였음. 露는 하늘에서 내리는 비[雨]와 같은 자연 현상인 이슬[露]을
지칭하는 것으로, 왕균(王筠)*은 "이슬은 천지의 '만물을 윤택하게 하는 것'이다"라고
부연 설명하였음. 이러한 본뜻에서 확대되어 '드러나다', '나타나다' 등의 의미를 갖게
되었음.

용법
한중일 모두 '이슬'이라는 기본적인 뜻 외에 '드러나다'라는 의미로도 사용함.
일본어에서는 건축물의 '발코니'를 露臺(ろだい)라고 하지만, 중국어에서는 露臺
(lùtái) 혹은 陽臺(yángtái)라고 함. 한국어에서는 '비밀이 남에게 은밀히 알려지다'
라는 뜻으로 漏泄(누설)을 쓰지만 중국어에서는 泄漏(xièlòu)또는 泄露(xièlù)라고
표현함.

용례
露宿(노숙), 露天(노천), 露出(노출)

성어
마각노출(馬脚露出): 말의 다리가 드러남. 숨긴 모습의 정체가 탄로 남을 이르는 말.

---

* 1784~1854, 중국 청대의 언어학자이자 문자학자. 대표 저술에『설문석례說文釋例』등이 있음.

綠 푸를 록

갑골문	금문	전국문자	소전	예서	해서
	綠	綠	綠	綠	綠

한

綠 음 록

뜻 초록빛, 푸르다 /
검고 아름답다 /
초록빛 비단

중

绿 음 lǜ, lù

뜻 초록색, 풀색
푸르다

일

緑 음 りょく ryoku,
ろく roku

뜻 초록색, 녹색 /
검고 곱다

자원
형성

의미 부분인 糸[가는 실 멱]과 소리 부분인 彔[새길 록]으로 이루어짐. 『설문』에서는 "비단의 청황색"으로 풀이하였음. 이에 관해 단옥재(段玉裁)는 주석에서 "녹색이 바로 청황색이다"라고 하였음. 남색과 황색의 염료를 섞으면 녹색이 되므로 고대에는 녹색을 청황색이라고 하였으며, 직물을 염색한다는 의미를 나타내기 위해 糸으로 구성되었음. 이처럼 綠은 본래는 푸른빛의 비단[糸]을 의미했으나, 이후 '초록색'의 통칭으로 사용되었음.

용법

한중일 모두 '초록빛'의 의미로 많이 사용함. 한국어에서는 '녹슬다'와 같이 산화 작용으로 인해 쇠붙이의 표면이 푸르게 변하는 것을 뜻하기도 함. 한편 중국어에서 綠帽子(lǜmàozi, 녹색 모자)는 '바람피우는 여자의 남편'이라는 의미를 가지고 있음. 이것은 과거 천민이나 기생의 가족을 일반인과 구별하기 위해 녹색 두건을 두르게 한 것에서 비롯되었음.

용례

綠色(녹색), 綠地(녹지), 綠茶(녹차)

성어

초록동색(草綠同色): 풀빛과 녹색은 같은 빛깔이라는 뜻. 입장이나 처지가 같은 사람들을 일컫는 말.

오

論 의논 론

갑골문	금문	전국문자	소전	예서	해서
				論	論

한
論 음 론
뜻 논하다, 논의하다 /
논(자기의 의견을
주장하며 서술한 글)

중
论 음 lùn, lún
뜻 [lùn] 논의하다
[lún] 『논어』

일
論 음 ろん ron
뜻 논하다, 논쟁하다 /
의견, 견해

자원
형성
의미 부분인 言[말씀 언]과 소리 겸 의미 부분인 侖[생각할 륜]으로 이루어짐. 侖은 책을 나타내는 册[책 책]과 모둠을 나타내는 亼[삼합 집]으로 이루어진 글자로 '책을 모아놓은 모습'을 나타냄. 책을 모아놓을 때는 일정한 규율에 따라 순서를 맞춰놓아야 찾기 쉬우므로, 따라서 侖은 '조리가 있다'라는 뜻을 가지며, 論은 '말에 조리가 있다', '조리 있게 말하다'라는 뜻을 가짐. 이로부터 다시 '조리 있는 말', '학설' 등의 뜻도 갖게 되었음.

용법
한중일 모두 '논하다'의 의미로 사용함. 한국어와 일본어에서는 '사물의 이치나 법칙성'을 論理(논리, ろんり)로 쓰지만, 중국어에서는 邏輯(luójí)로 씀. 議論(의논)의 경우에 한국어에서는 단순히 '의견을 묻다'라는 의미로 사용하지만, 일본어와 중국어에서는 '토론'이나 '논쟁'의 어감이 강함. 한국어의 '의논'의 의미를 일본어에서는 相談(そうだん)으로 표현하고, 중국어에서는 商量(shāngliang)으로 표현함.

용례
論理(논리), 論文(논문), 討論(토론)

성어
갑론을박(甲論乙駁): 갑이 말하면 을이 반박함. 하나의 사안을 두고 의견이 엇갈려 서로 다툼을 벌이는 일.

料 헤아릴 료

갑골문	금문	전국문자	소전	예서	해서
	籷	糇	料	料	料

한
料 음 료
뜻 헤아리다, 생각하다 /
삯, 값 /
거리, 재료

중
料 음 liào
뜻 (~儿) 재료 /
예상하다 /
처리하다

일
料 음 りょう ryou
뜻 짐작하다 /
거리, 감 /
재료의 준말

자원
회의

두 개의 의미 부분 米[쌀 미]와 斗[말 두]로 이루어짐. '(말로) 쌀의 양을 재다'가 본래 의미임. 후에 모든 물건의 양을 재는 행위로 사용하고 있으며, 더 나아가 '헤아리다', '가늠하다', '세다', '재료' 등의 의미로 확대 사용함.

용법

한중일 모두 '재료'의 의미로 많이 사용함. '값', '비용'의 뜻으로 사용된 無料(무료, むりょう), 料金(요금, りょうきん)은 일본어에서 시작되었으며, 중국어에는 없는 표현임. 또한 料理(요리, りょうり) 역시 일본어에서 시작되었지만 현재는 한국어와 중국어에서도 사용하고 있음. 이외에 중국어에서는 '추측', '예측'이라는 뜻으로도 사용하는데, 意料(yiliào)는 '추측', 不料(búliào)는 '뜻밖에'라는 의미임.

용례 史料(사료), 飮料(음료), 資料(자료)

성어 불출소료(不出所料): 원래의 생각을 벗어나지 않음. 예상했던 대로라는 뜻.

190

留 머무를 류

갑골문	금문	전국문자	소전	예서	해서
	𤳉	𤳊	𤳋	留	留

한
留
음 류
뜻 머무르다
미루다, 지체하다

중
留
음 liú
뜻 보관하다
머무르다, 묵다
주의하다
유학하다

일
留
음 りゅう ryou, る ru
뜻 머무르다, 남기다

자원
형성

의미 부분인 田[밭 전]과 소리 부분인 丣[닭 유]로 이루어짐. 하지만 일설에 의하면, 금문의 위쪽 부분이 丣가 아니고 '두 줄로 흐르는 물줄기와 양 옆의 저수지' 모양을 본뜬 것으로서, 여기에서 '머무르다'라는 뜻이 나왔다고 함. 『설문』에서는 "머무르다"라고 풀이하였음. 丣는 酉[닭 유]의 고문임.

용법

한중일 모두 '머무르다'의 의미로 가장 많이 사용함. 버스, 전차 따위가 사람을 태우거나 내려주기 위하여 머무르는 일정한 장소를 뜻하는 停留場(정류장, ていりゅうじょう)를 중국어에서는 車站(chēzhàn)이라고 함. 잊거나 소홀히 하지 않도록 마음속에 깊이 간직하여 생각함을 뜻하는 留念(유념)을 중국어와 일본어에서는 留意(liúyì, りゅうい)라고 함. 중국어에서 留念(liúniàn)은 '기념으로 남기다'라는 뜻의 동사로 사용함. 범죄자를 가두어 두는 곳인 留置場(유치장, りゅうちじょう)를 중국어에서는 拘留所(jūliúsuǒ)라 함.

용례

居留(거류), 保留(보류), 留學(유학)

성어

호사유피(虎死留皮): 호랑이는 죽어서 가죽을 남긴다는 뜻.

강

224

流 흐를 류

갑골문	금문	전국문자	소전	예서	해서
	㳊	㵞	㵞	流	流

한
流 음 류
뜻 흐르다 /
방랑하다 /
흐름, 갈래, 분파

중
流 음 liú
뜻 흐르다 / 전하다 /
물결

일
流 음 りゅう ryou, る ru
뜻 흐르다 /
떠돌아다니다 /
귀양 보내다

자원
형성
의미 부분인 水[물 수]와 소리 겸 의미 부분인 㐬[깃발 류]로 이루어짐. 원래 '흐르다'의 의미였고, 물은 정처 없이 흐른다는 점에서 漂流(표류), 流轉(유전)과 같은 의미가 더해졌음. 㐬는 물이 흐르는 모양을 본뜬 글자인데, 후에는 旒[깃발 류]로도 쓰였음.

용법
한중일 모두 '흐르다'의 의미로 많이 사용함. 삼국 모두 '태아가 달이 차기 전에 죽어서 나오는 것'을 流産(유산, liúchǎn, りゅうざん)이라고 하는데, 이때 流는 '빗나가다'의 의미로 쓰인 것임. '빗나가다'의 의미로 쓰인 또 다른 예로 流彈(유탄, liúdàn, ながれだま)가 있음. 한국어와 일본어에서는 '떠돌아다니는 사람'을 流民(유민, りゅうみん) 혹은 流浪民(유랑민, るろうのたみ)라고 하는데, 중국어에서는 盲流(mángliú)를 많이 사용함.

용례
流行(유행), 交流(교류), 氣流(기류)

성어
유방백세(流芳百世): 좋은 향기가 오랜 시간 흘러 다님. 업적을 쌓은 사람의 명성이 후대에 길게 전해짐을 이르는 말.

陸 뭍 륙

갑골문	금문	전국문자	소전	예서	해서
陵	陸	陸	陸	陸	陸

한
陸 음 륙
뜻 뭍, 육지 / 언덕

중
陆 음 lù
뜻 육지, 땅 / 육로

일
陸 음 りく riku,
ろく roku
뜻 뭍

자원
형성

의미 부분인 阜[언덕 부]와 소리 부분인 초[언덕 륙]으로 이루어짐. 집이 겹겹이 만들어진[초] 언덕배기[阜]라는 의미로부터 사람이 기거할 수 있는 '뭍'의 뜻이 나왔고, 다시 大陸(대륙)을 뜻하게 되었음. 소리 부분으로 쓰인 초은 土[흙 토]가 의미부분이고 坴[버섯 록]이 소리부분으로 '언덕'이나 '땅'을 뜻함. 이후 阜가 더해져 陸을 만들었음. 갑골문에 의하면 흙 언덕[阜]과 두 층으로 만들어진 집이 그려졌고, 금문에 들어서는 土를 더해 이것이 흙 언덕에 만들어진 집임을 더욱 구체화했음. 이후 호수나 강에 비교해 이러한 '언덕'은 집을 지을 수 있는 곳이라는 뜻에서 '뭍'의 뜻까지 나왔음.

용법

한중일 모두 '육지'나 '뭍'이라는 의미로 사용함. 중국어에서는 陸續(lùxù)와 같이 '계속해서 이어짐'을 뜻하기도 함. 한국어와 일본어에서 陸橋(육교, りくきょう)는 '도로에 설치된 다리'를 주로 가리키는데 중국어에서 陸橋(lùqiáo)는 '양 대륙을 연결하는 좁고 긴 지역'을 의미함. 중국어에서는 '육교'에 해당하는 단어로 天橋(tiānqiáo)를 사용함.

용례

陸地(육지), 大陸(대륙), 上陸(상륙)

성어

수륙만리(水陸萬里): 물과 땅에 걸쳐 만 리나 떨어진 먼 거리. 서로 아주 멀리 떨어져 있음을 표현하는 말.

六 여섯 륙, 여섯 육

갑골문	금문	전국문자	소전	예서	해서

한

六 음 륙
　 뜻 여섯

중

六 음 liu
　 뜻 육, 여섯

일

六 음 りく riku,
　　 ろく roku
　 뜻 육, 여섯

자원
지사

갑골문에서 ∧과 같이 入[들 입]과 완전히 동일한 것도 발견됨. 따라서 초기에는 入을 빌려 숫자 六을 대신했으나 후에 ∧으로는 入을, 그리고 ∧으로는 숫자 六을 전담하도록 점차 자형이 분화된 것으로 볼 수 있음. 현재도 숫자로 사용되고 있으며 『설문』에서 "주역에서 사용하는 숫자"로 풀이한 것은 글자의 자형에 따른 것이 아님.

용법

한중일 모두 숫자 '여섯'의 의미로 사용함. 중국어에서 六(liù)는 순탄하게 흐르는 물의 이미지를 가지고 있는 流(liú)와 발음이 유사하기 때문에 중국인들이 좋아하는 숫자임. 한편 한국어와 중국어에서 나이 '예순 살'을 나타내는 六旬(육순, liùxún)은 일본어에서도 사용했지만 현재는 잘 쓰지 않음.

용례

六法(육법), 六腑(육부), 六寸(육촌)

성어

사대육신(四大六身): 두 팔, 두 다리, 머리, 몸뚱이. 몸 전체를 가리키는 말.

律

법칙 률

갑골문	금문	전국문자	소전	예서	해서
𣲷		律	𤲃	律	律

한 律 음 률
뜻 법, 법칙 /
정도, 비율 /
음악의 가락, 음률

중 律 음 lǜ
뜻 법, 법률, 법칙 /
음률 / 제약하다,
규제하다

일 律 음 りつ ritu, りち riti
뜻 법률, 법칙 /
음악의 가락

자원
회의

두 개의 의미 부분인 彳[조금 걸을 척]과 聿[붓 율]로 이루어짐. 『설문』에서는 "고르게 펼치다"라고 풀이하였음. 聿이 소리 부분이라는 해석도 있었으나 '손으로 붓을 잡고 무언가를 쓰는 것'을 의미하는 것으로, 당시에 어떤 법률이나 규칙을 문서화하는 것을 나타낸다고 볼 수 있음. 이렇게 문서화한 것을 길거리에 붙여서 널리 펼친다는 의미로 해석한다면, 聿 역시 의미 부분으로 보아야 마땅할 것임.

용법

한중일 모두 '법칙', '법'의 의미로 사용함. 일본어에서는 りつ로 읽으면 '법률', '특허'라는 의미와 함께 '소리의 가락'이라는 의미를 나타냄. 중국어에서는 문어적으로 쓰여 '제약하다', '제한하다', '억제하다'의 동사로도 쓰이며, '법률', '규정'의 명사로도 쓰임. 그래서 한국어에서는 辯護士(변호사, べんごし)라고 하지만 중국어에서는 변호사를 律師(lùshī)라고 함.

용례

法律(법률), 自律(자율), 調律(조율)

성어

이율배반(二律背反): 두 가지 법이 서로 맞지 않음. 두 조항의 법이나 원칙, 규범 등이 서로 충돌해 맞지 않는 경우를 이르는 말.

윤

理

다스릴 리

갑골문	금문	전국문자	소전	예서	해서
			理	理	理

한 理 음 리
뜻 다스리다 /
도리, 이치 /
결, 무늬 / 깨닫다

중 理 음 lǐ
뜻 결, 무늬 /
도리, 이치 /
다스리다, 정리하다 /
상대하다

일 理 음 りri
뜻 다스리다 /
도리, 원리 /
이해하다 /
우주의 본체

자원
형성

의미 부분인 玉[옥 옥]과 소리 부분인 里[마을 리]로 이루어짐.『설문』에서는 "옥을 다스림"이라고 풀이하였음. 옥을 다듬을 때는 그 무늬 결을 따라서 거스르지 않도록 쪼아야 하기 때문에 이로부터 '다스리다', '정리하다', '이치', '결' 등의 뜻이 생겼음. 한편 물리학이나 자연과학 등과 같이 우주만물의 원리와 이치를 깨닫는 이과 계열의 학문을 지칭하는 의미로도 사용됨.

용법

한중일 모두 '다스리다', '도리'의 의미로 사용함. 한국어에서는 '그럴 리(理)가 없다'와 같이 '까닭', '이치'의 뜻을 나타내는 의존명사로도 사용함. 중국어에서 不理(bùlǐ)는 '무시하다'라는 뜻인데, 가령 '서로 (무시하고) 상대하지 않음'을 互相不理(hùxiāngbùlǐ)라고 씀. 한편 일본어에서는 '모양', '결'의 뜻으로도 쓰여 '나뭇결'을 木理(もくり)라고 쓰고, 자기주장을 합리화하려는 억지 이론이나 핑계를 理屈(りくつ)라고 함.

용례 理由(이유), 物理(물리), 眞理(진리)

성어 이소당연(理所當然): 이치로 따질 때 마땅하다는 뜻.

229

里

마을 리, 속 리

갑골문	금문	전국문자	소전	예서	해서
里	里	里	里	里

한 ─────

里 음 리

뜻 마을, 이웃 /
리, 거리를 재는
단위 / 속, 안쪽

중 ─────

里 음 lǐ

뜻 이웃, 인근, 고향 /
리, 거리를 재는
단위 / (~儿) 속, 안

일 ─────

里 음 り ri

뜻 마을, 고향 /
지방 행정 구역의
하나

자원
회의

경작이 가능한 농지를 뜻하는 田[밭 전]과 농작물을 성장시켜주는 흙을 의미하는 土[흙 토]로 이루어짐. 농작물을 경작할 수 있는 농지를 통해 '마을'의 뜻을 나타낸 것임. 里는 갑골문에는 보이지 않고 금문에서부터 보이는데, 마을의 뜻을 나타내는 村[마을 촌] 역시 갑골문에는 보이지 않음. 이를 통해 지금의 '마을'이라는 행정구역 단위가 갑골문을 쓰던 당시에는 없었던 것을 알 수 있음.

용법

한중일 모두 '마을'의 의미로 쓰고, '거리를 재는 단위'로도 사용함. 한국어에서 거리의 단위인 킬로미터(km)를 중국어에서는 公里(gōnglǐ)로 씀. 한국어와 일본어에서 '거리를 나타내는 표'를 의미하는 里程標(이정표, りていひょう)를 중국어에서는 里程碑(lǐchéngbēi)라고도 함. 漁村(어촌, yúcūn, ぎょそん)의 경우 일본어에서는 浦里(うらざと)라고도 함.

용례

里程(이정), 海里(해리), 鄕里(향리)

성어

청운만리(靑雲萬里): 푸르른 구름 만 리라는 뜻으로, 세상에 나아가서 이름과 공을 떨치려는 젊은이의 큰 포부와 뜻을 이르는 말.

박

230

利

이로울 리

갑골문	금문	전국문자	소전	예서	해서
利	利	利	利	利	利

한 —————

利
음 리
뜻 이롭다, 이롭게 하다 /
날카롭다 /
이자, 이익

중 —————

利
음 lì
뜻 이자, 이익 /
편하다. 이롭다 /
날카롭다

일 —————

利
음 り ri
뜻 날카롭다, 영리하다 /
소용되다,
이롭게 하다 /
이자, 이익

자원
회의

의미 부분인 禾[벼 화]와 刀[칼 도]로 이루어짐. 벼를 칼로 자르는 모양을 본뜬 글자임. 금문을 보면 刀의 양옆으로 점이 두 개 있는데, 알곡이 흩어져 있는 모양임. 『설문』에서는 利의 본뜻을 "날카롭다[銛]"라고 하였으나, 단옥재(段玉裁)는 銛[쟁기 섬]을 농기구의 일종인 '가래'라고 했음. 벼를 수확할 때 필수요건은 칼이 날카로워야 함으로 나중에 '날카롭다'라는 뜻을 가지게 되었고, 또 벼를 칼로 잘라 수확하면 이득이 생기므로 '이득'이나 '이롭다'라는 의미도 나타내게 되었음.

용법

한중일 모두 '이롭다'의 의미로 많이 사용함. 한국어와 일본어에서 '이로운 점'을 뜻하는 利點(이점, りてん)을 중국어에서는 好處(hǎochu)라고 함. '남에게 돈을 빌려 쓴 대가로 치르는 일정한 비율의 돈'을 뜻하는 利子(이자, りし)는 한국어와 일본어에서만 사용함. 일본어에서는 利息(りそく)도 함께 사용하며, 중국어에서는 利息(lìxī)만 사용함.

용례

利用(이용), 利率(이율), 利益(이익)

성어

어부지리(漁夫之利): 황새와 조개가 다툴 때 어부가 얻는 이익. 제3자가 우연히, 또는 교묘하게 얻는 이익을 비유적으로 이르는 말.

林 수풀 림

갑골문	금문	전국문자	소전	예서	해서
㚜	㕚	㭊	㭊	林	林

한
林 음 림
뜻 숲, 수풀 /
많다, 빽빽하다

중
林 음 lín
뜻 숲, 수풀 / 집단

일
林 음 りん rin
뜻 숲 / 사물의 집합

자원
회의

'나무'를 나타내는 木[나무 목] 두 개로 이루어짐. 나무[木]가 두 그루 있다는 것은
나무가 많이 있음을 나타냄.『설문』에서는 "평지에 나무가 많이 모여 있는 것"이라고
풀이하였음. 이후 금문과 전국, 소전까지 갑골문의 자형이 유지되었고, 오늘날의
해서에까지 글자의 원형이 남아 있음.

용법

한중일 모두 '수풀', '모임', '집단'의 의미로 많이 사용함. 또한 어떤 명사 뒤에 접미사
처럼 쓰여 '어떤 것이 많이 모여 있는 상태'를 뜻하기도 하는데, 한국어에서는 도시의
'빌딩숲[林]'처럼 활용함. 일본어에서도 빌딩숲을 はビルの林이라고 표현하지만,
중국어에서는 群[무리 군]을 써서 樓群(lóuqún)이라고 표현함.

용례

密林(밀림), 山林(산림), 森林(삼림)

성어

녹림호한(綠林好漢): 우거진 수풀 속의 사내들이라는 뜻으로, 숲에 숨어 범죄를
일삼는 도적을 일컫는 말.

윤

232

설 립

| 갑골문 | 금문 | 전국문자 | 소전 | 예서 | 해서 |

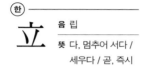

한

立 음 립
뜻 다, 멈추어 서다 /
세우다 / 곧, 즉시

중

立 음 lì
뜻 서다 /
세우다, 설립하다 /
곧, 즉시

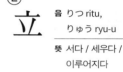

일

立 음 りつ ritu,
りゅう ryu-u
뜻 서다 / 세우다 /
이루어지다

자원
지사

사람이 땅 위에 서 있는 모습을 본뜬 글자임. 갑골문과 금문에서는 '서다', '세우다'의 동사용법과 '위치', '방위', '지위'의 명사용법 두 가지가 구별 없이 사용되었음. '곧', '즉시'라는 의미는 글자와 상관없이 차용된 것임. 전국시대에 들어서면서 人[사람 인]을 추가한 位[자리 위]로 분화해 명사적 용법에 사용하였음. 따라서 立과 位는 한 글자에서 파생된 것임.

용법

한중일 모두 '서다', '세우다'의 의미로 가장 많이 사용함. 立錐(입추, lìzhuī, りっすい)는 '송곳을 세우다'라는 의미인데, 보통 '입추의 여지가 없다'라고 하여 '발 들여놓을 데가 없을 정도로 많은 사람들이 꽉 들어찬 경우'를 비유적으로 이르는 말로 사용하고 있음. 다만 중국어에서는 이런 의미보다는 '매우 좁은 공간'이라는 부정적 의미로 많이 사용함.

용례

國立(국립), 設立(설립), 立場(입장)

성어

입신양명(立身揚名): 몸을 세워 이름을 날림. 출세하여 명예를 드높임을 이르는 말.

馬

말 마

갑골문	금문	전국문자	소전	예서	해서

한 ── 馬 음 마
뜻 말 / 크다

중 ── 马 음 mǎ
뜻 말 / 크다

일 ── 馬 음 ば ba, め me
뜻 말

자원
상형

갑골문을 보면, 말의 큰 눈과 말갈기 그리고 여러 갈래로 나뉜 말의 꼬리를 그린
것임을 쉽게 알 수 있음. 『설문』에서는 "말은 화를 잘 내고, 위용이 있음. 말의 머리,
갈기, 꼬리, 네 발의 모습을 그린 것이다"라고 하였음. 실제 '말'의 형상을 그대로 그려
글자로 삼은 갑골문과 금문 이후 전국문자부터 필획이 점점 직선화되면서 원래의
자형이 변모되었고, 소전을 거쳐 예서에 와서는 필획이 완전히 직선화되면서 본래
'말'의 형상은 조금씩 사라지게 되었음. '말'의 덩치가 크기 때문에 이후에 '크다'라는
의미도 더해진 것으로 보임.

용법

한중일 모두 '말'의 의미로 사용함. 일본어에서는 うま로 읽어 아래쪽이 벌어진
네 발 달린 발판을 칭함. 한국어에서는 '말을 타는 것'을 乘馬(승마)라고 하나,
중국어에서는 騎馬(qímǎ)라고 하며, 이의 영향으로 자전거를 타는 것도 騎自行車
(qízixíngchē)라고 함. 삼국 모두 '마각이 드러나다'에 '본심', '속셈'을 뜻하는 馬脚
(마각, mǎjiǎo, ばきゃく)를 활용함.

용례

車馬(거마), 愛馬(애마), 出馬(출마)

성어

마이동풍(馬耳東風): 말 귀를 스치는 동쪽 바람. 귀담아 듣지 않는 말 또는 그런
사람을 비유하는 말.

윤

晚 늦을 만

갑골문	금문	전국문자	소전	예서	해서
			晚	晚	晚

한
晚 음 만
뜻 늦다 / 저물다 /
저녁

중
晚 음 wǎn
뜻 저녁, 밤 / 늦은 /
늦다

일
晚 음 ばん ban
뜻 저녁, 밤 /
시기가 늦다

자원
형성
의미 부분인 日[날 일]과 소리 부분인 免[면할 면]으로 이루어짐. 해[日]가 없어지는[免] 형상에서 '해가 지는 늦은 시간대'라는 의미가 나왔음. 또한 이로부터 '늦다', '후임', '만년' 등의 의미도 더해졌음. 소리 부분인 免은 금문에서 宀[집 면]이 의미부이고 人[사람 인]이 소리 부분으로 투구[宀]를 쓴 사람[人]의 모습을 그렸는데, 이후 자형이 변해 지금처럼 되었음. 투구는 전장에서 위험을 피하게 해주는 도구이기에 '모면하다', '벗어나다'라는 뜻이 생겼음.

용법
한중일 모두 '저녁'과 '늦다'의 의미로 사용함. 중국어에서는 시간적으로 뒤지거나 상대에게 자신을 낮추어 말할 때도 쓰임. 예를 들어 중국어에서 晚輩(wǎnbèi)는 한국어에서의 後輩(후배)를 뜻하고, 晚生(wǎnshēng)은 후배가 선배에게 자기를 낮추어 부르는 말로 쓰임. 또 '(규정된 혹은 적합한 시간보다) 늦음'을 말하기도 하는데, 晚來(wǎnlái)는 '늦게 오다', '지각하다'라는 뜻을 나타냄.

용례
晚餐(만찬), 晚秋(만추), 大器晚成(대기만성)

성어
만시지탄(晚時之歎): 때가 늦었음을 한탄함. 시기를 놓쳐 후회함을 이르는 말.

萬

일만 만

| 갑골문 | 금문 | 전국문자 | 소전 | 예서 | 해서 |

한 萬
음 만
뜻 일만, 온갖 /
매우 많은 /
절대로, 전혀

중 万
음 wàn
뜻 만, 10,000 /
매우 많다 /
아주, 대단히

일 万
음 ばん ban,
まん man
뜻 일만 /
다수, 수많은 /
완전하다

자원
상형
갑골문은 집게발, 분절된 몸통, 독침이 있는 뾰족한 흰 꼬리를 가지고 있는 전갈류의 벌레를 그린 것임.『설문』에서는 "萬은 '벌레'이다. 厹[세모창 구]는 의미 부분이고, 상형자이다"라고 하였음. 본래 '벌레의 일종'을 지칭하는 萬이 숫자 10,000으로 가차되어 사용되자, '벌레'라는 본래의 의미를 나타내기 위해 虫[벌레 훼]를 편방으로 추가해 蠆[전갈 채]로 분화했음.

용법
한중일 모두 숫자 '만'의 의미로 사용하고, '매우 많음'의 의미로도 사용함. 중국어에서 '아주', '대단히', '매우'라는 뜻의 부사로 쓰일 경우 非常(fēicháng), 相當(xiāngdāng)과 유사한 의미를 나타냄. 또한 한중일 모두 '모든 일'을 萬事(만사, ばんじ)로 표현하는데, 특히 중국어에서는 '모든 일이 뜻대로 되기를 바랍니다'라는 인사말을 萬事如意(만사여의, wànshìrúyì)로 표현함.

용례
萬物(만물), 萬事(만사), 萬象(만상)

성어
만전지책(萬全之策): 조금도 허술함이 없는 계획. 허점이 전혀 없어 위험을 부르지 않는 계책을 이르는 표현.

滿 찰 만

갑골문	금문	전국문자	소전	예서	해서
		滿	滿	滿	滿

한
滿 음 만
뜻 차다, 가득 차다 /
풍족하다, 만족하다 /
교만하다

중
滿 음 mǎn
뜻 가득 차다 /
전, 모든 /
전혀, 완전히 /
교만하다

일
滿 음 まん man
뜻 가득하다, 가득 차다 /
풍족하다 /
널리 퍼지다 /
둥글어지다

자원
형성
의미 부분인 水[물 수]와 소리 겸 의미 부분인 㒼[평평할 만]으로 이루어짐.『설문』에서는 본래 의미를 "차고 넘치다"라고 하였음. 㒼에 대해서는『설문』에서 "평평하다"로 풀이했고,『광운』에서는 "구멍이 없는 모양"이라고 한 것으로 보아 '평평하고 구멍 없이 꽉 찼다'라는 의미에서 '물이 꽉 차 있다'라는 의미로 확장된 것으로 볼 수 있음.

용법
한중일 모두 '차고 넘치다', '꽉 차 있다'의 의미로 사용함. 그 외에 중국 55개 소수민족의 하나인 만주족을 가리키기도 하는데, 滿漢全席(mǎnhànquánxí)로부터 그 유래를 추측할 수 있음. 이는 청대의 궁중요리로, 수백 가지의 만주풍 요리와 한족풍 요리를 갖춘 호화 연회석을 말함.

용례
滿足(만족), 不滿(불만), 充滿(충만)

성어
자신만만(自信滿滿): 자신감이 가득 찬 모양.

末 끝 말

갑골문	금문	전국문자	소전	예서	해서
	米	米	米	末	末

한
末
음 말
뜻 끝, 끝머리 /
중요하지 않은 부분 /
가루

중
末
음 mò
뜻 끝, 끝머리 /
최후(의) /
(~儿) 가루, 분말 /
부차적인 것

일
末
음 まつ matu,
ばつ batu
뜻 끝, 끝머리 /
중요하지 않다 /
가루

자원
지사

木[나무 목]의 위쪽 끝에 가로획(一)을 하나 그어 '나무의 끝'임을 나타냈음. 『설문』
에서는 "末은 '나무의 꼭대기'이다. 木은 의미 부분이고, 一이 나무의 끝에 있다"라고
하였음. 이처럼 木에 가로획을 하나 추가하여 만들어진 글자로는 未[아닐 미], 本[근본
본] 등이 있음.

용법

한중일 모두 '끝', '중요하지 않은 부분'의 의미로 사용함. 일본어에서는 すえ로도 읽어
'사물의 끝'이나 '어떤 기간의 끝'을 나타냄. 또 -まつ로 활용하여 '~한 끝에'라는 의존명사
로도 쓰임. 중국어에서는 '최후의', '마지막의', '맨 나중'의 의미를 나타내는 형용사로,
儿(儿)을 붙여서 '가루', '분말', '부스러기'의 의미를 나타내는 명사로도 사용함.

용례

末期(말기), 年末(연말), 終末(종말), 週末(주말)

성어

본말전도(本末顚倒): 뿌리와 가지가 거꾸로 뒤집힘. 일의 순서가 완전히 뒤바뀐
상태를 이르는 말.

윤

亡 망할 망, 없을 무

갑골문	금문	전국문자	소전	예서	해서

한

亡

음 망, 무

뜻 망하다 /
도망하다, 달아나다 /
잃다, 없어지다 /
죽다

중

亡

음 wáng

뜻 도망하다, 달아나다 /
잃다, 없어지다 /
멸망하다

일

亡

음 ぼう bou,
もう mou

뜻 없어지다, 망하다 /
도망하다, 달아나다 /
죽다

자원
회의

『설문』에서는 "달아나다"로 풀이하고 있지만, 이것이 본래의 의미는 아닌 것으로
보임. 이 자형에 대한 학자들의 해석도 여러 가지임. 어떤 학자는 죽은 자의 손과 발이
꺾인 것을 드러내어 '사망하다'의 의미를 나타냈다고 함. 또 다른 학자는 부러진 칼의
모습을 그려서 '쓸모없다'의 의미를 나타냈고 '사망하다'의 의미로 확장되었다고 함.
이 밖에 亡이 乚[숨을 은]과 人[사람 인]으로 구성되어 사람이 구석에 몸을 숨기고
있는 것을 나타내어 '숨다', '도망치다'의 의미를 가진다고 풀이하기도 함. 亡이 '없다'의
뜻으로 쓰일 때 '무'로 읽는데, '사라진' 결과로서 '없다'라는 뜻으로 확장되었다는
견해도 있지만, 대부분의 학자는 無[없을 무]로 가차되었다고 보고 있음.

용법

한중일 모두 '망하다', '잃다'의 의미로 사용함. 한국어에서는 '명예나 체면
따위가 손상을 입다'를 亡身(망신)이라고 쓰지만, 현대 중국어에서는 주로
丟人(diūrén)이라고 함. 중국의 고서에서는 無[없을 무]와 통용되어 wu로 읽어야
하는 경우가 많음. 亡羊補牢(wángyángbǔláo)는 "양 잃고 난 후에 우리를 고치다"라는
뜻을 나타내는 사자성어인데, 한국 속담에서는 양보다 소가 훨씬 친숙한 가축이었기
때문에 "소 잃고 외양간 고치다"라고 함.

용례

亡國(망국), 逃亡(도망), 存亡(존망)

성어

망국지음(亡國之音): 나라를 망하게 할 음악. 기풍이 문란하고 사치스러워 나라를
망칠 수 있는 음악을 일컫는 말.

류

望 바랄 망

갑골문	금문	전국문자	소전	예서	해서
𓂃	坚	望	望	望	望

한
望 음 망
뜻 바라다, 기다리다 /
바라보다 / 보름,
음력 매월 15일 /
명성 / 나무라다

중
望 음 wàng
뜻 바라보다 /
희망하다 /
방문하다 /
음력 15일

일
望 음 ぼう bou,
もう mou
뜻 바라보다 /
바라다 /
존경을 받음, 인기 /
보름날 밤

자원
형성

갑골문을 보면 한 사람이 높은 곳에 올라가 멀리 바라보고 있는 모양을 본뜬 것임을 알 수 있음. 『설문』에서는 "의미 부분은 亡[망할 망]이며, 소리 부분은 𡈼[보름 망/바랄 망]인데 臣[신하 신]이 생략되었으며, '밖에서 떠돌아다니고 있어 가족이 돌아오기를 바라다'라는 뜻이다"라고 하였음. 금문[𡈼, 𡉈]에는 두 종류가 있는데, 𡉈은 𡈼의 금문이기도 함. 둘은 본래 같은 글자로서 望은 𡈼의 臣이 소리 부분인 亡으로 변한 것임. 臣은 눈동자가 튀어나온 눈의 모양을 본뜬 글자임. 『설문』은 𡈼을 望과 의미가 전혀 다른 별개의 글자로 보고 있으며, 𡈼에 대해 "달이 찼을 때 해와 서로 바라보게 되는데, 신하가 군주를 바라보는 것과 같다"라고 풀이했는데, 이는 올바른 해석으로 볼 수 없음.

용법

한중일 모두 '바라보다'의 의미로 많이 사용함. 한국어와 일본어에서는 '멀리 내다볼 수 있도록 높이 만든 대'를 展望臺(전망대, てんぼうだい)라고 하지만 중국어에서는 瞭望臺(liàowàngtái)라고 함. 한국어에서 所望(소망)은 '어떤 바람'을 뜻하는데, 중국어에서는 이를 願望(yuànwàng)이라 하며, 일본어에서는 所望(しょもう)보다는 望み(のぞみ)를 더 많이 씀.

용례

望遠鏡(망원경), 失望(실망), 慾望(욕망), 絶望(절망), 希望(희망)

성어

망양지탄(望洋之嘆): 거대한 바다를 보며 탄식함. 다른 사람이 이룩한 큰 성과를 보면서 자신의 부족함을 탓하는 것을 이르는 말.

강

忙  바쁠 망

갑골문	금문	전국문자	소전	예서	해서
				忙	忙

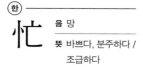

한 —
忙
음 망
뜻 바쁘다, 분주하다 /
조급하다

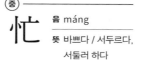

중 —
忙
음 máng
뜻 바쁘다 / 서두르다,
서둘러 하다

일 —
忙
음 ぼう bou
뜻 바쁘다

자원
형성
의미 부분인 心[마음 심]과 소리 부분인 亡[망할 망]으로 이루어짐. '(마음이) 조급함'을 의미함. 예서에 처음 등장하는 글자이며, 일에 쫓겨 분주하고 바쁜 상황에 폭넓게 사용하고 있음.

용법
한중일 모두 '바쁘다', '조급하다'의 의미로 많이 사용함. 삼국 모두 '매우 바쁘다'라는 뜻을 悤忙(총망, cōngmáng, そうぼう)라고 표현함. 또한 한국어와 일본어에서 '농사일이 가장 바쁜 시기'를 農繁期(농번기, のうはんき)라고 하지만 중국어에서는 農忙期(nóngmángqī)라고 함.

용례
奔忙(분망), 悤忙(총망)

성어
다사다망(多事多忙): 일이 많아 아주 바쁨.

忘

잇을 망

갑골문	금문	전국문자	소전	예서	해서
	𡖊	𢗙	𢘂	忘	忘

한
忘 음 망
뜻 잊다 / 버리다,
돌보지 않다 /
끝나다, 단절되다

중
忘 음 wàng
뜻 잊다 /
소홀히 하다

일
忘 음 ぼう bou
뜻 기억이 없어지다,
잊다

자원
형성
겸
회의

의미 부분인 心[마음 심]과 소리 겸 의미 부분인 亡[망할 망]으로 이루어짐. 忘은 亡에서 분화된 것으로, '기억 속에서 사라지다'라는 의미를 강조하기 위해 心을 추가하여 만들어진 글자임. 후에 '버리다', '소홀히 하다' 등의 의미로 확대 사용함.

용법

한중일 모두 '잊다'의 의미로 가장 많이 사용함. 한국어에서 忘年會(망년회)는 연말에 한 해를 보내며 그해의 온갖 괴로움을 잊자는 뜻의 일본어 忘年會(ぼうねんかい)에서 유래한 것임. 최근 한국어에서는 送年會(송년회)로 순화해서 사용하고 있으며, 중국어에서는 유사한 뜻으로 年會(niánhuì)를 사용함.

용례 忘卻(망각), 健忘症(건망증), 備忘錄(비망록)

성어 백골난망(白骨難忘): 죽어서도 잊기 어려운 은혜라는 뜻으로, 큰 도움을 받고 고마움을 표시할 때 쓰는 말.

매양 매

갑골문	금문	전국문자	소전	예서	해서

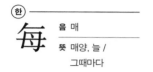

한

每

음 매

뜻 매양, 늘 /
　 그때마다

중

每

음 měi

뜻 매, 각 / 늘, 항상

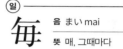

일

每

음 まい mai

뜻 매, 그때마다

자원
상형
싹터 나올 모양을 본뜬 글자인 屮[싹날 철]과 母[어미 모]가 합하여 '매양'을 뜻함.
갑골문을 보면 여자가 머리에 비녀를 꽂은 모양을 본떠 글자를 만든 것임을 알 수 있음.
갑골문을 근거로 분석해보면, 머리숱이 많아서 이를 정리하기 위해 비녀를 꽂은 것이기
때문에 '무성하다'라는 뜻이 생겼던 것으로 보이며, 이후 每는 '매 번'이라는 뜻으로
가차되어 사용함. 『설문』에서는 "초목이 무성하여 위로 뚫고 나오다"로 풀이하였음.

용법
한중일 모두 '그때마다', '매양', '늘'이라는 의미로 사용함. 중국어에서는 每常(měicháng)
혹은 每每(měiměi)와 같이 '평소', '평상시', '늘', '언제나'의 뜻으로도 활용됨. 또한
한국어와 일본어에서는 每日(매일, まいにち)라고 하나 중국어에서는 每日(měiri)
보다 每天(měitiān)을 더 일반적으로 사용하고 있음. 또한 한국어와 일본어에서는
'한 회 한 회 모두'라는 의미로 每回(매회, まいかい)를 많이 쓰나, 중국어에서는
每回(měihuí)보다는 每次(měicì)를 주로 사용함.

용례
每年(매년), 每日(매일), 每週(매주)

성어
매사불성(每事不成): 하는 일마다 이뤄지지 않음. 시도하는 일이 다 실패로 돌아가는
것을 이르는 말.

윤

買 살 매

갑골문	금문	전국문자	소전	예서	해서

한 買 음 매
뜻 사다 / 세내다

중 买 음 mǎi
뜻 사다 / 매수하다

일 買 음 ばい bai
뜻 사다

자원
형성
갑골문에는 買만 보이고 賣[팔 매]는 보이지 않는데, '그물로 잡은 조개'를 통해 '사다'라는 뜻뿐만 아니라 조개와 같은 물건을 '팔다'라는 뜻도 나타낼 수 있다는 점에서 買가 '사다'의 뜻뿐만 아니라 '팔다'의 뜻도 나타냈다는 것을 알 수 있음.

용법
한중일 모두 '사다'라는 의미로 사용함. 한국어와 일본어에서는 '팔고 사다'를 賣買 (매매, ばいばい)라고 하지만, 중국어에서는 순서를 바꾸어 '사고 팔다'라고 하여 買賣(mǎimài)라고 함. 일본어에서는 買値(かいね)라고 써서 '원가'의 뜻을 나타내기도 함. '전부 사들이다'를 한국어와 일본어에서는 같은 한자를 써 買切(매절), 買い切り (かいきり)이라 하고, 중국어에서는 買斷(mǎiduàn)이라 함.

용례
購買(구매), 不買(불매), 收買(수매)

성어
매점매석(買占賣惜): 물건 값이 오를 것을 예상하여 한꺼번에 많이 사서 쌓아두는 것을 이르는 말.

박

妹

누이 매

갑골문	금문	전국문자	소전	예서	해서

한

妹 음 매

뜻 손아래 누이,
여동생 /
소녀, 여자

중

妹 음 mèi

뜻 손아래 누이,
여동생 /
젊은 여자

일

妹 음 まい mai

뜻 손아래 누이,
여동생

자원
형성

의미 부분 女[여자 여]와 소리 부분 未[아닐 미]로 이루어져 '여동생'을 의미함.
후에 자신보다 나이가 적거나 또는 나이가 어린 여성을 지칭하는 의미로 확대
사용함. 그러나 갑골문에서는 '여동생'의 의미로 사용된 기록은 없고 주로 인명으로
사용되거나 昧[새벽 매]로 차용되고 있음.

용법

한중일 모두 '여동생'의 의미로 사용함. 중국어에서는 '젊은 여성'을 지칭하기도
하는데 辣妹(làmèi)는 직역하면 '매운 여동생'이지만 '유행에 민감하고 섹시한 여성'을
비유적으로 이르는 말로 사용하고 있음. 또한 '오빠와 여동생'을 한국어에서는
男妹(남매), 중국어에서는 兄妹(xiōngmèi), 일본어에서는 兄と妹(あにといもうと)
라고 각기 다르게 표현함.

용례

姊妹(자매)

성어

형제자매(兄弟姊妹): 형제와 자매.

賣

팔 매

갑골문	금문	전국문자	소전	예서	해서
			費	賣	賣

<table>
<tr><td>한</td><td></td><td>중</td><td></td><td>일</td><td></td></tr>
</table>

한 賣
음 매
뜻 팔다 / 속이다, 배신하다

중 卖
음 mài
뜻 팔다 / 힘을 다하다

일 売
음 ばい bai, まい mai
뜻 팔다 / 선전으로 퍼뜨리다

자원
형성

網[그물 망]과 貝[조개 패]가 합쳐진 買[살 매]에 '팔다'의 뜻을 나타내는 出[날 출]이 더해진 글자임. 出이 자형 변천을 거쳐 士[선비 사]의 형태로 변한 것임. 買가 갑골문부터 보이기 시작하는 데 반해 賣는 소전에서야 비로소 보이는데, 이를 통해 '사다'와 '팔다'의 뜻을 나타내는 買와 賣가 동시에 생긴 글자가 아니라 買가 오랫동안 사용되다가 후에 賣가 생겨났음을 알 수 있음.

용법

한중일 모두 '팔다'의 의미로 사용함. 한국어와 일본어에서는 '물건을 사려는 사람이 여럿일 때 값을 가장 높이 부르는 사람에게 파는 일'을 競賣(경매, きょうばい)라고 하지만, 중국어에서는 拍賣(pāimài)라고 함. 중국어에서는 甩[던질 솔]을 써서 甩賣(shuǎimài)라고 하여 '헐값으로 팔다'의 뜻을 나타내기도 함. 일본어에서 商賣(しょうばい)는 '장사'의 뜻을 나타냄.

용례 賣店(매점), 專賣(전매), 販賣(판매)

성어 박리다매(薄利多賣): 이익을 조금 남기고 많이 파는 것.

박

麥 보리 맥

갑골문	금문	전국문자	소전	예서	해서

한 麥
음 맥
뜻 보리, 오곡의
한 가지

중 麦
음 mài
뜻 보리, 참밀, 귀리,
호밀 등의 총칭

일 麦
음 ばく baku
뜻 보리

자원
형성

의미 부분인 夂[뒤져 올 치]와 소리 부분인 來[올 래]로 이루어져 '보리'를 의미함.
원래는 來[올 래]로만 썼고 이후 긴 뿌리를 뜻하는 夂가 더해진 글자인데, 來는 이삭이
핀 '보리'를 사실적으로 그렸음. 보리는 중앙아시아를 거쳐 중국으로 들어왔음. 이
때문에 '보리'를 그린 來에 '오다'라는 뜻이 생겼고, 그러자 다시 원래의 '보리'를 나타낼
때에는 보리의 특징인 긴 뿌리[夂]를 그려넣어 麥으로 분화한 것으로 추정됨.

용법

한중일 모두 '보리'의 의미로 사용함. '보리밭'을 중국어에서는 麥田(màitián)이라
하지만, 일본어에서는 麥畑(むぎばたけ麥畠)이라 하여 田[밭 전] 대신 畑[화전
전]이나 일본 고유 한자인 畠(はたけ)를 씀. 또 일본어에서는 '보리차'를 나타낼 때
麥茶(むぎちゃ)와 麥湯(むぎゆ)를 모두 쓰지만, 중국어에서는 麥茶(màichá)라는
표현만 사용함.

용례

麥酒(맥주), 大麥(대맥), 菽麥(숙맥)

성어

맥수지탄(麥秀之嘆): 무성하게 자라난 보리를 보면서 탄식함. 멸망한 고국을 보며
탄식함을 이르는 말.

面 낮 면

갑골문	금문	전국문자	소전	예서	해서

한

面

음 면

뜻 얼굴, 낮, 겉, 표면 /
면(행정 구역 단위) /
만나다

중

面

음 miàn

뜻 얼굴, 낮 / 표면 /
직접 만나다 /
밀가루, 국수

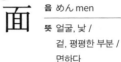

일

面

음 めん men

뜻 얼굴, 낮 /
겉, 평평한 부분 /
면하다

자원
상형

갑골문은 사람의 얼굴 윤곽과 눈의 모습을 본뜬 글자임. 눈은 사람의 인상을 가장
잘 나타낼 수 있기 때문에 얼굴의 상징으로 눈을 표현한 것임. 소전에서는 눈[目]을
머리[首]로 표현하여 의미를 더욱 명확하게 하였음. 『설문』에서도 "사람의 얼굴"을
묘사한 것으로 보았음. 그러나 예서 이후 다시 눈[目]의 모습으로 되돌아가서 현재의
자형이 되었음. 지금도 한중일 삼국에서는 생김새나 체면 등을 얼굴과 눈을 뜻하는
面目(면목)으로 표현함. 이처럼 본래의 뜻은 '낮', '얼굴'이며 여기서 확장되어 '표면',
'겉' 등의 의미를 나타내게 되었음. 중국어에서는 국수를 나타내는 麵[밀가루 면]의
간화자와 얼굴을 뜻하는 글자가 모두 面으로 사용되므로 주의해야 함.

용법

한중일 모두 '얼굴', '표면' 등의 의미로 가장 많이 사용함. 한국어와 일본어에서
對面(대면, たいめん)은 '얼굴을 마주보고 대하다'라는 의미임. 중국어에서는 對面
(duìmiàn)을 '맞은편', '건너편'의 의미로도 사용함. 또한 '남을 대하기에 떳떳한
도리나 얼굴'을 삼국 모두 體面(체면, tǐmiàn, たいめん)이라고 표현함. 한국어에서는
面(면) 한 글자만 써서 '면이 깎이다'와 같이 표현하기도 하고, 중국어에서는 體面
대신 面子(miànzi)를 더 자주 사용함.

용례

局面(국면), 全面(전면), 側面(측면)

성어

면종복배(面從腹背): 앞에서는 따르는 척하면서 뒤로는 등을 돌림. 겉으로는
복종하는 체하면서 속으로는 딴마음을 품고 배반함을 이르는 말.

오

免 면할 면

갑골문	금문	전국문자	소전	예서	해서

한

免 음 면
뜻 면하다, 벗어나다 /
허가하다 / 내치다 /
힘쓰다

중

免 음 miǎn
뜻 면하다, 벗어나다 /
해임하다 /
~하지 마라

일

免 음 めん men
뜻 피하다, 면하다 /
승낙하다, 허가하다 /
죄를 면하다

자원
회의

'투구를 쓰고 서 있는 사람'을 본뜬 글자로서 원래 의미는 '투구', '모자'임. 투구는
전장에서 위험을 피하게 해주는 도구이기에 '모면하다', '벗어나다'라는 뜻이 생겼음.
이에 따라 원래의 뜻을 나타내기 위해 帽[모자 모]의 본자인 冃[쓰개 모]를 추가해
冕[면류관 면]을 만들었음. 본뜻인 '모자'의 뜻으로 살펴볼 때 免은 모자가 천으로
만들어졌다는 점에서 棉[목화 면], 巾[수건 건] 등과 뜻이 통하고, 같은 모자라는
점에서 弁[고깔 변], 冠[갓 관] 등과 뜻이 통함. 兎[토끼 토]와 자형이 비슷하므로
주의해야 함.

용법

한중일 모두 '면하다'의 의미로 많이 사용함. 免除(면제, miǎnchú, めんじょ)는 삼국에서
공히 '책임, 의무, 처벌, 비용 따위를 면해주다'의 의미로 사용함. 중국어에서는
免(miǎn)을 단독으로 써서 '~을 하지 않다', '~을 생략하다' 등의 동사로 사용함.

용례

免稅(면세), 免除(면제), 減免(감면)

성어

의원면직(依願免職): 본인의 요구에 의해 직에서 물러나게 함. 또는 그런 처분.

眠

잘 면

갑골문	금문	전국문자	소전	예서	해서
				眠	眠

한 眠 음 면
뜻 자다, 잠자다

중 眠 음 mián
뜻 자다, 잠자다

일 眠 음 みん min
뜻 자다, 잠자다

자원
형성

의미 부분인 目[눈 목]과 소리 부분인 民[백성 민]으로 이루어짐. 본래 의미는 '눈을 감다'였고, 후에 '잠을 자다'라는 의미로 확대 사용함. 예서에 처음 등장하고 있으며, 현재 睡[잠잘 수]와 동일한 의미로 사용함.

용법

한중일 모두 '잠자다'의 의미로 사용함. '잠이 깊이 들다'를 한국어에서는 熟眠(숙면)이라고 하지만, 중국어에서는 熟睡(shúshuì) 또는 沉睡(chénshuì)라고 하고, 일본어에서는 熟睡(じゅくすい)라고 함.

용례

睡眠(수면), 永眠(영면), 催眠(최면)

성어

불면불휴(不眠不休): 자지도 않고 쉬지도 않음. 쉴 틈도 없이 열심히 일하는 것을 이르는 말.

문

勉 힘쓸 면

갑골문	금문	전국문자	소전	예서	해서
		𧾷	𩰚	勉	勉

한
勉
음 면
뜻 힘쓰다 /
부지런하다

중
勉
음 miǎn
뜻 힘쓰다, 애쓰다 /
격려하다

일
勉
음 べん ben
뜻 힘쓰다

자원
형성

의미 부분인 力[힘 력]과 소리 부분인 免[면할 면]으로 이루어짐. 免은 '사람이
머리에 모자를 쓰고 있는 모습'을 그린 것이지만, 이 글자에서는 단지 소리만 나타냄.
勉은 '힘써 노력하다'라는 의미이며, 후에 '격려하다'의 의미가 더해졌음.

용법

중국어에서 勉强(miǎnqiǎng)은 '억지로 ~하라고 시키다'라는 뜻으로 사용되지만
일본어에서 勉强(べんきょう)는 이런 뜻이 없고 '노력'이나 '공부'를 가리킴. 한국어에서
勉學(면학)은 工夫(공부)와 같은 뜻이나 중국어에서 공부는 學習(xuéxí)라고 씀.

용례

勉勵(면려), 勤勉(근면)

성어

각고면려(刻苦勉勵): 심신을 괴롭히면서까지 열심히 노력함.

命 목숨 명

갑골문	금문	전국문자	소전	예서	해서
𠷎	㿝	命	命	命	命

한 命
음 명
뜻 생명, 목숨 /
운수, 운 / 명령 /
이름짓다

중 命
음 mìng
뜻 생명, 목숨 /
지시, 명령 /
~라고 여기다 /
(명칭, 제목 따위를)
주다, 붙이다

일 命
음 みょう myou,
めい mei
뜻 생명, 목숨 /
명령하다 /
이름짓다

자원
형성
의미 부분인 口[입 구]와 소리 겸 의미 부분인 令[하여금 령]으로 이루어짐. 口는 '입'을 본뜬 것이고, 令은 '무릎 꿇고 있는 사람에게 소리치다'의 뜻을 나타냄. '명령하여 시키다'의 뜻을 나타내는 令은 命의 의미와 소리 모두를 나타냄. 令에 口를 더해 命을 만든 것과 같이 令에 頁[머리 혈]을 더하여 領[거느릴 령]을 만들었음. 頁은 '사람의 목'을 나타내는데, 領을 구성하는 頁은 '사람의 목이 신체를 거느리다'의 뜻을 나타냄.

용법
한중일 모두 '목숨', '운수'의 의미로 사용함. 중국어에서는 '목숨을 잃다'라는 의미를 喪[죽을 상]을 써서 喪命(sàngmìng)이라고 쓰기도 함. 일본어에서는 壽命(수명, shòumìng, じゅみょう)를 命數(めいすう)라고 쓰기도 함.

용례
命運(명운), 命題(명제), 壽命(수명)

성어
명재경각(命在頃刻): 목숨이 아주 짧은 순간에 달림. 매우 위험한 순간을 가리키는 말.

明 밝을 명

갑골문	금문	전국문자	소전	예서	해서

한
明 음 명
뜻 밝다, 밝히다 /
분명하다 / 다음 /
시력

중
明 음 míng
뜻 밝다, 환하다 /
내일의 / 명백하다 /
시력이 좋다

일
明 음 みょう myou,
めい mei
뜻 밝다, 환하다 /
분명하다 /
날이 새다,
다음 날, 해가 되다

자원
회의
日[날 일]과 月[달 월]로 이루어짐. 햇빛[日]과 달빛[月]의 밝음을 형상화했음.
햇빛은 지금도 밝음의 상징이고, 달빛은 조명이 없던 그 옛날 밤을 밝혀주는 대표적인
조명이었음. 이에 '밝다'라는 뜻이 나왔음. 이후 금문에서는 창[囧, 빛날 경]에
달[月]이 비친 모습으로 '밝음'을 강조하기도 했음. 조명 시설이 없던 옛날, 창으로
휘영청 스며드는 달빛은 다른 그 무엇보다 밝게 느껴졌고, 이에 '비추다', '밝게
비추는 빛', '태양', '분명하다', '이해하다' 등의 의미로 확장되었음. 또 '날이 밝다'의
의미로부터 '다음 날'의 의미가 더해졌음.

용법
한중일 모두 '밝다', '분명하다', '현명하다'의 의미로 사용함. 중국어에서는 '다음의'
라는 뜻으로도 쓰여서 來日(내일)을 明天(míngtiān), 來年(내년)을 明年(míngnián)
이라고 함. 일본어에서는 내일을 明日(あした)라고 씀. 중국어에서는 '숨기지 않고
공개적으로 하다'라는 의미로도 사용하는데, 明搶(míngqiǎng)은 '공개적으로
빼앗다(약탈하다)'라는 뜻임. 또 明白(명백)은 한국어에서 '분명하다'라는 뜻이지만,
중국어에서는 이러한 뜻 외에 '총명하다', '사리를 알다', '이해하다', '알아듣다'라는
의미도 있음.

용례
明白(명백), 明月(명월), 說明(설명)

성어
명경지수(明鏡止水): 맑은 거울과 고요한 물이라는 뜻으로, 맑고 고요한 마음의
상태를 가리키는 말.

鳴

울 명

갑골문	금문	전국문자	소전	예서	해서

한

鳴 음 명

뜻 울다, 울리다 / 소리를 내다

중

鳴 음 míng

뜻 울다, 울리다 / 공개적으로 표명하다

일

鳴 음 めい mei

뜻 울다, 울리다 / 소리가 나다

자원
회의

두 개의 의미 부분인 口[입 구]와 鳥[새 조]로 이루어짐. 『설문』에서는 "새가 우는 소리"라고 풀이하였음. 후에 새뿐만 아니라 모든 사물이 '소리를 내다', '울다'라는 뜻으로 확장되었음. 새를 뜻하는 부수는 鳥 외에도 隹[새 추]가 있는데, 集[모을 집] (새가 나무 위에 모여 있는 모양), 雙[두 쌍](한 손으로 새 두 마리를 잡고 있는 모양) 등의 예에서 隹가 '새'를 의미한다는 것을 알 수 있음.

용법

한중일 모두 '소리의 울림'이라는 의미로 많이 사용함. 한국어와 일본어에서 일이 매우 위급하거나 몹시 두려움을 느낄 때 지르는 외마디 소리를 뜻하는 悲鳴(비명, ひめい)를 중국어에서는 尖叫聲(jiānjiàoshēng)이라고 함. 미리 정해놓은 시각이 되면 저절로 소리가 나도록 장치가 되어 있는 시계인 自鳴鐘(자명종, じめいしょう) 를 중국어에서는 鬧鐘(nàozhōng)이라고 함.

용례

共鳴(공명), 耳鳴(이명)

성어

고장난명(孤掌難鳴): 손바닥 하나로는 소리를 낼 수 없음. 손바닥은 서로 마주쳐야 소리가 난다는 뜻으로, 남과 함께 협력해야 일을 이룰 수 있음을 이르는 말.

강

名 이름 명

갑골문	금문	전국문자	소전	예서	해서

한
名 음 명
뜻 이름 / 평판 / 이름나다

중
名 음 míng
뜻 (~儿) 이름 / 유명한 / 명

일
名 음 みょう myou, めい mei
뜻 이름, 이름 짓다 / 평판, 유명하다 / 인원수를 세는 말

자원
형성

의미 부분인 口[입 구]와 소리 겸 의미 부분인 夕[저녁 석]으로 이루어짐. 『설문』에 따르면 月[달 월]에서 한 획을 뺀 夕과 사람의 입을 본뜬 口로 이루어진 글자임. 어두운 저녁에는 서로를 볼 수 없으므로 '입으로 자신의 이름을 부르다'라는 뜻을 나타냄. '이름을 부르다'의 뜻을 '명령하여 부르다'의 뜻으로 본다면 命[명령할 명]과 그 의미와 소리가 유사함을 알 수 있음. 鳴[울 명] 역시 '소리 내어 울다'라는 뜻으로 볼 때 名, 命 등과의 의미와 소리의 관련성을 찾아볼 수 있음.

용법
한중일 모두 '이름', '명분', '평판'의 의미로 사용함. 한국어에서는 名銜(명함)이라고 하지만, 일본어에서는 名刺(めいし)라고 하고, 중국어에서는 名片(míngpiàn)이라고 함. 한국어에서는 名節(명절)이라고 하지만, 일본어에서는 祝日(しゅくじつ)라고 하고, 중국어에서는 節日(jiéri)라고 함.

용례
名分(명분), 名酒(명주), 名稱(명칭), 別名(별명)

성어
명실상부(名實相符): 이름과 실제가 서로 잘 맞아떨어짐. 알려진 내용과 실제 상황이 서로 같은 경우를 이르는 말.

母 어머니 모

갑골문	금문	전국문자	소전	예서	해서

한
母
음 모
뜻 어머니 / 암컷 /
근본

중
母
음 mǔ
뜻 어머니 /
(동물의) 암컷(의) /
사물의 근본

일
母
음 ぼ bo, も mo
뜻 어머니 / 근본

자원
형성

갑골문의 자형은 女[여자 여]의 자형에서 젖가슴을 나타내는 두 점을 추가한 것으로, 여성의 주된 역할이 아이를 양육하는 것임을 나타낸 것으로 보임. 『설문』에서는 "母는 자식을 기르는 것이다. 女는 뜻 부분이며, 아이를 안고 있는 모습을 그린 것이다. 일설에는 아이에게 젖을 먹이는 형상을 그린 것이라고도 한다"라고 하였음. 고대 중국사회에서 여성의 역할 중 가장 중요한 것이 수유하여 아이를 길러내는 것이므로, '어머니'라는 의미의 글자를 이렇게 만든 것으로 보임. 또한 '어미'는 곧 사회의 '주체'라는 점에서 '근본'이라는 의미도 나타내게 된 것으로 보임.

용법

한중일 모두 '어머니'를 지칭하거나 '어머니에 견줄 만한 여자'를 나타냄. 일본어에서는 はは로 읽어 비유적으로 '(사물을 산출하는) 근원', '모태'라는 뜻으로도 쓰이며, かか로 읽으면 유아어로서 '엄마'라는 의미로 사용됨. 중국어에서는 母가 '어머니', '모친'이라는 의미 외에도 가족이나 친척 중에 자기보다 연배가 높은 여성에 대한 호칭으로도 사용되며, 형용사로 쓰이면 '암컷의'라는 의미도 나타냄.

용례

母國(모국), 母校(모교), 父母(부모)

성어

맹모삼천(孟母三遷): 맹자의 어머니가 자식 교육을 위해 세 번 이사함. 자식을 제대로 가르치기 위해 좋은 환경을 찾아 나서는 부모의 노력을 일컫는 표현.

暮

저물 모

갑골문	금문	전국문자	소전	예서	해서
				暮	暮

한
暮
음 모
뜻 저물다 /
저녁, 해질녘 /
늦다 / 늙다

중
暮
음 mù
뜻 저녁, 해질녘 /
늦다, 마지막에
가깝다 / 저물다

일
暮
음 ぼbo
뜻 날이 저물다 /
시절이 늦다 /
세월을 보내다

자원
형성

의미 부분인 艸[풀 초]와 소리 부분인 莫[없을 막]으로 이루어짐. 해가 풀숲[艸]으로 넘어가 아무것도 보이지 않는[莫] 때를 말하며, 이로부터 '저녁', '밤'의 뜻이 나왔으며, '노년'의 비유로도 쓰였음. 원래는 莫으로 썼는데, 莫의 갑골문과 금문을 보면 艸[풀숲 망] 사이로 日[해 일]이 넘어가는 모습을 그렸고, 이로부터 '저물다'라는 뜻이 나왔음. 그래서 暮는 해가 저무는 '저녁'이 원래 뜻임. 이후 莫서 '~하지 마라'의 부정사로 쓰이게 되자 다시 日을 더해 暮로 분화했음. 한국 속자(俗字)에서는 윗부분의 莫을 入[들 입]으로 줄여 㒼로 썼는데, 이에 '해[日]가 들어간[入] 때'라는 의미가 되었음. 幕[막 막]도 한국 속자에서는 윗부분을 入으로 바꾼 㡆으로 써서 '속으로 들어갈 수 있도록[入] 고안된 베[巾]로 만든 장치'를 의미했음.

용법

한중일 모두 '저녁', '늦음'의 의미로 사용함. 한국어에서 '해가 어둑해질 무렵'을 뜻하는 黃昏(황혼)의 경우 중국어와 일본어에서는 暮色(mùsè, ぼしょく)라고도 함. 요즘 들어 한국에서 유행하는 黃昏離婚(황혼이혼)은 '20년 이상 결혼생활을 한 부부들의 이혼'을 말하는데, 은퇴 시기에 몰린 베이비부머(1945~1965년생)들에게 급증하는 이혼 추세임.

용례

暮春(모춘), 歲暮(세모), 朝三暮四(조삼모사)

성어

조령모개(朝令暮改): 아침에 내린 명령을 저녁에 고침. 일관성 없이 이리저리 바꾸어 갈피를 잡기 어려움을 일컫는 말.

하

毛

터럭 모

갑골문	금문	전국문자	소전	예서	해서

<table>
<tr><td>한 毛</td><td>음 모
뜻 터럭, 털 / 풀</td></tr>
<tr><td>중 毛</td><td>음 máo
뜻 털, 깃털 / 초목, 풀 /
마오(중국의 화폐
단위) / 작다, 어리다</td></tr>
<tr><td>일 毛</td><td>음 もう mou
뜻 털 / 풀</td></tr>
</table>

자원
상형
동물이나 식물의 겉면에 난 털 모양을 본뜬 글자임.『설문』에 대한 주석인 서호(徐灝)˙의
『주전注箋』에서 "사람과 짐승은 毛[털 모]라 하고 새는 羽[깃 우]라 하는데 총칭하면
毛이다"라고 하였지만, 사람이나 짐승의 털뿐만 아니라 식물에 난 것도 함께 나타냄.
그리고 털의 모양이 가늘고 작은 것 때문에 毛는 '작다', '가늘다'의 의미도 나타냄.

용법
한중일 모두 '털'과 '풀'의 의미로 사용함. 중국어에서 毛(máo)는 '어리다'의 뜻으로도
자주 사용되어 갓난아기를 귀엽게 이를 때 毛毛(máomao)라고 함. 또 '작다'의 의미로도
쓰이는데 '이슬비'를 毛毛雨(máomáoyǔ)라고 함. 한국어에서 毛는 '풀'을 의미하기도
하는데, 그래서 不毛地(불모지)라고 하면 '풀조차 나지 않는 메마른 땅'을 의미함. 현재
중국 화폐 단위 중 가장 적은 액수(1위안의 1/10)인 마오는 한자 毛를 씀.

용례
毛根(모근), 毛髮(모발), 不毛(불모)

성어
구우일모(九牛一毛): 아홉 마리 소 가운데 난 작은 털 하나라는 뜻으로, 무수히 많은
것 가운데 극히 작은 일부를 이르는 말.

˙ 1919~1999, 중국 문자학자이며, 대표 저술로『설문해자주전說文解字注箋』이 있음. 류

225

木 나무 목

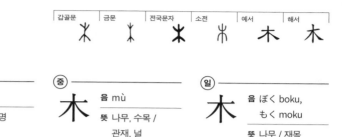

갑골문	금문	전국문자	소전	예서	해서

한 木   음 목   뜻 나무 / 무명

중 木   음 mù   뜻 나무, 수목 / 관재, 널

일 木   음 ぼく boku, もく moku   뜻 나무 / 재목

자원
형성

갑골문의 자형은 나뭇잎이 떨어진 나무의 기본 기둥과 가지를 그린 것임. 이후 금문과 소전, 예서에 이르기까지 갑골문 자형이 유지되었으며, 오늘날의 해서에서도 갑골문의 기본 자형을 유지하고 있음.

용법

한중일 모두 '나무', '목재'의 의미로 사용함. 일본어에서는 き로 읽으면 '나무', '소목', '재목'이라는 의미가 되고, もく로 읽으면 '나무', '나뭇결'이라는 의미가 됨. 한국어에서는 木曜日(목요일)이라고 하지만, 중국어에서는 星期四(xīngqīsì)라고 함. 중국어에서는 麻木(mámù)에서와 같이 '저리다', '마비되다'의 의미로도 사용함.

용례

木工(목공), 木材(목재), 草木(초목)

성어

연목구어(緣木求魚): 나무에서 물고기를 구함. 전혀 상관이 없는 환경에서 무엇인가를 찾으려 하거나 불가능한 일을 시도할 때 쓰는 표현.

윤

目 눈 목

갑골문	금문	전국문자	소전	예서	해서

226

한
음 목
뜻 눈 / 보다 /
조항, 항목 /
우두머리

중
음 mù
뜻 눈 / 보다, 여기다 /
조항, 항목 /
목록, 목차

일
음 ぼく boku,
もく moku
뜻 눈 / 우두머리 /
목록, 목차 / 조항

자원
상형
'사람의 눈'을 본뜬 글자임. 전국시대를 거치면서 세로 방향으로 세워져 해서의
형태가 되었음. 후에 '보다', '눈에 띄다', '견해' 등의 의미로 확대 사용함.

용법
한중일 모두 신체 부위인 '눈'의 의미로 사용함. 한국어와 일본어에서는 '남을 대하기에
번듯한 도리'를 面目(면목, めんぼく)라고 하지만, 중국어에서는 面子(miànzi)
라고 함. 또 중국어에서는 節目(jiémù)에서와 같이 '방송 따위의 진행 차례나 진행
목록'을 뜻하는 '프로그램'의 의미로도 사용함.

용례
目錄(목록), 目前(목전), 盲目(맹목)

성어
괄목상대(刮目相對): 눈을 비비고 상대를 바라본다는 뜻으로, 학식이나 재주가
몰라보게 성장한 사람을 이르는 말.

문

妙 묘할 묘

갑골문	금문	전국문자	소전	예서	해서
				妙	妙

한
妙　음 묘
뜻 묘하다 / 뛰어나다 /
젊다 / 아름답다

중
妙　음 miào
뜻 아름답다 /
교묘하다 /
미묘하다

일
妙　음 みょう myou
뜻 아름답다 /
능숙하다, 교묘하다 /
좋다, 뛰어나다

자원
형성
겸
회의

의미 부분인 女[여자 여]와 소리 겸 의미 부분인 少[적을 소]로 이루어짐. 예서에서
처음 보이는데,『설문』에 따르면 이전에는 微[작을 미]가 그 의미를 대신하는 글자로
사용되었을 것으로 보임. 妙의 원래 의미는 '정교한', '세심한'이었고, 후에 '신기한',
'뛰어난', '아름다운' 등의 의미로 확대 사용함.

용법
한중일 모두 '뛰어나다', '묘하다'라는 의미로 가장 많이 사용함. 한국어와 중국어에는
妙齡(묘령, miàolíng)이라는 표현이 있는데, '스물 안팎의 여자 나이'를 뜻함.
중국어에서 不妙(búmiào)는 '(상황이) 심상치 않다'라는 의미로도 사용함. 또한
중국어에서 妙招(miàozhāo)는 '기발한 방법 또는 대책'이라는 의미를 나타내며,
神算妙招(shénsuànmiàozhāo)는 '신의 한 수'라는 의미임.

용례
妙齡(묘령), 巧妙(교묘), 奧妙(오묘)

성어
기기묘묘(奇奇妙妙): 기이하고 묘함. 몹시 이상하고 야릇함을 이르는 말.

武 무사 무

갑골문	금문	전국문자	소전	예서	해서

한

武 음 무
뜻 무인, 군사 /
무예, 무술 /
굳세다, 용맹하다

중

武 음 wǔ
뜻 군사, 무력 /
무공, 무예 /
용맹하다

일

武 음 ぶ bu, む mu
뜻 군사, 전력 /
강하다, 용맹하다

자원
회의

두 개의 의미 부분인 戈[창 과]와 止[그칠 지]로 이루어짐. 戈는 '무기'를 나타내고, 止는 '발'을 그린 상형자로서 '움직이다'라는 뜻을 주로 나타냄. 따라서 武는 '무기를 들고 이동하다'라는 의미임. '무기를 들고 이동하는' 주체는 '군인'이므로, 오늘날까지도 武에는 '무인', '군사'라는 의미가 담겨 있음. 갑골문부터 소전까지는 戈와 止가 결합된 글자임이 자형상에 명확히 드러나지만, 예서에 와서 필획이 직선화되는 과정을 거쳐 오늘날의 武와 같은 형태가 되었음.

용법

한중일 모두 '군사', '무인'의 의미로 사용함. 한국어와 일본어에서 武術(무술, ぶじゅつ)는 '무기를 쓰거나 주먹이나 발을 사용하는 武道(무도)에 관한 기술'이라는 의미로 쓰이나, 중국어에서 武術(wǔshù)는 '무술 연마'라는 의미 외에도 중국의 국기(國技)로 불리는 전통무술을 지칭하는데, 우리가 흔히 중국 무협영화에서 보는 소림사 권법과 쿵푸, 십팔기, 태극권 등 중국 전통무술 전체를 이르는 말로도 사용됨.

용례

武器(무기), 武力(무력), 武裝(무장)

성어

문무겸비(文武兼備): 문인의 능력과 무인의 재능을 함께 갖춤. 또는 그런 인재.

윤

無 없을 무

갑골문	금문	전국문자	소전	예서	해서

한 無 음 무 / 뜻 없다 / 아니다

중 无 음 wú / 뜻 없다 / ~이 아니다 / ~을 막론하고

일 無 음 ぶ bu, む mu / 뜻 없다 / 헛일 / 부정, 금지를 나타내는 말

자원
형성

'양손에 쇠꼬리를 들고 춤추는 무녀의 모습'을 본뜬 글자로 본래 의미는 '춤추다'임. 후에 '없다'라는 뜻으로 가차되자, 원래의 뜻을 나태내기 위하여 두 발을 나타내는 舛[어그러질 천]을 더해 舞[춤출 무]를 만들었음. 이는 춤의 동작이 발로도 표현됨을 강조한 것임. '밖에서 움혈로 내려오는 동작'을 그린 降[내릴 강]에서도 舛은 두 발의 동작을 나타내는 구성요소로 쓰이고 있음. 無에서 글자의 아랫부분에 있는 점들은 火[불 화] 편방인 灬[불 화]가 아니기 때문에 '불 위에서 춤추다', '불이 없다' 등으로 풀이해서는 안 됨. 『설문』에서는 "없다"로 풀이하여, 본래의 뜻이 아닌 가차되어 생긴 뜻으로 풀이하였음.

용법

한중일 모두 '없다'의 의미로 사용함. 중국어에서 無骨(wúgǔ)는 '기백이 없다'의 의미로 쓰이지만, 일본어에서 無骨(ぶこつ)는 '예절을 모르다'라는 의미임. '보지 않는다'의 無視(무시, wúshì, むし)와 '가볍게 본다'의 輕視(경시, qīngshì, けいし)는 한중일 삼국에서 모두 쓰이지만 중국어에서는 '작게 본다'의 의미인 小看(xiǎokàn)이라고도 씀. 한국어와 일본어에서는 '요금이 없다'를 무료(無料, むりょう)라고 쓰지만, 중국어에서는 '비용을 면해준다'는 의미에서 免費(miǎnfèi)라고 씀.

용례

無能(무능), 無禮(무례), 無知(무지)

성어

무위이화(無爲而化): 움직이지도 않으면서 조화롭게 일을 끌고 감. 훌륭한 덕목 등으로 나라와 사회를 조용하게 이끄는 행위를 이르는 말.

박

舞 춤출 무

갑골문	금문	전국문자	소전	예서	해서
夨	舞		舞	舞	舞

한
舞 음 무
뜻 춤, 춤추다

중
舞 음 wǔ
뜻 춤, 춤추다 /
춤추는 동작을 하다

일
舞 음 ぶ bu
뜻 춤추다 / 마음대로
움직이게 하다

자원
형성

의미 부분인 舛[어그러질 천]과 소리 부분인 無[없을 무]로 이루어짐. 갑골문에서 舞는 無[없을 무]와 자형이 같음. 즉 두 발을 나타내는 부분인 舛이 보이지 않음. 그러나 '춤추다'라는 의미에서 '유무'의 '무'로 가차되어 사용해 금문부터 두 발을 나타내는 편방 舛을 추가하여 舞를 만들어 썼음. 갑골문은 사람이 두 팔을 벌리고 서서 양손에 무언가를 들고 '춤을 추는 형상'을 그린 것임. 『설문』에서는 "즐겁다"로 풀이하였음.

용법

한중일 모두 '춤추다'의 의미로 사용함. 중국어에서는 '춤', '무용', '(어떤 것을) 손에 들고 춤추다'라는 의미 외에 鼓舞(gǔwǔ)라는 단어로 활용되어 '격려하다', '고무하다', '기운나다', '분발하게 하다', '자신감을 불어넣고 용기를 북돋우다'의 뜻으로도 사용함. 한국어와 일본어에서는 주로 舞踊(무용, ぶよう)라고 하지만, 중국어에서는 踊[뛸 용] 대신 蹈[걸을 도]를 써서 舞蹈(wǔdǎo)라고 표현함.

용례 舞臺(무대), 舞踊(무용), 僧舞(승무)

성어 가무음곡(歌舞音曲): 노래, 춤, 음악을 아울러 이르는 말.

務 힘쓸 무

갑골문	금문	전국문자	소전	예서	해서
	𣇵	㩳	𦔮	務	務

한 務
음 무
뜻 힘쓰다 / 일, 업무 /
반드시

중 务
음 wù
뜻 종사하다 /
반드시, 꼭 /
일, 사무

일 務
음 む mu
뜻 맡은 일 /
힘써 일하다

자원
형성

『설문』에서는 '빨리 달리다'로 풀이하고 있는데, 글자의 모양이 나타내는 것과는 차이가
있음. 矛[창 모]가 소리 부분이고, 攵[칠 복]과 力[힘 력]이 의미 부분임. 攵이 무언가를
손에 쥐고 있는 모습으로 '치다'라는 뜻을 나타내므로 이 글자는 '힘을 써서 치다'라는
뜻임. 여기서 '힘을 쓰다'라는 뜻으로 일반화되었음. 『논어論語』의 「학이學而」 편에
"군자는 근본에 힘쓴다(君子務本)."라는 구절이 있는데, 여기에서 務는 '힘쓰다'의
의미로 쓰였음. 후에 '추구하다', '일', '반드시' 등으로 의미가 확장되었음.

용법

한중일 모두 '힘쓰다'의 의미로 사용함. 삼국 모두 勞務(láowù, ろうむ)를 '노동하다'의
뜻으로 쓰는데, 중국어에서는 '서비스', '인력'이라는 뜻으로도 쓰고, 일본어에서는
'노동에 관한 사무'를 나타내기도 함. 한국어와 일본어에서는 '적을 두고 일을 하다'를
勤務(근무, きんむ)라고 하는데, 중국어에서는 工作(gōngzuò), 辦公(bàngōng)이라고 함.
현대 중국어에서는 '반드시'의 뜻을 나타내는 부사로 務必(wùbì)를 자주 사용하지만,
한국어와 일본어에서 務는 동사와 명사로만 쓰임.

용례 務實(무실), 事務(사무), 任務(임무)

성어 무실역행(務實力行): 참되고 실제적인 일에 힘써서 실행함.

류

文 글월 문

갑골문	금문	전국문자	소전	예서	해서

한 文
음 문
뜻 문장 / 글자 / 문서 / 무늬

중 文
음 wén
뜻 인문, 사회 / 글, 문장 / 글자, 문자 / 교양 있다 / 무늬

일 文
음 ぶん bun, もん mon
뜻 무늬 / 글자, 서체 / 문장

자원
상형
사람의 가슴 부분에 문신을 새겨 넣은 모양을 본뜬 글자임. '무늬' 또는 '장식'을 의미함. 후에 '글자', '문장' 등의 의미로 확대 사용되자, 糸[가는 실 멱]을 추가하여 紋[무늬 문]을 만들었음. 따라서 文과 紋은 한 글자에서 파생된 관계로 볼 수 있음.

용법
한중일 모두 '글자', '문장'의 의미로 많이 사용함. 한국어와 일본어에서는 文(문)과 語(어)를 구별하여 사용하고 있음. 예를 들어 英語(영어)는 '언어'를 뜻하고 英文(영문)은 '영어로 쓴 글'을 뜻함. 그러나 중국어에서는 英語(yīngyǔ)와 英文(yīngwén) 모두를 명확한 구별 없이 '영어'로 사용하고 있음. 또한 한국어와 일본어에서 注文(주문, ちゅうもん)은 '물건을 주문하다'의 의미로 쓰지만, 중국어에서는 '주해', '주석'의 의미로 쓰임. 중국어에서 '물건을 주문하다'는 訂購(dìnggòu)라고 씀.

용례
文學(문학), 文化(문화), 作文(작문)

성어
문방사우(文房四友): 문인의 방에 있는 네 친구라는 뜻으로, 종이, 붓, 벼루, 먹을 말함.

문

聞 들을 문

| 갑골문 | 금문 | 전국문자 | 소전 | 예서 | 해서 |

한

聞
음 문
뜻 듣다, 들리다 /
알려지다 /
냄새를 맡다

중

闻
음 wén
뜻 냄새를 맡다 /
듣다 / 알려진 /
소문, 소식

일

聞
음 ぶん bun,
もん mon
뜻 듣다, 들리다 /
평판, 소문

자원
형성

의미 부분인 耳[귀 이]와 소리 겸 의미 부분인 門[문 문]으로 이루어짐. 문[門] 틈으로 귀[耳]를 대고 '듣다'를 뜻하며, 이로부터 '알다', '지식', '소식', '알림', '소문' 등의 의미가 나왔음. 갑골문에서는 손을 귀에 대고 귀 기울여 듣는 모습을 형상화했고, 금문에서는 聟이나 𦕠과 같이 써서 米[쌀 미]나 昏[어두울 혼]을 소리 부분으로 채택했는데, 『설문』의 고문체에도 𦕠이 남아 있음. 이후 다시 昏을 門으로 바꾸어 '문 틈새로 귀 기울여 들음'을 강조했음. 그렇게 본다면 門은 소리 부분이면서 의미의 결정에도 관여한다고 볼 수 있음. 현대 중국어에서는 '듣다'라는 뜻 이외에도 '(냄새 등을) 맡다'라는 뜻까지 더해졌는데, 한문의 옛 용법을 계승한 것임.

용법

한중일 모두 '듣다', '소식', '평판'의 의미로 사용함. 중국어에서는 聞香(wénxiāng)이나 聞香味(wénxiāngwèi)에서처럼 '냄새를 맡다'라는 의미로 자주 쓰임. 또 일본어에서는 한국어와 중국어에는 없는 '(술을) 맛보다'의 뜻으로도 쓰여, 미각에까지 광범위하게 사용되고 있음을 보여줌.

용례

見聞(견문), 所聞(소문), 新聞(신문)

성어

문일지십(聞一知十): 하나를 들으면 열을 안다는 뜻. 매우 총명한 사람을 이르는 말.

門
문 문

갑골문	금문	전국문자	소전	예서	해서

한 門
음 문
뜻 문 / 집안 / 분야

중 门
음 mén
뜻 입구, 현관 /
(~儿) 문, 여닫이

일 門
음 もん mon
뜻 문, 출입구 /
같은 문하생 /
집, 집안

자원
형성

두 개의 문짝이 있는 문을 본뜬 글자로서 '출입구'를 의미함. 실제 드나드는 창문과 같은 출입구뿐만 아니라 門下(문하)에서와 같이 '집안'의 의미도 나타내며, 佛門(불문), 敎門(교문)에서와 같이 '학문이나 사상의 종류'를 뜻하는 글자로도 사용함.

용법

한중일 모두 '문', '출입구', '학문이나 사상의 종류'의 의미로 사용함. 중국어에서는 ~儿(儿)을 더하여 '요령', '방법'의 의미로 쓰는데, 예를 들면 竅門兒(qiàoménr)은 '비법'을, 沒門兒(méiménr)은 '방법이 없다'를 나타냄. 또한 어떤 일을 할 때 정상적인 방법으로 하지 않고 연줄을 대거나 백을 이용하는 경우를 走後門兒(zǒuhòuménr)이라고 쓰는데, 이를 직역하면 '뒷문으로 들어가다'라는 의미가 됨. 한국어와 일본어에서는 家門(가문, かもん)과 문중(門中, もんちゅう) 모두 쓰이지만 중국어에서는 家門(jiāmén)만을 사용함.

용례

登龍門(등용문), 專門(전문), 正門(정문)

성어

문전성시(門前成市): 문 앞이 소란스러운 시장처럼 변함. 찾아오는 사람이 많아 집 앞이 북적대는 모습을 이르는 표현.

김

268

235

問 물을 문

갑골문	금문	전국문자	소전	예서	해서
䀠		䀠	問	問	問

한

問 음 문
뜻 묻다 / 방문하다

중

问 음 wèn
뜻 묻다, 질문하다 / 심문하다

일

問 음 もん mon
뜻 묻다 / 방문하다

자원
형성

의미 부분인 口[입 구]와 소리 겸 의미 부분인 門[문 문]으로 이루어짐. 口는 '입으로 묻다'의 뜻을 나타내고, 門은 소리를 나타냄. '문 앞에서 안부를 묻다'라는 뜻인데, 그렇다면 門이 소리뿐만 아니라 의미와도 관계가 있음을 알 수 있음. 門에 耳를 더하면 聞[들을 문]이 됨. 門은 悶[번민할 민]의 경우처럼 '문'이라는 소리 외에 '민'의 소리를 나타내기도 함.

용법

한중일 모두 '묻다'의 의미로 많이 사용함. 한국어에서는 '아픈 사람을 찾아보고 위로하는 것'을 問病(문병)이라고 하지만, 중국어에서는 探病(tànbìng) 혹은 看病(kànbìng)이라고 함. 한국어와 일본어에서는 看病(간병, かんびょう)가 看護(간호)의 뜻으로 쓰임. 한국어에서는 '안부를 묻다'의 뜻으로 問安(문안), 問候(문후) 모두 쓰지만, 중국어에서는 問候(wènhòu)만 쓰고, 대신 問好(wènhǎo)라는 다른 표현이 있음.

용례

問答(문답), 問題(문제), 反問(반문)

성어

불치하문(不恥下問): 아랫사람에게 묻는 일을 부끄러워하지 않음. 모르는 것이 있으면 나이를 따지지 않고 열심히 물어가며 공부하는 태도를 이르는 말.

박

269

物

만물 물

갑골문	금문	전국문자	소전	예서	해서
牤		物	物	物	物

한 ─────

物

음 물

뜻 물건 / 일, 사무 /
보다, 살피다

중 ─────

物

음 wù

뜻 물건, 물질 /
다른 사람, 외부 환경

일 ─────

物

음 ぶつ butu,
もつ motu

뜻 물건 / 일 / 가리다,
견주어 보다

자원
형성

의미 부분 牛[소 우]와 소리 부분 勿[말 물]로 이루어짐. '여러 가지 색이 뒤섞인 잡색
소'를 의미함. 후에 '잡색'에서 '만사', '만물' 등의 의미로 확대 사용하고 있음.

용법

한중일 모두 '물건'의 의미로 많이 사용함. 한국어와 중국어에서는 物品(물품,
wùpǐn)이라고 하지만, 일본어에서는 어순이 바뀌어 品物(しなもの)라고 함. 또한
'남에게 축하나 고마움의 뜻을 담아 전달하는 물건'을 한국어에서는 膳物(선물)
이라고 하지만, 일본어에서는 贈り物(おくりもの) 또는 プレゼント(present)라고
하고, 중국어에서는 禮物(lǐwù)라고 함. 한국어에서도 禮物(예물)이라는 표현을
사용하지만 結婚禮物(결혼예물)처럼 좀 더 비싼 물건을 뜻함. 일본어에서 物語
(ものがたり)는 '이야기', '전설' 또는 '(일본 전통) 문학 장르'를 뜻함.

용례

物色(물색), 物質(물질), 事物(사물)

성어

물의(物議): 여러 사람들이 벌이는 논의나 수군거림. 세상 사람들의 화제에 올라 여러
논의를 일으키는 일.

문

尾

꼬리 미

갑골문	금문	전국문자	소전	예서	해서

한

尾

음 미

뜻 꼬리 / 끝, 뒤
교미하다

중

尾

음 wěi

뜻 꼬리, 꽁무니 /
끝 부분, 뒷부분

일

尾

음 び bi

뜻 꼬리 / 끝, 뒤 /
교미하다 / 마리
(생선을 세는 말)

자원
회의

두 개의 의미 부분인 毛[털 모]와 尸[주검 시]로 이루어짐. 갑골문에서 '꼬리'를 그린 것이 후에 毛로 변형되었음. 따라서 尾는 '꼬리 장식 한 사람'을 의미함. 후에 '동물의 꼬리', '끝 부분' 등의 의미로 확대 사용함. 사람에게 꼬리를 그린 이유를 살펴보면, 갑골문에는 僕[종 복]과 같이 신분이 미천한 노예를 표현한 글자에 꼬리 달린 사람이 보이고 있음. 이를 근거로 볼 때, 尾는 평민이 아닌 노예를 표현한 글자로 볼 수 있음. 尸는 고문자에서 人[사람 인]과 구별 없이 사용하고 있음. 따라서 한자에서 사용하고 있는 尸는 人에서 변화된 것들이 많기에 '시체'보다는 '사람'을 연상하는 것이 글자의 의미 파악에 도움이 됨.

용법

한중일 모두 '꼬리', '끝'의 의미로 사용함. 한국어와 일본어에서는 물고기를 세는 단위인 '마리'의 의미로도 사용함. 또한 '어떤 사람의 뒤를 몰래 밟는 일'을 의미하는 尾行(미행, びこう)의 경우, 중국어에서는 跟蹤(gēnzōng)이라고 씀.

용례

交尾(교미), 末尾(말미)

성어

어두육미(魚頭肉尾): 물고기의 머리와 들짐승의 꼬리. 물고기는 머리 쪽이, 짐승 고기는 꼬리 쪽이 맛있다는 말.

味　맛 미

갑골문	금문	전국문자	소전	예서	해서

한 味
음 미
뜻 맛, 맛보다 /
기분, 느낌 / 뜻

중 味
음 wèi
뜻 (~儿) 맛 /
(~儿) 냄새 /
요리

일 味
음 み mi
뜻 맛 / 사물의 내용,
재미 / 음미하다

자원
형성
의미 부분인 口[입 구]와 소리 부분인 未[맛 미]로 이루어짐. 味는 갑골문,
금문에서는 보이지 않는 글자로 비교적 후에 만들어진 글자임. 갑골문에서 味의 뜻과
관련 있는 글자로 舌[혀 설]을 찾아볼 수 있는데, 味를 쓰기 전에 舌을 통해 그 뜻을
나타냈을 것으로 추정할 수 있음. 또한 美[아름다울 미]에 羊[양 양]이 있는 것으로
볼 때, 양고기가 아름다운 어떠한 것처럼 맛있는 음식이라는 점에서 美와 味가 뜻이
통하는 글자로 볼 수 있음.

용법
한중일 모두 '맛'의 의미로 사용함. '신비롭고 좋은 맛'을 일컫는 妙味(묘미, みょうみ)
의 경우 중국어에서는 甜頭(tiántou)라고 함. 중국어에서는 滋味(zīwèi)라고 써서
'재미'의 뜻을 나타냄. 일본어에서는 味方(みかた)라고 써서 '아군'의 뜻을 나타냄.

용례
甘味(감미), 無味(무미), 五味(오미)

성어
흥미진진(興味津津): 흥미가 넘치는 모양.

박

239

米 쌀 미

| 갑골문 | 금문 | 전국문자 | 소전 | 예서 | 해서 |

한 米 음 미
뜻 쌀 / 미터(meter)

중 米 음 mǐ
뜻 쌀 / 미터(meter)

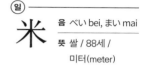

일 米 음 べい bei, まい mai
뜻 쌀 / 88세 / 미터(meter)

자원
상형
갑골문에서의 米가 무엇을 그렸는지에 대해서는 의견이 분분함. 아래위의 세 점이 나락인지 나락을 찧은 쌀인지 분명하지 않고, 중간의 가로획도 벼의 줄기인지 쌀을 골라내기 위한 '체'인지 불분명하기 때문임. 작은 점들이 나락이라면 중간의 획은 이삭 줄기일 테고 나락을 찧은 쌀이라면 체일 테지만, 전자일 가능성이 커 보임. 벼가 남아시아에서 중국으로 들어간 이후 쌀이 가장 중요한 식량으로 자리 잡으면서 米는 쌀은 물론 기장이나 조 등 일반 곡식까지 두루 지칭하게 되었음. 또 쌀처럼 껍질을 벗긴 것을 지칭하기도 하며, 길이 단위인 '미터(m)'의 음역어로도 쓰임.

용법
한중일 모두 '쌀'과 여기서 파생한 의미, 그리고 길이 단위인 '미터(m)'의 음역어로 사용함. '아메리카합중국'을 한국어나 중국어에서는 美國(미국, Měiguó)라 하여 '아름다운 나라'로 표현하지만, 일본어에서는 米國(べいこく)로 표현하여 '쌀 같은 곡물을 많이 생산하는 나라' 정도의 의미를 담았음. 또 일본어에서 米所(こめどころ)는 '쌀의 산지나 곡창'을 뜻하는데, 일본어에만 있는 한자어임.

용례
米穀(미곡), 米粒(미립), 米壽(미수)

성어
오두미(五斗米): 다섯 말의 쌀이라는 뜻으로, 하급 관리의 변변찮은 월급을 이르는 말.

하

273

아닐 미

갑골문	금문	전국문자	소전	예서	해서

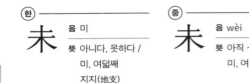

한

未 음 미
뜻 아니다, 못하다 /
미, 여덟째
지지(地支)

중

未 음 wèi
뜻 아직 ~하지 않다 /
미, 여덟째 지지

일

未 음 び bi, み mi
뜻 아직 ~하지 않다 /
미, 여덟째 지지

자원
형성

木[나무 목]의 자형 가운데 부분에 획을 하나 더 그어놓은 모양임. 원래는 나무에 가지와 잎이 무성하다는 것을 나타냈는데, 이후 12지지(地支)°의 여덟째 순위와 '아니다'를 뜻하는 부정사로 가차되면서 본래의 뜻은 사라지게 되었음.

용법

한중일 모두 '아니다', '못하다'의 부정사로 사용함. 일본어에서는 み로 읽으면 여덟째 지지가 되며, 한국어와 중국어에서도 여덟째 간지(干支)를 나타냄. 중국어에서는 주로 '아직 ~하지 않다'라는 의미를 나타내며, 未必(wèibì)라는 부사로 활용되어 '반드시 ~한 것은 아니다', '꼭 ~하다고 할 수 없다'라는 의미를 나타내기도 함.

용례

未來(미래), 未熟(미숙), 未洽(미흡)

성어

미증유(未曾有): 지금까지 한 번도 없던 일을 이르는 말.

° 육십갑자(六十甲子)의 아래 단위를 이루는 요소로서,
자(子)·축(丑)·인(寅)·묘(卯)·진(辰)·사(巳)·오(午)·미(未)·신(申)·유(酉)·술(戌)·해(亥)를 말함.

윤

美 아름다울 미

갑골문	금문	전국문자	소전	예서	해서

한

美
음 미
뜻 아름답다 /
홀륭하다

중

美
음 měi
뜻 아름답다 / 좋다 /
미국

일

美
음 び bi, み mi
뜻 아름답다 /
홀륭하다 / 맛있다

자원
형성

사람[大]의 머리 위에 장식이 있는 모습을 본뜬 글자로서 '머리 장식을 한 사람'을 의미함. 후에 장식이 성대하고 멋져 보인다는 점에서 '아름답다', '맛있다' 등의 의미가 더해졌음. 지금은 자형이 바뀌어 大[클 대]와 羊[양 양]이 합쳐진 모양이 되었음. '아름답다'라는 의미 외에 美國(미국)의 약칭으로도 쓰임.

용법

한중일 모두 '아름답다', '홀륭하다'의 의미로 많이 사용함. 중국어에서는 '대단히 만족하다', '득의양양'의 의미로도 사용함. 중국어에서는 '미국의'라는 뜻으로도 쓰여 '달러'를 美元(měiyuán)이라 함.

용례

美麗(미려), 美術(미술), 美食(미식), 審美(심미), 完美(완미)

성어

미사여구(美辭麗句): 아름다운 문장과 화려한 구절. 아름다운 말과 듣기 좋게 꾸민 문장을 일컫는 말.

民 백성 민

갑골문	금문	전국문자	소전	예서	해서

한 民 음 민 / 뜻 백성

중 民 음 mín / 뜻 백성

일 民 음 みん min / 뜻 백성

자원
형성
'뾰족한 것에 찔린 눈'을 본뜬 글자로서 '앞을 보지 못하게 만든 노예'의 의미를 나타냄. '노예'의 뜻에서 '서민', '백성', '민중', '대중' 등의 의미가 파생되었음. 고대사회에서는 포로와 범법자를 그 반항 정도에 따라 현장처결, 감금, 발뒤축을 잘라내거나 눈을 찔러 다시 반항하거나 도망할 수 없도록 했음. 民은 노예 역시 사람이라는 점에서 人[사람 인]과 뜻이 통하고, 백성이 신하가 된다는 점에서 臣과도 뜻이 통함.

용법
한중일 모두 '백성'의 의미로 사용함. 또한 삼국 모두 民國(민국, Mínguó, みんこく)를 '서민이 주권이 있는 나라'라는 의미로 사용함. 임금이 나라의 주인인 나라를 君主國家(군주국가)라 하고, 庶民(서민)이 나라의 주인이 되는 나라를 民主國家 (민주국가)라 하며, 그 이상이 실현되는 나라가 民國(민국)이라 할 수 있음. 현대 중국어에서는 庶民(서민, shùmín)이라는 표현 대신 老百姓(lǎobǎixing)이라는 표현을 주로 사용함.

용례
民國(민국), 民主(민주), 庶民(서민)

성어
백의민족(白衣民族): 예부터 흰색을 숭상하여 흰옷을 입었던 우리 한민족을 가리키는 말.

박

276

243

密 빽빽할 밀

갑골문	금문	전국문자	소전	예서	해서

한

密 음 밀

뜻 빽빽하다 /
자세하다 /
은밀하다

중

密 음 mì

뜻 빽빽하다 / 친하다 /
정밀하다 / 비밀(의)

일

密 음 みつ mitu

뜻 빽빽하다 /
자세하다 /
은밀하다

자원
형성
겸
회의

의미 부분인 山[뫼 산]과 소리 겸 의미 부분인 宓[잠잠할 밀]로 이루어짐. 원래는 '깊은 산속의 은밀한 공간'을 의미함. 후에 '조용하다', '깊숙하다', '은밀하다' 등의 의미로 확대 사용함. 소전 이전에는 山이 없는 宓을 동일한 의미로 사용하였으나, 후에 密로 통합되었음.『설문』에서는 山을 부수로 분류하였지만,『강희자전康熙字典』* 부터 宀[집 면]을 부수로 하였음.

용법
한중일 모두 '빽빽하다', '몰래'의 의미로 사용함. 秘密番號(비밀번호)를 한국어와 일본어에서는 password(패스워드, パスワード)라는 외래어로 주로 표현하지만, 중국어에서는 密碼(mìmǎ)라고 함. 또한 한국어와 일본어에서 '가깝게 맞닿아 있음 또는 그런 관계'를 密接(밀접, みっせつ)라고 하는데, 중국어에서는 接[맞을 접] 대신 切[절박할 절]을 써서 密切(mìqiè)라고 함.

용례
緊密(긴밀), 秘密(비밀), 細密(세밀), 嚴密(엄밀),

성어
밀운불우(密雲不雨): 구름은 끼어 있으나 비가 내리지 않음. 조짐은 있으나 실제 일이 벌어지지 않은 상태, 또는 은덕이 아래에까지 미치지 않은 상태를 비유적으로 이르는 말.

---

* 중국 청나라 때 강희제(康熙帝)의 칙령으로 편찬한 자전으로 오늘날 자전의 체재를 정립하는 데 많은 역할을 하였음.

反

돌이킬 반

갑골문	금문	전국문자	소전	예서	해서
反	反	反	反	反	反

한

反

음 반

뜻 돌이키다 /
돌아가다 /
도리어, 반대로

중

反

음 fǎn

뜻 반대의 /
뒤집다, 바꾸다 /
돌아가다

일

反

음 たん tan, はん han,
ほん hon

뜻 돌이키다 /
되풀이하다 /
배반하다

자원
형성

'손'을 본뜬 又[또 우]와 '절벽'을 나타낸 厂[기슭 엄]으로 이루어짐. 원래 '절벽을
기어 올라가다'라는 뜻을 나타냄. 가차되어 '반대'의 뜻으로 쓰이자 攀[등반 반]을
만들어 본래의 뜻을 나타냄. 갑골문에서는 지명을 나타내는 글자로 주로 쓰였음.
'오르다'의 뜻을 나타내는 글자로 登[오를 등], 揚[오를 양], 昇[오를 승], 騰[오를 등],
陟[오를 척] 등을 찾아볼 수 있는데, 그 자형 구조가 反에 비해 복잡한 것으로 볼 때,
'오르다'의 뜻을 나타내는 글자 중 反이 가장 먼저 만들어진 것으로 보임.

용법

한중일 모두 '뒤집다', '돌이키다'의 의미로 사용함. 한국어와 일본어에서 '방향이나
위치, 순서 등이 거꾸로인 것'을 反對(반대, はんたい)라고 쓰는데, 중국어에서는
相反(xiāngfǎn)으로 씀. 한국어와 일본어에서는 '배반을 꾀함'의 의미를 謀反(모반,
むほん)으로 나타내지만, 중국어에서는 造反(zàofǎn)이라고 씀. 한국어와 일본어에서
'어떤 일이나 행동에 대해 거스르다'라는 의미로 쓰는 反撥(반발, はんぱつ)의 경우
중국어에서는 反抗(fǎnkàng)이라고 씀.

용례

反感(반감), 反對(반대), 反復(반복)

성어

반포보은(反哺報恩) 자식이 부모가 길러준 은혜에 보답하는 것.

박

ㅂ

半 반반

갑골문	금문	전국문자	소전	예서	해서
	半	半	半	半	半

한

半

음 반

뜻 반, 절반

중

半

음 bàn

뜻 절반, 2분의 1 /
불완전하게 /
수량이 아주 적음

일

半

음 はん han

뜻 반, 중간 /
불완전, 조금 /
작다

자원
회의

두 개의 의미 부분인 八[여덟 팔]과 牛[소 우]로 이루어짐. 八은 '나누다'라는 뜻을
나타내며, 이로써 원래 의미는 '제사 지낼 때 희생으로 바치는 소를 반으로 나누다'라는
것이고, 여기에서 '절반'이라는 의미가 생겨났음. 전체가 아니기 때문에 '불완전하다',
'적다'라는 의미도 더해졌음.

용법

한중일 모두 '절반', '가운데'의 의미로 사용함. 한국어와 일본어에서는 半天(반천,
はんてん)이 '하늘의 반쪽'을 의미하지만, 중국어에서는 '한나절', '한참 동안'을
의미함. 한국어와 일본어에서는 '반나절'을 半日(반일, はんにち)라고 표현함.
중국어에서는 '쓰던 물건'을 半舊(bànjiù) 혹은 二手(èrshǒu)라고 쓰는데, 한국어와
일본어에서는 中古(중고, ちゅうこ)라고 씀. 그런데 중국어에서 中古(zhōnggǔ)는
단지 역사적 시기, 즉 위진남북조시대에서 청대를 가리키는 의미로 쓰임.

용례

半減(반감), 半年(반년), 過半(과반)

성어

반신반의(半信半疑): 절반은 믿고 절반은 믿지 않음. 믿으면서도 의심을 버리지
않음을 이르는 표현.

飯

밥 반

갑골문	금문	전국문자	소전	예서	해서
	飤	飯	飯	飯	飯

한

飯 음 반
뜻 밥 / 먹다

중

饭 음 fàn
뜻 밥

일

飯 음 はん han
뜻 밥

자원
형성

의미 부분인 食[밥 식]과 소리 부분인 反[반 반]으로 이루어짐. 『설문』에서는 "먹는 것"으로 풀이하였음. 금문 시기에 이미 형성자가 널리 쓰였다는 증거가 되는 글자 중 하나임.

용법

한중일 모두 '밥'의 의미로 사용함. 일본어에서는 めし로 읽으면 '밥', '식사'라는 뜻이 되며, まんま로 읽으면 유아어로 '맘마'라는 뜻이 되기도 함. 한국어에서는 白飯(백반)을 '쌀밥' 혹은 '음식점에서 흰밥에 국과 몇 가지 반찬을 내서 파는 한 상의 음식'이라는 의미로 자주 사용하나, 중국어에서는 白飯(báifàn)을 백미로 지은 '쌀밥'이라는 의미로만 쓰며, 大米飯(dàmǐfàn)이라는 표현도 자주 사용함.

용례

飯酒(반주), 白飯(백반), 早飯(조반)

성어

조반석죽(朝飯夕粥): 아침에는 밥, 저녁에는 죽. 근근이 살아가는 어려운 삶을 이르는 말.

윤

發 필발

갑골문	금문	전국문자	소전	예서	해서
	𤼺	發	𤼽	發	發

한 發 음 발
뜻 피다 / 쏘다 /
일어나다 /
발생하다 /
보내다

중 发 음 fā
뜻 [fā] 보내다 /
쏘다, 발사하다 /
발생하다
[fà] 머리카락

일 発 음 はつ hatu,
ほつ hotu
뜻 쏘다 /
일어나다, 시작하다 /
폭로하다 /
가다, 출발하다

자원
형성
의미 부분인 弓[활 궁]과 소리 부분인 癹[짓밟을 발]로 이루어짐. 『설문』에서는 "활을
쏘다"로 풀이하였음. '활을 쏘다'라는 의미에서 '어떤 일이 시작되다'라는 의미로
확장된 것으로 보임.

용법
한중일 모두 '쏘다', '일어나다', '나타나다'의 의미로 사용함. 한국어와 일본어에서는
주로 出發(출발, しゅっぱつ)라고 쓰나, 중국어에서는 出發(chūfā)와 함께 開往
(kāiwǎng)이라는 동사를 자주 사용함. '전신·우편 등을 보내고 받는 일'을 한국어
에서는 受發(수발), 일본어에서는 發受(はつじゅ)로 어순은 다르지만 같은 한자를
사용하고, 중국어에서는 收[거둘 수]를 써서 收發(shōufā)라고 표현함.

용례
發展(발전), 發表(발표), 開發(개발)

성어
백발백중(百發百中): 백 번 쏘아 백 번 맞힘. 틀림없이 계획을 집행하여 일을
이룬다는 뜻.

윤

放

놓을 방

갑골문	금문	전국문자	소전	예서	해서
𢼌	放	㪱	放	放	

한 放
음 방
뜻 놓다, 놓아주다 /
내버려 두다 /
멋대로 하다 /
내쫓다

중 放
음 fàng
뜻 놓다, 놓아주다 /
방영하다 / 쉬다 /
넓히다

일 放
음 ほう hou
뜻 내쫓다 /
놓아주다 /
붙이다 /
멋대로 하다

자원
형성

의미 부분인 攴[칠 복]과 소리 부분인 方[모 방]으로 이루어짐. 『설문』에서는 "쫓아내다"로 풀이하였음. 공자진(龔自珍)˙은 손에 막대기를 들고 있는 모습[攴]을 본뜬 것으로 이루어져 "몰아내다"라는 뜻을 가진다고 하였으며, 양수달(楊樹達)˙˙은 方은 旁[두루 방], 邊[가 변]과 통용할 수 있으므로 "변방으로 강제로 내치는 것"이라 하였음. 이로부터 '놓다', '내쫓다', '밖으로 내몰려 멋대로 하다' 등의 의미가 나왔음.

용법

한중일 모두 '놓다', '놓아주다'의 의미로 사용함. 한국어에서 放心(방심)은 '마음을 다잡지 아니하고 풀어놓는다'라는 의미가 강한 반면에, 중국어에서 放心(fàngxin)은 '마음을 놓다', '안심하다'라는 뜻으로 주로 사용함. 이 밖에 일본어의 放心(ほうしん)은 정신을 차리지 못하는 '멍하다'의 의미도 가지고 있음. 한편 한국어에서는 '돋보기'를 擴大鏡(확대경)이라고 하지만 중국어에서는 放大鏡(fàngdàjìng)이라 하고, 일본어에서는 蟲眼鏡(むしめがね)라고 함.

용례

放心(방심), 放學(방학), 開放(개방)

성어

방성대곡(放聲大哭): 목을 놓아 큰 소리로 운다는 뜻으로, 매우 슬픈 일을 당한 경우의 행동.

˙ 1792~1841, 중국 청나라의 학자이자 시인.
˙˙ 1885~1956, 중국 언어문학자로서 중국과학원 철학사회과학부 위원을 역임.

오

防 막을 방

갑골문	금문	전국문자	소전	예서	해서
			防	防	防

한 防 음 방
뜻 막다, 방어하다 / 둑, 방죽

중 防 음 fáng
뜻 막다, 방어하다

일 防 음 ほう hou, ぼう bou
뜻 둑 / 막다, 지키다

자원
형성
의미 부분인 阜[언덕 부]와 소리 부분인 方[모 방]으로 이루어져 원래 '강가나 성 주위[方]를 흙으로 쌓은[阜] 둑'을 뜻했음. 높다란 둑이나 흙벽은 홍수를 막고 적을 '방어'하기 위한 중요한 시설물이었음. 이로부터 '둑', '제방'의 의미가 나오고, 다시 '막다', '방어하다', '지키다' 등의 의미가 생겨났음. 方에 대해『설문』에서는 "배[舟]를 둘 합쳐 놓은 것"이라고 했지만, 논밭을 가는 데 쓰는 '쟁기'를 그렸음이 분명함. 윗부분은 손잡이를, 중간은 발판을, 아랫부분은 갈라진 날을 그린 쇄토형 쟁기임. 쟁기는 흙을 갈아엎는 데 쓰는 유용한 농기구로, 중국의 쟁기는 세계의 다른 지역보다 수백 년이나 앞서 발명되고 응용된 것으로서 선진적인 농업의 상징이기도 했음.

용법
한중일 모두 '막다', '방어하다'의 의미로 사용함. 한국어와 일본어에서는 '지키다'의 의미로 防衛(방위, ぼうえい)를 쓰지만, 중국어에서는 保[지킬 보]를 써서 保衛(bǎowèi)라고 씀. 또 일본어에서는 한국어나 중국어와 달리 防禦戰(방어전, fángyùzhàn)을 防戰(ぼうせん)으로 줄여 씀.

용례
防禦(방어), 防止(방지), 豫防(예방)

성어
방적지책(防敵之策): 적을 막는 대책.

方

모 방

갑골문	금문	전국문자	소전	예서	해서
㞢	才	㪔	㞥	方	方

한
方
음 방
뜻 모, 네모 /
방위, 방향 /
곳, 장소 /
방법, 수단 /
바르다 / 바야흐로

중
方
음 fāng
뜻 사각형, 육면체 /
지방, 곳 / 쪽 /
방법, 방식 /
바르다 / 바야흐로

일
方
음 ほう bou
뜻 가지런히 하다
방향 / 네모 / 방법 /
일정한 장소, 지방 /
이제, 지금

자원
상형
『설문』에서는 "배 두 척을 합하여 머리를 묶어놓은 모양"으로 보았는데, 이는 잘못된 풀이임. 方이 무엇을 본뜬 글자인지에 대해서는 여러 가지 견해가 있음. 고문자의 모양을 보고 칼을 나타내는 刀[칼 도]와 그 윗부분에 한 획[一]을 그은 것이며 '칼자루'를 나타내는 글자라고 풀이함. 하지만 이 풀이는 方이 왜 '네모', '방향'이라는 뜻을 갖는지 설명해주지 못함. 또 아랫부분이 쟁기이고 윗부분의 획[一]은 쟁기를 누르는 발판이라는 견해도 있음. 쟁기로 땅을 파내고, 전통적으로 '하늘은 둥글고 땅은 네모나다'라는 사상이 있으므로 땅에서 '네모'라는 뜻이 생겼다고 풀이하지만, 역시 의미 관계가 명료하게 설명되는 것은 아님. 또 다른 견해는 이 글자를 尤[머뭇거릴 유]의 변체로 보고 있는데, 즉 사람이 어깨에 물건을 메고 있는 모양이라는 것임. 오늘날 方은 '네모', '방향', '장소', '방법', '바르다' 등 다양한 의미를 나타내는 글자로 쓰임.

용법
한중일 모두 '방위', '방법', '장소'의 의미로 사용함. 삼국 모두 '한 나라의 수도 이외의 지역'을 地方(지방, dìfāng, ちほう)라고 하는데, 현대 중국어에서는 '곳', '부위'를 나타내는 뜻으로도 쓰임. 한국어와 일본어에서는 方便(방편, ほうべん)을 '수단'의 뜻으로 사용하지만, 중국어에서는 方便(fāngbiàn)을 주로 '편리하다'의 뜻으로 사용함. 일본어에서 方角(ほうがく)는 '쪽', '방향'의 뜻을 나타냄.

용례
方法(방법), 方向(방향), 地方(지방)

성어
방촌지지(方寸之地): 사방 한 치에 불과한 좁은 땅. 사람의 마음을 이름.

류

251

訪 찾을 방

갑골문	금문	전국문자	소전	예서	해서
			訪	訪	訪

한
訪
음 방
뜻 찾다, 탐구하다 /
방문하다 /
(의견을) 묻다

중
访
음 fǎng
뜻 방문하다 /
찾다, 탐문하다

일
訪
음 ほう bou
뜻 방문하다 /
찾다, 탐구하다

자원
형성

의미 부분인 言[말씀 언]과 소리 부분인 方[모 방]으로 이루어짐. 원래 '남에게 널리 의견을 구하다'라는 의미였는데, 후에 의견을 구하기 위하여 여러 사람을 '방문하다' 라는 의미로 확장됨.

용법

한중일 모두 '찾다', '묻다'라는 의미로 사용함. 한국어에서 '모르는 곳을 물어서 찾아가다'라는 의미를 採訪(채방)이라고 쓰는데, 일본어에서 採訪(さいほう)는 '타지를 방문하여 연구 자료를 채집하다'라는 의미로 쓰고, 중국어에서 採訪(cǎifǎng)은 '취재하다'라는 의미로 쓰임.

용례

訪客(방객), 訪問(방문), 探訪(탐방)

성어

호별방문(戶別訪問): 집집마다 찾아다님.

ㅂ

류

285

拜 절 배

갑골문	금문	전국문자	소전	예서	해서

한 拜 음 배
뜻 절, 절하다 /
공경하다 /
받다

중 拜 음 bài
뜻 절하다 /
방문하다 /
찾아뵙다

일 拜 음 はい hai
뜻 절하다 /
공경하다 /
관직을 임명받다

자원
형성

의미 부분인 手[손 수]와 소리 부분인 癶[빠를 훼]로 이루어짐. 새로 수확한 곡식[癶]을 조상신에게 두 손[手]으로 절을 하며 바치는 모습을 본뜬 글자였는데, 이로부터 '절을 하다', '받들다', '바치다' 등의 뜻이 나왔음. 소전에서 두 손[手]과 下[아래 하]로 구성되어 두 손을 모아 자신을 낮추며 '공경'의 의미를 그려내기도 했음. '절을 하다'라는 뜻을 가진 또 다른 한자에 揖[읍할 읍]이 있는데,『설문』에서 "揖은 '손을 가슴팍까지 올리는 공경법'을 말하고, 拜는 '머리가 손에 닿는 인사법'이다"라고 한 것으로 보아, 揖은 서서 하는 절을, 拜는 엎드려 하는 절을 말한 것으로 보임.

용법

한중일 모두 '절을 하다', '공경하다'의 의미로 사용함. 중국어에서는 '알현하다', '찾아뵙다'라는 의미로도 사용하는데, 拜訪(bàifǎng)은 '찾아뵙다'라는 뜻으로 한국어의 禮訪(예방)에 해당하며, 拜年(bàinián)은 '세배하다'라는 뜻으로 歲拜(세배)에 해당하고, 拜托(bàituō)는 '부탁하다'라는 뜻으로 付託(부탁)에 해당함. 또 중국어에서는 '어떤 절차를 갖추어 상대와 관계를 맺는 의식'을 말하기도 하는데, 拜師(bàishī)는 어떤 격식을 갖추어 '스승으로 모시다'라는 뜻으로 '제자가 되다', '師事(사사)하다'라는 의미임.

용례

崇拜(숭배), 禮拜(예배), 參拜(참배)

성어

백배사죄(百拜謝罪): 절을 수도 없이 하면서 사과함.

일백 백

한

百 음 백

뜻 백, 100 /
여러, 모든

중

百 음 bái

뜻 백, 100 / 많은 /
모두

일

百 음 ひゃく hyaku

뜻 백, 100 / 많음

자원
형성

갑골문을 보면 白[흰 백] 위에 가로획(一)을 하나 그은 모습임. 이 글자의 자원에 대해서는 이견이 많은데, 복사(卜辭)*의 기록을 근거로 살펴보면, 百은 白에 一을 더하여 숫자 '백'을 나타낸 것으로 보임. 『설문』에서는 "百은 10이 10개 있는 것이다. 一과 白이 뜻 부분이며, 숫자이다"라고 하였음. 고대 중국사회에서 10은 단순히 '열'을 의미하는 것이 아니라, '많음'을 나타내기도 했는데, 이러한 의미가 글자에 남아서, 百은 '모든', '많은'의 의미로도 쓰임.

용법

한중일 모두 숫자 '백'을 나타내거나 '모두', '모든'이라는 의미로 사용함. 일본어에서는 ひゃく로 음독하거나 もも로 훈독하며, 숫자 백 또는 '다수', '많은'의 의미를 나타냄. 중국어에서는 숫자 백과 '많은', '전부인'이라는 형용사로도 활용되며, 퍼센트를 나타낼 때 百分之(bǎifēnzhī)라고 함. 예를 들어 百分之三十은 100분의 30, 즉 30퍼센트라는 뜻임.

용례

百穀(백곡), 百姓(백성), 百藥(백약)

성어

백전불태(百戰不殆): 백 번 싸워도 위태롭지 않음. 싸울 때마다 이길 만큼 뛰어남을 이르는 말.

---

* 중국 은대에 점을 본 시간·원인·결과 등을 수골이나 귀갑에 새겨놓은 기록을 말함.

白 흰 백

한
白
음 백
뜻 흰색, 희다 /
깨끗하다 /
밝다, 밝아지다 /
비다, (가진 것이)
없다 / 여쭈다

중
白
음 bái
뜻 흰색, 희다 /
깨끗하다 /
명백, 분명하다 /
텅 비다 /
거저, 공짜로

일
白
음 はく haku,
びゃく byaku
뜻 흰색, 희다 /
깨끗하다 /
명백, 분명하다 /
아무것도 없다 /
고백하다, 밝히다

자원
형성
'잣'의 모양을 본떠 만든 글자임. 이를 '엄지손가락'을 본떠 만든 글자이며, 이후 '흰색'이란 의미로 가차된 것이라고 주장하는 학자들도 있으나, 갑골문과 금문의 자형으로 볼 때 이러한 주장은 이치에 맞지 않음. 먹기 위해 까놓은 '잣'은 흰색이기 때문에, '흰색'의 뜻을 갖게 되었고, 이에 따라 본래의 뜻을 갖도록 木[나무 목]을 더하여 柏[잣나무 백]으로 분화했음.

용법
한중일 모두 '희다', '깨끗하다', '분명하다'의 의미로 사용함. 일본어에서는 せりふで 읽으면, '연극의 대사', '틀에 박힌 말'이라는 의미가 됨. 중국어에서는 '싱겁다', '틀리다'의 뜻을 나타내는 형용사로도 사용함. 한국어와 일본어에서는 '마음속에 생각하고 있는 것이나 감추어 둔 것을 사실대로 숨김없이 말하다'의 의미로 告白(고백, こくはく)를 주로 쓰지만, 중국어에서는 告白(gàobái)와 함께 告曰(gàoyuē)를 쓰기도 함. 한편 중국어에는 '공짜로'라는 뜻이 있어 白看戲(báikànxi)라고 하면 '공짜로 연극을 보다'라는 뜻임.

용례
白露(백로), 潔白(결백), 明白(명백)

성어
백면서생(白面書生): 하얀 얼굴의 글 읽는 사람. 글만 읽고 세상물정을 잘 모르는 사람을 가리키는 말.

番 차례 번

갑골문	금문	전국문자	소전	예서	해서
	番		番	番	番

한

番

음 번
뜻 차례 / 횟수 /
번갈다

중

番

음 fān
뜻 차례, 번 /
종류, 가지 / 외국

일

番

음 ばん ban
뜻 차례 /
교대로 하는 일 /
번가르다

자원
상형
짐승의 발가락과 발바닥 모양을 본뜬 글자임. 『설문』에서는 "뜻 부분인 釆[분별할 변]과 田[밭 전]으로 이루어졌으며, 田은 '짐승의 발바닥 모양'을 본뜬 것임. 釆은 '짐승의 발톱이 갈라져 구분되어 있는 모양'을 본뜬 것으로, 본래 의미는 '구분하다'이다"라고 하였음. 田은 '짐승의 발바닥 모양'이라고 하므로 番에서 田은 '밭'을 의미하는 것이 아니라 단순히 짐승의 발바닥 모양을 본뜬 상형부호로 보는 것이 타당함.

용법
한중일 모두 '차례', '횟수'의 의미로 사용함. 한국어에서 '어떤 범주에 속한 사람'이나 '사물의 차례'를 나타내는 단위로도 쓰임. 예를 들어 ~번 버스, ~번 타자, ~번 열차 등과 같이 쓰임. 일본어에서는 바둑이나 장기의 '판'을 나타낼 때도 番(ばん)을 쓰고, 또 一番(いちばん)은 '최고의', '첫 번째'라는 의미로 쓰임. 중국어에서 一番(yìfān)은 '한바탕', '한 차례', '한 종류'를 나타내는 의미로 쓰임. 어떤 일을 맡는 차례가 되거나 그 차례가 된 사람을 뜻하는 當番(당번, とうばん)을 중국어에서는 值日生(zhírìshēng)이라고 함.

용례
當番(당번), 一番(일번)

성어
삼번오차(三番五次): 세 번 다섯 차례. 거듭 이어서 뭔가 하는 것을 이르는 말.

칠 벌

갑골문	금문	전국문자	소전	예서	해서
杁	戈	狀	𤟭	伐	伐

한 ─────
伐 음 벌
뜻 치다, 공격하다 /
베다

중 ─────
伐 음 fá
뜻 베다, 벌목하다 /
치다, 공격하다

일 ─────
伐 음 ばつ batu
뜻 치다, 공격하다 /
베다

자원
회의

의미 부분인 人[사람 인]과 戈[창 과]로 이루어짐. 갑골문을 보면 창[戈]으로 한 사람[人]의 목을 찌른 모양을 본뜬 것임을 알 수 있음. 여기에서 '치다', '공격하다'의 의미가 생겨난 것으로 볼 수 있음. 伐과 자형 구조가 비슷한 한자로 戍[수자리 수]가 있음. 戍 역시 伐과 마찬가지로 人과 戈로 구성돼 있지만, 戍의 갑골문 𢦏은 한 사람[人]이 창[戈]을 메고 있는 모양을 나타내고 있음.

용법

한중일 모두 '공격하다', '베다'의 의미로 사용함. 한국어와 일본어에서는 '산판의 나무를 베는 것'을 의미하는 단어로 伐採(벌채, ばっさい)와 採伐(채벌, さいばつ)를 모두 쓰지만, 중국어에서는 採伐(cǎifá)만 사용함. '무덤의 풀을 베어서 깨끗이 함'을 뜻하는 伐草(벌초)는 한국어에서만 사용하고, 중국어에서는 掃墓(sǎomù)라고 하고, 일본어에서는 墓(はか)なぎ라고 씀.

용례

伐木(벌목), 討伐(토벌), 征伐(정벌), 濫伐(남벌)

성어

당동벌이(黨同伐異): 이해관계가 같은 사람끼리 모이고 다른 사람은 쳐버림. 이익을 같이 하는 사람끼리 모이고 다른 사람은 배척하는 것을 이르는 말.

法 법법

갑골문	금문	전국문자	소전	예서	해서

한 法 음 법
뜻 법 / 방법 / 본받다 /
불법, 부처의 가르침

중 法 음 fǎ
뜻 법, 법령 /
방법, 방식

일 法 음 はつ hatu, ほう hou,
ほつ hotu
뜻 법, 법도 / 방법 /
본보기

ㅂ

자원
회의
두 개의 의미 부분인 水[물 수]와 去[갈 거]로 이루어짐. 금문의 자형에는 水와 去
외에 廌[외뿔 양 치]도 보임. 廌는 전설 속 동물로 옳고 그름에 대한 판단력이 뛰어나
올바르지 않은 사람을 머리로 받아 쫓아낸다[去]고 하는데 그 공평함이 수면[水]
같았다고 함. 따라서 원래 의미는 '공평한 법'이었음. 廌는 우리나라에서 '해태'
혹은 '해치'로 알려진 동물임. 『설문』에는 소전의 자형으로 灋을 수록하였고, 法은
금문(今文)이라 하여 이체자형으로 수록되었음. 현재는 廌가 생략된 法이 정자로 쓰임.

용법
한중일 모두 '법', '방법', '본받다'의 의미로 가장 많이 사용함. 불교에서는 불법독경
등을 행하는 자리를 法席(법석)이라 함. 이것이 실외에 펼쳐지면 野壇法席(야단법석)
이라 하고, 그러한 자리에서 예기치 않게 일어난 소란한 형국 역시 惹端法席(야단법석)
이라 함. 중국어에서는 프랑스를 法國(fǎguó)라 하고, 프랑스인은 法蘭西人(fǎlánxīrén)
이라 함.

용례
法律(법률), 法庭(법정), 方法(방법)

성어
법고창신(法古創新): 옛것을 익혀 새것을 만듦. 과거의 지혜 등을 배우고 익혀 새로운
것을 만들어내는 일.

김

258

變 변할 변

갑골문	금문	전국문자	소전	예서	해서
			變	變	變

한 ──────
變 음 변
뜻 변하다, 변화하다 /
고치다 / 재앙

중 ──────
变 음 biàn
뜻 변화하다

일 ──────
変 음 へん hen
뜻 변화하다 / 변고

ㅂ

자원
형성

의미 부분인 攴[칠 복]과 소리 부분인 䜌[어지러울 련]으로 이루어짐. '고치다',
'변화하다'의 의미에서, 후에 '갑자기 생긴 중대한 사건'까지 나타내게 되었음. 지금
발음으로 보면 소리 부분으로 쓰인 '련'과 이 글자의 발음인 '변'이 많이 다른 것 같은데,
같은 음에서 나뉜 것임. 현재 䜌이 소리 부분으로 들어간 글자들은 戀[사모할 련],
欒[이룰 련], 孌[아름다울 련], 鸞[난새 난], 鑾[방울 란] 등으로 '변' 이외에 '련'이나 '난'
등 다양한 발음을 갖고 있음.

용법

한중일 모두 '변화하다'의 의미로 사용함. '갑자기 발생한 사건'의 의미로도 쓰는데, 흔히
'쿠데타'라고도 하는 政變(정변, zhèngbiàn, せいへん)이 대표적인 예임. 중국어에서는
'품앗이하다'라는 뜻으로 變工(biàngōng)을 쓰지만, 한국어와 일본어에는 이러한
단어가 없고 비슷한 단어로 相互扶助(상호부조, そうごふじょ)가 있음.

용례

變更(변경), 變化(변화), 政變(정변)

성어

변화무쌍(變化無雙): 자주 변하여 비길 데가 없음. 모습이나 태도 등이 자주 바뀜을
이르는 말.

류

292

別 다를 별

갑골문	금문	전국문자	소전	예서	해서
			𠨍	別	別

한 別
음 별
뜻 다르다 / 나누다 / 헤어지다

중 別
음 bié
뜻 이별하다 / 다르다 / 걸다, 차다

일 別
음 べつ betu
뜻 다르다 / 구별하다 / 헤어지다

자원
회의
두 개의 의미 부분인 𡿺[뼈 발라낼 과]와 刀[칼 도]로 이루어짐. 『설문』에서는 "나누다"라고 풀이하였음. 𡿺는 骨[뼈 골]에서 月[고기 육]을 발라내고 남은 뼈를 나타내며, 別은 '칼로 뼈에 붙은 살을 발라내어 뼈와 나누다'라는 의미임. 예서에서 𡿺가 另으로 변화되었으나, 중국에서는 另[헤어질 령]으로 변화되어 현재 한국과 일본의 자형과는 다름.

용법
한중일 모두 '갈라놓다', '다르다', '구분하다'의 의미로 사용함. 한국어와 일본어에서 '부부나 한집안 식구가 따로 떨어져 사는 것'을 뜻하는 別居(별거, べっきょ)의 경우 중국어에서는 分[나눌 분]을 써서 分居(fēnjū)라고 함. 또 '~하지 마라'의 뜻도 있어서 別亂說(biéluànshuō, 함부로 말하지 마라)와 같이 씀.

용례
分別(분별), 差別(차별), 特別(특별)

성어
별유천지(別有天地): 달리 있는 하늘과 땅이라는 뜻으로, 속세를 떠나 특별한 곳에 있는 이상적인 세상을 이르는 말.

兵 군사 병

갑골문	금문	전국문자	소전	예서	해서

한 兵 음 병
뜻 군사 / 무기, 병기 /
싸움, 전쟁

중 兵 음 bīng
뜻 군사, 군인 / 무기 /
전쟁

일 兵 음 ひょう hyou,
へい hei
뜻 무기 / 군사, 군인 /
전쟁

자원
형성

의미 부분인 斤[도끼 근]과 廾[두 손으로 받들 공]으로 이루어짐. '양손으로 도끼와
같은 무기를 들고 있는 모습'을 본뜬 글자로, 이로부터 '병사', '병력', '병기' 등의
의미와 '전쟁', '싸움' 등의 의미를 나타내게 되었음. 『설문』에서는 "도끼를 들고
전력을 다해 싸우는 모양"으로 풀이하였음.

용법

한중일 모두 '군사', '무기'의 의미로 사용함. 한국어에서는 '병장'과 같이 계급으로
이루어진 병사를 의미하거나 '운전병'과 같이 명사 뒤에서 병사의 뜻을 나타내는
말로 사용됨. 일정한 규율과 질서를 가지고 조직된 군인 집단을 한국어와 중국어에서는
軍隊(군대, jūndui)라고 하지만 일본어에서는 兵隊(へいたい)라고도 함.

용례

兵力(병력), 兵士(병사), 派兵(파병)

성어

병가상사(兵家常事): 군대에서 늘 있는 일. 상대에게 지더라도 늘 있을 수 있는
일이니 실망하지 말고 다시 일을 준비하라는 뜻.

오

病 병병

갑골문	금문	전국문자	소전	예서	해서
		病	病	病	病

한
病
음 병
뜻 병, 병들다 /
괴로워하다,
근심하다 /
흠, 결점

중
病
음 bìng
뜻 병, 병들다 /
결점, 폐단 /
근심하다 / 시든

일
病
음 ひょう hyou,
へい hei
뜻 병, 병들다 /
근심하다 /
나쁜 버릇

자원
형성

의미 부분인 疒[병들어 기댈 녁]과 소리 부분인 丙[남녘 병]으로 이루어짐. '사람이 침대에 누워 있는 모양'을 본뜬 글자임. 疒은 病 외에도 '질병'과 관련된 글자에 주로 쓰였음. 그 예로 疾[병 질], 痛[아플 통], 癢[가려울 양] 등의 글자를 찾아볼 수 있는데, 특히 疾은 '화살에 맞아 병든 사람'이라는 의미를 나타낸 글자임. 病은 갑골문과 금문에는 보이지 않고 전국문자에서 비로소 보이는데, 이 글자를 통해 전국시대에 병든 사람을 침대에 눕혀 치료했다는 것을 알 수 있음.

용법

한중일 모두 '질병'의 의미로 사용함. 한국어와 일본어에서는 病院(병원, びょういん) 이라고 하지만, 중국어에서는 醫院(yīyuàn)이라고 함. 중국어에서는 '결점'이나 '나쁜 버릇'을 毛病(máobing)이라고 함. 일본어에서는 '꾀병'을 仮病(けびょう)라고 쓰는데, 중국어에서는 裝病(zhuāngbing) 혹은 詐病(zhàbìng)이라고 함. 한편 중국어에는 '시들다'라는 뜻이 있어서 '시든 잎'을 病葉(bingxié)라고 표현함.

용례

病菌(병균), 病歷(병력), 病死(병사)

성어

병입고황(病入膏肓): 아주 깊은 곳까지 스며든 병. 더 치료해도 고치기 어려운 병이나 그런 상황을 일컫는 말.

ㅂ

박

報

262

갚을 보, 알릴 보

갑골문	금문	전국문자	소전	예서	해서
		報	報	報	報

한
報
음 보
뜻 갚다, 보답 /
알리다, 보고 /
나아가다 / 신문

중
报
음 bào
뜻 알리다 /
회답하다 /
보답하다 /
신문, 간행물

일
報
음 ほうhou
뜻 갚다 / 업(業)의
결과로 받는
고락 / 알리다

자원
회의

형벌을 가하는 도구를 의미하는 幸[놀랠 녑]과 꿇어앉은 사람을 나타낸 卩[병부절], 그리고 又[손 우]로 이루어짐. '죄를 지은 사람에게 벌을 주다'라는 의미에서 '판단하다', '죄상을 알리다' 등의 의미가 나왔고, 다시 '보답하다', '보복하다' 등의 의미가 생겼음. 幸은 幸[다행 행]으로 변해 현재의 자형이 되었음.

용법

한중일 모두 '알리다', '갚다' 등의 의미로 사용함. 매일 소식을 알리면 日報(일보), 주일마다 전하면 週報(주보)라고 하여 간행물을 나타내는 단어로도 사용함. 또한 한국어에서 '원인과 결과가 서로 맞물리다'의 의미로 因果應報(인과응보)라는 말을 쓰는데, 중국어에서는 어순을 바꿔 因果報應(yīnguǒbàoyìng)이라고 쓰고, 일본어에서는 주로 果報(かほう)라고 줄여서 씀.

용례

報道(보도), 報施(보시), 因果應報(인과응보)

성어

보원이덕(報怨以德): 원수를 덕으로 갚음. 보복이 보복으로 이어지지 않도록 덕으로 상대를 대하여 갈등의 근원을 없애는 것을 이르는 표현.

步 걸음 보

갑골문	금문	전국문자	소전	예서	해서

한
步
음 보
뜻 걸음, 걸음걸이 /
걷다 / 찾아다니다 /
보, 한 걸음

중
步
음 bù
뜻 (~子) 걸음, 보폭 /
보, 한 걸음 /
걷다

일
步
음 ふ hu, ぶ bu, ほ ho
뜻 걷다 / 운명 /
보, 한 걸음 /
걸음, 걸음걸이

자원
형성

'발'의 모양을 의미하는 止[그칠 지] 두 개가 겹쳐져 있는 글자임. 갑골문을 보면
발자국이 앞뒤로 나 있는 모습이며, 이로써 '걸어가다'라는 의미를 나타냈음. 갑골문은
가로세로 1센티미터에 불과함에도 왼발과 오른발을 구분하였는데, 엄지발가락을
돌출시켜 그림으로써 왼발과 오른발을 구분하였음.『설문』에서는 "걸어가는 것"
이라고 풀이하였음.

용법

한중일 모두 '걸음', '걸음걸이', '보(거리를 재는 단위)', '걷다'의 의미로 사용함.
한국어에서는 '달리기'를 驅[몰 구]를 써서 驅步(구보)라고 하나, 중국어에서는 跑
[달릴 포]를 써서 跑步(pǎobù)라고 함. 한국어와 일본어에서는 '걸음에서 발자국과
발자국 사이의 거리'를 步幅(보폭, ほはば)라고 하는데, 중국어에서는 步幅(bùfú)와
함께 幅[폭 폭] 대신 距[떨어질 거]를 쓴 步距(bùjù), 그리고 伐[칠 벌]을 쓴 步伐
(bùfá)라는 표현도 사용함.

용례

踏步(답보), 進步(진보), 初步(초보)

성어

오십보소백보(五十步笑百步): 쉰 걸음 도망친 사람이 백 걸음 도망친 사람을 비웃음.
실제로는 별 차이가 없는 일을 가리키는 말.

保

보전할 보

갑골문	금문	전국문자	소전	예서	해서
仔	㑲	㑴	保	保	保

한
保
음 보
뜻 지키다 /
보증하다 /
양육하다 /
돕다 / 보

중
保
음 bǎo
뜻 보호하다, 지키다 /
보증하다 /
양육하다 /
(~儿) (옛날의)
고용인, 심부름꾼

일
保
음 ほ ho
뜻 지키다 / 보증하다 /
맡다, 보증하다

자원
회의

두 개의 의미 부분인 人[사람 인]과 呆[어리석을 태]로 이루어짐. 갑골문을 보면 한 사람[人]이 아이[呆]를 업고 있는 모양을 본뜬 것임을 알 수 있음. 呆는 현재 '어리석다'라는 의미로 사용되고 있지만, 呆의 금문[㑲]을 보면 확실히 어린아이의 모습을 형상화한 것임을 알 수 있음.

용법

한중일 모두 '지키다'의 의미로 많이 사용함. 미래의 사고에 대비해 미리 일정한 대가를 지불하는 일종의 '안전장치'인 保險(보험, bǎoxiǎn, ほけん)을 중국어에서는 '보증하다'의 동사, '안전한'의 형용사, '틀림없이'의 부사로도 사용함.

용례

保健(보건), 保留(보류), 保護(보호), 安保(안보)

성어

명철보신(明哲保身): 매우 지혜로워 자신을 잘 지킴. 세상의 모든 일에 지혜롭게 대처하여 명예와 자부심을 지키는 것.

265

福 복 복

갑골문 | 금문 | 전국문자 | 소전 | 예서 | 해서

한
福 음 복
뜻 복, 행복 / 간직하다

중
福 음 fú
뜻 행복, 행운

일
福 음 ふく huku
뜻 복, 행복

ㅂ

자원 형성 의미 부분인 示[보일 시]와 소리 부분인 畐[가득할 복]으로 이루어짐. 갑골문에는 示의 편방이 생략된 술 항아리의 모양을 본뜬 자형, 혹은 두 손으로 술 단지를 받들고 있는 모양을 본뜬 자형이 있음. 『설문』에서는 "가득 찼다"라고 풀이하였음. 이는 '용기에 술이 가득 담겼다'라는 의미로 본래 의미에서 확장된 것임. 따라서 福의 갑골문은 신 또는 조상에게 술을 바치는 것을 본뜬 글자임. 고대의 술은 귀한 음식으로 생활의 여유로움을 상징하며 이러한 술을 신에게 올리는 것은 바로 절대자에게 행운과 복을 구하는 것을 나타냄. 따라서 이러한 의미를 좀 더 강조하기 위해 신주의 모양을 본뜬 示가 첨가된 현재의 자형으로 정착되었음.

용법 한중일 모두 '복', '행운'의 의미로 사용함. 중국어에서는 복이나 행운을 福氣(fúqi)로 표현함. 한국어에서는 제사를 지내고 난 뒤 술과 음식을 나누어 먹는 것을 飮福(음복)이라고 함.

용례 福祉(복지), 祝福(축복), 幸福(행복)

성어 전화위복(轉禍爲福): 재앙이 바뀌어 복이 됨. 불행한 일을 맞았으나 더욱 노력하여 행복을 얻는 경우를 이르는 말.

오

伏

엎드릴 복

갑골문	금문	전국문자	소전	예서	해서
				伏	伏

한

伏 음 복
뜻 엎드리다 /
굴복하다 /
숨다, 감추다 /
기다

중

伏 음 fú
뜻 엎드리다 /
숨다, 감추다 /
항복하다, 굴복하다

일

伏 음 ふく huku,
ぶく buku
뜻 엎드리다 /
숨다, 감추다 /
복종하다

자원
회의

의미 부분인 人[사람 인]과 犬[개 견]으로 이루어져 '사람이 개처럼 엎드려 있음'을 나타낸 글자임. 犬의 갑골문[犬]은 개가 꼬리를 위로 올리고 있는 모양을 본떠 만든 글자임. 犬과 비슷한 자형으로 豕[돼지 시]가 있는데, 豕의 갑골문[豕]은 犬의 갑골문과 비교해서 꼬리 부분만 아래로 내려가 있음.

용법

한중일 모두 '엎드리다', '숨다'의 의미로 사용함. 三伏(삼복)에서와 같이 '복날'의 의미로도 사용함. 일본어에서는 '엎드리다'라는 의미의 동사로도 사용함. 한국어와 일본어에서는 '적이나 상대편의 힘에 눌리어 굴복하다'를 降伏(항복, こうふく) 또는 降服(항복, こうふく)라고 표현하는데, 중국어에서는 投降(tóuxiáng)이라고 표현함. 중국어에서 降伏(xiángfú)는 주로 사람 이외의 것에 사용되어 '길들이다', '복종시키다'라는 의미를 나타냄.

용례

伏兵(복병), 三伏(삼복), 潛伏(잠복),

성어

복지부동(伏地不動): 땅에 납작 엎드려 움직이지 않음. 주동적으로 나서지 않고 눈치를 살피며 몸을 사리는 태도를 이르는 말.

강

服 옷 복

갑골문	금문	전국문자	소전	예서	해서
服	服	服	服	服	服

한

服 음 복

뜻 옷, 의복 /
옷을 입다 /
복종하다 /
일하다, 행하다 /
약을 먹다

중

服 음 fú, fù

뜻 [fú] 옷, 옷을 입다 /
약을 먹다 /
맡다, 복무하다 /
따르다, 복종하다
[fù] 첩, 약을 세는
단위

일

服 음 ふく huku

뜻 옷, 옷을 입다 /
몸에 지니다 /
복종하다 /
일에 종사하다 /
약을 먹다

ㅂ

자원
형성

갑골문에 대해서 여러 견해가 있음. '한 사람을 억지로 배[片]에 태우려고 하는
모양'이라고 하는 견해와 '포로나 죄인을 잡아 억지로 목에 칼[片]을 씌우려고 하는
모양'이라고 하는 견해 등이 있음. 또 凡[무릇 범]이 소리 부분이라고 하는 주장도
있음. 자형의 변화 과정을 보면 소전에서는 舟[배 주]인데 예서에 와서는 月[달 월]로
변화하였음. 『설문』에서는 "의미 부분인 舟와 소리 부분인 𠬝(복)으로 이루어진 글자로,
본뜻이 '사용하다'이고 또 '마차의 오른쪽에 있는 곁마'로 오른쪽으로 선회하는 데
사용한다"라고 했으나 잘못된 설명임. 服은 본래 '(사람을 명령에) 복종시키다(따르게
하다)'나 '(목에 칼을) 씌우다(입히다)'라는 의미라고 보는 것이 옳음.

용법

한중일 모두 '옷', '복종하다'의 의미로 사용함. 服務(복무, fúwù, ふくむ)는 한중일
모두 '주어진 임무나 직무를 맡아봄'을 의미하지만, 중국어에서는 '봉사하다',
'서비스하다'라는 의미도 있음. 한국어와 일본어에서 着服(착복, ちゃくふく)는 '옷을
입다'라는 의미도 있지만, '남의 금품을 부당하게 자기 것으로 함'이라는 의미도 있음.
관복이나 제복이 아닌 '사사로이 입는 보통 옷'을 의미하는 私服(사복, しふく)의 경우
중국어에서는 便服(biànfú), 便衣(biànyī)라고 함.

용례

服裝(복장), 屈服(굴복), 克服(극복), 衣服(의복)

성어

상명하복(上命下服): 위에서 명령하고 아래에서 복종함. 위의 명령을 충실히
이행하는 행위.

강

301

本 근본 본

갑골문	금문	전국문자	소전	예서	해서

本 음 본
뜻 근본, 바탕 /
본보기 /
–본. 책의 뜻을
더하는 접미사

本 음 běn
뜻 뿌리나 줄기 /
근본, 기초 /
중심의 / 본래 / 책

本 음 ほん hon
뜻 근본, 바탕 / 중심 /
바르다, 진짜 / 책

자원
형성

나무를 상징하는 木[나무 목]의 자형에 짧은 가로획(一)이나 둥근 점을 찍어서 나무의 뿌리 부분임을 나타냈음. 『설문』에서는 "나무의 아랫부분"으로 풀이하였음. 뿌리는 나무의 '근본'이라는 점에서 '근본'이라는 의미가 더해졌고, 중국에서는 '책'이라는 의미로도 쓰이는데 이는 책을 뒤집어서 흔들면 마치 그 모양이 나무의 뿌리처럼 흩뿌려지는 데에서 비롯된 것임.

용법

한중일 모두 '근본', '초목의 뿌리'의 의미로 사용함. 한국어에서 本을 단독으로 사용할 때는 주로 '본보기'라는 의미이며, 일본어에서는 같은 뜻으로 手本(てほん)을 중국어에서는 榜樣(bǎngyàng)을 씀. 책을 세는 단위로 한국어와 일본어에서는 주로 券(권, けん)을 쓰는데, 중국어에서는 本(běn)을 많이 씀. 일본어에서 本(ほん)은 연필 같은 가늘고 긴 것을 세는 단위인 '자루'를 의미함. 또한 한국어에서는 '글씨를 쓰거나 그림을 그리도록 백지로 매어놓은 책'을 空冊(공책)이라고 하는데, 이를 중국어에서는 筆記本(bǐjìběn)이라 하고, 일본어에서는 筆記帳(ひっきちょう)라고 함.

용례
根本(근본), 基本(기본), 資本(자본)

성어
발본색원(拔本塞源): 뿌리를 뽑고 물의 원천을 막음. 문제의 근본적인 원인을 철저히 밝혀 다시는 그런 일이 생기지 않게 함을 이르는 말.

奉 받들 봉

갑골문	금문	전국문자	소전	예서	해서
				奉	奉

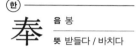 한 奉
음 봉
뜻 받들다 / 바치다

 중 奉
음 fèng
뜻 공손히 받들다 /
드리다, 바치다

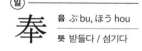 일 奉
음 ぶ bu, ほう hou
뜻 받들다 / 섬기다

ㅂ

자원
형성

원래 의미 부분인 手[손 수]와 廾[두 손으로 받들 공], 그리고 소리 겸 의미 부분인 丰[무성할 봉]으로 이루어진 글자인데, 자형 변천을 거쳐 지금과 같이 변한 것임. 한 손을 상형한 手와 두 손을 상형한 廾, 그리고 풀더미를 상형한 丰은 '손으로 풀더미를 받쳐들다'라는 의미를 나타냄. 丰은 豐[풍성할 풍]과 그 소리와 뜻이 유사한데, 이를 통해 두 글자의 어원이 유사함을 엿볼 수 있음. 封[봉할 봉]과 墳[무덤 분] 역시 풀더미처럼 불룩 튀어나온 것을 나타낸다는 점에서 丰, 豐과 뜻이 통함.

용법

한중일 모두 '받들다'의 의미로 사용함. 중국어에서는 侍奉(shìfèng)이라고 써서 '시중 들다'의 의미를 나타내는데, 한국어에서 '시중'이라는 말은 侍從(시종)의 음이 변해서 생긴 말임. 일본어에서는 奉公(ほうこう)라고 써서 '일하다'의 의미를 나타내기도 함.

용례

奉送(봉송), 奉獻(봉헌), 信奉(신봉)

성어

멸사봉공(滅私奉公): 사심을 없애고 공적인 일을 받듦.

部 떼 부

갑골문	금문	전국문자	소전	예서	해서
		部	䪞	㕍	部

한 ———
部 음 부
뜻 떼, 집단 /
분류, 구분 /
거느리다, 통솔하다

중 ———
部 음 bù
뜻 부분, 부위 /
분류, 구분 /
통솔하다

일 ———
部 음 ぶ bu
뜻 구분하다 / 책의 수를
나타내는 말

자원
형성

의미 부분인 邑[고을 읍]과 소리 부분인 咅[침 부]로 이루어짐. 『설문』에서는 "天水郡 (천수군)에 있는 狄部(적부)라는 구역"이라고 하였음. 이처럼 본래의 의미는 일정 영역으로 나누어진 행정구역을 지칭하는 것이었고, 이로부터 '일정한 부분을 다스리다'라는 의미와 '통솔', '분류' 등의 의미로 확대되었음.

용법

한중일 모두 '분류', '구분'의 의미로 주로 사용함. 한국어에서는 신문이나 책을 세는 단위로 사용하거나, '부서'나 '부문'의 뜻을 나타내는 접미사로 쓰임. 한국어에서는 '행정 각 부의 장'을 長官(장관)이라고 하지만, 중국어에서는 部長(bùzhǎng)이라고 함. 중국어에서는 영화 편수나 차량 대수를 헤아리는 단위로도 사용함. 한편 일본어에서는 거처하는 '방'을 部屋(へや)라고 함.

용례

部隊(부대), 部分(부분), 部長(부장)

성어

반부논어(反部論語): 절반 분량의 논어라는 뜻으로 그 정도만으로도 생활에 적응할 수 있음을 이르는 표현. 지식의 소중함을 강조할 때 쓰는 말.

오

浮 뜰 부

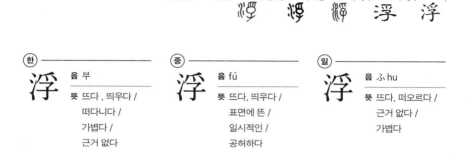

갑골문	금문	전국문자	소전	예서	해서

한
浮
음 부
뜻 뜨다, 띄우다 /
떠다니다 /
가볍다 /
근거 없다

중
浮
음 fú
뜻 뜨다, 띄우다 /
표면에 뜬 /
일시적인 /
공허하다

일
浮
음 ふ hu
뜻 뜨다, 떠오르다 /
근거 없다 /
가볍다

자원
형성
의미 부분인 水[물 수]와 소리 부분인 孚[미쁠 부]로 이루어짐. 孚는 손으로 어린아이 [子]를 잡아 들어올리는[爪] 모습을 나타내는 것으로, 여기에 水가 더해져 '물 위에 뜨다', '떠다니다'를 의미함. 후에는 '가볍다'의 의미로 확대 사용함.

용법
한중일 모두 '뜨다', '가볍다', '근거 없다'의 의미로 사용함. 중국어에서는 '초과하다', '남다'의 의미로 사용하고, '헤엄치다'의 의미로도 사용함. '생각이 떠오르다'라는 표현을 중국어에서는 想起來(xiǎngqǐlái)라고 해서 起[일어날 기]를 사용하는 반면, 일본어에서는 思い浮ぶ(おもいかぶ)라 하여 浮[뜰 부]를 사용함. 또한 '바람기'를 일본어에서는 浮氣(うわき)라고 함.

용례
浮浪(부랑), 浮沈(부침), 浮漂(부표)

성어
부언유설(浮言流說): 떠다니거나 흘러 다니는 말. 근거 없이 여기저기를 떠도는 소문이라는 뜻.

305

婦 부인 부

갑골문	금문	전국문자	소전	예서	해서
㸚	帚	帚	婦	婦	婦

한
婦
음 부
뜻 며느리 / 아내 /
여자

중
妇
음 fù
뜻 여성 / 부인 / 아내 /
며느리

일
婦
음 ふ hu
뜻 아내 / 여성 /
며느리

자원
회의

두 개의 의미 부분인 女[여자 여]와 帚[빗자루 추]로 이루어짐. '집 안 혹은 사당 청소를 담당하는 결혼한 여성'을 나타낸 글자임. 여성이 집안에서 살림을 책임지는 부계사회의 모습을 반영하고 있다고도 볼 수 있고, 사당과 같이 신성한 장소를 책임지는 고귀한 여성을 뜻한다고도 볼 수 있음. 후에 '여성', '며느리' 등의 의미로 확대 사용하고 있음.

용법
한중일 모두 '아내', '며느리'의 의미로 사용함. '시어머니와 며느리'를 한국어에서는 姑婦(고부)라고 하고, 중국어에서는 婆媳(póxí)라고 하며, 일본어에서는 嫁姑(よめしゅうとめ)라고 함.

용례
寡婦(과부), 夫婦(부부), 主婦(주부)

성어
필부필부(匹夫匹婦): 평범한 남자와 평범한 여자. 세상의 일반적인 사람들을 가리키는 말.

ㅂ

문

富 부자 부

갑골문	금문	전국문자	소전	예서	해서

한
富
음 부
뜻 부유하다 / 부자 /
부하다, 뚱뚱하다

중
富
음 fù
뜻 많다. 풍부하다 /
재산

일
富
음 ふ hu, ふう hu-u
뜻 부, 재산 /
재산이 많다 /
풍부하게 하다

ㅂ

자원
형성
겸
회의

의미 부분인 宀[집 면]과 소리 겸 의미 부분인 畐[가득할 복]으로 이루어짐. 宀은 '집' 또는 '실내 공간'을, 畐은 '술항아리'를 본뜬 글자임. 실내 공간에 술을 준비하여 '신' 또는 '조상'에 제사를 올리는 상황을 묘사한 글자로 추정됨. 제사를 올리는 주된 목적은 예나 지금이나 복을 기원하는 데 있음. 이로 인해 '많다', '부유하다' 등의 의미로 확대 사용하고 있음. 이와 유사한 글자가 바로 福[복 복]인데, 示[보일 시]와 畐으로 구성되어 좀 더 구체적인 의미를 표현하고 있음.

용법

한중일 모두 '재산이 많다'의 의미로 사용함. '벼락부자'를 한국어에서는 猝富(졸부)라고 하지만, 중국어에서는 暴發戶(bàofāhù)라고 하고, 일본어에서는 한문투로 暴富(ぼうふ)라 하거나 成金(なりきん)이라고 함. 한국어에서 '뚱뚱하다'라는 뜻의 '부하다'라는 표현은 한자어 富[부자 부]에서 온 것이며, 일본어와 중국어에는 이런 표현이 없음.

용례
富貴(부귀), 巨富(거부), 豐富(풍부)

성어
도주지부(陶朱之富): 월나라 범려가 나중에 이룩한 커다란 재산이라는 뜻. 막대한 재산을 가진 큰 부자를 이르는 말.

문

307

扶 붙들 부

갑골문	금문	전국문자	소전	예서	해서
	扶	扶	扶	扶	扶

한
扶
음 부
뜻 돕다 / 떠받치다 /
부축하다

중
扶
음 fú
뜻 짚다, 기대다 /
부축하다 /
돕다, 거들다

일
扶
음 ふ hu
뜻 돕다, 돌보다

자원
형성
의미 부분인 手[손 수]와 소리 부분인 夫[지아비 부]로 이루어짐. '손[手]으로
사람[夫]을 옆에서 부축하다'라는 뜻에서 '돕다', '기대다'라는 의미가 나왔음. 금문에는
手 대신 又[또 우]나 攴[칠 복]으로 썼는데, 그 의미는 같음. 夫는 大[클 대]와 一[한
일]로 구성되었는데, 사람의 정면 모습[大]에 비녀를 상징하는 가로획[一]을 더해, 비녀
꽂은 '성인' 남성을 그린 글자임. 고대 중국에서는 남자도 어른이 되면 머리에 비녀를
꽂았고, 이로부터 '성인 남자', '지아비'라는 의미를 갖게 되었음.

용법
한중일 모두 '돕다', '떠받치다', '손으로 짚다', '부축하다'의 의미로 사용함. 에스컬레이터
(escalator)를 한국어에서는 음역하여 그대로 쓰지만, 중국어에서는 '손으로 잡고
올라가는 자동계단'이라는 뜻의 自動扶梯(zìdòngfútī)로 번역하고, 이를 줄여 扶梯
(fútī)라고 함. 扶梯는 원래 난간이 있어 잡고 오르내릴 수 있는 계단을 말했는데,
여기에 自動을 더하여 만든 단어임.

용례
扶養(부양), 相扶相助(상부상조)

성어
상부상조(相扶相助): 서로 부축하고 도움. 서로 격려하고 도와가며 살아가는 일의
중요성을 강조할 때 쓰는 표현.

하

夫 사나이 부

갑골문	금문	전국문자	소전	예서	해서

한

夫 음 부
뜻 지아비, 남편 /
사내, 장정 /
일꾼

중

夫 음 fū
뜻 성인 남자 / 남편 /
노동에 종사하는
사람

일

夫 음 ふ hu, ふう hu-u
뜻 성인 남자 / 남편 /
노동에 종사하는
사람

ㅂ

자원
형성

'사람'을 본뜬 大[클 대] 위에 가로획[一]으로 '비녀' 표시를 하여 '상투를 튼 남자'의
의미를 나타낸 글자임. '사람의 머리'를 본뜬 天[하늘 천]과 자형이 비슷하지만, 획이
삐져 올라온 점에서 차이를 보임. 갑골문에서 妻[아내 처]는 보이지 않고, 妾[첩
첩]만 보이는데, 그 자형이 무릎 꿇고 있는 여자의 머리에 장식이 있는 모양을 하고
있음. 夫가 두 다리를 양쪽으로 벌리고 서 있는 모습과 대조적임. 장식 또한 夫의
자형에서는 간단한 '비녀'를 하고 있는 데 반해, 妾의 자형에서 보이는 머리 장식은
삼각형 모양의 비교적 큰 형태를 띠고 있음.

용법

한중일 모두 '남편', '일꾼'의 의미로 사용함. 한중일 모두 '의지가 굳은 훌륭한 남자'를
지칭하는 大丈夫(대장부, dàzhàngfu, だいじょうふ)를 일본어에서는 '괜찮다'의
뜻으로도 사용함. 중국어에서는 男便(남편)을 丈夫(zhàngfū)라고 주로 쓰고,
일본어에서는 農夫(농부)를 田夫(でんぷ)라고 씀.

용례

夫人(부인), 農夫(농부), 匹夫(필부)

성어

부창부수(夫唱婦隨): 남편이 주장하고 부인이 따름. 부부의 화합을 일컫는 말.

박

否 아닐 부

갑골문	금문	전국문자	소전	예서	해서
		否	否	否	否

한

否 음 부

뜻 아니다 / 부정하다 /
불가하다

중

否 음 fǒu, pǐ

뜻 [fǒu] 부정하다 /
[pǐ] 나쁘다 /
헐뜯다

일

否 음 ひ hi

뜻 부정하다 /
좋지 못하다

자원
형성

의미 부분인 口[입 구]와 소리 부분인 不[아닐 불]로 이루어짐. '입[口]으로 부인하는
말'의 의미를 나타냄. 否는 갑골문과 금문에 보이지 않고 전국문자에서 처음 보이는데,
이를 통해 否가 전국시대에 새로 생긴 글자임을 알 수 있음. 否와 뜻이 같은 不은
갑골문에서부터 보이는데, 그 소리가 거의 비슷한 것으로 볼 때 否가 不에서 분화된
글자임을 알 수 있음. 不은 원래 '꽃받침'을 본뜬 글자였는데, 부정의 뜻을 나타내는
글자로 가차된 것임.

용법

한중일 모두 '아니다', '불가하다'의 의미로 사용함. 한국어에서는 '그러함과 그러하지
아니함'을 與否(여부)라고 하지만, 중국어와 일본어에서는 是非(shìfēi, ぜひ)라고 함.
중국어에서는 否則(fǒuzé)라고 써서 '그렇지 않으면'의 의미를 나타냄. 한국어에서
'진실과 거짓'을 의미하는 眞僞(진위)를 일본어에서는 實否(じっぴ)라고 씀.

용례

否決(부결), 否認(부인), 否定(부정)

성어

왈가왈부(曰可曰否): 그렇다, 아니다라고 말함. 의견이 일치하지 않아 여러 사람이
떠드는 모습을 이르는 말.

박

310

不 아닐 불, 아닐 부

갑골문	금문	전국문자	소전	예서	해서

한

不 음 불/부
뜻 아니다, 못하다,
없다

중

不 음 bù
뜻 아니다

일

不 음 ふ hu, ぶ bu
뜻 아니다

자원
상형

갑골문에서 해서까지 형태에는 큰 변화가 없으며 단지 직선으로 획이 바뀌었음.
원래 '꽃받침'의 모양을 본뜬 글자임. 비록 글자의 형태에서는 본래 의미를 유추하기
힘들지만 문헌에서는 그 흔적을 찾을 수 있음. 예를 들어 『시경』「소아小雅」의 상체장
(常棣章)에 나오는 "상체꽃 그 꽃송이 울긋불긋 아름답네(常棣之華, 鄂不韡韡)"라는
구절에서 鄂不(악불)은 '꽃송이'라는 의미로 사용되고 있어 不의 원래 의미를 보존하고
있음. 그러나 후에 부정사로 차용되면서 원래의 의미를 상실하였음.

용법

한중일 모두 '아니다'의 의미로 사용함. 한국어와 일본어에서는 不法(불법, ふほう)와
違法(위법, いほう) 모두 사용하지만, 중국어에서는 非法(fēifǎ)와 違法(wéifǎ)를
사용함. 또한 중국어에서 '~할 필요 없다'라는 뜻은 不用(búyòng)이라고 하지만 두
글자를 합친 새로운 글자 甭(béng)도 동일한 뜻으로 사용함. 한국어에서는 'ㄷ·ㅈ' 음
앞에 올 때에는 '부'로 읽음.

용례

不可(불가), 不得已(부득이), 不足(부족)

성어

불가사의(不可思議): 도저히 헤아릴 수 없을 만큼 이상하고 야릇하다는 뜻.

311

父 아버지 부

갑골문	금문	전국문자	소전	예서	해서

한

父

음 부, 보

뜻 [부] 아버지, 아비,
아빠 / 웃어른
[보] 사내

중

父

음 fù

뜻 아버지, 부친 /
웃어른에 대한 통칭

일

父

음 ふ hi

뜻 아버지 /
나이든 남자, 늙은이

자원
회의

손[又]으로 무엇인가[丨]를 쥐고 있는 모습을 나타낸 글자임. 갑골문을 새기던
재료의 특성상 가는 획으로만 표시할 수 있었지만, 금문에서는 들고 있는 것이
돌도끼로 보임. 돌도끼는 당시 노동의 상징물이며, 이것을 들고 일을 하는 사람이
대개 아버지인 어른 남자여서 '아버지', '아버지뻘'이라는 뜻으로 쓰이게 되었음.
고대 한자어인 田父(전보)는 바로 농부(農夫)를 나타내는데 이때 父의 발음을 '보'라
하였으며, '보'는 성인 남자를 나타내는 글자였다고 할 수 있음. 父는 또 옛날에 성이나
이름 뒤에 붙이는 남자의 미칭(美稱)으로도 쓰였음.

용법

한중일 모두 '아버지'와 '나이든 남자'의 의미로 사용함. 중국어에서는 수컷을 나타낼
때도 公(gōng)과 함께 父(fù)를 쓰기도 하여, 가령 수컷 말을 公馬(gōngmǎ) 또는 父馬
(fùmǎ)라고 함.

용례

父母(부모), 父親(부친), 祖父(조부)

성어

부전자전(父傳子傳): 아버지가 전하고 아들이 전함. 성격이나 버릇이 아버지가
아들에게 대물림하듯 비슷한 경우에 쓰는 표현.

류

北 북녘 북, 달아날 배

갑골문	금문	전국문자	소전	예서	해서
				北	北

한 北 음 북, 배
뜻 [북] 북녘, 북쪽
[배] 달아나다,
패하다

중 北 음 běi
뜻 북쪽, 북방 /
패배하다 /
등을 맞대다

일 北 음 ほく boku
뜻 북쪽 / 등지다,
도망치다

자원
형성
'두 사람이 서로 등지고 있는 모습'을 나타낸 글자로, 본뜻은 '등'이었음. 가옥의
남향(南向)이나 사람의 남면(南面)이라는 기본 형식에서 등진 쪽이 북쪽이므로
'북쪽'이라는 의미가, 싸움에 패배(敗北)하면 등을 지고 도망치기에 '달아나다'의
의미가 더해졌음. 이처럼 자의와 자음이 다양화되자 '등'이라는 뜻과 구별하기
위해 '신체'의 뜻을 지닌 月[달 월]을 덧붙인 背[등 배]를 만들어 '등'의 전용자로
사용하였음. 背의 음은 敗[패할 패]와 가깝고, 北의 음은 走[달아날 주]와 가까운데,
등지고 북쪽으로 패해 달아난다는 점에서 背, 北, 敗, 走 등의 뜻과 소리가 모두 통함.

용법
한중일 모두 '북쪽'의 의미로 사용함. 한국어와 일본어에서는 북향(北向, きたむ)라고
하지만 중국에서는 向北(xiàngběi)라고 함. 만물은 陰(음)을 등지고 陽(양)을 향한다고
보았음. 사람을 기준으로 얼굴 陽이면 등은 陰이 되어 북쪽이 되는 것처럼, 한중일
삼국에서 山陰(산음, shānyīn, さんいん)처럼 陰(음)이 들어가는 지명은 대부분 산의
북쪽에 소재함. 또 北上(북상, běishàng, ほくじょう)나 南下(남하, nánxià, なんか)에서
보듯이 北(북)은 위쪽을 가리키기도 함. 한편 한국어와 일본어에서는 패배(敗北, はいぼ
く)와 失敗(실패, しっぱい)를 모두 쓰지만 중국어에서는 失敗(shībài)만 씀.

용례 동서남북(東西南北), 패배(敗北)

성어 호마의북풍(胡馬依北風): 북쪽에서 태어난 말은 북풍을 그리워함. 자기가 태어난
곳을 바라는 마음을 이르는 말.

박

313

分 나눌 분

갑골문	금문	전국문자	소전	예서	해서
ᵘᵘ	ᵘ	ᵘ	ᵘᵘ	分	分

한
分
음 분
뜻 나누다 / 신분, 직분 / 분, 길이·무게·시간·화폐의 단위 / 분수 / 몫

중
分
음 fēn, fèn
뜻 [fēn] 나누다 / 변별하다
[fèn] 성분 / 본분

일
分
음 ふん hun, ぶ bu, ぶん bun
뜻 나누다 / 분별하다 / 분, 길이·무게·시간·화폐의 단위

자원
회의

八[여덟 팔])과 刀[칼 도]로 이루어짐. 『설문』에서는 "나누다"로 풀이하였음. 八도 본래 의미가 '나누다'인데, 후에 숫자 8을 뜻하게 되었음. 중국인들은 八(8)이라는 숫자를 좋아하는데, 이것은 '돈을 벌다'를 의미하는 發財라는 단어의 發과 八의 광동어 발음이 같기 때문임.

용법

한중일 모두 '나누다'의 의미로 널리 사용함. '자기 신분에 맞는 한도'를 한국어에서는 分數(분수)라고 하는데, 일본어에서는 分際(ぶんざい) 또는 分限(ぶんげん)이라고 하며, 중국어에서는 分寸(fēncun)이라고 함. 중국어와 일본어에서는 '나누다'라는 뜻의 동사로도 사용함. 일본어에서는 學年別に分ける(がくねんべつにわける, 학년별로 나누다)와 같이 쓰고, 중국어에서는 一年分四季(yinianfensiji, 1년은 네 계절로 나뉜다)와 같이 씀.

용례 分類(분류), 分析(분석), 部分(부분)

성어 사분오열(四分五裂): 넷으로 나뉘고 다섯으로 찢어짐. 전혀 합쳐지지 않고 심하게 갈라서는 모습을 일컫는 말.

佛 부처 불

갑골문	금문	전국문자	소전	예서	해서
			佛	佛	佛

한 佛
음 불
뜻 부처 / 불교, 불경 /
'불란서'의 준말

중 佛
음 fó, fú
뜻 [fó] 부처 / 불교
[fú] 방불(仿佛)
(마치 ~인 것 같다)
의 구성자

일 仏
음 ふつ hitu,
ぶつ bitu
뜻 부처 / '불란서'의
준말

자원
형성

의미 부분인 人[사람 인]과 소리 부분인 佛[부처 불]로 이루어짐. 『설문』에서는 "분명하게 보이지 않다"라고 뜻을 풀이했는데, 이로써 佛[비슷할 불]의 본자임을 알 수 있음. 佛은 현재 '부처'를 의미하는 글자로 쓰는데, 이는 佛陀(불타)라는 외래어에서 유래되었음. 佛陀는 산스크리트어의 '부다(Buddha)'를 음역한 단어임.

용법

한중일 모두 '부처'의 의미로 사용함. 한국어와 일본어에서는 프랑스를 佛蘭西(불란서)라고 하지만 중국어에서는 法蘭西(Fǎlánxī) 또는 法國(Fǎguó)라고 함. 한국어와 일본어에서는 프랑스어를 佛語(불어, ぶつご)라고 쓰지만, 중국어에서는 法語(fǎyǔ)라고 씀. 중국어에서 佛語(fóyǔ)는 '부처의 말' 또는 '불교에 관한 글'을 의미하는 法語(법어)의 뜻으로 쓰임.

용례 佛經(불경), 佛敎(불교), 念佛(염불)

성어 배불숭유(排佛崇儒): 불교를 억압하고 유교를 높이 받듦. 조선시대에 행해졌던 정책의 이름.

備

갖출 비

갑골문	금문	전국문자	소전	예서	해서
𤰞	𤰝	𤰟	備	備	備

한
備
음 비
뜻 갖추다, 준비하다 /
준비

중
备
음 bèi
뜻 갖추다, 준비하다 /
설비 / 완전히

일
備
음 び bi
뜻 갖추다, 준비하다 /
대비

자원
형성
의미 부분인 人[사람 인]과 소리 부분인 𤰞[비]로 이루어짐. 『설문』에서는 "신중하다"로 풀이하였음. 俻[갖출 비]는 備의 이체자임. 중국의 간화자 备는 俻에서 亻[사람 인]을 생략하여 만든 글자임.

용법
한중일 모두 '갖추다'의 의미로 사용함. '미리 마련하여 갖춤'을 뜻하는 準備(준비, zhǔnbèi, じゅんび)를 중국어에서는 '~하려고 하다', '~할 계획이다'라는 뜻으로도 사용함. '문서 따위에서 그 내용에 참고가 될 만한 사항을 보충하여 적는 것'을 뜻하는 備考(비고, bèikǎo, びこう)를 중국어에서는 '시험을 준비하다'라는 의미로도 사용함.

용례
備忘錄(비망록), 設備(설비)

성어
유비무환(有備無患): 미리 준비하여 걱정이 없게 함. 벌어질 일에 대비하여 미리 준비하면 걱정거리를 줄일 수 있다는 뜻.

比 견줄 비

갑골문	금문	전국문자	소전	예서	해서
ʔʔ	ʔʔ	ʔʔ	ⅢⅢ	比	比

한
比 음 비
뜻 견주다, 비교하다 /
나란히 하다 /
비율

중
比 음 bǐ
뜻 비교하다, 재다 /
예를 들다 /
가깝다 /
비, 비율

일
比 음 ひ hi
뜻 견주다, 비교하다 /
같은 무리 /
비율 / 요즘

자원
회의

'두 사람이 나란히 서 있는 모습'을 본뜬 글자로서 '배열하다', '이웃하다'라는 의미를 나타냈음. 나란히 서 있으면 서로 비교가 된다는 점에서 '비교하다'의 의미가 더해졌고, 여기에서 우열을 가리기 위해 '시합하다'의 의미도 더해졌음. 이로써 승부의 '비율'을 표시하는 글자로 사용하게 됨. '비유하다'라는 뜻도 '비교하다'에서 나왔을 것으로 보임. 옛날 글자에서는 '따르다'라는 뜻의 從[좇을 종]과 종종 혼동되기도 함.

용법

한중일 모두 '비교하다', '비율'의 의미로 사용함. 比比(비비, bǐbǐ, ひひ)는 삼국 모두에서 '흔하다'의 의미로 사용함. 比價(비가, bǐjià, ひか)의 경우도 삼국 모두 다른 물건의 값과 비교한 '상대 가격'이라는 뜻으로 쓰이지만, 중국어와 일본어에서는 '값을 비교하다'의 뜻으로도 사용하고, 중국어에서는 또 '입찰을 비교하다'라는 뜻으로도 사용함. 이 밖에 중국어에서는 比方(bǐfāng)처럼 '예를 들다'의 뜻으로도 사용함.

용례

比肩(비견), 比較(비교), 對比(대비)

성어

강대무비(强大無比): 강해서 비교할 데가 없음. 매우 강한 존재를 일컫는 말.

류

飛 날 비

갑골문	금문	전국문자	소전	예서	해서
		飛	飛	飛	飛

한 ──────
飛 음 비
뜻 날다 / 빠르다,
빨리 가다 / 떠돌다

중 ──────
飞 음 fēi
뜻 날다 / 휘날리다,
나부끼다 / 뜻밖의

일 ──────
飛 음 ひ hi
뜻 날다, 날아오르다 /
빠르다, 빨리 가다

자원
상형
'새가 양 날개를 펴고 비상하는 모습'을 본뜬 글자임. 『설문』에서도 "새가 날아오름"을 묘사한 것이라고 하였음. 王筠(왕균)은 飛[비]가 새의 머리, 목에 있는 깃털, 날개 그리고 몸통으로 이루어진 글자라 하였음. 다만 새가 하늘로 솟구쳐 오르는 모습을 묘사했기 때문에 새의 발이 보이지 않는 것이라고 풀이함. 이로부터 '날다', '빠르다' 등의 의미를 나타내게 되었음.

용법
한중일 모두 '날다'의 의미로 사용함. 한국어와 일본어에서는 양력을 이용하여 공중으로 떠서 날아다니는 항공기를 飛行機(비행기, ひこうき)라고 하지만, 중국어에서는 飛機(fēijī)라고 함. 또한 한국어와 일본어에서는 비행기가 날기 위해서 땅에서 떠오르는 것을 離陸(이륙, りりく)라고 하지만, 중국어에서는 起飛(qǐfēi)라고 표현함.

용례
飛翔(비상), 飛躍(비약), 飛行(비행)

성어
오비이락(烏飛梨落): 까마귀 날자 배 떨어진다는 뜻으로, 자신이 한 일이 아닌데도 엉뚱하게 오해를 받거나 의심을 받는 상황을 이르는 말.

오

悲 슬플 비

갑골문	금문	전국문자	소전	예서	해서
		悲	悲	悲	悲

한

悲 음 비
뜻 슬프다, 슬퍼하다

중

悲 음 bēi
뜻 슬프다, 슬퍼하다 /
불쌍히 여기다

일

悲 음 ひ hi
뜻 슬프다, 슬퍼하다 /
자비심

자원
형성
겸
회의

의미 부분 心[마음 심]과 소리 겸 의미 부분인 非[아닐 비]로 이루어짐. 본래부터 '슬퍼하다'를 의미함. 소리 부분에 사용된 非는 원래 '위배되다', '상반되다', '어긋나다'를 의미함. 이로 인해 非를 소리 부분으로 사용하는 글자에서는 부정적인 의미를 다소 내포하고 있음. 가령 排[밀칠 배], 徘[어정거릴 배], 誹[헐뜯을 비]도 이에 해당됨. 이러한 관점에서 본다면 非는 의미 부분 역할도 겸한다고 볼 수 있으며, 悲가 왜 슬픔을 의미하는지 추측이 가능함.

용법

한중일 모두 '슬프다'의 의미로 사용. 한국어에서 '기쁨과 슬픔을 아울러 이르는 말'인 喜悲(희비)를 중국어와 일본어에서는 悲喜(bēixǐ, ひき)라고 함. 또한 '위험·공포 등을 느낄 때 갑자기 지르는 외마디 소리'를 한국어와 일본어에서는 悲鳴(비명, ひめい)라고 하지만, 중국어에서 悲鳴(bēimíng)은 '슬피 울다'라는 뜻임.

용례

悲觀(비관), 悲哀(비애), 喜悲(희비)

성어

홍진비래(興盡悲來): 좋은 일이 다하면 슬픈 일이 닥침. 좋은 일과 나쁜 일이 번갈아 찾아든다는 뜻.

非 아닐 비

갑골문	금문	전국문자	소전	예서	해서

한

非 음 비

뜻 아니다 /
그르다, 어긋나다 /
비평하다

중

非 음 fēi

뜻 ~이 아니다 /
그르다고 여기다 /
반드시 /
아프리카(Africa)

일

非 음 ひ hi

뜻 아니다 /
좋지 못하다 /
도리에 어긋나다 /
헐뜯다, 비난하다

자원
형성

갑골문을 보면 정확하게 무엇을 그린 것인가를 알기 어려움. 일부 학자들은 새가 날개를 편 모양이라고 주장하기도 함. 『설문』에서 "非는 '어긋난다'라는 것이다. 새가 날 때 날개를 서로 등져야 한다는 의미를 취한 것이다"라고 한 것으로 볼 때 타당성이 있는 주장으로 보임. 이후 '아니다'라는 부정사로 가차되어 사용되었음.

용법

한중일 모두 '아니다', '그르다', '나쁘다' 등 부정의 의미를 나타내는 접두사로 사용함. 非常(비상)은 한국어에서는 非常口(비상구)처럼 '예사롭지 않고 특별함'이라는 의미와 함께 '다급하고 특별한 명령이나 선언'을 가리키는데, 일본어에서 非常(ひじょう)는 '보통이 아님', '대단함'이라는 뜻으로 쓰이고, 중국어에서도 非常(fēicháng)은 정도부사로서 '매우', '대단히', '아주'라는 의미로 주로 사용함.

용례 非凡(비범), 非理(비리), 是非(시비)

성어 비몽사몽(非夢似夢): 완전히 잠든 것도 아니고 깨어난 것도 아닌 상태. 꿈을 꾸고 있는지, 아니면 실제 상황인지 어렴풋하고 모호한 경우를 이르는 말.

윤

鼻 코 비

| 갑골문 | 금문 | 전국문자 | 소전 | 예서 | 해서 |

한 ──────
鼻 음 비
뜻 코 / 시초, 처음

중 ──────
鼻 음 bí
뜻 코 / 처음의

일 ──────
鼻 음 び bi
뜻 코 / 사물의 시작

ㅂ

자원
형성

의미 부분인 自[스스로 자]와 소리 부분인 畀[줄 비]로 이루어짐. 自가 원래 의미인 '코'를 나타내지 못하고 일인칭 대명사로 쓰이게 되자 소리 부분을 더하여 분화한 글자임. 鼻는 이미 두 개의 글자가 합쳐져 만들어진 합성자에 해당하기 때문에 더는 분리될 수 없는 최소의 단위라는 부수에 해당하기 어렵고, 그래서 부수로 세워지면 안 되는 글자임. 鼻는 鼻祖(비조)에서처럼 '시초'나 '처음'이라는 뜻을 갖는데, 『정자통正字通』*에서는 "태 안에서 일정 정도 자라서 나오는 태생 동물은 코의 형태부터 먼저 형성되기 때문에 鼻祖라는 말이 생겼다"라고 했음. 鼻로 구성된 글자는 많지 않지만 모두 '코'와 관련된 의미를 나타냄.

용법

한중일 모두 '코'의 의미로 사용함. '코'가 인간의 몸체 중 가장 먼저 만들어진다라는 점에서 '처음'이라는 의미로도 사용함. '콧물'을 중국어에서는 鼻涕(bíti)라 하지만 일본어에서는 鼻水(はなみず)라 하고, '코끝'을 중국어에서는 鼻尖(bíjiān)이라 하지만 일본어에서는 鼻先(はなさき)라고 함.

용례

鼻炎(비염), 鼻音(비음), 鼻祖(비조)

성어

이현령비현령(耳懸鈴鼻懸鈴): 귀에 걸면 귀걸이, 코에 걸면 코걸이. 이렇게도 해석되고 저렇게도 해석되는 경우를 비유적으로 이르는 말.

───────

* 중국 명대에 장자열(張自烈)이 지은 음운(音韻)의 자서(字書).

하

貧

가난할 빈

갑골문	금문	전국문자	소전	예서	해서
			貧	貧	貧

한 貧
음 빈
뜻 가난하다 /
모자라다 / 천하다

중 贫
음 pín
뜻 가난하다 /
모자라다 /
수다스럽다

일 貧
음 ひん hin, びん bin
뜻 가난하다 /
모자라다

자원
형성
두 개의 의미 부분인 貝[조개 패]와 分[나눌 분]으로 이루어짐. 원래 '재물을 나누어 주어 가난하다'라는 의미를 나타냄. 貧과 뜻이 같은 글자에 賤[빈천할 천]이 있는데, 이 글자 역시 貝[조개 패]를 포함하고 있음. 貧의 分이 '나누다'로 그 뜻을 나타내는 데 반해, 賤의 戔[나머지 잔]은 '적다'로 그 뜻을 나타냄. 戔은 淺[얕을 천]에서도 그 뜻을 나타내고 있음.

용법
한중일 모두 '가난하다'의 의미로 사용함. '가난하다'를 중국어에서는 貧窮(pínqióng) 혹은 貧寒(pínhán)이라고도 하고, 일본어에서는 貧乏(びんぼう)라고도 함.

용례
貧困(빈곤), 貧窮(빈궁), 貧民(빈민), 貧富(빈부)

성어
안빈낙도(安貧樂道): 가난하지만 마음이 평안하여 진리를 즐김. 어려운 생활에 구애받지 않고 진리를 추구하는 것을 이르는 말.

박

氷 얼음 빙

갑골문	금문	전국문자	소전	예서	해서

한
氷 음 빙
뜻 얼음, 얼다

중
氷 음 bīng
뜻 얼음 /
차다, 시리다 /
냉동시키다

일
氷 음 ひょう hyou
뜻 얼음, 얼다

자원
형성

氷은 원래 仌[얼음 빙]으로 썼는데, 물이 얼어 엉긴 모양임. 후에 水를 더하여 '언 물', 즉 '얼음'을 나타냈음. 금문을 그대로 옮기면 冰[얼음 빙]이 되는데 후에 변화하여 氷이 되었음.

용법
한중일 모두 '얼음'의 의미로 사용함. 한국어와 일본어에서는 음식물을 차게 보관하는 전기제품을 冷藏庫(냉장고, れいぞうこ)라고 하는데, 중국어에서는 氷箱 (bīngxiāng)이라고 함. 또한 중국어에서는 氷이 들어갔다고 해서 모두 얼음이나 차가운 것과 관련 있는 것은 아님. 예를 들면 중국 전통 간식거리 가운데에 산사자해당화 열매 등을 꼬치에 꿰어 설탕물이나 엿을 발라 굳힌 것을 氷糖葫蘆 (bīngtánghulú)라고 부름.

용례
氷點(빙점), 氷河(빙하), 結氷(결빙)

성어
빙탄불상용(氷炭不相容): 얼음과 뜨거운 불은 서로를 안을 수 없음. 두 사물의 성질이 완전히 달라 결코 어울릴 수 없는 상황을 이르는 말.

넉 사

갑골문	금문	전국문자	소전	예서	해서

한		중		일	
四	음 사 뜻 넉, 넷	四	음 sì 뜻 사, 넷	四	음 し si 뜻 넷

자원
지사

갑골문의 자형은 옆으로 그은 네 개의 선이었음. 금문에 이르러 현재 사용하는 자형과 유사한 모양이 등장하였음. 四는 숨이 코 밖으로 나오는 것을 본뜬 것으로 呬[숨쉴 희]의 본자였는데, 숫자 네 개를 나타낼 때 四를 쓰게 되자 口를 더하여 呬로 분화하였음.

용법

한중일 모두 숫자 '사'의 의미로 사용함. 한중일 삼국에서는 숫자 4를 그다지 좋아하지 않는데, 4의 발음이 死(사)와 같기 때문임. 한편 숫자 9에 대해서, 중국 사람들은 久(오래다)와 발음이 같기 때문에 좋아하는 반면, 일본인들은 苦しい(괴롭다)와 같기 때문에 싫어함.

용례

四方(사방), 四時(사시), 四通八達(사통팔달)

성어

사면초가(四面楚歌): 사방에서 들려오는 초나라 노랫소리. 도저히 헤쳐 나올 수 없는 위기 상황을 일컫는 표현.

寫

베낄 사

갑골문	금문	전국문자	소전	예서	해서
		寫	寫	寫	寫

한 寫
음 사
뜻 베끼다 / 묘사하다 /
그리다

중 写
음 xiě
뜻 글씨를 쓰다 /
묘사하다 / 그리다 /
베끼다, 베껴 쓰다

일 写
음 しゃ sya
뜻 베끼다 /
사진, 영화를 찍다

자원
형성

의미 부분인 宀[집 면]과 소리 부분인 舃[까치 작]으로 이루어짐. 원래 의미는 '집 안으로 물건을 옮기다'였는데, 후에 '옮기다', '없애다', '베끼다' 등의 의미로 확대 사용하고 있음. 舃은 鳥[새 조]에서 파생된 글자로 '까치'를 묘사한 글자임. 후에 의미 부분 隹[새 추]와 소리 부분 昔[예 석]이 결합된 鵲[까치 작]이 만들어지면서 이 글자는 없어졌음.

용법

한중일 모두 '베끼다', '그리다'의 의미로 사용함. 한국어에서 寫와 조합된 한자 어휘는 대부분 일본어에서 전해온 것이기에 두 나라는 유사하지만 중국어와는 다소 차이가 있음. 한국어와 일본어의 寫眞(사진, しゃしん)은 중국어에서 照片(zhàopiàn) 또는 相片(xiàngpiàn)이라고 하고, 複寫(복사, ふくしゃ)는 중국어에서 複印(fùyìn)이라고 함.

용례

寫生(사생), 描寫(묘사)

성어

심복수사(心腹輸寫): 마음속의 생각을 모두 털어놓음.

史 사기 사

갑골문	금문	전국문자	소전	예서	해서
史	史	史	史	史	史

한

史 음 사

뜻 사기(史記)
역사 / 사관

중

史 음 shǐ

뜻 역사 / 사관 /
사기(史記)

일

史 음 し si

뜻 사관 / 역사

자원
형성
'손으로 잡은 붓'을 통해 '손으로 기록하는 역사' 혹은 '역사를 기록하는 사관'의
의미를 나타낸 글자임. 事[일 사]와 吏[관리 리]도 '손으로 잡은 붓'으로 글자의 의미를
나타내었음. 사관(史官)의 史는 '붓'을 잡고 있는 사람이라는 측면에서 士[선비 사],
仕[벼슬 사], 師[스승 사], 使[사신 사]와도 뜻이 통함. 史는 갑골문을 쓰던 은나라
때부터 보이는데, 이를 통해 당시에 이미 사관이 있었다는 것을 알 수 있음.

용법
한중일 모두 '역사'의 의미로 사용함. 중국어에서는 家族史(가족사)를 家史(jiāshǐ)로
줄여서 씀. 한국어와 중국어에서는 '실제로 있었던 일이나 현재 있는 일'을 事實(사실,
shìshí)이라고 쓰는데, 일본어에서는 史實(しじつ)라고 씀.

용례
史官(사관), 史話(사화), 歷史(역사)

성어
경사백자(經史百子): 경사와 사서, 제자백가의 책이라는 뜻으로, 아주 많은 책을
일컫는 표현.

박

謝

사례할 사

갑골문	금문	전국문자	소전	예서	해서
		讖	讕	謝	謝

한

謝

음 사

뜻 사례하다 /
사양하다 /
떠나다, 물러나다 /
시들다 /
사과하다

중

谢

음 xiè

뜻 사퇴하다 / 떠나다 /
사례하다 /
사과하다 /
(꽃이) 지다, 시들다

일

謝

음 しゃ sha

뜻 사례하다 /
사양하다 /
물러나다 /
사과하다

자원
형성

의미 부분인 言[말씀 언]과 소리 부분인 射[쏠 사]로 이루어짐. 소전에서는 소리 부분이 射가 아니라 身[몸 신]과 矢[화살 시]의 조합으로 되어 있음. 본래 뜻은 '사죄하다'이고, 후에 '거절하다', '떨어지다', '감사하다'의 의미가 더해졌음.

용법

한중일 모두 '사례하다'의 의미로 사용함. '죽다'라는 뜻의 辭世(사세, císhì, じせい)를 중국어에서는 謝世(xièshì)라고도 쓰지만 나머지 두 나라에서는 사용하지 않음. 또 '커튼콜에 답하다'를 의미하는 謝幕(xièmù)도 중국어에서만 사용함.

용례

謝過(사과), 謝禮(사례), 感謝(감사)

성어

고두사은(叩頭謝恩): 땅바닥에 머리를 조아리며 은혜에 감사함.

私 사사로울 사

갑골문	금문	전국문자	소전	예서	해서
		私	私	私	私

한
私
음 사
뜻 개인, 사사로움 /
사사로이 하다,
자기 소유로 하다 /
은밀하다

중
私
음 sī
뜻 사적인 / 은밀한 /
이기적인 /
자기 소유로 삼다

일
私
음 し si
뜻 개인 / 사적인 것 /
비밀, 남몰래

자원
형성
의미 부분인 禾[벼 화]와 소리 부분인 厶[사사로울 사]로 이루어짐. 厶는 '팔을 굽혀 자기 것으로 한 모양'을 상형한 글자로 私[사사로울 사]의 본자임. 厶가 口[입 구]와 자형이 비슷하여 禾[벼 화]를 더해 '수확한 벼를 자기 것으로 하다'의 의미로 글자를 구별해 다시 만든 것임.

용법
한중일 모두 '사사롭다'의 의미로 사용함. '사사로이 하는 이야기'를 뜻하는 私談 (사담)은 한국어에서만 쓰임. 중국어에서 自私(zìsī)는 '이기적인'의 의미를 나타냄. 일본어의 私曲(しきょく)는 '不正(부정)'의 의미를 나타냄.

용례
私立(사립), 私情(사정), 私通(사통)

성어
선공후사(先公後私): 공적인 일을 앞세우고 사적인 일은 뒤로 미룸.

박

思

생각 사

갑골문	금문	전국문자	소전	예서	해서
			思	思	思

한
思 음 사
뜻 생각, 생각하다 /
뜻 / 그리워하다

중
思 음 sī
뜻 생각, 생각하다 /
그리워하다 /
감정, 사상

일
思 음 し si
뜻 생각, 생각하다 /
그리워하다 /
감정

자원
형성
의미 부분인 心[마음 심]과 소리 부분인 囟[정수리 신]으로 이루어져 '생각하다'를
의미함. 예서부터 소리 부분 囟이 田[밭 전]으로 변형되어 해서까지 전해졌음. 후에
'그리워하다', '사모하다' 등의 의미로 확대 사용함. 囟은 '갓난아이의 굳지 않은
정수리'를 묘사한 글자임.

용법
한중일 모두 '생각'의 의미로 사용함. '무엇을 하고자 하는 생각'을 뜻하는 意思(의사,
yìsi, いし)의 경우 중국어에서는 다양한 의미로 사용함. '재미', '흥미'의 뜻으로도
사용되어 '재미있다'는 有意思(yǒuyìsi), '재미없다'는 沒有意思(méiyǒuyìsi)라고 함.
또한 인사말로 '송구하다', '미안하다'를 不好意思(bùhǎoyìsi)라고 함.

용례
思慕(사모), 思想(사상), 意思(의사)

성어
심사숙고(深思熟考): 깊이 생각하고 신중하게 따짐. 행동으로 옮기기에 앞서 깊이
생각하여 실수가 없게 함을 이르는 말.

土 선비 사

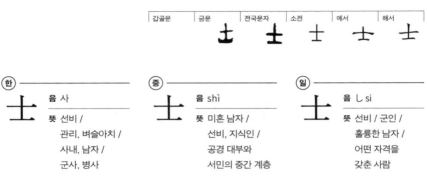

갑골문	금문	전국문자	소전	예서	해서
土	土	土	士	士	士

한
士 음 사
뜻 선비 /
관리, 벼슬아치 /
사내, 남자 /
군사, 병사

중
士 음 shì
뜻 미혼 남자 /
선비, 지식인 /
공경 대부와
서민의 중간 계층

일
士 음 し si
뜻 선비 / 군인 /
훌륭한 남자 /
어떤 자격을
갖춘 사람

人

자원
형성

'도끼'를 본뜬 글자이며, 도끼로써 '무사'의 의미를 나타냈음. 도끼는 '힘', '권위' 등을
상징했는데, 父[아비 부]도 '손으로 돌도끼를 들고 있는 사람'으로 '아버지'의 의미를
나타냈고, 吉[길할 길]도 '선반에 놓인 도끼'로 전쟁이 없는 길한 상태의 의미를
나타냈음. 士는 '무사'의 의미에서 '선비'의 의미로 파생되어 주로 쓰였는데, 師[스승
사], 史[사기 사] 등의 글자와 소리가 같고 뜻이 유사함. 士에 人[사람 인]을 붙이면
仕[벼슬할 사]가 됨.

용법

한중일 모두 '선비'라는 의미 외에 '어떤 칭호나 직업에 붙이는 말'로 많이 사용함.
的士(dīshì)는 '택시'를 뜻하는 말로 중국어에서만 씀. 한국어와 중국어에서는 碩士
(석사, shuòshì)라고 하지만, 일본어에서는 修士(しゅうし)라고 함. 한국어에서는
看護師(간호사)라고 하지만, 일본어에서는 看護婦(かんごふ)라고 하고, 중국어에서는
護士(hùshi)라고 함. 한국어와 일본어에서는 성인 남성을 높여 부를 때 紳士(신사,
しんし)라고 하지만, 중국어에서는 先生(xiānsheng)이라고 함.

용례
居士(거사), 技士(기사), 博士(박사)

성어
국사무쌍(國士無雙): 나라에서 견줄 상대가 없을 정도로 실력이 빼어난 사람.

박

330

師 스승 사

갑골문	금문	전국문자	소전	예서	해서

한		중		일	
師	음 사 뜻 스승 / 군사, 군대 / 전문가	师	음 shī 뜻 본받다, 배우다 / 많은 사람 / 선생, 스승	師	음 し si 뜻 군사, 군대 / 많은 사람이 모이는 곳 / 스승

자원
회의

갑골문 자형에서는 𠂤[쌓을 퇴]만 보이는데, 𠂤는 눕혀 보면 구릉의 모양임. 고대에는 구릉이 홍수를 막아주고 적을 방어할 수 있는 지리적 환경을 갖추고 있었으므로 그곳에 성을 지어 거주하였고, 성을 지키기 위하여 군대를 주둔하게 하였음. 2,500명의 군대를 師라 하였음. 금문에 이르러 帀[두를 잡]을 더함으로써 '성 주위에 빙 둘러쳤다'는 의미를 강조하였음. 후에 '지도자', '스승', '모범', '전문가'의 의미가 파생되었음.

용법

한중일 모두 '스승', '모범', '전문가'의 의미로 가장 많이 사용함. 師團(사단)에서 보듯이 '군대·전쟁'의 의미도 있음. 한국어와 일본어에서는 대개 교육계의 전문가, 즉 교사 혹은 남자를 경칭할 때 先生(선생, せんせい)라 부르지만, 중국어에서는 교육 전문가는 老師(lǎoshī)라 부르고, 先生(xiānshēng)은 남자의 경칭으로서 성 뒤에 붙여 '~ 씨', '~ 님'으로 씀.

용례

師傅(사부), 師表(사표), 醫師(의사)

성어

군사부일체(君師父一體): 임금과 스승과 아버지가 같음. 그 은혜의 크기가 다를 게 없다는 뜻.

射

298

쏠 사

갑골문	금문	전국문자	소전	예서	해서

한

射 음 사
뜻 쏘다 / 궁술 /
과녁을 맞히다

중

射 음 shè
뜻 쏘다, 발사하다 /
(구기 경기에서)
슛하다 / 발산하다 /
암시하다

일

射 음 しゃ sya, せき seki
뜻 활을 쏘다 /
광선 등이 힘차게
나가다 /
겨냥하여 맞히다

자원
회의

갑골문과 금문을 보면 화살을 활 위에 얹은 모습으로 '활을 쏘다'라는 의미를 나타내는 글자임. 그런데 소전의 자형에서는 활 모양이 身[몸 신] 형태로 변하여 손을 나타내는 寸[마디 촌]과 함께 쓰여 원래의 뜻을 명확히 보여주지 못하고 있음. '활을 쏘다'에서 일반적인 '쏘다'로 의미가 확장되었고, 또 물이나 빛을 분출하는 것까지 표현하게 되었음. 당나라 때 측천무후(則天武後)는 이 글자가 寸과 身의 구조로 '마디만 하게 작은 신체'라는 뜻이므로, '화살을 쏘다'라는 뜻은 矢[화살 시]와 委[버릴 위]의 구조로 된 矮[키 작을 왜]와 서로 뜻을 바꿔야 한다고 주장했음. 이는 소전 이후에 변해버린 射의 자형을 보고 풀이했기 때문에 생긴 오해임.

용법

한중일 모두 '쏘다', '맞히다'의 뜻으로 사용함. 삼국 모두 射利(사리, sìlì, しゃり)를 '이익에 혈안이 되다'의 의미로 쓰는데, 한국어와 일본어에서는 '뜻밖의 행운으로 이익을 얻으려 하다'라는 射倖(사행, しゃこう)의 뜻도 나타냄. 중국어에서는 僥幸(jiǎoxìng)이라고 씀. 또 중국어에서는 暗射(ànshè)처럼 '암시하다'의 의미로도 사용함.

용례

射擊(사격), 注射(주사), 投射(투사)

성어

사어지천(射魚指天): 물고기를 잡으려고 하늘을 향함. 불가능한 일을 하려는 행동을 이르는 말.

류

事 일 사

갑골문	금문	전국문자	소전	예서	해서
			事	事	事

한 事
음 사
뜻 일 / 직업 / 섬기다

중 事
음 shì
뜻 (~儿) 일 /
(~儿) 직업 /
(~儿) 사고

일 事
음 じ ji, ず zu
뜻 일, 사건 / 행동 /
섬기다

자원
형성

갑골문을 보면 손[又]으로 필기도구[中]를 잡고 기록하는 모양을 본뜬 글자임. 『설문』에서는 의미 부분인 史[사기 사]와 소리 부분인 之[갈 지]가 생략된 형태로 이루어져 있으며, 그 본래 의미는 '기록하는 일'이라고 하였음. 갑골문에서는 𠚤(사)라는 글자로 史[사기 사], 吏[관리 리], 使[부릴 사], 事[일 사]의 의미를 모두 나타냈는데, 후에 4개 글자로 각각 분화되었음. 형성자로 보는 시각이 있으나 현재 자형은 소리 부분인 之가 사라졌으므로 형성자라 하기 어려움.

용법
한중일 모두 '일'의 의미로 많이 사용함. '많은 사람이 특정한 목적이나 계획을 가지고 정해진 절차에 따라 조직적으로 진행하는 일'을 뜻하는 行事(행사, ぎょうじ)를 중국어에서는 活動(huódòng), 典禮(diǎnlǐ)라고 함. 중국어에서 行事(xíngshi)는 '일을 처리하다', '행동'을 뜻함. 한국어와 일본어에서 '일의 형편이나 까닭'을 事情(사정, じじょう)라고 하는데, 중국어에서 事情(shìqing)은 단순히 '일', '사고', '직업'이라는 뜻을 나타냄.

용례
事件(사건), 事故(사고), 事實(사실)

성어
사사건건(事事件件): 각자의 하는 일마다 또는 모든 일이라는 뜻. 대개 일을 할 때마다 간여하고 참견하는 행위를 가리킬 때 쓰는 표현.

300

寺 절 사, 관청 시

갑골문	금문	전국문자	소전	예서	해서

한 ——————
寺 음 사
뜻 절, 사찰 / 관청

중 ——————
寺 음 sì
뜻 (불교의) 사찰 /
(이슬람교의) 사원 /
고대의 관청 이름

일 ——————
寺 음 じ zi
뜻 절, 사찰

자원
형성

의미 부분인 寸[마디 촌]과 소리 부분인 止[그칠 지]로 이루어짐. '관리가 출근하여 일하는 곳'이라는 뜻을 나타냄. 자형이 예서에서 止가 土[흙 토]로 바뀌어 지금의 寺 형태가 되었음. 고대에 황제를 위한 제사 등을 관리하는 부서의 명칭인 태상사(太常寺) 등에서 본래 의미를 찾을 수 있음. 뒤에 중국에 불교가 전래되면서 승려들이 머무는 곳을 寺[절]이라 부르게 되었고, 이슬람교의 사원도 寺(사)라고 불렀음.

용법

한중일 모두 '불교의 사찰'을 주로 나타냄. 일본어에서만 다른 의미로 사용한 예가 보이는데, 寺子(てらこ)는 '글방에서 글을 배우는 아이'를 가리키는 말로 일본어에만 있음. 도박의 '자릿세'를 뜻하는 寺錢(てらせん)도 일본어에서만 사용함. 그리고 중국어에서만 이슬람교의 사원에도 寺(sì)라는 명칭을 붙이고 있음.

용례

寺院(사원), 寺刹(사찰), 山寺(산사)

성어

고사청등(古寺靑燈): 옛 절과 푸르스름한 등불. 속세를 떠나 고행하는 수도자의 힘겹고 외로운 생활을 이르는 말.

死 죽을 사

갑골문	금문	전국문자	소전	예서	해서

한

死 음 사
뜻 죽다, 죽음 /
목숨을 걸다

중

死 음 sǐ
뜻 죽다 /
버리다, 없애다 /
고정되다,
융통성이 없다

일

死 음 し si
뜻 죽음, 죽다 /
활기가 없다 /
위험을 무릅쓰다

자원
회의

죽은 사람의 유골을 살펴보고 있는 상황을 본뜬 글자로, 후에 '생기 없다', '다하다' 등 의미로 확대 사용하고 있음. 해서를 근거로 보면 두 개의 의미 부분인 匕[비수 비]와 歹/歺[살 바른 뼈 알]이 결합된 형태인데, 匕는 人[사람 인]에서 변형된 형태임. 이와 동일한 예로는 此[이 차], 化[될 화], 比[견줄 비], 北[북녘 북] 등이 있음. 匕는 원래 '숟가락'을 본뜬 글자이며 후에 소리 부분인 是[이 시]를 추가하여 匙[숟가락 시]가 만들어졌음. 현재 해서에 남아 있는 匕는 형태는 하나이지만 '(변형된) 사람'과 '숟가락'의 두 가지 뜻이 공존하고 있음.

용법

한중일 모두 '죽음', '활동성이 없다'의 의미로 많이 사용함. 야구에서 데드볼(dead ball)을 사구(死球, しきゅう)라고 하는데, 중국어에서는 觸身球(chùshēnqiú)라고 함. 한국어에서 감정이나 상태의 극한 상태를 '~해 죽겠다'라고 하는 것과 같이 중국어에도 累死了(lèisǐle, 피곤해 죽겠다), 笑死人(xiàosǐrén, 웃겨 죽겠다)과 같은 표현이 있음.

용례

死角(사각), 死亡(사망), 死刑(사형)

성어

사생결단(死生決斷): 죽느냐 사느냐를 두고 결말을 냄. 죽음조차 두려워하지 않고 덤벼들어 일을 마무리한다는 뜻.

人

舍 집 사

갑골문	금문	전국문자	소전	예서	해서
	舍	舍	舍	舍	舍

한

舍 음 사
뜻 집, 가옥 /
버려 두다, 버리다 /
머무르다 /
그만두다, 쉬다

중

舍 음 shě, shè
뜻 [shě] 버리다 /
바치다
[shè] 집, 가옥

일

舍 음 しゃ sya
뜻 집, 저택 / 숙소
머무르다, 숙박하다

자원
형성

집의 지붕과 그 지붕을 받치고 있는 기둥 그리고 그 밑에 놓인 기반을 본떠 만든 글자로, 원래 '집'의 뜻을 나타냄. 舍와 뜻이 유사하고 음이 같은 글자로 寺[절 사]와 祠[사당 사]가 있는데, 다른 용도에 따라 각 글자를 달리 만든 것임. 음이 완전히 같지는 않지만 음이 유사하면서 그 뜻이 집과 관련 있는 글자로 家[집 가], 館[객사 관], 堂[집 당] 등을 들 수 있는데, 이러한 글자들로 볼 때 옛날 사람들이 집에 관한 글자를 많이 만들어 썼음을 알 수 있음.

용법

한중일 모두 '집'의 의미로 사용함. 한국어와 일본어에서는 기숙사의 관리·감독을 맡은 사람을 舍監(사감, しゃかん)이라고 하지만, 중국어에서는 宿舍管理員(sùshè guǎnlǐyuán)이라고 함. 중국어에서 舍不得(shěbude)는 '인색하다', '~하지 못하다'라는 의미인데, 이때 舍는 '버리다'의 뜻을 나타냄. 일본어의 田舍(いなか)는 農村(농촌)의 뜻을 나타냄.

용례

官舍(관사), 幕舍(막사), 宿舍(숙사)

성어

사기종인(舍己從人): 예전 버릇을 버리고 남의 선행을 따라 함. 남의 좋은 점을 본받음을 이르는 말.

박

303

使

하여금 사

갑골문	금문	전국문자	소전	예서	해서
			𢖲	𢔜	使	使

한

使 음 사

뜻 부리다, 시킴 /
하여금 / 좇다 /
행하다 / 사신,
사신으로 가다

중

使 음 shǐ

뜻 파견하다 /
쓰다, 사용하다 /
~시키다 /
사신으로 가다 /
만약

일

使 음 し si

뜻 쓰다, 사용하다 /
심부름 보내다 /
하여금

자원
형성

의미 부분 人[사람 인]과 소리 부분 吏[관리 리]로 이루어짐. 吏는 현재 발음이 변해
소리 부분 역할을 하지 못함. 『설문』에서는 "명령하다"의 뜻으로 풀이하였음. 吏의
갑골문은 손으로 도구를 잡고 있는 모양을 본떠 만든 글자임. 史의 갑골문은 손으로
필기도구를 잡고 있는 모양을 본떠 만든 글자임. 史는 '역사를 기록하는 관리'를 말하고,
吏는 '관리'를 의미함. 갑골문에서는 吏로 使와 事[일 사]의 뜻을 나타내다가, 후에 人을
더하여 使를 만들어 '일을 시키다, 명령하다'라는 뜻을 나타내고, 事로 '일'이라는 뜻을
나타내었음.

용법

한중일 모두 '사절', '쓰다'의 의미로 사용함. 노동자와 사용자를 뜻하는 勞使(노사,
ろうし)를 중국어에서는 使[하여금 사] 대신 자본을 뜻하는 資[재물 자]를 써서
勞資(láozī)라고 함. 중국어에서는 '~에게 ~시키다'라는 뜻의 동사로도 사용하여
使人感動(shǐréngǎndòng, 사람을 감동시키다)과 같이 씀.

용례

使徒(사도), 使命(사명), 使用(사용), 大使(대사)

성어

백의천사(白衣天使): 하얀 옷을 입은 천사라는 뜻으로, 간호사를 일컫는 말.

人

강

産

낳을 산

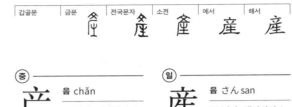

갑골문	금문	전국문자	소전	예서	해서
	产	產	產	産	産

한
産
음 산
뜻 낳다, 생산하다 /
　재산, 자산 /
　생업

중
产
음 chǎn
뜻 낳다, 생산하다 /
　재산 / 생산품

일
産
음 さん san
뜻 낳다, 생산하다 /
　출신지, 산지 /
　재산

자원
형성

『설문』에서는 生[날 생]을 의미 부분으로, 彦[선비 언]의 생략된 모습을 소리 부분으로 풀이했음. 그러나 류소(劉釗)는 产이 彦의 초기 자형이므로 产을 소리 부분으로 보아야 한다고 했음. 한편『설문』에서는 글자의 의미를 "낳는 것이다"로 풀이하였음. 이처럼 의미 부분인 生에서 '낳다', '생산하다' 등의 뜻이 나왔으며, 이후 의미가 더욱 확장되어 '재산', '생산품' 등을 뜻하게 되었음. 중국의 간화자에서는 产으로 적고 있는데 '새로운 것이 생긴다[生]'라는 뜻을 담당하는 부분이 생략되어 본래의 의미가 드러나지 못한 아쉬움이 있음.

용법

한중일 모두 '낳다', '생산하다'의 의미로 사용함. 임신과 출산 등을 다루는 의학 분야를 한국어와 일본어에서는 産婦人科(산부인과, さんふじんか)라고 하지만, 중국어에서는 産科(chǎnkē) 혹은 婦産科(fùchǎnkē)라고 함.

용례

産業(산업), 生産(생산), 出産(출산)

성어

탕진가산(蕩盡家産): 집안의 재산을 모두 써 없앰.

뫼 산

갑골문	금문	전국문자	소전	예서	해서

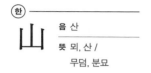

한
음 산
뜻 뫼, 산 /
　　무덤, 분묘

중
음 shān
뜻 산 / 웅장하다

일
음 さん san, せん sen
뜻 산

자원
상형

여러 개의 산봉우리를 본뜬 글자임. 한자에서 三[석 삼]은 '많다'라는 의미로도 사용됨. 따라서 고대 문자에서 어떤 사물의 개체 수가 많을 경우 일반적으로 세 개까지만 표기함. 이러한 이유로 山 역시 세 개의 산봉우리만 그린 것임. 고문에서 山과 火[불 화]는 형태가 유사하여 자주 혼용됨.

용법

한중일 모두 '산'의 의미로 사용함. 한국어에서는 山門(산문)이 글자 그대로 '산의 어귀'를 뜻하기도 하지만, 한중일 삼국에서 '절' 또는 '절의 대문'을 뜻하는 불교용어로 많이 사용함. 중국어와 일본어에서 염소(goat)를 山羊(shānyáng, やぎ)라고 함. 하지만 한국어에서는 가축인 경우 염소, 야생인 경우 산양(山羊)으로 구별하기도 함.

용례

山脈(산맥), 氷山(빙산), 火山(화산)

성어

산해진미(山海珍味): 산과 바다에서 나는 온갖 재료로 만들어 차린 음식. 매우 잘 차린 음식을 이르는 말.

人

算 셈할 산

갑골문	금문	전국문자	소전	예서	해서
			筭	算	算

한 ——————
算 음 산
뜻 셈, 계산하다 / 산가지

중 ——————
算 음 suàn
뜻 계산하다 / 계획하다 / 그만두다

일 ——————
算 음 さん san
뜻 계산하다 / 주판, 점괘 / 계략, 수단

자원
회의
두 개의 의미 부분인 竹[대나무 죽]과 具[갖출 구]로 이루어짐. 대나무 가지[竹]를 이용해 계산함을 나타냄. 具는 두 손으로 솥[鼎, 솥 정]을 든 모습인데, 음식을 만들기 전 준비 동작을 나타냄. 원래의 뜻은 '계산하다'이며, 후에 '계획하다', '추측하다'의 의미가 더해졌음.

용법
한중일 모두 '계산하다', '계획하다'의 의미로 사용함. 한국어와 일본어에서는 打算 (타산, ださん)을 '이해를 계산하다'라는 뜻의 부정적 어감으로 주로 사용하는 데 반해, 중국어에서는 단순히 '생각하다', '예정이다'의 의미로 사용함. 또 중국어에서는 '그만두다'의 의미로도 사용함.

용례
算數(산수), 推算(추산), 打算(타산)

성어
이해타산(利害打算): 이해관계를 이모저모 따짐.

류

散 흩을 산

갑골문	금문	전국문자	소전	예서	해서
	㪔	㪔	散	散	散

한 散 음 산
뜻 흩다, 흩어지다 /
한가롭다 / 가루약

중 散 음 sàn
뜻 느슨해지다,
흩어지다 /
자질구레하다 /
해고하다 /
가루약

일 散 음 さん san
뜻 흩다, 흩어지다 /
어수선하다 /
쓸모없다 /
가루약

자원
회의

금문에 처음 보임. 『설문』에는 지금의 해서와 다른 모양의 글자인 㪔으로 수록되어 있으며, 肉[고기 육]이 의미 부분이고 㪔[갈라서 떼어놓을 산]이 소리 부분인 구조로 보았음. 편방을 이루고 있는 㪔을 『설문』에서는 攴[칠 복]과 㪔로 이루어진 구조로 여겼으며, 그 본래 의미는 '떨어지는 것'으로 풀이하였음. 동연지(董蓮池)*는 㪔에 대해 "麻[삼 마]의 껍질을 벗겨 가늘게 가르는 것"이라고 하였음. 따라서 㪔이 분리의 뜻을 가지게 된 것은 손에 도구를 들고[攴] 삼의 껍질을 벗긴다[㪔]는 의미에서 연유했음을 알 수 있음. 이로부터 '분리', '분산', '흩어지다' 등의 뜻을 가지게 되었음.

용법

한중일 모두 '흩어지다'의 의미로 사용함. '휴식을 취하며 천천히 걷는 것'을 일컬을 때 한국어에서는 散策(산책)과 散步(산보) 모두를 사용하지만, 중국어의 경우 散策 (sàncè)는 주로 문언(文言)에서 사용하고 일반적으로는 散步(sànbù)로 표현함. 한편 일본어에서 散을 "ばら"로 읽으면 '낱개', '잔돈', '푼돈'이라는 뜻임.

용례

分散(분산), 離散(이산), 擴散(확산)

성어

혼비백산(魂飛魄散): 혼이 날아가고 넋이 흩어진다는 뜻으로, 몹시 놀라 어쩔 줄 모르는 상태를 이르는 말.

---

* 1953~ , 중국 역사학자, 중국언어학회 이사, 중국 화동사범대학 중문과 교수로 재직 중임.

오

殺 죽일 **살**, 감할 **쇄**

갑골문	금문	전국문자	소전	예서	해서

한
殺
음 살, 쇄
뜻 [살] 죽이다, 없애다
　　[쇄] 감하다, 덜다 /
　　심하다

중

음 shā
뜻 죽이다 / 전투하다 /
　　감소시키다 /
　　끝마치다

일
殺
음 さい sai, さつ satu,
　　せつ setu
뜻 죽이다, 목숨을 끊다 /
　　없애다 / 덜다 /
　　어세를 강조하기
　　위해 붙이는 조사

자원
형성
의미 부분인 殳[몽둥이 수]와 소리 부분인 朵[죽일 살]로 이루어짐. 갑골문과
금문에서는 戈[창 과]로 사람의 머리를 자르는 형태를 통해 '죽이다'라는 의미를
나타내고 있음. 戈가 후에 비슷한 의미의 殳로 바뀌었고, 몸통에서 잘려나가 산발된
머리 모양에 人[사람 인]이 추가되면서 朵로 변형되었음. 후에 '없애다', '지우다',
'줄어들다' 등의 의미로 확대 사용하고 있음.

용법
한중일 모두 '죽이다'의 의미로 사용함. 중국어에서는 '값을 깎다'라는 뜻의 동사로도
사용하는데, 殺價(shājià)는 값을 큰 폭으로 깎을 때 사용함. 또한 弒[죽일 시]는
'(아랫사람이 윗사람을) 죽이다'라는 뜻으로 한중일 모두 殺과 구별하여 사용함.

용례
殺人(살인), 殺害(살해), 抹殺(말살)

성어
교각살우(矯角殺牛): 뿔을 바로잡으려다 소를 죽임. 작은 문제를 고치려다 전체를
망가뜨리는 행위를 이르는 말.

석 삼

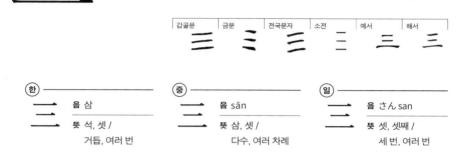

갑골문	금문	전국문자	소전	예서	해서

한 — 음 삼
뜻 석, 셋 /
거듭, 여러 번

중 — 음 sān
뜻 삼, 셋 /
다수, 여러 차례

일 — 음 さん san
뜻 셋, 셋째 /
세 번, 여러 번

자원
지사

가로획 세 개를 사용하여 숫자 '3' 또는 '셋째'의 의미를 나타낸 글자임. 갑골문부터 해서에 이르기까지 자형에는 변화가 없음. 후에 '여러 번', '거듭'이라는 의미로 확대 사용하고 있음. 예를 들어 『논어』「공야장公冶長」 편에 나오는 "심사숙고한 후에 실행하라(三思而後行)"라는 구절에서 三思(삼사)는 단순하게 '세 번 생각하다'가 아니라 '거듭 반복해서 생각하다'라는 의미임.

용법

한중일 모두 '셋', '셋째', '여러 번'의 의미로 사용함. 한중일 모두 三의 갖은자로 參(참/삼)을 사용함. 다만 중국어에서 三八(sānbā)는 욕설이니 사용에 유의해야 함.

용례

三角(삼각), 三三五五(삼삼오오), 再三(재삼)

성어

위편삼절(韋編三絶): 가죽 끈으로 묶은 책이 세 번 떨어짐. 끊임없이 공부에 매달리는 사람 또는 그런 자세를 일컫는 표현.

人

常

항상 상

갑골문	금문	전국문자	소전	예서	해서
尙	常	常	常	常	常

한 常
음 상
뜻 떳떳하다 /
항상, 늘 / 보통

중 常
음 cháng
뜻 늘, 항상 /
보통, 일반적인 /
자주, 항상

일 常
음 じょう zyou
뜻 항상 /
항상 변함없는 도덕 /
당연

자원
형성

의미 부분인 巾[수건 건]과 소리 부분인 尙[오히려 상]으로 이루어짐. 본래 '치마'를 의미하는 글자였음. 고대에 바지가 유입되기 전에는 늘 치마를 입었다는 점에서 '항상', '일상'의 의미를 나타냈고, 또한 항상 지켜져야 하는 것이 일종의 법칙이라는 점에서 '변함없는 도덕' 등의 의미도 나타냈음. 후에 '치마'의 의미에는 裳[치마 상]으로, '늘', '항상'의 의미에는 常으로 나누어 썼음.

용법

한중일 모두 '늘', '일반적인', '변함없는' 등의 의미로 사용함. 한국에 "양반은 학식 덕으로 살아가고 상놈은 노동하여 살아감"을 의미하는 "兩班의 글德, 常놈의 발德"이라는 속담이 있는데 여기에서 '常'은 '비천하다'의 뜻임. 또한 한중일 모두 예로부터 사람이 지켜야 할 다섯 가지 도리(仁義禮智信, 인의예지신)를 五常(五倫 오상/오륜)이라 하여 중시하였음.

용례 常識(상식), 日常(일상), 恒常(항상)

성어 인지상정(人之常情): 사람의 일반적인 감정. 사람이면 누구나 품는 보통의 정서를 이르는 말.

賞

상줄 상

갑골문	금문	전국문자	소전	예서	해서
𡩡	賞	賞	賞	賞	賞

한

賞

음 상

뜻 상을 주다 /
기리다 / 상 /
즐기다, 구경하다

중

賞

음 shǎng

뜻 상을 주다 /
감상하다 /
상, 상금, 상품

일

賞

음 しょう syou

뜻 상을 주다,
칭찬하다 /
좋아서 구경하다 /
상, 상품

자원
형성

의미 부분인 貝[조개 패]와 소리 부분인 尙[오히려 상]으로 이루어짐. 『설문』에서는
본래 의미가 "공이 있는 사람에게 하사하는 것이다"라고 하였음. '상주다'의 의미에서
하사받은 상을 '감상하다'라는 의미로 확대되었음. 고대사회에서는 조개껍데기를
화폐로 썼기 때문에 貝는 '귀한 재물'을 의미했음. 財[재물 재], 資[재물 자], 貨[재화
화], 貴[귀할 귀], 貯[쌓을 저] 등도 貝로 '귀한 재물'의 뜻을 나타낸 글자들임.

용법

한중일 모두 '상'의 의미로 사용함. 한국어에서는 정기 급여 외에 지급하는 보너스를
賞與金(상여금)이라고 하지만, 중국어에서는 奬金(jiǎngjīn)이라고 하고, 일본어에서는
賞與(しょうよ)라고 함. 중국어에서는 주로 예술작품을 '감상하다'라는 뜻일 때
欣賞(xīnshǎng)이라고 씀. 일본어의 賞讚(しょうさん)은 '칭찬하다'의 뜻을 나타냄.

용례

賞金(상금), 賞罰(상벌), 賞品(상품)

성어

논공행상(論功行賞): 공적을 따져 상을 줌. 그 사람이 거둔 성적을 잘 헤아려 그에
맞는 상을 주는 일.

人

박

傷

상할 상

갑골문	금문	전국문자	소전	예서	해서
		傷	傷	傷	傷

한 ——————
傷
음 상
뜻 다치다, 상하다 /
해치다 /
애태우다

중 ——————
伤
음 shāng
뜻 상처 /
상하다, 다치다 /
병에 걸리다

일 ——————
傷
음 しょう syou
뜻 상처 /
상하다, 다치다 /
상심하다

자원
형성

의미 부분인 人[사람 인]과 소리 부분인 殤[일찍 죽을 상]으로 이루어짐. 傷의
소리 부분은 사실상 殤의 왼쪽 편방 歹[부서진 뼈 알]이 생략된 형태임. 殤의 의미
부분인 歹은 대부분 죽음이나 불길함과 관련된 뜻을 나타냄. 『설문』에서는 傷의
본뜻을 "상처"라고 풀이하였음.

용법

한중일 모두 '다치다'라는 의미로 사용함. 몸을 다쳐서 부상을 입은 자리를 뜻하는
傷處(상처)를 중국어와 일본어에서는 傷口(shāngkǒu, きずぐち)라고 함. 한국어와
일본어에서는 몸에 상처를 입은 사람을 負傷者(부상자, ふしょうしゃ)라고 쓰는데,
중국어에서는 負[질 부] 대신 受[받을 수]를 써서 受傷者(shòushāngzhě)라고 씀.
중국어에서는 '(건강을) 해치다'라는 의미로도 사용함.

용례

傷心(상심), 傷處(상처), 殺傷(살상), 損傷(손상)

성어

중상모략(中傷謀略): 거짓으로 남을 해치는 나쁜 꾀.

想

생각 상

갑골문	금문	전국문자	소전	예서	해서
		想	想	想	想

한

想

음 상

뜻 생각, 생각하다 /
그리워하다 /
원하다

중

想

음 xiǎng

뜻 생각하다 /
추측하다 /
바라다

일

想

음 そ so, そう sou

뜻 생각하다, 상상하다 /
생각, 구상

자원
형성

의미 부분인 心[마음 심]과 소리 부분인 相[서로 상]으로 이루어짐. 원래 의미는 '상상하다'인데, 후에 '생각하다', '희망하다', '계획하다' 등의 의미로 확대 사용하고 있음. 소리 부분으로 사용된 相은 두 개의 의미 부분인 木[나무 목]과 目[눈 목]이 결합되어 '(눈으로) 나무를 살펴보고 있는 상황'을 묘사한 글자임.

용법

한중일 모두 '생각'의 의미로 사용함. 한국어와 일본어에서 想念(상념, そうねん)은 '마음속에 품고 있는 여러 가지 생각'을 의미하지만, 중국어에서 想念(xiǎngniàn)은 '그리워하다'를 의미함. 또한 중국어에서는 주로 동사 앞에 놓여 '~하고 싶다'라는 뜻을 나타내는 조동사로 사용하며, 일반동사로 사용할 때는 我想你(wǒxiǎngnǐ, 나는 네가 그리워)와 같이 '그리워하다'라는 의미를 나타냄.

용례

妄想(망상), 思想(사상), 理想(이상)

성어

과대망상(誇大妄想): 쓸데없이 부풀려 헛되이 생각함. 심한 과장이 섞인 엉뚱한 생각을 가리키는 말.

相 서로 상

갑골문	금문	전국문자	소전	예서	해서
枂	㭁	相	相	相	相

한
相
음 상
뜻 서로 /
자세히 보다, 점치다 /
돕다, 도움 /
재상 / 형상, 얼굴

중
相
음 xiāng, xiàng
뜻 [xiāng] 서로, 함께 /
직접 보다, 선보다 /
[xiàng] 외모,
겉모습 / 살펴보다 /
재상

일
相
음 しょう syou,
そう sou
뜻 외모, 겉모습 /
자세히 보다, 점치다 /
서로, 함께 / 만나다 /
재상

자원
회의

두 개의 의미 부분인 木[나무 목]과 目[눈 목]으로 이루어짐. '(눈으로) 나무를 살펴보고 있는 상황'을 본뜬 글자임. 후에 '외관', '형상' 등의 의미로 확대되었으며, 관찰의 행위는 판단에 도움이 되기에 '돕다', '상호작용'이라는 의미로도 확대 사용하고 있음. 갑골문에서 해서까지 자형에는 큰 변화가 없음.

용법

한중일 모두 '겉모습', '서로'의 의미로 사용함. 한국어와 일본어에서는 상대가 되는 이쪽과 저쪽 모두를 相互(상호, そうご)라고 쓰는데, 중국어에서는 相 대신 互[서로 호]를 먼저 써서 互相(hùxiāng)이라고 나타냄. 또한 '(유산권리 등을) 상속하다'를 뜻하는 相續(상속, そうぞく)의 경우 중국어에서는 繼承(jìchéng)이라고 씀.

용례   相當(상당), 宰相(재상), 眞相(진상)

성어   동병상련(同病相憐): 같은 병을 앓는 사람끼리 서로 위로하고 동정함. 처지가 비슷한 사람끼리 서로를 딱하게 여기며 격려함을 이르는 말.

上 위 상

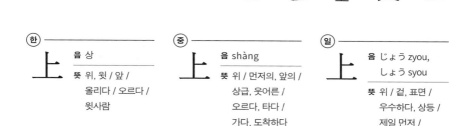

갑골문	금문	전국문자	소전	예서	해서

한

上

음 상

뜻 위, 윗 / 앞 /
올리다 / 오르다 /
윗사람

중

上

음 shàng

뜻 위 / 먼저의, 앞의 /
상급, 웃어른 /
오르다, 타다 /
가다, 도착하다

일

上

음 じょう zyou,
しょう syou

뜻 위 / 겉, 표면 /
우수하다, 상등 /
제일 먼저 /
오르다, 올리다

자원
지사

기준 가로획 위에 짧은 가로획(–) 또는 점(•)을 그려넣어 '위쪽'을 의미함. 금문에서
세로획(l)이 추가되면서 현재 형태를 완성하였음. 후에 '높은 곳', '하늘', '오르다',
'뛰어나다' 등의 의미로 확대 사용하고 있음. 下[아래 하]는 이와 반대 개념으로
만들어졌음.

용법

한중일 모두 공간이나 위치상 '위'나 '위쪽'의 의미로 사용함. 중국어에서 上(shàng)은
명사 뒤에 접미사로 사용되어 그 명사의 범위 안에 있음을 뜻하며, 아침을 早上
(zǎoshang), 저녁을 晚上(wǎnshang)으로 씀. 또한 중국어와 일본어에서는 '올라가다'
라는 뜻의 동사로도 사용함. 일본어에서는 氣溫が上る(きおんあがる, 기온이 오르다)
와 같이 쓰고, 중국어에서는 '(차기차 따위에) 타다'라는 뜻의 上車(shàngchē)와
같이 씀. 한국어와 일본어에서는 '학교(수업)에 가다'를 登校(등교, とうこう)라고
하는데, 중국어에서는 上學(shàngxué)라고 함.

용례

世上(세상), 以上(이상), 向上(향상)

성어

양상군자(梁上君子): 집 대들보 위에 숨은 사람이라는 뜻으로, 집에 들어온 도둑을
가리키는 표현.

喪

잃을 상

갑골문	금문	전국문자	소전	예서	해서
橷	喪	喪	喪	喪	喪

한

喪
음 상
뜻 잃다, 잃어버리다 /
죽다 / 상복 입다

중

丧
음 sāng, sàng
뜻 [sāng] 죽은 사람과
관련된 일
[sàng] 잃어버리다 /
죽다 / 실망하다

일

喪
음 そう sou
뜻 장례, 거상하다 /
상실하다, 잃다 /
죽다

人

자원
회의

열매가 달려 있는 뽕나무를 본뜬 글자였는데, 가차되어 '잃다'의 뜻으로 널리 쓰였음.
'뽕나무'라는 뜻은 桑[뽕나무 상]으로 나타냈는데, 갑골문에서 喪과 桑 모두 찾아볼 수
있음. 桑은 喪과 같이 열매가 달린 뽕나무가 아니라 그 가지만 본뜬 형태였음. 뽕나무를
본뜬 글자가 갑골문에 보인다는 사실을 통해 은나라 때 뽕나무가 있었음을 알 수 있고,
갑골문에 絲[실 사]가 있는 것으로 보아 당시 사람들이 실을 사용했음을 알 수 있는데,
이를 통해 당시 사람들이 누에로 실을 뽑아 썼다는 사실을 유추할 수 있음.

용법

한중일 모두 '잃다', '사망하다'의 의미로 사용함. 중국어에서 沮喪(jǔsàng)은 '실망하다',
'낙담하다'의 의미임. 일본어에서 阻喪(そそう)는 '사기저하(士氣低下)'의 뜻을 나타냄.

용례

喪服(상복), 喪失(상실), 喪主(상주)

성어

관혼상제(冠婚喪祭): 성인식과 결혼, 장례와 제사를 아울러 이르는 말. 대표적인 옛
예절을 일컫는 표현.

박

商 장사 상

갑골문	금문	전국문자	소전	예서	해서

한

商 음 상

뜻 장사, 장사하다 /
장수, 장사하는 사람 /
헤아리다

중

商 음 shāng

뜻 상의하다 /
장수, 상인 /
장사

일

商 음 しょう syou

뜻 장사, 장사하다 /
장수, 상인 /
헤아리다

자원
회의

창이 있는 건축물을 본뜬 글자임. 예전에 지명과 인명은 대부분 이미 있는 글자를 가차하여 나타냈는데, 중국의 상나라 이름도 창이 있는 건축물을 본뜬 商을 가차하여 적은 것임. 堂[집 당], 倉[창고 창] 등이 건축물이라는 점에서 뜻이 유사하고 음도 비슷하여 동일 어원의 글자로 볼 수 있음. 또한 이 글자의 갑골문을 통해 은나라 시대의 사람들도 집에 창문을 만들었다는 것을 알 수 있고, 당시 사람들이 밖을 볼 수 있는 창문을 매우 중요한 요소로 인식했다는 점도 짐작할 수 있음.

용법

한중일 모두 '장사', '장사하는 사람'의 의미로 사용함. 중국어에서 商量(shāngliáng)은 '의논하다'의 뜻을 나타냄. 일본어에서 商賣(しょうばい)는 '장사하다' 혹은 '직업'의 뜻을 나타냄.

용례

商業(상업), 商店(상점), 商品(상품)

성어

사농공상(士農工商): 선비, 농부, 공장(工匠), 상인을 아울러 이르는 말. 옛 왕조 시절에 직업에 따라 구분하던 사람의 신분.

人

박

빛 색

갑골문	금문	전국문자	소전	예서	해서
		주	昂	色	色

한

色

음 색

뜻 빛, 빛깔 /
색칠하다 /
색정, 여색

중

色

음 sè, shǎi

뜻 [sè] 색, 색깔 /
기색, 안색 /
여자의 미모
[shǎi] (~儿) 색

일

色

음 しき siki,
しょく syoku

뜻 빛 / 얼굴 표정 /
남녀 간의 색정 /
모양, 색채

자원
회의

전국문자에서 보이기 시작하는데, 구체적으로 무엇을 본뜬 글자인지는 알 수 없으나 人[사람 인]과 卩[병부 절]로 구성된 글자로 보임. 『설문』에서는 "얼굴기운"이라고 뜻을 풀이하였음. 『설문』의 뜻풀이를 근거로 한다면, 色은 본래 사람의 얼굴빛(안색)을 지칭하다가, 일반적인 모든 '색'을 가리키는 것으로 의미가 확장된 것으로 보임.

용법

한중일 모두 '빛', '빛깔', '색채'의 의미로 사용함. 일본어에서는 いろ로 읽어 '낯빛'이라는 뜻으로도 쓰이며, 중국어에서는 女色(nǚsè)처럼 여자의 미모를 지칭하기도 함. 또한 한국어와 일본어에서는 '얼굴빛'을 顔色(안색, かおいろ)라고 쓰는데, 중국어에서는 臉色(liǎnsè)라고 주로 표현하며, 顔色(yánsè)는 '색', '색깔' 등의 의미를 나타내는 데 주로 사용함.

용례

色彩(색채), 特色(특색), 綠色(녹색)

성어

천하일색(天下一色): 세상에서 첫째가는 미모. 가장 아름다운 여인을 가리키던 옛 표현.

生 날 생

갑골문	금문	전국문자	소전	예서	해서
中	全	坐	坐	生	生

한
生
음 생
뜻 나다, 낳다, 생기다 /
살다 / 날것 /
낯설다 / 사람

중
生
음 shēng
뜻 낳다, 태어나다 /
성장하다 /
생존하다, 살다 /
설익다 / 생소하다

일
生
음 せい sei,
　しょう syou
뜻 싹이 나다 /
낳다, 출생하다 /
일어나다 /
살아가다 / 날것

자원
상형
갑골문과 금문 등 고문자를 살펴보면 땅[一]에서 새싹[屮]이 돋아나는 모습을 본뜬 것임. 『설문』에서는 "땅에서 초목이 자라는 모양"이라고 풀이하였음. 이처럼 원래의 '초목의 새싹이 성장하는 것'에서 의미가 확장되어 새롭게 자라거나 생겨나는 일체의 것을 나타내게 되었음. 여기서 '낳다', '태어나다', '생기다' 등의 의미가 더해졌으며, 다시 '살아 있는', '낯선', 그리고 '사람'의 의미까지 더해졌음.

용법
한중일 모두 '낳다', '살다', '날것'의 의미로 사용함. '살아 있는 생선을 잘게 잘라서 익히지 않고 날로 먹는 음식'을 한국어에서는 生鮮膾(생선회)라고 하지만, 중국어에서는 生魚片(shēngyúpiàn) 그리고 일본어에서는 刺身(さしみ)라고 씀. 이 밖에 프로그램의 제작과 방송이 동시에 이루어지는 것을 한국어와 일본어에서는 生放送(생방송, なまほうそう)라고 하지만, 중국어에서는 現場直播(xiànchǎngzhíbō)라고 함.

용례
生命(생명), 生存(생존), 出生(출생)

성어
남전생옥(藍田生玉): 남전(중국 지명)에서 옥돌이 나온다는 뜻으로, 좋은 아버지에게서 훌륭한 아들이 나옴을 이르는 말.

人

글 서

| 갑골문 | 금문 | 전국문자 | 소전 | 예서 | 해서 |

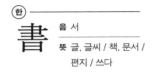

한
書
음 서
뜻 글, 글씨 / 책, 문서 /
편지 / 쓰다

중
书
음 shū
뜻 책 / 문서, 서류 /
편지, 서신

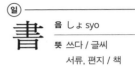

일
書
음 しょ syo
뜻 쓰다 / 글씨
서류, 편지 / 책

자원
회의
갑골문은 손으로 붓을 잡고 먹물이 있는 그릇에 담그는 모습을 본뜬 것임. '글', '글씨'가
본래 의미이고, 후에 윗부분이 聿[붓 율]로, 아랫부분은 曰[가로 왈]로 바뀌어 현재의
자형이 되었음. '문서', '책', '서류' 등으로 의미가 확장되어 쓰이고 있음.

용법
한중일 모두 '책', '서체', '글'의 의미로 많이 사용함. 일본어에서는 '글씨' 외에
'쓰다'라는 뜻의 동사로도 흔히 쓰임. 한국어와 중국어에서는 글자, 책, 문서, 서류 등
명사에 주로 쓰여, 동사로 활용하는 경우는 書法(서법, shūfǎ) 이외에는 거의 없음.
중국의 유학 경전인 『상서 尙書』, 즉 『서경』을 줄여서 書라 칭하기도 함.

용례
書畫(서화), 圖書(도서), 證書(증서)

성어
능서불택필(能書不擇筆): 글 잘 쓰는 사람은 붓을 가리지 않는다는 뜻. 진정한 실력을
가진 사람은 도구와 상관없이 실력을 드러냄을 비유하는 말.

暑 더위 서

갑골문	금문	전국문자	소전	예서	해서

한 暑
음 서
뜻 덥다 / 더위

중 暑
음 shǔ
뜻 덥다 / 여름

일 暑
음 しょ syo
뜻 덥다 / 여름

자원
형성
의미 부분인 日[날 일]과 소리 부분인 者[놈 자]로 이루어짐. 해[日]가 내리쬐어 솥에 삶듯[者, (煮[삶을 자]의 본자)] '더운' 상태를 말함. 者는 금문에서 솥에다 콩[卡]을 삶는 모습을 그렸는데, 이후 윗부분의 콩이 耂[老, 늙을 로]로, 아랫부분의 솥이 日[가로 왈]로 변해 지금의 자형이 되었으며, '삶다'가 원래 뜻임. 하지만 이후 '~하는 사람'이나 '~하는 것'의 의미로 가차되어 쓰였고, 그러자 원래 뜻을 나타내고자 火[불 화]를 더한 글자 煮를 만들어 사용했음.

용법
한중일 모두 '덥다', '더위', '여름' 등의 의미로 사용함. 일본어에서 暑中(しょちゅう)는 한더위나 三伏(삼복) 때를 말하지만, 한국어와 중국어에서는 이런 표현이 쓰이지 않음. 또 중국어와 일본어에서 暑氣(shǔqì, しょき)는 한여름의 열기나 더위를 말하지만, 한국어에서는 잘 쓰이지 않음.

용례
大暑(대서), 殘暑(잔서), 避暑(피서)

성어
한래서왕(寒來暑往): 추위가 닥치고 더위가 물러감. 세월의 흐름을 가리키는 표현.

西

서녘 서

갑골문	금문	전국문자	소전	예서	해서

한
西
음 서
뜻 서녘, 서쪽 /
서양

중
西
음 xī
뜻 서쪽 / 서양

일
西
음 さい sai, せい sei
뜻 서녘, 서쪽 / 서양

자원
상형
당란(唐蘭)*에 따르면 갑골문은 囟[정수리 신] 혹은 甾[꿩 치]에 해당하는 것으로, 이를 빌려서 방위를 나타내는 글자로 사용한 것이라 하였음. 그러나 『설문』에서는 소전을 근거로 "새가 둥지에 깃들어 있는 모습"을 본뜬 것으로 풀이하였음. 해가 서쪽으로 저물면 새가 둥지로 돌아오기 때문에 여기서 '서쪽'의 뜻을 갖게 되었다고 본 것임. 이는 같은 발음의 글자를 가차해서 사용하는 원리를 이해하지 못해 글자를 잘못 풀이한 것으로 보임.

용법
한중일 모두 '서쪽'의 의미로 가장 많이 사용함. 한국어와 일본어에서는 동쪽과 서쪽을 아울러 東西(동서, とうざい)라고 하는데, 중국어에서 東西(dōngxi)는 '물건', '놈' 등의 의미로도 사용함.

용례
西歐(서구), 西部(서부), 西洋(서양)

성어
동분서주(東奔西走): 동쪽으로 뛰고 서쪽으로 간다는 뜻으로, 이리저리 뛰어다닐 정도로 매우 바쁜 상태를 이르는 말.

---

* 1901~1979, 중국의 저명한 문학자임. 대표 저술에 1930년대에 지은 『고문자학도론古文字學導論』 등이 있음.

序 차례 서

갑골문	금문	전국문자	소전	예서	해서

한

序 음 서

뜻 차례 /
차례를 매기다 /
실마리, 단서 /
서문

중

序 음 xù

뜻 순서, 차례 /
순서를 정하다 /
처음의 /
서문, 머리말

일

序 음 じょ zyo

뜻 서, 순서 /
실마리 / 서문 /
차례를 매기다

자원
형성

의미 부분인 广[집 엄]과 소리 부분인 予[나 여]로 이루어짐. 원래 '거실의 벽면'을 의미함. 广을 의미 부분으로 사용한 글자는 宀[집 면], 厂[기슭 엄]을 사용한 글자들과 마찬가지로 대부분 '건축물' 또는 '집' 등 실내공간과 관련이 있음. 후에 '곁채', '학교', '실마리', '순서', '처음' 등의 의미로 확대 사용하고 있음.

용법

한중일 모두 '처음', '차례'의 의미로 사용함. 한국어와 중국어에 '나이의 순서'라는 뜻으로 齒序(치서, chǐxù)라는 표현이 있음. 중국어에서 동사로 사용할 때는 序齒(xùchǐ)처럼 앞뒤가 바뀌어 '나이 순으로 ~하다'와 같은 형태로 쓰임.

용례

序文(서문), 順序(순서), 秩序(질서), 齒序(치서)

성어

장유유서(長幼有序): 어른과 아이 사이에는 순서가 있음. 나이가 많고 적음에 따라 정해진 순서가 있음을 일컫는 말.

石

돌 석

갑골문	금문	전국문자	소전	예서	해서

한 石
음 석
뜻 돌 / 섬(10말, 용량 단위)

중 石
음 shí, dàn
뜻 [shí] 돌 / 결석 [dàn] 섬, 석

일 石
음 こく koku, しゃく syaku, せき seki
뜻 돌 / 딱딱해서 소용없는 것

자원
상형
원래 돌을 상형한 글자였는데, 口[입 구]와의 구별을 위해 '절벽'을 본뜬 자형 厂을 추가하여 만든 것임. 이 글자를 통해 옛날 사람들이 '돌'을 '절벽'과 같이 인식했음을 알 수 있음. 들판에도 돌이 있기 때문에 土[흙 토]를 더해 '돌'을 나타내거나, 혹은 계곡에도 돌이 있기 때문에 水[물 수]를 더해 '돌'을 나타낼 수 있었는데, 돌 생성의 근원이 '절벽'에서 떨어져 나온 것에 있다고 보았기 때문에 '절벽'을 통해 '돌'을 구분하였던 것임.

용법
한중일 모두 '돌'의 의미로 사용함. 중국어에서는 돌을 石頭(shítou)라고 하지만, 일본어에서는 石(せき)라고 함. 중국어에서는 '가위바위보'를 劃拳(huáquán) 혹은 猜拳(cāiquán)이라고 하는데, 일본어에서는 石拳(いしけん)이라고 함.

용례
石工(석공), 石橋(석교), 石油(석유)

성어
금석맹약(金石盟約): 쇠와 돌처럼 굳은 약속이라는 뜻.

박

惜 아낄 석

갑골문	금문	전국문자	소전	예서	해서
			惜	惜	惜

한 惜 음 석
뜻 아끼다 /
안타까워하다

중 惜 음 xī
뜻 소중히 여기다,
아끼다 /
안타까워하다

일 惜 음 しゃく syaku,
せき seki
뜻 안타까워하다 /
아끼다

자원
형성
의미 부분 心[마음 심]과 소리 부분 昔[예 석]으로 이루어짐. 원래 '슬퍼하다'를
의미했는데, 후에 '애석하게 여기다', '소중히 여기다', '가엾이 여기다' 등의 의미로 확대
사용하고 있음. 昔은 갑골문에서 의미 부분인 日[날 일]과 巛[내 천]을 합친 형태로
'홍수가 발생했던 시기'라는 의미로 해석하는 것이 일반적인 견해임. 고대사회에서
홍수는 인간이 대처할 수 없는 크나큰 재앙이었고, 이에 昔을 소리 부분으로 사용하는
글자에는 '어긋나다', '겹치다', '섞이다' 등의 뜻이 남아 있다고 주장하는 견해도 있음.
惜은 마음이 착잡하고 복잡한 심리 상태이며, 錯[어긋날 착]은 어떤 대상, 현상, 사실
등에 혼란스러운 상태를 의미함.

용법
한중일 모두 '아끼다', '안타까워하다'의 의미로 사용함. 한국어에서 '소중히 여기고
아끼다'라는 뜻을 愛之惜之(애지석지) 또는 愛之重之(애지중지)로 나타내는데, 중국어
에서는 愛惜(àixī) 또는 珍惜(zhēnxī)로 나타내고, 일본어에서는 愛重(あいちょう)로
나타냄.

용례
惜別(석별), 惜敗(석패), 哀惜(애석)

성어
애지석지(愛之惜之): 사랑하고 아깝게 여김. 애지중지와 같은 뜻.

人

문

昔 옛 석

갑골문	금문	전국문자	소전	예서	해서

한 昔 음 석
뜻 옛, 옛날 / 어제

중 昔 음 xī
뜻 옛날, 종전

일 昔 음 しゃく syaku, せき seki
뜻 옛날, 이전 / 어제

자원
희의

원래는 《《[내 천]과 日[날 일]로 이루어져 '홍수가 났던 그때'라는 의미에서 '옛날'을 뜻했음. 이로부터 다시 '이전', '어제', '오래된 옛날' 등의 뜻이 나왔음. 과거의 여러 기억 중에 가장 어려웠던 기억이 가장 오래 남는 법인데, 황하를 중심으로 살았던 고대 중국인들에게는 홍수가 가장 큰 재앙이자 어려움이었기 때문임. 이후 자형이 조금 변해 지금처럼 되었음.

용법
한중일 모두 '옛날', '이전'의 의미로 사용함. 일본어에서는 10년 전이나 20년 전과 같이 과거 10년을 한 단위로 삼아 일컫는 말로도 쓰임.

용례
昔歲(석세), 昔時(석시), 今昔之感(금석지감)

성어
금석지감(今昔之感): 오늘과 옛날을 비교할 때의 감정. 지금과 예전의 차이가 많아 생기는 느낌을 이르는 말.

席

자리 석

갑골문	금문	전국문자	소전	예서	해서
			席	席	席

한 席
음 석
뜻 자리, 돗자리 /
직위, 지위 /
자리를 깔다

중 席
음 xí
뜻 자리, 좌석 /
관직, 의석

일 席
음 せき seki
뜻 자리, 좌석 / 지위

자원
형성

의미 부분인 巾[수건 건]과 소리 겸 의미 부분인 庶[여러 서]의 생략 형태로 이루어짐.
풀이나 띠로 엮어 앉을 때 까는 '깔개'를 의미했음. 혹은 여러 사람이 앉을 수 있게
'베로 만든 자리'를 의미하기도 했음. 후에는 의미를 강조하기 위하여 艸[풀 초]를
더해 蓆[자리 석]으로도 썼음. 자리마다 지위가 다르므로 '직위'를 의미하기도 하고,
여러 사람이 둘러앉아 먹을 수 있는 '주연(酒筵)'을 의미하기도 함. 또한 술자리를
세는 단위로도 쓰여 일석주(一席酒)와 같이 썼음.

용법

한중일 모두 '차지하고 있는 자리', '지위', '연회석'의 의미로 사용함. 중국어에서는
연회석이나 대담 등을 세는 단위로도 쓰여 '두 상의 안주'를 兩席酒菜(liǎngxíjiucài)
라고 쓰고, '한 차례의 대담'을 一席話(yìxíhuà)와 같이 씀.

용례

坐席(좌석), 席卷(석권), 出席(출석)

성어

좌불안석(坐不安席): 자리에 편안하게 앉아 있지 못함. 자신이 저지른 잘못 등으로
편하게 있지 못하는 상태를 일컫는 표현.

夕 저녁 석

갑골문	금문	전국문자	소전	예서	해서

한 夕 음 석 / 뜻 저녁, 밤 / 저물다

중 夕 음 xī / 뜻 저녁때, 밤

일 夕 음 せき seki / 뜻 저녁

자원
상형

달의 모양을 본뜬 글자임. 月[달 월]도 달의 모양을 본뜬 글자인데, 月로 '달'의 뜻도 나타내고 '저녁'의 뜻도 나타내다가 月의 획을 하나 생략하여 '저녁'의 뜻을 나타내는 夕으로 분화되었음. 어두운 밤하늘에는 달도 떠 있고 별도 떠 있는데, 별로 저녁의 뜻을 나타내지 않고 달로 저녁의 뜻을 나타낸 것은 고대인들은 별이 어두운 밤을 밝혀준다고 인식했기 때문임. 특히 夕의 글자 모양을 보름달이 아니라 반달로 표현한 것으로 볼 때, 고대인들이 보름달에 비해 밝기가 떨어지는 반달로 밤을 나타냈음을 알 수 있음.

용법

한중일 모두 '저녁'의 의미로 사용함. 한국어와 일본어에서는 '저녁에 발행되는 신문'을 夕刊(석간, ゆうかん)이라고 하지만, 중국어에서는 晚報(wǎnbào)라고 함. 한국어와 일본어에서는 '섣달 그믐날'을 除夜(제야, じょや)라고 하지만, 중국어에서는 除夕(chúxī)라고 함. 일본어에서 夕立(ゆうだち)는 '소나기'를 뜻함.

용례

夕陽(석양), 朝夕(조석), 七夕(칠석)

성어

조변석개(朝變夕改): 아침에 고치고 저녁에 또 고침. 자주 뜯어 고쳐 일관성이 없는 사람 또는 그런 행위를 이르는 말.

選 가릴 선

갑골문	금문	전국문자	소전	예서	해서
		選	選	選	選

한
選 음 선
뜻 가리다, 뽑다 /
선거하다 /
세다

중
选 음 xuǎn
뜻 고르다 / 선거하다 /
뽑힌 사람

일
選 음 せん sen
뜻 가리다, 뽑다

자원
형성
의미 부분인 辵[쉬엄쉬엄 갈 착]과 소리 겸 의미 부분인 巽[손괘 손]으로 이루어짐.
『설문』에서는 '돌려보내다', '고르다'의 뜻으로 풀이하였음. 巽은 갑골문에서 무릎을
꿇고 있는 두 사람의 모습을 본뜬 것으로, 이로부터 '공손'의 뜻이 나왔음. 따라서
選의 뜻은 '공손하게 보내는 것'으로 풀이됨. 한편 『주역』에서 손괘(巽卦)는 바람을
상징함. 바람은 흩어지는 것이므로 이로 인해 '보내다'라는 뜻을 가진다고 보기도
함. 현재는 이와 같은 뜻에서 확장된 '고르다', '뽑다' 등의 의미를 보다 많이 사용하고
있음.

용법
한중일 모두 '가리다', '고르다'의 의미로 사용함. 한국어와 일본어에서는 '걸작선',
'문학선'과 같이 '가려 뽑아 모은 것'의 뜻을 더하는 접미사로도 쓰임. 한편
중국어에서 正選(zhèngxuǎn)은 '주전(主戰)'의 뜻을 나타냄.

용례
選擧(선거), 選手(선수), 選擇(선택)

성어
취사선택(取捨選擇): 취하고 버릴 것을 선택함. 여럿 중에 필요한 것과 그렇지 않은
것을 고르는 일.

330

鮮 고울 선

갑골문	금문	전국문자	소전	예서	해서
鮮	鱻	鮮	鮮	鮮	鮮

한
鮮
음 선
뜻 곱다, 선명하다 /
싱싱하다, 신선하다 /
적다, 드물다

중
鲜
음 xiān, xiǎn
뜻 [xiān] 신선하다
선명하다 / 수산물
[xiǎn] 적다,
드물다

일
鮮
음 せん sen
뜻 싱싱하다, 신선하다 /
선명하고 아름답다 /
적다

자원
회의

원래는 魚[고기 어]가 세 개 중첩된 鱻[신선할 선]으로 써서 물고기의 신선함을 나타냈는데, 이후 魚와 羊[양 양]의 결합으로 지금의 자형이 되었음. 魚는 해산물의 대표이고, 羊은 육고기의 대표로 이들 모두 신선할 때 고유의 맛을 낼 수 있었음. 신선한 고기는 때깔이 곱고, 그런 고기는 흔치 않은 음식이었음. 이에 鮮은 '곱다', '새롭다'의 의미로 확대 사용되었음. 다만 '드물다'의 의미는 따로 尟[드물 선, 尠의 속자]으로 나타냈는데, 이 글자는 '대단히[甚] 적다[少]' 혹은 '정말[是] 드문[少] 존재'라는 뜻을 나타냈음.

용법

한중일 모두 '신선하다', '선명하다', '드물다'의 의미로 사용함. 한국어에서 生鮮(생선)은 '갓 잡아 가공하지 않은 물고기'를 뜻하며, 이를 중국어에서는 鮮魚(xiānyú)라고 쓰고, 일본어에서는 鮮魚(せんぎょ)나 生魚(せいぎょ)라고 씀. 일본어에서는 生鮮(せいせん)을 신선한 물고기나 육류, 채소 등을 두루 일컫는 말로 사용함.

용례

鮮明(선명), 生鮮(생선), 新鮮(신선), 朝鮮(조선)

성어

누견불선(屢見不鮮): 여러 번 봐서 새롭지 않음. 자주 봐서 새로움을 느끼지 못하는 상황을 이르는 말.

人

하

先 먼저 선

갑골문	금문	전국문자	소전	예서	해서

한 先 음 선
뜻 먼저, 미리 /
앞서다 / 조상

중 先 음 xiān
뜻 앞, 선두 /
앞서 가다 /
먼저, 미리, 처음 /
조상, 선조

일 先 음 せん sen
뜻 앞, 선두 /
먼저, 우선, 처음 /
이전

자원
회의
'발'을 의미하는 之[갈 지]와 儿[사람 인]으로 이루어짐. 발을 사람 앞에 배치하여 사람의 앞쪽 혹은 앞서가는 상황을 묘사한 것임. 후에 '먼저', '미리', '이전' 등의 의미로 확대 사용하고 있음. 갑골문에서 사람의 발은 止[갈 지] 또는 之의 두 가지 형태가 모두 나타나며, 전국문자에서는 길거리를 의미하는 彳[조금 걸을 척]을 추가해 '행동'의 뜻을 강조하기도 했음. 예서부터는 '발'이 ㅄ로, '사람'은 儿으로 변형되어 현재의 해서로 이어지고 있음.

용법
한중일 모두 시간이나 위치상 '앞', '앞쪽'의 의미로 사용함. 한국어와 일본어에서 先生(선생, せんせい)는 教師(교사) 이외에도 '성인 남성에 대한 존칭'의 의미로 많이 사용함. 중국어에서는 성인 남성에 대한 존칭으로만 사용하고 있으며, '교사'는 老師(lǎoshī)라고 함. 또한 한국어와 일본어에서 '같은 분야에서 지위나 나이 따위가 자기보다 많거나 앞선 사람'을 先輩(선배, せんぱい)라고 하지만, 중국어에서는 先 대신 前[앞 전]을 써서 前輩(qiánbèi)라고 함.

용례
先鋒(선봉), 先進(선진), 先後(선후)

성어
선입견(先入見): 이미 마음속에 자리 잡은 견해. 좀체 고쳐지지 않는 먼저의 생각이나 감정이라는 뜻.

船

배 선

갑골문	금문	전국문자	소전	예서	해서
	𦨶	䑠	船	船	船

한 ── 船 음 선 / 뜻 배, 선박

중 ── 船 음 chuán / 뜻 배, 선박

일 ── 船 음 せん sen / 뜻 배, 선박

자원
형성

배를 뜻하는 舟[배 주]와 소리 부분인 㕣[산속의 늪 연]으로 이루어짐. 『설문』에서는 "船은 배이다. 舟는 뜻 부분이고, 鉛의 생략된 형태를 소리 부분으로 삼았다"라고 하였음. 금문의 자형이 조금씩 변천하여 오늘날의 船이 되었으나, 글자를 구성하는 편방에는 변함이 없으며, 오늘날에도 '배'라는 의미를 나타냄.

용법

한중일 모두 '배', '선박'이라는 의미로 사용함. 일본어에서는 ふね로 읽어 '물이나 술 등을 넣은 상자 모양의 그릇'이라는 뜻으로도 사용함. 한중일 모두 宇宙船(우주선, うちゅうせん, yǔzhòuchuán)처럼 공중이나 우주의 교통수단에도 사용함. 다만 한국어와 일본어에서는 증기 기관으로 움직이는 배를 蒸氣船(증기선, じょうきせん)이라고 하나, 중국어에서는 汽船(qìchuán) 또는 輪船(lúnchuán)이라고 함.

용례

船舶(선박), 漁船(어선), 宇宙船(우주선)

성어

남선북마(南船北馬): 남쪽의 배와 북쪽의 말이라는 뜻으로, 이리저리 여행을 다니는 일 또는 그럼으로써 아주 바쁜 상황을 이르는 말.

윤

366

仙

신선 선

갑골문	금문	전국문자	소전	예서	해서
			𩛊	仙	仙

한 仙 음 선 뜻 신선

중 仙 음 xiān 뜻 신선

일 仙 음 せん sen 뜻 신선

자원
회의

『설문』에서 仙은 보이지 않고, 대신 僊[춤출 선]이 있음. 僊은 의미 부분인 人[사람 인]과 소리 부분인 䙴[오를 선]으로 이루어졌으며, 본뜻이 '장생불사하며 승천하다'라고 했음. 현재는 仙으로 자형이 간단해졌음.

용법
한중일 모두 '신선'이나 '신선과 같은 사람'의 의미로 사용함. 선경(仙境)에 산다는 여자를 뜻하는 '선녀'는 한중일 모두 仙女(선녀, xiānnǚ, せんじょ)라고 씀. 한중일 모두 아름다운 여자를 비유적으로 표현할 때 쓰지만, 일본어에서는 仙女 대신 天女(てんにょ)를 쓰기도 함. 식물 이름인 선인장은 한국어와 중국어에서는 仙人掌(선인장, xiānrénzhǎng)이라고 하지만, 일본어에서는 외래어 발음을 살려서 サボテン(saboten)이라고 함.

용례
仙境(선경), 詩仙(시선), 神仙(신선), 酒仙(주선)

성어
화중신선(花中神仙): 꽃 중의 신선. 아름다운 해당화를 일컫는 별명.

人

강

줄 선

갑골문	금문	전국문자	소전	예서	해서
			綿	線	線

한
線 음 선
뜻 줄, 실 / 노선

중
线 음 xiàn
뜻 (~儿) 실, 줄 / 노선

일
線 음 せん sen
뜻 실, 줄 / 노선

자원
형성
의미 부분인 糸[가는 실 멱]과 소리 부분인 泉[샘 천]으로 이루어짐. 『설문』에서는 綫[실 선]을 "가늘고 긴 실"이라고 풀이하였음. 線은 綫의 이체자임. 線은 실의 통칭으로 사용되었으며, '실처럼 긴 노선' 등의 확장된 의미로 사용하게 되었음.

용법
한중일 모두 '줄' 또는 '실'의 의미로 사용함. 한국어와 일본어에서는 '경부선'과 같이 일부 고유명사 뒤에서 '노선'이라는 뜻을 나타내는 접미사로 쓰임. 중국어에서는 전화 등의 '통화 중'을 佔線(zhànxiàn)이라고 표현함. 한국어와 일본어에서는 어떤 일의 첫 부분이나 시초를 端緒(단서, たんしょ)라고 하지만, 중국어에서는 線索(xiànsuǒ)라고 함.

용례
路線(노선), 視線(시선), 直線(직선)

성어
탈선행위(脫線行爲): 기차가 궤도에서 벗어나는 것처럼 가야 할 방향으로 가지 못하고 나쁜 방향으로 빠지는 행동 등을 가리키는 표현.

오

善

착할 선

갑골문	금문	전국문자	소전	예서	해서
羴	譱	善	善	善	善

한

善

음 선

뜻 착하다 /
좋다, 훌륭하다 /
친하다

중

善

음 shàn

뜻 착하다 / 잘하다 /
훌륭하다

일

善

음 ぜん zen

뜻 착하다 /
좋다, 훌륭하다 /
친하다

자원
회의

원래 羊[양 양]과 誩[말다툼할 경]으로 이루어진 글자였는데, 誩이 言[말씀 언]으로 바뀌고, 다시 口[입 구]로 바뀐 것임. 고대 중국인에게 양은 따뜻한 털과 맛있는 고기를 제공해주는 가축이었기 때문에 양으로 통해 '착하다', '좋다'의 뜻을 나타낸 것임. 美[아름다울 미]와 義[옳을 의]에도 羊이 들어가는데, 이 글자들 역시 '좋다'라는 의미를 갖고 있음. 양은 유목민을 상징하는 가축이므로, 이러한 사실을 통해 善이 만들어질 당시 사람들이 유목생활을 했다는 것을 알 수 있음.

용법

한중일 모두 '착하다'의 의미로 사용함. 한국어와 일본어에서는 '좋은 방법으로 알맞게 처리함'을 善處(선처, ぜんしょ)라고 하지만, 중국어에서는 妥善處理(tuǒshànchǔlǐ)라고 함. 한국어와 일본어에서는 '자기 혼자 옳다고 생각하는 바대로 믿고 행동하는 것'을 獨善(독선, ひとりよがり)라고 하는데, 중국어에서는 獨善其身(dúshànqíshēn)이라고도 하지만, 自以爲是(zìyǐwéishì)라는 말을 더 많이 사용함.

용례

善本(선본), 善惡(선악), 改善(개선)

성어

진선진미(盡善盡美): 착함과 아름다움을 다함. 완전무결함을 이르는 말.

박

눈 설

갑골문	금문	전국문자	소전	예서	해서
霏			霅	雪	雪

한 雪 음 설
뜻 눈 / 흰색 / 씻다

중 雪 음 xuě
뜻 눈 / 눈과 같이
흰 것 / 씻다, 풀다

일 雪 음 せつ setu
뜻 눈 / 흰색의 비유 /
씻다

자원
회의

의미 부분인 雨[비 우]와 소리 부분인 彗[살별 혜]의 생략형으로 이루어짐. 雨는 '하늘에서 내리는 비와 같은 눈'의 뜻을 나타냄. 彗는 慧[슬기로울 혜]의 소리 부분으로도 쓰임. 『설문』에서는 "얼음비로 만물을 기쁘게 하는 것"으로 풀이하였음. 눈이 녹으면서 비와 같이 만물에 수분을 공급해주기 때문에 만물을 기쁘게 해주는 것이라고 풀이한 것임. 霜[서리 상] 역시 雪과 같이 비가 응결(凝結)되어 만들어지는데, 비가 응결되어 눈이 된다는 점에서 雪[눈]과 霜[서리]는 結[맺을 결]과 소리와 뜻이 통하고, 눈이 가루와 같다는 점에서 屑[가루 설]과도 소리와 뜻이 통함.

용법
한중일 모두 '눈'을 기본 의미로 사용함. 한국어와 일본어에서 '치욕을 씻다'의 의미인 雪辱(설욕, せつじょく)를 중국어에서는 '수치를 씻다'의 雪耻(xuěchǐ)로 씀. 雪花(설화, xuěhuā, ゆきばな)는 삼국에서 '눈', '눈송이'를 가리키는데, 마치 꽃같이 내린다는 의미에서 雪花(설화)라고 표현한 것임. 그러나 중국어에서 雪花(xuěhuā)는 '자연적인 눈'을 가리키지, 한국처럼 '나무에 핀 눈꽃'처럼 사용하지는 않음. 중국어에서 '눈꽃'에 해당하는 말은 霜花(shuānghuā)임.

용례
雪辱(설욕), 雪花(설화), 暴雪(폭설)

성어
설상가상(雪上加霜): 눈 위에 다시 서리가 내린다는 뜻으로, 나쁜 일이 연달아 생기는 경우에 쓰는 표현.

박

370

說 말씀 설, 달랠 세, 기뻐할 열

갑골문	금문	전국문자	소전	예서	해서
		說	說	說	說

한 說
음 설, 세, 열
뜻 [설] 말씀, 말하다 /
설명하다
[세] 달래다, 유세하다
[열] 기쁘다, 기뻐하다

중 说
음 shuō, shuì, yuè
뜻 [shuō] 말하다
설명하다 /
주장, 이론 /
[shuì] 설득하다
[yuè] '悦'와 같음

일 説
음 せつ setu, ぜい zei
뜻 설명하다, 가르치다 /
설득하다 /
의견, 주장

자원
형성

의미 부분인 言[말씀 언]과 소리 부분인 兌[바꿀 태]로 이루어져 '말로 충분히 풀이하다'라는 뜻을 나타냄. 말로 상대편이 이해할 수 있게 풀이해주면 모든 일이 명백해지고 듣는 사람의 마음도 즐거워짐. 따라서 '기뻐하다'라는 뜻이 생겼음. 이 '기뻐하다'라는 뜻은 후에 悅[기쁠 열]을 새로 만들어 나타냈음. 또 '말로 이해시키다'라는 의미에서 '달래다'라는 뜻으로 확장되었음.

용법

한중일 모두 '설명하다', '설득하다'의 의미로 사용함. 이 글자는 그 의미에 따라 발음이 달라짐. 한국어와 일본어에서는 연설(演說, えんぜつ)과 같이 전달하는 내용이 무겁거나 어려울 경우에 說을 쓰는 데 비해, 중국어에서는 단순히 '말하다'라는 뜻의 어감으로 사용함. 또 '상대방이 이쪽을 잘 따르도록 깨우쳐주는 것'을 의미할 때 한국어와 일본어에서는 說得(설득, せっとく)라고 쓰는데, 중국어에서는 說服(shuōfú)라고 씀.

용례 說教(설교), 說明(설명), 遊說(유세)

성어 어불성설(語不成說): 말이 논의 등을 이루지 못함. 이치에 맞지 않아 성립할 수 없는 논리나 주장 등을 가리키는 말.

設 베풀 설

갑골문	금문	전국문자	소전	예서	해서
			設	設	設

한 設 음 설
뜻 베풀다, 세우다,
설치하다 / 설비 /
차비하다, 준비하다

중 设 음 shè
뜻 차리다, 설치하다 /
계획하다 /
[수학] 가정하다

일 設 음 せつ setu
뜻 설치하다, 만들다

자원
회의
두 개의 의미 부분인 言[말씀 언]과 殳[몽둥이 수]로 이루어짐. 殳는 손으로 창을 들고 있는 모습인데, 設은 창을 들고 말로 사람을 '부리다'라는 뜻임. 부려서 물건 등을 '놓다'라는 의미가 있으며, 다시 배치하는 곳 등을 '계획하다'라는 의미가 더해졌음. 여기에서 다시 '가정하다'의 의미로 확장되었음.

용법
한국어와 일본어에서는 '차려놓은 설비'를 施設(시설, しせつ)라고 하지만, 중국어에서는 設施(shèshī)라고 함. 중국어에서 施設(shīshè)는 '배치하다'의 뜻을 나타내는 동사로 사용됨. 한국어에서 設施(설시)는 '시행할 바를 계획하다'라는 뜻으로 쓰이고, 중국어에서는 '시설' 외에 '설비'와 '시책'의 의미로도 사용하며, 일본어에서는 사용하지 않음. 또 한국어와 일본어에서는 設備(설비, せつび)가 '필요한 것을 갖춘 시설'을 의미하는데, 중국어에서 設備(shèbèi)는 '갖추다'의 뜻을 나타내는 동사로도 사용됨.

용례
設計(설계), 設令(설령), 設置(설치)

성어
위인설관(爲人設官): 사람을 위해 자리를 만듦. 자신의 이해관계에 따라 억지로 자리를 만들어 사람을 끌어들이는 일.

류

339

舌 혀 설

| 갑골문 | 금문 | 전국문자 | 소전 | 예서 | 해서 |

한 舌 음 설
뜻 혀 / 말, 언어 /
과녁의 부분

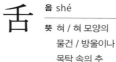

중 舌 음 shé
뜻 혀 / 혀 모양의
물건 / 방울이나
목탁 속의 추

일 舌 음 ぜつ zetu
뜻 혀 / 말, 언어

자원
상형
입에서 나온 혀를 口[입 구]와 함께 본뜬 글자임. 옛날 사람들은 혀로 맛을 봤기 때문에 甘[달 감], 甛[달 첨] 등의 맛을 나타내는 글자에서는 모두 혀로 그 뜻을 나타냈음. 또한 사람들이 하는 말 역시 입에서 나오지만 그 과정에서 혀의 중요성이 크기 때문에 이를 인식한 고대인들이 '말'과 관련된 글자를 만들 때도 모두 舌[혀 설]을 통해 나타냈음. 예를 들어 話[말씀 화]에도 舌이 있고, 說[말씀 설]의 소리는 舌의 음과 같음. 舌의 현재 자형은 혀의 모양이 아니지만 원래는 舌과 같이 입에서 나온 혀를 본뜬 글자였음.

용법
한중일 모두 '혀', '말'의 의미로 사용함. 한중일 모두 '시비하고 비방하는 말' 혹은 '말다툼'을 口舌(구설, kǒushé, くぜつ)라고 하는데, 다만 구체적인 쓰임에서는 차이가 있음. 한국어에서는 "구설수에 오르다"라고 표현하고, 중국어에서는 遭[만날 조]를 써서 遭口舌(zāokǒushé)라고 표현함. 중국어에서는 혀를 舌頭(shétou)라고 하고 일본어에서는 舌(ぜつ)라고 함.

용례
舌音(설음), 舌尖(설첨), 毒舌(독설)

성어
삼촌지설(三寸之舌): 세 치의 혀라는 뜻으로, 말재주가 아주 뛰어남을 이르는 말.

人

박

373

星

별 성

갑골문	금문	전국문자	소전	예서	해서
			星	星	星

한 星 음 성 / 뜻 별 / 해, 세월

중 星 음 xīng / 뜻 별 / 천체 / 별 모양의 것

일 星 음 しょう syou, せい sei / 뜻 별 / 해, 세월 / 중요한 인물

자원
형성

의미 부분인 日[날 일]과 소리 부분인 生[날 생]으로 이루어짐. 원래 반짝거리는 晶[별 정]을 그렸으나, 이후 소리 부분인 生이 더해져 曑[별 성]이 되었고, 晶이 日로 줄어 지금의 자형이 되었음. 그래서 恒星(항성), 行星(행성), 衛星(위성), 彗星(혜성)처럼 '별'이 원래 뜻임. 또 별처럼 개수가 많으면서 분산된 것의 비유로 쓰이기도 했고, '밤'이나 '해'를 뜻하기도 했음.

용법

한중일 모두 '별'의 의미로 사용함. 한국어와 일본어에서는 星霜(성상, せいそう) 라고 써서 '세월'의 뜻을 나타내기도 하는데, 중국어에는 이런 표현이 없음. 그런가 하면 중국어에서는 유명 인물을 뜻하는 '스타(star)'의 번역어로 쓰여 유명 연예인이나 운동선수를 明星(míngxīng)이라고 함. 일본어에서도 明星(みょうじょう)는 중요한 인물이나 사회에서 인기가 있고 뛰어난 사람을 지칭하지만, 한국어에는 이런 용법이 없고 '스타'처럼 영어 단어를 그대로 음사하여 씀.

용례

衛星(위성), 日月星辰(일월성신), 行星(행성), 彗星(혜성)

성어

성화요원(星火燎原): 조그만 불씨가 들판을 태움. 아주 하찮은 일이 크게 번져 심각한 사태로 발전하는 상황을 이르는 말.

省 살필 성, 덜 생

갑골문	금문	전국문자	소전	예서	해서

한
省
음 성, 생
뜻 [성] 살피다
　　[생] 덜다, 줄이다

중
省
음 xǐng, shěng
뜻 [xǐng] 반성하다
　　[shěng] 아끼다 /
　　덜다, 줄이다 /
　　성, 지방 행정 단위

일
省
음 しょう syou,
　　せい sei
뜻 살피다 / 반성하다 /
　　그만두다, 줄이다 /
　　관청

자원
회의

갑골문과 금문에서는 눈[目]으로 초목[屮]을 자세하게 관찰하는 상황을 본뜬 글자였음. 전국시대에 오면서 屮[풀 초]가 소리 부분인 生[날 생]으로 변화되었고, 소전에서 다시 少[적을 소]로 바뀌어 해서까지 이어지고 있음. 따라서 소전 이전의 眚[흐릴 생]과 소전부터 사용된 省은 동일한 글자라고 할 수 있음. 후에 '깨닫다', '반성하다', '조심하다', '감소하다' 등의 의미로 확대 사용하고 있으며, 중국 한나라 시대부터 행정부서 및 행정구역 명칭으로 사용했으며, 현재는 중국의 지방 행정단위를 나타내는 글자로 사용하고 있음.

용법

한중일 모두 '반성하다', '줄이다'의 의미로 사용함. "조상의 산소를 찾아가서 돌보다"라는 표현을 한국어에서는 省墓(성묘)라고 하지만, 중국어에서는 掃墓(sǎomù), 일본어에서는 墓參り(はかまいり)라고 함. 한국어에서는 '돌보다', 중국어에서는 '벌초하다', 일본어에서는 '참배하다'라는 뜻을 강조하는 것임. 또한 중국어에서는 吉林省(Jílínshěng)처럼 지방 행정구역 명칭으로, 일본어에서는 文部省(もんぶしょう)처럼 중앙 행정단위 명칭으로 사용함.

용례

省察(성찰), 省略(생략), 反省(반성)

성어

삼성오신(三省吾身): 하루에 세 번 스스로를 돌아본다는 뜻. 자주 반성을 하면서 잘못을 고쳐가려는 진지한 생활 자세를 이르는 말.

성 성

갑골문	금문	전국문자	소전	예서	해서

한 城
음 성
뜻 성, 성벽 /
성을 쌓다

중 城
음 chéng
뜻 성. 성벽 /
성 안, 도시

일 城
음 じょう zyou
뜻 성, 성벽 /
성을 쌓다

자원
형성

금문을 보면 의미 부분인 土[흙 토]와 소리 겸 의미 부분인 成[이룰 성]으로 이루어졌음. 成은 도끼를 본뜬 斧[도끼 부]의 생략형과 소리 겸 의미 부분인 丁[고무래 정]으로 이루어져, 무기로 성을 단단하게 지키면 소기의 목적을 이루게 되므로 '성취하다'의 뜻을 가지게 됨. 점차 '이루다', '성숙하다' 등의 의미로 많이 쓰이자 이와 구별하기 위하여 성을 축조할 때 주로 쓰이던 재료인 土를 더하여 城으로 써서 의미를 명확하게 하였음. 성은 대개 흙담장을 두 겹으로 둘렀는데 안의 것을 城이라 하고 바깥의 것을 郭[성곽 곽]이라 하여 城郭(성곽)이라 통칭함. 고대 중국은 주로 城을 중심으로 나라를 이루었기 때문에 '나라', '도시' 등의 의미로도 쓰였음.

용법

한중일 모두 '성벽'의 의미로 사용함. 城隍(성황)은 서낭신을 지칭하는 명사로 쓰임. 중국의 萬裏長城(만리장성)은 秦始皇(진시황)이 북방 이민족의 침입에 대비하여 각 소국에서 축조했던 성을 통합하여 잇기 시작한 후 明代(명대)까지 지속되어 이루어졌음. "하룻밤에도 만리장성을 쌓는다(깊은 남녀의 애정을 비유)", 五言長城 (오언장성, 오언시를 잘 지음), 등과 같이 장성에 얽힌 이야기가 많음.

용례

長城(장성), 城壘(성루), 城隍(성황)

성어

금성탕지(金城湯池): 쇠처럼 강력한 성벽과 그 둘레에 끓는 물로 채워진 연못. 아주 튼튼한 방어벽 또는 그런 시설을 일컫는 표현.

김

姓

성씨 성

갑골문	금문	전국문자	소전	예서	해서

한
姓
음 성
뜻 성, 성씨 / 백성

중
姓
음 xìng
뜻 성, 성씨 /
~을 성으로 삼다

일
姓
음 しょう syou,
せい sei
뜻 성, 성씨 / 집안

자원
형성
겸
회의

갑골문에서는 의미 부분인 女[여자 여]와 소리 겸 의미 부분인 生[날 생]으로
이루어졌음. 금문과 전국문자에서는 女 대신 人[사람 인]으로 바뀌고, 소전 이후에
다시 女를 사용하고 있음. 원래 의미는 '여성이 낳은 자식'을 의미하며, '가족', '자손'
등 동일한 혈연 공동체를 표기하는 용도로 의미를 확대 사용하고 있음. 모계사회에서
혈연관계는 어머니가 중심이었음. 비록 부계사회로 진입하면서 모든 것이 아버지
중심으로 변화했지만, 현재까지도 동일한 혈연관계를 의미하는 글자는 여전히 姓을
사용하고 있음.

용법

한중일 모두 '성씨'의 의미로 사용함. '처음 인사할 때 서로 성과 이름을 알리다'라는
뜻의 通姓名(통성명)은 한국어에서만 사용함. 중국어에는 이와 유사한 通名報姓
(tōngmíngbàoxìng)이라는 표현이 있음. 통계에 의하면, 한중일 삼국 중 성씨의 종류가
가장 많은 나라는 중국이 아닌 일본임.

용례

姓名(성명), 姓氏(성씨), 百姓(백성)

성어

역성혁명(易姓革命): 성이 바뀌는 혁명. 왕조의 주인이 바뀜을 이르는 말.

聖

성인 성

갑골문	금문	전국문자	소전	예서	해서

한 聖
음 성
뜻 성인 / 거룩하다,
성스럽다

중 圣
음 shèng
뜻 성스럽다 /
신통한 솜씨 /
성인

일 聖
음 しょう syou,
せい sei
뜻 성인 / 거룩하다

자원
형성
의미 부분인 耳[귀 이], 口[입 구]와 소리 부분인 壬[좋을 정]으로 이루어짐. 원래 의미는
'남의 말을 귀담아듣는 사람'이었음. 갑골문에서는 사람[人]의 큰 귀[耳]와 입[口]을
그렸고, 금문에서는 사람[人]이 발돋움을 하고 선[壬] 모습을 그렸는데, 耳[귀]는
'뛰어난 청각을 가진 사람'을, 口[입]는 '말'을 상징하여 남의 말을 귀담아들어야 하는
존재가 지도자임을 형상화했음. 이로부터 보통 사람을 뛰어넘는 총명함과 혜지를 가진
존재나 성인을 지칭했으며, 특히 유가에서는 공자를 부르는 말로 쓰였음. 한국어에서는
아랫부분을 壬으로 쓰지만, 일본 한자에서는 이를 王[임금 왕]으로 고쳤는데, '성인'의
의미를 더욱 구체화하고자 한 결과로 보임.

용법
한중일 모두 '숭고하고 거룩함'이나 '성인'의 의미로 사용함. 중국어의 속자에서는 文
[글월 문]과 王[임금 왕]이 상하구조로 결합한 圣을 사용하는데, 주나라의 문왕
(文王)을 성인의 대표로 보고 있음을 여실히 보여줌.

용례
聖域(성역), 聖人(성인), 聖賢(성현)

성어
태평성대(太平聖代): 매우 평화롭고 거룩한 시대. 어질고 훌륭한 임금이 다스려
백성이 살아가기 좋은 시절을 일컫는 말.

性 성품 성

갑골문	금문	전국문자	소전	예서	해서
			性	性	性

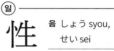

한 性 음 성 / 뜻 성품 / 성질 / 성별

중 性 음 xìng / 뜻 본성 / 성별 / 성질

일 性 음 しょう syou, せい sei / 뜻 성품 / 성질 / 성별

자원
형성
겸
회의

의미 부분인 心[마음 심]과 소리 겸 의미 부분인 生[날 생]으로 이루어짐. 소전에 처음 등장하며, 금문에서는 生을, 전국문자에서는 眚[흐릴 생]을 차용하여 性으로 썼음. 生은 땅속에서 자라 올라오는 초목, 즉 새싹을 본뜬 것임. 소전에서는 心을 추가하여 마음속에서 생겨난 인간의 본성을 나타냈음. 후에 '성격', '본질', '성별' 등의 의미로 확대 사용하고 있음. 生과 性은 한 글자에서 파생된 관계임. 性은 인간의 내면에 존재하는 것이며, 이것이 외부환경과의 접촉을 통해 생겨난 것은 情[뜻 정]이라고 할 수 있음.

용법

한중일 모두 '성품', '성별'의 의미로 사용함. 삼국 모두 명사·형용사·동사 뒤에 쓰여 사물의 성질·성능·범위·방식 등을 나타냄. 한국어와 일본어에서 性向(성향, せいこう)는 '소비 성향', '정치적 성향' 등을 의미하지만, 중국어에서 性向(xìngxiàng)은 '성적 취향(sexual orientation)'이라는 뜻으로 많이 사용. 또한 한국어와 일본어에서는 性急(성급, せいきゅう)가 '성질이 급하다'라는 뜻이지만, 중국어에서 性急(xìngjí)는 '성을 밝히다'라는 뜻으로 오해될 수 있음. 중국어에서 '성질이 급하다'는 急性子(jíxìngzi)라고 써야 함.

용례

性格(성격), 本性(본성), 理性(이성)

성어

본연지성(本然之性): 태어날 때부터 가지고 나온 성질. 착하면서 삿된 욕심이 없는 본래의 기질을 이르는 말.

人

문

379

盛 성할 성

갑골문	금문	전국문자	소전	예서	해서
𣂪	盛	盛	盛	盛	盛

한

盛 음 성

뜻 (번)성하다, 많다 /
담다

중

盛 음 chéng, shèng

뜻 [chéng] 물건을 담다
[shèng] 번성하다 /
강렬하다

일

盛 음 じょう zyou,
せい sei

뜻 담다 / 번성하다

자원
형성

의미 부분인 皿[그릇 명]과 소리 부분인 成[이룰 성]으로 이루어짐. 갑골문의 왼쪽은
곡식이 가득하여 넘치는 그릇의 모습으로 '채우다'라는 뜻을 나타냄. 혹은 益[더할
익]과 같이 물이 넘치는 모습으로 '채우다'라는 뜻을 표현했다는 견해도 있음. 가득
채우면 충실해지므로 '충실하다', '흥성하다', '풍성하다'라는 뜻으로 확장되었음.
풍성한 음식을 성찬(盛饌)이라 하는 것과 여름의 정점을 성하(盛夏)라고 하는 것도
바로 이런 쓰임에서 비롯되었음.

용법
한중일 모두 '담다', '번성하다'의 의미로 사용함. 중국어에서는 두 가지 뜻과 발음으로
사용되는데, 盛飯(chéngfàn)처럼 '담다', '채우다'의 뜻은 chéng으로 읽고 나머지는
shèng으로 달리 읽음. 한국어에서는 어떤 물품이나 사업의 '수요가 많은 시기'를
盛需期(성수기)라고 하는데, 중국어에서는 盛季(shèngjì) 또는 旺季(wàngjì)라고
하며, 일본어에서는 繁忙期(はんぼうき)라고 함.

용례
盛大(성대), 盛況(성황), 豐盛(풍성)

성어
흥망성쇠(興亡盛衰): 일어났다 없어지고, 발전했다가 쇠락함. 세상 만물이 자랐다가
없어지기를 반복하는 현상.

聲

소리 성

갑골문	금문	전국문자	소전	예서	해서

한

聲

음 성

뜻 소리 / 평판, 명성 /
음악

중

声

음 shēng

뜻 (~儿) 소리 / 명성 /
소식

일

声

음 しょう syou,
せい sei

뜻 소리, 음성 / 음계 /
명성, 명예

자원
형성

의미 부분인 耳[귀 이]와 소리 부분인 殸[소리 성]으로 이루어짐. 악기 연주[殸]를 귀[耳] 기울여 듣는 모습을 그렸고, 이로부터 '소리'를 지칭하게 되었음. 이후 '음악', '명성', '소식' 등의 뜻이 나왔고, 언어학 용어로 성모(聲母)나 성조(聲調)를 줄여서 말하는 표현이기도 함.

용법

한중일 모두 '소리'와 '소리 높여 말하다', 이로부터 파생한 '명성'의 의미로 사용함. '목소리로만 연기하는 배우'를 뜻하는 聲優(성우, せいゆう)는 일본에서 만든 한자로 알려졌으며, 중국어에서는 이를 配音演員(pèiyīnyǎnyuán)이라 함.

용례

聲明(성명), 名聲(명성), 言聲(언성)

성어

허장성세(虛張聲勢): 헛되이 목소리만 높인다는 뜻. 실제는 그렇지 않으면서 겉모습을 그럴 듯하게 꾸미는 말이나 행동을 일컫는 말.

成 이룰 성

갑골문	금문	전국문자	소전	예서	해서

한

成 음 성

뜻 이루다,
이루어지다 /
갖추어지다 /
성장하다,
성인이 되다

중

成 음 chéng

뜻 이루다, 성공하다 /
성사시키다 /
괜찮다, 좋다 /
다 자란, 성숙한 /
성취, 성과

일

成 음 じょう zyou,
せい sei

뜻 이루다 / 성장하다

자원
형성

무기인 '창'을 의미하는 戉[창 모]와 '도구'를 의미하는 丁[고무래 정]으로 이루어짐.
원래 '무기와 도구를 구비하여 일을 이루다'라는 의미였고, 이로부터 '구비하다',
'무성하다', '성인이 되다' 등의 의미로 쓰였음. 창[戈] 혹은 창과 관련된 글자들은
대부분 지키거나 공격한다는 의미와 연관되는데, 예를 들면 武[호반 무], 戉[도끼 월]
등이 있음.

용법

한중일 모두 '이루다', '성인이 되다'의 의미로 사용함. 삼국 모두 불교용어에서
궁극적인 깨달음의 경지를 실현하는 것을 成佛(성불, chéngfó, じょうぶつ)라고
하는데, 일본어에서는 단순한 '죽음'을 의미하기도 함. 그 외에 중국어에서는 '좋다',
'대단하다'의 의미로도 쓰여서, 眞成(zhēnchéng)이라고 하면 '정말 대단하다'라는
뜻이고, 그냥 成(chéng)이라고 한 글자로 써서 '좋아!'라는 동의의 뜻을 나타내기도 함.

용례

成果(성과), 成人(성인), 成就(성취)

성어

삼인성호(三人成虎): 사람 셋이 모이면 호랑이도 만든다는 뜻으로, 근거 없는
말이라도 여러 사람이 말하면 믿게 됨을 이르는 말.

김

誠 정성 성

갑골문	금문	전국문자	소전	예서	해서
			誠	誠	誠

한 誠
음 성
뜻 정성, 정성스럽다 /
진실로, 참으로

중 诚
음 chéng
뜻 진실(한), 성실(한) /
확실히

일 誠
음 せい sei
뜻 진실, 사실 /
성의, 정성

자원
형성
의미 부분인 言[말씀 언]과 소리 부분인 成[이룰 성]으로 이루어짐. 소리 부분인 成은 기구나 무기를 나타내는 의미 부분인 戊[창 모]에 소리 부분인 丁[고무래 정]이 보태져 만들어진 글자임. 誠은 원래 '정성', '진실'을 의미했으며, 후에 '진실로'라는 뜻의 부사로도 쓰이고 있음.

용법
한중일 모두 '정성', '진실'의 의미로 널리 사용함. 중국어에서는 부사로 쓰이는 경우가 많아 '정말로 ~와(과) 같다'를 誠如(chéngrú)라고 쓰는데, 이는 한국어와 일본어에서는 사용하지 않는 표현임.

용례
誠實(성실), 誠意(성의), 精誠(정성)

성어
지성감천(至誠感天): 지극한 정성으로 하늘을 감동시킴. 정성껏 하는 일이 매우 좋은 결과를 낳음을 일컫는 말.

細

가늘 세

갑골문	금문	전국문자	소전	예서	해서
		細	絀	絀	細

한
細
음 세
뜻 가늘다, 잘다 /
자세하다 /
드물다

중
细
음 xì
뜻 가늘다 /
아주 작다 /
정교하다

일
細
음 さい sai
뜻 가늘다 /
잘다, 작다, 적다 /
세밀하다

자원
형성

의미 부분인 糸[가는 실 멱]과 소리 부분인 囟[정수리 신]으로 이루어짐. 『설문』에서는 "가늘다"라는 뜻으로 풀이하였음. 이처럼 원래는 가는 실[糸]을 의미하였으며, 여기서 확장되어 '가늘다', '자세하다', '정교하다' 등의 뜻을 가지게 되었음. 한편 예서 이후 囟이 비슷한 모양의 田[밭 전]으로 변해 현재의 자형이 되었음.

용법

한중일 모두 '가늘다', '세밀하다'의 의미로 사용함. 한국어에서 仔細(자세)는 사소한 부분까지 아주 구체적이고 정교하다라는 뜻이지만, 중국어의 仔細(zǐxì)는 '주의하다', '조심하다'의 뜻도 가지고 있음. 한편 일본어의 仔細(しさい)는 '사정', '연유'의 뜻을 가지고 있음.

용례

細胞(세포), 詳細(상세), 細心(세심)

성어

불택세류(不擇細流): 하찮은 흐름도 걸러내지 않음. 바다가 작은 물도 받아들여 큰물을 이룬다는 뜻으로, 큰 포용력을 이르는 표현.

稅 세금 세

갑골문	금문	전국문자	소전	예서	해서
		籵	祝	税	稅

한
稅　음 세
뜻 세금

중
稅　음 shuì
뜻 세금

일
税　음 ぜい zei
뜻 세금

자원
형성

의미 부분인 禾[벼 화]와 소리 부분인 兌[빛날 태]로 이루어짐. 禾는 '조세로 걷던 곡식'의 뜻을 나타냄. 兌는 銳[날카로울 예], 閱[검열할 열], 說[말씀 설], 脫[벗을 탈] 등의 소리 부분으로 쓰여 예, 열, 설, 탈 등의 음도 나타냄. 稅는 갑골문과 금문에 보이지 않고 전국문자에서 비로소 보이는데, 이로부터 전국시대부터 곡식으로 조세를 걷기 시작했다는 사실을 유추할 수 있음.

용법

한중일 모두 '세금'의 의미로 널리 사용함. 한국어와 일본어에서는 저작료를 印稅(인세, いんぜい)라고 하지만, 중국어에서는 版稅(bǎnshuì)라고 함. 한국어와 일본어에서는 稅金(세금, ぜいきん)이라고 하지만, 중국어에서는 稅款(shuìkuǎn)이라고 함.

용례

稅法(세법), 稅率(세율), 關稅(관세)

성어

조세포탈(租稅逋脫): 국가에 세금 내는 것을 피해서 면함. 국민의 의무인 세금을 납부하지 않으려는 행위.

人

박

洗 씻을 세

갑골문	금문	전국문자	소전	예서	해서
			洗	洗	洗

한
洗 음 세
뜻 씻다 / 다듬다 / 설욕하다

중
洗 음 xǐ
뜻 씻다, 빨다 / 제명하다 / 인화하다

일
洗 음 せん sen
뜻 씻다, 빨다

자원
형성

갑골문은 水[물 수]와 人[사람 인], 止 [그칠 지]로 이루어짐. 사람[人]의 발[止]이 물[水]에 잠겨 있는 모양으로 '발을 닦다', 즉 세족(洗足)이라고 풀이할 수 있음. 후에는 발에만 국한하지 않고 洗面(세면), 洗濯(세탁) 등과 같이 '(모든 더러운 것을) 닦아내다'라는 의미로 사용했음.

용법

한중일 모두 '씻다', '닦아내다'의 의미로 가장 많이 사용함. 한국어에서는 洗手(세수)라고 써서 '손을 씻다' 혹은 '얼굴을 닦다'의 의미로 흔히 사용되는 반면, 중국어에서는 '손을 닦다'뿐 아니라 '나쁜 행위를 두 번 다시 하지 않다'라는 의미로도 쓰임. 한편 일본어에서는 나쁜 일에 빠지는 것을 '손을 더럽히다'라는 뜻의 手を染める(てをそめる)라고 쓰고, 빠져나오는 것은 '발을 씻다'라는 뜻의 足を洗う(あしをあらう)라고 씀.

용례

洗練(세련), 洗禮(세례), 洗劑(세제)

성어

세이공청(洗耳恭聽): 귀를 씻고 공손히 들음. 남의 말에 귀를 기울이는 신중한 태도를 이르는 말.

김

인간 세

갑골문	금문	전국문자	소전	예서	해서

한

世

음 세
뜻 인간 / 대, 세대
　　세상

중

世

음 shì
뜻 세상 / 생애, 일생 /
　　시대

일

世

음 せ se, せい sei
뜻 세상 / 생애 /
　　시대

자원
상형
금문에서 처음 보이는데 나뭇가지와 잎의 모양을 본뜬 枽[나뭇잎 엽]의 윗부분만을
가져다가 시간 개념의 '세대(世代)'라는 뜻을 나타냈음. 금문과 전국문자에서는 世와
枽이 공존했으며 '시간' 개념으로 혼용하였음. 이로 인한 혼란을 방지하고자 의미
부분 艸[풀 초]를 추가한 葉[잎 엽]을 만들었고, 이후 枽은 사용하지 않고 있음. 현재
사용하고 있는 世의 의미는 차용된 의미임.

용법
한중일 모두 '세상'의 의미로 많이 사용함. 出世(출세)는 원래 '세속을 벗어나다'라는
불교용어이며, 삼국 모두에 그 의미가 남아 있음. 그러나 현재 한국어와 일본어에서
出世(출세, しゅっせ)는 주로 '사회적으로 높은 지위에 오르거나 유명하게 되다'라는
뜻으로 사용되며, 중국어에서 出世(chūshì)는 '태어나다', '생산하다'라는 뜻으로
사용됨.

용례
世界(세계), 世紀(세기), 後世(후세)

성어
입신출세(立身出世): 몸을 세워 세상에 나아감. 사회적 성공을 거둠을 이르는 말.

354

歲 해 세

갑골문	금문	전국문자	소전	예서	해서

한 —————
歲
음 세
뜻 해, 1년 / 나이 /
세월

중 —————
岁
음 suì
뜻 살, 세, 나이를 세는
단위 / 해, 1년 /
세월

일 —————
歳
음 さい sai, せい sei
뜻 해, 1년 / 나이 /
세월

자원
형성
갑골문은 도끼를 그린 戉[도끼 월]과 발을 그린 止[그칠 지]로 이루어짐. 이후 목성을 지칭하는 별 이름으로 가차되었고, 목성이 1년에 한 번 공전을 하기 때문에 여기서 '1년'이라는 의미가 나온 것으로 보임. 『설문』에서는 "歲는 목성이다. 28수 별자리를 차례로 지나며, 음과 양을 한 번 선회하는데, 열두 달에 한 번 돈다. 步[걸음 보]는 의미 부분이고 戌[개 술]은 소리 부분이다"라고 하였음. 갑골문과 금문의 여러 자형을 볼 때 步가 있는 것도 있고 없는 것도 있으므로, 步가 의미 부분이라는 설명은 합당하지 않다고 여겨짐.

용법
한중일 모두 '나이', '세월'의 의미로 사용함. 한국어에서는 나이를 세는 단위로 의존명사인 '살'도 함께 쓰지만, 중국어와 일본어에서는 歲(suì, さい)를 사용함. 또한 한국어에서는 '나이'의 높임말로 年歲(연세)를 자주 사용하지만, 중국어에서는 高壽(gāoshòu) 혹은 年紀(niánjì)를 많이 사용함. 한국어와 일본어에서는 '한없이 흘러가는 시간'을 歲月(세월, さいげつ)라고 하지만, 중국어에서는 日數(rìshù) 혹은 小日子(xiǎorizi)라고 함.

용례
歲月(세월), 歲饌(세찬), 年歲(연세)

성어
부지하세월(不知何歲月): 어느 세월일지 알 수 없다는 뜻. 일이 언제 이뤄질지 알 수 없는 상태를 가리키는 표현.

윤

388

勢 형세 세

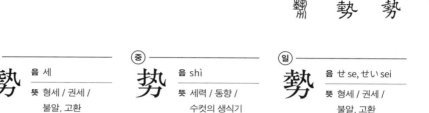

갑골문	금문	전국문자	소전	예서	해서
			勢	勢	勢

한 勢 음 세
뜻 형세 / 권세 /
불알, 고환

중 势 음 shì
뜻 세력 / 동향 /
수컷의 생식기

일 勢 음 せ se, せい sei
뜻 형세 / 권세 /
불알, 고환

자원
형성
의미 부분인 力[힘 력]과 소리 부분인 埶[재주 예]로 이루어짐. 埶는 사람이 몸을 구부려
[丸] 식물을 땅에 심는[坴] 모습을 그렸는데, 이 글자에서는 소리를 나타냄. 勢는
본래 '힘'과 '위력'을 나타내다가, 후에 사물의 '자태', '상황'의 의미로 확장되었음.

용법
한중일 모두 '형세', '권력'의 의미로 사용함. 삼국 모두 大勢(대세, dàshì, たいせい)를
'대략의 상황', '큰 세력'의 뜻으로 사용하는데, 일본어에서는 '여러 사람'의 뜻으로도
사용함. 한국어와 일본어에서는 姿勢(자세, しせい)가 '외형적 모양'뿐만 아니라
마음가짐이나 태도까지 나타내는 데 비해 중국어에서 姿勢(zīshì)는 외형적 모양만
나타냄. 삼국 모두 '일이 되어가는 형편'을 形勢(형세, xíngshì, けいせい)라고 하는데,
중국어에서는 '위력'이라는 뜻의 勢頭(shìtóu)도 같은 의미로 사용함.

용례
勢力(세력), 去勢(거세), 氣勢(기세)

성어
백중지세(伯仲之勢): 형제 가운데 첫째와 둘째 사이의 분위기. 우열을 좀체 가리기
힘든 상황을 일컫는 말.

人

류

所 바소

갑골문	금문	전국문자	소전	예서	해서
所	所	所	所	所	所

한 所 음 소
뜻 바, 것 / 곳, 지역

중 所 음 suǒ
뜻 장소 / 기관

일 所 음 しょ syo
뜻 곳, 지점 / 기관 / 바

자원
형성

의미 부분인 斤[도끼 근]과 소리 겸 의미 부분인 戶[지게문 호]로 이루어짐. 『설문』에서는 "나무를 베는 소리"로 풀이하였음. 대가상(戴家祥)의 풀이에 따르면 戶가 바로 집의 외짝 문을 본뜬 것이므로 여기서 의미가 확장되어 '살고 있는 거처'를 나타내게 되었음. 또한 나무를 베는 소리로 빗대어 사용하게 되면서 벌목 도구인 斤이 첨가되어 지금의 자형이 이루어진 것으로 보았음. 현재는 주로 '거처', '장소', '기관' 등을 나타내며 '~하는 바(곳, 사람)' 등과 같은 허사로도 사용됨.

용법

한중일 모두 '어떤 일이 일어나는 곳', '기관', '것' 등의 의미로 사용함. 한국어에서 대소변을 보도록 만들어놓은 곳을 便所(변소) 혹은 廁間(측간)이라고 하는데, 중국어에서는 廁所(cèsuǒ)라고 함. 한편 중국어에서는 한국어와 일본어에서 사용하는 化粧室(화장실, けしょうしつ) 대신 주로 衛生間(wèishēngjiān) 또는 洗手間(xǐshǒujiān)을 사용함.

용례

所得(소득), 場所(장소), 處所(처소)

성어

무소불위(無所不爲): 하지 않는 일이 없음. 나쁜 짓을 거리낌 없이 하는 사람에게 흔히 쓰는 말.

素 본디 소

갑골문	금문	전국문자	소전	예서	해서
	素	素	素	素	素

한 ──────────

素 음 소

뜻 바탕, 근본 / 희다 /
꾸밈 없이 수수하다

중 ──────────

素 음 sù

뜻 흰색, 본색 /
소박하다, 수수하다 /
식물성 음식, 소식 /
본래의, 원래대로의

일 ──────────

素 음 す su, そ so

뜻 물들이지 않은 감 /
희다 / 바탕 그대로임,
본래의 것 / 평소

자원
희의

의미 부분인 糸[가는 실 멱]과 垂[드리울 수]의 생략형으로 이루어짐. 『설문』에서는
"희고 촘촘한 비단"이라는 의미로 풀이하였음. 혹자는 금문을 들어 자형의 상단을
비단의 무늬를 본뜬 것으로 보기도 함. 결국 본래의 뜻은 물을 들이는 것과 같은
가공을 하지 않은 '백색의 생견(生絹)'을 가리킴. 이로부터 '바탕', '희다', '소박하다'
등의 의미가 더해졌음.

용법

한중일 모두 '바탕', '본래'의 의미로 사용함. 한국어와 일본어에서 '꾸밈이나 거짓이
없고 수수하다'라는 뜻을 素樸(소박, そぼく)라고 쓰는데, 중국어에서는 이를 樸素
(pǔsù)라고 함. 또한 한국어와 일본어에서 고기류를 피하고 식물성 음식만 먹는 菜食
(채식, さいしょく)와 음식으로 고기를 먹는 肉食(육식, にくしょく)를 중국어에서는
素食(sùshí)와 葷食(hūnshí)라고 함. 한편 일본어에서는 '비전문가', '아마추어'를
素人(しろうと)라고 함.

용례

素材(소재), 素質(소질), 平素(평소)

성어

소복단장(素服丹粧): 아래 위를 흰옷으로 입고 곱게 꾸밈 또는 그런 차림.

오

391

消 사라질 소

갑골문	금문	전국문자	소전	예서	해서
			消	消	消

한 — 消 음 소
뜻 사라지다, 없어지다 /
불을 끄다 / 거닐다

중 — 消 음 xiāo
뜻 사라지다, 없어지다 /
제거하다, 지우다 /
(시간을) 보내다 /
소식, 편지

일 — 消 음 しょう syou
뜻 사라지다 /
다 써 버리다 /
불을 끄다 /
소극적이다

자원
형성
의미 부분인 水[물 수]와 소리 겸 의미 부분인 肖[닮을 초]로 이루어짐. 본래 의미는 '없어지다', '없애다'임. 肖는 '매우 비슷하다', '닮다'를 뜻했는데, 작다[小], 없어지다 [消滅]라는 의미를 나타내기 위한 글자로도 쓰였음. 여기에서 '작다', '없어지다'라는 뜻만을 나타내기 위해 의미 부분 氵를 더한 消를 만들어 쓰게 된 것임.

용법
한중일 모두 '사라지다', '없어지다'의 의미로 사용함. 중국어에서는 '필요로 하다'의 뜻으로도 쓰여 不消說(buxiāoshuo)라고 쓰면 '말하지 않아도 된다'라는 의미임. 또 중국어에서는 '팔다'의 뜻으로도 쓰여 판매유통을 消流(xiāoliu)라고 쓰고, '판매하다'라는 뜻을 나타낼 때는 消售(xiāoshòu)라고 씀. 우편물에 찍는 도장인 消印(소인, けしいん)을 중국어에서는 郵戳(yóuchuō)라고 표현함. 일본어에서는 지우개를 '고무(ゴム)가 없어진다(消)'라는 의미로 消しゴム(けしゴム)라고 함.

용례
消極(소극), 消滅(소멸), 消費(소비)

성어
소식불통(消息不通): 오고가는 소식이 없음. 소식이 끊긴 상황을 일컫는 말.

笑 웃음 소

갑골문	금문	전국문자	소전	예서	해서
			𥬇	笑	笑

한
笑 음 소
뜻 웃음, 웃다 /
비웃다

중
笑 음 xiào
뜻 웃다 / 비웃다

일
笑 음 しょう syou
뜻 웃다, 미소하다 /
남의 처분을
기대할 때의
겸손한 말

자원
형성
의미 부분인 竹[대나무 죽]과 소리 겸 의미 부분인 夭[일찍 죽을 요]로 이루어짐.
대나무는 관악기(管樂器)를 나타내고, 夭는 허리를 구부린 사람을 나타냄. 악기
소리를 듣고 허리를 구부리며 웃는 모습을 나타냈음. 일설에는 대나무 줄기가 바람에
흔들리는 것이 마치 사람이 웃을 때 몸을 앞뒤로 흔드는 것과 같아서 비유적으로
표현했다고도 함.

용법
한중일 모두 '웃다', '비웃다'의 의미로 사용. 한국어에서 笑殺(소살)은 '크게
소리내어 비웃다'의 뜻으로 쓰이지만, 중국어에서 笑殺(xiàoshā)는 '우스워 죽을
지경이다'의 뜻으로, 일본어에서 笑殺(しょうさつ)는 '몹시 웃기다', '크게 웃다',
'웃어넘기다' 등의 다양한 뜻으로 쓰임. 또 일본어에서 笑止(しょうし)는 '가소롭다'의
의미를 나타내는데, 중국어와 한국어에서는 사용하지 않는 표현임.

용례
笑納(소납), 失笑(실소), 嘲笑(조소)

성어
염화미소(拈華微笑): 꽃을 집어들 때 짓는 미소. 마음에서 마음으로 확인하는 진리의
깨달음을 이르는 말. 불교에서 이심전심(以心傳心)의 뜻으로 쓰임.

人

류

小 작을 소

360

갑골문	금문	전국문자	소전	예서	해서

한 小 음 소
뜻 작다 / 겸양의 말

중 小 음 xiǎo
뜻 작다, 적다 /
군, 양 / 경시하다

일 小 음 しょう syou
뜻 작다 / 자기 측의
겸칭

자원
상형

인간이 육안으로 볼 수 있는 가장 작은 사물인 '모래알'을 본뜬 글자임. 모래알을 세 개만 그린 것은 고대에는 많은 수를 표현해야 할 때 일반적으로 세 개까지만 표기했기 때문임. 예를 들어 山[뫼 산]의 경우도 여러 개의 산봉우리를 세 개로만 표기하고 있음. 갑골문에는 小에 획을 추가해 만들어진 少[적을 소]도 보이지만 의미 구별 없이 통용되고 있음. 후에 '작다', '적다', '젊다' 등의 의미로 확대 사용되자 氵[물 수]를 추가한 沙[모래 사]를 만들어 '모래'의 원래 의미를 되살렸음.

용법

한중일 모두 '작다'의 의미로 사용함. 중국어에서는 성이나 이름 앞에 붙여 자신보다 어린 사람에 대한 친근함을 나타내는 데에도 사용함. 또한 小店(xiǎodiàn, 저의 가게)처럼 자신과 관계있는 사람·사물을 겸손하게 일컬을 때도 사용함. 한국어와 일본어에서 小心(소심, しょうしん)은 '대담하지 못하고 조심성이 지나치게 많다'라는 뜻이지만, 중국어에서 小心(xiǎoxīn)은 '조심하다'의 의미임.

용례

小人(소인), 弱小(약소), 矮小(왜소)

성어

대동소이(大同小異): 크게는 같고 작게는 다름. 전체적인 맥락은 같지만 세부적인 면에서는 사소한 차이를 보일 때 거의 같다는 뜻으로 쓰는 표현.

文

少 적을 소

| 갑골문 | 금문 | 전국문자 | 소전 | 예서 | 해서 |

한
少
음 소
뜻 적다 / 젊다

중
少
음 shǎo, shào
뜻 [shǎo] 적다 /
약간, 조금
[shào] 젊다,
어리다

일
少
음 しょう syou
뜻 적다 / 젊다 /
감소하다

자원
상형

小[작을 소]에 획을 추가해 파생된 글자임. 少와 小는 갑골문부터 전국문자까지 의미상 구별 없이 계속 통용되었고, 소전 이후에 비로소 구별하여 사용하였음. 하지만 고대 문헌에서는 여전히 혼용되는 현상을 쉽게 발견할 수 있음. 원래 의미는 小와 동일하지만, 후에 '적다', '젊다' 등의 의미로 구별하여 사용하고 있음.

용법

한중일 모두 '적다'의 의미로 사용함. '보잘것없이 작거나 적다'라는 뜻의 些少 (사소)는 원래 중국에서 전해졌지만 현재는 한국어에서 많이 사용하고 있으며 중국어와 일본어에서는 생소한 표현임. 또한 '분량이나 정도의 많음과 적음' 혹은 '얼마간'을 뜻하는 多少(다소, たしょう)는 삼국 모두 사용하지만, 중국어에서는 多少錢?(duō shaoqián, 얼마예요?)처럼 '얼마', '몇'의 의미를 나타내는 대명사로도 활용됨.

용례

少年(소년), 減少(감소), 老少(노소)

성어

소년이로학난성(少年易老學難成): 소년은 늙기 쉽지만 배움은 이루기 어려움. 세월은 빨리 흐르고 사람의 배움은 더디므로 열심히 공부하라는 뜻.

速 빠를 속

갑골문	금문	전국문자	소전	예서	해서

한 速 음 속
뜻 빠르다 / 속도

중 速 음 sù
뜻 속도 / 빠르다

일 速 음 そく soku
뜻 빠르다 / 속도

자원
형성

의미 부분인 辵[쉬엄쉬엄 갈 착]과 소리 부분인 束[묶을 속]으로 이루어짐. 『설문』에서는 "빠르다"라는 뜻으로 풀이하였음. 辵은 '가다'라는 뜻을 나타내며, 이로부터 '빠르다', '속도' 등의 뜻이 생겼음. 한편 『설문』의 速에는 欶[기침할 수]와 言[말씀 언]으로 이루어진 이체자가 수록되어 있음. 왕균(王筠)은 이에 대해서 "辵으로 구성된 速은 행동이 빠른 것을 의미하며, 이에 비해 言으로 이루어진 자형은 말이 빠른 것을 나타내는 것"이라고 설명하였음.

용법
한중일 모두 '빠르다'의 의미로 사용함. 한국어에서는 '속(速)히 ~하다'와 같이 '꽤 빠르게'라는 뜻의 부사로도 사용함. 빠른 통행을 위해 만든 자동차 전용도로를 한국어와 일본어에서는 高速道路(고속도로, こうそくどうろ)라고 하지만 중국어에서는 高速公路(gāosùgōnglù)라고 함.

용례
速度(속도), 高速(고속), 迅速(신속)

성어
불속지객(不速之客): 급하지 않은 손님이라는 뜻으로, 초청하지 않은 손님, 즉 불청객을 이르는 말.

오

續 이을 속

갑골문	금문	전국문자	소전	예서	해서

한
續 음 속
뜻 잇다 / 계승하다

중
续 음 xù
뜻 이어지다 / 더하다

일
続 음 しょく syoku, ぞく zoku
뜻 잇다, 계속하다

자원
형성

의미 부분인 糸[가는 실 멱]과 소리 부분인 賣[팔 매]로 이루어짐. 『설문』에서는 "이어지다"의 의미로 풀이하였음. 실[糸]에서 '잇다'라는 뜻이 나왔으며, 이로부터 '계승하다', '계속하다'의 의미로 확장되었음.

용법

한중일 모두 '이어지다'의 의미로 사용함. 한국어와 일본어에서는 작품을 나타내는 일부 명사 앞에서 속(續)대장경과 같이 '계속 이어지는'의 뜻을 나타내는 접두사로 쓰임. 한편 중국어에서는 陸陸續續(lùlùxùxù)와 같이 중첩해 써서 '끊임없이', '계속해서'의 의미를 나타내기도 함.

용례

繼續(계속), 連續(연속), 持續(지속)

성어

연속부절(連續不絕): 죽 이어져 끊이지 않음.

人

오

397

俗

풍속 속

갑골문	금문	전국문자	소전	예서	해서

한 俗 음 속
뜻 풍속, 풍습 /
속되다 / 평범함 /
세상 /

중 俗 음 sú
뜻 풍속, 관습 /
속되다, 통속적이다 /
세속 사람

일 俗 음 ぞく zoku
뜻 풍속, 관습 /
평범함, 통속적임 /
속세

자원
형성

의미 부분인 人[사람 인]과 소리 부분인 谷[골 곡]으로 이루어짐. 『설문』에서는 "습관[習]"으로 풀이하였음. 谷의 갑골문을 보면 물이 위에서 골짜기로 내려오는 모양을 본떠 만든 글자임을 알 수 있음. 현대 중국어에서 谷은 '穀[곡식 곡]'의 뜻도 나타냄. 穀의 필획이 너무 많아서, 뜻은 전혀 다르지만 발음이 같은 글자 谷을 빌려 사용하는 것임.

용법

한중일 모두 '풍속', '관습', '속되다'의 의미로 많이 사용함. 한국어에서는 예로부터 민간에 전하여 오는 쉬운 격언을 俗談(속담)이라고 하지만, 중국어에서는 俗話(súhuà)라고 함. 중국어와 일본어에서는 '속되다', '통속적이다'라는 뜻의 형용사로도 사용함. 일본어에서는 속된 표현을 俗な表現(ぞくなひょうげん)이라고 하고, 중국어에서는 '말투나 행동이 거칠고 저속하다'라는 의미에서 粗俗(cūsú)라고 씀.

용례

俗人(속인), 俗字(속자), 民俗(민속), 世俗(세속), 低俗(저속), 風俗(풍속)

성어

미풍양속(美風良俗): 아름답고 좋은 풍속.

강

365

孫 손자 손

갑골문	금문	전국문자	소전	예서	해서

한
孫 음 손
뜻 손자 / 자손, 후손

중
孙 음 sūn
뜻 손자, 손녀 / 후손

일
孫 음 そん son
뜻 손자 / 한 대(代)를
사이에 둔 관계

자원
회의

갑골문과 금문 등의 고문자는 子[아들 자]와 糸[가는 실 멱]으로 이루어졌는데, 이것이 바로 孫의 초기 자형임. 이것은 어린아이[子]와 실타래[糸]의 모습을 본뜬 것으로 집안의 자손이 실처럼 끊이지 않고 길게 이어져 아버지와 아들 그리고 그 손자에 이르기까지 대대로 혈통이 이어지는 것을 의미하고 있음. 이후 소전에서는 糸이 系[이을 계]로 바뀌어 의미가 더욱 명확해졌으며, 『설문』에서는 "아들의 아들"이라고 풀이하였음. 이로부터 '손자', '자손', '후손'의 의미로 확대되었음.

용법

한중일 모두 '손자', '후손'의 의미로 사용함. '여러 대가 지난 뒤의 자손'을 뜻하는 後孫(후손)은 한국어에서만 쓰고, 중국어에서는 後代(hòudài)나 後裔(hòuyì)를 씀. 일본어에서는 혈연관계 이외에도 대(代)를 이을 경우에 孫을 써서 '제자의 제자'를 孫弟子(まごでし)라고 표현함. 『이아爾雅』에 따르면 "아들의 아들이 孫(손)이고, 孫(손)의 아들이 曾孫(증손)이며, 曾孫(증손)의 아들이 玄孫(현손)이고, 玄孫(현손)의 아들이 來孫(내손)"임.

용례

孫女(손녀), 孫子(손자), 長孫(장손)

성어

대대손손(代代孫孫): 대대로 이어져오는 자손.

오

인

送

보낼 송

갑골문	금문	전국문자	소전	예서	해서
	馈	馈	讁	送	送

한 ── 送
음 송
뜻 보내다 / 배웅하다

중 ── 送
음 sòng
뜻 배웅하다 / 보내다 / 선물하다

일 ── 送
음 そう sou
뜻 전송하다 / 보내다

자원
회의

두 개의 의미 부분인 辵[쉬엄쉬엄 갈 착]과 倴[딸려 보낼 잉]의 생략형으로 이루어짐. 『설문』에서는 "보내다"라는 뜻으로 풀이하였음. 倴은 媵[보낼 잉]과 같은 글자로 '혼수를 딸려 시집보내다'라는 뜻을 가지고 있음. 여기에 '가다'의 의미인 辵이 더해져 동작이 강조되었으며, 이로부터 '보내다', '배웅하다', '선물하다' 등의 의미가 더해졌음.

용법

한중일 모두 '보내다'의 의미로 많이 사용함. 한국어와 일본어에서는 떠나는 사람을 이별하여 보내는 것을 送別(송별, そうべつ)라고 하는데, 중국어에서는 送行(sòngxíng)이라고 함. 한편 중국어에서 괘종시계나 탁상시계는 鐘(zhōng)이라고 하며 '시계를 선물하다'의 의미를 나타낼 때는 送鐘(sòngzhōng)이라고 씀. 그런데 이는 '임종을 지키다'라는 뜻의 送終(sòngzhōng)과 발음이 같기 때문에 중국에서 시계 선물은 일종의 금기 사항임.

용례

送別(송별), 傳送(전송), 發送(발송)

성어

송구영신(送舊迎新): 묵은 것을 보내고 새로움을 맞이함. 한 해를 보내고 새 해를 맞을 때 쓰는 표현.

오

松 소나무 송

갑골문	금문	전국문자	소전	예서	해서
	杉	柗	柗	松	松

한
松
음 송
뜻 소나무 /
여유가 있다 /
해이하다

중
松
음 sōng
뜻 소나무 / 느슨하다 /
생선, 새우, 살코기
등을 실처럼 또는
분말로 만든 식품

일
松
음 しょう syou
뜻 소나무

자원
형성
의미 부분인 木[나무 목]과 소리 부분인 公[공평할 공]으로 이루어짐. 『설문』에서는 '나무 이름'이라는 의미로 풀이하였음. 아마도 이름이 公과 유사했던 나무의 한 종류를 지칭했던 것으로 보임.

용법
한중일 모두 '소나무'의 의미로 사용함. 중국어에서는 '느슨하다', '헐렁하다'의 뜻을 나타내는 형용사, 그리고 '느슨하게 하다', '늦추다'의 뜻을 나타내는 동사로도 활용됨. 여기서 파생된 단어로 '수월하다', '가볍다'라는 뜻인 輕松(qīngsōng), '늦추다', '느슨하게 하다'라는 뜻인 放松(fàngsōng), '느슨하다', '헐렁하다'라는 뜻인 松松(sōngsōng) 등이 있음.

용례
松柏(송백), 松竹(송죽), 松津(송진)

성어
세한송백(歲寒松柏): 날이 차가워진 뒤의 소나무와 잣나무. 추운 날에도 잎이 푸른 소나무와 잣나무, 즉 변하지 않는 절개를 가리키는 표현.

人

윤

401

收

거둘 수

갑골문	금문	전국문자	소전	예서	해서
		𢼸	𢼸	收	收

한

收 음 수
뜻 거두다 / 익다 /
잡다

중

收 음 shōu
뜻 받다, 접수하다 /
회수하다 /
거두어들이다

일

収 음 しゅう syu-u
뜻 거두어들이다 /
줄어들다 /
붙잡다

자원
형성

의미 부분인 攴[칠 복]과 소리 부분인 丩[얽힐 구]로 이루어짐.『설문』에서는 '잡는다'의 뜻으로 풀이하였음. 손으로 막대기를 들고 있는 모습을 본뜬 攴으로부터 '잡다', '거두다', '수확하다' 등의 의미로 확대되었음. 일본어에서는 의미 부분을 又[또 우]로 적음. 고문에서는 又 역시 손의 모습을 본뜬 것으로 攴과 의미상 관련이 있음.

용법

한중일 모두 '거두다'의 의미로 사용함. 한국어와 일본어에서는 라디오를 듣거나 TV를 보는 것을 聽取(청취, ちょうしゅ)와 視聽(시청, しちょう)라고 하지만, 중국어에서는 收聽(shōutīng)과 收看(shōukàn)이라고 함. 또한 한국어와 일본어에서 돈이나 물품을 받은 사실을 표시하는 증서를 領收證(영수증, りょうしゅうしょう)라고 하는데, 중국어에서는 收據(shōujù) 혹은 發票(fāpiào)라고 함.

용례

收入(수입), 收集(수집), 收穫(수확)

성어

추수동장(秋收冬藏): 가을에 곡식을 거두고 겨울에 쌓아둠. 농사를 지을 때 계절에 맞춰 해야 하는 일을 이르는 말.

오

愁 근심 수

갑골문	금문	전국문자	소전	예서	해서
			愁	愁	愁

한 愁 음 수
뜻 근심, 시름 /
근심하다

중 愁 음 chóu
뜻 걱정하다 /
수심, 근심

일 愁 음 しゅう syu-u
뜻 근심하다 / 근심

자원
형성
의미 부분인 心[마음 심]과 소리 부분인 秋[가을 추]로 이루어짐. 원래 '걱정하다'라는
의미임. 소전에 처음 보이고 있는데 소리 부분에서 火[불 화]가 왼쪽, 禾[벼 화]가
오른쪽에 위치한 烌[가을 추] 형태를 하고 있음. 예서부터 좌우가 바뀌면서 해서까지
전해지고 있음. 후에 '슬프다', '처량하다', '원망하다' 등의 의미로 확대 사용하고 있음.

용법
한중일 모두 '근심'의 의미로 사용함. 한국어에서 '고향을 그리워하는 마음이나
시름'을 병에 비유하여 鄕愁病(향수병)이라고 하는데, 일본어에서는 영어 발음을
그대로 살려서 ホームシック(homesickness)라고 하고, 중국어에서는 懷鄕症
(huáixiāngzhèng)이라고 함.

용례 哀愁(애수), 憂愁(우수), 鄕愁(향수)

성어 수색만면(愁色滿面): 얼굴에 걱정이 가득하다는 뜻.

人

문

370

樹 나무 수

한 樹 음 수
뜻 나무 / 심다 / 세우다

중 树 음 shù
뜻 나무 / 세우다 / 심다

일 樹 음 じゅ zyu
뜻 나무 / 심다 / 세우다

자원
형성

의미 부분인 木[나무 목]과 소리 부분인 尌[하인 주]로 이루어짐. 소전에 처음 보이는데, '나무를 심다'라는 뜻으로 만들어진 글자임. 『설문』에서는 "살아있는 나무를 심는 것을 통틀어 일컫는 말"이라고 풀이하였음.

용법
한중일 모두 '나무', '심다'의 의미로 사용하고, 여기서 파생된 '세우다', '수립하다', '건립하다' 등의 의미로도 사용함. 중국어에서는 나무를 세는 단위로도 사용함. 일본어에서는 き로 읽으면 '나무'라는 뜻 외에 '재목'이라는 뜻도 나타냄. 한국어와 일본어에서는 '나무를 심다'를 植樹(식수, しょくじゅ) 혹은 植木(식목, うえき)라고 하는데, 중국어에서는 植樹(zhíshù) 혹은 種樹(zhòngshù)라고 함.

용례
樹立(수립), 果樹(과수), 植樹(식수)

성어
철수개화(鐵樹開花): 쇠 나무에 꽃이 핀다는 뜻으로, 아무리 기다려도 이루어질 수 없는 일을 비유하는 말.

誰

누구 수

갑골문	금문	전국문자	소전	예서	해서
	譬	辭	誰	誰	誰

한
誰 음 수
뜻 누구 / 무엇

중
谁 음 shéi, shuí
뜻 누구 / 아무

일
誰 음 すい sui
뜻 누구 / 어떤 사람

자원
형성
의미 부분인 言[말씀 언]과 소리 겸 의미 부분인 隹[새 추]로 이루어짐. 원래는 새가 지저귐을 나타내는 글자였는데, 후에 소리를 빌려 의문사로 사용되면서, 본래의 뜻으로는 쓰이지 않게 되었음.

용법
한중일 모두 '누구'라는 의미로 사용함. 한국어에서만 '옛날'이라는 뜻으로 사용하는데 誰昔(수석)은 '어제'를 가리키는 말임. 현대 중국어에서는 誰와 같은 의미로 什麽人(shénmerén)을 쓰기도 함.

용례
誰某(수모), 誰何(수하)

성어
수원수구(誰怨誰咎): 누구를 원망하고 누구를 탓할까. 다른 사람을 원망하거나 탓할 필요가 없다는 뜻.

人

류

405

修 닦을 수

갑골문	금문	전국문자	소전	예서	해서
			修	修	修

한 修 음 수
뜻 닦다 / 꾸미다 /
고치다

중 修 음 xiū
뜻 고치다, 수리하다 /
꾸미다 / 건설하다

일 修 음 しゅ syu,
しゅう syu-u
뜻 닦다, 수양하다 /
장식하다, 꾸미다 /
고치다

자원
형성

의미 부분인 彡[터럭 삼]과 소리 부분인 攸[바 유]로 이루어짐. 『설문』에서는 "장식"
이라는 뜻으로 풀이하였음. 현재는 '수식하다', '닦다', '익히다', '연구하다', '수리하다'
등의 의미로 사용함. 攸의 갑골문[⿰]을 보면 한 사람이 지팡이를 짚고 걷는 모양을
본떠 만든 것임을 알 수 있음. 그런데 금문[⿰]을 보면 水[물 수]가 더해져서 한
사람이 지팡이를 짚고 물을 건너는 모양을 본뜨고 있고, 『설문』에서는 "물길을
건다"라고 풀이하였음. 攸를 소리 부분으로 하는 글자에는 脩[포 수], 條[가지 조]
등이 있음.

용법

한중일 모두 '갈고닦다', '고치다'의 의미로 사용함. 한국어와 일본어에서는 외교
관계를 맺는 것을 修交(수교, しゅうこう)라고 하는데, 중국어에서는 建交(jiànjiāo)
라고 씀. "학교나 학원 따위에서 일정한 학업이나 학년의 과정을 마침"을 뜻하는 修了
(수료, しゅうりょう)의 경우에도 중국어에서는 結業(jiéyè)라고 함. 중국어에서는
'건설하다'라는 뜻의 동사로도 사용하여, 修公路(xiūgōnglù, 도로를 건설하다)와 같이 씀.

용례

修女(수녀), 修習(수습), 修訂(수정)

성어

수신제가(修身齊家): 몸을 닦고 집안을 정리함. 스스로 몸과 마음가짐을 바르게 가진
뒤에야 집안을 잘 이끌 수 있다는 뜻.

首 머리 수

갑골문	금문	전국문자	소전	예서	해서

한

首

음 수

뜻 머리 / 우두머리 /
자백하다

중

首

음 shǒu

뜻 시작 / 머리 /
우두머리

일

首

음 しゅ syu

뜻 머리 / 우두머리 /
최초

자원
상형

갑골문은 사람의 머리를 본뜬 것으로 자형에 따라서는 머리카락을 묘사기도 하고
그려넣지 않기도 하였음. 금문은 전체 머리 모양은 그리지 않고 머리카락과 눈을
특징적으로 표현하였음. 『설문』에서는 소전을 근거로 상단의 巛을 머리카락을
본뜬 것이라 하였음. 이처럼 본뜻인 '머리'에서 '우두머리', '시작' 등으로 의미가
확대되었음.

용법

한중일 모두 '머리', '우두머리'의 의미로 사용하고, 또한 시나 노래를 세는 단위로도
사용함. 옛 표현 중에 首善(수선)은 '모범이 되는 곳'이라는 뜻으로 서울을 이르는
말이며, 首善全圖(수선전도)는 서울의 지도를 말함.

용례

首都(수도), 首席(수석), 元首(원수)

성어

수구초심(首丘初心): 여우가 죽을 때 머리를 자기가 태어난 굴 쪽으로 둔다는 뜻.
고향을 그리워하는 마음을 표현하는 말.

人

오

須

374

모름지기 **수**, 수염 **수**

갑골문	금문	전국문자	소전	예서	해서
	秉		須	須	須

한
須
음 수
뜻 모름지기, 반드시 /
필요하다

중
须
음 xū
뜻 반드시 ~해야 한다 /
필요로 하다 /
수염

일
須
음 しゅ syu, す su
뜻 쓰다, 사용하다 /
요구 / 잠깐

자원
회의
頁[머리 혈]과 彡[터럭 삼]으로 이루어져, 얼굴[頁]에 달린 수염[彡]을 의미하는 글자로 쓰였음. 이후 '모름지기'라는 뜻으로 가차되자 다시 髟[머리털 드리워질 표]를 더해 鬚[수염 수]로 분화했는데, 髟 역시 털이 길고[長] 수북함[彡]을 의미함. 須에서 髟를 더해 분화한 鬚는 원래 얼굴[頁]에 더부룩하게[彡] 자란 수염[髟]을 의미했음. 얼굴[頁]에 달린 수염[彡]을 그린 須가 '마땅히'라는 부사적 의미로 가차되자 다시 髟를 더해 만든 글자임. 현재 중국의 간화자에서는 须에 통합되었음.

용법
한중일 모두 '필수'의 의미로 주로 사용하고, 이로부터 파생된 '필요'나 '반드시 ~해야 함' 의 의미로도 사용함. 한중일 모두 '잠시 동안의 짧은 시간'을 須臾(수유, xūyú, しゅゆ) 라고 씀. 또한 한국어와 일본어의 必須科目(필수과목, ひっすかもく)를 중국어에서는 必修課(bìxiūkè)라고도 씀.

용례
須彌山(수미산), 男兒須讀五車書(남아수독오거서), 必須(필수)

성어
남아수독오거서(男兒須讀五車書): 남자는 반드시 다섯 수레 분량의 책을 읽어야 한다는 뜻으로, 끊임없는 독서를 권장할 때 쓰는 말.

하

壽 목숨 수

갑골문	금문	전국문자	소전	예서	해서

한 壽
음 수
뜻 목숨, 수명 / 장수 /
축수하다

중 寿
음 shòu
뜻 장수 /
나이, 목숨, 수명 /
축수하다 /
오래되다

일 寿
음 じゅ zyu
뜻 장수하다 /
나이, 생명 /
장수를 축하하다

자원
형성
老[늙을 로]가 의미 부분이고 나머지 자형이 소리 부분임. '늙을 때까지 장수하다'라는
뜻을 나타냄. 老는 머리카락이 긴 노인의 모습을 본뜬 것인데, 長[길 장] 역시
머리카락이 긴 사람을 통해 '연장자'의 뜻을 나타낸 글자임. 한자 중에 노인과 관련된
글자로 叟[늙은이 수]도 있는데, 나이 든 노인이 늙을 때까지 장수한다는 점에서 叟와
壽는 어원이 같다고 볼 수 있음.

용법
한중일 모두 '수명', '장수'의 의미로 사용함. 한국어에서는 '나이'의 높임말로 年歲
(연세)를 쓰는데, 중국어와 일본어에서는 모두 年齡(niánlíng, ねんれい)라고 함. 한국어
에서는 醋飯(초반)을 '초밥'이라고 불러 사용하는데, 중국어와 일본어에서는 초밥을
壽司(shòusī, すし)라고 함.

용례
壽命(수명), 米壽(미수), 長壽(장수)

성어
만수무강(萬壽無疆): 오래 오래 삶. 남의 장수를 기원할 때 쓰는 표현.

人

박

水 물 수

갑골문	금문	전국문자	소전	예서	해서

한 水 음 수
뜻 물 / 강물

중 水 음 shuǐ
뜻 물 / 강, 호수, 바다 등의 통칭

일 水 음 すい sui
뜻 물 / 하천, 호수 따위와 같이 자연적으로 물이 있는 곳

자원
상형
물이 흐르는 모양을 본뜬 글자로 '물'이 본래 의미임. 水[물 수]는 편방으로 쓰일 때는 氵의 형태로 쓰이고 氵가 포함된 글자들은 하천, 물의 모양, 물의 성질 등 물과 관련된 의미를 담고 있음. 또한 별자리 수성(水星)을 뜻하기도 하고, 오행의 하나로서 북쪽·겨울·검정을 뜻하기도 함. 水曜日(수요일)과 같이 요일의 명칭으로도 쓰임.

용법
한중일 모두 '물'의 의미로 사용함. 한국어와 중국어에서는 온도에 관계없이 물이면 모두 水(수, shuǐ)로 쓰는 데 반해, 일본어에서는 온도가 비교적 낮은 상태의 물은 水(みず)라 하고 뜨거운 물은 湯(ゆ)라 하여 다르게 씀. 중국에서는 물을 일반적으로 한번 끓인 후에 식수로 쓰는데 이를 開水(kāishuǐ)라 하고, 차가운 물이면 앞에 冷(lěng), 氷(bīng)을 붙이기도 하고 식당에서는 鑛泉水(kuàngquánshuǐ)를 따로 주문해서 마심. 또한 水平(수평)이라 하면 한국어에서는 '물처럼 평평하여 기울지 않은 상태'를 뜻하지만 중국어에서는 '水準(수준)'을 의미하여, 최근 실시되고 있는 중국어 능력시험을 漢語水平考試(hànyǔshuǐpíngkǎoshi)라 함.

용례
山水(산수), 海水(해수), 洪水(홍수)

성어
복수불반분(覆水不返盆): 엎질러진 물은 물그릇에 다시 담을 수 없다는 뜻. 이미 벌어진 일을 수습하기 어려울 때 쓰는 표현.

김

받을 수

갑골문	금문	전국문자	소전	예서	해서

한 受 음 수 뜻 받다

중 受 음 shòu 뜻 받다

일 受 음 じゅ zyu 뜻 받다

자원
회의
아래위에 있는 두 사람의 손과 그 두 손으로 잡고 있는 물건을 통해 '물건을 손으로 주고받다'의 뜻을 나타낸 글자임. 원래 '주다'와 '받다'의 뜻을 모두 나타냈으나 受는 '받다'의 뜻으로만 쓰고, '주다'의 뜻은 受자에 手[손 수]를 더해 授[줄 수]를 만들어 나타냈음. 受와 뜻이 유사한 글자로 收[거둘 수]가 있는데, 그 자형이 모두 '손'을 본뜬 글자를 취하고 그 소리 또한 '수'로 같음.

용법
한중일 모두 '받다'의 의미로 사용함. '신청을 받아들임'을 한국어에서는 接受(접수)라고 하지만, 중국어에서는 受理(shòulǐ)라고 하고, 일본어에서는 受付(うけつけ)라고 함. 한국어와 일본어에서는 '수업을 듣는 것'을 受講(수강, じゅこう)한다고 하지만, 중국어에서는 聽課(tīngkè)라고 함. 삼국 모두 受信(수신, shòuxìn, じゅしん)을 금융기관이 거래 관계에 있는 다른 금융기관이나 고객으로부터 받은 신용, 즉 '예금'이라는 뜻의 경제용어로 사용함. 受信은 '소식을 받는다'라는 뜻이기도 한데 이는 한국어와 일본어에서만 사용하며, 중국어에서는 收报(shōubào)라고 표현함.

용례
受難(수난), 接受(접수), 享受(향수)

성어
인수인계(引受引繼): 업무 등을 물려받고 물려줌.

人

박

秀

빼어날 수

갑골문	금문	전국문자	소전	예서	해서

한

秀

음 수

뜻 빼어나다 /
솟아나다 / 이삭

중

秀

음 xiù

뜻 이삭이 나와
꽃이 피다 /
빼어나다 / 쇼

일

秀

음 しゅう syu-u

뜻 빼어나다

자원
회의

禾[벼 화]에 '벼가 익어 고개 숙인 모양'을 더해 만든 글자임. 禾의 갑골문 역시 '벼가 익은 모양'을 본뜬 것인데, 이미 벼가 익은 모양을 나타내는 글자에 '벼가 익은 모양'을 나타내는 자형을 또다시 추가하여 새로운 글자를 만든 것임. 벼가 익어 아래로 늘어졌다는 점에서 秀의 어원을 垂[드리울 수]에서 찾아볼 수 있음. 莠[강아지풀 유] 역시 秀를 통해 강아지풀이 고개를 숙이는 속성이 있음을 나타낸 것임. 또 '아래로 늘어져 익은 벼'를 뜻하는 秀는 '익었다'라는 뜻으로 볼 때 熟[익을 숙]과도 연관지어서 볼 수 있음.

용법

한중일 모두 '빼어나다', '우수하다'의 의미로 사용함. 한국어와 일본어에서는 '뛰어난 작품'을 秀作(수작, しゅうさく)라고 하지만, 중국어에서는 傑[걸출할 걸]을 써서 傑作(jiézuò)라고 함. 중국어에서는 品位(품위)를 秀氣(xiùqi)라고 쓰기도 함. '여럿 가운데 아주 뛰어남'을 優秀(우수, yōuxiù, ゆうしゅう)라고 하는데, 일본어에서는 秀逸(しゅういつ)라는 표현도 사용함.

용례

秀才(수재), 閨秀(규수), 優秀(우수)

성어

후기지수(後起之秀): 뒤에 일어나는 빼어난 사람. 후배 가운데 매우 뛰어난 사람을 일컫는 말.

박

數 셈 수

갑골문	금문	전국문자	소전	예서	해서
		𢿛	數	數	數

한 —————
數
음 수
뜻 셈, 산법 / 일정한
수량이나 수효 /
수 / 운수

중 —————
数
음 shǔ, shù, shuò
뜻 [shǔ] 세다 /
제일이다
[shù] (~儿) 수
[shuò] 여러 번

일 —————
数
음 す su, すう su-u
뜻 셈하다 / 수 / 운수 /
일정한 수량

자원
형성

의미 부분인 攴[칠 복]과 소리 부분인 婁[별 이름 루]로 이루어짐.『설문』에서는
"셈하다"라는 뜻으로 풀이하였음. 한편『설문』에는 이와 유사한 글자로 의미 부분인
攴과 소리 부분인 麗[고울 려]로 이루어진 戴[셀 례]가 있으며 역시 '셈하다'라는
뜻으로 풀이하였음. 戴[셀 례]에 대한 풀이를 통해 數의 의미를 유추할 수 있음.
이효정(李孝定)은 고문의 예를 들어 戴가 손으로 막대기를 들고[攴] 사슴[鹿]을
치는 모습을 본뜬 것으로 '가축을 키운다'는 뜻의 牧[칠 목]과 같은 뜻으로 보았음.
그런데 동물을 방목하며 기르는 사람은 항상 잃어버릴 것을 염려하여 그 숫자를 세기
때문에 '수를 셈한다'는 의미가 더해졌다는 풀이임. 數 역시 셈한다는 본래의 의미가
확장되어 '숫자', '수량', '운수' 등의 의미를 나타내게 되었음.

용법
한중일 모두 '셈' 또는 '수'의 의미로 널리 사용함. 한국어와 일본어에서는 '운수'의
뜻으로도 쓰여 '올해는 數(수)가 좋다'와 같이 쓰기도 함. 또한 '몇', '여러'의 뜻을
나타내는 관형사로도 쓰여 '수백만', '수천'과 같이 씀.

용례
數量(수량), 數字(숫자), 數學(수학)

성어
부지기수(不知其數): 그 수를 알지 못함. 수를 헤아릴 수 없을 정도로 아주 많은
상태를 가리키는 말.

手 손수

갑골문	금문	전국문자	소전	예서	해서

한
手
음 수
뜻 손 / 재주, 수단 /
사람

중
手
음 shǒu
뜻 손 / 손잡이 /
전문가

일
手
음 しゅ syu
뜻 손 / 몸소, 손수하다 /
전문가

자원
상형

금문을 보면 손의 모습을 특이하게 그렸음. 어찌 보면 나뭇잎의 잎맥이나 나뭇가지처럼 보이기도 하는데, 사실 손의 뼈대를 형상화하여 가운뎃손가락을 중심으로 네 손가락이 대칭으로 균등하게 펼쳐진 형태임. 손은 도구를 사용함으로써 문명을 발전시키는 가장 중요한 신체 부위 중 하나였음. 그래서 手는 도구 사용의 상징이 되었고, 高手(고수)나 鼓手(고수)처럼 도구를 능수능란하게 사용하는 '사람' 그 자체를 말하며, 전문가를 지칭하는 데 사용하고 있음.

용법

한중일 모두 신체 일부인 손을 지칭하고, 이로부터 확대된 '손재주', '손으로 하는 동작', 나아가 재주가 좋은 '사람'의 의미로도 사용함. 한국어와 일본어에서는 바둑이나 장기에서 잘못 두는 수를 惡手(악수, あくしゅ)라고 하는데, 중국어에서는 臭棋(chòuqí)나 失着(shīzhāo)라고 함. 한국어와 일본어에서는 어떤 기능이나 기예에 뛰어난 사람을 지칭하여 名手(명수, めいしゅ)라고 함. 또 일본어에서는 '방향'을 뜻하기도 하여 위쪽을 上手(かみて), 아래쪽을 下手(したて)라고 하는데, 이는 한국어와 중국어에는 없는 용법임. 手紙(shǒuzhǐ, てがみ)는 중국어에서는 '화장지'를, 일본어에서는 '편지'를 뜻함.

용례

手段(수단), 手術(수술), 歌手(가수), 失手(실수)

성어

수수방관(袖手傍觀): 소매 안에 손을 집어넣고 옆에서 지켜봄. 일에 끼어들거나 거들어주지 않고 지켜보기만 하는 것을 이르는 말.

하

授 줄 수

갑골문	금문	전국문자	소전	예서	해서
			觻	授	授

한 授 음 수 / 뜻 주다 / 가르치다

중 授 음 shòu / 뜻 주다 / 가르치다

일 授 음 じゅ zyu / 뜻 주다 / 가르치다

자원
형성
의미 부분인 手[손 수]와 소리 부분인 受[받을 수]로 이루어짐. 손[手]으로 무엇인가를 건네주는[受] 모습을 그렸으며, 이로부터 '주다', '전수하다' 등의 뜻이 나왔음. 원래는 受로 썼는데, 의미의 분화를 위해 手를 더해 만든 글자임. 授의 본자인 受는 갑골문과 금문 등에서 손[爪]과 손[又] 사이에 배[舟]가 놓여, 배 위에서 물건을 서로 주고받음을 그렸으나 자형이 조금 변해 지금처럼 되었음. 따라서 受는 원래 '주다'와 '받다'라는 뜻을 함께 가졌는데, 이후 '주다'라는 의미는 다시 手를 더한 授로 구분함으로써 '받다'라는 의미로만 썼음. 이로부터 다시 '어떤 상황을 만나다', '어떤 경우를 당하다', '견디다' 등의 의미가 더해졌음.

용법
한중일 모두 '주다'를 기본 의미로 사용하고 '가르치다'의 의미로도 사용함. 전수해야 할 중요한 일이라는 점에서 '授業(수업)' 등의 뜻이 나왔음. 한국어와 일본어에서 '젖먹이에게 젖을 먹이다'라는 뜻으로 쓰는 授乳(수유, じゅにゅう)를 중국어에서는 哺乳(bǔrǔ)라 하고, '상을 주다'라는 뜻의 授賞(수상, じゅしょう)을 중국어에서는 授獎(shòujiǎng)이라 하여 일부 차이를 보임.

용례
授受(수수), 授業(수업), 授與(수여), 教授(교수)

성어
견위수명(見危授命): 위태로운 상황을 보고서는 목숨을 던짐. 나라가 위급한 상황을 맞았을 때 목숨을 걸고 지키려는 행동을 일컫는 말.

人

하

守

지킬 수

갑골문	금문	전국문자	소전	예서	해서

한

守 음 수
뜻 지키다 / 막다 /
벼슬 이름

중

守 음 shǒu
뜻 지키다 / 간호하다 /
벼슬 이름

일

守 음 しゅ syu, す su
뜻 지키다 / 벼슬아치

자원
형성
겸
회의

의미 부분 宀[집 면]과 소리 겸 의미 부분인 寸[마디 촌]으로 이루어짐. 갑골문과 금문에서는 又[또 우]를 의미 부분으로 사용했지만, 시간이 흐르면서 점이 추가되어 寸으로 변형되었음. 또한 이렇게 변형된 寸이 肘[팔꿈치 주]의 초기 형태로서 소리 부분 역할도 겸하게 되었음. 원래 의미를 명확하게 설명할 수는 없지만, '집 또는 건물 안에서 주어진 일을 해내다'를 의미하는 것으로 추정됨. 후에 '(직책을) 지키다', '준수하다', '보호하다' 등의 의미로 확대 사용하고 있음.

용법

한중일 모두 '지키다'의 의미로 사용함. 남편을 잃고 혼자 사는 여자를 한국어와 일본어에서는 寡婦(과부, かふ)라고 하고, 중국어에서는 동사로 守寡(shǒuguǎ, 과부로 지내다)라고 함. 한국어에서는 寡守(과수)라는 표현도 사용함.

용례

守護(수호), 保守(보수), 遵守(준수)

성어

수주대토(守株待兔): 나무 그루터기에서 토끼를 잡으려고 기다림. 일어날 수 없는 일을 쓸데없이 기대하는 어리석음을 비유하는 말.

문

382

인

宿 잘 숙, 별자리 수

| 갑골문 | 금문 | 전국문자 | 소전 | 예서 | 해서 |

한

宿
음 숙
뜻 [숙] 자다, 숙박하다 /
묵다, 오래되다
[수] 별자리

중

宿
음 sù, xiǔ, xiù
뜻 [sù] 숙박하다 /
예전부터의
[xiǔ] 박(밤을
세는 단위)
[xiù] 성수

일

宿
음 しゅく syuku
뜻 여관 / 머무르다 /
본래부터 / 별자리

자원
형성

'지붕과 두 벽면'을 본뜬 宀[집 면]과 사람을 본뜬 人[사람 인]으로 이루어짐.
돗자리를 본뜬 자형과 함께 '집 안에서 돗자리 위에 누워 하룻밤을 묵다'의 뜻을
나타낸 글자임. 『설문』에서는 '머물다'라는 의미로 풀이하였음. 宿은 '밤에 머물러
자다'라는 뜻에서 睡[잘 수], 駐[머무를 주], 留[머무를 류], 住[살 주] 등과 뜻이 통함.
본래의 뜻인 '잠자다'에서 후에 '묵다', '쉬다', '머물다', '오래된', '고정된' 등의 뜻으로
확대되었음. 宿은 縮[줄일 축]의 소리 부분으로도 쓰임. 별은 각자의 자리에 고정된
채 머무르기 때문에 '별자리'를 나타내기도 하는데, 星宿(성수)로 쓰일 때는 '수'로
읽어야 함.

용법

한중일 모두 '자다'의 의미로 널리 사용함. 한국어와 일본어에서는 여관 등에서 잠자고
머무르는 것을 숙박(宿泊, しゅくはく)라고 하지만, 중국어에서는 住宿(zhùsù)라고
함. 한국어와 일본어에서 下宿(하숙, げしゅく)는 '일정 기간 남의 집에서 머물며 먹고
자는 것'을 의미하는데, 중국어에서 下宿(xiàsù)는 '묵다', '숙박하다'의 의미로 사용함.
관청이나 회사에서 밤을 새우며 지키는 宿直(숙직, しゅくちょく)를 중국어에서는 值夜
(zhíyè)라 함.

용례

宿舍(숙사), 宿願(숙원), 露宿(노숙)

성어

풍찬노숙(風餐露宿): 바람을 먹고 이슬 내리는 곳에서 잠을 잔다는 뜻. 길 위를
떠돌면서 갖은 고생을 하는 모습이나 상태 등을 가리키는 표현.

人

박

純 순수할 순

갑골문	금문	전국문자	소전	예서	해서
紂	紃	純	純	純	純

한 純 음 순
뜻 순수하다 /
진실하다

중 纯 음 chún
뜻 순수하다 /
단순하다

일 純 음 じゅん zyun
뜻 견사 / 순수하다

자원
형성
의미 부분인 糸[가는 실 멱]과 소리 부분인 屯[진 칠 둔]으로 이루어짐. 『설문』에서는 '비단실'이라는 의미로 풀이하였음. 아무런 가공을 하지 않은 천연의 비단실인 生絲(생사)를 뜻하여, 이로부터 '순수하다', '순결하다' 등으로 의미가 확장되었음.

용법
한중일 모두 '순수하다', '순결하다', '단순하다'의 의미로 사용함. 한국어에서는 순 살코기와 같이 '다른 것이 섞이지 않은 순수하고 온전하다'라는 뜻의 관형사로도 사용함. 중국어에서는 純屬謠言(chúnshǔyáoyán, 완전히 헛소문이다)과 같이 '완전히', '순전히'의 의미로도 사용함.

용례
純潔(순결), 純粹(순수), 單純(단순)

성어
순진무구(純眞無垢): 깨끗하고 참다우며 때가 끼지 않음. 매우 순수하면서 참다운 사람을 가리킬 때 쓰는 말.

오

順 순할 순

갑골문	금문	전국문자	소전	예서	해서
		順	順	順	順

한 順
음 순
뜻 순하다 / 따르다 /
차례

중 順
음 shùn
뜻 순조롭다 /
순종하다 /
차례(대)로

일 順
음 じゅん zyun
뜻 순조롭다 / 차례 /
순종하다

자원
형성

의미 부분인 頁[머리 혈]과 소리 부분인 川[내 천]으로 이루어짐. 물의 흐름[川]처럼 순순히 머리[頁]를 조아림을 말해 '순응하다'라는 뜻이 나왔음. 이로부터 다시 '순조롭다', '도리', '유순하다' 등의 뜻이 나왔고, '~을 따라서', '~하는 김에' 등의 뜻도 나왔음. 전국문자에서는 頁 대신 女[여자 여]가 들어가 순응하고 유순한 주체가 '여성'임을 강조하였음.

용법

한중일 모두 '같은 방향으로 가다', '순조롭다', '순종하다'의 의미로 사용함. 중국어에서는 順流而下(shùnliú'érxià, 물이 흘러가는 대로 따라 내려가다)처럼 '~을 따라서', 順便(shùnbiàn, ~하는 김에)처럼 '겸사겸사'라는 의미도 나타냄. 또 동사로 쓰여 理順頭髮(lǐshùntóufa, 머리칼을 매만지다)처럼 같이 '정리하다'의 의미로도 나타냄.

용례

順理(순리), 順序(순서), 順從(순종), 順坦(순탄)

성어

명정언순(名正言順): 명분이 바르고 말의 조리가 자연스러움.

崇

높을 숭

갑골문	금문	전국문자	소전	예서	해서
			崇	崇	崇

한

崇 음 숭
뜻 높다 /
높이다, 높게 하다 /
존중하다

중

崇 음 chóng
뜻 높다 / 존경하다

일

崇 음 す su, すう su-u
뜻 존귀하다 /
숭배하다

자원
형성

의미 부분인 山[뫼 산]과 소리 부분인 宗[마루 종]으로 이루어짐. 원래 '높은 산'을 의미하는 글자임. 소리 부분인 宗은 '조상의 신주(神主)를 모신 장소'를 뜻함. 후에 '높다', '존귀하다' 등의 의미로 확대되는데, 여기에 宗이 영향을 미쳤을 것으로 추정됨.

용법

한중일 모두 '존경하다', '높다'의 의미로 사용함. 한국어에서 '정중하고 극진하게 대접하다'라는 뜻의 隆崇(융숭)은 중국어와 일본어에서는 쓰지 않음.

용례

崇高(숭고), 崇拜(숭배), 崇尙(숭상)

성어

문무숭상(文武崇尙): 문과 무를 숭상함. 문인의 기질과 무인의 기질을 모두 중시함을 이르는 말.

익힐 습

갑골문	금문	전국문자	소전	예서	해서
羿		習	習	習	習

한 習 음 습
뜻 익히다 / 버릇

중 习 음 xí
뜻 연습하다 / 익숙하다

일 習 음 しゅう syu-u
뜻 배우다 / 버릇, 풍습

자원
회의

원래 羽[깃털 우]와 日[날 일]의 결합으로 '해가 뜬 맑은 날에 새가 날다'의 뜻을 나타낸 글자였는데, 자형 변천에 따라 日이 白[흰 백]으로 바뀐 것임. 가차되어 '익히다'의 뜻으로 주로 쓰임. '새의 날개'를 상형한 글자는 羽, 飛[날 비] 외에도 非[아닐 비], 易[쉬울 이], 翼[날개 익] 등을 더 들 수 있는데, 非와 易는 원래 새의 날개를 본뜬 글자였으나 가차되어 다른 뜻으로 쓰이게 된 것임.

용법

한중일 모두 '익히다', '연습하다'의 의미로 사용함. 중국어에서는 補充學習(보충학습)을 줄여서 補習(bǔxí)라고 씀. 일본어에서는 練習(연습, liànxí)의 어순을 바꿔 習練(しゅうれん)이라고 씀.

용례

習慣(습관), 復習(복습), 學習(학습)

성어

학이시습(學而時習): 배우고 때로 익힘. 꾸준히 공부하는 자세를 가리키는 말.

拾 주울 **습**, 열 **십**

갑골문	금문	전국문자	소전	예서	해서
			拾	拾	拾

한
拾
음 습, 십
뜻 [습] 줍다
[십] 열, 십

중
拾
음 shí, shè
뜻 [shí] 줍다 /
수습하다 /
십(十)의 갖은자
[shè] 가벼운
걸음으로 올라가다

일
拾
음 しゅう syu-u,
じゅう zyu-u
뜻 줍다 / 거두어들이다 /
십(十)의 갖은자

자원
형성

의미 부분인 手[손 수]와 소리 부분인 合[합할 합]으로 이루어짐. 원래 '손[手]'을 이용해 한곳으로 모으다[合]'라는 뜻의 글자이며, 이로부터 '수습하다', '줍다', '정리하다', '수거하다'의 뜻이 나왔음. 또 十[열 십]의 갖은자로도 쓰임. 拾의 소리 부분으로 쓰인 合은 갑골문에서 윗부분은 뚜껑을, 아랫부분은 입[口]을 그렸는데, 장독 등 단지의 아가리를 뚜껑으로 덮어놓은 모습을 본뜬 것임. 고대사회에서는 단지와 그 뚜껑의 크기를 꼭 맞추는 것도 기술이었음. 그래서 合에 '부합하다', '합치다'의 뜻이 생겼음. 몸체와 뚜껑이 합쳐져야 완전한 하나가 되기에 '모두', '함께'라는 의미도 더해졌음.

용법

한중일 모두 '줍다'의 의미로 사용하고, 十의 갖은자로도 사용함. 중국어에서는 특별히 '가벼운 걸음으로 올라가다'의 뜻도 있는데, 이때는 제1성이 아닌 제4성으로 구분해서 읽음. 또 중국어에서 收拾(shōushi)는 단순히 일의 뒷정리 외에도 收拾行李(shōushíxínglǐ, 짐을 꾸리다)에서처럼 물건 등을 '꾸리다'라는 의미로도 사용됨.

용례

拾得(습득), 道不拾遺(도불습유), 收拾(수습)

성어

수습인심(收拾人心): 인심을 수습함. 각종 사고나 사건 등으로 혼란해진 국민의 마음을 진정시키는 일.

하

勝 이길 승

389

갑골문	금문	전국문자	소전	예서	해서
		𩎟	朡	勝	勝

한
勝
음 승
뜻 이기다 / 훌륭하다, 낫다

중
胜
음 shèng
뜻 승리하다 / 아름답다, 낫다

일
勝
음 しょう syou
뜻 이기다 / 뛰어나다, 우수하다

자원
형성
의미 부분인 力[힘 력]과 소리 부분인 朕[나 짐]으로 이루어짐. 朕은 賸[남을 승], 縢[줄 잉], 膡[베길 등]처럼 여러 가지 비슷한 소리로 발음되는 글자에서 소리 부분으로 쓰였음. 힘으로 '이기다'라는 뜻에서 '~보다 낫다', '아름답다'라는 뜻으로 확장되었음.

용법
한중일 모두 '이기다', '낫다'의 의미로 사용함. 삼국 모두 勝負(승패, shèngfù, しょうぶ)를 '이김과 짐'의 의미로 사용함. 다만 일본어에서만 勝負事(しょうぶごと)를 '내기'의 뜻으로, 勝負師(しょうぶし)를 '전문 기사', '도박꾼'을 가리키는 말로 사용함. 한편 勝이 중국어에서는 '감당하다'의 뜻으로 사용되기도 하는데, 가령 勝任(shèngrèn)은 '맡은 임무를 능히 감당하다'의 의미임.

용례
勝利(승리), 勝負(승부), 勝敗(승패)

성어
승전보(勝戰譜) 싸움이나 전투에서 이긴 결과를 적은 기록을 이르는 말.

承 이을 승

갑골문	금문	전국문자	소전	예서	해서
禹	禹		雨	承	承

한 ── 承
음 승
뜻 잇다 / 받들다 /
받다, 받아들이다

중 ── 承
음 chéng
뜻 받다, 받치다 /
맡다, 담당하다 /
계승하다, 잇다

일 ── 承
음 しょう syou
뜻 받다, 이어받다 /
받아들이다,
승낙하다

자원
회의

금문에서 앉은 사람[已, 병부 절]을 두 손으로 받드는[廾, 받들 공] 모습이었으나,
소전에 들면서 手[손 수]가 더해졌고, 이후 자형이 조금 변해 지금처럼 되었음. 앉은
사람을 두 손으로 '받들다'가 원래 뜻이며, 이로부터 '받들다', '받아들이다'의 뜻이
나왔고, 다시 繼承(계승)처럼 '이전의 경험을 존중하며[承] 이어가다[繼]'의 뜻이
더해졌음.

용법

한중일 모두 '계승하다', '받아들이다', '승낙하다'의 의미로 사용함. 중국어에서는
承蒙(chéngméng, 은혜를 입다)처럼 상대방의 은혜를 입었을 때 겸양의 표시나
인사치레하는 말로도 쓰임. 또 일본어에서는 '알다' 혹은 '양해하다'의 뜻으로도 쓰여,
承知(しょうち)는 '동의하다' 혹은 '상대의 요구를 들어주다'의 뜻을 나타냄.

용례

承諾(승낙), 承認(승인), 繼承(계승)

성어

기승전결(起承轉結): 문제를 제기하고 그에 대한 내용을 펼친 뒤 뜻을 모아 결론을
맺는다는 뜻. 문장을 쓰는 요령.

乘 탈승

갑골문	금문	전국문자	소전	예서	해서

한 乘 음 승
뜻 타다 / 곱하다 /
불법(佛法) /
대(탈것을 세는
단위)

중 乘 음 chéng
뜻 오르다 / 타다 /
곱하다

일 乘 음 じょう zyou
뜻 타다 / 차나 말
등의 탈것 /
불법(佛法) /
역사 책, 기록

자원
회의
갑골문은 나무 위에 사람이 올라가 있는 모습이며, 금문에서는 나무에 올라간 사람의 발을 특히 강조하였음. 소전은 금문의 자형을 따랐음. 『설문』에서는 '뒤집히다'의 뜻으로 풀이하였고, 入[들 입]과 桀[홰 걸] 모두 의미 부분이라고 하였음. 그러나 갑골문과 금문의 자형을 보면 허신(許身)의 이 같은 분석에는 문제가 있어 보임. 아마도 入은 人[사람 인]과 자형이 비슷하고, 桀에서 舛[어그러질 천]은 사람의 두 발을 그린 것의 변형이므로, 자형 분석을 잘못하여 글자의 설명도 잘못한 것으로 보임. 乘은 본래 '오르다'의 뜻으로 사용되었고, 이후 한국어와 중국어에서는 '곱하다'의 의미로 확장되었음.

용법
한중일 모두 '타다', '오르다'의 의미로 사용함. 중국어에서는 chéng으로 읽으면 '오르다', '타다' 등의 뜻이 되는데, 문어에서는 shèng으로 읽어서 一乘처럼 고대에 4필의 말이 끄는 전차 1대를 가리키거나 '역사책', '사서' 등의 의미를 나타내기도 함. 加減乘除(가감승제)에서 '곱하다' 혹은 '제곱하다'의 의미로도 쓰임. 한국어와 일본어에서는 '사람이 타는 자동차'를 일반적으로 乘用車(승용차, じょうようしゃ)라고 하지만, 중국어에서는 轎車(jiàochē), 小車(xiǎochē), 小汽車(xiǎoqìchē), 臥車(wòchē) 등을 두루 사용함.

용례
乘客(승객), 乘用車(승용차), 便乘(편승)

성어
무임승차(無賃乘車): 차비를 내지 않고 차에 타는 행위.

人

윤

時 때 시

갑골문	금문	전국문자	소전	예서	해서
	뿔	時	時	時	時

한
時
음 시
뜻 때, 철 / 그때, 당시 /
시(하루의 24분의
1을 한 시간으로
하는 단위)

중
时
음 shí
뜻 때 / 시 /
(정해진) 시간

일
時
음 し si, じ zi
뜻 때, 시간 /
한 시간 /
시간의 단위

자원
형성
의미 부분인 日[날 일]과 소리 부분인 寺[절 사]로 이루어짐. 원래는 日과 之[갈지]로 구성된 旹[때 시]로 써서 태양[日]의 운행[之]이라는 의미로부터 '시간'이라는 개념을 그려냈음. 이로부터 '계절', '때', '역법', '시간', '세월' 등의 뜻이 나왔고, 시간을 헤아리는 단위로도 썼음.

용법
한중일 모두 '때', '때로'의 의미로 사용함. 한중일 모두 時機(시기, shíjī, じき)처럼 '유리한 시기나 때'를 뜻하기도 함. 한국어와 중국어에서는 時辰(시진, shíchén)이나 寅時(인시, yínshí)처럼 '시간'이나 '때', 즉 하루의 24분의 1을 한 시간으로 하는 단위를 나타내는 데에도 쓰임. 또 중국어에서는 時常(shícháng)과 같이 '늘'이나 '항상'이라는 뜻으로도 쓰는데, 한국어와 일본어에는 보이지 않는 용법임. 한국어와 일본어의 時計(시계, とけい)를 중국어에서는 鐘表(zhōngbiǎo)라고 표현함.

용례
時間(시간), 時期(시기), 時代(시대), 晚時之歎(만시지탄)

성어
시기상조(時機尙早): 때가 아직 이르다는 뜻.

施

베풀 시

갑골문	금문	전국문자	소전	예서	해서
			牄	施	施

한
施 음 시
뜻 베풀다 / 실시하다

중
施 음 shī
뜻 실행하다 /
주다, 가하다 /
베풀다

일
施 음 し si, せ se
뜻 베풀다 / 널리 펴다

자원
형성

깃발을 나타내는 㫃[나부낄 언]이 의미 부분이고, 也[잇기 야]가 소리 부분임. 본래의 뜻은 '깃발이 펄럭이는 모양'인데, 깃발을 휘둘러 군대를 동원하던 행위에서 '펼치다', '시행하다', '베풀다'의 뜻이 나왔음. 也가 소리 부분으로 들어간 글자는 施 이외에도 弛[늦출 이], 袘[흙탕물 야] 등이 있음.

용법

한중일 모두 '베풀다', '시행하다'의 의미로 사용함. 한국어와 일본어에서 施設(시설, しせつ)는 차려놓은 설비나 구조물을 가리키는데, 중국어에서 施設(shīshè)는 '배치하다', '펴다'라는 뜻의 동사로 활용됨. 한국어의 施設(시설)에 해당하는 중국어 표현은 設施(shèshī)나 設備(shèbèi)가 있음. 施錠(시정, せじょう)는 한국어와 일본어에서만 '자물쇠를 채우다'의 뜻으로 사용하고 중국어에서는 쓰지 않음.

용례

施工(시공), 施行(시행), 實施(실시)

성어

기소불욕물시어인(己所不欲勿施於人): 내가 하고 싶지 않은 일은 남에게 시키지 말라는 뜻.

394

示 보일 시

| 갑골문 | 금문 | 전국문자 | 소전 | 예서 | 해서 |

한 ──────
示
음 시
뜻 보이다 /
보다, 간주하다 /
알리다, 일러주다

중 ──────
示
음 shì
뜻 보이다 / 알리다 /
나타내다

일 ──────
示
음 し si, じ zi
뜻 보이다 / 나타내다 /
교시하다

자원
상형

갑골문은 나무 또는 돌로 만들어진 신에게 제사를 드리기 위한 신주의 모양을 본뜬 것임. 『설문』에서는 소전을 근거로 "아래로 늘어진 세 개의 획은 해, 달, 별이다"라고 풀이하였으나 이는 본래의 의미를 정확히 이해하지 못한 것임. 신이 인간에게 길흉을 내려준다는 의미에서 '보이다', '나타내다' 등의 뜻으로 확장되었으며, 거북점인 복사(卜辭)에서는 천신(天神) 등의 통칭으로도 사용되었음. 이후 示로 구성된 글자는 '신', '제사', '신이 내리는 길흉' 등과 연관된 의미를 주로 나타냈음.

용법

한중일 모두 '보이다', '알리다'의 의미로 사용함. 한국어에서 示唆(시사)는 '어떤 것을 미리 간접적으로 표현해주다'의 의미로 쓰이지만, 일본어에서 示唆(しさ)는 '敎唆(교사)', '부추김'의 의미도 나타냄. 법령을 공식적으로 알리는 것을 한국어와 일본어에서는 告示(고시, こくじ)라고 하고 중국어에서는 通知(tōngzhī) 또는 告知(gàozhī)라고 함. 중국어에서 告示(gàoshi)는 '공고문', '게시문'의 의미로 쓰임.

용례

示範(시범), 示威(시위), 展示(전시)

성어

효수시중(梟首示衆): 목을 베서 사람들에게 보임. 왕조 시절에 형을 집행하던 방식의 하나로, 강력한 경고를 보낸다는 뜻을 담고 있음.

오

428

視

볼 시

갑골문	금문	전국문자	소전	예서	해서

한 視 음 시
뜻 보다 / 살피다

중 視 음 shì
뜻 보다 / 살피다 / 시력

일 視 음 し si
뜻 살펴보다 / ~으로 보다 / 시력

자원 갑골문을 보면 의미 부분인 目[눈 목]과 소리 부분인 示[보일 시]로 이루어졌고,
형성 금문부터 의미 부분인 目이 見[볼 견]으로 바뀌었음. 본뜻은 '보다'임. 祭[제사 제]
의 금문[𥛤]은 '고기를 오른손으로 제단 위에 놓는 모양'이며, 示는 제단의 모양을 본뜬
것임. 示를 부수로 하는 글자들은 대체로 제사나 신(神)과 관련된 글자가 많음.

용법 한중일 모두 '보다'의 의미로 많이 사용함. 한국어와 일본어에서는 텔레비전으로
방송되는 어떤 프로그램이 시청되고 있는 정도를 視聽率(시청률, しちょうりつ)라고
하지만, 중국어에서는 收視率(shōushìlǜ)라고 함. 또 한국어와 일본어에서는 視聽者
(시청자, しちょうしゃ)라고 하지만 중국어에서는 電視觀衆(diànshìguānzhòng)이라고
함. 텔레비전 따위를 보고 듣는 데 내는 요금을 한국어에서는 視聽料(시청료)라고 하고,
일본어에서는 受信料(じゅしんりょう)라고 하며, 중국어에서는 收視費(shōushìfèi)라고 함.

용례 監視(감시), 視覺(시각), 重視(중시)

성어 백안시(白眼視): 흰 눈으로 흘겨보다. 믿거나 미덥지 못한 사람을 대하는 눈길을
이르는 말.

人

始

비로소 시

갑골문	금문	전국문자	소전	예서	해서

한

始 음 시

뜻 비로소 / 시작하다 /
처음, 시초

중

始 음 shǐ

뜻 시작하다 / 비로소

일

始 음 し si

뜻 처음, 근원 /
시작하다, 일어나다

자원
형성

의미 부분인 女[여자 여]와 소리 부분인 台[별 태, 대 대]로 이루어져 '처음', '시작'을 의미함. 금문에서는 소리 부분 台에서 口[입 구]를 생략한 형태인 以[써 이]를 사용하기도 했는데, 이로 인해 姒[손위 동서 사]가 만들어졌으며, 주로 성씨로 사용하고 있음. 始와 姒는 한 글자에서 파생된 관계임.

용법

한중일 모두 '시작', '처음'의 의미로 사용함. '처음과 끝'을 의미하는 始終(시종)의 경우 일본어에서는 終始(しゅうし)를 더 많이 사용함. 또한 '처음부터 끝까지 한결같이 하다'를 뜻하는 始終一貫(시종일관)을 일본어에서는 終始一貫(しゅうし いっかん)이라고 하고, 중국어에서는 始終如一(shǐzhōngrúyī)라고 함. 한국어에는 '버스나 기차의 첫차'라는 뜻의 한자어가 없지만, 중국어에서는 이를 始發車(shǐfāchē) 라고 하고, 일본어에서는 始發(しはつ)라고 함.

용례

始終(시종), 開始(개시), 原始(원시)

성어

시종일관(始終一貫): 처음부터 끝까지 한결같다는 뜻. 중간에 방향을 틀지 않고 처음 정한 방향대로 밀고 나감을 일컫는 말.

詩 시 시

갑골문	금문	전국문자	소전	예서	해서
			詩	詩	詩

한 詩 음 시
뜻 시 / 『시경詩經』

중 诗 음 shī
뜻 시 / 『시경詩經』

일 詩 음 し si
뜻 시 / 『시경詩經』

자원
형성
의미 부분인 言[말씀 언]과 소리 부분인 寺[절 사]로 이루어짐. 소리 부분이 之[갈지]로 된 글자도 보임. 詩는 '마음속에 있는 것을 말로 드러낸 것'을 의미하는데, 주로 옛날에 신에게 제사를 올릴 때 부른 노래임. 후에 사람의 감정을 표현하는 문학 형식을 가리키는 말로 쓰이고 있음.

용법
한중일 모두 '시'와 '시경'의 의미로 사용함. 한국어와 일본어에서 詩會(시회, しかい)는 '시를 짓고 감상하는 모임'을 뜻하는데, 중국어에서는 사용하지 않음. 또 삼국 모두 시인들의 단체를 詩社(시사, shìshè, ししゃ)라고 함. 한국어와 일본어에서는 '시의 착상'을 詩想(시상, しそう)라고 하는데, 중국어에서는 詩思(shīsī)라고 함. 한국어와 중국어에서 和詩(화시, héshī)는 '화답시'를 뜻하는데, 일본어에서는 わし라고 읽어 '한시를 모방한 かな가 섞인 시' 또는 '일본인이 지은 한시'를 의미함. かな란 '한자(漢字)의 일부를 따서 만든 일본 특유의 음절 문자'를 뜻함. 詩天(shītiān)은 중국어에서 시적 정서를 돋우는 날씨로 '가을'을 뜻하지만, 한국어와 일본어에서는 사용하지 않는 단어임.

용례 詩歌(시가), 詩文(시문), 詩人(시인)

성어 화중유시(畵中有詩): 그림 속에 시가 있다는 뜻으로, 시의 흥취가 담겨 있는 그림을 이르는 말.

人

류

試 시험 시

갑골문	금문	전국문자	소전	예서	해서
		訮	鯦	試	試

한
試 음 시
뜻 시험 / 시험하다 / 해 보다

중
试 음 shì
뜻 시험 삼아 해보다 / 시험 보다

일
試 음 し si
뜻 시험 / 시험하다

자원
형성
의미 부분인 言[말씀 언]과 소리 부분인 式[법 식]으로 이루어짐. '시험 삼아 해보다'라는 뜻인데, 후에 '시험하다', '시험 보다', '시험'이라는 뜻으로 확장되었음. 소리 부분인 式은 軾[수레 앞턱 가로나무 식], 拭[닦을 식], 弒[죽일 시]와 같은 글자의 소리 부분으로도 쓰였음.

용법
한국어와 일본어에서 試驗(시험, しけん)은 '지식이나 재능 등을 일정한 절차에 따라 알아보고 평가함'의 의미를 나타내며 모두 考查(고사, こうさ)로 바꿔 쓸 수 있음. 하지만 중국어에서 試驗(shìyàn)은 일반적으로 '실험'의 뜻으로 쓰이고, '시험'의 뜻은 考試(kǎoshi)로 나타냄. '음료나 술을 맛보려고 조금 마셔보는 것'을 한국어와 일본어에서는 試飮(시음, しいん)이라고 하는데 중국어에서는 品嘗(pǐncháng)이라고 함.

용례
試掘(시굴), 試圖(시도), 試演(시연)

성어
시행착오(試行錯誤): 잘못이 벌어질 것을 알면서 해보는 동작. 학습의 한 양식으로 실패를 거듭하여 적용하는 일을 일컫는 말.

류

399

是 이 시

갑골문	금문	전국문자	소전	예서	해서

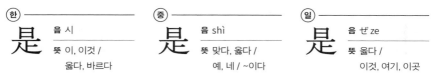

한 ──────────

是 **음** 시
뜻 이, 이것 /
옳다, 바르다

중 ──────────

是 **음** shì
뜻 맞다, 옳다 /
예, 네 / ~이다

일 ──────────

是 **음** ぜ ze
뜻 옳다 /
이것, 여기, 이곳

자원
회의

원래 日[날 일]과 正[바를 정]으로 구성된 昰[여름 하]로 써서 '해[日]가 한가운데[正]
위치할 때'의 의미를 나타냈는데, 자형이 변해 지금처럼 되었음. 해가 한가운데
위치하는 '그때'를 뜻하며, 이로부터 '곧바르다'의 뜻이, 다시 '옳다', '바르다',
'치우치지 않다', '정확하다' 등의 뜻이 나왔음. 금문 등에서는 日과 止[그칠 지]로
구성되어 해[日]가 머무는[止] 때임을 말했음.

용법

한중일 모두 '이것' 혹은 '옳다'의 의미로 사용함. 중국어와 일본어에서는 是가
단독으로 쓰여 '옳다'를 나타내거나 '이것'을 지칭하는 대명사로 쓰이지만, 한국어
에서는 단독으로 사용되는 경우가 없음. 현대 중국어에서는 '~이다'라는 서술형
동사로도 쓰임. 또 是非(시비)는 '옳고 그름'이라는 뜻이지만, 일본어에서 是非(ぜひ)는
'꼭'을 뜻하는 부사로도 쓰이고 중국어에서 是非(shìfēi)는 '말다툼'의 의미도 나타냄.
중국어에서 是는 동사로 쓰여 다양한 용법을 가짐. 우선 상대방의 말에 대한 응답의
'네'라는 의미로 쓰이고, '~이다'라는 동사로도 쓰임. 선택 의문문, 정반 의문문, 반어문에
쓰이는가 하면, 문장의 앞에 쓰여 어감을 강하게 만들기도 함. 또 한국어와 일본어에서
'잘못된 것을 바로잡다'라는 의미로 쓰는 是正(시정, ぜせい)의 경우 중국어에서는
糾正(jiūzhèng)이나 改正(gǎizhèng)으로 씀.

용례

是是非非(시시비비), 是認(시인), 實事求是(실사구시), 亦是(역시), 或是(혹시)

성어

시시비비(是是非非): 옳고 그른 것을 제대로 가리는 일.

人

하

433

저자 시

갑골문	금문	전국문자	소전	예서	해서

<table>
<tr><td>한</td><td>市</td><td>음 시
뜻 시장 / 도시</td></tr>
</table>

한	市	음 시 / 뜻 시장 / 도시
중	市	음 shì / 뜻 도시 / 시장
일	市	음 し si / 뜻 시장 / 번화한 곳

자원
회의

금문의 상단은 '발'을 의미하는 止[그칠 지]이고, 하단은 兮[어조사 혜]로 이루어져 '시끌벅적한 시장'이 본래 의미임. 시장에서는 사고파는 행위가 이루어지므로 '거래하다', '가격', '돈벌이' 등의 의미가 생겨났고, 다시 시장에는 오고가는 사람이 많으므로 '인가가 많은 번화한 곳'이라는 의미도 더해졌음.

용법

한중일 모두 '번화한 곳'의 의미로 '시장'이나 '도시'를 뜻함. 중국어는 외래어를 쓸 때 그대로 음역하는 경우도 있지만 유사한 음을 가진 글자와 의미를 함께 고려해서 쓰는 경우가 대부분으로 그 대표적인 예가 슈퍼마켓(Supermarket)인데, 한국어와 일본어에서는 슈퍼마켓이라 하지만, 중국어에서는 超級市場(chāojíshìchǎng) 혹은 줄여서 超市(chāoshì)라고 함. 성곽도시에서 현대도시로 확대된 곳이 많은 중국은 都市(도시)를 城市(chéngshì)라고 표현함.

용례

市民(시민), 市場(시장), 都市(도시)

성어

시정잡배(市井雜輩): 길거리에서 잡스러운 일을 하는 무리. 못된 짓을 하는 저잣거리의 사람들을 일컫는 표현.

김

434

食 밥 식

401

갑골문	금문	전국문자	소전	예서	해서
食	食	食	食	食	食

한
食
음 식
뜻 밥, 음식 / 먹다 /
녹, 녹봉

중
食
음 shí
뜻 먹다, 식사하다 /
음식 / (~儿) 먹이,
사료

일
食
음 しょく syoku,
じき ziki
뜻 먹다, 먹을 것 /
녹을 받다 / 밥

자원
회의

갑골문은 밥이 가득 담긴 그릇에 뚜껑을 덮어놓은 모습인데, 이후 전국문자와 소전
에서도 이 자형을 따랐음. 『설문』에서는 "쌀을 모으다"라고 풀이하였음. 또한 皀
[고소할 급]은 의미 부분이고 亼[삼합 집]은 소리 부분이라고 하여 食을 형성자로
보았는데, 갑골문 자형을 볼 때 食은 회의자로 보는 것이 타당함.

용법

한중일 모두 '밥', '음식'이라는 의미로 널리 사용함. 일본어에서는 しょく로 읽어 '식사',
'음식'이라는 뜻의 명사로 활용되고, '~식', '~끼' 등 식사 횟수를 세는 접미사로도
쓰임. し로 읽으면 '음식물'이라는 뜻의 명사임. 중국어에서는 shí로 읽으면 '먹다',
'식사하다'라는 뜻의 동사나 '음식'이라는 뜻의 명사로 쓰이고, sì로 읽으면 문어체에서
'(사람에게) 먹이다'의 뜻으로도 쓰임. 한중일 모두 食言(식언, shíyán, しょくげん)을
'약속한 말대로 지키지 아니함'을 뜻하는 단어로 사용하는데, 이는 한번 내뱉은 말을
다시 입속으로 넣는 것을 표현한 단어임.

용례
食量(식량), 食品(식품), 飮食(음식)

성어
반식재상(伴食宰相): 함께 밥만 먹는 재상이라는 뜻으로, 능력이 없으면서 밥만
축내는 자리에 있는 높은 사람을 이르는 말.

人

윤

435

 법식

갑골문	금문	전국문자	소전	예서	해서

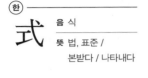

한
式
음 식

뜻 법, 표준 /
본받다 / 나타내다

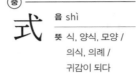

중
式
음 shì

뜻 식, 양식, 모양 /
의식, 의례 /
귀감이 되다

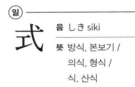

일
式
음 しき siki

뜻 방식, 본보기 /
의식, 형식 /
식, 산식

자원
형성

의미 부분인 工[장인 공]과 소리 부분인 弋[주살 익]으로 이루어짐. 工은 도구, 즉 법도를 의미하여 '모범으로 삼다'라는 의미가 나왔음. 弋은 주살(오늬와 시위를 서로 매고 쏘는 화살)을 본뜬 모양으로 활쏘기 연습을 할 때나 활을 아끼기 위하여 고안한 장치라는 견해도 있고, 말뚝 모양을 본뜬 것이라는 견해도 있음. 弋이 들어간 글자들은 대개 隿[주살 익], 黓[주살 익]과 같이 주살의 의미를 나타내거나, 혹은 杙[말뚝 익], 𣂁[배말뚝 동], 𣛙[배말뚝 가]와 같이 말뚝의 의미를 나타내기도 함.

용법
한중일 모두 '형식', '본보기', '모양'의 의미로 사용함. 한국어와 일본어에서는 格式(격식, かくしき)가 '신분이나 사회적 지위에 맞는 규범'을 나타내지만, 중국어에서 格式(géshi)는 '원서나 증서 등에서 정한 일정한 서식이나 형식'을 의미함. 이 의미를 한국어와 일본어에서는 樣式(양식, ようしき)로 나타냄.

용례
格式(격식), 儀式(의식), 形式(형식)

성어
각양각식(各樣各式): 모든 종류의 양식 또는 형식.

植 심을 식

갑골문	금문	전국문자	소전	예서	해서
		植	植	植	植

한 植
음 식
뜻 심다 / 식물 /
수립하다

중 植
음 zhí
뜻 심다 / 수립하다 /
이식하다

일 植
음 しょく syoku
뜻 세우다, 심다 /
초목 / (개간을 위해)
정착시키다

자원
형성
의미 부분인 木[나무 목]과 소리 부분인 直[곧을 직]으로 이루어짐. 『설문』에서는 '문 근처에 나무를 심는 것'이라고 풀이하였음. 『설문』의 해석을 따르자면, 예전에는 집을 드나드는 대문 근처에 주로 나무를 심었던 것으로 보임.

용법
한중일 모두 '심다', '세우다', '수립하다'의 의미로 사용함. 한중일 모두 '식물'이라는 뜻으로도 쓰여 植物(식물, zhíwù, しょくぶつ)라고 쓰며, 또한 한중일 모두 移植 (이식, yízhí, いしょく)를 (새싹이나 어린 나무를) '옮겨 심다'라는 의미 외에 '장기를 이식하다'라는 뜻의 의학용어로도 사용함. 한국어와 일본어에서는 '다른 나라에 예속되어 국가로서의 주권을 상실한 나라'를 植民地(식민지, しょくみんち)라고 하는데, 중국어에서는 植[심을 식] 대신 殖[번성할 식]을 써서 殖民地(zhímíndì)라고 함.

용례 植木(식목), 植物(식물), 植樹(식수)

성어
식송망정(植松望亭): 소나무를 심어 정자를 바란다는 뜻. 이루어지기에는 매우 까마득한 멀고 먼 일.

人

윤

識 알 식, 기록할 지

갑골문	금문	전국문자	소전	예서	해서
𢦏	𢦏	識	識	識

한

識 음 식, 지
뜻 [식] 알다 /
지혜, 지식 / 식견
[지] 적다, 기록하다 /
표지

중

识 음 shí, zhì
뜻 [shí] 알다,
식별하다 / 식견,
지식 / 기록하다 /
[zhì] 기억하다 /
표지

일

識 음 しき siki
뜻 식별하다 /
식견, 지식 /
기록하다

자원
형성

의미 부분인 言[말씀 언]과 소리 부분인 𢦏[찰진 흙 시]로 이루어짐. 남의 말을 듣고 '알다'라는 뜻임. 서로 다름을 '식별'하는 것이 아는 것이며, 아는 것이 쌓이면 '지식'이 되고 '식견'을 갖추게 됨. 또 '지식'은 머릿속에 '기록'된 것이며, 적어놓은 것이 '표지'임. 이 글자는 추상적인 뜻을 나타낼 때는 '식'으로, 실체가 보이는 뜻을 나타낼 때는 '지'로 다르게 발음함.

용법

한중일 모두 '알다', '기록하다'의 의미로 사용함. 한국어와 일본어에서 認識(인식, にんしき)는 '사물을 분별하고 판단하여 아는 일'을 뜻하는데, 중국어에서 認識(rènshi)는 이런 의미 외에 단순히 '인물, 사건 등을 알고 있다'라는 뜻으로 많이 사용함.

용례

識見(식견), 知識(지식), 標識(표지)

성어

식자우환(識字憂患): 글자를 알아 오히려 얻는 걱정. 지식이 거꾸로 손해를 부르는 경우에 쓰는 표현.

류

438

神 귀신 신

갑골문	금문	전국문자	소전	예서	해서
	祀	祀	禣	神	神

한
神 음 신
뜻 신, 귀신 / 마음 /
신비롭다

중
神 음 shén
뜻 신, 귀신 /
(~儿) 기색, 안색 /
정신, 신경

일
神 음 しん sin, じん zin
뜻 신, 귀신 / 마음 /
불가사의한 것

자원
형성
의미 부분인 示[보일 시]와 소리 부분인 申[아홉째 지지 신]으로 이루어짐. 申의
갑골문[ ]은 하늘에서 번개가 치는 모습을 본뜬 것으로 電[번개 전]의 초기 자형임.
고대 사람들에게 천둥번개와 같은 자연현상은 공포감과 경외감을 주었기 때문에
뜻이 확대되어 전지전능한 절대 신의 의미를 가지게 되었음. 따라서 후에 의미를
분명히 하기 위해 申에 신주(神主)의 모양을 본뜬 示[보일 시]가 첨가되었음.
『설문』에서 번개를 본뜬 申을 "절대 신(神)이다"라고 풀이한 것은 이미 확장된 의미를
본뜻으로 오해한 것임. 한편 『설문』에서는 神을 '천상의 신으로 만물을 주재하는
자'라고 보았음. 이처럼 현재 사용하는 절대자로서의 신, 신비로움, 불가사의한 것
등의 의미는 모두 자연현상의 일종인 번개의 본래 의미에서 확대된 것임.

용법
한중일 모두 '신'의 의미로 널리 사용함. 한중일 삼국 모두 精神(정신, jīngshén,
せいしん)은 '육체나 물질에 대립되는 영혼이나 마음'을 뜻하며, 神經(신경, shénjīng,
しんけい)는 '생물학적인 신경세포의 결합 조직'을 뜻함. 다만 한국어와 일본어에서
神經(신경)은 '신경에 거슬리다'와 같이 써서 '어떤 일에 대한 느낌이나 생각'을
나타내기도 함. 또한 중국어에서 神經病(shénjīngbìng)은 '미친놈'이라는 뜻의 속어임.

용례
神聖(신성), 神話(신화), 女神(여신)

성어
신출귀몰(神出鬼沒): 귀신처럼 나타났다가 사라짐. 느닷없이 나타났다 사라져
종적을 헤아리기 힘든 사람이나 그런 행동을 이르는 말.

406

辛 매울 신

갑골문	금문	전국문자	소전	예서	해서

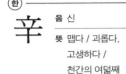

(한)

辛 음 신
뜻 맵다 / 괴롭다,
고생하다 /
천간의 여덟째

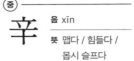

(중)

辛 음 xīn
뜻 맵다 / 힘들다 /
몹시 슬프다

(일)

辛 음 しん sin
뜻 맵다 / 고생하다 /
천간의 여덟째

자원
상형

갑골문은 형벌을 가하던 칼과 같은 도구의 모습을 본뜬 것으로, 위쪽은 둥글고 넓적한 칼날의 모습을, 아래쪽은 손잡이를 묘사하였음. 곽말약(郭沫若)은 이를 죄인에게 문신을 새겨 넣는 형벌인 묵형(墨刑)을 가하는 도구로 보았음. 한국어에서 혹독하게 벌을 받는다는 의미의 '경(黥, 묵형할 경)을 치다'라는 표현도 여기서 유래한 것임. 이러한 고통과 아픔의 상징에서 '괴롭다', '힘들다', '고생하다' 등의 의미가 나왔으며, 얼얼하게 입맛을 자극하는 '맵다'의 의미까지 더해졌음.

용법

한중일 모두 '맵다', '괴롭다'의 의미로 두루 사용함. 한중일 삼국 모두 '어려운 일로 인한 고생스러움'을 맵고 쓴맛에 비유하여 辛苦(신고, xīnkǔ, しんく)라고 표현함. 중국어에서는 了[마칠 료]와 결합해 수고하십니다(辛苦了, xīnkǔle)라는 인사말로 활용함. 이 밖에 맵고 신맛에 비유한 辛酸(신산, xīnsuān, しんさん) 역시 '괴롭고 슬프다'의 뜻을 나타냄.

용례

辛苦(신고), 辛辣(신랄), 辛酸(신산)

성어

천신만고(千辛萬苦): 천 가지 어려움과 만 가지 고생. 온갖 시련을 이르는 말.

오

몸 신

갑골문	금문	전국문자	소전	예서	해서

身

음 신
뜻 몸, 신체 /
나, 1인칭 대명사 /
출신, 신분

身

음 shēn
뜻 몸, 신체 /
생명, 목숨

身

음 しん sin
뜻 몸 / 자기 / 내용

자원
상형
人[사람 인]의 갑골문은 사람의 옆모습을 본뜬 것임. 역시 인간의 신체를 나타내는 身은 이러한 사람[人]의 형상을 기초로 하여 복부를 특별히 강조하여 표현한 것임. 갑골문을 보면 배가 불룩하게 나와 있는 임신부의 측면 모습을 묘사하였음을 알 수 있음. 특히 일부 자형에는 만삭의 몸과 함께 배 속 태아[子]의 형상까지 사실적으로 묘사하거나 혹은 배에 그려진 점[ヽ]으로 이를 대신 표현하였음. 따라서 身의 본뜻은 '임산부' 또는 '임신부의 몸'을 나타내며 그 의미가 확대되어 모든 신체를 이르는 일반적인 '몸'의 의미를 나타냄. 여기에서 확장되어 '자기 자신', '신분' 등의 의미도 더해졌음.

용법
한중일 모두 '몸'을 기본 의미로 사용함. 중국어에서 身材(shēncái)는 '몸매', '체격'을 나타냄. 또한 중국어의 身體(shēntǐ)는 '신체'라는 일반적인 뜻 이외에 '건강'의 의미도 나타냄. 自己自身(자기자신)을 일본어에서는 自分自身(じぶんじしん)이라고 표현함.

용례
身分(신분), 身體(신체), 自身(자신)

성어
신언서판(身言書判): 몸가짐과 말솜씨, 글씨와 판단력. 사람의 능력을 따질 때 옛사람들이 생각했던 네 가지 기준.

441

信 민을 신

408

갑골문	금문	전국문자	소전	예서	해서
			信	信	信

한

信 음 신

뜻 믿다 / 확실하다 /
편지, 소식

중

信 음 xìn

뜻 편지 / 믿다 /
신의, 신용

일

信 음 しん sin

뜻 참다움 /
믿다, 신용하다 /
소식, 편지

자원
회의

의미 부분인 人[사람 인]과 言[말씀 언]으로 이루어짐. 『설문』에서는 '정성스럽고 참됨'으로 풀이하였음. 사람[人]의 말[言]에는 믿음[信]이 있어야 하며, 말[言]을 이루는 것[成]이 바로 정성[誠], 즉 '온갖 힘을 다하려는 참되고 성실한 마음'이라 할 수 있음. 信과 誠[정성 성]의 자형 구조에서 사람의 말을 행동으로 실천하는 것이 바로 '신뢰'이고 '정성'이라는 것을 알 수 있음.

용법

한중일 모두 '믿다', '신용' 등의 의미로 사용함. 한중일 모두 주로 '믿다'의 뜻으로 쓰여 信賴(신뢰, xìnlài, しんらい), 信任(신임, xìnrèn, しんにん)과 같이 사용함. 한중일 모두 '종교를 믿는 사람'을 信徒(신도, xìntú, しんと)라고 하고, 信者(신자, しんじゃ)는 한국어와 일본어에서만 사용함. 중국어에서는 '믿다'라는 뜻의 동사로도 사용하여, 가령 '불교를 믿다'를 信佛(xìnfó)라고 씀.

용례

信念(신념), 信賴(신뢰), 信用(신용), 信號(신호), 不信(불신)

성어

붕우유신(朋友有信): 친구 사이에는 믿음이 있어야 한다는 뜻으로, 유교에서 가르치는 친구와 친구 사이의 덕목.

강

442

新 새 신

갑골문	금문	전국문자	소전	예서	해서
羽	郛		新	新	新

한 新 음 신
뜻 새, 새로운 /
처음, 처음으로 /
새해, 신년

중 新 음 xīn
뜻 새롭다 /
방금, 새로이

일 新 음 しん sin
뜻 새롭다, 새것 /
신력

자원
형성

갑골문은 의미 부분 斤[도끼 근]과 소리 부분 辛[매울 신]으로 이루어짐. 금문에서는 木[나무 목]이 추가되면서 '도끼로 나무를 베어 땔나무를 만들다'라는 구체적인 의미를 전달하고 있음. 나무를 베고 나면 새롭게 자란다는 점에서 '새롭다'라는 의미로 확대 사용되자, 원래 의미를 되살리고자 艸[풀 초]를 추가한 薪[땔나무 신]을 만들었음. 따라서 新과 薪은 한 글자에서 파생된 관계임.

용법

한중일 모두 '새롭다', '새것'의 의미로 널리 사용함. 한국어와 일본어에서는 종이로 된 뉴스 매체를 新聞(신문, しんぶん)이라고 쓰는 데 반해, 중국어에서는 報紙(bàozhǐ)라고 씀. 중국어에서 新聞(xīnwén)은 '(매스컴의) 뉴스'를 나타내고, 한국어와 일본어에서는 뉴스(ニュース)를 영어 음역을 살려서 외래어로 사용함.

용례

新年(신년), 新鮮(신선), 新式(신식)

성어

온고지신(溫故知新): 옛것을 익혀 새것을 앎. 과거의 지혜나 지식을 충분히 익혀 미래에 대비해야 함을 강조할 때 쓰는 말.

人

문

臣 신하 신

갑골문	금문	전국문자	소전	예서	해서

한
臣 음 신
뜻 신하

중
臣 음 chén
뜻 신하

일
臣 음 しん sin, じん zin
뜻 신하

자원
상형
갑골문과 금문을 보면 '눈'이 세로로 세워져 있는 형상임을 알 수 있음. 이는 사람이 고개를 숙이면 '눈'이 세로로 서게 되므로, 신하가 왕 앞에서 고개를 숙인 모습이라고 유추할 수 있음. 『설문』에서는 "臣은 이끄는 것이다. 임금을 섬기는 것이다. 엎드린 모습을 본뜬 글자이다"라고 풀이하였음.

용법
한중일 모두 '신하', '(봉건시대의) 백성'이라는 의미로 사용함. 일본어에서는 やつこ로 읽으면 '신이나 조정 또는 군주를 섬기는 사람'이라는 뜻으로 쓰임. 한중일 모두 '신하가 되어 복종하는 것'을 臣服(신복, chénfú, しんぷく)라고 쓰고, 한국어에서는 臣伏(신복)이라고도 쓰는데 이는 중국어와 일본어에서는 쓰지 않는 표현임.

용례
臣下(신하), 功臣(공신), 使臣(사신)

성어
고굉지신(股肱之臣): 임금의 팔과 다리 노릇을 하는 신하. 권력자가 가장 아끼고 신임하는 측근의 관료를 이르는 말.

윤

申 알릴 신

갑골문	금문	전국문자	소전	예서	해서

한

申 음 신
뜻 거듭, 되풀이하여 /
아홉째 지지,
방향으로는 서남서,
띠로는 원숭이 /
거듭하다 / 펴다

중

申 음 shēn
뜻 펴다, 펼치다 /
설명하다 /
아홉째 지지 /
거듭하다

일

申 음 しん sin
뜻 진술하다 /
아홉째 지지

자원
상형

갑골문을 보면 번개 모양을 본뜬 것임을 알 수 있음. 본래 부수인 田[밭 전]과는 의미상 전혀 관계가 없는 글자임. 후에 '펴다', '알리다'라는 뜻으로 사용되자, 기상과 관련 있음을 나타내는 雨[비 우]를 더한 電[번개 전]으로 '번개'라는 뜻을 나타냈음. 『설문』에서는 본래 의미를 '신(神)'으로 풀이하였는데, 이것은 고대 사람들이 '번개'를 神이 자신의 뜻을 나타내는 것이라고 생각하여 申[번개]이 神을 상징하는 글자로 쓰였기 때문임. 후에 申을 '펴다', '알리다'의 의미로 사용하게 되자, 神과 관련 있음을 나타내는 示[보일 시]를 더한 神[귀신 신]으로 그 뜻을 나타냈음.

용법

한중일 모두 '진술하여 보고하다'의 의미로 사용함. 한국어와 일본어에서는 '어떤 사실을 해당 기관이나 조직에 밝혀 알리는 것'을 申告(신고, しんこく)라고 하는데, 중국어에서는 申報(shēnbào), 擧報(jǔbào)라고 함. 한국어에서는 '거듭'의 의미로도 쓰여서 '거듭하여 간곡히 하는 당부'를 申申當付(신신당부)라고 하는데, 중국어와 일본어에서는 이런 표현을 사용하지 않음. 해당 의미를 나타내는 중국어에 一再囑咐(yízàizhǔfù)와 反復叮囑(fǎnfùdīngzhǔ) 등이 있음.

용례

申請(신청)

성어

신신당부(申申當付): 거듭 이어서 하는 당부. 아주 간곡한 권유.

방 실

| 갑골문 | 금문 | 전국문자 | 소전 | 예서 | 해서 |

室

한

室　**음** 실

뜻 집, 건물 /
방, 거실 / 아내

중

室　**음** shì

뜻 집 / 방 / 처

일

室　**음** しつ situ

뜻 사는 집, 방 /
가족 / 아내

자원
형성
겸
회의

의미 부분인 宀[집 면]과 소리 겸 의미 부분인 至[이를 지]로 이루어짐. 至는 날아온 화살이 지면에 떨어진 상황을 본뜬 글자로서, 후에 '도착하다', '멈춰서다'라는 의미로 확대 사용하고 있음. 따라서 室은 '집에 도착하다' 또는 '집에 머무르다'의 의미를 나타냄. 후에 사람이 거주하는 '주거지', '건물 내부' 등의 의미로 확대 사용하고 있음.

용법

한중일 모두 '건물', '실내 공간'의 의미로 사용함. 한국어와 일본어에서는 '숙박업소의 방'을 客室(객실, きゃくしつ)라고 하지만, 중국어에서는 客房(kèfáng)이라고 함. 한국어와 일본어에서는 주로 가족들이 모여 생활하는 곳을 居室(거실, きょしつ)라고 하는데, 중국어에서는 '응접실'을 뜻하는 客廳(kètīng)이라는 표현을 일반적으로 사용함. 중국어에서 居室(jūshì)는 보통 '방'의 의미임.

용례

室內(실내), 教室(교실), 閱覽室(열람실)

성어

고대광실(高臺廣室): 높은 축대와 넓은 방이라는 뜻으로, 아주 잘 지은 집 또는 매우 부유한 집의 건축물을 일컫는 말.

人

문

열매 **실**

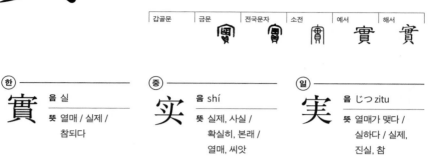

갑골문	금문	전국문자	소전	예서	해서

한 —————
實 음 실
뜻 열매 / 실제 /
참되다

중 —————
实 음 shí
뜻 실제, 사실 /
확실히, 본래 /
열매, 씨앗

일 —————
実 음 じつ zitu
뜻 열매가 맺다 /
실하다 / 실제,
진실, 참

자원
회의

두 개의 의미 부분인 宀[집 면]과 貫[꿸 관]으로 이루어짐. 집안에 재물이 풍족한 상황을 묘사한 글자임. 貫은 고대사회에서 화폐로 사용된 조개껍질[貝]을 끈으로 묶은 모습을 본뜬 것인데, 이것이 집[宀]과 결합되어 '집안의 풍족한 재물'을 의미하게 되었음. 후에 '물질', '풍족', '결과' 등의 의미로 확대 사용하고 있음.

용법

한중일 모두 '실제', '결실'의 의미로 사용함. 한국어에서 '내적인 가치나 충실성'을 內實(내실)이라고 하는데, 일본어에서 內實(ないじつ)는 '내부의 실정'이라는 의미를 나타냄. 중국어에는 유사한 뜻으로 實在(shízài)가 있음. 또한 한국어와 일본어에서 '실제로 이룬 업적이나 공적'을 實績(실적, じっせき)라고 하는데, 중국어에서는 대신 業績(yèjì)라고 표현함. 한국어에서는 實勢(실세)가 '실제의 세력이나 그것을 지닌 사람'을 뜻하지만, 일본어에서 實勢(じっせい)는 市價(시가)라는 뜻으로도 사용함. 중국어에서는 줄이지 않고 實際勢力(shíjìshìli)라고 쓰거나 實權(shíquán)이라는 표현을 사용함.

용례

實質(실질), 實現(실현), 結實(결실)

성어

실사구시(實事求是): 실생활에서 진리를 찾음. 생활 속의 실체에 근거를 두고 옳은 방향을 찾아가는 일.

人

문

失 잃을 실

갑골문	금문	전국문자	소전	예서	해서

한 ─────

失 음 실
뜻 잃다, 잃어버리다 /
잘못하다, 그르치다

중 ─────

失 음 shī
뜻 잃다 / 과오 /
위배하다

일 ─────

失 음 しつ situ
뜻 잃다 / 잘못, 결점

자원
형성

'손에서 빠져나가는 물체'를 나타낸 글자임. 소전에서는 手[손 수]의 모습이 남아 있었는데, 이후 자형 변천을 거치며 그 모습이 보이지 않게 된 것임. 失이 들어간 글자로 秩[차례 질], 跌[넘어질 질], 迭[갈마들 질], 佚[편안한 일] 등을 들 수 있는데, 그 음이 '실'뿐만 아니라 '질', '일' 등의 음도 나타낸다는 것을 알 수 있음. 특히 失은 矢[화살 시]와 자형이 비슷한데, 그 획의 삐침에 유의해야 함. 隱[숨길 은]과 逸[달아날 일]은 '없어지다', '숨다'의 뜻으로 볼 때 失과 그 의미와 소리가 유사함을 알 수 있음.

용법

한중일 모두 '잃다'의 의미로 사용함. 한국어에서는 '정신을 잃어 본성을 잃는 것'을 失性(실성)이라고 하는데, 중국어에서는 失常(shīcháng)이라고 함. 한국어와 일본어에서는 '자기도 모르게, 혹은 부주의로 물건 따위를 잃어버리는 것'을 紛失(분실, ふんしつ)와 遺失(유실, いしつ)로 나타내는데, 중국어에서는 紛失이라는 표현은 쓰지 않고 遺失(yíshī), 丟失(diūshī), 散失(sànshī) 등을 사용함. 일본어에서 見失う(みうしなう)는 '(시야에서) 놓치다', '(자태, 모습 등을) 잃다'의 의미를 나타냄.

용례 失禮(실례), 失敗(실패), 消失(소실)

성어 소탐대실(小貪大失): 작은 것에 욕심을 내다가 큰 것을 잃음.

박

深

깊을 심

갑골문	금문	전국문자	소전	예서	해서

한 深
음 심
뜻 깊다, 깊어지다 / 두텁다 / 심하다

중 深
음 shēn
뜻 깊다 / 짙다, 진하다 / (정이) 두텁다

일 深
음 しん sin
뜻 깊다 / 짙다 / 내용이 있다

자원
형성
의미 부분인 水[물 수]와 소리 부분인 罙(심)으로 이루어짐. 罙은 穴[구멍 혈]과 求[구할 구]가 결합된 것으로 '구멍 아래 깊은 곳에서 찾다'의 의미를 나타낸 글자로 보는 견해도 있음. 氵[물 수]가 더해져 湘水(상수)의 지류인 瀟水(소수)의 명칭으로 가차되어 쓰이기도 하고, '얕다[淺]'의 상대 의미인 '깊다'의 의미로도 많이 쓰임. 이후 '정도가 심하다', '색깔 등이 진하다', '시간이 오래되다' 등의 의미가 더해졌음.

용법
한중일 모두 '깊다'의 의미로 사용함. 한국어에서는 경험이 '많다[多]'라거나, '풍부(豊富)하다'라는 표현을 사용하는 데 반해, 중국어와 일본어에서는 경험이 '깊다[深]'라고 표현함. 가령 중국어에서 资深(zīshēn)은 '(경험이 많은) 베테랑'을 의미함. 한국어와 일본어에서는 深刻(심각, しんこく)가 '어떤 중대하거나 절박한 사태'를 의미하는데, 중국어에서 深刻(shēnkè)는 '인상이 깊다', '핵심을 찌르다'의 의미로 사용함.

용례
深刻(심각), 深淵(심연), 深紅(심홍)

성어
구중심처(九重深處): 아홉 겹의 담으로 둘러싸인 깊은 곳. 왕조 시대에 왕이 살던 왕궁을 가리키는 말.

心 마음 심

갑골문	금문	전국문자	소전	예서	해서

한 心
음 심
뜻 마음, 뜻 /
염통, 심장 /
가운데, 중심

중 心
음 xīn
뜻 마음 / 가운데 /
심장

일 心
음 しん sin
뜻 심장 / 마음 /
사물의 중심

자원
상형

心은 '사람의 심장'을 본뜬 글자임. 금문과 전국문자를 거치면서 자형에 약간의 변화가 생겼으며, 예서에 와서는 사람의 심장으로 유추하기 어렵게 변화되었음. 중국 고대인들은 심장을 사람의 생각을 주관하는 기관으로 인식하였음. 이로 인해 한자에서 사람의 생각 또는 감정과 관련된 글자에는 반드시 心이 의미 부분으로 추가되었음. 또한 심장은 신체의 정중앙에 위치하고 있다는 점에서 '중앙', '중심'의 의미로도 확대해 사용함.

용법

한중일 모두 '마음', '가운데'의 의미로 사용함. 한국어와 일본어에서는 放心(방심, ほうしん)을 '안심하여 주의를 하지 않다'라는 뜻으로 사용하지만, 중국어에서 放心(fàngxīn)은 '안심하다'라는 의미임. 한국어와 일본어에서 중심은 사물의 한가운데를 뜻하지만, 중국어에서 中心(zhōngxīn)은 기관이나 건물의 명칭 뒤에 붙어서 '센터(center)'라는 의미를 나타냄. 가령 '서비스센터'를 服務中心(fúwùzhōngxīn)이라고 하고, '국제무역센터'는 國際貿易中心(guójìmàoyizhōngxīn)이라고 함. 한편 일본어에서 心中(しんじゅう)은 '동반자살' 또는 '정사(情死)'의 의미로 사용함.

용례

心理(심리), 關心(관심), 中心(중심)

성어

견물생심(見物生心): 물건을 보고 난 뒤 생기는 욕심.

열 십

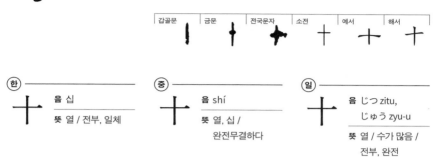

갑골문	금문	전국문자	소전	예서	해서

한 ——————
음 십
뜻 열 / 전부, 일체

중 ——————
음 shí
뜻 열, 십 /
완전무결하다

일 ——————
음 じつ zitu,
じゅう zyu-u
뜻 열 / 수가 많음 /
전부, 완전

자원
지사

약속을 통하여 '10'이라는 숫자를 표시하였음. 갑골문에서는 위아래로의 한 획이지만, 금문에서 가운데 점이 추가되었고 후에 가로획으로 변화하였음. 일설에 의하면, 午[낮 오]가 매듭의 모습을 그린 것이며 옛날에 매듭으로 숫자를 표시하던 관습에서 '열'을 표시하게 된 것이라 하는데, 자형의 변천 과정으로 볼 때 설득력이 부족함. 왜냐하면 금문에서 획에 점이 추가되는 현상이 빈번하기 때문에 이 글자에 추가된 점이 반드시 매듭의 흔적이라고 볼 수 없음. 十(십, 10)은 단위 수 가운데 가장 큰 숫자라는 점에서 '전부', '완전'이라는 의미로 확장해 사용하고 있음.

용법

한중일 모두 숫자 '열' 이외에 '많다', '완벽하다'의 의미로 많이 사용함. 한중일 삼국 모두 十分(십분, shífēn, じゅうぶん)을 '충분하다'의 의미로 사용하지만, 현대 중국어에서는 '매우'라는 뜻의 부사로도 많이 사용함. 일본어에서 十割(じゅうわり)는 '10할'이라는 의미와 함께 '백퍼센트'라는 의미도 나타냄. 이 밖에 '뭇사람의 시선'이라는 뜻을 나타내는 十目(じゅうもく)는 일본어에서만 사용하며, '순도가 높다', '성분이 순수하다'라는 뜻의 十足(shízú)는 중국어에서만 사용함.

용례

十干(십간), 十全(십전), 十字架(십자가)

성어

십시일반(十匙一飯): 열 숟가락의 밥을 보태 한 그릇의 밥을 만든다는 뜻으로, 남을 돕기 위해 조금씩 정성을 보탬을 이르는 말.

人

류

418

氏   성씨 씨

갑골문	금문	전국문자	소전	예서	해서

한 氏   음 씨   뜻 각시 / 성씨

중 氏   음 shì   뜻 씨, 성

일 氏   음 し si   뜻 성씨, 집안

자원
상형

갑골문에서 이미 보이는데, 금문에서 아래로 내려 그은 직선 획에 점을 추가하였고, 그 점이 전국문자를 거치면서 점차 가로획으로 변화되었음. 氏의 기원과 변천 과정에 대해서는 아직 해답을 찾지 못하고 있음. 『설문』이나 각종 사전에서 몇 가지 견해가 제시되고 있지만 학계에서 인정받지 못하고 있음. 현재 姓[성 성]과 氏는 의미상 구별 없이 사용하고 있지만, 원래는 다른 뜻을 나타내는 글자로서 氏는 姓에서 갈라져 나온 글자임. 하나의 姓에서 다수의 氏가 파생되어 현재까지 이어지고 있으며 지금도 계속 분화되고 있음. 따라서 현재 다른 氏이지만 그 근원은 동일한 姓인 경우가 많음.

용법

한중일 모두 '성씨', '혈통'의 의미로 사용함. 중국어에서는 陈氏太极拳(chénshìtàijíquán)과 같이 저명인, 전문가의 성 뒤에 쓰는 호칭으로도 사용함. 또한 王記(wángjì), 张記(zhāngjì)라는 표현을 음식점 상호에 많이 사용하고 있는데, 여기서 記(기)는 氏(씨) 혹은 家(가)의 뜻으로서 자신의 '성씨'를 내세운 상호임. 한중일 삼국 모두 姓(성)을 높여 부르는 말로 姓氏(성씨, xingshi, せいし)를 사용함.

용례

氏族(씨족), 攝氏(섭씨), 姓氏(성씨)

성어

씨족부락(氏族部落): 같은 혈족이나 동성동본의 사람들이 모여 사는 마을.

문

人

我 나아

갑골문	금문	전국문자	소전	예서	해서
뀟	我	我	我	我	我

한 —————————
我 음 아
뜻 나, 자기 / 우리

중 —————————
我 음 wǒ
뜻 나, 저 / 우리

일 —————————
我 음 が ga
뜻 나, 우리 /
고집, 아집

자원
회의
창의 종류인 戈[창 과]와 垂[드리울 수]의 古字(고자)인 쿠로 이루어짐. '죽이다' 혹은 머리가 바르지 않고 '기울다'를 뜻한다는 견해와 '날이 여러 개 달린 무기'를 본뜬 모양이라는 견해가 있는데, 어느 쪽이든 '무기'와 관련이 있는 것은 확실함. 후에 '우리', '나'의 의미로 널리 사용하게 되었음. 무기와 연관 있는 병기가 '우리'의 의미를 나타내게 된 것을 가차라고 보는 견해도 있지만, 我라는 무기가 대외적으로 쓰인 것이 아니라 대대적으로 결속을 다지기 위해 쓰였기 때문에 '우리'라는 의미가 생겼을 것이라는 견해도 있음.

용법
한중일 모두 '우리', '나'의 의미로 널리 사용함. 我慢(아만, がまん)은 본래 불교용어로 자기를 자랑하고 남을 업신여기는 번뇌를 뜻함. 한국어에서는 불교용어의 의미로만 쓰이는 데 반해 일본어에서는 '고집' 또는 '아집'의 의미로도 많이 사용함.

용례
我國(아국), 我軍(아군), 自我(자아)

성어
아전인수(我田引水): 내 밭으로 물을 끌어들임. 자신에게 유리한 쪽으로 상황을 이끄는 것을 이르는 말.

兒

아이 아

갑골문	금문	전국문자	소전	예서	해서

한
兒 음 아
뜻 아이 / 아들 /
젊은 남자

중
儿 음 ér
뜻 아이 / 아들 /
명사 뒤에 쓰여
작은 것을 표시함

일
児 음 じ zi, に ni
뜻 아이 / 자식 /
젊은이

자원
상형
두개골이 아직 완전히 닫히지 않고 열려 있는 아기의 모습을 본뜬 글자임. 갓난아기의 정수리에 천문(天門)이라고도 부르는 말랑말랑한 숨구멍이 있는데 이곳을 囟[정수리 신]이라고 함. 아직 정수리 숨구멍이 막히지 않은 갓난아기의 특징을 기발한 아이디어로 그려내고 있음. 후에 '아이', '아들', '자식' 등의 의미로 확대 사용하고 있음.

용법
한중일 모두 '아이'의 의미로 사용함. 중국 북방지역에서는 명사, 동사, 형용사 뒤에 붙이는 접미사로 자주 사용하고 있음. 小孩兒(xiǎoháir, 어린아이)처럼 명사 뒤에 쓰여 작고 귀여운 것을 뜻하고, 蓋兒(gàir, 덮개), 亮兒(liàngr, 빛)처럼 동사, 형용사 뒤에 쓰여 품사를 명사로 변환하는 역할을 하기도 함.

용례
兒童(아동), 嬰兒(영아), 幼兒(유아)

성어
읍아수유(泣兒授乳): 우는 아이에게 젖 준다는 뜻으로, 먼저 요구한 사람이 얻을 수 있음을 이르는 말.

문

惡

모질 **악**, 미워할 **오**

갑골문	금문	전국문자	소전	예서	해서
		惢	惡	惡	惡

한

惡

음 악, 오

뜻 [악] 악하다 /
나쁘다 / 더럽다
[오] 미워하다

중

恶

음 ě, è, wù

뜻 [ě] 악심(惡心),
악한 마음
[è] 나쁘다 / 악행
[wù] 미워하다

일

悪

음 あく aku, お o

뜻 나쁘다 /
서투른, 졸렬한 /
미워하다

자원
형성

의미 부분인 心[마음 심]과 소리 부분인 亞[버금 아]로 이루어짐. 원래 '죄악'을
의미하는데, 후에 '흉악', '실수', '재난' 등 부정적 의미로 확대 사용하고 있음. 소리
부분으로 사용된 亞는 이미 갑골문에 보이고 있음. 혹자는 갑골문 시대에 왕족의
묘지가 亞의 형태로 만들어진 것에서 유래되었다고 주장하고 있으며, 또 다른
혹자는 고대 씨족공동체의 집단주거지 평면도를 본뜬 것이라고 주장하고 있음. 아직
학계에서 통일된 견해는 없지만 갑골문에서는 '~亞', '亞~'처럼 대부분 혈연관계와
연관된 호칭으로 사용하고 있음. 여기에서 혈족 간의 서열을 구별하는 의미가
파생되어 주로 '둘째', '손아래'를 뜻하게 되었음. 후에 '뒤떨어지다', '부족하다' 등의
의미까지 확대 사용하고 있음.

용법

한중일 모두 '나쁘다'의 의미로 사용함. '미워하다'라는 동사로 사용하면 삼국 모두
발음이 바뀌게 되는데 한국어에서는 憎惡(증오), 중국어에서는 憎惡(zēngwù), 일본어
에서는 憎惡(ぞうお)로 읽음.

용례

惡化(악화), 惡意(악의), 凶惡(흉악)

성어

악목불음(惡木不蔭): 나쁜 나무는 그늘을 드리우지 못한다는 뜻. 행실이 나쁘면 다른
사람들이 모여들지 않음을 비유하는 말.

樂 노래 **악**, 즐거울 **락**, 좋아할 **요**

갑골문	금문	전국문자	소전	예서	해서
¥	樂	樂	樂	樂	樂

한 ─────
樂
음 락, 악, 요
뜻 [락] 즐겁다
　　[악] 노래, 음악
　　[요] 좋아하다

중 ─────
乐
음 lè, yuè, yào
뜻 [lè] 즐겁다 / 웃다
　　[yuè] 음악
　　[yào] 좋아하다

일 ─────
楽
음 がく gaku, らく raku
뜻 음악을 연주하다
　　즐겁다 / 좋아하다

자원
상형
갑골문에서는 나무[木]에 실[糸]이 매어 있는 모습이고, 이후 금문과 전국문자에서 白[흰 백]이 더해졌음. 樂의 갑골문 자형에 대해서 악기인 북을 거치대에 올려놓은 것이라든가, 혹은 현악기의 모양을 본뜬 글자라는 주장도 있는데, 이들 모두 갑골문의 자형과 동떨어진 설명이라고 할 수 있음. 이것은 나무에서 실이 나오는 모습을 형상화한 것으로 '상수리나무(참나무)'를 뜻함. 야생 누에들은 참나무 잎을 먹고 자라는데, 이 야생 누에에서 실을 뽑아 만든 것이 천잠사(天蠶絲)이며, 이 실로 비단옷을 만들어 입었음. 갑골문에서 상수리나무의 특징을 '실이 나오는 것'으로 보고 나무와 실을 표현한 것임. 그런데 이 樂이 후에 '즐겁다'는 뜻으로 가차되자, 본래의 뜻을 나타내기 위해 木[나무 목]을 더하여 지금의 櫟[상수리나무 력]을 만들었음.

용법
한중일 모두 '즐겁다'의 의미로 사용함. 한국어에서 樂은 快樂(쾌락)처럼 '즐길 락', 音樂(음악)처럼 '풍류 악', 樂山樂水(요산요수)처럼 '좋아할 요'의 세 가지 음과 뜻으로 쓰임. 중국어에서도 樂은 lè로 읽으면 快樂(kuàilè, 즐겁다)라는 형용사, 樂趣(lèqù, 즐거움)라는 명사, 그리고 '웃다'라는 동사로 쓰이고, yuè로 읽으면 音樂(yīnyuè, 음악)의 뜻으로 쓰임.

용례
樂觀(낙관), 苦樂(고락), 音樂(음악)

성어
동고동락(同苦同樂): 함께 고생하고 함께 즐거워함. 고생과 기쁨을 함께 하는 사람 또는 그런 행위.

윤

眼

눈 안

423

갑골문	금문	전국문자	소전	예서	해서
			眼	眼	眼

한
眼
음 안
뜻 눈 / 요점 / 식견

중
眼
음 yǎn
뜻 눈 / (~儿) 구멍 /
관찰력

일
眼
음 がん gan, げん gen
뜻 눈 / 요점 / 식견

자원
형성
의미 부분인 目[눈 목]과 소리 부분인 艮[어긋날 간]으로 이루어짐. '(신체 부위) 눈'을 의미하는데, 후에 '시각', '견해', '구멍' 등 의미로 확대 사용하고 있음. 眼은 소전에 처음 등장하고 있으며, 갑골문과 금문에서는 目과 艮이 각각 독립된 글자로 사용되었음. 目은 '(신체 부위) 눈'을 본뜬 것이며, 艮은 '사람이 뒤쪽을 바라보고 있는 모습'을 본뜬 것임. 소전에 와서 두 글자가 합쳐지면서 眼이라는 새로운 글자가 만들어졌음.

용법
한중일 모두 신체 부위의 '눈'을 나타내는 데에 사용함. '사물의 좋고 나쁨 또는 진위나 가치를 분별하는 능력'을 한국어에서는 眼目(안목)이라고 하는데, 중국어에서는 眼光(yǎnguāng)이라 하고, 일본어에서는 眼識(がんしき)라고 함.

용례
眼鏡(안경), 肉眼(육안), 慧眼(혜안)

성어
안중지정(眼中之釘): 눈 안에 있는 못이라는 뜻으로, 해를 끼치는 사람 또는 항상 눈에 거슬려 미운 사람을 비유적으로 이르는 말.

案

책상 안

갑골문	금문	전국문자	소전	예서	해서
		案	𡩟	案	案

한 ——————
案 음 안
뜻 책상 / 생각 /
인도하다

중 ——————
案 음 àn
뜻 책상 /
(법률상의) 사건 /
기록, 문서

일 ——————
案 음 あん an
뜻 책상 / 조사하다 /
생각

자원
형성

의미 부분인 木[나무 목]과 소리 부분인 安[편안 안]으로 이루어짐.『설문』에서는 '탁상'으로 풀이하였음.『설문』의 뜻풀이에 따르면 案은 '안'이라고 부르던 책상의 한 종류였던 것으로 보임. 주로 책상에 앉아 생각한다는 점에서 이후 '생각하다'라는 의미로 확장되었음.

용법

한중일 모두 '책상', '생각', '안건' 등의 의미로 사용함. 삼국 모두 '일을 해결하기 위한 방법이나 계획'을 方案(방안, fāngàn, ほうあん)이라고 하는데, 중국어에서는 '법식', '표준양식', '규칙'이라는 의미도 함께 나타냄. 일본어에서 案內(あんない)는 본래 기록문서를 다루는 작은 집단 내에서 서로 도움을 준다라는 뜻으로 사용되다 후에 '초대', '인도', '구경시킴'의 뜻으로 사용되었음. 한국어에서는 '소개'나 '인도'의 의미로 쓰이며, 중국어에서는 사용하지 않음.

용례

方案(방안), 提案(제안), 懸案(현안)

성어

거안제미(擧案齊眉): 밥상을 눈썹 높이까지 들어 올림. 아내는 남편을 높이 공경해야 함을 강조하는 표현.

편안 **안**

| 갑골문 | 금문 | 전국문자 | 소전 | 예서 | 해서 |

한

安

음 안

뜻 편안, 편안하다

중

安

음 ān

뜻 편안하다 /
안전하다 /
설치하다 /

일

安

음 あん an

뜻 편안하다 /
안정시키다 /
값이 싸다

자원
회의

두 개의 의미 부분인 宀[집 면]과 女[여자 녀]로 이루어짐. 여성이 집 안에 평온히 앉아 있는 모습을 묘사한 글자임. 갑골문에는 두 종류의 글자가 보이고 있는데, 그중 엉덩이와 종아리 사이에 일종의 '방석'과 같은 물건을 그려넣은 것이 있음. 이를 근거로, 일부 학자는 '방석을 사용해 편하게 앉다'라는 의미라고 주장하고 있음. 후에 '평온하다', '안전하다', '조용하다' 등의 의미로 확대 사용하고 있음.

용법

한중일 모두 '편안하다'의 의미로 사용함. 서로 만나거나 헤어질 때 사용하는 安寧 (안녕)이라는 표현은 한국어에서만 사용함. 일본어에서는 安價(あんか)처럼 '싼값' 이라는 뜻으로도 사용하고, 중국어에서는 공공의 안전을 책임지는 관공서를 公安 (gōngān)이라고 하는데, 한국과 일본의 경찰보다는 폭넓은 업무를 담당하고 있음. 한국어에서는 사과하는 마음을 未安(미안)하다라고 표현하는데 일본어와 중국어 에서는 쓰지 않음.

용례

安全(안전), 治安(치안), 平安(평안)

성어

안분지족(安分知足): 분수를 지키며 만족함. 욕심을 내지 않고 자신의 상황에 만족함을 이르는 말.

暗

어두울 암

갑골문	금문	전국문자	소전	예서	해서
			暗	暗	暗

한 暗 음 암 / 뜻 어둡다 / 외우다 / 가만히

중 暗 음 àn / 뜻 어둡다 / 몰래 / 어리석다

일 暗 음 あん an / 뜻 어둡다 / 표면에 나타나지 않다 / 외다

자원 형성

의미 부분인 日[날 일]과 소리 부분인 音[소리 음]으로 이루어짐. 날[日]이 캄캄하여[音] '어두움'을 말하며, 이로부터 '밤', '숨기다', '숨긴 곳', '드러나지 않다', '느끼지 못하다' 등의 뜻이 나왔음. 暗을 구성하는 音은 원래 言[말씀 언]과 가로획[一]으로 구성되어, 피리[言]에서 나오는 소리[一]를 형상화했으며, 이로부터 '소리', '음악', '소식' 등의 뜻이 나옴. 원래는 言과 자원이 같았지만, 금문에 들면서 추상부호인 가로획이 더해져 言과 구분되었음.

용법

한중일 모두 '어둡다', '은밀하다', '몰래' 등의 의미로 사용함. 한국어와 일본어에서는 暗算(암산, あんざん)이나 暗記(암기, あんき)처럼 '외우다'의 뜻을 나타내기도 함. 중국어에는 이런 용법이 없고, 대신 암산은 心算(xīnsuàn)으로, 암기는 默記(mòjì)로 나타냄. 또 일본어에서는 주변 지리나 환경 등에 '익숙하지 않음'을 暗い(くらい)라고 하는데, 한국어와 중국어에서는 사용하지 않는 용법임.

용례 暗示(암시),暗市場(암시장), 暗鬱(암울), 明暗(명암)

성어 암중모색(暗中摸索): 어둠 속에서 더듬어 찾음. 어렵거나 불투명한 상황에서 해결 방법 등을 찾는 일. 또는 어림짐작으로 뭔가를 찾는 행위.

460

央 가운데 **앙**

갑골문	금문	전국문자	소전	예서	해서

한 央 음 앙
뜻 가운데

중 央 음 yāng
뜻 가운데

일 央 음 おう au
뜻 가운데

자원
회의
사람의 양쪽 어깨에 똑같은 짐을 지고 있는 모양을 본뜬 글자로서 '가운데'의 뜻을
나타냄. '가운데'의 뜻으로 볼 때 間[사이 간]과 뜻이 통하는데, 間 역시 똑같은 문을
통해 '사이', '중간'의 뜻을 나타냄. 央과 같이 '사람'을 통해 뜻을 나타낸 글자로
'사람의 머리'를 본뜬 天[하늘 천], '땅에 서 있는 모습'을 본뜬 立[설 립], '상투를 튼
남자의 모습'을 본뜬 夫[지아비 부] 등을 들 수 있는데, 이 글자들 역시 사람을 본뜬
大[클 대]를 통해 만든 글자들임.

용법
한중일 모두 '가운데'의 의미로 사용함. 중국어에서는 '간청하다', '부탁하다'의 뜻도
나타내 央告(yānggao), 央求(yāngqiú)에서처럼 동사로 활용됨. 또 念央兒(niànyāngr)
이라고 써서 '빗대어(돌려서) 말하다'의 뜻을 나타냄. 중국 한나라 때 지은 궁전인
未央宮(미앙궁)에서 央은 '다하다'의 뜻이지만 현대에는 이 뜻으로 사용하는 예가
거의 없음.

용례
正中央(정중앙), 中央(중앙), 震央(진앙)

성어
중앙정부(中央政府): 행정을 총괄하는 국가 운영의 중추인 정부를 이르는 말.

仰

428

仰 우러를 앙

갑골문	금문	전국문자	소전	예서	해서
			仰	仰	仰

한
仰 음 앙
뜻 우러러보다

중
仰 음 yǎng
뜻 고개를 들다 /
우러러보다 /
의지하다

일
仰 음 ぎょう gyou,
こう kou
뜻 우러러보다 /
명령, 분부

자원
형성
의미 부분인 人[사람 인]과 소리 부분인 卬[나 앙]으로 이루어짐. 『설문』에서는 '위를 향해 고개를 들다'로 풀이하였음. 卬에 대해서는 『설문』에서 '멀리 바라보다'로 풀이하였음. 그러나 『시경詩經』에서는 "남들은 건너도 나는 건너지 않음은 나는 내 벗을 기다려야 하기 때문이다(人涉卬否, 卬須我友)"에서와 같이 '나'라는 뜻으로 사용했음. 그 후 卬에 人[사람 인]을 더하여 仰[우러를 앙]을 만들고 '우러르다'라는 뜻으로 사용했음. 卬을 소리 부분으로 하는 글자에는 昻[오를 앙], 迎[맞이할 영] 등이 있음.

용법
한중일 모두 '우러러보다'의 의미로 사용함. 한국어와 중국어에서는 '공경하여 우러러봄'을 崇仰(숭앙, chóngyǎng)이라고 하지만, 일본어에서는 仰 대신 敬[공경할 경]을 써서 崇敬(すうけい)라고 함. 중국어에서는 '얼굴을 위로 향하다'라는 뜻의 동사로도 사용하여 仰着睡(yǎngzheshuì, 반듯하게 누워 자다)와 같이 씀.

용례
仰望(앙망), 信仰(신앙)

성어
앙천대소(仰天大笑): 하늘을 보고 크게 웃음.

강

429

愛

사랑 애

갑골문	금문	전국문자	소전	예서	해서
				愛	愛

한

愛

음 애

뜻 사랑, 사랑하다 /
즐기다

중

爱

음 ài

뜻 사랑하다 /
좋아하다

일

愛

음 あい ai

뜻 사랑하다 /
즐기다

자원
형성

소전 이전과 이후의 자형이 다른 구조로 되어 있음. 전국문자에서는 의미 부분인
心[마음 심]과 소리 부분인 旡[목멜 기]가 결합된 㤅[사랑 애]의 형태였다가, 소전에
와서 아랫부분에 夂[천천히 걸을 쇠]가 추가되어 㤅 형태가 되었음. 그러나 예서부터
글자의 위쪽이 爫[손톱 조]로 잘못 바뀌면서 해서의 愛 형태가 되었음. 따라서 㤅와
愛는 동일한 글자로 봐야 함. 愛는 처음 등장한 전국시대부터 지금까지 '사랑하다',
'아끼다'의 의미로 사용되고 있음.

용법

한중일 모두 '사랑하다'의 의미로 사용함. 한국어와 일본어에서 愛人(애인, あいじん)은
'서로 사랑하는 관계에 있는 사람'을 뜻하지만, 중국어에서 愛人(àiren)은 '배우자'를
지칭하는 말로 쓰임. 또한 요즘 일본어에서는 '불륜 남녀'의 뜻으로도 많이 사용함.
한편 '나누어 줌'을 뜻하는 割愛(할애, かつあい)는 일본어에서는 아까운 것을 내주거나
생략할 때, 한국어에서는 아끼지 않고 선뜻 내어줄 때 각각 사용하여 그 쓰임에
차이가 있음.

용례

愛國(애국), 愛情(애정), 戀愛(연애)

성어

애지중지(愛之重之): 아주 사랑하며 귀하게 여김. 아끼는 것을 더욱 소중하게 다룸을
이르는 말.

哀

슬플 애

갑골문	금문	전국문자	소전	예서	해서
	念	帝	哀	哀	哀

한 哀 음 애
뜻 슬프다, 가엾다 /
불쌍히 여기다

중 哀 음 āi
뜻 슬프다 /
불쌍히 여기다 /
애도하다

일 哀 음 あい ai
뜻 슬프다 /
불쌍히 여기다

자원
형성
의미 부분인 口[입 구]와 소리 부분인 衣[옷 의]로 이루어짐. 口는 '슬퍼하는 소리'의
뜻을 나타냄. 哀는 갑골문에는 보이지 않고 금문부터 보임. 갑골문을 살펴보면 哀의
뜻과 관련 있는 글자로 哭[울 곡]이 있는데, 그 뜻이 '哀聲(애성)'으로 당시 哭으로
'슬퍼하다'의 뜻을 나타냈음을 알 수 있음. 哭, 哀 외에도 悲[슬퍼할 비], 痛[아플
통], 惜[애석할 석] 등의 글자들도 '슬퍼하다'의 뜻을 나타냄. 哀의 소리 부분인 衣는
依[의지할 의]의 발음 글자로 쓰여 '의' 음도 나타냄. 哀와 뜻이 통하는 글자에는
慨[슬퍼할 개], 侅[괴로울 해], 懊[약간 아플 책] 등이 있음.

용법
한중일 모두 '슬프다'의 의미로 널리 사용함. 한국어와 일본어에서는 '애처롭게
사정하여 간절히 바람'을 哀願(애원, あいがん)이라고 하는데, 중국어에서는 願[원할
원] 대신 求[구할 구]를 써서 哀求(āiqiú)라고 함. 일본어에서 物哀(ものあわ)는 '왠지
모르게 서글픈 감정'의 뜻을 나타내는데, 한국어와 중국어에서는 사용하지 않는
표현임.

용례
哀悼(애도), 哀傷(애상), 悲哀(비애)

성어
애걸복걸(哀乞伏乞): 슬퍼하면서 엎드려 남에게 빈다는 뜻. 남에게 간절히
무엇인가를 구함을 일컫는 표현.

박

野 들 야

갑골문	금문	전국문자	소전	예서	해서

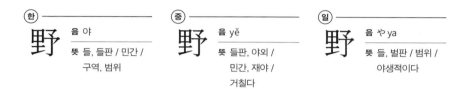

한 野 음 야
뜻 들, 들판 / 민간 /
구역, 범위

중 野 음 yě
뜻 들판, 야외 /
민간, 재야 /
거칠다

일 野 음 や ya
뜻 들, 벌판 / 범위 /
야생적이다

자원
형성

의미 부분인 里[마을 리]와 소리 부분인 予[나 여]로 이루어짐. 里는 '장소'의 뜻을 나타냄. 『설문』에서는 '교외'로 풀이하였음. 또한 野의 고문인 🅐가 林[수풀 림]을 따른다고 설명하였음. 갑골문과 금문 자형은 원래 土[흙 토]와 林[수풀 림]으로 이루어졌는데, 『설문』의 고문과 같이 소리 부분인 予가 추가된 후 林과 土가 里로 바뀌어 지금의 野로 굳어진 것임.

용법

한중일 모두 '들판'의 의미로 널리 사용함. 한국어와 일본어에서는 '크게 무엇을 이루어보겠다는 희망'을 野望(야망, やぼう) 또는 野心(야심, やしん)이라고 하는데, 중국어에서는 野心(yěxin)만 사용함. 한국어의 田園生活(전원생활)에 해당하는 중국어는 田野生活(tiányěshēnghuó)임. 한국어와 중국어에서 '가축을 놓아기르는 것'을 의미하는 放牧(방목, fàngmù)을 일본어에서는 野放(のばな)라고 씀. 삼국 모두 '제도적 정치조직에 들어가지 않은 세력'을 在野(재야, zàiyě, ざいや)라고 함.

용례

野心(야심), 山野(산야), 田野(전야)

성어

하야(下野): 시골로 내려감. 관직 등을 그만두고 시골이나 고향으로 내려가는 일.

夜 밤 야

갑골문	금문	전국문자	소전	예서	해서
	夾	夾	夾	夜	夜

한
夜 음 야
뜻 밤

중
夜 음 yè
뜻 밤

일
夜 음 や ya
뜻 밤

자원
형성

의미 부분인 夕[저녁 석]과 소리 부분인 亦[또 역]으로 이루어짐. 亦은 사람을 본뜬 大[클 대]에 '사람의 겨드랑이'를 뜻하는 두 개의 점을 찍어 만든 글자인데, 한 점 대신 夕을 넣어 夜를 만든 것이다. '겨드랑이'를 본뜬 亦은 '또'의 뜻으로 가차되어 쓰임에 따라 '신체'와 관련 있는 手[손 수]를 더해 掖[겨드랑 액]를 다시 만들었음. 夜는 갑골문에 보이지 않는데, 갑골문에 보이는 昏[어두울 혼]과 晦[어두울 회] 등으로 夜의 뜻을 대신 나타냈을 것으로 보임. 夜 이외에 '어둡다'의 뜻을 나타내는 글자로 暮[저물 모], 冥[어두울 명], 幽[그윽할 유], 黑[검을 흑], 晚[저물 만] 등이 있음.

용법
한중일 모두 '밤'의 의미로 사용함. 중국어에서는 한밤중을 半夜(bànyè)라고 쓰고, 일본어에서는 '밤새도록'을 夜通(よどおし)라고 씀. 한국어와 일본어에서는 '근무 시간이 지나 밤늦게까지 일하는 것'을 夜勤(야근, やきん)이라고 하는데, 중국어에서는 夜班(yèbān)이라고 함.

용례
夜景(야경), 夜行(야행), 深夜(심야)

성어
야반도주(夜半逃走): 밤에 몰래 도망침. 남의 눈을 피해 밤에 사라지는 일.

박

若

같을 **약**, 반야 **야**

갑골문	금문	전국문자	소전	예서	해서
𤰀	𤰀	𤾭	若	若	若

한 若
음 약, 야
뜻 [같을 약] 같다 /
어리다 / 만약
[반야 야] 반야(般若),
지혜

중 若
음 ruò, rě
뜻 [ruò] 만약 /
~와 같다 / 너, 당신
[rě] 반야, 지혜

일 若
음 じゃく zyaku,
にゃく nyaku
뜻 젊다, 어리다
만약 / 같다 / 반야

자원
회의

갑골문은 사람이 무릎을 꿇고 두 손을 머리 위로 떠받들고 있는 형상을 본뜬 글자임. 아마도 어떠한 일을 '허락'받기 위하여 두 손을 공손히 받드는 모습을 나타낸 것으로 보임. 이후 '두 손'에 해당되는 자형이 艸[풀 초]의 형상으로 잘못 변화되어 소전에서는 완벽한 艸의 자형으로 잘못 변하였음. 이후 '만약', '~와 같다'라는 뜻으로 가차되었고, '허락'의 의미는 '말'을 나타내는 言[말씀 언]을 더하여 諾[대답할 락]으로 썼음. 『설문』에서는 "풀을 고르는 것"이라고 풀이하였는데, 소전에서 손에 해당되는 자형이 풀[艸]의 형상으로 변했음에도 이를 '손'이라고 정확히 풀이한 것임.

용법
한중일 모두 '같다', '이와 같다'의 의미로 사용함. 일본어에서는 '젊음', '젊은이', '뒤를 이을' 등의 의미로도 사용해 젊은 부부를 若夫婦(わかふうふ)라고 씀. 또 若い(わかい)와 같은 형태로 써서 '미숙하다', '싱싱하다'의 뜻을 나타내는 형용사로도 활용됨. 중국어에서는 倘若(tǎngruò)와 같이 '만일', '만약' 등의 뜻을 나타내는 접속사, 혹은 '~와 같다', '~인 듯하다'의 뜻을 나타내는 동사로도 활용됨. 문어에서는 대명사로 쓰여 '너', '당신'이라는 뜻도 나타냄.

용례
若干(약간), 萬若(만약), 設若(설약)

성어
방약무인(傍若無人): 옆에 아무도 없는 듯하다는 뜻으로, 다른 사람들이 있는데도 아랑곳하지 않고 함부로 행동함을 이르는 말.

약 약

갑골문	금문	전국문자	소전	예서	해서
	♥	♥	♥	藥	藥

한
藥 　음 약
　　뜻 약 / 약초

중
药 　음 yào
　　뜻 약, 약물 /
　　　 약으로 치료하다

일
薬 　음 やく yaku
　　뜻 치료약

자원
형성
의미 부분인 艸[풀 초]와 소리 부분인 樂[풍류 악]으로 이루어짐. 금문의 자형은 樂과 유사하나, '실'을 나타내는 편방의 위쪽에 '풀'을 나타내는 형상이 더해져 있음. 소전에서는 이 부분이 艸[풀 초]로 명확하게 바뀌었음. 『설문』에서는 "병을 치료하는 풀"이라고 풀이하였음. 아마도 '약'으로 발음되던 약초 중 하나였던 것으로 보임. 이후 일반적으로 병을 치료하는 '약'이라는 의미로 확대해 사용함.

용법
한중일 모두 '약', '약초'의 의미로 사용함. 일본어에서는 '화약'의 준말로도 쓰이며, 중국어에서는 yào로 읽어 '약'이나 '약물', 혹은 '화학약품'이라는 뜻의 명사로 쓰이거나, 문어에서 '약으로 치료하다'라는 뜻의 동사로도 활용됨. 한국어와 일본어에서는 약을 파는 곳을 보통 藥局(약국, やっきょく)라고 하지만, 중국어에서는 藥店(yàodiàn)이라고 함.

용례
藥局(약국), 農藥(농약), 醫藥(의약)

성어
양약고구(良藥苦口): 좋은 약은 입에 쓰다는 뜻. 바른 소리는 받아들이기 쉽지 않지만 그만큼 효과가 큼을 일컫는 말.

윤

弱

약할 약

갑골문	금문	전국문자	소전	예서	해서
		弱	弱	弱	弱

한 弱 음 약
뜻 약하다 / 젊다

중 弱 음 ruò
뜻 약하다 /
젊다, 어리다 /
~에 조금 모자라다

일 弱 음 じゃく zyaku
뜻 약하다 /
젊다, 어리다 /
20세가 된 남자

자원
회의
두 개의 弓[활 궁]과 두 개의 彡[터럭 삼]으로 이루어짐. 털처럼 부드러운 활이기 때문에 두 개를 사용하는 것을 나타냈으며, '약하다'라는 뜻과 '어리다'라는 뜻을 나타냄. 후에 '부족하다'라는 의미도 더해졌음.

용법
한중일 모두 '약하다', '젊다'의 의미로 사용함. 한중일 모두 '부족하다'의 의미로도 사용해 '모자라서 남에게 뒤지는 점'을 弱點(약점, ruòdiǎn, じゃくてん)이라고 씀. 중국어에서는 '~에 모자라다'와 같은 형식으로도 사용하는데, 三分之一弱(sānfēnzhīyīruò)는 '3분의 1에 미치지 못하다'라는 의미를 나타냄. 일본어에서는 숫자 다음에 -弱(じゃく)를 쓰면 '조금 모자랄 정도'를 뜻함.

용례
弱骨(약골), 弱冠(약관), 軟弱(연약)

성어
약육강식(弱肉強食): 약한 존재는 강한 존재의 먹잇감이 된다는 뜻. 강한 쪽이 약한 쪽을 잡아먹는 자연의 이치를 강조할 때 쓰는 표현.

約 언약 약

갑골문	금문	전국문자	소전	예서	해서
		約	約	約	約

한

約 음 약

뜻 맺다 / 약속하다 /
검소하다, 줄이다

중

約 음 yuē, yāo

뜻 [yuē] 약속,
약속하다 / 제한하다 /
절약하다 / 대개
[yāo] 저울로
(무게를) 달다

일

約 음 やく yaku

뜻 약속하다 /
간단히 하다 /
절약하다 / 대략

자원
형성

의미 부분인 糸[가는 실 멱]과 소리 부분인 勺[구기 작]으로 이루어짐.『설문』에서는
"묶어 매다"로 풀이하였음. '실[糸]로 묶는다'라는 뜻으로 여기에서 '맺다', '약속하다',
'제한하다' 등의 의미로 확장되었음.

용법

한중일 모두 '검소하다', '약속하다', '대략'의 의미로 사용함. 한국어와 일본어에서는
다른 사람과 앞으로의 일을 미리 정한 내용을 約束(약속, やくそく)라고 하지만,
중국어에서는 約定(yuēdìng)이라고 함. 반면 중국어에서 約束(yuēshù)는 '단속하다',
'제약하다'의 의미로 사용함.

용례

公約(공약), 節約(절약), 條約(조약)

성어

백년가약(百年佳約): 백 년에 이르는 아름다운 약속. 남녀가 맺는 부부관계를 이르는 말.

오

養 기를 양

갑골문	금문	전국문자	소전	예서	해서

<table>
<tr><td>한
養</td><td>음 양
뜻 기르다 / 다스리다 /
받들다</td></tr>
</table>

한 養
음 양
뜻 기르다 / 다스리다 / 받들다

중 养
음 yǎng
뜻 양육하다, 기르다 / 돕다 / 입양한

일 養
음 よう you
뜻 기르다 / 마음을 윤택하게 하다 / 양자로 기르다

자원
형성

갑골문과 금문은 손에 막대기를 들고 羊(양)을 치는 모습을 본뜬 글자로, 아마도 처음에는 양을 '기르다'의 의미를 나타냈을 것으로 보임. 이후 전국문자부터 '손에 막대기를 든' 형상이 점차 변하여 소전에서는 食[밥 식]으로 변하였음. 『설문』에서는 "받들어 모시는 것"이라고 뜻을 풀이하고, 의미 부분인 食과 소리 부분인 羊[양 양]으로 이루어진 글자로 설명하였음.

용법

한중일 모두 '기르다', '젖을 먹이다'의 의미로 사용함. 한중일 모두 養女(양녀, yǎngnǚ, ようじょ)는 '딸을 낳아서 기르다'의 뜻이 아닌 '수양딸'을 의미함. 또한 한중일 모두 '(질병을) 다스리다'의 뜻으로 사용해 '휴양하면서 조리하여 병을 치료하는 것'을 療養(요양, liáoyǎng, りょうよう)라고 함.

용례

養成(양성), 療養(요양), 涵養(함양)

성어

양호유환(養虎遺患): 호랑이를 길러 화근을 남김. 잘못을 덮어두고 키웠다가는 나중에 큰 재난이 됨을 강조할 때 쓰는 표현.

437

윤

揚

날릴 **양**

갑골문	금문	전국문자	소전	예서	해서
	昜	揚	揚	揚	揚

한 揚
음 양
뜻 날리다 /
오르다, 올리다 /
칭찬하다

중 扬
음 yáng
뜻 높이 들다 /
휘날리다 /
칭송하다

일 揚
음 よう you
뜻 떠오르다 /
이름을 떨치다

자원
형성

의미 부분인 手[손 수]와 소리 부분인 昜[볕 양]으로 이루어짐. 태양을 받들 듯 손을 높이 들어 올리는 것을 나타낸 글자로 '드날리다'의 뜻을 나타냄. 이로부터 '천거하다', '드러내다', '칭찬하다' 등의 의미로 확대되었음. 원래는 제단 위로 높이 비치는 태양을 그린 昜으로 썼으나 이후 手를 더해 의미를 강화한 것임.『설문』에서는 手 대신 攴[칠 복]이 들어간 敭[오를 양]으로 쓰기도 함.

용법

한중일 모두 '높이 올리다', '고양되다', '널리 떨치다'의 의미로 사용함. 일본어에서는 揚がる와 같은 형태로 써서 '기름에 튀기다', '화물 등을 부리다'의 뜻을 나타내기도 함. 한중일 모두 '어떤 좋은 성과나 훌륭한 행실에 대해 세상에 널리 알려 칭찬하는 것'을 表彰(표창, biǎozhāng, ひょうしょう)라고 하는데, 중국어에서는 表揚(biǎoyáng)이라는 표현도 자주 사용함.

용례

揚揚(게양), 發揚(발양), 意氣揚揚(의기양양)

성어

의기양양(意氣揚揚): 기분이 치솟음. 매우 자랑스러워하는 모양을 이르는 말.

ㅇ

하

陽 별 양

갑골문	금문	전국문자	소전	예서	해서
阝昜	昜	昜	陽	陽	陽

한
陽
음 양
뜻 별, 해 / 양, 양기 /
드러내다

중
阳
음 yáng
뜻 햇빛, 태양 / 양지 /
산의 남쪽, 강의
북쪽

일
陽
음 よう you
뜻 양지 / 별, 햇빛 / 봄

자원
형성

의미 부분인 阜[언덕 부]와 소리 부분인 昜[별 양]으로 이루어짐. 제단 위로 햇빛이
화려하게 비치는 모습[昜]에 언덕을 뜻하는 阜가 더해져 분화한 글자임. 본래 '양지바른
곳'을 뜻하며, 이로부터 '빛', '밝음', '태양'의 의미가 더해졌고, 산의 남쪽이나 강의
북쪽을 지칭하기도 함. 이후 '드러난 곳'이나 '돌출 면'을 뜻했고, 한편으로는 양성, 남성,
남성의 성기 등을 지칭했음.

용법

한중일 모두 '태양', '밝다', '드러나다'의 의미로 사용함. 한국어와 일본어에서는
'거짓으로'라는 뜻도 있어서, 가령 陽動(양동, ようどう)는 '적을 속이기 위하여 주된
공격 방향과는 다른 쪽에서 공격하다'를 나타내는 군사용어인데, 고대 중국의 聲東擊西
(성동격서, shēngdōngjīxī, 동쪽을 치겠다고 하고 실제로는 서쪽을 침)라는 표현에서
연원한 것으로 보임. 또 중국어에서는 '남성의 생식기'를 뜻하기도 하는데, 陽痿
(yángwěi)는 '발기부전'을 뜻함. 이는 陰陽(음양)에서 볼 수 있듯이 陽이 남성을 뜻한
데서 확장된 의미로 보임.

용례   陽曆(양력), 陽地(양지), 陰陽(음양), 太陽(태양)

성어   양춘가절(陽春佳節): 햇볕이 따스한 아름다운 계절이라는 뜻으로, 봄의 아름다움을
일컬을 때 쓰는 표현.

하

473

讓

사양할 양

갑골문	금문	전국문자	소전	예서	해서
			讓	讓	讓

[한]
讓
음 양
뜻 사양하다 /
넘겨주다

[중]
让
음 ràng
뜻 양보하다 /
~하게 하다 /
낮추다, 깎다

[일]
讓
음 じょう zyou
뜻 겸손하다 /
양도하다

자원
형성

의미 부분인 言[말씀 언]과 소리 부분인 襄[도울 양]으로 이루어짐. 본래의 뜻은 말로 '배척하다', '꾸짖다'인데, 같은 소리 부분을 쓰는 攘[물리칠 양]에도 그 뜻이 살아 있음. '배척하다'라는 뜻에서 '물러나다', '양보하다'라는 뜻으로 확장되었음. 후에 '낮추다', '깎다'의 의미까지 더해졌음.

용법

한중일 모두 '양보하다'의 의미로 사용함. 한국어에서는 辭讓(사양)을 '겸손하게 양보하다'와 '정중하게 거절하다'라는 뜻으로 모두 사용함. 현대 중국어에서 辭讓 (círàng)은 '거절하다'의 의미를 나타내지만, 주로 辭 한 글자만 써서 사용하고 辭讓은 거의 사용하지 않음.

용례

讓渡(양도), 讓步(양보), 謙讓(겸양)

성어

겸양지덕(謙讓之德): 겸손하고 사양하는 덕 또는 그런 사람의 인품.

羊 양 양

갑골문	금문	전국문자	소전	예서	해서

한 羊 음 양
뜻 양 / 상서롭다

중 羊 음 yáng
뜻 양

일 羊 음 よう you
뜻 양

자원
상형
갑골문은 양의 뿔 모양을 본뜬 글자로서 '양'을 뜻하고 있음. 양은 고대 제사 때 쓰이던 중요한 희생물의 하나라는 점에서 '상서롭다'는 의미의 祥[상서로울 상]과 같은 의미를 나타내게 되었음. 양은 주로 방목하여 길러진다는 점에서 '배회하다'의 의미도 더해졌음. 羊으로 구성된 글자들은 대부분 '상서롭다', '착하다', '나약하다'의 의미를 지님.

용법
한중일 모두 '양', '상서롭다'의 의미로 사용함. 한중일 모두에서 羊頭狗肉(양두구육, yángtóugǒuròu, ようとうくにく)라는 고사성어를 찾아볼 수 있는데, 이는 '양 머리를 걸어놓고 개고기를 판다'는 뜻으로, '겉은 훌륭해 보이나 속은 그렇지 못한 것'을 나타내는 말임. 고대 중국어에서는 羊이 祥[상서로울 상]과 뜻이 통하여 吉祥(길상)을 吉羊(길양)이라 하기도 했음. 한국어에서는 기독교 신자(信者)를 가리키는 말로 쓰이기도 하고, 성격이 온순한 사람을 비유적으로 이르는 말로 쓰기도 함.

용례
羊頭狗肉(양두구육), 羊肉(양육), 山羊(산양)

성어
다기망양(多岐亡羊): 길이 갈라지는 곳에서 양을 잃어버린다는 뜻. 방침이 너무 많으면 오히려 목적을 이루기 힘들 수 있음을 이르는 말.

김

큰 바다 **양**

갑골문	금문	전국문자	소전	예서	해서

한 ———

洋

음 양

뜻 큰 바다 /
서양, 외국 /
광대하다

중 ———

洋

음 yáng

뜻 넓다 / 큰 바다 /
서양

일 ———

洋

음 よう you

뜻 해양 / 서양 / 크다

자원
형성

의미 부분인 水[물 수]와 소리 부분인 羊[양 양]으로 이루어짐. 본래는 중국 산동성에 위치한 하천의 명칭이었는데, 太平洋(태평양), 大西洋(대서양)과 같이 '넓은 바다'의 의미로 쓰이고 있음.

용법

한중일 모두 '큰 바다', '서양에서 온' 등의 의미로 사용함. 한국어와 일본어에서는 洋洋(양양, ようよう)를 '장래에 희망이 가득하다'의 의미로 쓰는데, 중국어에서는 洋洋(yángyáng)을 '득의양양하다', '풍부하다'의 의미로 사용함. 중국어에서는 재래식[土]과 대비되는 의미로 현대식을 洋으로 표현하여 재래식과 현대식을 土洋(tǔyáng)이라 하는 반면, 일본어에서는 和洋(わよう)라고 함. 한국어와 일본어에서는 '서양적인 의복'을 洋服(양복, ようふく)라고 하는데, 중국어에서 洋服(yángfú)는 옛말이고 현대에는 西服(xīfú)라는 말을 주로 사용함.

용례

西洋(서양), 遠洋(원양), 海洋(해양)

성어

망망대양(茫茫大洋): 아주 넓고 큰 바다. 망망대해와 같은 말.

魚

고기 어

| 갑골문 | 금문 | 전국문자 | 소전 | 예서 | 해서 |

한 魚 음 어 뜻 물고기

중 鱼 음 yú 뜻 물고기

일 魚 음 ぎょ gyo 뜻 물고기

자원
상형

갑골문에서 물고기의 입, 몸통과 지느러미와 비늘, 꼬리 등이 구체적으로 표현되었음. 예서에 들면서 꼬리가 灬[불 화]로 변했고, 현대 중국의 간화자에서는 다시 가로획으로 변해 鱼가 되었음. 그래서 '물고기'가 원래 뜻이고, 물고기를 잡는 행위는 물론 어부까지 뜻하기도 했는데, 이후 水[물 수]를 더한 漁[고기 잡을 어]로 구분해 표시했음.

용법

한중일 모두 '물고기', '어류'의 의미로 사용하고, 혹은 '물고기처럼 생긴 것'을 지칭하는 말로도 사용함. 생선을 파는 魚市場(어시장, yúshìchǎng, うおいちば)는 한중일 공통으로 사용하는 말이지만, 일본어에는 '산지에서 보내온 어물을 경매하는 시장'을 일컫는 魚河岸(うおがし)라는 표현도 있는데, 이는 한국어와 중국어에서는 사용하지 않는 말임. 또 생선가게를 한국어에서는 魚物廛(어물전)이라 하고, 일본어에서는 魚屋(さかなや)라 하고, 중국어에서는 魚店(yúdiàn)이라 함.

용례

魚類(어류), 緣木求魚(연목구어), 人魚(인어)

성어

수어지교(水魚之交): 물과 물고기의 관계라는 뜻으로, 서로 뗄 수 없이 가까운 친구 사이를 이르는 말.

고기 잡을 **어**

| 갑골문 | 금문 | 전국문자 | 소전 | 예서 | 해서 |

한

漁

음 어

뜻 고기를 잡다

중

渔

음 yú

뜻 물고기를 잡다 /
부당하게 이익을
취하다

일

漁

음 ぎょ kyo, りょう ryou

뜻 고기를 잡다 /
찾아 헤매다

자원
형성

갑골문은 여러 가지 자형으로 나타나는데, 현재의 漁는 水[물 수]와 魚[고기 어]가
합쳐진 자형을 계승한 것임. 대부분의 자형이 '물속을 헤엄치는 고기를 잡다'로
풀이하는 데에 전혀 무리가 없음.

용법

한중일 모두 '고기를 잡다'의 의미로 사용함. 중국어에서 남의 나라 영해를 침범하여
고기를 잡는 것을 侵漁(qīnyú)라 하고, 이로부터 '부당하게 이익을 취하다'는 의미로
쓰이게 되었음. 또한 한국어와 일본어에서는 '여색(女色)을 지나치게 좋아하는 것'을
漁色(어색, ぎょしょく)라고 표현함. 중국어에서는 여색을 탐하는 것을 漁獵(yúliè)
라는 동사로 나타내 漁獵女色(yúliènǚsè)와 같이 씀.

용례

漁夫(어부), 漁船(어선), 大漁(대어)

성어

갈택이어(竭澤而漁): 못의 물을 말려 물고기를 잡음. 뒤의 일은 생각하지 않고 당장의
이익을 좇아 벌이는 어리석은 행동을 비유하는 말.

김

語

말씀 어

갑골문	금문	전국문자	소전	예서	해서
			誣	語	語

한
語
음 어
뜻 말씀, 말 /
말하다

중
语
음 yǔ
뜻 말 / 말하다

일
語
음 ご go
뜻 말 / 말하다

자원
형성

의미 부분인 言[말씀 언]과 소리 부분인 吾[나 오]로 이루어짐. '말하다', '말'의 뜻으로 동사와 명사로 쓰임. 소리 부분인 吾는 梧[벽오동나무 오], 悟[깨달을 오], 圄[옥 어], 齬[어긋날 어] 등의 글자에서 각각 '오'와 '어'의 발음 글자로 쓰임.

용법

한중일 모두 '언어', '말'의 의미로 사용함. 한국어와 일본어에서는 意味論(의미론, いみろん)이라고 하는 것을 중국어에서는 語義論(yǔyìlùn)이라고 함. 또 한국어와 일본어에서 言語學(언어학, げんごがく)라고 하는 것을 중국어에서는 語言學(yǔyánxué)라고 함.

용례

語氣(어기), 語法(어법), 口語(구어)

성어

유언비어(流言蜚語): 근거 없이 떠돌아다니는 말.

憶 생각 억

갑골문	금문	전국문자	소전	예서	해서
				憶	憶

한 憶 음 억
뜻 생각하다 /
기억하다

중 忆 음 yì
뜻 생각하다 /
기억하다

일 憶 음 おく oku
뜻 마음속에 간직하다 /
추억, 회고 /
생각하다

자원
형성
의미 부분인 心[마음 심]과 소리 부분인 意[뜻 의]로 이루어짐. 예서에 처음 등장하는 글자로 意에 心을 더해 파생된 글자임. '기억하다'라는 의미로 사용하고 있음.

용법
한중일 모두 '기억하다'의 의미로 사용함. 한국어와 일본어에서는 '지나간 일을 돌이켜 생각하는 것'을 追憶(추억, ついおく)라고 하지만, 중국어에서는 追憶(zhuīyi) 보다 回憶(huíyi)를 더 많이 사용함.

용례
臆測(억측), 記憶(기억)

성어
기억유신(記憶猶新): 기억이 오히려 새롭다는 뜻. 옛것에 대한 기억이 아주 생생할 때를 가리킴.

447

億 _{억 억}

갑골문	금문	전국문자	소전	예서	해서
	𡐦		憶	億	億

한		중		일	
億	음 억 뜻 억	亿	음 yì 뜻 억	億	음 おく oku, おっ oltu 뜻 억(만의 만곱)

자원
형성

의미 부분인 人[사람 인]과 소리 부분인 意[억 억]으로 이루어짐. 『설문』에서는 "편안하다"로 풀이하였음. 또 意은 본래 의미가 '가득하다[滿]' 또는 '십만'이라고 하였음. 아마도 원래는 意으로 숫자 '억'을 나타내고, 億으로는 '편안하다'의 뜻을 나타내다가, 후에 億이 숫자 '억'과 '편안하다'의 뜻을 모두 나타내게 된 것으로 보임.

용법

한중일 모두 숫자 '억' 또는 '수가 많음'의 의미로 사용함. '헤아리기 어려울 만큼 많은 재산을 가진 사람'을 한국어와 일본어에서는 億萬長者(억만장자, おくまんちょうじゃ)라고 하지만, 중국어에서는 億萬富翁(yiwànfùwēng)이라고 함. '무한하게 오랜 시간'을 한중일 모두 億劫(억겁, yìjié, おくごう)라고 하는데, 일본어에서는 두 가지 발음과 뜻이 있어 おっくう라고 읽으면 '귀찮다'라는 뜻을 나타냄.

용례

十億(십억), 百億(백억), 千億(천억)

성어

억조창생(億兆蒼生): 수를 헤아릴 수 없이 많은 생명 또는 아주 많은 사람. 또는 국민.

言 말씀 언

갑골문	금문	전국문자	소전	예서	해서

한
言 음 언
뜻 말씀 / 말하다

중
言 음 yán
뜻 말씀 / 말하다

일
言 음 げん gen, ごん gon
뜻 말씀 / 말하다

자원
회의

고문자를 보면 입을 나타내는 口[입 구]와 여기에서 뻗어 나온 혀를 그린 舌[혀 설]에 소리를 표시하는 부호인 가로획(一)을 더 보탠 모양임. 사람의 입에서 나오는 소리, 즉 '말'을 나타냄. 사실 갑골문 시기에는 舌과 言이 엄격히 구분되지는 않았고, 후대로 오면서 구분해 사용되었음. 현대 한자를 보더라도 소리를 나타내는 편방으로 舌, 言 그리고 音[소리 음]이 같이 사용됨을 알 수 있음.

용법

한중일 모두 '말', '글'의 의미로 사용함. 이음절로 된 단어의 경우 한국어와 일본어가 같은 어순을 사용하고, 중국어에서는 어순에서 차이가 보이는 경우가 많음. 한국어와 일본어에서는 '말'을 言語(언어, げんご)라고 주로 표현하는데, 중국어에서는 語言(yǔyán)이라고 씀. 일본어에서는 言語 대신 言葉(ことば)라는 표현도 많이 사용함. '화제에 올리다'를 뜻하는 言及(언급, げんきゅう)를 중국어에서는 說到(shuōdào), 談到(tándào)라고 표현함.

용례
言及(언급), 言論(언론), 發言(발언)

성어
교언영색(巧言令色): 달콤한 말과 꾸민 얼굴 표정. 남에게 환심을 사려고 아첨하거나 알랑거리는 태도를 이르는 말.

류

482

嚴

엄할 엄

갑골문	금문	전국문자	소전	예서	해서
	嚴	嚴	嚴	嚴	嚴

한 嚴
- 음 엄
- 뜻 엄하다 / 혹독하다

중 严
- 음 yán
- 뜻 엄격하다 / 심하다

일 嚴
- 음 げん gen
- 뜻 엄숙하다 / 자기 부친의 높임말

자원
형성

의미 부분인 吅[부르짖을 훤]과 소리 부분인 厂[기슭 엄]과 敢[감히 감]이 합쳐진 글자[嚴]로 이루어짐. 吅은 두 개의 口[입 구]로 '엄하다'라는 뜻을 강조한 것으로, 본래 '엄하다'의 의미로 사용하였음. 『설문』에서는 "교시와 명령이 시급한 것"으로 풀이하였음. 단옥재(段玉裁)는 "嚴과 急[급할 급]은 첩운(疊韻)이다"라고 했는데, 이를 통해 嚴과 急의 뜻이 통한다는 것을 알 수 있음.

용법

한중일 모두 '엄격하다', '혹독하다'의 의미로 사용함. 한국어와 일본어에서는 '조심성 있고 엄밀한 것'을 謹嚴(근엄, きんげん)이라고 하지만, 중국어에서는 어순이 바뀐 嚴謹(yánjǐn)이라고 함. 중국어에서는 嚴厲(yánlì)를 '호된'의 뜻을 나타내는 형용사로 많이 사용함. 일본어에서는 手嚴しい(てきびしい)로 '호된'의 뜻을 나타내기도 함. 중국어에서는 남에게 자기 아버지를 일컬을 때 家嚴(jiāyán)이라고 함.

용례 嚴格(엄격), 嚴禁(엄금), 尊嚴(존엄)

성어 엄동설한(嚴冬雪寒): 눈 내리는 깊은 겨울의 몹시 추운 날씨라는 뜻.

박

業 업업

갑골문	금문	전국문자	소전	예서	해서
		業	業	業	業

한
業 음 업
뜻 일, 직업 / 업

중
业 음 yè
뜻 일, 업무, 직업 / 학업 / ~을 업으로 삼다 / 이미, 벌써

일
業 음 ぎょう gyou, ごう gou
뜻 일, 직업 / 행위, 소행 / 학문, 공부

자원
상형
금문부터 보이는데 정확하게 무엇을 본뜬 것인가는 명확하지 않으며, 이후 전국, 소전 모두 금문을 따랐음. 『설문』에서는 "큰 널빤지"로 풀이하였는데, 이는 오늘날의 의미와 거리가 멀어 신빙성이 부족해 보임. 오늘날에는 주로 '일', '직업'이라는 의미로 사용함.

용법
한중일 모두 '일', '업', '직업' 등의 의미로 사용함. 일본어에서는 ぎょう로 읽으면 '학문', '공부'라는 뜻이 되고, わざ로 읽으면 '행위', '짓'이라는 의미가 되기도 함. 중국어에서는 '일', '직업'이라는 명사 외에 '어떤 직업에 종사하다'의 동사로도 쓰이며, '이미', '벌써'의 뜻을 나타내는 부사로도 쓰임.

용례
企業(기업), 事業(사업), 罷業(파업)

성어
자업자득(自業自得): 스스로 저지른 일에 따라 그 결과를 얻음. 잘못을 저질러 스스로를 망쳤을 때 쓰는 표현.

윤

如

같을 여

갑골문	금문	전국문자	소전	예서	해서

한 如
음 여
뜻 같다 / 어찌 /
가령, 만일

중 如
음 rú
뜻 ~와 같다 /
예를 들면 /
만일, 만약

일 如
음 じょ zyo, にょ nyo
뜻 같다 /
부족함이 없다

자원
형성
女[여자 녀]에 口[입 구]를 추가하여 분화된 글자임. 하지만 고문헌에서는 口를 추가하지 않고 여전히 女를 如의 의미로 사용하기도 함. 본래 의미는 '따르다', '순종하다'이며, 이로부터 '닮다', '유사하다'의 의미로 확장되었음.

용법
한중일 모두 '같다'의 의미로 사용함. 한국어와 일본어에서는 '없거나 모자람'을 缺如(결여, けつじょ)라고 하지만, 중국어에서는 缺少(quēshǎo)라고 표현함. 중국어에서는 如果(rúguǒ)라고 써서 '만일'이라는 접속사로도 사용하고, 또 比如(bǐrú)나 例如(lìrú)라고 써서 '예를 들면'이라는 접속사로도 사용함.

용례
如實(여실), 如意(여의), 如何(여하)

성어
백문불여일견(百聞不如一見): 백 번 듣는 것보다 한 번 보는 것이 낫다는 뜻으로 경험의 중요성을 강조하는 표현.

餘 남을 여

갑골문	금문	전국문자	소전	예서	해서
		餘	餘	餘	餘

한
餘 음 여
뜻 남다, 남기다 /
나머지

중
余 음 yú
뜻 나 / 남다, 남기다 /
나머지의

일
余 음 よ yo
뜻 나(한문투의
글에 씀) /
남기다

자원
형성

의미 부분인 食[밥 식]과 소리 부분인 余[나 여]로 이루어짐. 전국문자에 처음
보이는데, 『설문』에서는 "넉넉한 것이다"라고 풀이하였음. 부수를 食으로 삼은 것으로
보아 처음에는 '먹을 것이 남는 것'을 의미했으나, 이후 점차 일반적으로 '남는 것'
이라는 의미로 광범위하게 사용된 것으로 보임.

용법

한중일 모두 '남다', '남기다', '나머지'의 의미로 사용함. 중국어에서는 문어로 쓰일
때 '나(화자가 자신을 칭할 때 쓰임)'라는 뜻도 있으며, 동사로 쓰이면 '남다', '남기다',
'남아 있다'의 뜻이 되고, 형용사로 쓰이면 '나머지의', '잔여의', '여분의' 등의 뜻이 됨.
또한 중국어에서는 餘를 余[나 여]로 대체하여 쓰기도 함.

용례

餘裕(여유), 餘地(여지), 餘波(여파)

성어

궁여지책(窮餘之策): 막다른 길에서 나온 아이디어 또는 끝까지 몰린 마당에서 짜낸
꾀를 이르는 말.

與 더불 어

갑골문	금문	전국문자	소전	예서	해서
	𦥑	𦥑	與	與	與

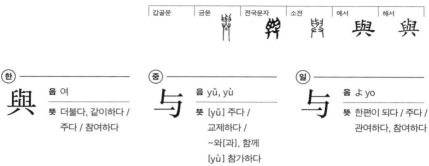

한
與
음 여
뜻 더불다, 같이하다 /
주다 / 참여하다

중
与
음 yǔ, yù
뜻 [yǔ] 주다 /
교제하다 /
~와[과], 함께
[yù] 참가하다

일
与
음 よ yo
뜻 한편이 되다 / 주다 /
관여하다, 참여하다

자원
형성

의미 부분인 舁[마주 들 여]와 소리 부분인 与[어조사 여]로 이루어짐. 원래 '무리를
이루다'라는 뜻의 글자임. 『설문』에서는 "무리[黨]"라고 풀이하였음. 舁는 위아래 네
개의 손으로 함께 물건을 들어 올리는 모습을 본뜬 것으로 擧[들 거]의 초기 자형임.
이로부터 '함께', '주다', '참여하다' 등의 의미가 더해졌음.

용법

한중일 모두 '함께', '주다'의 의미로 사용함. 한국어와 일본어에서 현재 정권을 잡고
있는 정당을 뜻하는 與黨(여당, よとう)와 그렇지 아니한 정당인 野黨(야당, やとう)를
중국어에서는 執政黨(zhízhèngdǎng)과 在野黨(zàiyědǎng)이라고 함. 한편
중국어에서는 yǔ로 읽으면 '~와[과]'라는 접속사로 쓰이며, yù로 읽으면 與會(yùhuì,
회의에 참가하다)와 같이 '참가하다'의 뜻을 나타내는 동사로 쓰임.

용례

寄與(기여), 贈與(증여), 參與(참여)

성어

여호모피(與狐謀皮): 여우 가죽을 얻기 위해 여우와 상의한다는 뜻으로, 근본적으로
불가능한 일임을 강조할 때 쓰는 표현.

逆

거스를 **역**

갑골문	금문	전국문자	소전	예서	해서
徉	徉		詳	逆	逆

한 ─────
逆
음 역
뜻 거스르다 /
맞다, 맞이하다

중 ─────
逆
음 nì
뜻 영접하다 / 거스르다

일 ─────
逆
음 ぎゃく gyaku,
げき geki

뜻 거스르다 /
청하여 오게 하다 /
미리, 사전에

자원
형성
의미 부분인 辵[쉬엄쉬엄 갈 착]과 소리 부분인 屰[거스를 역]으로 이루어짐. 屰의
갑골문은 사람[大]이 거꾸로 뒤집혀 있는 모습으로 밖에서 안으로 들어오는 것을
본뜬 글자임. 여기에 움직임을 뜻하는 辵이 더해져 맞이하는 움직임을 강조하였음.
『설문』에서는 "맞이하다"로 풀이하였고, 이로부터 '거스르다', '맞이하다' 등의
의미가 더해졌음.

용법
한중일 모두 '거스르다'의 의미로 사용함. 한국어와 일본어 모두 '역(逆)으로 말하면'과
같이 반대의 뜻을 가진 명사로도 쓰임. 한국어와 일본어에서는 '거꾸로 된 순서'를
逆順(역순, ぎゃくじゅん)이라고 하는데, 중국어에서는 逆序(nìxù)라고 함. 명사의 앞에
붙여서 '반대'의 뜻을 나타내는 접두사로 쓰이는 용법에서는 한중일 모두 차이가 없음.

용례
逆轉(역전), 逆行(역행), 叛逆(반역)

성어
충언역이(忠言逆耳): 바른 말은 귀에 거슬린다는 뜻.

易

바꿀 **역**, 쉬울 **이**

| 갑골문 | 금문 | 전국문자 | 소전 | 예서 | 해서 |

한 易
음 역, 이
뜻 [역] 바꾸다 / 주역
[이] 쉽다, 편하다

중 易
음 yì
뜻 쉽다 / 바꾸다 /
교역하다

일 易
음 い i, えき eki
뜻 편하다 /
바뀌다, 바꾸다 /
점치다

자원
상형

이 글자는 자원이 불분명함. 『설문』에서는 도마뱀을 그렸다고 했음. 도마뱀이 몸의 보호색을 쉽게 '바꾸기' 때문에 '변하다'라는 뜻이 나왔다고 본 것임. 곽말약(郭沫若)은 갑골문의 왼쪽은 물을, 오른쪽은 손잡이가 달린 그릇의 일부를 그려 그릇에서 다른 그릇으로 물을 옮기는 모습에서 '바뀌다'는 뜻이 나왔다고 설명했음. 易이 들어간 한자는 대부분 '바꾸다'의 뜻을 갖는데, 가령 賜[줄 사]는 상으로 받은 물건은 돈[貝]으로 쉽게 바꿀 수 있다[易]는 뜻을 반영한 글자임.

용법
한중일 모두 '바뀌다', '바꾸다', '역학', '쉽다'의 의미로 사용함. 한국어에서는 '변하다'의 뜻으로 쓰일 때에는 變易(변역)에서처럼 '역'으로, '쉽다'의 뜻으로 쓰일 때에는 容易(용이)에서처럼 '이'로 구분해 읽음. 한국어와 일본어에서는 '점을 치는 사람'을 일러 易者(역자, えきしゃ)라고 하는데, 고대 중국어의 蔔者(bǔzhě, 복자)가 이에 해당할 것임. 그러나 현대 중국어에는 마땅한 대역어가 없고, 굳이 옮기자면 算命先生(suànmìngxiānsheng) 정도가 될 것임. 또 『주역』의 팔괘 등으로 점치는 것을 일본어에서는 易斷(えきだん)이라 하지만, 한국어와 중국어에서는 占卦(점괘, zhānguà)라고 하여 표현하는 방식이 다름.

용례
易地思之(역지사지), 交易(교역), 貿易(무역), 周易(주역)

성어
역지사지(易地思之): 땅을 바꿔 생각해봄. 자신의 입장과 상대의 입장을 바꾸어 생각해보는 일.

歷

지날 **역**, 지날 **력**

갑골문	금문	전국문자	소전	예서	해서
梵	歷		歷	歷	歷

한 ──────
歷
음 역
뜻 지나다, 겪다 /
　분명하다 /
　두루

중 ──────
历
음 lì
뜻 지나다, 겪다 /
　경험하다 / 과거의

일 ──────
歷
음 れき reki
뜻 지나가다 /
　순서를 따라가다 /
　뛰어넘다

자원
형성
의미 부분인 止[그칠 지]와 소리 겸 의미 부분인 秫[나무 성글 력]으로 이루어짐.
갑골문은 나무 숲 아래에 발이 놓여 있는 형상이며, 금문에서는 '벼랑'을 뜻하는
厂[기슭 엄]이 추가되었음. 『설문』에서는 "지나가는 것"으로 풀이하였고, 秫을
소리 부분으로 보았음. 갑골문을 '수풀 사이를 지나가다'의 뜻으로 풀이한다면,
허신(許身)이 秫을 소리 부분으로 해석한 것은 오류로 봐야 할 것임.

용법
한중일 모두 '지나다', '겪다'의 의미로 사용함. 한중일 모두 歷代(역대, lìdài, れきだい)와
같이 '이전의'라는 뜻으로도 사용함. 한국어와 일본어에서는 주요 학력과 경력 등을
적은 문서를 履歷書(이력서, りれきしょ)라고 하는데, 중국어에서는 履歷書(lǚlìshū)
보다 簡歷(jiǎnlì)를 일반적으로 더 많이 사용함. 한국어와 일본어에서는 '직업상 해온
일과 경험'을 經歷(경력, けいれき)라고 주로 쓰는 반면에, 중국어에서는 經歷(jīnglì)
보다 閱歷(yuèlì)를 좀 더 일반적으로 사용함.

용례 歷史(역사), 經歷(경력), 履歷(이력)

성어
고사내력(故事來歷): 옛이야기와 내려온 발자취. 어떤 일의 숨은 이야기나 그 자취를
가리키는 말.

윤

研

갈 연

갑골문	금문	전국문자	소전	예서	해서
			研	研	研

한 研
음 연
뜻 갈다 / 연구하다

중 研
음 yán
뜻 곱게 갈다 /
연구하다 /
'砚(yán)'과 통용

일 研
음 けん ken
뜻 갈다, 닦다 /
연구하다

자원
형성

의미 부분인 石[돌 석]과 소리 부분인 幵[평평할 견]으로 이루어짐. 石은 '돌을 갈 듯이 연마하다'의 뜻을 나타냄. 『설문』에서는 본래 의미를 "갈다[礦]"로 풀이하였음. 먹을 가는 도구인 硯[벼루 연]과 勉[힘쓸 면], 練[익힐 런] 등의 글자들과 뜻이 통함. 갑골문 중 石을 부수로 취하는 글자는 磬[경쇠 경] 한 글자가 있음. 研은 소전에서야 비로소 만들어졌는데, 이를 통해 '돌을 갈듯이 연마하다'라는 비유적 표현이 비교적 후대에 생긴 것임을 알 수 있음.

용법

한중일 모두 '연구하다'의 의미로 사용함. 한국어에서는 대학원에서의 학위를 碩士(석사), 博士(박사)라고 하는데, 일본어에서는 修士(しゅうし), 博士(はかせ)라고 하고, 중국어에서는 碩士研究生(shuòshìyánjiūshēng), 博士研究生(bóshìyánjiūshēng) 이라고 함. 중국어에서 鑽研(zuānyán)은 '깊이 연구하다'의 뜻을 나타냄. 일본어에서 研鑽(けんさん)은 研究(연구)의 뜻을 나타냄.

용례

研究(연구), 研究所(연구소), 研究室(연구실)

성어

비교연구(比較研究): 대상을 서로 비교하면서 연구함.

然 그럴 연

갑골문	금문	전국문자	소전	예서	해서

한
然
음 연
뜻 그러하다, 틀림없다 / 어조사

중
然
음 rán
뜻 그러나 / 옳다 / 형용사나 부사 뒤에 쓰여 상태나 모양을 나타냄

일
然
음 ぜん zen, ねん nen
뜻 그렇다 / 그러나 / 형용하는 말을 만드는 조자

자원
회의

肉[고기 육]의 변형 자형과 犬[개 견], 그리고 火[불 화]의 편방 자형을 결합하여 '개고기를 불에 굽는 모습'을 나타낸 글자임. 炙[고기 구울 자]에 犬을 더한 것임. 이와 비슷하게 만들어진 글자로 火 위에 隹[새 추]를 더한 焦[그을릴 초]를 들 수 있음. 이러한 글자들을 통해 옛날 사람들이 개고기와 새고기를 불에 구워 먹었다는 사실을 알 수 있음. 然이 가차되어 '그러하다'의 뜻으로 널리 쓰이자 燃[사를 연]을 만들어 본뜻을 나타냈음. 『설문』에서는 본래 의미를 "불태우다"로 풀이하였음. 然은 불태워 재로 만든다는 점에서 硏[갈 연]과 뜻이 통하고, 불태워 변하게 한다는 점에서 變[변할 변]과 뜻이 통하며, 불태워 연기를 피운다는 점에서 煙[연기 연]과도 소리와 뜻이 통함.

용법

한중일 모두 '그러하다'의 의미로 사용함. 한국어에서는 '청하는 바를 들어주는 것'을 承諾(승낙)이라고 하는데, 일본어에서는 承諾(しょうだく)와 함께 然諾(ぜんだく)를 쓰기도 함. 중국어에서도 承諾(chéngnuò)와 함께 答應(dāying)을 널리 사용함. 한중일 모두 '아닌 게 아니라'를 뜻하는 부사로 果然(과연, guǒrán, かぜん)을 쓰는데, 중국어에서는 果真(guǒzhēn)을 쓰기도 함.

용례 果然(과연), 當然(당연)

성어 태연자약(泰然自若): 큰 산처럼 환경이나 상황이 바뀌어도 그 모습 그대로 버팀. 커다란 변화에도 당황하지 않고 꿋꿋함을 이르는 말.

박

煙 연기 연

갑골문	금문	전국문자	소전	예서	해서
			煙	煙	煙

한 煙 음 연
뜻 연기 / 안개 / 담배

중 烟 음 yān, yīn
뜻 [yān] 연기 /
안개 / 담배
[yīn] 烟煴
(자욱하다)의
구성 한자

일 煙 음 えん en
뜻 연 / 안개 / 담배

자원
형성
의미 부분인 火[불 화]와 소리 부분인 垔[막을 인]으로 이루어짐. 원래 '물질이 연소될 때 생기는 연기'를 의미했고, 후에 '안개', '담배' 등의 의미로 확대 사용되고 있음. 因[인할 인]을 소리 부분으로 사용한 烟[연기 연]은 이체자이나, 현대 중국어에서는 표준 글자로 채택하여 사용하고 있음.

용법
한중일 모두 '연기', '담배'의 의미로 사용함. 중국어에서는 담배를 '향기 나는 연기'라는 뜻의 香烟(xiāngyān)으로 쓰고, 담배 피우는 행위를 '연기를 뽑아내다'라는 뜻의 抽烟(chōuyān)으로 표현함. 일본어에서는 담배를 한자로는 煙草로 쓰되 표기할 때는 タバコ(tobacco)라는 외래어를 씀.

용례
禁煙(금연), 吸煙(흡연)

성어
연막전술(煙幕戰術): 연기로 장막처럼 쳐서 남의 눈을 피하는 싸움 방식.

熱 더울 열

갑골문	금문	전국문자	소전	예서	해서
		熱	熱	熱	熱

한 ─────
熱
음 열
뜻 덥다 / 열 /
흥분하다

중 ─────
热
음 rè
뜻 덥다, 뜨겁다 /
데우다 / 인기 있다

일 ─────
熱
음 ねつ netu
뜻 뜨겁다 / 열중하다 /
열기

자원
형성
의미 부분인 火[불 화]와 소리 부분인 埶[심을 예]로 이루어짐. 원래 '뜨거운 온도'를 의미했는데, 후에 '열기', '흥분', '인기' 등의 의미로 확대 사용하고 있음. 소리 부분으로 사용된 埶는 사람이 두 손으로 나무를 잡고 땅에 심고 있는 모습을 본뜬 글자인데, 熱에서는 단순하게 소리 역할만 담당하고 있음.

용법
한중일 모두 '뜨겁다'의 의미로 사용함. 한국어와 일본어에서는 '한 가지 일에 정신을 쏟다'를 熱中(열중, ねっちゅう)로 쓰는데, 중국어에서는 熱衷(rèzhōng)으로 씀. 또한 중국어에서는 '인기 있다'를 熱門(rèmén)이라 하고, 반대 표현은 冷門(lěngmén) 이라 함. 중국어에서는 여러 사람이 모여 떠들썩한 것을 熱鬧(rènao)라고 해서 일상적으로 사용하는데, 한국어와 일본어에서도 熱鬧(열뇨, ねっとう)라는 표현이 남아 있긴 하지만 잘 사용하지 않음.

용례
熱愛(열애), 熱情(열정), 加熱(가열)

성어
이열치열(以熱治熱): 열기는 열로써 다스림. 더울 때는 오히려 더운 음식을 먹어야 배탈이 나지 않는다는 등의 동양적 사고방식을 이를 때 쓰는 표현.

葉 잎 엽

갑골문	금문	전국문자	소전	예서	해서
	𣕅	枼	葉	葉	葉

한
葉
음 엽
뜻 잎, 꽃잎 /
시대, 세대 /
장(종이를 세는
단위)

중
叶
음 yè, xié
뜻 [yè] (~儿) 잎 /
시대, 시기 /
잎과 같이 생긴 것
[xié] 어울리다

일
葉
음 よう you
뜻 (초목의) 잎 /
잎 모양의 평평한
물건 / 장

자원
형성
의미 부분인 艸[풀 초]와 소리 부분인 枼[나뭇잎 엽]으로 이루어짐. 금문은 나무에
나뭇잎이 걸려 있는 것을 본뜬 글자임. 이후 전국문자에서 '나뭇잎'을 나타내는
부분이 다르게 변하였고, 소전에서는 새로이 艸를 더해 오늘날의 葉과 자형이
유사해졌음. 『설문』에서는 "초목의 잎"으로 풀이하였음. 오늘날에도 '초목의 잎'
이라는 의미를 주로 나타냄.

용법
한중일 모두 '잎', '꽃잎'의 의미로 사용함. 한중일 모두 '시대'의 의미로도 사용해 어떤
시대를 세 부분으로 나누어 그 가운데 시기를 일컬을 때 中葉(중엽, hǒngyè, ちゅうよう)
라고 씀. 한국어와 일본어에서는 우표를 붙여 보낼 수 있는 규격화된 편지용지를
葉書(엽서, はがき)라고 쓰는데, 중국어에서는 明信片(míngxìnpiàn)이라고 씀.
한국어와 일본어에서는 枝葉(지엽, えだは)를 '중요하지 않은 부분'을 일컬을 때
주로 쓰는데, 중국어에서 枝葉(zhīyè)와 함께 枝節(zhījié)도 같은 의미를 나타냄.
한국어에서는 枝節(지절)을 '곡절이 많은 일'을 비유적으로 이르는 말로 씀. 일본어
에서는 −よう으로 읽으면 '뇌' 혹은 '폐' 등의 한 부분이라는 의미로도 쓰이는데, 한국어
에서도 後頭葉(후두엽)처럼 신체의 일부를 지칭할 때 사용함.

용례
落葉(낙엽), 枝葉(지엽), 闊葉樹(활엽수)

성어
금지옥엽(金枝玉葉): 금으로 만든 가지와 옥으로 만든 잎이라는 뜻으로, 매우 귀한
자식이나 후손을 지칭하는 표현.

윤

495

길 영

| 갑골문 | 금문 | 전국문자 | 소전 | 예서 | 해서 |

한 永 음 영
뜻 길다 /
(시간이) 오래다

중 永 음 yǒng
뜻 길다, 오래다 /
영원히

일 永 음 えい ei
뜻 시간이 길다 /
끝이 없다

자원
상형
갑골문은 사람이 물속에서 헤엄치는 모습을 본뜬 글자임. 금문 이후 자형에 변화가 생겨 사람의 모습(𣲖)이 물결 모양(𣲖)으로 변했고, 급기야 『설문』에서는 여러 갈래의 물줄기가 굽이굽이 길게 흐르는 모양이라 하여 "길다"를 의미한다고 하였음. 永이 '길다'라는 의미로 쓰이자 '헤엄치다'라는 의미를 나타내기 위하여 氵[물 수]를 덧붙인 泳[헤엄칠 영]을 만들어 쓰기 시작했음.

용법
한중일 모두 '길다'의 의미로 사용함. 시간상으로 '길다'라는 면에서 永은 長[길 장]과 통한다고 볼 수 있는데, 쓰임에 있어서 長보다는 永이 훨씬 긴 시간으로 인식되어 '영원하다'의 의미가 강함. 한국어와 중국어에서는 '한 직장에서 오래 근무를 계속하는 것'을 長期勤續(장기근속, chángqīqínxù)라 하는 반면, 일본어에서는 永年勤續(えいねんきんぞく)라고 함. 또한 한국어와 중국어에서 永年(영년, yǒngnián)은 '오랜 세월'을 뜻함.

용례
永劫(영겁), 永眠(영면), 永遠(영원)

성어
영원무궁(永遠無窮): 끝이 없이 이어져 다함이 없음. 영원히 변치 않고 이어지는 상태를 이르는 말.

英 꽃부리 영

갑골문	금문	전국문자	소전	예서	해서

한 英 음 영
뜻 꽃부리 / 뛰어나다

중 英 음 yīng
뜻 꽃 / 재능이 출중한
사람 / 영국

일 英 음 えい ei
뜻 꽃, 꽃송이 /
뛰어나게 아름답다

자원
형성
의미 부분인 艸[풀 초]와 소리 부분인 央[가운데 앙]으로 이루어짐. 전국문자에 처음 보이지만 무엇을 나타낸 것인지는 명확하지 않음. 『설문』에서는 "풀꽃이 되지만, 열매는 맺지 않는 것"이라고 풀이하였음. 꽃이라는 본래 의미에서 '뛰어나다', '아름답다'라는 의미로 확장된 것으로 보임.

용법
한중일 모두 '뛰어나다'의 의미로 사용함. 한중일 모두 재능이 출중한 사람을 지칭할 때도 사용하는데, '뛰어난 재주를 지닌 사람'을 뜻하는 英才(영재, yīngcái, えいさい) 또는 '영특하고 용감하다'라는 뜻의 英勇(영용, yīngyǒng, えいゆう) 등이 그 예임. 한중일 모두 본래의 뜻 외에도 英國(영국)의 약칭으로 쓰이거나 英語(영어)라는 뜻으로 활용되어 쓰임.

용례
英雄(영웅), 英才(영재), 英敏(영민)

성어
영웅호걸(英雄豪傑): 영웅과 호걸을 아울러 부르는 말로, 매우 빼어나고 뛰어난 사람을 가리킬 때 쓰는 표현.

윤

迎 맞을 영

갑골문	금문	전국문자	소전	예서	해서
		𨒀	𨒀	迎	迎

한
迎 음 영
뜻 맞다 / 맞이하다

중
迎 음 yíng
뜻 맞이하다 / ~쪽으로

일
迎 음 げい gei
뜻 맞이하다 / 남의
비위를 맞추다

자원
형성

의미 부분인 辵[쉬엄쉬엄 갈 착]과 소리 부분인 卬[나 앙]으로 이루어짐. 전국문자에 처음 나타나며,『설문』에서는 "만남"으로 풀이하였음. 辵은 길거리[彳]와 발[止]이 합쳐져 이루어진 것으로 '가다'라는 움직임을 나타내며, 이로써 만나는 동작을 강조하고 있음. 여기에서 '맞다', '맞이하다' 등의 뜻이 나왔음.

용법

한중일 모두 '맞이하다'의 의미로 사용함. 중국어에서 迎面(yíngmiàn)은 '맞은편'이라는 명사, '얼굴을 향하다'라는 동사로 활용됨. 한편 중국에서는 식당이나 상점 등에서 손님을 맞이할 때 '어서 오세요'라는 인사말로 歡迎光臨(huānyíngguānglín)이라는 인사말을 주로 사용함.

용례

迎賓(영빈), 迎接(영접), 歡迎(환영)

성어

아부영합(阿附迎合): 남에게 함부로 붙어 맞아들임. 자기 주관 없이 남의 의견에 동조하며 따르는 일.

榮 영화 영

갑골문	금문	전국문자	소전	예서	해서
	𤇾	𤇾	𤇾	榮	榮

한
榮 음 영
뜻 영화, 영예롭다 / 성하다, 번영하다

중
荣 음 róng
뜻 영광스럽다 / 무성하다

일
栄 음 えい ei
뜻 명성이 높다 / 번영하다

자원
형성

의미 부분인 木[나무 목]과 소리 부분인 熒[등불 형]의 생략형으로 이루어짐. 금문을 보면 나뭇가지가 서로 교차되어 있고, 나뭇가지의 끝에 '불'을 나타내는 火[불 화]가 더해져 있음. 『설문』에서는 "오동나무"로 풀이하였음. 『설문』의 뜻풀이와 금문의 자형 분석을 따른다면, 아마도 번성한 오동나무의 형상을 본뜬 것으로 보이며, 여기서 '번영하다'라는 의미도 파생된 것으로 보임.

용법

한중일 모두 '영예롭다', '영광스럽다'의 의미로 사용함. 일본어에서는 えい로 읽어 '영화롭다'라는 뜻 외에도 '꽃'이라는 의미로도 활용됨. 중국어에서는 '(초목이) 무성하다', '싱싱하다'의 뜻과 '번영하다', '홍성하다', '번창하다'라는 뜻의 형용사로도 많이 쓰임.

용례

榮光(영광), 榮譽(영예), 繁榮(번영)

성어

영고성쇠(榮枯盛衰): 가득 피어남과 메마름, 번창함과 쇠락함. 세상 만물이 자라고 시들고 사라지는 과정 또는 그 과정의 영원한 반복을 이르는 말.

藝

재주 예

갑골문	금문	전국문자	소전	예서	해서

한

藝 음 예
뜻 재주 / 기술

중

艺 음 yì
뜻 기술 / 예술

일

芸 음 げい gei
뜻 학문 / 예술

자원
형성

갑골문을 보면 초목을 손으로 잡고 있는 형상을 본뜬 글자로 '나무를 심다'를 뜻하는 蓺[심을 예]의 초문으로 보임. 단옥재(段玉裁)는 "주나라 때는 藝를 모두 埶로 썼다. 당나라 때에 이르러 '나무를 심다'의 뜻으로는 艸를 더하여 '蓺'를 쓰고, 육예(六藝)를 지칭하는 한자로 藝를 썼다"라고 하였음.

용법

한중일 모두 '재주', '기예'의 의미로 사용함. 주로 활용되는 藝術(예술)이라는 단어에는 한중일 모두 사전적 의미로 技藝(기예)와 學術(학술)이라는 의미가 있음. 중국어에서는 '기술', '기예', '기능'이라는 명사 외에도 문어에서 '준칙', '한도'의 뜻으로도 쓰임.

용례

藝術(예술), 文藝(문예), 演藝(연예)

성어

다재다예(多才多藝): 재주가 많고 능력이 많음. 다재다능과 같은 말.

誤

그르칠 오

갑골문	금문	전국문자	소전	예서	해서
			誤	誤	誤

한 誤 음 오
뜻 그르치다 / 잘못하다 / 의혹하다

중 误 음 wù
뜻 틀리다 / 늦다 / 방해하다

일 誤 음 ご go
뜻 틀리다 / 잘못

자원
형성

의미 부분인 言[말씀 언]과 소리 부분인 吳[나 오]로 이루어짐.『설문』에서는 "어긋나다"로 풀이하였음. 소리 부분인 吳는 고개를 기울인 사람 모습과 입으로 '큰 소리로 말하다'의 뜻을 나타낸 글자임. 따라서 일설에는 '잘못된 말을 할 때는 소리를 크게 지르는 법'이라며 이 글자에서 吳가 '틀리다'의 뜻도 나타낸다고 풀이함. '어긋나다'라는 의미에서 '망치다', '손해를 끼치다', '실수하다'의 의미로 확장되었음.

용법
한중일 모두 '틀리다'의 의미로 사용하고, 여기에서 파생되어 나온 의미도 비슷하게 사용함. 다만 실제 어휘 속에 사용된 예를 보면 중국어, 특히 고대 중국어에서의 쓰임이 상당히 넓은 편임. 예를 들면 '나라를 그르침'의 뜻인 誤國(wùguó)에서는 '손해를 끼치다'라는 뜻의 동사로, '실수로 상해를 입히다'의 뜻인 誤傷(wùshāng)에서는 '(고의가 아닌) 실수로'라는 뜻의 부사로 쓰였음.

용례
誤差(오차), 誤解(오해),錯誤(착오)

성어
총명자오(聰明自誤): 똑똑해서 스스로를 망침. 총명함이 오히려 일을 그르치는 경우를 일컫는 말.

悟 깨달을 오

갑골문	금문	전국문자	소전	예서	해서
			憎	悟	悟

한
悟 음 오
뜻 깨닫다 / 총명하다

중
悟 음 wù
뜻 깨닫다 / 이해하다

일
悟 음 ご go
뜻 깨닫다 /
이해가 빠르다

자원
형성

의미 부분인 心[마음 심]과 소리 부분인 吾[나 오]로 이루어짐. 원래 의미는 '깨닫다'임. 전국문자에서는 의미 부분인 犭[개 견]과 소리 부분인 䪞가 결합된 자형이 悟로 사용된 기록이 보임. 소전 이후부터 의미 부분이 心으로 정착되었음. 후에 '이해하다', '알다' 등의 의미로 확대 사용하고 있음.

용법

한중일 모두 '깨닫다'라는 의미로 가장 많이 사용함. 한국어와 일본어에서는 覺悟 (각오, かくご)를 '마음의 준비를 하다'라는 뜻으로 사용하지만, 중국어에서는 覺悟 (juéwù)를 '(도리를) 깨우치다'라는 뜻으로 사용함.

용례

悟道(오도), 覺悟(각오), 頓悟(돈오)

성어

대오각성(大悟覺醒): 크게 깨달아 정신을 차림. 커다란 깨우침에 이르러 걱정과 미련 등을 떨치는 일.

午 낮 오

갑골문	금문	전국문자	소전	예서	해서

한	중	일
午 음 오 뜻 낮, 정오 / 일곱째 지지	午 음 wǔ 뜻 낮, 정오 / 일곱째 지지	午 음 ご go 뜻 낮(정오) / 일곱째 지지

자원
상형
곡식을 찧을 때 사용하는 절구 공이의 모양을 본뜬 글자임. 후에 발음에 따라 간지(干支)를 나타내는 글자로 쓰이게 되었음. 일설에서는 午가 십이지(十二支)에서 '말'을 나타내고 御[어거할 어]의 소리 부분으로 쓰이는 것으로 보아 '말고삐'를 본뜬 것으로 풀이하기도 함. 간지에서 午는 11시에서 13시까지를 가리키므로 '낮', '정오'라는 뜻으로 확장되었음.

용법
한중일 모두 '낮'의 의미로 사용함. 한국어와 일본어에서는 하루의 일정한 때를 나타내는 말로 午前(오전, ごぜん), 午後(오후, ごご)를 쓰는데, 중국어에서는 上午(shàngwǔ), 下午(xiàwǔ)를 사용함.

용례
午夢(오몽), 午睡(오수), 端午(단오)

성어
갑오망조(甲午亡兆): 갑오년의 망할 징조. 일본의 힘을 빌려 시행한 갑오개혁을 이르는 말로, 나라가 망할 조짐이라는 뜻.

다섯 오

갑골문	금문	전국문자	소전	예서	해서

한 — 五 음 오
뜻 다섯, 다섯째

중 — 五 음 wǔ
뜻 다섯, 다섯째

일 — 五 음 ご go
뜻 다섯, 다섯째

자원
지사
가로획 다섯 개를 사용하여 숫자 '5' 또는 '다섯째'의 의미를 나타낸 것임. 그러나 다섯 개 이상은 시각적으로 쉽게 혼동을 야기할 수 있어 '상하좌우 교착'을 의미하는 '×'를 차용하였고, 후에 다시 위아래에 각각 '一'을 추가한 갑골문[✕]을 만들었음. 따라서 현재 사용하고 있는 五는 본래의 의미와 상관없는 차용된 글자임.

용법
한중일 모두 '다섯', '다섯째'의 의미로 사용함. 한국어에서 삼겹살로 부르는 돼지고기 부위를 중국어에서는 五花肉(wǔhuāròu), 일본어에서는 三枚肉(さんまいにく)라고 함.

용례
五倫(오륜), 五行說(오행설)

성어
오리무중(五里霧中): 5리 앞이 안개로 가득함. 앞을 내다볼 수 없는 상황을 비유하는 말.

구슬 옥

갑골문	금문	전국문자	소전	예서	해서

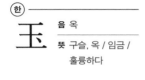

한

음 옥

뜻 구슬, 옥 / 임금 /
훌륭하다

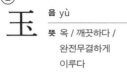

중

음 yù

뜻 옥 / 깨끗하다 /
완전무결하게
이루다

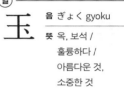

일

음 ぎょく gyoku

뜻 옥, 보석 /
훌륭하다 /
아름다운 것,
소중한 것

자원
상형
갑골문은 '여러 개의 옥을 한 줄로 꿰어놓은 것'을 본뜬 글자임. 이후 금문에서는 옥을
엮고 있는 줄이 위아래로 벗어나지 않았으며 옥의 크기와 상하 배열 역시 균일하게
맞춘 형태를 보였음. 그러나 이렇게 자형이 변화하면서 결과적으로 玉[옥 옥]과
王[임금 왕]의 고문자가 상당히 유사하게 되었음. 다만 미세한 차이로는 玉은 가운데
가로획이 정중앙에 위치하는 반면 王의 가운데 가로획은 다소 위쪽으로 편향되었음.
이후 玉은 오른쪽에 점을 남겨 분명히 구분하였음. 옥은 고대로부터 지금까지
귀한 대접을 받는 길상(吉祥)한 보석으로 단순히 몸을 치장하는 장신구를 넘어서
옥새(玉璽)처럼 신분과 권위를 상징하는 재료로 사용되었음. 여기서 '훌륭하다',
'아름답다', '임금' 등의 의미로 확장되었음.

용법
한중일 모두 보석류인 '옥'의 의미로 사용함. 玉(옥)은 玉體(옥체)와 같이 상대방과
관련 있는 사물의 존칭으로도 사용되어 한중일 모두 다른 사람의 필적이나 문장을
높여서 玉筆(옥필, yùbǐ, ぎょくひつ)라고 함. 이 밖에 중국어에서는 옥수수를 玉米
(yùmǐ)라고 함.

용례
玉石(옥석), 玉體(옥체), 珠玉(주옥)

성어
옥석구분(玉石俱焚): 좋은 옥과 변변찮은 돌을 함께 태워 없앰. 제대로 가리지 않아
좋은 것도 함께 없애버리는 행위를 이르는 말.

오

屋 집 옥

갑골문	금문	전국문자	소전	예서	해서
		屋	屋	屋	屋

한 屋 음 옥
뜻 집 / 지붕

중 屋 음 wū
뜻 방, 거실

일 屋 음 おく naku
뜻 집 / 지붕 / 직업, 가게 이름에 붙이는 말

자원
회의
전국문자에 처음 보이고 있으나 이미 변형된 형태로 추정됨. 현재 사용하고 있는 屋의 자형은 소전에 그 뿌리를 두고 있음. 중국 고문헌에서 屋은 주로 '지붕', '덮개'의 의미로 사용되고 있으며, 후에 '집'으로 확대 사용하고 있음. 부수로 사용된 尸[주검 시]는 '시체'와는 관련이 없으며, 다른 자형에서 변형된 것으로 추정됨.

용법
한중일 모두 '집'의 의미로 사용함. 한국어와 일본어에서는 '집'을 나타내는 말로 家屋(가옥, かおく)를 쓰는데, 중국어에서는 房屋(fángwū)를 씀. 한국어와 일본어에서는 '회사가 있는 건물'을 社屋(사옥, しゃおく)라고 하지만, 이는 중국어에는 없는 표현임. 중국어에서는 룸메이트(roommate)를 '방을 함께 쓰는 사람'이라는 뜻의 同屋(tóngwū)라고 함. 한국어에서는 全州屋(전주옥)처럼 '음식점'의 뜻으로도 사용하고, 일본어에서도 とうふ屋(두부 가게)처럼 '가게'의 뜻으로 사용함.

용례
屋上架屋(옥상가옥)

성어
옥상가옥(屋上架屋): 지붕 위에 다시 지붕을 만든다는 뜻으로, 쓸데없는 일을 거듭할 때 쓰는 표현.

文

 따뜻할 온

갑골문	금문	전국문자	소전	예서	해서
			溫	溫	溫

한
溫
음 온
뜻 따뜻하다 /
부드럽다 / 익히다

중
溫
음 wēn
뜻 따뜻하다 /
온순하다 /
덥히다, 데우다

일
溫
음 おん on
뜻 온도 / 따뜻하다 /
익히다

자원
형성

의미 부분인 水[물 수]와 소리 겸 의미 부분인 𥁕[어질 온]으로 이루어짐. 소리 부분 𥁕은 그릇을 본뜬 皿[그릇 명]과 감옥을 뜻하는 囚[가둘 수]로 이루어져 죄수에게 음식을 먹이므로 '(마음이) 따뜻하다'라는 의미를 나타냄. 여기에 水가 더해지므로 '물이 따뜻하다'라는 뜻을 나타냄. 또한 溫은 중국 귀주성(貴州省)에 있는 하천의 이름이기도 함.

용법

한중일 모두 '따뜻하다'의 의미로 사용함. 한국어와 일본어에서 溫存(온존, おんぞん)은 '(건강 따위를) 소중하게 보존함'을 의미하는 정중한 표현인데, 일본어에서는 그 외에도 '좋지 않은 것을 건드리지 않고 그대로 보존하다'라는 의미로도 사용함.

용례

溫情(온정), 溫泉(온천), 體溫(체온)

성어

삼한사온(三寒四溫): 사흘 춥고 나흘 따뜻함. 한반도의 일반적인 겨울 현상을 가리키는 말.

完

완전할 완

갑골문	금문	전국문자	소전	예서	해서

(한)
完
음 완
뜻 완전하다 / 끝내다

(중)
完
음 wán
뜻 완성하다 / 마치다

(일)
完
음 かん kan
뜻 완전하다 / 끝나다

자원
형성
의미 부분인 宀[집 면]과 소리 부분인 元[으뜸 원]으로 이루어짐. '훼손된 곳이 없이 온전한 상태'를 의미하다가, 후에 '완전하다', '끝내다' 등의 의미로 확대 사용하고 있음. 元은 사람의 머리 부위를 강조한 글자로 원래 의미는 '머리'인데, 후에 '우두머리', '처음' 등의 의미로 확대 사용되고 있음. 宀과 元이 결합되어 어떻게 '완전하다'를 의미하게 되었는지에 대해서는 정설이 없음.

용법
한중일 모두 '부족함이 없다', '끝내다'의 의미로 사용함. 중국어에서 完了(완료)는 두 가지 뜻과 발음으로 쓰는데, '(일을) 끝내다'의 뜻으로 쓰일 때는 wánliǎo라고 읽고, '망하다', '끝장나다'의 뜻을 나타낼 때는 wánle라고 읽음. 또한 중국어에서는 看完(kànwán), 用完(yòngwán)처럼 동사 뒤에 사용하여 동작의 완료를 뜻하는 글자로도 사용함.

용례
完了(완료), 完璧(완벽), 完全(완전)

성어
완벽(完璧): 흠이 없이 원래 모습 그대로의 보석. 결점을 전혀 찾아볼 수 없는 상태를 이르는 말.

문

往

갈 왕

갑골문	금문	전국문자	소전	예서	해서
㞷	徍		徍	迬	往

한
往
음 왕
뜻 가다 / 과거, 옛날 /
이따금

중
往
음 wǎng
뜻 (~로) 향하다 /
옛날의 / 가다

일
往
음 おう ou
뜻 가다 / 옛날 / 이후

자원
형성

금문을 보면 王[임금 왕]과 止[갈 지], 그리고 '길'을 나타내는 彳[조금 걸을 척]으로
구성되어 있고, 이러한 자형 구성이 소전까지 이어졌으나, 예서에 와서 止와 王이
합쳐져 오늘날의 往과 같은 자형이 되었음. 『설문』에서는 "가다"로 풀이하였음.

용법

한중일 모두 '가다', '(물품을) 보내다', '보내주다'의 의미로 사용함. 일본어에서는
往く(ゆく)로 활용되어 '한 곳에서 딴 곳으로 움직여 가다'라는 의미도 나타냄. 중국어
에서는 '~로 향하다'라는 동사나 '이전의', '옛날의', '지나간'이라는 형용사, '~쪽으로'
라는 의미로 주로 사용함.

용례   往來(왕래), 往復(왕복), 旣往(기왕)

성어   설왕설래(說往說來): 서로 말을 주고받음. 옳고 그름을 가리기 위해 서로 바쁘게 말을
주고받는다는 뜻.

윤

王

임금 왕

476

갑골문	금문	전국문자	소전	예서	해서
大	王	王	王	王	王

한
王
음 왕
뜻 임금, 천자 /
수령, 우두머리 /
왕 노릇하다,
군림함

중
王
음 wáng, wàng
뜻 [wáng] 임금, 군주 /
수령, 우두머리
[wàng] 왕 노릇하다

일
王
음 おう ou
뜻 왕 / 임금, 군주

자원
상형
이 글자의 자형에 관해서는 '불꽃이 솟아오르는 모습', '두 손을 모으고 단정히 앉아 있는 모습' 등 여러 가지 이견이 있음. 그러나 현재 가장 유력한 것은 갑골문과 같이 아래를 향하고 있는 도끼날을 그렸다는 것임. 이처럼 사람의 목숨을 해칠 수 있는 도끼는 곧 왕의 절대 권위를 상징하고 있음. 이로부터 '왕', '임금', '우두머리' 등의 뜻이 나오게 되었음.

용법
한중일 모두 '왕', '임금'의 의미로 사용함. 한국어에서는 '왕개미', '왕소금'과 같이 좀 더 큰 종류의 것을 뜻하는 접두사로 사용되며, '발명왕', '저축왕'과 같이 으뜸이 되는 것을 뜻하는 접미사로도 사용됨. 한편 중국어에서 '민물거북'을 뜻하는 王八(wángba)는 욕으로도 사용됨.

용례
王子(왕자), 王朝(왕조), 國王(국왕)

성어
왕공대인(王公大人): 왕이나 공, 지체 높은 사람. 왕조 시대에 벼슬이나 사회적 신분이 매우 높은 사람을 가리키던 말.

오

510

外 바깥 외

갑골문	금문	전국문자	소전	예서	해서
卟	卟	𠂭	外	外	外

한
外
음 외
뜻 바깥, 밖 / 외국 / 외가

중
外
음 wài
뜻 밖, 바깥 / ~외에 / 여자 쪽의

일
外
음 がい gai, げ ge
뜻 겉, 표면 / 밖 / 외가

자원
형성 두 개의 의미 부분인 夕[저녁 석]과 卜[점 복]으로 '저녁에 치는 점'의 뜻을 나타낸 글자였는데, 가차되어 '바깥'의 뜻으로 널리 쓰였음.『설문』에서 "外의 본래 의미는 '먼 쪽'이다. 점을 칠 때 아침을 숭상했는데, 지금은 저녁에 점을 친다. 점은 일상적인 것 밖의 일이다"라고 풀이하였는데, 이를 통해 옛사람들이 점치는 시간을 아침과 저녁으로 구분하였다는 것을 알 수 있음. 갑골문에서는 夕 없이 卜만으로 外를 나타냈는데, 이를 통해 은대(殷代)에는 아침에 점을 쳤음을 알 수 있음. 또한 은대 이후 점차 저녁에 점을 치면서 夕을 더해 저녁에 치는 점을 강조하였고, 外가 '바깥'의 뜻으로 가차되어 쓰이자 卜만으로 '저녁에 치는 점'의 뜻을 나타냈음.

용법
한중일 모두 '바깥'의 의미로 사용함. 중국어에서 見外(jiànwài)는 '남처럼 대하다'의 뜻을 나타냄. 일본어에서 外股(そとまた)는 '팔자걸음'의 뜻을 나타냄. 한국어에서 內外(내외)는 '부부'와 '남녀'의 의미 외에 '남의 남녀 사이에 서로 얼굴을 마주 대하지 않고 피함'이라는 의미로도 사용함. 外來(외래, がいらい, wàilái])는 삼국 모두 밖에서 또는 외국에서 온 것을 뜻하나 한국어와 일본어에서는 환자가 입원하지 않고 병원에 다니면서 치료받는 것을 뜻하기도 함. 중국어에서는 問診(ménzhěn)을 사용함.

용례
外交(외교), 外國(외국), 外面(외면)

성어
외유내강(外柔內剛): 겉은 부드럽고 속은 강함. 겉으로는 남을 잘 받아들이면서 부드럽지만 안으로는 강인한 정신과 결단력 등을 지닌 사람을 가리키는 말.

要

요긴할 요

갑골문	금문	전국문자	소전	예서	해서
			要	要	要

한
要 음 요
뜻 중요하다 /
필요하다 / 구하다

중
要 음 yāo, yào
뜻 [yāo] 요구하다
[yào] 바라다,
원하다

일
要 음 よう you
뜻 중요한 부분 /
요구하다 /
기다리다

자원
상형
'여자가 두 손으로 허리를 가리키고 있는 모습'을 본뜬 글자임. 가차되어 '요구하다'의
뜻으로 널리 쓰임에 따라 腰[허리 요]를 만들어 본뜻을 나타냈음. 要의 본뜻인
'허리'는 사람 몸에서 매우 중요한 부위이므로, '중요하다', '필요하다' 등의 뜻으로
확대되었음. 『설문』에서는 '몸의 가운데'로 풀이하였음. 窈[그윽할 요], 姚[예쁠 요],
妖[아리따울 요] 등의 어원은 아름다운 허리에 있고, 腰의 어원은 凹[오목할 요]에
있음. 또한 허리는 위아래 몸이 교차되는 부위라는 점에서 交[사귈 교]와 뜻이 통함.

용법
한중일 모두 '중요하다', '요구하다'의 의미로 사용함. 要領(요령)은 要[허리]와
領[옷깃]으로 조어된 어휘로, 사물의 가장 중요한 부분을 뜻하며, 이에 대한 이치만
터득하면 나머지는 저절로 해결된다는 의미를 함유하고 있음. 한중일 삼국에서 공히
'사물의 핵심', '골자'라는 뜻으로 쓰이며, '일처리에 꼭 필요한 이치를 안다'라는 뜻을
'요령을 파악하다'라는 형태로 쓰기도 함. 또한 한국어와 일본어에서는 '일처리에서
가장 요긴하고 으뜸이 되는 것만 해치우고 어물거리며 넘어가려는 잔꾀'를 '요령이
있음' 내지는 '요령을 피우다'라고 표현함.

용례
要求(요구), 要領(요령), 重要(중요)

성어
불요불급(不要不急): 필요하지 않으면 급하지도 않다는 뜻으로, 당장 급하게 서두를
필요가 없는 일이나 상황을 이르는 말.

박

목욕할 욕

갑골문	금문	전국문자	소전	예서	해서

한
浴 음 욕
뜻 목욕하다 /
수양하다

중
浴 음 yù
뜻 목욕하다

일
浴 음 よく yoku
뜻 목욕하다

자원
형성

의미 부분인 水[물 수]와 소리 겸 의미 부분인 谷[골 곡]으로 이루어짐. '몸을 닦다'의 뜻을 나타냄. 谷의 갑골문을 보면 윗부분은 샘물이 막 솟아나기 시작한 모양이고 아랫부분은 골짜기로서 '산골짜기에 샘물이 솟아 흐르는 물길'을 본뜬 글자임. 여기에 다시 水를 더하여 '목욕하다'의 의미가 되었음.

용법

한중일 모두 '목욕하다'의 의미로 사용함. 한국어에서는 '수양하다'라는 의미로 쓰기도 하는데 浴化(욕화, 덕화의 감화를 받거나 입힘)를 그 예로 들 수 있음. 목욕할 때는 물을 머리에서 발끝까지 푹 담근다는 점에서 '뒤집어쓰다', '입다'라는 의미를 나타내기도 하는데, 가령 浴恩(욕은, 은혜를 입다)과 같이 쓰기도 함. 현대 중국어에서는 沐浴(mùyù)보다 洗澡(xǐzǎo)가 더 보편적으로 쓰이고 있음. '목욕할 수 있게 물을 담는 통'을 뜻하는 浴槽(욕조, よくそう)를 중국어에서는 浴盆(yùpén)라고 표현함.

용례

浴室(욕실), 沐浴(목욕), 日光浴(일광욕)

성어

목욕재계(沐浴齋戒): 머리를 감고 몸을 씻어 깨끗하고 신성함을 유지함. 경건한 행사를 앞두고 몸과 마음을 깨끗하고 맑게 유지하는 일.

欲

하고자 할 욕

갑골문	금문	전국문자	소전	예서	해서

한 欲 음 욕
뜻 하고자 하다

중 欲 음 yù
뜻 욕망 / 하고자 하다

일 欲 음 よく yoku
뜻 원하다 / 욕심

자원
형성

의미 부분인 欠[하품 흠]과 소리 부분인 谷[골 곡]으로 이루어져 '탐내다'를 의미함.
금문에서는 谷을 차용하여 欲으로 사용하고 있으며, 전국시대에 와서야 欠이 추가됨.
후에 '~하고자 하다', '장차 ~하려 하다' 등의 의미로 확대 사용하고 있으며, 心[마음
심]을 추가한 慾[욕심 욕]을 만들어 동일한 의미의 명사로 사용하고 있음.

용법
한중일 모두 '하고자 하다'의 의미로 사용함. 한국어에서는 명사로 사용될 경우 慾[욕심
욕]을 사용하기도 하지만, 중국어와 일본어에서는 구별 없이 欲을 사용함. 한국어에서
'분수에 넘치게 무엇을 탐내거나 누리고자 하는 마음'을 慾心(욕심)이라고 하지만,
일본어에서는 欲(よく)라고 하고, 중국어에서는 貪心(tānxīn)이라고 함.

용례
欲求(욕구), 欲望(욕망), 食欲(식욕)

성어
욕속즉부달(欲速則不達): 빨리 가려다 오히려 미치지 못함. 억지로 속도를 내려다
일을 망가뜨릴 수 있음을 경계하는 말.

勇 날랠 용

갑골문	금문	전국문자	소전	예서	해서

한

勇 음 용
뜻 날래다 / 용감하다

중

勇 음 yǒng
뜻 용감하다 / 의용병

일

勇 음 ゆう yu-u
뜻 용기를 내다 /
용맹스럽다

자원
형성

의미 부분인 力[힘 력]과 소리 부분인 甬[길 용]으로 이루어짐. 소리 부분인 甬은
걸어놓는 고리가 달린 종[鐘]을 그린 것임. 전국시대의 고문자를 보면, 戈[창 과]가
의미 부분에 쓰였는데 소전에서는 力으로 변화했음. 무기인 戈[창]과 농기구인
力[쟁기]가 나타내는 '힘이 있다', '용기 있다'의 의미에서 '날쌔다', '과감하다'의
의미로 확장되었음. 후에는 병사(兵士)라는 의미도 더해졌음.

용법

한중일 모두 '용감하다'의 의미로 사용함. 중국어에서는 '의용병'을 가리키는 말로도
사용함. 勇退(용퇴, yǒngtuì, ゆうたい)의 경우 삼국 모두 '후진에게 길을 열어주기
위해서 스스로 물러남'이라는 의미를 나타냄.

용례

勇敢(용감), 勇氣(용기), 勇壯(용장)

성어

용감무쌍(勇敢無雙): 용감하기가 짝이 없음. 매우 용감한 사람의 태도를 일컫는 말.

用 쓸 용

갑골문	금문	전국문자	소전	예서	해서
用	用	用	用	用	用

한 用 음 용
뜻 쓰다 / 부리다,
사역하다

중 用 음 yòng
뜻 쓰다 / 쓸모 / 비용

일 用 음 よう you
뜻 쓰다 / 작용하다 /
용건

자원
상형
'나무통 모양'을 본뜬 글자임. 통이 아주 요긴하게 쓰이는 도구라는 점에서 '사용하다'
라는 뜻이 파생되었음. 用이 '사용하다'의 뜻으로 널리 쓰이자 윗부분에 손잡이를 더해
甬[길 용]을 만들어 用의 본뜻인 '나무통'을 의미하는 글자로 썼음. 또한 用과 자형상의
구별을 명확히 하기 위해 그 재질을 나타내는 木[나무 목]을 더해 桶[통 통]을 만들어
썼음. 『설문』에서는 "실행할 수 있는 것"으로 풀이하였음. 본의(本義)에서 파생된
인신의(引伸義)로 뜻을 풀이한 것을 알 수 있음. 한자 중에 '나무통'의 뜻을 가진 用과
뜻이 통하는 글자로 筒[대롱 통], 容[용기 용], 籠[대그릇 롱] 등의 글자가 있음.

용법
한중일 모두 '쓰다', '부리다'의 의미로 사용함. 중국어에서 零用錢(língyòngqián)은
'용돈'의 뜻을 나타내고, 일본어의 胸算用(むなざんよう)는 '꿍꿍이셈'의 뜻을 나타냄.

용례
用具(용구), 用品(용품), 公用(공용)

성어
용의주도(用意周到): 생각이 여러 곳에 두루 미침. 일을 할 때 여러 가지를 치밀하게
따지는 행위를 이르는 말.

박

483

容 얼굴 용

갑골문	금문	전국문자	소전	예서	해서
				容	容

ⓗ한	ⓗ중	ⓗ일
容 음 용 뜻 얼굴 / 담다 / 받아들이다	容 음 róng 뜻 담다 / 용서하다 / 허락하다	容 음 よう you 뜻 담다 / 용서하다 / 여유 있다

자원 형성 의미 부분인 宀[집 면]과 소리 겸 의미 부분인 谷[골 곡]으로 이루어짐. 건물[宀]과 골짜기[谷]는 모두 빈 공간이기에 다른 것을 채워넣을 수 있다는 점에 착안해서 만든 글자임. 원래 의미는 '담다'이며, 후에 '받아들이다', '승낙하다', '용서하다' 등의 의미로 확대 사용하고 있음. '외모', '모양' 등의 의미는 글자와 상관없이 차용된 것임.

용법 한중일 모두 '그릇', '외모', '받아들이다'의 의미로 사용함. 한국어와 일본어에서는 '기능의 장애를 정상 상태로 회복하기 위하여 실시하는 외과수술'을 整形(정형, せいけい)라고 함. 다만 '미용의 목적으로 형태를 교정하는 수술'을 한국어에서는 成形(성형)라고 하지만, 일본어에서는 美容整形(びようせいけい)라고 함. 중국어에서는 미용을 목적으로 하는 수술을 일반적으로 整容(zhěngróng) 또는 美容整形(měiróngzhěngxíng)이라고 함.

용례 容器(용기), 容貌(용모), 容忍(용인)

성어 간불용발(間不容髮): 벌어진 사이가 털끝 하나도 받아들일 수 없음. 사태가 매우 급박하여 조금의 여유도 허용치 않는 상황을 가리키는 표현.

ㅇ

문

憂　근심 우

갑골문	금문	전국문자	소전	예서	해서
			憂	憂	憂

한 憂
음 우
뜻 근심 / 근심하다

중 忧
음 yōu
뜻 우울하다 / 근심하다

일 憂
음 ゆう yu-u
뜻 근심 / 근심하다

자원
회의

금문은 '손으로 얼굴을 어루만지는 모습'이고, 전국문자는 두 개의 의미 부분인 心[마음 심]과 頁[머리 혈]로 이루어진 慐의 형태를 취하고 있음. 마음속 고민이 얼굴에 표출된 상황을 묘사한 글자로 볼 수 있음. 소전부터 의미 없는 夂[뒤져서 올 치]가 추가되어 해서까지 이어지고 있음. 중국 간화자는 필획이 적은 尤[더욱 우]를 소리 부분으로 대체하여 만든 것임. 懮[느릿할 우]는 의미 부분 心[마음 심]을 추가하여 만든 이체자이며 그 의미는 동일함.

용법

한중일 모두 '근심'의 의미로 사용함. '기분이 언짢아 명랑하지 아니한 심리 상태'를 삼국 모두 憂鬱症(우울증, yōuyùzhèng, ゆううつしょう)라고 하지만, 중국어와 일본어에서는 각각 抑鬱症(yìyùzhèng)과 ふさぎの蟲(むし)라는 다른 표현도 사용함.

용례

憂愁(우수), 憂患(우환), 杞憂(기우)

성어

기우(杞憂): 기나라 사람들이 하늘이 무너질까 걱정함. 쓸데없는 걱정을 이르는 말.

문

485

又 또 우

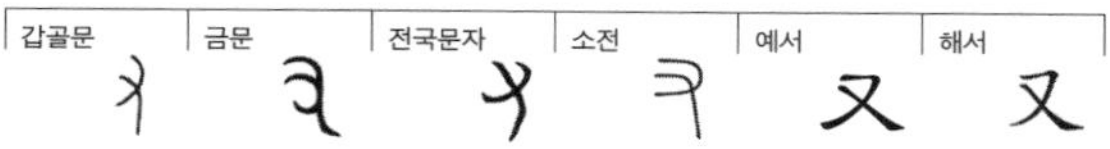

갑골문
금문
전국문자
소전
예서
해서

㊥ 又 음 우 | 뜻 또, 거듭

㊥ 又 음 yòu | 뜻 또, 다시 / 그 위에, 더하여

㊐ 又 음 ゆう yu-u | 뜻 그 위에, 또

자원 상형

'오른손'을 본뜬 글자인데, 가차되어 '또'의 뜻으로 널리 사용함. 본뜻의 又[또 우]는 手[손 수]와 뜻이 통함. 『설문』에서는 본래 의미를 "손"으로 풀이하였음. 갑골문에서 又는 '또'라는 뜻 외에도 '오른쪽', '소유하다', '돕다' 등의 뜻으로 쓰였는데, '오른쪽'의 뜻을 나타내는 又는 右[오른쪽 우]와 뜻이 통하고, '소유'의 뜻을 나타내는 又는 有[있을 유]와 뜻이 통하며, '돕다'의 뜻을 나타내는 又는 祐[도울 우], 佑[도울 우]와 뜻이 통함.

용법 한중일 모두 '또', '다시'라는 의미로 사용함. '날로 새롭고, 또 날로 새로워짐'을 뜻하는 日新又日新(일신우일신, rìxīnyòurìxīn, にっしんゆうにっしん)은 삼국 모두에서 쓰이는 표현임. 일본어에서는 又又(またまた)라고 써서 '거듭', '또다시'의 의미를 나타내기도 함.

용례 日新又日新(일신우일신)

성어 일신우일신(日新又日新): 나날이 새로워지고 또 새로워짐. 끊임없이 갈고닦아 스스로를 새롭게 발전시킨다는 뜻.

ㅇ

박

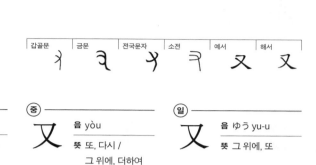

遇

만날 우

갑골문	금문	전국문자	소전	예서	해서
	異 仁	琨	遇	遇	遇

한
遇 음 우
뜻 만나다 / 당하다 /
대접하다

중
遇 음 yù
뜻 만나다 / 대우하다 /
기회

일
遇 음 ぐう gu-u
뜻 우연히 만나다 /
대우하다

자원
형성

의미 부분인 辵[쉬엄쉬엄 갈 착]과 소리 부분인 禺[긴꼬리원숭이 우]로 이루어짐.
『설문』에서는 "만나다"로 풀이하였고, 『상서』에서는 "우연히 만나다"로 풀이하였음.
辵은 길거리[彳]와 발[止]로 이루어진 글자로 '가다'라는 동작을 나타내며, 이로써
움직임을 강조하고 있음. 여기에서 '만나다', '대우하다' 등의 의미로 확장되었음.

용법

한중일 모두 '만나다', '대우하다'의 의미로 사용함. 한국어와 일본어에서는 '조처하여
대우하는 것'을 處遇(처우, しょぐう)라고 하지만, 중국어에서는 待遇(dàiyù)라고 함.
한편 중국어에서는 부부 이외의 남녀 관계를 外遇(wàiyù)라고 함.

용례

待遇(대우), 禮遇(예우), 遭遇(조우)

성어

천재일우(千載一遇): 천 년에 한 번 만남. 매우 드물게 오는 기회를 이르는 말.

友 벗 우

갑골문	금문	전국문자	소전	예서	해서

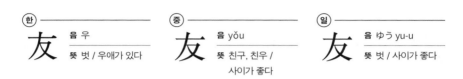

한 ─────────
友 음 우
뜻 벗 / 우애가 있다

중 ─────────
友 음 yǒu
뜻 친구, 친우 /
사이가 좋다

일 ─────────
友 음 ゆう yu-u
뜻 벗 / 사이가 좋다

자원 '두 사람의 손'을 본떠 '친구'의 뜻을 나타낸 글자임. 『설문』에서는 "뜻을 같이 하는
회의 사람"으로 풀이하였음. 友[벗 우]는 偶[짝 우]와 뜻이 통함. 親舊(친구)의 舊[예
구]를 『설문』에서는 '올빼미'로 풀이하였음. 舊의 본뜻이 올빼미라고 본다면, 舊의
'친구'라는 뜻은 가차된 것임을 알 수 있음. 즉 親友(친우)의 友의 음이 '구'로 바뀜에
따라 그 음과 같은 올빼미 舊로 가차하여 적은 것임.

용법 한중일 모두 '친구'의 의미로 널리 사용함. 한국어와 일본어에서는 同窓會(동창회,
どうそうかい)라고 쓰는 데 반해, 중국어에서는 校友會(xiàoyǒuhuì)라고 주로 씀.
또한 한국어와 일본어에서는 學友(학우, がくゆう)라고 쓰는데, 중국어에서는
同學(tóngxué)라는 표현을 더 널리 사용함. 중국어에서는 '친구'를 朋友(péngyou) 혹은
老友(lǎoyǒu)라고 쓰고, 일본어에서는 友垣(ともがき)라는 표현을 쓰기도 함.

용례 友誼(우의), 友好(우호), 校友(교우)

성어 막역지우(莫逆之友): 서로 전혀 거리낄 게 없는 친구. 친구 사이의 아주 두터운
우정을 가리키는 표현.

雨 비 우

갑골문	금문	전국문자	소전	예서	해서

한 ──────
雨 음 우
뜻 비 / 비가 오다

중 ──────
雨 음 yǔ
뜻 비 / 비가 오다

일 ──────
雨 음 う u
뜻 비 / 비가 오다

자원
상형
갑골문은 '하늘에서 빗방울이 점점이 떨어지는 모습'을 본뜬 글자임. 『설문』에서는 자형의 구조를 하늘[一]의 구름[冂]에서 떨어지는 빗방울이라는 세 부분으로 이루어진 것으로 보았으며 "물이 구름 가운데서 내려오는 것"이라고 풀이하였음. 그러나 冂[먼데 경]은 실제로는 雨의 갑골문에서 一과 빗방울의 형상이 이후 소전에 이르러 잘못 변화된 것으로 『설문』에서 冂을 구름이라고 판단한 것은 오류라고 할 수 있음. 과거 농사를 짓는 데 있어 비는 가장 중요한 요소였기 때문에 날이 가물 때 비가 오기를 기원하는 기우(祈雨)와 관련된 의미로도 사용했음.

용법
한중일 모두 '비'와 관련된 의미로 널리 사용함. 중국에서는 비가 올 때 머리 위를 가리는 雨傘(yǔsǎn)을 상대방에게 잘 선물하지 않는데, 이는 傘(sǎn)의 발음이 '흩어지다'라는 뜻의 散(sǎn)과 동일하기 때문임. 이런 것을 해음(諧音) 현상에 의한 금기라고 함. 한편 중국어에서는 '비가 내리는 것'을 下雨(xiàyǔ)라고 하며, 중국어와 일본어에서는 비를 가리기 위해서 사용하는 우산, 비옷 등을 雨具(yǔjù, あまぐ)라고 함.

용례
降雨(강우), 暴雨(폭우), 豪雨(호우)

성어
우후죽순(雨後竹筍): 비 온 뒤의 죽순. 적당한 조건을 맞이하여 크게 성장하는 모습을 비유적으로 이르는 말.

오

牛

소 우

갑골문	금문	전국문자	소전	예서	해서

한 牛 음 우 / 뜻 소

중 牛 음 niú / 뜻 소 / 대단하다, 최고다 / 황소고집

일 牛 음 ぎゅう gyu-u, ご go / 뜻 소

자원
상형
소의 머리 부분을 본뜬 글자로, 신체의 가장 특징적인 부분만으로 '소' 전체를 의미하고 있음. 소는 고대사회부터 인간에게 길들여진 소중한 가축으로 농사에 유용하게 활용되었을 뿐만 아니라 제사에서 중요한 제수용품으로 사용되었음. 이에 고대사회에서는 전문적으로 소를 관리하는 牛人(우인)이라는 관직도 설치되었음.

용법
한중일 모두 '소'의 의미로 사용함. 한국어와 일본어에서는 '소의 젖'을 牛乳(우유, ぎゅうにゅう)라고 하지만, 중국어에서는 牛奶(niúnǎi)라고 함. 또한 중국어에서는 '젖소'를 奶牛(nǎiniú) 또는 乳牛(rǔniú)라고 하며, 일본어에서는 乳牛(にゅうぎゅう)라고 함. 한국어에는 '황소고집'이라는 표현이 있는데, 중국어에서도 '완고하고 거만한 성격'을 牛脾氣(niúpíqi)라고 함.

용례
牛肉(우육), 九牛一毛(구우일모)

성어
한우충동(汗牛充棟): 수레에 실어 소가 옮기려면 땀을 흘리고 쌓아올리면 대들보까지 가득 찰 정도의 양. 서적이 그만큼 아주 많음을 이르는 말.

490

右 오른 우

갑골문	금문	전국문자	소전	예서	해서

한 右 음 우
뜻 오른쪽 / 숭상하다

중 右 음 yòu
뜻 오른쪽 / 숭상하다

일 右 음 う u, ゆう yu-u
뜻 오른쪽 / 숭상하다 / 보수적이다

자원
회의

'오른손'을 의미하는 又[또 우]와 '입'을 본뜬 口[입 구]를 통해 '손과 입으로 남을 돕다'의 뜻을 나타낸 글자임. 갑골문에는 '돕다'의 뜻을 나타내는 글자로 右는 없고, 又만 보이는데, 원래 右가 쓰이기 전에 又를 가차해 '돕다'의 뜻을 나타냈음을 알 수 있음. 즉 右는 又의 인신의인 '돕다'의 뜻을 나타내기 위해 만들어진 글자임. 右는 '돕다'의 뜻을 나타내기 위해 만들어진 글자지만, 또다시 '오른쪽'의 뜻으로 가차되어 쓰임에 따라 人[사람 인]을 다시 더해 佑[도울 우]를 만들어 본래의 뜻을 나타냈음. 『설문』에서는 右의 본래 의미를 "돕다"로 풀이하였음. 助[도울 조]는 右와 뜻이 통하는 글자임. 祐[도울 우] 역시 右, 佑, 助 등의 글자와 뜻 통함.

용법
한중일 모두 '오른쪽'의 의미로 널리 사용함. 한중일 모두 左右(좌우, zuǒyòu, さゆう)를 '~에 지배되다', '~에 영향을 미치다'의 뜻을 나타내는 동사로 사용하고, 중국어에서는 수량을 나타내는 말 뒤에 쓰여 대략적인 수를 나타내는 '정도'의 뜻으로도 자주 사용함. 한국어에서 右腕(우완)은 '오른손'을 나타내는데, 일본어에서 右腕(みぎうで)는 '심복(心腹)'의 의미로도 사용함.

용례
右翼(우익), 右側(우측), 左右(좌우)

성어
우왕좌왕(右往左往): 오른쪽으로 가고 왼쪽으로 간다는 뜻으로, 갈피를 잡지 못하고 헤매는 일이나 상황을 이르는 말.

박

宇　집 우

갑골문	금문	전국문자	소전	예서	해서

한 ——————

宇　음 우

뜻 집 / 하늘

중 ——————

宇　음 yǔ

뜻 집 / 모든 공간 /
세계

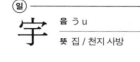

일 ——————

宇　음 うu

뜻 집 / 천지 사방

자원
형성

의미 부분인 宀[집 면]과 소리 부분인 于[어조사 우]로 이루어짐. 건물의 처마[檐]를 뜻하는 글자인데, 후에 '집', '공간', '하늘' 등의 의미로 확대 사용하고 있음. 宇는 천지사방의 공간을 의미하고, 宙[집 주]는 이전부터 미래까지의 시간을 의미함 (현재는 宙 역시 공간의 의미로 사용함). 이처럼 무한한 시간과 만물을 포함하고 있는 끝없는 공간의 총체를 宇宙(우주)라고 함.

용법

한중일 모두 宇宙(우주)에서와 같이 宙와 결합하여 '무한한 시간과 만물을 포함하고 있는 끝없는 공간의 총체'를 지칭하는 의미로 사용함. '우주 비행사나 연구자가 장기간 머물 수 있도록 설계한 기지(space station)'를 한국어에서는 宇宙停車場(우주 정거장)이라고 하지만, 중국어에서는 空間站(kōngjiānzhàn), 航天站(hángtiānzhàn), 太空站(tàikōngzhàn) 등 다양하게 표현하고, 일본어에서는 宇宙(うちゅう)ステーション 이라고 함.

용례

宇宙(우주)

성어

우주만물(宇宙萬物): 우주에 있는 만물. 넓고 넓은 세상의 모든 사물이라는 뜻.

雲 구름 운

갑골문	금문	전국문자	소전	예서	해서
굿			雲	雲	雲

한
雲 음 운
뜻 구름

중
云 음 yún
뜻 구름 /
운남성(云南省) /
말하다

일
雲 음 うん un
뜻 구름

자원
형성
의미 부분인 雨[비 우]와 소리 부분인 云[이를 운]으로 이루어짐. 갑골문은 구름이 피어오르는 모습을 본뜬 글자임. 『설문』에서는 "산천의 기운"으로 풀이하였음. 또한 『설문』에서는 云을 갑골문의 모습과 같이 구름이 피어오르는 "구름이 돌아나가는 모습을 본떴다"라고 풀이하였음. 즉 云이 雲의 초기 문자로 후에 가차되어 '말하다'의 뜻으로 사용되자 구름의 의미를 좀 더 분명히 하기 위해서 雨를 더해 雲을 만들었음. 중국의 간화자에서는 '구름'과 '말하다'라는 뜻의 글자가 동일하게 云으로 사용되므로 주의해야 함.

용법
한중일 모두 '구름'의 의미로 많이 사용함. 중국어에서는 '높은 하늘'을 雲天(yúntiān)이라고 하며, 일본어에서는 '구름의 움직임'을 雲足(くもあし)라고 함.

용례
雲集(운집), 戰雲(전운), 靑雲(청운)

성어
망운지정(望雲之情): 구름을 바라보며 떠올리는 정. 고향을 떠나 외지에 사는 자식이 부모를 그리워하는 마음을 이르는 말.

오

運 운전 운

갑골문	금문	전국문자	소전	예서	해서
			諢	運	運

한

運 음 운
뜻 옮기다 / 움직이다 /
운수

중

运 음 yùn
뜻 이동하다 /
운송하다 /
사용하다

일

運 음 うん un
뜻 이동하다 /
나르다 / 운수

자원
형성

의미 부분인 辵[쉬엄쉬엄 갈 착]과 소리 부분인 軍[군사 군]으로 이루어짐.
『설문』에서는 "움직여 옮겨 감"으로 풀이하였음. 辵은 길거리[彳]와 발[止]이 합쳐진
것으로 '가다'라는 움직임을 나타내며, 이로써 '옮기다', '움직이다', '나르다' 등의
의미로 확장되었음.

용법

한중일 모두 '움직이다', '운수'의 의미로 사용함. 자동차를 조작하는 것을 한국어와
일본어에서는 運轉(운전, うんてん)이라고 하지만 중국어에서는 開車(kāichē) 혹은
駕駛(jiàshǐ)라고 함. 또한 한국어와 일본어에서 말하는 運命(운명, うんめい)를
중국어에서는 命運(mìngyùn)이라고 함.

용례

運動(운동), 運輸(운수), 幸運(행운)

성어

무운장구(武運長久): 군인으로서 좋은 운이 오래 감. 군대에서의 행운을 기원하는 말.

雄

수컷 웅

갑골문	금문	전국문자	소전	예서	해서
			雄	雄	雄

한
雄
음 웅
뜻 수컷 / 뛰어나다 /
씩씩하다

중
雄
음 xióng
뜻 수컷 / 강력한 /
웅대한

일
雄
음 ゆう yu-u
뜻 수컷 / 남자답다,
굳세다

자원
형성

의미 부분인 隹[새 추]와 소리 부분인 厷[팔뚝 굉]으로 이루어짐. 전국문자부터 보이기 시작하는데, 무엇을 본뜬 것인지는 명확하지 않음.『설문』에서는 "새의 수컷" 이라고 풀이하였음. 동물 중 수컷이 외모가 화려하고 강력한 사냥 능력을 지닌 것이 많아 이후 '뛰어나다'라는 의미로 확장된 것으로 보임.

용법

한중일 모두 '수컷', '두목', '씩씩하다'의 의미로 사용함. 일본어에서 ゆう로 읽으면 '영웅', '걸출한 유력자'라는 뜻이 됨. 한중일 모두 雌雄(자웅, cíxióng, しゆう)를 '암컷과 수컷'이라는 의미로 사용하며, 또한 기량이나 우열을 가릴 때 '자웅을 겨루다' 라는 표현을 자주 사용함.

용례

雄辯(웅변), 雄壯(웅장), 英雄(영웅)

성어

일세지웅(一世之雄): 한 시절의 영웅. 그 시대에 가장 뛰어나서 넘볼 사람이 없음을 일컫는 말.

윤

園 동산 원

갑골문	금문	전국문자	소전	예서	해서

한 園
음 원
뜻 동산 / 밭 / 무덤

중 园
음 yuán
뜻 (~儿) 밭 / 유람하고 오락하는 장소

일 園
음 えん en
뜻 동산 / 공원 / 교육, 보호하는 기관

자원
형성

의미 부분인 囗[에워쌀 위]와 소리 부분인 袁[옷 길 원]으로 이루어짐. 囗는 사방이 둘러싸여 있는 모양으로 본래 의미는 '채마밭'이었음. 후에 '정원', '동산'의 의미가 더해졌음. 袁의 갑골문은 손[又]으로 옷[衣]을 잡고 있는 모양으로, 본래 의미는 '긴 옷'이었음. 긴 옷을 입고 있으므로 '행동이 느릿하다', '여유 있다'의 의미로 확장되었음. 園은 袁의 의미와는 관계없이 소리만을 빌려서 쓴 것임.

용법

한중일 모두 '정원', '동산'의 의미로 많이 사용함. 취학 전 아동의 교육기관을 한국어에서는 어린이집과 幼稚園(유치원)으로 구별하여 부르고 있는데, 일본어에서는 乳兒院(にゅうじいん)과 幼稚園(ようちえん)으로, 중국어에서는 託兒所(tuōérsuǒ)와 幼兒園(yòuéryuán)으로 달리 불리고 있음. 뜰이나 꽃밭을 의미할 때 한국어와 일본어에서는 庭園(정원, ていえん)이라 하지만, 중국어에서는 庭院(tíngyuàn)을 흔히 사용함. 한국어와 일본어에서 學園(학원, がくえん)은 '학교법인'을 지칭할 때 주로 쓰고, 學院(학원, がくいん)은 속셈학원, 영어학원 등과 같은 사설 교육기관을 의미함. 반면에 중국어에서는 대학을 포함한 정식 교육기관을 學院(xuéyuàn)이라고 함.

용례 果樹園(과수원), 庭園(정원), 學園(학원)

성어 도원결의(桃園結義): 복숭아 나는 정원에서 의를 맺음. 《삼국지연의》에서 유비와 관우, 장비가 형제의 인연을 맺어 큰일을 도모한 일화에서 나온 말.

圓

둥글 원

갑골문	금문	전국문자	소전	예서	해서
			圓	圓	圓

한
圓
음 원
뜻 둥글다 / 온전하다

중
圆
음 yuán
뜻 둥글다 / 완비되어 있다

일
円
음 えん en
뜻 원, 둥글다 / 엔(일본의 화폐 단위)

자원
형성
의미 부분인 □[에워쌀 위]와 소리 겸 의미 부분인 員[수효 원]으로 이루어짐. 員의 갑골문[𪔀]을 보면 솥의 주둥이가 둥글다는 것을 나타내는 글자임. 즉 에워싸여 있는 범위 안에 둥글다의 의미를 가진 員의 음이 더해져 '둥글다'의 의미를 강조한 圓이 되었음. 둥글면 흠진 곳이 없으므로 '온전하다'의 의미가 더해졌고, 후에 화폐의 단위로 쓰이기도 하였음.

용법
한중일 모두 '둥글다', '온전하다'의 의미로 사용함. 한국에서 1954년에 이루어진 통화개혁 이전 화폐 단위의 하나이기도 하고, 현재 일본의 통화 단위이기도 함. 한국어와 중국어에서 '가정이 원만한 것'을 團圓(단원, tuányuán)이라고 하는데, 일본어에서는 '연극이나 소설의 끝'이라는 의미로 쓰임. 한국어에서는 여기에 大[클 대]를 더한 大團圓(대단원)으로 동일 의미를 표현함. 중국어에서는 중추절을 團圓節(tuányuánjié)라고도 함.

용례
圓滿(원만), 圓卓(원탁), 圓滑(원활)

성어
천원지방(天圓地方): 하늘은 둥글고 땅은 네모나다는 뜻. 동양의 옛 우주관을 가리키는 말.

김

遠

멀 원

갑골문	금문	전국문자	소전	예서	해서
	㣥	㣥	蟢	遠	遠

한
遠 음 원
뜻 멀다 / 깊다,
심오하다

중
远 음 yuǎn
뜻 멀다 / 크다, 심하다

일
遠 음 えん en, おん on
뜻 멀다

자원
형성
의미 부분인 辵[쉬엄쉬엄 갈 착]과 소리 부분인 袁[옷 길 원]으로 이루어짐.
『설문』에서는 "요원하다"라고 풀이하였음. 辵은 '가다'라는 의미를 가지고 있으며 '먼
거리를 가다'라는 의미에서 '멀다', '깊다', '심오하다' 등의 의미가 파생되었음.

용법
한중일 모두 '멀다'의 의미로 많이 사용함. 한국어에서의 逍風(소풍)을 중국어에서는
野遊(yěyóu) 혹은 郊遊(jiāoyóu)라고 하고, 일본어에서는 본래 '먼 길을 걸어서
가다'라는 뜻의 遠足(えんそく)라고 함. 한편 일본어에서 다른 사람을 대하는 언행을
삼가는 것을 遠慮(えんりょ)라고 하는데, 이는 중국어의 客氣(kèqi)와 한국어의 操心
(조심)이나 配慮(배려)에 해당하는 표현임.

용례
遠大(원대), 深遠(심원), 永遠(영원)

성어
원교근공(遠交近攻): 먼 나라와 관계를 맺어 가까운 나라를 공격한다는 뜻. 주변과의
싸움에서 이기기 위해 택하는 외교 방식의 하나.

오

原

언덕 원

갑골문	금문	전국문자	소전	예서	해서
	原		原	原	原

한
原 음 원
뜻 언덕, 벌판 /
근원, 근본

중
原 음 yuán
뜻 본래의 / 양해하다 /
평원, 벌판

일
原 음 げん gen
뜻 처음, 기원 /
원형 / 들판

자원
회의

깎아지른 언덕[厂]에서 물이 흘러나오는 모습[泉]을 그려 샘물의 '根源(근원)'을 뜻했고, 이로부터 '원래의', '최초의', '가공을 거치지 않은' 등의 의미가 파생되었음. 『설문』에서는 샘이 여럿이라는 뜻에서 세 개의 泉[샘 천]으로 구성되었는데, 이후 하나로 줄어 지금처럼 되었음. 原이 '평원'이라는 뜻으로 쓰이자 다시 水[물 수]를 더하여 源[근원 원]으로 분화했음.

용법

한중일 모두 '원래', '근본', '평원'의 의미로 사용함. 한국어와 일본어에서는 原爆 (원폭, げんばく)에서처럼 原子力(원자력, げんしりょく)를 줄여 쓰는 말로도 사용함. 중국어에는 이러한 용법이 없고, 原子力 또한 原子能(yuánzǐnéng) 또는 核能(hénéng) 으로 표현함. 또 삼국 모두 '본디 사들일 때의 값'을 原價(원가, yuánjià, げんか) 라고 하는데, 중국어에서는 成本(chéngběn)이라는 표현을 더 많이 사용함.

용례

原理(원리), 原始(원시), 原因(원인), 高原(고원)

성어

중원지록(中原之鹿): 중원의 사슴. 옛 중국의 핵심 지역인 중원의 권력자, 즉 황제를 가리키는 말. 또는 세상의 최고 권력자라는 뜻.

怨 원망할 원

갑골문	금문	전국문자	소전	예서	해서
		怨	怨	怨	怨

한
怨 음 원
뜻 원망하다 /
미워하다 / 원수

중
怨 음 yuàn
뜻 원망하다 /
나무라다

일
怨 음 えん en, おん an
뜻 원망하다

자원
형성

의미 부분인 心[마음 심]과 소리 부분인 夗[누워 뒹굴 원]으로 이루어짐. 원래의 의미는 '원망하다'임. 갑골문과 금문에는 夗의 형태만 보이고 있으며, 心이 추가된 형태는 전국시대에 처음 등장함. 후에 '책망하다', '만족하지 못하다' 등의 의미로 확대 사용하고 있음. 怨과 恨[한할 한]은 유사한 의미를 나타내나, 후자가 더욱 강한 어감을 나타낼 때 사용되고 있음.

용법

한중일 모두 '원망'의 의미로 사용함. '원한이 맺힐 정도로 자기에게 해를 끼친 사람이나 집단'을 한국어에서는 怨讐(원수)라고 하지만, 중국어에서는 怨仇(yuànchóu) 또는 仇人(chóurén)이라고 하고, 일본어에서는 仇敵(きゅうてき)라고 함.

용례

怨望(원망), 怨恨(원한), 哀怨(애원)

성어

이덕보원(以德報怨): 덕으로 원한을 갚음. 원수를 은혜와 선량함으로 대함을 이르는 말.

願

원할 원

갑골문	금문	전국문자	소전	예서	해서
		覛	矄	願	願

한 願 음 원
뜻 원하다, 바라다

중 愿 음 yuàn
뜻 소망, 바람 /
바라다, 희망하다

일 願 음 がん gan, げん gen
뜻 바라다, 소원하다

자원
형성
의미 부분인 頁[머리 혈]과 소리 부분인 原[근원 원]으로 이루어짐. 원래는 '머리가 큰 것'을 의미했는데, 이후 '바라다'의 의미로 쓰였음.

용법
한중일 모두 '바라다', '원하다', '희망하다' 등의 의미로 사용함. 한국어와 일본어에서는 '지원하거나 청원하는 내용을 적은 서류'를 願書(원서, がんしょ)라고 하는데, 중국어에서는 申請書书(shēnqǐngshū)라고 함. 또 한국어와 일본어에서는 '(신불에 기원하여) 목적을 관철하려는 정신력'을 願力(원력, がんりき)라고 쓰며 念力(염력)과 같은 뜻을 나타내는데, 중국어에서는 잘 쓰지 않는 표현임.

용례
祈願(기원), 所願(소원), 念願(염원)

성어
소원성취(所願成就): 원하던 것을 이룸. 마음속으로 바라던 것을 현실에서 이루는 일.

元

으뜸 원

갑골문	금문	전국문자	소전	예서	해서

한 ——————
元 음 원
뜻 으뜸 / 처음 / 근본

중 ——————
元 음 yuán
뜻 시작의 / 주요한 / 우두머리의

일 ——————
元 음 がん gan, げん gen
뜻 근본 / 수장 / 처음

자원
상형

'사람의 머리' 모양을 본뜬 글자임. 본뜻인 '머리'에서 '으뜸', '최고', '처음', '시작' 등의 의미가 파생되었고, '화폐 단위'로 가차되어 오늘날에도 중국 화폐인 인민폐를 나타냄. 『설문』에서는 본래 의미를 "시작"으로 풀이하였고, 이러한 점에서 元을 本[근본 본], 根[뿌리 근], 原[근원 원]과 뜻이 통하는 글자로 볼 수 있음. 머리를 나타내는 元은 이마를 나타내는 顚[꼭대기 전]과 어원이 같음. 『설문』에서는 天[하늘 천]의 본래 의미를 "머리"로 풀이하고 있는데, 이로써 天 역시 元과 어원이 같음을 알 수 있음.

용법

한중일 모두 '처음', '첫째'의 의미로 사용함. 양력 설을 지칭하는 新年(신년, xīnnián, しんねん)은 한중일 삼국에서 모두 사용하는데, 한국어에서는 新正(신정)이라고도 하고, 일본어에서는 新正(しんせい) 혹은 元旦(がんたん)이라고도 하며, 중국어에서는 元旦(yuándàn)이라고도 함. 음력 설은 한국어에서는 舊正(구정)이라고 하고, 중국어에서는 春節(chūnjié)라고 하고, 일본어에서는 旧正月(きゅうしょうがつ)라고 함. 한국어와 일본어에서는 '어떤 일을 처음으로 시작한 사람'을 元祖(원조, がんそ)라고 하지만, 중국어에서는 '첫 번째'의 뜻인 第一次(dìyīcì)를 사용함.

용례

元祖(원조), 元旦(원단)

성어

일세일원(一世一元): 한 임금의 재위 중에는 하나의 연호만을 사용하여 고치지 않는다는 말.

박

月

달 월

갑골문	금문	전국문자	소전	예서	해서

<table>
<tr><td>한</td><td></td><td>중</td><td></td><td>일</td><td></td></tr>
<tr><td>月</td><td>음 월
뜻 달, 별 이름</td><td>月</td><td>음 yuè
뜻 달 / 월</td><td>月</td><td>음 がつ gatu, げつ getu
뜻 달 / 월, 시간의 단위</td></tr>
</table>

자원
상형

갑골문을 보면 '반달'의 모양을 본뜬 것임을 알 수 있음. 갑골문에는 두 자형(☽, ☽)이 있는데, 두 자형 모두 月[달 월]과 夕[저녁 석]을 구분하지 않고 같이 사용하였음. 『설문』에서는 月의 의미를 "이지러지다"로 풀이하였고, 夕에 대해서는 "해가 저물다"로 풀이하였음. 단옥재(段玉裁)는 月을 "반달의 모습을 본떴다"라고 풀이했음.

용법

한중일 모두 '달', '시간'의 의미로 사용함. 한 달을 단위로 하여 지급하는 급료를 한국어와 일본어에서는 月給(월급, げっきゅう)라고 하지만, 중국어에서는 月薪(yuèxīn)이라고 함. 그달의 끝 무렵을 한중일 모두 月末(월말, yuèmò, げつまつ)라고 하는데, 중국어에서는 月底(yuèdǐ)라는 표현도 많이 사용함. 또 삼국 모두 초승달을 新月(신월, xīnyuè, しんげつ)라고 하지만, 한국어에서는 初生(초생) 달에서 변한 초승달을 주로 사용함.

용례

月蝕(월식), 月食(월식), 每月(매월), 歲月(세월)

성어

월하빙인(月下氷人): 달빛 아래와 얼음 위에 있는 사람. 남녀의 혼인을 중매해주는 사람을 이르는 말.

偉

거룩할 위

갑골문	금문	전국문자	소전	예서	해서
			偉	偉	偉

한 偉 음 위 / 뜻 크다 / 위대하다

중 伟 음 wěi / 뜻 크다 / 위대하다

일 偉 음 い / 뜻 크다 / 훌륭하다

자원
형성

의미 부분인 人[사람 인]과 소리 부분인 韋[가죽 위]로 이루어짐. 『설문』에서는 "기이하다"로 풀이하였음. 韋의 갑골문은 '사람의 발 모양이 口[에워쌀 위, 마을을 나타냄]를 중심으로 서로 방향이 어긋나 있는 모양'을 본떠 만든 글자로서 '어긋나다'는 의미를 나타냈음. 偉는 '보통사람[人]과 어긋나는[韋]', 즉 '기이하다', '훌륭하다', '위대하다' 등의 뜻을 나타냄. 후에 韋가 '가죽'이라는 뜻으로 사용되자 동작을 의미하는 辶[쉬엄쉬엄 갈 착]을 더해 違[어길 위]를 만들어 사용했음.

용법
한중일 모두 '뛰어나다', '훌륭하다'의 의미로 사용함. 일본어에서는 '훌륭한', '엄청난', '고된' 등의 뜻을 타나내는 형용사로 偉い指導者(えらいしどうしゃ, 훌륭한 지도자), 偉い事件(えらいじけん, 엄청난 사건)과 같이 쓰임.

용례
偉大(위대), 偉業(위업), 偉人(위인), 偉人傳(위인전)

성어
위남자(偉男子): 행동과 생각이 뛰어난 남성. 위장부(偉丈夫)와 같은 말.

威

위엄 위

갑골문	금문	전국문자	소전	예서	해서
戌	戌	威	威	威	威

한 威 음 위
뜻 위엄 / 세력

중 威 음 wēi
뜻 위협하다 / 위엄

일 威 음 い i
뜻 위세 / 위협하다

자원
회의
두 개의 의미 부분인 女[여자 녀]와 戊[다섯째 천간 무]로 이루어짐. '위엄', '위력'을 의미함. 고문자에서는 戊 대신 戌[개 술], 戈[창 과]를 의미 부분으로 사용하기도 하는데 모두 '무기'와 관련되어 있음. 상나라 고종의 부인 중에 부호(婦好)라는 인물이 있음. 그녀가 군대를 이끌고 전쟁에 나가 혁혁한 공을 세웠기에 그녀가 죽은 뒤 왕이 辛[매울 신]을 시호(諡號)로 하사했음. 이후 母辛(모신) 또는 后母辛(후모신)이라 불리고 있음. 부호의 묘는 1976년 하남성(河南省) 안양(安陽)의 은허(殷虛) 유적지에서 발굴되었음. 그 유물 가운데에서 그녀가 사용하였을 것으로 추정되는 도끼[鉞]가 발견되었음. 이러한 역사적 사실을 근거로 볼 때, 威의 의미 부분에 왜 女를 사용했는지 가늠해볼 수 있음.

용법
한중일 모두 '위엄', '힘'의 의미로 사용함. 중국어에서는 '권위' 그리고 '위엄'이라는 긍정적인 뜻을 빌려 외래어 표기에 많이 사용하고 있음. 예를 들어 노르웨이(Norway)는 挪威(Nuówēi), 쿠웨이트(Kuwait)는 科威特(Kēwēitè), 베니스(Venice)는 威尼斯(Wēinísī)라고 함.

용례
威力(위력), 威嚴(위엄), 權威(권위)

성어
위풍당당(威風堂堂): 위엄이 있고 당당한 모습. 행동과 풍채 등이 위엄을 지녀 꿋꿋한 사람의 모습을 가리키는 말.

文

危

위태할 위

갑골문	금문	전국문자	소전	예서	해서

한 危 음 위
뜻 위태하다 / 높다

중 危 음 wēi
뜻 높이 솟다 / 위험하다

일 危 음 き ki
뜻 위태하다 / 높다 / 해치다

자원
회의

두 개의 의미 부분인 𠂹[우러러볼 첨]과 卩[병부 절]로 이루어짐. 𠂹은 벼랑[厂]에 올라선 사람[人]을 본뜬 것임. 卩은 갑골문에서 보듯이 사람이 꿇어앉아 있는 모습을 본뜬 것임. 낭떠러지 벼랑의 위와 아래는 모두 위험한 곳으로 여기에 사람이 위치하고 있는 모습을 묘사하여 '위태롭다', '위험하다'의 의미를 나타냈음. 『설문』에서는 "높은 곳에 위치하여 두렵다"라고 풀이하였음. 한편 높은 곳에 올라서 있는 것에서 '높다', '높이 솟다' 등의 의미로 확대되었음.

용법

한중일 모두 '위태하다'의 의미로 사용함. 삼국에서 모두 '단정하다', '바르다'의 뜻으로도 쓰여 '단정히 앉다'를 危坐(위좌, wēizuò, きざ)라고 씀. 다만 한국어에서는 危坐(위좌)보다는 正坐(정좌)를 더 일반적으로 사용함. 중국어에서는 '높다'라는 의미로도 쓰는데, 가령 높은 건물을 危樓(wēilóu)라고 씀.

용례

危急(위급), 危機(위기), 危險(위험)

성어

누란지위(累卵之危): 달걀을 쌓아놓은 위태로운 모습. 곧 닥칠 커다란 위기를 이르는 말.

位

자리 위

갑골문	금문	전국문자	소전	예서	해서
		达	阺	位	位

한 位 음 위
뜻 자리, 곳 /
지위, 직위 /
분(경어)

중 位 음 wèi
뜻 자리 / 지위 /
분(경어) /
자리하다

일 位 음 い i
뜻 장소 / 지위 /
분(경어)

자원
회의

의미 부분인 人[사람 인]과 立[설 립]으로 이루어짐. 『설문』에서는 "궁궐에서 신하들이 좌우로 줄지어 서 있는 자리를 位라 함"이라고 풀이하였음. 立의 갑골문은 '한 사람이 땅 위에서 있는 모양'을 본뜬 글자임.

용법

한중일 모두 '자리', '위치'의 의미로 사용함. 한국어와 일본어에서 '직책의 상하관계에서 마땅히 있어야 하는 차례와 순서'를 位階(위계, いかい)라고 하는데, 중국어에서는 等級(děngjí)를 씀. 한중일 모두 '사물의 길이, 넓이, 무게 등을 수치로 나타낼 때 기본이 되는 기준'을 單位(단위, dānwèi, たんい)라고 하는데, 중국어에서는 '직장', '기관', '부문'의 뜻을 나타내기도 함. 한국어와 일본어에서는 '성적의 차례'를 席次(석차, せきじ)라고 쓰는데, 중국어에서는 名次(míngcì)라는 표현을 더 많이 사용함. 또 한국어와 일본어에서는 '앉는 자리'를 座席(좌석, ざせき)라고 많이 쓰는 데 반해, 중국어에서는 座席(zuòxí)와 함께 座位(zuòwèi)와 位子(wèizi)도 많이 사용함.

용례

位置(위치), 方位(방위), 地位(지위)

성어

위비언고(位卑言高): 지위는 낮으나 말이 높음. 지위가 낮은 사람이 지위가 높은 사람의 정치에 대해 비평한다는 뜻.

油 기름 유

갑골문	금문	전국문자	소전	예서	해서
				油	油

한
油
음 유
뜻 기름 / 윤, 광택 /
온화하다

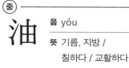

중
油
음 yóu
뜻 기름, 지방 /
칠하다 / 교활하다

일
油
음 ゆ yu, ゆう yu-u
뜻 기름 / 구름이
뭉게뭉게
피어오르는 모양

자원
형성
의미 부분인 水[물 수]와 소리 겸 의미 부분인 由[말미암을 유]로 이루어짐. 금문은
水와 由로 구성된 것이며, 현재의 중국 호북성에 흐르는 하천인 유수(油水)를
지칭하는 고유명사였음. 由의 갑골문[￼]은 '들에 난 싹'을 본떴다는 견해와 '바닥이
깊은 술 단지의 모양'을 본떴다는 견해가 있음. 어떤 것이 옳은지는 아직 밝혀지지
않았으나, 주로 '말미암다', '경유하다'의 의미로 사용함. 한편 油는 하천 이름 외에
동물·식물·광물 등에서 추출해낸 기름기(진액)를 뜻하여 이로부터 '기름'의 의미로
널리 사용되었음.

용법
한중일 모두 '기름'의 의미로 사용함. 중국어에서는 기름이 매끈하고 반질거리므로
'교활하다'의 뜻으로 쓰여 油滑(yóuhuá)라고 씀. 비슷한 의미에서 '입이 싸다'를
油嘴(yóuzuǐ)라 하고, '능구렁이'를 油條(yóutiáo)라고 쓰기도 함. 油條는 중국인들이
豆漿(dòujiāng)과 함께 아침식사로 즐겨 먹는 기름에 튀긴 음식의 명칭이기도 함.

용례
油菜(유채), 油畵(유화), 石油(석유)

성어
수상유(水上油): 기름 위의 물이라는 뜻으로, 기름과 물처럼 서로 잘 어울리지 않는
경우를 가리키는 말.

김

遺

남길 유

갑골문	금문	전국문자	소전	예서	해서
𤲃	遺	遺	遺	遺	遺

한

遺 음 유

뜻 남기다, 남다 /
잃다, 버리다

중

遗 음 yí, wèi

뜻 [yí] 잃다 /
빠뜨리다 / 남기다
[wèi] 증여하다

일

遺 음 い i, ゆい yui

뜻 잃다 / 남다, 남기다 /
기증하다 / 새다

자원
형성

의미 부분인 辶[쉬엄쉬엄 갈 착]과 소리 부분인 𧷴[귀할 귀]로 이루어짐. 『설문』에서는
"없어지는 것"이라고 풀이하였으며, 『광운』에서도 역시 "잃는 것"이라고 풀이하였음.
辶은 길거리[彳]와 발[止]이 합쳐진 것으로 움직임을 강조하고 있음. 여기에서
'잃다', '빠뜨리다' 등의 뜻이 나왔으며, 이로부터 다시 잃거나 빠뜨리지 않기 위해서
필요하다는 점에서 '남기다', '기증하다' 등의 의미로 확장되었음.

용법

한중일 모두 '남기다', '잃다'의 의미로 사용함. 중국어에서는 두 가지 뜻과 발음으로
사용하는데, yí라고 읽으면 '잃다', '분실하다'의 뜻을, wèi로 읽으면 '증여하다',
'선사하다'의 뜻을 나타냄. 따라서 賂遺(lùwèi)는 '재물을 증여하다', '뇌물을 보내다'의
의미임. 한편 일본어에서는 '흘리다', '새다'의 의미로도 쓰여 밤에 자다가 무의식중에
오줌을 자주 싸는 夜尿症(야뇨증)을 遺尿(いにょう)라고 함.

용례

遺物(유물), 遺産(유산), 遺失(유실)

성어

도불습유(道不拾遺): 길에 떨어진 것을 줍지 않음. 남이 흘린 물건을 보고도 줍지
않는 바람직한 시절을 이르는 말.

遊

놀 유

갑골문	금문	전국문자	소전	예서	해서
				遊	遊

한
遊
음 유
뜻 놀다 / 즐기다 /
떠돌다, 여행하다

중
游
음 yóu
뜻 헤엄치다 / 떠돌다 /
놀다, 즐기다

일
遊
음 ゆ yu, ゆう yu-u
뜻 놀다 / 위로하다
여행하다

자원
형성

『설문』에는 遊의 소전은 보이지 않고, 대신 游[헤엄칠 유]를 의미 부분인 㫃[깃발이 나부끼는 모양 언]과 소리 부분인 㳄[헤엄칠 수]로 이루어진 글자로 보았음. 그러나 이는 오류이고 의미 부분인 水[물 수]와 소리 부분인 㫃[깃발 유]가 합쳐진 것임. 따라서 遊 역시 의미 부분인 辵[쉬엄쉬엄 갈 착]과 소리 부분인 㫃가 합쳐진 글자임. 여기서 '놀다', '즐기다', '여행하다' 등의 의미로 확장되었음. 중국 간화자에서는 遊와 游를 구분하지 않고 游로만 사용하고 있음.

용법

한중일 모두 '떠돌다', '놀다'의 의미로 사용함. '정처 없이 떠돌아다닌다'는 뜻의 遊行(yóuxíng)은 중국어에서는 '시위하다', '데모하다'라는 의미로도 사용됨. 이 밖에 旅遊(lǚyóu)는 '여행하다', '관광하다'의 뜻으로 쓰임. 한국어와 일본어에서는 멀리 야외에 나가 노는 모임을 園遊會(원유회, えんゆうかい)라고 하지만, 중국어에서는 遊園會(yóuyuánhui)라고 주로 씀.

용례

遊覽(유람), 交遊(교유), 浮遊(부유)

성어

와유(臥遊): 누워서 돌아다님. 그림책 등을 보며 명승지나 가기 힘든 먼 곳을 감상하는 일.

由 말미암을 유

갑골문	금문	전국문자	소전	예서	해서
뷰	屮			由	由

한
由
음 유
뜻 말미암다 / 이유 /
~부터

중
由
음 yóu
뜻 원인, 까닭 /
경과하다 / 따르다 /
순종하다 /
~로 말미암아

일
由
음 ゆ yu, ゆい yui,
ゆう yu-u
뜻 근거 / 말미암다 /
복종하다

자원
상형

갑골문을 보면 '기름 한 방울을 용기의 입구로 넣고 있는 모양'을 본뜬 것임을 알 수
있음. 본래 부수인 田[밭 전]과는 의미상 전혀 관계없는 글자임. 『육서통六書通』에
보이는 주문(籒文)[屮]은 용기(口)에 기름(·)이 들어가 있는 모양을 본뜬 것임.
그러나 『설문』에는 由가 보이지 않음. 후에 '말미암다' 등의 의미로 사용하게 되자,
액체를 의미하는 氵[물 수]를 더한 油[기름 유]로 '기름'이라는 뜻을 나타냈음.

용법

한중일 모두 '까닭', '말미암다'의 의미로 사용함. 한중일 모두 由來(유래)는 '사물의
내력'을 뜻하지만, 중국어와 일본어에서 由來(yóulái, ゆらい)는 '원래, 예전부터'라는
뜻의 부사로도 사용함. 일본어에서는 단독으로 쓰여 '사정', '연유'를 뜻하는 명사로
활용됨. 중국어에서도 단독으로 쓰여 '~을 통하여'를 뜻하는 개사로 활용됨.

용례

理由(이유), 自由(자유)

성어

자유자재(自由自在): 스스로 결정하고 스스로 있음. 남에게 구속받지 않고 스스로
결정하거나, 자기가 마음먹은 대로 하는 행위.

---

* 본래 중국 명나라 말엽에 민제급(閔齊伋)이 편찬했으나, 청나라 강희연간에 필굉술(畢宏述)이 교정함.
중국 청나라 초의 전각용 자서(字書)로서 『설문해자說文解字』의 글씨 각각에 고문(古文), 전서,
부인(符印), 변체자(變體字)를 적고 있음.

강

부드러울 유

갑골문	금문	전국문자	소전	예서	해서
				柔	柔

한
柔
음 유
뜻 부드럽다 /
순하다 / 무르다

중
柔
음 róu
뜻 부드럽다 /
연약하다 /
편안하다

일
柔
음 じゅうzyu-u,
にゅうnyu-u
뜻 유순하다 /
부드럽다 /
부드럽게 하다

자원
회의
의미 부분인 木[나무 목]과 소리 부분인 矛[창 모]로 이루어짐. 전국문자부터 보이기
시작했으며, 『설문』에서는 "나무가 휘어지거나 곧은 것"이라고 풀이하였음. 『설문』의
자형 분석을 근거로 허신(許愼)이 소리 부분이라고 한 矛를 의미 부분으로 보면,
柔의 본뜻은 '나무로 만든 창'이 되며, 형성자가 아닌 회의자로 봐야 함. 아마도 어린
나뭇가지가 잘 휘어지는 의미를 취하여 이후 '부드럽다', '유순하다'의 의미로 확장된
것으로 보임.

용법
한중일 모두 '부드럽다', '순하다'의 의미로 사용함. 일본어에서는 やわ로 읽어서
'부드러움'이라는 의미와 함께 '약함', '깨지기 쉬움', '어설픔'이라는 의미로도 사용함.
중국어에서도 '부드럽다', '연약하다', '여리다' 등의 뜻을 나타내는 형용사로 쓰이며,
때로는 '(심성이) 여리다', '연약하다'라는 뜻으로도 쓰임. 최근에는 인터넷에서 柔柔
(róuróu)라 하여 '여자아이'를 칭하기도 함. 한국어와 일본어에서는 '겉은 부드러워
보이지만 속은 강하다'는 의미를 外柔內剛(외유내강, がいじゅうないごう)라고 주로
쓰는데, 중국어에서는 外柔內勁(wàiróunèijìn)이라는 표현도 자주 사용함.

용례
柔道(유도), 柔軟(유연), 懷柔(회유)

성어
우유부단(優柔不斷): 부드러움이 넘쳐 단호함이 없음. 어떤 일을 두고 망설이기만
하며 결단을 내리지 못하는 성격을 가리킬 때 쓰는 말.

윤

幼 어릴 유

갑골문	금문	전국문자	소전	예서	해서

한 幼 음 유
뜻 어리다, 미숙하다 / 작다, 조그마하다

중 幼 음 yòu
뜻 어리다 / 아동, 어린이

일 幼 음 よう you
뜻 어리다, 젊다 어린아이

자원
형성
幺[작을 요]와 力[힘 력]으로 이루어져 '힘이 작다'가 본래 의미이고 이후 '어린아이'를 의미하게 되었다는 견해가 있음. 또 다른 견해로 누에의 고치에서 갓 나온 가느다란 실을 꼬는 모양이었는데 '꼬다', '비틀다'의 의미는 후에 拗[꺽을 요]로 쓰고 幼는 '어리다', '경험이 적다', '유치하다', '천박하다' 등의 의미로 쓰였다는 것이 있음. '어리다'라는 의미 외에 '그윽하다', '깊다'의 의미로도 쓰이는데, 이 경우에는 '요'로 읽고 幽[그윽할 유]와 의미가 통함.

용법
한중일 모두 '어린아이', '경험이 적다'의 의미로 사용함. 한중일 모두 幼兒(유아, yòu'ér, ようじ)는 생후 1년부터 만 6세까지의 어린아이를 가리키고, 乳兒(유아, rǔ'ér, にゅうじ)는 태어나서 생후 1세까지의 젖먹이를 가리킴. 한국어와 일본어에서는 '나이가 어리다'를 유소(幼少, ようしょう)라고 쓰지만, 중국어에서는 幼小(yòuxiǎo)라고 씀. 중국어에서는 男女老少(nánnǚlǎoshào)를 男女老幼 (nánnǚlǎoyòu)라고도 쓰는데, 한국어에서는 男女老少(남녀노소)라고만 씀.

용례
幼少(유소), 幼兒(유아), 幼稚(유치)

성어
황구유아(黃口幼兒): 노란 입의 어린아이라는 뜻으로, 부리가 노란 새끼 새에 어린아이를 비유하는 말.

有

있을 유

갑골문	금문	전국문자	소전	예서	해서

한

有 음 유
뜻 있다 / 가지다,
소지하다 / 어떤

중

有 음 yǒu
뜻 있다 / 생기다,
나타나다

일

有 음 う u, ゆう yu-u
뜻 있다, 존재하다 /
갖다 / 또 그 위에

자원
형성

의미 부분인 月[달 월]과 소리 부분인 又[또 우]로 이루어짐. 금문을 보면 '오른손으로 고기를 가지고 있는 모양'을 본뜬 글자인데, 이로써 月은 고기[肉]를, 又는 손을 뜻하는 것임을 알 수 있음. 갑골문에서는 '소유하다'라는 뜻을 가진 글자가 없어 '오른손'을 의미하는 又[또 우]를 빌려 쓰다가 又자에 月을 더하여 有를 만들어 사용했음. 『설문』에서는 "있어서는 안 되는데 있다"라고 풀이하였음.

용법

한중일 모두 '가지다'의 의미로 사용함. 한중일 모두 '가지고 있음'을 所有(소유, suǒyǒu, しょゆう)라고 쓰는데, 중국어에서는 '모든'이라는 뜻의 형용사로도 사용함. 한국어와 일본어에서는 '요금이 있음'을 有料(유료, ゆうりょう)라고 하지만, 중국어에서는 收費(shōufèi)라고 하고, 그 반대인 無料(무료, むりょう)는 免費(miǎnfèi)라고 함. 有難(유난)은 한자 뜻대로 읽으면 '재난이 있다'는 뜻이지만 일본어에서는 '고맙다'는 뜻으로 有難い(ありがたい)와 같이 표현함.

용례

有名(유명), 有效(유효), 固有(고유)

성어

계란유골(鷄卵有骨): 달걀에도 뼈가 있다는 뜻. 복이 없는 사람은 좋은 기회가 와도 그것을 살리지 못함 또는 예상치 못한 걸림돌을 이르는 말.

肉

고기 육

갑골문	금문	전국문자	소전	예서	해서
⑦	⑨	⑨	肉	肉	肉

한
肉 음 육
뜻 고기 / 살, 몸

중
肉 음 ròu
뜻 고기, 근육 / 과육

일
肉 음 にく niku
뜻 고기 / 육체, 살

자원
상형
살결이 갖추어진 고깃덩어리를 그렸는데, 고깃덩어리는 물론 과실의 과육 등도 지칭하게 되었음. 따로 쓰거나 상하 구조에서는 肉, 좌우 구조에서는 月[육고기 육]으로 구분해 썼음. 有[있을 유]의 의미 부분에 肉[月]이 쓰였을 만큼 肉은 소유의 상징이었으며, 뼈와 살로 구성된 몸의 특징 때문에 각종 신체 부위를 지칭하는 데에도 사용하였음. 일부 방언에서는 행동이나 성질이 느린 것을 지칭하기도 함. 현대 한자에서는 月과 자형이 비슷한 月과 종종 혼용되기도 함.

용법
한중일 모두 '고기', '고기처럼 생긴 것', '몸소', '몸'의 의미로 사용함. 한국어에서는 '도장을 찍는 데 쓰는 붉은색의 재료'를 印朱(인주)라고 하는데, 일본어에서는 朱肉(しゅにく)라고 하고, 중국어에서는 印泥(yìnní)라고 함. 일본어에서는 '글씨(체)'라는 뜻으로 쓰여 肉太(にくぶと)는 글씨의 획이나 글씨가 굵음을 말함.

용례
肉類(육류), 肉體(육체), 果肉(과육), 血肉(혈육)

성어
비육지탄(脾肉之嘆): 넓적다리에 살이 많이 쪄서 하는 탄식. 해야 할 일을 제대로 못하고서 세월을 흘려보내는 것을 한탄하는 말.

育 기를 육

갑골문	금문	전국문자	소전	예서	해서

한 育
음 육
뜻 기르다 / 자라다

중 育
음 yù
뜻 아이를 낳다 /
기르다 / 교육하다

일 育
음 いく iku
뜻 기르다 / 자라다

자원
형성
의미 부분인 厶[해산할 때 아이 돌아나올 돌]과 소리 부분인 肉[고기 육]으로 이루어짐.
어미가 아이를 낳는 모습을 형상화한 毓[기를 육]이 원래 글자임. 厶은 큰 머리와
팔이 다 갖춰진 아이의 거꾸로 된 모습을 본뜬 것이고, 肉은 아이를 낳은 어미를
상징함. 이로부터 '아이를 낳아 기르다', '키우다', '양육하다' 등의 뜻이 나왔음. 현대
중국어에서는 毓[기를 육]의 간화자로도 쓰임. 여기서 파생한 毓은 每[매양 매]가
의미 부분이고 㐬[깃발 류]가 소리 부분으로, 어머니[母]의 몸에서 머리부터 나오는
아이[㐬]의 모습을 사실적으로 그렸고, 이로부터 아이를 낳아 '기르다'라는 뜻이
생겼음. 이후 아이의 머리[厶]와 몸체[肉]만 남아 育으로 변화했음.

용법
한중일 모두 '기르다', '성장하다', '배양하다'의 의미로 사용함. 한국어와 일본어에서는
'길러 자라게 함'을 育成(육성, いくせい)라고 쓰는데, 중국어에서는 培养(péiyǎng)
이나 培育(péiyù)라고 씀. 또 한국어와 일본어에서는 '덕으로써 인도하여 가르치고
기름'을 薰育(훈육, くんいく)라고 쓰는데, 중국어에서는 熏陶(xūntáo)라고 씀.

용례
育成(육성), 教育(교육), 發育(발육), 養育(양육)

성어
부생모육(父生母育): 아버지는 낳고 어머니는 기름. 부모가 자식을 낳고 기르는 일을
가리키는 말.

銀 _{은 은}

갑골문	금문	전국문자	소전	예서	해서
			銀	銀	銀

한
銀 음 은
뜻 은 / 은빛

중
銀 음 yín
뜻 은 / 은색의

일
銀 음 ぎん gin
뜻 은 / 화폐, 금전 /
銀行(은행)의 준말

자원
형성

의미 부분인 金[쇠 금]과 소리 부분인 艮[어긋날 간]으로 이루어짐. 『설문』에서는 "하얀색 금속"으로 풀이하였음. 이렇게 銀에는 '흰색'이라는 뜻도 있어서 흰머리를 銀髮(은발)이라고 쓰기도 함. 또 옛날에 은으로 만든 화폐를 사용한 적이 있어 '화폐'라는 뜻도 생겼음. 艮[간]을 소리 부분으로 하는 글자에는 齦[잇몸 은], 痕[흉터 흔], 根[뿌리 근], 跟[발꿈치 근], 艱[어려울 간], 恨[한 한], 限[한할 한], 眼[눈 안] 등이 있음.

용법

한중일 모두 '돈', '은', '은처럼 빛나는 백색'의 의미로 사용함. 한국어와 중국어에서는 '알루미늄을 종이처럼 얇게 늘여 편 것'을 銀箔紙(은박지, yínbózhǐ)라고 하지만, 일본어에서는 銀紙(ぎんがみ)라고 함. 한중일 모두 '은으로 만든 쟁반'을 銀盤(은반, yínpán, ぎんばん)이라고 하는데, 한국어와 일본어에서는 '맑고 깨끗한 얼음판'을 비유하는 말로도 사용함.

용례

銀行(은행), 銀杏(은행)

성어

금은지국(金銀之國): 금과 은으로 이루어진 나라. 우리나라를 아름답게 부르는 별명.

강

恩 은혜 은

갑골문	금문	전국문자	소전	예서	해서
		恩	恩	恩	恩

한 恩 음 은
뜻 은혜 / 인정

중 恩 음 ēn
뜻 은혜

일 恩 음 おん on
뜻 은혜

자원
형성

의미 부분인 心[마음 심]과 소리 부분인 因[인할 인]으로 이루어짐. 본래 '은혜'를 의미하는 글자로 쓰이다가 후에 '총애하다', '감사하다' 등의 의미로 확대 사용하고 있음. 因은 갑골문에서 '옷을 입고 있는 사람'을 본뜬 글자이며, 전국문자까지 그대로 전해지고 있음. 후에 '겹치다', '친하다', '가깝다'라는 의미로 확대 사용되자 衣[옷 의]를 추가한 裀[요 인]을 새로 만들어 썼고, 因은 '원인', '인과' 등의 의미로만 사용하고 있음.

용법

한중일 모두 '은혜'의 의미로 사용함. 한국어에서는 '남에게 입은 은덕을 저버리고 배신하는 태도'를 背恩忘德(배은망덕)이라고 하는데, 중국어에서는 忘恩負義 (wàng'ēnfùyì)라 하고, 일본어에서는 恩知(おんし)らず)라고 함.

용례

恩師(은사), 恩人(은인), 恩惠(은혜)

성어

결초보은(結草報恩): 풀을 묶어 은혜에 보답함. 무슨 일이 있어도 남에게 입은 은혜를 갚는다는 뜻.

陰

그늘 음

갑골문	금문	전국문자	소전	예서	해서

한 ——————

陰 음 음

뜻 그늘, 응달 /
음기 / 세월

중 ——————

阴 음 yīn

뜻 흐리다 /
그늘, 음지

일 ——————

陰 음 いん in, おん on

뜻 그늘, 그늘지다 /
시간 / 숨은 곳

자원
형성

의미 부분인 阜[언덕 부]와 소리 부분인 솗[응달 음]으로 이루어짐. 구름에 가려 볕이 들지 않는 언덕의 형상에서 '응달'이라는 뜻을 나타냈음. 이후 강의 남쪽과 산의 북쪽을 말하기도 했으며, '날이 흐리다', '음전극', '그림자', '음험하다', '음모' 등의 의미도 더해졌음. 중국의 간화자에서는 솗을 月[달 월]로 바꾼 阴으로 써서 회의 구조로 변했는데, 陽[볕 양]을 阳으로 쓴 것과 같은 원리임. 陰의 소리 부분으로 쓰인 솗은 云[이를 운](雲[구름 운]의 원래 글자)이 의미 부분이고 今[이제 금]이 소리 부분으로 '구름이 가려 날이 흐리거나 볕이 들지 않는 곳'이라는 뜻을 나타냈음. 또 陰에서 파생한 蔭[그늘 음]은 초목[艸]이 가려 볕이 들지 않는 '그늘'을 말하며, 이로부터 해의 '그림자', '가리다', '덮다', '은폐하다', '비호하다' 등의 의미가 더해졌음.

용법

한중일 모두 볕이 들지 않는 '응달'의 의미로 사용함. 한중일 모두 본래 의미에서 파생한 陰氣(음기), 陰險(음험), 陰數(음수)의 의미로 사용하고, 달과 여성(생식기)의 비유로도 쓰임. 또 陰刻(음각)에서처럼 '안으로 들어가게 새기는 것'을 말하고, 光陰(광음)에서처럼 '세월'이나 '시간'을 뜻하기도 함. 현대 중국어에서는 陰天(yīntiān, 흐린 날)에서처럼 날씨가 흐린 것을 지칭하기도 함.

용례

陰曆(음력), 陰陽(음양), 陰害(음해), 光陰(광음)

성어

광음(光陰): 해와 달, 빛과 그림자. 해와 달이 번갈아 운행하면서 지나가는 시간, 즉 세월을 가리키는 말.

하

飲 마실 음

갑골문	금문	전국문자	소전	예서	해서
𩚩	𩚸		歓	飲	飲

한 飲 음 음
뜻 마시다

중 飲 음 yǐn
뜻 [yǐn] 마시다 / 마음에 품다
[yìn] 가축에게 물을 먹이다

일 飲 음 いん in, おん on
뜻 마시다 / 음료, 술 / 마소에 물 먹이다

자원
형성
갑골문은 사람이 고개를 숙이고 손으로 항아리를 잡고 혀를 내밀어 무엇인가를 마시는 모습을 본뜬 글자임. 그런데 금문으로 가면 酓[술맛이 쓰다 염]과 비슷한 자형이 나타나는데, 酓은 술 단지를 나타내는 酉[닭 유]가 의미 부분이고, 今[이제 금]은 소리 부분임. 『설문』에는 飲 대신 歒[마실 음]을 수록했는데, 飲은 歒의 예서체(隸書體)* 임. 의미 부분인 酓의 뜻이 '술을 마시다'인 점을 놓고 볼 때, 飲은 본래 '술을 마시다'라는 의미에서 광범위하게 '(음료를) 마시다'의 의미로 확장된 것으로 보임. 오늘날에도 '마시다'라는 의미로 사용됨.

용법
한중일 모두 '마시다'의 의미로 널리 사용함. 중국어에서는 '마시다', '술을 마시다'라는 기본적인 의미 외에 '마음에 품다', '참고 삼키다'라는 동사로도 활용되며, 사람뿐만 아니라 '가축에게 물을 먹이다'의 뜻으로도 쓰임. 한국어와 일본어에서는 '음식물의 품질, 분량 따위를 조절하여서 직접 질병을 치료하거나 예방하는 것'을 食餌療法(식이요법, しょくじりょうほう)라고 하는데, 중국어에서는 飲食療法(yǐnshíliáofǎ) 또는 食療(shíliáo)라고 함.

용례
飲料(음료), 飲食(음식), 飲酒(음주)

성어
단사표음(簞食瓢飲): 대나무 그릇에 담긴 밥과 표주박의 물. 보잘것없는 음식으로 소박한 생활을 한다는 뜻.

---

* 중국 진나라 시대에 만들어진 서체로서 한자 점획을 간결하고 부드럽게 쓸 수 있도록 한 것이 특징임. 윤

音 소리 음

갑골문	금문	전국문자	소전	예서	해서
			音	音	音

한 音 음 음 / 뜻 소리 / 음악

중 音 음 yīn / 뜻 소리 / 음악

일 音 음 いん in, おん on / 뜻 음, 소리 / 음악

자원
지사

言[말씀 언]의 금문은 본래 입과 혀를 본뜬 것으로 여기에 '소리'를 상징하는 가로획(一)이 더해져 이루어졌음. 금문의 音[소리 음]과 言[말씀 언]은 자형도 유사하고 의미도 서로 통하여 함께 사용되었으나 후에 각자 분화되었음. 이러한 과정에서 音은 言의 아랫부분에 가로획(一)을 더해 '소리'를 좀 더 구체적으로 형상화하였음. 한편 『설문』에서는 본래 의미가 "음악"이며 "마음에서 생겨나 밖으로 드러나는 음률"이라고 풀이하였음. 이후 '소리' 등의 의미도 더해졌음.

용법

한중일 모두 '소리', '음악'의 의미로 사용함. 중국어에서는 '정보', '소식'의 뜻으로도 쓰여서 '기쁜 소식'을 佳[아름다울 가]를 써서 佳音(jiāyīn)이라고 함. 이 밖에 방송국에서 보낸 전파를 수신하는 '라디오'를 收音機(shōuyīnjī)라고 함. 한편 '거문고 소리를 듣고 이해한다'는 뜻으로 자기의 속마음까지 알아주는 친구를 한중일 모두 知音(지음, zhīyīn, ちいん)이라고 함.

용례 音樂(음악), 錄音(녹음), 發音(발음)

성어 지음(知音): 소리를 알아줌. 거문고 소리를 듣고 연주하는 사람의 마음을 안다는 뜻. 속마음과 생각을 깊이 알아주는 진정한 친구를 가리키는 말.

521

泣 울 읍

갑골문	금문	전국문자	소전	예서	해서

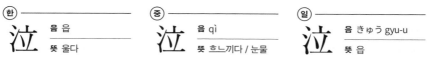

한
泣 음 읍
뜻 울다

중
泣 음 qì
뜻 흐느끼다 / 눈물

일
泣 음 きゅう gyu-u
뜻 읍

자원
형성

의미 부분인 水[물 수]와 소리 겸 의미 부분인 立[설 립]으로 이루어짐. 立의 갑골문은 땅 위에 꼿꼿이 서 있는 사람의 형태로서 '똑바로 서다'의 뜻을 나타냈음. 泣과 哭[울 곡]은 모두 '울다'의 의미가 있지만 차이가 있음. 泣은 소리 내지 않고 우는 것을 말하고, 哭은 크게 소리 내서 우는 것을 말함. 그 차이는 주르륵 눈물 흘리는 모습인 泣의 소전과 눈물·콧물을 흘리며 비통하게 부르짖는 모습인 哭의 금문(🔊) 자형을 비교해보면 알 수 있음.

용법

한중일 모두 '울다'라는 의미로 사용함. 일본어에서는 泣く(なく)와 같은 형태로 써서 '호된 변을 겪다', '고생하다'의 의미, 또는 '(손해를 각오하고) 값을 할인하다'의 의미로도 사용함. 한편 泣き所(なきどころ)와 같은 형태로 써서 '약점' 또는 '급소'의 의미로도 사용함.

용례

泣訴(읍소), 感泣(감읍), 涕泣(체읍)

성어

읍참마속(泣斬馬謖): 울면서 마속의 목을 벰. 공정한 법의 집행을 위해 자신이 아끼던 부하를 형벌에 처했다는 제갈량의 일화에서 유래한 말.

應

응할 응

갑골문	금문	전국문자	소전	예서	해서

應
음 응
뜻 응하다 / 대답하다 /
마땅히 ~해야 한다

중
应
음 yīng, yìng
뜻 [yīng] 마땅히
~해야 한다
[yìng] 대답하다 /
응하다, 허락하다

일
応
음 おう ou
뜻 대답하다 /
승낙하다 /
어울리다

자원
형성

의미 부분인 心[마음 심]과 소리 부분인 雁[매 응]으로 이루어짐. '응당 ~해야 한다'를 의미함. 금문에서는 膺[가슴 응]을 차용해 應으로 사용하고 있음. 금문을 보면 새의 가슴 부분에 짧은 세로획을 추가하여 '가슴'을 강조하고 있으며, ✔부분은 소리 부분인 人[사람 인]으로 추정됨. 전국문자에서 소리 부분 人은 广[기슭 엄]으로 바뀌었고, 의미 부분 心[마음 심]이 추가되면서 應으로 분화되었음. 소전에서는 소리 부분이 다시 疒[병들어 기댈 녁]으로 바뀌었고, 예서에서 다시 广으로 바뀐 뒤 글자의 형태가 정착되었음.

용법

한중일 모두 '~해야 한다', '대답하다'의 의미로 사용함. 한국어와 일본어에서 '상대편이 한 말이나 행동을 받아서 마주 응함'을 應酬(응수, おうしゅう)라고 하는데, 중국어에서 應酬(yìngchóu)는 '접대하다'라는 뜻으로 사용함. 또 한국어와 일본어에서는 운동경기 등에서 '성원하며 도와줌'을 應援(응원, おうえん)이라고 하지만 중국어에서는 加油(jiāyóu)라고 함.

용례

應答(응답), 應當(응당), 反應(반응)

성어

임기응변(臨機應變): 경우에 따라 그에 맞춰 변함. 상황에 맞게 대처한다는 뜻.

意 뜻 의

갑골문	금문	전국문자	소전	예서	해서
			意	意	意

한 ─────
意 음 의
뜻 뜻, 의미 /
생각, 마음

중 ─────
意 음 yì
뜻 추측하다 /
생각, 의사 /
뜻, 견해

일 ─────
意 음 い i
뜻 마음, 생각 /
심지, 기질 /
원한 / 계획

자원
회의
두 개의 의미 부분인 心[마음 심]과 音[소리 음]으로 이루어짐. '마음의 소리',
즉 '속에 품은 뜻'을 의미함. 후에 '의미', '견해' 등의 의미로 확대 사용하고 있음.
憶[생각할 억]은 意에 心을 하나 더 추가해 파생된 글자임. 意와 義[옳을 의]는 유사한
의미를 갖고 있으나 용법에 있어 차이가 있음. 意는 개인의 의지를 내포한 주관적
의미를, 義는 사회에서 규범화된 객관적 의미를 나타낼 때 각각 사용함.

용법
한중일 모두 '뜻', '생각'의 의미로 생각함. 한국어와 일본어에서는 '어떤 대상에
대하여 가지는 생각'을 意見(의견, いけん)이라고 하는데, 중국어에서 意見(yìjiàn)은
'다른 견해' 또는 '불만'의 뜻도 포함하고 있음. 또한 한국어와 일본어에서는 '전혀
생각이나 예상을 하지 못함'을 意外(의외, いがい)라고 하는데, 중국어에서는 意外
(yìwài)를 '의외의 사고'를 뜻하는 명사로 사용함.

용례
意見(의견), 意圖(의도), 意外(의외)

성어
의기투합(意氣投合): 뜻과 기질이 서로 맞음. 생각과 마음이 잘 맞는 친구 또는 그런
상대를 이르는 말.

문

義

옳을 의

갑골문	금문	전국문자	소전	예서	해서
羏	羕	羹	義	義	義

한

義 음 의

뜻 옳다, 바르다 /
맺다 / 뜻

중

义 음 yì

뜻 의, 정의 / 의로 맺은
친족 관계 /
인공적인

일

義 음 ぎ gi

뜻 의, 옳은 길 /
의형제 / 뜻, 의미

자원
회의

갑골문의 상단은 羊[양 양]이고 하단은 我[나 아]임. 羊은 고대 제사 때 쓰이던 중요한
희생물의 하나로 매우 존엄하고 상서로운 동물이고, 我는 날이 여러 개 달린 창의
일종임. 이로써 義가 '용맹하고 건강한 모습'을 나타내는 글자였음을 알 수 있음. 후에
'바르다'의 의미뿐 아니라 이와 상반되게 '가짜', '인공적인 것'의 의미도 더해졌음.

용법

한중일 모두 '바르다', '맺다', '가짜'의 의미로 사용함. 한중일 모두 '의리로 맺은'이라는
의미로도 쓰여 義兄弟(의형제, yìxiōngdì, ぎきょうだい)와 같이 씀. 또 한중일 모두
'일정한 학령기의 취학을 제도적으로 의무화한 교육'을 義務教育(의무교육, yìwù
jiàoyù, ぎむきょういく)라고 함. 일본어에서 義(ぎ)는 실제 친분이나 특별한 애정이
없으면서 형식적, 외향적으로 대한다는 뜻을 지니기도 함.

용례

義理(의리), 義務(의무), 義兄弟(의형제)

성어

대의멸친(大義滅親): 큰 의로움을 위해서 가족을 벌함. 사사로운 감정을 없애고
국가나 사회의 큰일을 공정하게 수행한다는 뜻.

김

558

衣

옷 의

갑골문	금문	전국문자	소전	예서	해서
仌	仒		仌	衣	衣

한

衣 음 의

뜻 옷 / 입다, 입히다

중

衣 음 yī

뜻 의복, 옷 /
옷과 같이 물체를
싸고 있는 것

일

衣 음 い i, え e

뜻 옷, 의복

자원
상형

고대 자형을 보면 웃옷을 그렸는데, 윗부분은 목둘레를 따라 만들어진 옷깃[領]을, 아랫부분 양쪽은 소매[袂]를, 나머지 중간 부분은 옷섶[衽]인데 안섶이 왼쪽으로, 겉섶이 오른쪽으로 가도록 여며진 모습임. 그래서 衣는 '웃옷'이 원래 뜻이며, 여기서 '옷감'이나 '의복'을, 다시 '사물의 외피'를 뜻하게 되었고, '싸다', '덮다', '입다' 등의 뜻까지 더해졌음. 衣裳(의상)에서 보듯 衣에 대칭되는 말은 裳[치마 상]임. 裳은 衣가 의미 부분이고 尙[오히려 상]이 소리 부분으로, 옷[衣]의 일종인 '치마'를 말함. 裳은 원래 常[항상 상]으로 썼으나 常이 '언제나 입는 옷'이라는 뜻에서 '일상'이라는 뜻으로 더 자주 쓰이게 되면서, 원래 뜻은 巾[수건 건] 대신 衣를 넣어 裳으로 분화한 것임.

용법

한중일 모두 '옷'의 의미로 사용하고, 여기서 파생한 '옷과 같이 물체를 싸고 있는 것'을 지칭하기도 함. 한국어와 일본어에서는 衣食住(의식주, いしょくじゅう)라고 하여 '옷'으로 상징되는 의관을 인간 생활의 3대 요소 중 하나로 보았음을 나타내고 있음. 그러나 중국어에서는 食衣住(shíyīzhù)라고 하여 '먹을 것'을 가장 앞에 두었음. 또 일본어에서 衣裝(いしょう)는 衣裳(의상)이라는 뜻이고, 이를 중국어에서는 服裝(fúzhuāng)으로 표현함. 그리고 한국어와 일본어에서는 衣料(의료, いりょう)가 '옷'이나 '옷감'을 뜻하지만, 중국어에서는 '옷'이라는 뜻은 없고 '옷감'이라는 뜻만 나타냄.

용례

衣服(의복), 衣食住(의식주), 白衣(백의)

성어

녹의사자(綠衣使者): 초록색 옷을 걸친 사신. 앵무새를 부르는 별명.

議 의논할 의

갑골문	금문	전국문자	소전	예서	해서
		䛊	䜅	議	議

한 議 음 의
뜻 의논하다 /
나무라다

중 议 음 yì
뜻 의논하다 /
비평하다 /
의견, 주장

일 議 음 ぎ gi
뜻 의논하다 /
의견 / 비평하다

자원
형성
의미 부분인 言[말씀 언]과 소리 부분인 義[옳을 의]로 이루어짐. '의논하다'의 뜻을
나타냄. 議의 여러 가지 뜻은 서로 관계가 있음. 의논하다 보면 상대방의 의견을
'비평'하게 되고, 또 의논 과정에서 각각의 '의견'이 제시됨. 또한 이런 모임을 '모여서
의논하다'라는 뜻으로 會議라고 함.

용법
한중일 모두 '의논하다'의 의미로 사용함. 한국어에서는 '서로 의논함'을 주로
相議(상의)라고 하는데, 일본어에서는 相談(そうだん)이라고 하고, 중국어에서는
商量(shāngliang) 또는 商談(shāngtán)을 주로 사용함. 한편 商談(상담, しょうだん)의
경우 한국어와 일본어에서는 '상업상의 교섭'이라는 의미에서만 사용함.

용례
議論(의론), 議題(의제), 協議(협의)

성어
구수응의(鳩首凝議): 비둘기들처럼 모여 의논함. 비둘기들이 모여 있는 모습처럼
서로 머리를 맞대고 논의하는 일.

류

의원 의

갑골문	금문	전국문자	소전	예서	해서
		醫	醫	醫	醫

한		중		일	
醫	음 의 뜻 의사 / 고치다	医	음 yī 뜻 치료하다 / 의사	医	음 いい 뜻 병을 치료하다 / 의사

자원
형성

의미 부분인 酉[닭 유]와 소리 부분인 殹[앓는 소리 예]로 이루어짐. 전국문자를 보면 酉가 왼쪽으로 치우쳐 있는데, 소전에서 가운데로 균형이 맞추어졌음.『설문』에서는 "병을 치료하는 사람"으로 뜻을 풀이하고, 술로 병을 치료하기 때문에 '술 단지'를 뜻하는 酉로 만들었으며, 예전에 무당이 술로 병을 치료하며 의원 노릇을 했다고 설명하였음. 酉는 酒[술 주]와 뜻이 통하는 글자임.

용법

한중일 모두 '병원', '의사'의 의미로 사용함. 한국어에서는 醫師(의사)라고 하지만, 중국어에서는 醫生(yīshēng)이라고 하고, 일본어에서는 醫者(いしゃ)라고 함. 한국어에서는 病院(병원)과 醫院(의원)을 모두 사용하지만, 중국어에서는 病院은 '精神病院(jīngshénbìngyuàn)처럼 특정 분야의 병을 치료하는 곳을 가리킬 때만 사용하고, 병원을 가리킬 때는 醫院(yīyuàn)과 診所(zhěnsuǒ)라는 표현을 주로 사용함. 그리고 獸醫師(수의사)를 중국어와 일본어에서는 獸醫(shòuyī, じゅうい)라고 함.

용례

醫科(의과), 軍醫(군의), 名醫(명의)

성어

휘질기의(諱疾忌醫): 병이 있음에도 알기가 두려워서 의사를 피함. 문제 해결을 시도하지 않고 회피하다가 더 심각한 상황에 이르는 경우에 쓰는 말.

박

依 의지할 의

갑골문	금문	전국문자	소전	예서	해서

한 依
음 의
뜻 의지하다 /
전과 같다 / 따르다

중 依
음 yī
뜻 의지하다 /
~에 근거하여 /
동의하다

일 依
음 い i, え e
뜻 의지하다 /
본래 그대로 /
따르다

자원
형성

의미 부분인 人[사람 인]과 소리 부분인 衣[옷 의]로 이루어짐. 갑골문을 보면 '한 사람이 옷 속에 있는 모양'을 본뜬 것임을 알 수 있음. 이 자형에 대해 '한 사람이 옷을 입고 있는 모양'이라는 견해도 있고, '한 사람이 포의[胞衣, 태아를 싸고 있는 막(膜)과 태반(胎盤)]에 싸여 있는 모양'이라는 견해도 있음. 『설문』에서는 "의지하다"로 풀이하였음.

용법

한중일 모두 '의지하다'의 의미로 사용함. 한국어와 일본어에서는 '남에게 부탁함'을 依賴(의뢰, いらい)라고 하지만, 현재 중국어에서는 依賴(yīlài)를 '의지하다', '기대다'의 의미로 사용함. 한국어와 중국어에서는 '옛날 그대로 변함이 없음'을 依舊(의구, yījiù)라고 하지만, 현대 일본어에는 이런 단어가 없음. 중국어와 일본어에서는 '의지하다'라는 뜻의 동사로도 사용함. 일본어에서는 武力に依る解決(ぶりょく による かいけつ, 무력에 의한 해결)'와 같이 쓰고, 중국어에서는 相依爲命(xiāngyīwéimìng, 서로 의지하여 살아가다)과 같이 씀.

용례

依據(의거), 依然(의연), 依托(의탁), 歸依(귀의)

성어

구태의연(舊態依然): 옛 태도나 모습이 그대로임. 예전의 좋지 못한 행동이나 태도가 여전함을 이르는 말.

강

耳 귀 이

갑골문	금문	전국문자	소전	예서	해서

한 耳 음 이
뜻 귀 / 뿐

중 耳 음 ěr
뜻 귀 / 귀처럼 생긴 것 /
~일 따름이다

일 耳 음 じ zi
뜻 귀 / (종이·직물
등의) 가장자리

자원
상형

귓바퀴와 귓불이 갖추어진 '귀'를 그렸으며, 이후 木耳(목이) 버섯처럼 귀 모양의
물체나 솥[鼎]의 귀처럼 물체의 양쪽에 붙은 것을 지칭하기도 했음. 또 소용돌이
모양의 귀는 여성의 성기와 닮아 '생명'과 연계되기도 했으며, 신의 말씀을 들을 수
있는 '총명함'을 상징하기도 했음. 원시사회에서는 적이나 야수의 접근을 남보다 먼저
감지할 수 있는 청각을 가진 자는 집단의 우두머리가 되기에 충분했음. 이처럼 귀가
'총명함'을 상징했기 때문에 聰[귀 밝을 총]이나 聖[성인 성]과 같은 글자에 耳가 들어
있음. 또 고대 한어에서는 문장 끝에 놓여 '따름이다'라는 뜻의 조사로도 쓰였음.

용법

한중일 모두 '귀'의 의미로 사용함. 삼국 모두 문장 끝에 쓰여 강한 한정이나 단정을
나타내는 '~할 뿐이다'의 뜻을 나타내는 조사로도 사용함. 중국어에서는 '귀'뿐만
아니라 '귀처럼 생긴 것'을 두루 칭하기도 함. 일본어에서는 '귀로 듣다'라는 의미도
나타내는데, 耳學問(みみがくもん)은 귀동냥으로 얻은 지식이나 어깨너머로 배운
지식을 의미함. 한편 일본어에서는 종이나 직물의 가장자리를 耳(みみ)라고 하여
パンの耳(パンのみみ, 식빵의 가장자리)와 같이 사용함.

용례

耳鳴(이명), 耳目(이목), 馬耳東風(마이동풍)

성어

우이독경(牛耳讀經): 쇠귀에 경 읽기. 아무리 뜻을 전달하려 해도 알아듣지 못하는
경우에 쓰는 표현.

하

異

다를 이

갑골문	금문	전국문자	소전	예서	해서

한 異 음 이
뜻 다르다 / 달리하다 /
기이하다

중 昪 음 yì
뜻 다르다 /
이상히 여기다 /
헤어지다

일 異 음 い i
뜻 다르다 / 기이하다

자원
회의

의미 부분인 廾[두 손으로 받들 공]과 畀[줄 비]로 이루어짐. 갑골문은 머리 위에
물건을 이고 두 손으로 잡고 있는 모양을 본뜬 글자로서 본래 부수인 田[밭 전]과는
의미상 전혀 관계없는 글자임. 異가 나중에 '다르다'의 뜻으로 사용되자, 異에 소리
부분인 戈(재)를 더하여 戴[일 대]를 만들었음. 일설에서는 異가 무서운 가면을 쓰고
두 손을 들고 벌리고 있는 모양으로 '특이하다', '괴상하다'라는 뜻을 나타낸다고 함.
그러나『설문』에서는 "나누다"로 풀이하였음.

용법

한중일 모두 '다르다', '이상하다'의 의미로 사용함. 한국어와 일본어에서는 '다른
의견이나 생각'을 異見(이견, いけん)이라고 하는데, 중국어에서는 異議(yìyì) 또는
爭議(zhēngyì)라고 함. 한중일 모두 '정상적인 상태와 다름'을 異常(이상, いじょう)
라고 쓰지만, 중국어에서 異常(yìcháng)은 正常(정상)의 반대 의미도 있지만
'대단히'라는 의미의 부사로도 활용됨. 중국어에서는 '뛰어나다', '대단하다'의 뜻을
나타내는 형용사로도 사용해 '비범한 사람'을 異人(yìrén)이라고 함.

용례

異國(이국), 奇異(기이), 變異(변이)

성어

동상이몽(同床異夢): 같은 침대에서 자면서도 서로 다른 꿈을 꾼다는 뜻. 함께 있으나
각기 다른 생각을 품고 있음을 이르는 말.

강

두 이

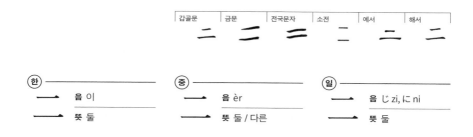

갑골문	금문	전국문자	소전	예서	해서

한
→ 음 이
→ 뜻 둘

중
→ 음 èr
→ 뜻 둘 / 다른

일
→ 음 じ zi, に ni
→ 뜻 둘

자원
지사

가로획 두 개를 사용하여 숫자 '2' 또는 '두 번째'의 의미를 나타낸 글자임. 후에 '둘로 나누다', '다르다' 등의 의미로 확대 사용하고 있음. 금문과 전국문자에서는 필획의 단순함으로 인한 위조를 방지하고자 의미 없는 구별부호 弋[주살 익]을 추가한 弍을 사용하였고, 여기에다 貝[조개 패]를 추가한 자형까지 만들어 사용하였음. 이로 인해 현재의 갖은자 貳(이)가 만들어졌음.

용법

한중일 모두 '둘', '둘째'의 의미로 사용함. 한국어의 身土不二(신토불이), 중국어의 二話(èrhuà, 딴소리), 일본어의 二心(にしん, 딴마음)처럼 '다르다'라는 뜻으로도 많이 사용하고 있음. 한국어에서는 '16세 무렵의 꽃다운 청춘' 또는 '혈기 왕성한 젊은 시절'의 남녀를 가리켜 二八靑春(이팔청춘)이라고 하는데, 중국어에는 二八年華(èrbāniánhuá)라는 유사한 표현이 있지만 여성에 국한하여 사용함. 세 나라에서 모두 二의 갖은자로 貳(이)를 사용함.

용례 二流(이류), 二十(이십), 二重(이중)

성어 일구이언(一口二言): 한 입으로 두 말을 함. 지키지 못할 말을 하거나, 말을 번복하거나, 거짓으로 둘러대는 일.

써 이

갑골문	금문	전국문자	소전	예서	해서
				以	以

한
以 음 이
뜻 ~써, ~로써 /
~부터 / 까닭

중
以 음 yǐ
뜻 ~을 가지고 /
~에게 ~을 주다 /
~때문에

일
以 음 いi
뜻 ~보다 / ~으로써

자원
상형
갑골문을 보면 '한 사람이 보습(땅을 갈아 흙덩이를 일으키는 데 쓰는 농기구)을
사용하고 있는 모양'을 본뜬 글자임을 알 수 있음. 금문에 와서 '보습'과 '사람'이
분리되어 현재와 같은 자형이 되었음. 以가 '~로써'라는 뜻으로 사용되자, 㠯(以의
이체자)에 농기구를 뜻하는 耒[쟁기 뢰]를 더하여 耜[보습 사]를 만들어 사용하고 있음.

용법
한중일 모두 '범위, 방향 등의 기점'을 나타내는 글자로 사용함. 삼국 모두 '그 뒤로' 또는
'어느 일정한 때로부터 지금에 이르기까지'를 以來(이래, yǐlái, いらい)라고 하는데,
일본어에서는 '앞으로'라는 뜻으로도 사용함. '수량이나 정도가 일정한 기준보다 더
많거나 나음'을 뜻하는 以上(이상, yǐshàng, いじょう)의 경우 기준이 된 수량이 그
범위에 포함되는데, 중국어에서는 혼동을 예방하기 위해 60分及以上(60점과 60점
이상)이라고 표현하기도 함.

용례
以上(이상), 以前(이전), 以後(이후)

성어
이심전심(以心傳心): 마음으로 마음을 전함. 말로 하지 않아도 마음으로 서로 상대를
이해함을 이르는 말.

강

移 옮길 이

갑골문	금문	전국문자	소전	예서	해서
		移	移	移	移

한
移 음 이
뜻 옮기다 / 변하다

중
移 음 yí
뜻 이동하다 / 변경하다

일
移 음 い i
뜻 옮기다 / 변하다

자원
형성

의미 부분인 禾[벼 화]와 소리 부분인 多[많을 다]로 이루어짐. 원래는 벼 이름이었는데, 가차되어 '옮기다'의 뜻을 나타내게 되었음. '옮기다'의 뜻을 나타내는 본래의 글자는 迻[옮길 이]임. 모를 심기 위해서는 물이 있는 못자리에 볍씨를 뿌리고 이 볍씨가 일정 기간 생육되어 모가 되면 논에 옮겨 심는데, 禾가 '옮기다'의 뜻과 무관하지 않기 때문에 벼 이름인 移를 가차해 쓴 것임. 소리 부분인 多는 侈[사치할 치]의 발음 글자로 쓰여 '치' 음도 나타냄. 移는 避[피할 피], 徙[옮길 사], 就[나아갈 취], 去[갈 거], 離[이별할 이] 등의 글자들과 뜻이 통함.

용법

한중일 모두 '옮기다'의 의미로 사용함. 한국어와 일본어에서는 '사는 곳을 다른 데로 옮기는 것'을 移徙(이사, わたまし)라고 하는데, 중국어에서는 搬家(bānjiā)라고 함. 또 한국어와 일본어에서는 '시설이나 회사를 다른 곳으로 옮기는 것'을 移轉(이전, いてん)이라고 하지만, 중국어에서는 遷移(qiānyí)라고 함.

용례

移動(이동), 移民(이민), 變移(변이)

성어

이목지신(移木之信): 나무 옮기기로 믿음을 세움. 나무를 옮기면 상금을 주기로 한 약속을 지켜 믿음을 세운다는 뜻.

已

이미 이

갑골문	금문	전국문자	소전	예서	해서
	𝄖	𝄖	𝄖	已	已

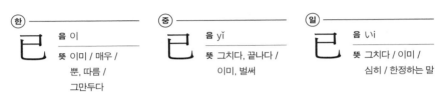

한
已
음 이
뜻 이미 / 매우 /
뿐, 따름 /
그만두다

중
已
음 yǐ
뜻 그치다, 끝나다 /
이미, 벌써

일
已
음 いi
뜻 그치다 / 이미 /
심히 / 한정하는 말

자원
상형

자원이 불분명하나, 갑골문에서는 쟁기를 그린 것으로 추정됨. 하지만 당시에 이미 원래의 뜻을 상실하고 완료나 도구를 나타내는 문법소와 '이미'라는 부사로 쓰였음. 예서 이후로는 已와 以[써 이]의 두 글자로 분화되었음. 식사를 끝내고 머리를 돌린 모습을 그린 旣[이미 기]와 독음과 의미가 같은 동원자(同源字)였을 것으로 추정됨. 이와 유사한 己[자기 기]와 巳[여섯째 지지 사]와 잘 구별해야 하는데, 제3획이 제1획과 닿아 있으면 巳, 제1획과 제2획 중간까지 뻗어 있으면 己, 제2획까지만 연결되었으면 己임. 단, 옛 문헌에서는 혼용하여 사용한 예도 적지 않음.

용법

한중일 모두 '이미', '그치다', '끝나다'의 의미로 사용함. 또 한중일 모두 문장 끝에 쓰여 강한 한정을 뜻하는 '~할 뿐이다'라는 뜻으로도 사용함. 한국어와 일본어에서는 '이미 결혼했음'을 旣婚(기혼, きこん)이라고 하는데, 중국어에서는 已婚(yǐhūn)이라고 함. 또 일본어에서 已上(いじょう)는 以上(이상)과 같은 의미를 나타냄.

용례

已往(이왕), 不得已(부득이)

성어

이왕지사(已往之事): 이미 지나간 일. 기왕지사(旣往之事)와 같은 말.

益 더할 익

갑골문	금문	전국문자	소전	예서	해서
				益	益

한 益
음 익
뜻 더하다 / 이익 / 더욱

중 益
음 yì
뜻 이롭다 / 더하다 / 더욱

일 益
음 えき eki, やく yaku
뜻 증가하다 / 이익이 있다 / 유익하다

자원
회의
그릇을 나타내는 皿[그릇 명]과 그 위의 넘칠 정도로 많이 담겨져 있는 水[물 수]로 이루어진 글자임. 따라서 본래의 뜻은 물이 가득 차서 '넘치다'임. 후에 물이 넘치게 하려면 물을 더 부어주어야 하기에 '더하다'의 뜻과 '남음', '더욱'이라는 의미로 확장되었음. 이에 다시 물[氵]을 보태서 본래 뜻인 '넘치다'를 나타내는 글자로 溢[넘칠 일]을 만들었음.

용법
한중일 모두 '더하다', '이익', '더욱'이라는 의미로 사용함. 중국어에서 益處(yichu)는 '이익', '장점'의 뜻을 나타내는데, 한국어와 일본어에서는 사용하지 않는 표현임. 한국어와 일본어에서 益金(익금, えききん)은 '이익금'의 뜻으로 쓰이는데, 중국어에서는 사용하지 않음. 益體(やくたい)는 일본어에서만 사용하는 표현으로 '쓸모없다'의 뜻을 나타냄.

용례
益母草(익모초), 益蟲(익충), 有益(유익)

성어
홍익인간(弘益人間): 널리 사람 세상을 이롭게 함. 많은 사람에게 도움을 주어 좋은 세상을 만든다는 뜻으로, 단군이 추구했던 이상적인 세계.

끌 인

갑골문	금문	전국문자	소전	예서	해서

한 引
음 인
뜻 끌다, 늘이다 /
넘겨주다

중 引
음 yǐn
뜻 일으키다 / 이끌다 /
활을 당기다

일 引
음 いん in
뜻 끌다 / 데리고 가다 /
다른 예를 들다

자원
회의

두 개의 의미 부분인 弓[활 궁]과 ㅣ[뚫을 곤]으로 이루어짐. 금문에서 처음 나타나며, 『설문』에서는 "활을 당기다"로 뜻을 풀이하고 있음. 갑골문은 사람[大]이 활[弓]을 들고 있는 모양(𢎏)과 이를 간략히 만든 모양(𢎏) 두 가지를 사용하였으며 '폐지하다'라는 뜻의 替[쇠퇴할 체]와 대비되는 '연속하다'의 의미로 사용되었음. 아마 활을 쏘는 동작에서 '연속하다'의 뜻이 나왔고, 후에 '늘이다', '인도하다'의 의미로 확장된 것으로 보임.

용법

한중일 모두 '끌다'의 의미로 사용함. 중국어에서는 예전에 10丈(장)의 길이를 1引(인)으로 계산하는 등 '길이의 단위'로 사용하였음. 한국어와 일본어에서는 '끌어 올리다'를 引上(인상, ひきあげ)라고 쓰는데, 중국어에서는 사용하지 않는 표현임. 대신 중국어에서는 引向(yǐnxiàng)으로 '~로 이끌다'의 뜻을 나타냄. 한국어와 일본어에서는 '돈을 빼내다'를 引出(인출, ひきだし)라고 하지만, 중국어에서는 取出(qǔchū)라고 함. 중국어에서 引出(yǐnchū)는 '끌어내다', '초래하다'의 의미로 쓰여서 가령 '결론을 도출해내다'는 引出結論(yǐnchūjiélùn)이라고 씀.

용례

引力(인력), 引上(인상), 引用(인용)

성어

인과자책(引過自責): 자신의 잘못을 뉘우치고 스스로 꾸짖음.

류

印 도장 인

갑골문	금문	전국문자	소전	예서	해서
			𢑏	印	印

한
印 음 인
뜻 도장 / 인상 /
벼슬, 관직 /
찍다, 박다

중
印 음 yìn
뜻 도장, 인장 /
(~儿) 흔적 /
(정부 기관의) 관인

일
印 음 いん in
뜻 도장 / 도장을 찍다

자원
회의

갑골문은 손을 뜻하는 爪[손톱 조]와 무릎 꿇은 사람을 뜻하는 卩[병부 절]로 구성되어 있음. 이것은 손으로 힘을 행사하여 사람을 꿇어앉혀 굴복시키는 모습을 본뜬 것으로 抑[누를 억]의 초기 문자임. 도장은 손으로 눌러 찍는 것이므로 여기서 인장(印章)의 뜻이 더해졌으며, 과거 인쇄(印刷)는 자판을 눌러서 작업했기 때문에 '찍는다'의 뜻도 더해졌음. 『설문』에서는 "집정을 하는 관원이 지녀야 하는 신물(信物)이다"라고 풀이하였음. 이와 같은 벼슬과 권력의 상징인 관인(官印)의 의미는 본래의 뜻에서 확대된 것으로, 이로부터 '벼슬', '관직' 등의 의미도 파생되었음.

용법

한중일 모두 '도장'의 의미로 사용함. 한중일 모두 刻印(각인, kèyìn, こくいん)은 '도장을 새기다'라는 의미를 나타내는데, 한국어와 중국어에서는 '머릿속에 새겨 넣듯 기억됨'을 나타내기도 함. 한편 중국어에서는 脚印(jiǎoyìn, 발자국)처럼 '흔적'의 뜻으로도 사용함. '도장을 찍다'라는 뜻의 捺印(날인, なついん)은 중국어에서는 蓋章(gàizhāng)이라고 함.

용례

印象(인상), 烙印(낙인), 封印(봉인)

성어

심심상인(心心相印): 마음에서 마음으로 전함. 말을 하지 않아도 마음으로 먼저 통한다는 뜻.

人

사람 **인**

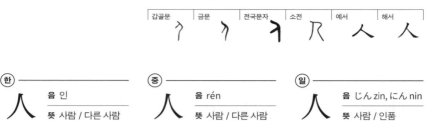

갑골문	금문	전국문자	소전	예서	해서

한

人

음 인

뜻 사람 / 다른 사람

중

人

음 rén

뜻 사람 / 다른 사람

일

人

음 じん zin, にん nin

뜻 사람 / 인품

자원
상형

갑골문을 보면 '사람이 옆으로 서 있는 모양'을 본떠 만든 글자임.『설문』에서는 人[사람 인]을 "세상에 있는 생명체 중에서 가장 존귀한 존재"라고 했음. 현재 중국어에서는 人 두 개를 나란히 놓은 从(종)을 從[좇을 종]으로 사용하고 있고, 또 人 세 개를 모아놓은 众(중)을 衆[무리 중]으로 사용하고 있음. 人은 사람의 옆모습을 그렸는데, 그 외에도 다양한 사람의 모습을 나타낸 글자가 있음. 사람이 양팔을 벌리고 서 있는 모양인 大[큰 대], 양팔을 휘두르며 달리는 모양인 走[달릴 주], 무릎을 꿇고 앉아 있는 모양인 卽[곧 즉, 다가가 무릎을 꿇고 밥을 먹으려는 모양] 등이 있음.

용법

한중일 모두 '사람'의 의미로 많이 사용함. 한중일 모두 人間(인간, rénjiān, にんげん)은 '사람이 사는 세상'을 나타내기도 하지만, 한국어에서는 '사람'이라는 뜻도 있고, '마음에 달갑지 않거나 마땅치 않은 사람'을 낮잡아 말할 때도 사용함. 한국어에서는 신체의 일부에 장애가 있어서 일상생활이나 사회생활에 제약을 받는 사람을 障礙人(장애인) 또는 障礙友(장애우)라고 하지만, 중국어에서는 殘疾人(cánjírén)이라고 하고, 일본어에서는 障害者(장해자), 障碍者(장애자), 障礙者(장애자)라고 쓰고 발음은 모두 しょうがいしゃ로 동일함. 중국어에서는 '타인' 혹은 '몸'을 의미하기도 함.

용례

人口(인구), 人權(인권), 人類(인류)

성어

인생조로(人生朝露): 사람의 삶은 아침의 이슬과 같음. 부단한 노력을 기울이지 않으면 삶은 이슬처럼 덧없이 사라져간다는 뜻.

강

認 알 인

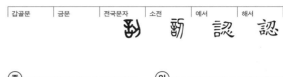

갑골문	금문	전국문자	소전	예서	해서
		𪅅	訒	認	認

한 認 음 인
뜻 알다 / 허가하다

중 认 음 rèn
뜻 식별하다 /
승인하다 /
관계를 맺다

일 認 음 にん nin
뜻 허락하다 / 확실히
분별하여 알다

자원
형성
의미 부분인 言[말씀 언]과 소리 부분인 忍[참을 인]으로 이루어짐. 본래 '알다'의
뜻을 나타냈음. 잘 알면 같은 의견을 갖게 되므로 '동의하다'의 의미로 확장되었음.
후에 '모르는 사람과 관계를 맺다'의 의미로 확장되었음.

용법
한중일 모두 '알다', '허락하다'의 의미로 사용함. 한중일 모두 認識(인식, rènshi,
にんしき)를 '인식하다', '식별하다'의 의미를 나타내는 단어로 사용하지만,
중국어에서는 '(사람을) 사귀다', '(사람을) 알다'의 의미로도 사용함. '진지하다'라는
뜻의 認眞(rènzhēn)과 '낯가리다'라는 뜻의 認生(rènshēng)과 같은 어휘는 현대
중국어에서만 사용함.

용례
認可(인가), 公認(공인), 承認(승인)

성어
자타공인(自他共認): 나와 남이 모두 인정한다는 뜻.

ㅇ

류

仁 어질 인

갑골문	금문	전국문자	소전	예서	해서

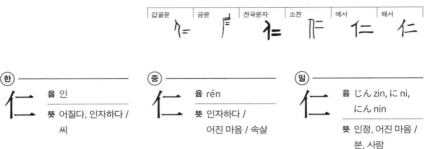

한
仁
음 인
뜻 어질다, 인자하다 /
씨

중
仁
음 rén
뜻 인자하다 /
어진 마음 / 속살

일
仁
음 じん zin, に ni,
にん nin
뜻 인정, 어진 마음 /
분, 사람

자원
형성

소리 부분인 人[사람 인]과 의미 부분인 二[두 이]로 이루어짐. 『설문』에서는 "친하다"라고 풀이하였음. 仁의 갑골문 자형에서 오른쪽 부분 二는 '두 이'가 아니라 '중문부호(重文符號, 동일한 자형이 하나 더 있음을 간단하게 표시하는 부호)'라고 함. 즉 仁은 '두 사람'이라는 뜻이 아니라 '사람과 사람은 서로 친해야 한다'라는 의미를 나타내고 있음. 또 일설에 의하면, 二를 '동등하다'의 뜻으로 해석해 仁을 '사람들은 동등하므로 모든 사람을 평등하게 사랑함'으로 풀이하기도 함.

용법

한중일 모두 '어질다'의 의미로 사용함. 한국어와 일본어에서는 '어진 일을 행하는 방법' 또는 '사람을 살리는 어진 의술'을 仁術(인술, じんじゅつ)라고 하는데, 중국어에서는 사용하지 않는 표현임. 한약재 '살구 씨'는 삼국 모두 행인(杏仁)이라 하는데 이때 仁(인)은 '과실의 씨'를 뜻함. 중국어에서는 花生仁(huāshēngrén, 땅콩 알맹이), 虾仁(xiārén, 새우 살)과 같이 '(과일 씨 또는 과일 껍질 안이나 어류 등의) 속살'이라는 뜻으로도 사용함.

용례

仁義禮智(인의예지), 仁慈(인자), 仁者(인자), 殺身成仁(살신성인)

성어

살신성인(殺身成仁): 목숨을 던져 어짊을 이룸. 희생을 무릅쓰고 올바른 일을 행한다는 뜻.

강

541

因 인할 인

갑골문	금문	전국문자	소전	예서	해서

한

因
음 인
뜻 인하다, 말미암다 /
까닭

중

因
음 yīn
뜻 이유, 까닭 /
~때문에

일

因
음 いん in
뜻 연유하다 / 일이
일어나는 근본

자원
희의

두 개의 의미 부분인 囗[에워쌀 위]와 大[클 대]로 이루어짐. 囗는 사람이 눕거나 앉을 때 쓰던 돗자리의 상형으로 '자리', '깔개' 등을 의미함. 大는 자리 위에 팔다리를 뻗고 누운 사람의 형상임. 후에 因이 '말미암다', '의지하다'의 의미로 쓰이자 艹[풀 초]를 더하여 만든 茵[자리 인]으로 '자리'의 의미를 나타냈음.

용법

한중일 모두 '원인', '이유', '말미암다', '의지하다'의 의미로 사용함. 중국어에서는 因此(incǐ) 因而(in'ér)과 같이 '그러므로', '따라서'라는 뜻의 접속사로 사용함. 일본어에서는 因み(ちなみ) 한 글자로 '인연'의 뜻을 나타내기도 함.

용례

因果應報(인과응보), 因緣(인연), 起因(기인)

성어

인인성사(因人成事): 남의 도움으로 일을 이룸. 어떤 일을 혼자 힘으로 해내지 못하고 다른 사람에게 의뢰하여 일을 성사시킴을 이르는 말.

忍 참을 인

542

갑골문	금문	전국문자	소전	예서	해서
				忍	忍

한 ─────
忍 음 인
뜻 참다 / 모질다

중 ─────
忍 음 rěn
뜻 참다 / 잔인하다

일 ─────
忍 음 にん nin
뜻 견디다 /
잔인한 마음

자원
형성

의미 부분인 心[마음 심]과 소리 부분인 刃[칼날 인]으로 이루어짐. 본래 '견디어내다'를 의미했고, 후에 '마음을 굳게 다지다', '잔인하다' 등으로 확대 사용하고 있음. 중국 속담에도 '참아야 한다'는 것을 강조하는 "心字头上一把刀!"라는 표현이 있는데, 이는 '心 위에 칼이 있다'라는 뜻으로 바로 '忍'을 나타낸 것임. 『맹자』 「공손추」편에 "人皆有不忍人之心"이라는 구절이 있는데, 이는 "사람은 모두 남에게 차마 하지 못하는 선한 마음씨가 있다"라는 의미임. 현재는 이를 줄여서 '不忍之心(불인지심)' 이라고도 함.

용법

한중일 모두 '참다'의 의미로 사용함. 한국어에서는 '어려움이나 괴로움을 참고 견디는 마음'을 忍耐心(인내심)이라고 하는데, 일본에서는 心 대신 力[힘 력]을 써서 忍耐力(にんたいりょく)라고 하고, 중국어에서는 忍性(rěnxìng) 또는 耐心(nàixīn)이라고 씀. 『맹자』에 '不忍之心(불인지심)'이라는 말이 있는데, 이는 '참지 못하는 마음'이 아니고 '차마 하지 못하는 마음'이라는 뜻임. 여기에서 비롯되어 不忍(bùrěn)은 '차마 ~하지 못하다'라는 뜻으로 사용됨.

용례

忍耐(인내), 忍辱(인욕), 殘忍(잔인)

성어

목불인견(目不忍見): 차마 눈으로는 볼 수 없음. 눈뜨고는 볼 수 없는 이상하고 참담한 장면이나 상황을 일컫는 말.

문

日 날 일

| 갑골문 | 금문 | 전국문자 | 소전 | 예서 | 해서 |

한

日

음 일

뜻 날 / 해, 태양 / 낮

중

日

음 rì

뜻 태양 / 날 / 하루 / 매일

일

日

음 じつ zitu, にち niti

뜻 해 / 날 / 나날

자원
상형

이 글자는 '태양'을 그린 것인데, 중간의 점이 특징적임. 이를 태양의 흑점으로도 보지만, 한편으로는 중국 신화에 나오는 태양에 사는 다리가 셋 달린 까마귀 삼족오(三足烏)의 상징으로 풀이하기도 함. 옛날에는 태양의 운행을 잘 이해하지 못해 까마귀가 배 속에 해를 넣고 날아다닌다고 생각했기 때문임. 이는 고구려 벽화 등에서 태양에 삼족오가 그려진 이유이기도 함. 또 옛날에는 태양의 위치로 시간대를 확정하고, 태양이 뜨고 지는 주기로 '하루'를 나타냈는데, 이 때문에 시간의 총칭이자 달력의 의미까지 더해졌음.

용법

한중일 모두 원래 뜻인 '태양', 그리고 여기서 파생한 '낮', '하루 날짜', '요일' 등의 의미로 사용하고, 고유명사로는 日本(일본)을 지칭함. 한국어와 일본어에서는 '하루를 단위로 지급하는 급료'를 日給(일급, にっきゅう)나 日當(일당, にっとう)라 하지만, 중국어에서는 日薪(rixīn)이라 함. 또 일본어에서 日和(ひより)는 '(~하기에) 좋은 날씨'를 말하는데, 중국어의 天氣(tiānqì)와 好天氣(hǎotiānqì) 정도에 해당함. 또 日付(ひづけ)는 '문서 따위에 그것의 작성·발송·접수 등의 연월일을 기입하는 것'을 말하고, 日直(일직, にっちょく)를 중국어에서는 値日(zhírì)라고 함.

용례

日記(일기), 日常(일상), 日出(일출), 曜日(요일)

성어

고성낙일(孤城落日): 고립된 성과 지는 해라는 뜻으로, 세력을 잃고 주변에 아무도 없는 외로운 처지가 된 상황을 이르는 말.

하

一 한 일

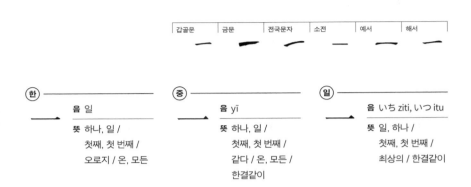

갑골문	금문	전국문자	소전	예서	해서

한 ────────────
음 일
뜻 하나, 일 /
첫째, 첫 번째 /
오로지 / 온, 모든

중 ────────────
음 yī
뜻 하나, 일 /
첫째, 첫 번째 /
같다 / 온, 모든 /
한결같이

일 ────────────
음 いち ziti, いつ itu
뜻 일, 하나 /
첫째, 첫 번째 /
최상의 / 한결같이

자원
지사
가로획 한 개를 사용하여 숫자 '1' 또는 '첫 번째'의 의미를 나타낸 글자임. 후에 '모조리', '온통'의 의미로 확대 사용하고 있음. 이 같은 숫자 표기 방식은 다른 고대 문명에서도 쉽게 찾아볼 수 있음. 금문과 전국문자에서는 필획의 단순함으로 인한 위조를 방지하고자 의미 없는 구별부호 戈[창 과] 또는 弋[주살 익]을 추가한 弌[한 일]을 사용하기도 했음.

용법
한중일 모두 '하나', '첫째'의 의미로 사용함. 또한 삼국 모두 一切(일체, yíqiè, いっさい)와 같이 '모두'라는 뜻으로도 사용함. 또한 一家(일가, yìjiā, いっか)와 같이 '같다'라는 뜻으로도 사용함. 한국어에서는 一切를 '일절' 또는 '일체'라고 읽는데, '일절'은 부인하거나 금지할 때 쓰는 말이고 '일체'는 전부를 나타내는 말로 구분해서 사용함. 한중일 삼국 모두 一의 갖은자로 壹(일)을 사용함. 一同(일동, yìtóng, いちどう)은 한국어와 일본어에서는 어떤 단체나 모임의 모든 사람을 일컫는 말이지만, 중국어에서는 '함께'라는 뜻. 一向(일향, いっこう, yíxiàng)은 삼국 모두 '언제나'라는 뜻으로 과거에서 지금까지를 뜻하지만, 일본어의 경우 부정을 동반하는 경우 '조금도', '전연'이라는 뜻으로 사용됨.

용례   一切(일체), 第一(제일), 統一(통일)

성어   일이관지(一以貫之): 하나로써 끝까지 관통함. 변치 않는 방향으로 줄곧 노력해서 성공을 도모하는 일.

문

入 들입

갑골문	금문	전국문자	소전	예서	해서

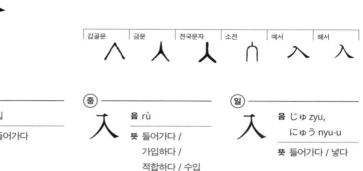

한
入 음 입
뜻 들어가다

중
入 음 rù
뜻 들어가다 /
가입하다 /
적합하다 / 수입

일
入 음 じゅ zyu,
にゅう nyu-u
뜻 들어가다 / 넣다

자원
상형
갑골문과 금문 모두 끝이 날카로운 것으로 찔러서 들어가는 모습을 묘사하고 있음.
따라서 이것에 관해 화살촉의 모습을 본뜬 것, 날카로운 칼끝의 모습을 본뜬 것 등과
같은 다양한 견해가 있음. 『설문』에서는 "안이다"라고 뜻을 풀이하였음. 임의광
(林義光)은 이것을 날카롭고 뾰족한 물건을 본뜬 것으로 보아 여기서 기인하여 '어떤
물체의 안으로 들어가다'의 의미를 갖는 것으로 풀이했음. 이로부터 '들어가다', '넣다'
등의 의미가 더해졌음. 入은 고대 중국어에서 사성(四聲)의 하나인 입성(入聲)을
뜻하는 글자로 사용되기도 했음.

용법
한중일 모두 '들어가다'의 의미로 널리 사용함. 중국어에서 入口(rùkǒu)와 出口
(chūkǒu)는 들어가고 나가는 통로라는 일반적인 의미 이외에 다른 나라로부터
물품을 사들이거나 팔아 내보내는 '수입'과 '수출'의 뜻도 가지고 있음. 한중일 모두
入神(입신, rùshén, にゅうしん)을 '기술지혜 등이 신의 경지에 다다름'이라는 의미로
사용하는데, 중국어에서는 그 외에 '넋을 잃다', '골몰하다'의 의미로도 사용함.

용례
入口(입구), 入學(입학), 出入(출입)

성어
점입가경(漸入佳境): 들어갈수록 더 좋은 경치가 펼쳐짐. 사안이 점점 더
재미있어지는 상태를 가리키는 말.

字

글자 자

갑골문	금문	전국문자	소전	예서	해서

한 — 字 음 자
뜻 글자, 문자 /
자(이름에 준하는 것)

중 — 字 음 zì
뜻 문자, 글자 / 자

일 — 字 음 じ zi
뜻 글자, 문자 /
별명, 자

자원
형성
고문자에 따르면 宀[집 면]과 子[아들 자]로 이루어짐. 『설문』에서는 字를 "젖을 먹여 기르다"로 뜻을 풀이하였음. 마서륜(馬叙倫)*은 어린아이를 가지는 孕[아이 밸 잉]과 같은 글자라 여겼으며, 공중온(孔仲溫)**은 집 안에 여러 명의 어린아이가 있는 것으로 '번성하게 증식하는 것'이라 하였음. 이를 종합하면 字는 '집안에서 어린아이를 낳아 양육하는 것'이 본래 의미이고 여기서 '키우다'의 의미가 나왔음. 文[글월 문]은 분리되지 않는 독체자(獨體字)를 가리키는 반면에 字는 합체자(合體字)를 가리켰는데, 지금은 이를 합쳐 문자(文字)라고 함. 『설문』에서는 "번식하여 점점 많아진다"라고 하였는데, 이것 역시 본래 의미에서 확대된 것임. 이후 '문자', '글씨', '본이름 외에 부르는 호칭' 등의 의미로까지 확대되었음.

용법
한중일 모두 '글자', '문자'의 의미로 사용함. 한국어와 중국어의 字典(자전, zìdiǎn)을 일본어에서는 字引(じびき)라고도 함. 한국어에서는 '날짜'를 나타내는 다른 말로 日字(일자)를 쓰는 반면, 중국어와 일본어에서는 字[글자 자] 대신 子[아들 자]를 써서 日子(rìzi, にっし)라고 씀.

용례
字形(자형), 數字(숫자), 漢字(한자)

성어
일자천금(一字千金): 글자 하나에 천금. 매우 뛰어난 글자나 문장을 가리키는 말.

---

* 1885~1970, 중국의 학자이자 정치가. 주요 저술에 『설문해자연구법說文解字研究法』 등이 있음.
** 중국 경산대학교 중문과 교수로 재직 중임.

者

사람 자

갑골문	금문	전국문자	소전	예서	해서

한 者 음 자
뜻 놈, 사람 / 것

중 者 음 zhě
뜻 것 / 자(주로 사람을 지칭) / 가지

일 者 음 しゃ sya
뜻 행동의 주체, 사람 / 어세를 강조하는 조사

자원
회의
금문과 전국문자의 자형 모두 대체로 유사하나, 정확하게 무엇을 본뜬 것인지에 대해서는 아직까지 정설이 없음. 자형의 윗부분이 禾[벼 화]의 변형이라고 하는 의견, 일설에서는 黍[기장 서]의 이체자라고도 하며, 일설에서는 나무에 가지가 뻗어난 형상이라고도 함. 오늘날 櫧[종가시나무 저]가 사용되고 있는 점을 보아 櫧의 초문이라는 주장도 있는데, 가장 유력한 견해로 보임. 『설문』에서는 "사물을 구분하는 낱말"이라고 하였는데, 이는 이미 동한(東漢) 시기에 이 글자의 의미가 가차되었다는 것을 나타냄. 오늘날에는 주로 '놈', '사람'이라는 의미로 사용됨.

용법
한중일 모두 '사람' 또는 '사물'의 의미로 사용함. 한국어와 일본어에서는 '이자', '그자'처럼 타인을 지칭하는 삼인칭 대명사로 쓰이지만, 중국어에는 이런 용례가 없음. 한국어와 일본어에서는 科學者(과학자, かがくしゃ)처럼 명사 뒤에 '사람'을 나타내는 접미사로 활용되기도 하는데, 중국어에서는 者 대신 '~家(jiā)'의 형태로 주로 사용함. 第三者(제삼자, dìsānzhě, だいさんしゃ)는 한중일 모두 '당사자 밖의 사람'이라는 의미를 나타냄. 또한 중국어에서는 或者(huòzhě)가 '아마', '어쩌면'이라는 뜻을 나타내는 부사이지만, 한국어에서 或者(혹자)는 '어떤 사람'이라는 뜻의 명사임.

용례
關係者(관계자), 勤勞者(근로자), 患者(환자)

성어
회자정리(會者定離): 모였던 사람은 반드시 헤어짐. 사람 사이의 헤어짐은 어쩔 수 없는 이치라는 뜻.

慈 사랑 자

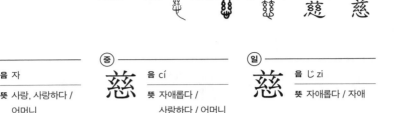

갑골문	금문	전국문자	소전	예서	해서
	𤯏	𤯏	𤯏	慈	慈

한 慈 음 자
뜻 사랑, 사랑하다 /
어머니

중 慈 음 cí
뜻 자애롭다 /
사랑하다 / 어머니

일 慈 음 じ zi
뜻 자애롭다 / 자애

자원
형성
의미 부분인 心[마음 심]과 소리 부분인 玆[이 자]로 이루어짐. '윗사람의 아랫사람에 대한 사랑'을 의미함. 후에 '사랑하다', '동정하다' 등의 의미로 확대 사용하고 있음. 또한 전통 가정에서 부모의 역할을 '嚴父慈母(엄부자모, 엄한 아버지와 자애로운 어머니)'로 표현하면서 '어머니'를 지칭하는 용어로도 사용하고 있음.

용법
한중일 모두 '선의를 베풀다'의 의미로 사용함. 한국어에서는 '공공 또는 사회사업의 자금을 모으기 위하여 벌이는 시장'을 '바자' 또는 '바자회'라고 하고, 일본어에서는 慈善市(じぜんいち) 또는 バザー(bazar)라고 함. 중국어에서는 義[의로울 의]를 사용하여 義賣(yìmài) 또는 義賣會(yìmàihuì)라고 함. 국제적 구호기구인 'The Red Cross'는 한국어로 赤十字社(적십자사)로 표기하고, 일본어에서는 赤十字社(せきじゅうじしゃ) 또는 외래어 レッド・クロース(Red Cross)로 표기함. 중국어에서는 赤[붉을 적] 대신 紅[붉을 홍]을 사용하여 紅十字會(Hóngshízìhuì)라고 함.

용례
慈堂(자당), 慈悲(자비), 慈善(자선)

성어
대자대비(大慈大悲): 커다란 자애로움과 큰 슬픔. 사랑과 연민의 시선으로 사람의 삶을 보는 부처의 마음 또는 지극히 넓고 큰 사랑을 이르는 말.

姊

손위누이 자

갑골문	금문	전국문자	소전	예서	해서

한
姊
음 자
뜻 손위 누이, 맏누이 /
어머니

중
姊
음 zǐ
뜻 언니, 누나

일
姊
음 し si
뜻 언니, 누이

자원
형성

의미 부분인 女[여자 녀]와 소리 부분인 朿(자)로 결합되어 '손위 누이'를 의미함.
예서에 이르러 소리 부분이 모양이 비슷한 市[슬갑 불]과 혼동되면서 이체자 姉[손위
누이 자]가 만들어졌고 이 자형이 한국과 일본으로 전해졌음. 현재 한국어에서는
姊를 사용하고 있으며, 일본어에서는 姉를 사용하고 있음. 중국어에서는 姊 대신
姐[누이 저]를 사용하여 '손위 누이'를 나타기도 함.

용법

한중일 모두 '손위 누이'라는 의미로 사용함. 다만 서로 다른 한자를 사용하고 있는데,
'언니와 여동생 관계'를 한국어에서는 姊妹(자매), 일본어에서는 姉妹(しまい),
중국어에서는 姐妹(jiěmèi)로 표기함. 중국어에서는 젊은 여성을 小姐(xiǎojiě)라고 함.
韓國小姐, 中國小姐, 日本小姐와 같이 국명 뒤에 사용하면 '미스코리아', '미스차이나',
'미스재팬'이라는 의미가 됨.

용례

姊妹(자매)

성어

자매결연(姊妹結緣): 자매의 인연을 맺는 일. 단체끼리 서로 형제자매와 같은 가까운
관계를 맺는 일.

ㅈ

문

自 스스로 자

갑골문	금문	전국문자	소전	예서	해서

한 ────────
自
음 자
뜻 자기 / 스스로,
   몸소 / 저절로 /
   ~서부터

중 ────────
自
음 zì
뜻 자기, 자신 /
   몸소, 친히 /
   저절로 / ~에서부터

일 ────────
自
음 し si, じ zi
뜻 자기, 본인 /
   스스로 / 저절로

자원
상형
갑골문을 보면 사람의 코를 본뜬 글자임을 알 수 있음. 『설문』에서도 '코의 형상'을 그린 글자로서 自의 뜻을 "코"라고 풀이하였음. 이후 '자신'이라는 의미로 가차되면서, 원래 '코'를 나타내던 自에 편방을 추가하여 鼻[코 비]를 만들어 사용했고, 自는 '자기', '본인'을 뜻하는 글자가 되었음.

용법
한중일 모두 '스스로', '몸소', '자기'의 의미로 사용함. 중국어에서는 自古以來 (zìgǔyǐlái)처럼 '~로부터'라는 의미로도 쓰이며, 한국어에서도 自古(자고)로와 같은 형태로 활용되며, 기간을 나타낼 때도 自3月1日至3月5日(3월 1일부터 3월 5일까지)처럼 쓰이기도 함. 또한 한국어와 일본어에서는 '개인 전용 자동차'를 自家用(자가용, じかよう)라고 하는데, 중국어에서는 自用車(zìyòngchē)라고 함. 한국어와 일본어에서는 自轉車(자전거, じてんしゃ)라고 하지만, 중국어에서는 自行車(zìxíngchē)라고 함.

용례
自身(자신), 自然(자연), 自由(자유)

성어
자포자기(自暴自棄): 스스로를 해치고 버림. 자신감 등을 잃어 스스로 망가지면서 포기함을 이르는 말.

윤

子 아들 자

| 갑골문 | 금문 | 전국문자 | 소전 | 예서 | 해서 |

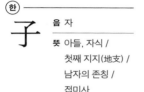

한

子

음 자

뜻 아들, 자식 /
첫째 지지(地支) /
남자의 존칭 /
접미사

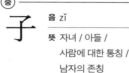

중

子

음 zǐ

뜻 자녀 / 아들 /
사람에 대한 통칭 /
남자의 존칭

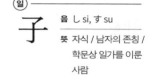

일

子

음 し si, す su

뜻 자식 / 남자의 존칭 /
학문상 일가를 이룬
사람

자원
상형

갑골문에 따르면 어린아이의 모습을 본뜬 것으로 강보(襁褓)에 싸여 있는 갓난아이를
묘사한 것임. 양팔은 천 밖으로 빼고 몸과 다리만 둘러싸여 있는 형상임. 일부 갑골문은
兒, 兒와 같이 머리카락이 있는 머리 모양에 다리만 묘사하기도 했음. 이처럼 갓난아이는
몸에 비해서 머리가 상대적으로 크기 때문에 이를 다소 과장되게 표현하였음. 이로부터
'아이', '자식'이라는 뜻을 가지게 되었음. 본래는 아이의 성별을 특정하지는 않았으나
부계사회가 확립되면서 대를 잇는다는 의미가 강조되어 사내아이를 지칭하게 되었고
'孔子(공자)'와 같이 남성에 대한 존칭으로도 사용되었음.

용법

한중일 모두 '아들', '자식'의 의미로 사용함. 한중일 모두 弟子(제자, dìzǐ, でし)처럼
'사람'이라는 뜻의 접미사로 사용함. 또한 粒子(입자, lìzǐ, りゅうし)처럼 '아주
작은 것'을 뜻하는 접미사로도 활용함. 한국어에서 親子(친자)는 '자기가 낳은
자식'을 뜻하지만, 일본어에서 親と子(おやとこ)는 '부모와 자식'을 뜻하며 중국어의
親子(qīnzǐ) 역시 '친아들' 외에 '부모와 자식 간의 혈연관계'를 의미함. 지금도 쓰이는
'자자손손'이라는 표현을 포함한 子子孫孫永寶用(자자손손영보용)이라는 문구가 고대
청동기에 자주 보이는데, 이는 "자자손손 대대로 소중히 보전하며 사용하라"는 뜻임.

용례

子女(자녀), 弟子(제자), 孝子(효자)

성어

매처학자(梅妻鶴子): 매화와 같은 아내, 학과 같은 아들. 속세를 떠나 자연에서
여유롭게 살아감을 비유적으로 이르는 말.

オ

昨

어제 작

갑골문	금문	전국문자	소전	예서	해서
			昨	昨	昨

한
昨 음 작
뜻 어제 / 옛날

중
昨 음 zuó
뜻 어제 / 과거, 옛날

일
昨 음 さく saku
뜻 어제 / 옛날

자원
형성
의미 부분인 日[날 일]과 소리 부분인 乍[잠깐 사]로 이루어짐. '어제'라는 뜻이며, 과거를 지칭하기도 하는데, 고대사회에서 해[日]는 시간을 나타내는 중요한 잣대였음을 보여줌. 乍는 옷을 만들고자 베를 깁는 모습으로 '만들다'의 뜻을 나타낸 글자임. 이후 乍가 '잠깐'이라는 뜻으로 가차되어 쓰이자 옷을 만드는 주체인 人[사람 인]을 더해 作[지을 작]으로 분화했으며, '만들다', '하다', '시작하다'의 의미로부터 '작품', '(시나 곡을) 짓다', '거행하다' 등의 의미로 확장되었음.

용법
한중일 모두 '어제', '옛날'의 의미로 사용함. 한국어에서는 '지난해'를 昨年(작년)이라고 하지만, 중국어에서는 去年(qùnián)이라고 함. 일본어에서는 둘 다 사용하는데 昨年(さくねん)이 去年(きょねん)보다 격식을 차린 말로 쓰임. 또 일본어에서는 '지난주'를 昨週(さくしゅう)라고 쓰는데, 중국어에서는 上周(shàngzhōu)나 上星期(shàngxīngqi)라고 표현함.

용례
昨今(작금), 昨年(작년), 再昨年(재작년)

성어
작시금비(昨是今非): 어제는 옳았으나 오늘은 아님. 과거에는 옳다고 믿었던 내용이 오늘 와서 생각해보니 잘못이었다는 뜻.

作

지을 작

갑골문	금문	전국문자	소전	예서	해서
			𠂇	作	作

한 作
음 작
뜻 짓다, 만들다 /
일하다 / 일어나다,
일으키다 / 농사 /
작품

중 作
음 zuò
뜻 만들다 / 글을 쓰다 /
일어나다 /
~한 체하다 / 작품

일 作
음 さ sa, さく saku
뜻 일어나다 /
이루다, 만들다 /
일, 작업 /
사람의 동작 /
경작, 농작

자원
형성

의미 부분인 人[사람 인]과 소리 부분인 乍[잠깐 사]로 이루어짐. 『설문』에서는 "일어나다"로 풀이하였음. 乍의 갑골문[𠂇]은 정확한 뜻을 알 수 없으나, 칼[刀]과 칼로 깎다가 생긴 흔적으로 '칼이나 도구로 깎아 만들다'라는 뜻을 나타내는 것으로 추정함. 나중에 乍가 '갑자기', '잠깐'이라는 뜻으로 가차되어 사용되자 人을 더하여 作을 만들어 '짓다', '만들다'의 의미를 나타냈음.

용법

한중일 모두 '만들다'의 의미로 많이 사용함. 한국어와 일본어에서는 作戰(작전, さくせん)을 '군사적 목적을 이루기 위하여 행하는 전투, 수색, 행군, 보급 따위의 조치나 방법'을 뜻하는 명사로 사용하는 반면에, 중국어에서는 作戰(zuòzhàn)을 '싸우다', '전투하다'라는 뜻의 동사로 사용함. 한국어와 일본어에서는 作業(작업, さぎょう)가 '일정한 목적과 계획 아래 하는 일'을 뜻하지만, 중국어에서는 作業(zuòyè)를 학교에서 내주는 '숙제'라는 의미로 주로 사용함. 한국어와 일본어에서는 '농작물의 수확이 평년작을 훨씬 웃돌게 지은 농사'를 豊作(풍작, ほうさく)라고 하고 그 반대를 凶作(흉작, きょうさく)라고 하지만, 중국어에서는 作 대신 收[거둘 수]를 써서 각각 豊收(fēngshōu)와 歉收(qiànshōu)라고 함.

용례 作家(작가), 作用(작용), 作品(작품), 副作用(부작용), 制作(제작)

성어 작심삼일(作心三日): 마음을 먹고 3일을 넘기지 못함. 결심하고서도 길게 실행하지 못함을 이르는 말.

章

글월 장

갑골문	금문	전국문자	소전	예서	해서
帝	𤴐	𣜩	章	章	章

한
章
음 장
뜻 글, 문장 / 법식 /
도장 / 단락 /
표지

중
章
음 zhāng
뜻 조목, 조항 /
법규, 규정 /
장, 단락 /
조리, 질서 / 도장

일
章
음 しょう syou
뜻 무늬 / 명백히 하다 /
표지, 기장 /
문장, 문서 /
시나 글 따위의
일단락

자원
회의

이 글자의 기원 및 발전 과정에 대해서는 아직 학계에서 명확하게 규명하지 못하고
있음. 다만 초기의 문자 형태를 자세히 살펴보면 자형에 辛[매울 신]이 포함된 것으로
추정됨. 辛은 돌에 구멍을 뚫거나 돌을 쪼아서 다듬는 연장을 본뜬 글자임. 또한 章은
출토 문헌에서 옥의 일종인 璋[반쪽 홀 장]으로 사용되고 있음. 종합해보면 '도구를
사용해 다듬은 옥'으로 추정할 수 있음. 고대사회에서 璋은 신분에 따라 그 크기가
규정되었으며, 각종 의식 및 제례 때 몸에 소지했음. 이를 근거로 볼 때, 章의 원래
의미는 '옥'이며, 후에 '표지', '법식', '조목' 등의 의미로 확대 사용되자, 玉[옥 옥]을
추가한 璋을 새롭게 만들어 원래 의미를 되살린 것으로 추정됨.

용법

한중일 모두 '글'의 의미로 널리 사용함. 한국어에서는 '개인, 단체, 관직 따위의
이름을 새겨 문서에 찍도록 만든 물건'을 圖章(도장)이라고 하지만, 중국어에서는
印章(yìnzhāng)이라 하고, 일본어에서는 印(いん)을 많이 사용함. 도장을 대신하여
指紋(지문)을 찍는 것을 한국어에서는 指章(지장)이라고 하지만, 중국어에서는 手印
(shǒuyìn), 일본어에서는 つめ印(つめいん)이라고 함. 또한 한국어에서 文魚(문어)라고
부르는 해산물을 중국어와 일본어에서는 章魚(zhāngyú, たこ)라고 표현함.

용례

文章(문장), 印章(인장), 徽章(휘장)

성어

단장취의(斷章取義): 문장을 끊어 뜻을 건짐. 글 가운데 한 토막을 골라 마음대로
해석하면서 원래 글의 취지를 비트는 행위.

문

長 길 장

갑골문	금문	전국문자	소전	예서	해서

한

長

음 장

뜻 길다 / 낫다 /
자라다 / 맏, 어른 /
우두머리

중

长

음 cháng, zhǎng

뜻 [cháng] 길다 /
능숙하다
[zhǎng] 자라다,
성장하다 /
나다, 생기다

일

長

음 ちょう tyou

뜻 우두머리 /
나이가 많다 /
최연장 / 낫다 /
기간이 길다

자원
상형

갑골문을 살펴보면 머리카락을 길게 늘어뜨린 노인이 지팡이를 짚고 있는 모습을 본뜬 것으로 때로는 지팡이를 생략하기도 함. 긴 머리카락은 나이가 들었음을 나타내는 것으로 여기서 확대되어 '길다', '오래되다', '연장자' 등의 의미를 나타내게 되었음. 한편 고문자에서는 나이가 들어 늙었다는 의미의 老[늙은이 로]의 자형 또한 長[길 장]과 대단히 유사함.

용법

한중일 모두 '길다', '우두머리'의 의미로 사용함. 한국어에서는 장거리, 장기간과 같이 '긴' 또는 '오랜'의 뜻을 더하는 접두사로 사용되며, 또한 이사장, 위원장과 같이 '책임자', '우두머리'의 뜻을 더하는 접미사로도 사용함. 한국어에서 '좋거나 긍정적인 점'과 '모자라는 점'을 말하는 長點(장점)과 短點(단점)을 중국어에서는 長處(chángchu)와 短處(duǎnchu)라고 하며, 일본어에서는 長所(ちょうしょ)와 短所(たんしょ)라고 함. 한편 한국어와 일본어에서는 초중고 학교의 으뜸 직위를 校長(교장, こうちょう) 그리고 대학교의 으뜸 직위는 學長(학장, がくちょう) 또는 總長(총장, そうちょう)라고 구분하여 지칭하지만, 중국어에서는 모두 校長(xiàozhǎng)이라는 한 가지 표현으로 지칭함.

용례

長短(장단), 長壽(장수), 首長(수장)

성어

불로장생(不老長生): 늙지 않고 오래 산다는 뜻. 건강하게 오래 사는 일을 가리키는 말.

556

마당 장

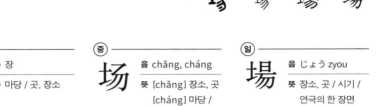

갑골문	금문	전국문자	소전	예서	해서
		場	場	場	場

한 ─────
場
음 장
뜻 마당 / 곳, 장소

중 ─────
场
음 chǎng, cháng
뜻 [chǎng] 장소, 곳
[cháng] 마당 /
시장

일 ─────
場
음 じょう zyou
뜻 장소, 곳 / 시기 /
연극의 한 장면

자원
회의

두 개의 의미 부분인 土[흙 토]와 昜[볕 양]으로 이루어짐. 昜의 갑골문은 제단 위에 비친 햇빛을 나타내는 자형으로 '밝다'라는 의미였고, 후에는 阜[언덕 부]가 더해진 陽[볕 양]으로 대체되어 쓰였음. 場은 '흙을 평평하게 돋우어 쌓아 볕이 잘 드는 제단'을 의미하다가, 후에는 제사가 이루어지는 '넓은 장소', '어떤 위치', '경우', '무대' 등의 의미로 확대되었음.

용법

한중일 모두 '장소', '경우', '무대'의 의미로 사용함. 일본어에서는 중국어나 한국어와는 달리 '경험'의 의미로도 쓰여 場(ば)の數(かず)を踏(ふ)む(경험을 쌓다)와 같이 씀. 또한 중국어와 일본어에서 場合(chǎnghe, ばあい)라 하여 '경우', '사정'이라는 의미로 쓰임. 한국어와 일본어에서는 증권시장이 영업을 시작하는 것을 開場(개장, かいじょう)라고 쓰지만, 중국어에서는 開市(kāishi)라고 씀.

용례

場面(장면), 市場(시장), 立場(입장)

성어

만장일치(滿場一致): 회장에 모인 사람의 의견이 일치함. 전원 모두 뜻이 하나로 합쳐짐을 이르는 말.

590

557

壯 씩씩할 장

| 갑골문 | 금문 | 전국문자 | 소전 | 예서 | 해서 |

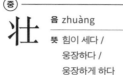

한 壯
음 장
뜻 장하다, 크다 / 씩씩하다 / 젊다

중 壯
음 zhuàng
뜻 힘이 세다 / 웅장하다 / 웅장하게 하다

일 壯
음 そう sou
뜻 굳세다 / 사내답다

자원
형성
의미 부분인 士[선비 사]와 소리 부분인 爿[나뭇조각 장]으로 이루어짐. 爿은 牀[평상 상]의 생략형 글자이고, 士는 '씩씩한 선비'의 뜻을 나타냄. 『설문』에서는 "크다"로 뜻을 풀이하였음. 남자가 여자보다 몸집이 크기 때문에 '장대하다'의 뜻을 나타내는 한자를 女[여자 녀]로 만들지 않고, 士[선비 사]로 만든 것임. 爿에 女를 더하면 妝[꾸밀 장]이 됨. 壯은 '씩씩하다'의 뜻에서 強[강할 강], 剛[굳셀 강], 彊[굳셀 강], 鋼[강철 강], 將[장수 장]과 뜻이 통하고, '크다'의 뜻에서 張[벌릴 장]과 뜻이 통하는 글자임.

용법
한중일 모두 '장대하다', '훌륭하다'의 의미로 사용함. 한국어와 중국어에서는 '몸이 튼튼하고 씩씩함'을 健壯(건장, jiànzhuàng)이라고 하는데, 일본어에서는 壯健(そうけん)이라고 함. 중국어 氣壯(qìzhuàng)은 '기세가 웅장하다'의 뜻을 나타내는데, 한국어와 일본어에는 없는 표현임. 한국어에서는 '나이가 젊고 기력이 왕성한 것'을 年富力強(연부역강)이라고 표현하는데, 중국어에서는 年富力強(niánfùlìqiáng)보다 年輕力壯(niánqīnglìzhuàng)이라는 표현을 일상적으로 더 많이 사용함.

용례
壯觀(장관), 健壯(건장), 雄壯(웅장)

성어
혈기방장(血氣方壯): 건강한 기운이 한창인 상태. 씩씩한 기운이 대단한 모양을 이르는 말.

ㅈ

박

將 장수 장

갑골문	금문	전국문자	소전	예서	해서
		將	將	將	將

한
將 음 장
뜻 장수 / 장차 /
나아가다

중
将 음 jiāng, jiàng
뜻 [jiāng] ~일 것이다 /
장차, 곧
[jiàng] 장수 /
이끌다

일
将 음 しょう syou
뜻 장수 / 장차

자원
형성

肉[고기 육]과 寸[마디 촌]을 합한 부분이 의미 부분이고, 爿[나뭇조각 장]이 소리 부분임. 손[寸]으로 고기[肉]를 올리는 모습으로 '바치다'의 뜻을 나타냄. 고기를 바치려면 가지고 나가야 한다는 점에서 '거느리다'의 뜻으로 확장되었고, 가차되어 '장차'라는 뜻으로 쓰임. 비슷한 구조인 손[又]으로 고기[月]를 든 모습을 나타낸 有[있을 유]는 '가지다', '있다'의 뜻을 나타냄.

용법

한중일 모두 '장수'의 의미로 사용함. '바야흐로 ~하려고 하다'라는 뜻의 將次(장차, jiāngcì)라는 단어는 고대 중국어와 한국어에서만 사용함. 한국어와 일본어와는 달리 중국어는 의미 항목에 따라 발음을 달리함. 將來(jiānglái)처럼 '바로'라는 뜻으로 쓰일 때는 제1성으로 읽고, 大將(dàjiàng)처럼 '장수'나 '거느리다'라는 뜻으로 사용할 때는 제4성으로 읽는다. 따라서 將才(cái)의 경우 將을 읽는 성조에 따라 '이제', '금방'이라는 부사 혹은 '장군감'이라는 명사로 구분됨. 이 밖에 중국어에서만 將을 목적어를 동사 앞으로 이끄는 전치사로 사용함.

용례

將軍(장군), 將次(장차), 大將(대장)

성어

백전노장(百戰老將): 아주 많은 싸움을 치른 장수. 일정한 분야에서 오랜 경험을 쌓아 능력이 대단한 사람을 뜻하는 말.

再 두 재

| 갑골문 | 금문 | 전국문자 | 소전 | 예서 | 해서 |

한

再
음 재
뜻 두, 두 번 /
다시

중

再
음 zài
뜻 재차. 또 /
~한 뒤에 / 게다가

일

再
음 さ ki, さい ki-i
뜻 두번 / 다시

자원
상형
갑골문과 금문 모두 무엇을 본뜬 것인지에 대해서는 아직까지 정설이 없음. 일설에서는 그릇의 일종인 甾[꿩 치]를 거꾸로 한 모습을 본뜬 것이라고 하고, 또 다른 일설에서는 '불 덮개'를 뜻하는 簰[배롱 구]의 초문이라고도 하며, 물고기를 뜻하는 魚[고기 어]의 생략형이라고 하는 견해도 있음. 소전의 자형은 갑골문에서 조금씩 변형된 모습임. 『설문』에서도 "하나를 들었는데 둘이 되는 것이다"라고 모호하게 풀이하였음. 오늘날에는 주로 '두 번', '다시'라는 의미로 사용함.

용법
한중일 모두 '두 번', '재차'의 의미로 사용함. 한국어와 일본어에서는 '다시 만남'을 再會(재회, さいかい)라고 하는데, 중국어에서는 重逢(chóngféng)이라는 표현을 사용함. 중국어에는 再見(zàijiàn)이라는 표현도 있는데, 이는 주로 헤어질 때의 인사말로 사용함. 한국어에서 再版(재판)은 '한 번 출간한 책을 일부 고쳐서 두 번째로 냄'과 '과거에 발생했던 일이 다시 반복되어 일어남'의 두 가지 의미로 사용되는데, 중국어에서는 후자의 의미로는 사용하지 않음.

용례
再開(재개), 再檢討(재검토), 再建(재건)

성어
비일비재(非一非再): 하나도 아니고 둘도 아님. 같은 일이 하나둘이 아니고 퍽 많을 때 쓰는 표현.

栽 심을 재

갑골문	금문	전국문자	소전	예서	해서
	𢦏	𢦏	栽	栽	栽

한
栽 음 재
뜻 심다 / 어린 싹

중
栽 음 zāi
뜻 심다 / 꽂아 넣다

일
栽 음 さい sai
뜻 묘목을 심다 / 옮겨 심은 곳

자원
형성

금문의 자형은 戈[창 과]와 艹[풀], 木[나무 목]으로 구성되어 있으나, 어떤 원리로 구성된 글자인지는 명확하지 않음. 『설문』에서는 "담을 쌓을 때 쓰는 폭이 넓은 판자"로 풀이하였고, 木이 의미 부분이고 𢦏(재)가 소리 부분이라고 하였음. 아마도 戈로 나무와 풀을 심는다는 의미를 취하여 '~을 심다'라는 의미로 만들어졌는데, 동한 시기에는 판축법으로 담장을 쌓을 때 사용하는 판판한 모양의 '판자'라는 뜻으로 확장된 것으로 보임. 오늘날에는 주로 '심다'의 의미로 사용함.

용법

한중일 모두 '(초목을) 심다', '어린 싹'의 의미로 사용함. 중국어에서는 '꽂아 넣다', '끼워 넣다', '박다'의 의미와 '억지로 뒤집어씌우다'의 의미로도 사용함. 또한 栽跤(zāijiāo)처럼 '넘어지다', '쓰러지다', '자빠지다'의 의미를 나타내기도 하고, '좌절하다', '실패하다' 등의 의미를 비유적으로 표현할 때도 활용됨.

용례

栽培(재배), 盆栽(분재)

성어

속성재배(速成栽培): 빠른 시간 안에 식물 등을 키움. 일반적인 경우보다 빨리 식물 등을 키우는 일.

在 있을 재

|갑골문|금문|전국문자|소전|예서|해서|

<한>
在 음 재
뜻 있다, 존재하다 /
살다 / 곳, 장소

<중>
在 음 zài
뜻 존재하다 /
~에 있다 /
몸담고 있다

<일>
在 음 ざい gi-i
뜻 있다, 존재하다 /
거주하다

자원
형성

갑골문은 땅을 의미하는 가로획(一)과 새싹을 의미하는 屮[싹날 철]로 이루어져 새싹이 땅을 뚫고 나오는 모양이었다가, 금문에서는 土[흙 토]가 더해져 의미 부분 土와 소리 부분 才[재주 재]로 구성되었고, 새싹이 땅 위를 뚫고 나와 '살아 있음', '존재하다'의 뜻이 되었음. 본래는 才와 같은 글자로 쓰이다가 후에 분화되었음. 후에는 '시간', '장소' 앞에서 시간과 장소임을 나타내는 글자로 사용했음.

용법

한중일 모두 '존재하다', '살다'의 의미로 사용함. 중국어에서는 진행을 나타내는 글자로도 쓰이는데, 예를 들면 正在吃飯(zhèngzàichīfàn, 지금 밥을 먹고 있는 중이다)과 같이 씀. 또한 일본어에서는 在鄕(ざいごう)를 '시골'이라는 의미로도 사용하고, 줄여서 在만으로 표현하기도 함. 한국어와 일본어에서는 '집에 회사와 통신 회선으로 연결된 정보통신 기기를 설치하여 놓고 집에서 회사의 업무를 보는 일'을 在宅勤務(재택근무, ざいたくきんむ)라고 하는 한편 중국어에서는 유사한 표현으로 家中辦公(jiāzhōngbàngōng)과 在家辦公(zàijiābàngōng)이 있지만 자주 사용하지는 않음.

용례 在學(재학), 存在(존재), 現在(현재)

성어 인명재천(人命在天): 사람의 목숨은 하늘에 달려 있다는 뜻. 사람의 운명은 인간의 힘으로는 어쩔 수 없음을 이르는 말.

材 재목 재

갑골문	금문	전국문자	소전	예서	해서
		杈	料	材	材

한
材 음 재
뜻 재목 / 재료, 원료 /
재능, 재주 /
바탕

중
材 음 cái
뜻 재목 / 재료 /
소질, 능력 /
관, 널

일
材 음 ざい gi-i
뜻 재목, 재료 /
타고난 능력, 솜씨 /
재능 있는 사람

자원
형성
의미 부분인 木[나무 목]과 소리 부분인 才[재주 재]로 이루어짐. 전국문자에 처음 보이는데, 무엇을 나타낸 것인가는 분명하지 않음. 『설문』에서는 "나무로 만든 막대기"라고 풀이하였음. 아마도 곧게 잘 다듬어진 나무로 된 재목을 의미한 것으로 보임. 오늘날에도 주로 '재목', '재료' 등의 의미로 사용함.

용법
한중일 모두 '재목', '재료', '원료'의 의미로 사용함. 일본어에서는 ざい로 읽으면 '재능이 있는 사람', 즉 人才(인재)라는 뜻을 나타냄. 중국어에서는 身材(shēncái)와 같이 '몸매', '체격', '몸집'의 뜻을 나타내기도 함. 또한 한국어와 일본어에서는 '시체를 담는 궤'를 棺(관, かん)이라고 하는데, 중국어에서는 棺(guān), 혹은 棺材(guāncái), 또는 材(cái)라는 다양한 표현을 사용함.

용례
材料(재료), 素材(소재), 人材(인재)

성어
동량지재(棟梁之材): 마룻대와 들보로 쓸 만한 재목. 나라와 사회에 크게 기여할 인재를 가리키는 말.

財

재물 재

갑골문	금문	전국문자	소전	예서	해서
			財	財	財

<table>
<tr><td>한</td><td>財</td><td>음 재
뜻 재물 / 재산 / 재능</td></tr>
<tr><td>중</td><td>財</td><td>음 cái
뜻 재물, 재화</td></tr>
<tr><td>일</td><td>財</td><td>음 さい sai, ざい zai
뜻 재물, 재산</td></tr>
</table>

자원
형성

의미 부분인 貝[조개 패]와 소리 부분인 才[재능 재]로 이루어짐. 貝는 '화폐'의 뜻을 나타내는데, 貨幣(화폐)의 貨[재화 화] 역시 貝로 이루어졌음. 『설문』에서는 "사람이 소유하고 있는 보배"라고 풀이하였음. 또 "옛날에 조개를 화폐로 쓰며 거북을 보배로 삼았는데, 주나라 때는 泉[샘 천]으로 썼고, 진나라 때는 貝를 없애고 錢[돈 전]으로 썼다"고 설명하였음. 財는 화폐와 같은 재물이라는 점에서 幣[비단 폐]와, 재물이 인간 생활을 위한 제목과 같다는 점에서 材[재목 재]와, 그리고 사람이 갖고 있는 재능이 곧 물질적인 재물과 같다는 점에서 才[재주 재]와 뜻이 통함.

용법

한중일 모두 '재물'의 의미로 사용함. 한국어에서는 '재물에 관한 운수'를 財數(재수) 또는 財運(재운)이라고 하는데, 일본어에서는 財運(ざいうん)이라는 표현만 사용하고, 중국어에서는 運氣(yùnqì)라고 함. 중국어에서 錢財(qiáncái)는 財物(재물)의 뜻을 나타냄. 또 일본어에서 借財(しゃくざい)는 '빚'을 뜻함.

용례

財務(재무), 財産(재산), 財政(재정)

성어

불의지재(不義之財): 떳떳하지 않은 방법으로 모은 재물. 정당한 경로를 통하지 않고 부정과 비리 등으로 얻은 돈이나 재산이라는 뜻.

박

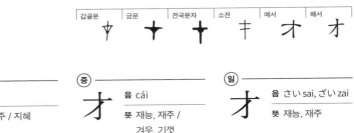

564

才 재주 재

갑골문	금문	전국문자	소전	예서	해서
♉	✛	✛	✦	才	才

한 才 음 재
뜻 재주 / 지혜

중 才 음 cái
뜻 재능, 재주 / 겨우, 기껏

일 才 음 さい sai, ざい zai
뜻 재능, 재주

자원
지사

屮[싹날 철]과 가로획[一]으로 구성되었는데, 싹[屮]이 땅[一]을 비집고 올라오는 모습으로부터 '재주'를 형상화했음. 또 단단한 땅을 비집고 올라오는 새싹의 힘겨운 모습에서 '겨우'라는 뜻도 나왔음. '겨우'라는 부사어는 纔[겨우 재]를 만들어 따로 표시하기도 했음. 현대 옥편에서는 手[손 수]가 편방으로 쓰일 때의 扌[손 수]와 유사한 형태이고, 재주 하면 손재주가 대표적이기에 手 부수에 귀속시켰음. 才로 구성된 글자를 보면, 材[재목 재]는 기물의 재료로서 유용한[才] 나무[木]라는 뜻을 담았으며, 이후 '자질', '능력' 등의 뜻도 더해졌음. 그래서 유용한 나무는 材[재목 재], 유능한 사람은 才[재주 재]라고 함. 또 財[재물 재]는 재물이나 물자를 말하는데, 돈[貝]이 되는 유용한[才] 물품이라는 뜻을 담은 글자임.

용법

한중일 모두 '재능', '인재'의 의미로 사용함. 중국어에서는 부사로 쓰여 '비로소'나 '겨우'라는 뜻으로도 쓰임. 또 일본어에서는 歲[해 세]의 약자로 대용되어 '나이'를 뜻하기도 하고, 체적이나 용량이나 방직물 등을 세는 단위로 쓰이기도 함. 또 일본어에서 才覺(さいかく)는 機智(기지, jīzhì)를 말하고, 才腕(さいわん)은 才幹(재간, cáigàn)을 말하고, 才知(さいち)는 才智(재지, cáizhì)나 지혜를 말함.

용례

才能(재능), 英才(영재), 人才(인재)

성어

재승박덕(才勝薄德): 재주는 뛰어나지만 덕이 부족함. 머리는 좋지만 품행이나 덕성이 떨어지는 사람을 일컫는 말.

하

爭 다툴 쟁

갑골문	금문	전국문자	소전	예서	해서

한
爭 **음** 쟁
뜻 다투다 / 논쟁하다

중
争 **음** zhēng
뜻 다투다 / 논쟁하다

일
争 **음** そう sou
뜻 다투다 / 직언하다

자원
회의

갑골문은 위와 아래의 손이 하나의 그릇[凵]을 서로 빼앗으려는 모습을 본뜬 글자인데, 이로부터 '다투다', '빼앗다'의 뜻을 나타냈음. 소전에서는 그릇 모양[凵]이 한 획[丨]으로 바뀌었고 후에 지금의 爪[손톱 조]와 尹[다스릴 윤]의 결합 형태로 변하였음.

용법

한중일 모두 '다투다'의 의미로 사용함. 중국어에서는 '모자라다', '차이가 나다'의 뜻을 나타내는 동사로도 쓰이며, 운문에서 구어적 표현으로 '어떻게'의 뜻으로도 자주 사용함. 한국어와 일본어에서는 '서로 다투는 중심이 되는 점'을 爭點(쟁점, そうてん)이라고 쓰지만, 중국어에서는 爭論焦點(zhēnglùnjiāodiǎn)이라고 풀어 쓰거나 爭端(zhēngduān)을 해당 의미에 사용하기도 함.

용례   爭奪(쟁탈), 戰爭(전쟁), 鬪爭(투쟁)

성어   백가쟁명(百家爭鳴): 많은 사람들이 앞다투어 소리를 냄. 다양한 사람들과 집단이 경쟁적으로 의견을 내며 논의를 벌인다는 뜻.

ㅈ

류

나타날 저

갑골문	금문	전국문자	소전	예서	해서
				著	著

한
著
음 저
뜻 나타나다 /
분명하다 /
짓다, 저술하다

중
著
음 zhù
뜻 [zhù] 뚜렷하다 /
저술하다 /
저서, 저술

일
著
음 ちゃく tyaku,
ちょ tyo
뜻 저명해지다,
현저하다 /
저술하다 / 저서

자원
형성

의미 부분인 艸[풀 초]와 소리 부분인 者[놈 자]로 이루어짐. 예서에 와서 처음 보이며, 무엇을 본뜬 것인지는 명확하지 않음. 『설문』에도 著는 수록되지 않았는데, 『자휘字彙』에서는 "빛나다, 붙이다, 마땅하다"의 뜻이라고 풀이하였음. 著는 箸[젓가락 저]와 발음이 같고, 편방으로 쓰인 艸와 竹[대 죽]은 모두 풀 종류를 나타내는 글자로서 서로 통용될 수 있음. 『설문』에서는 "箸는 '젓가락'이다. 竹은 의미 부분이고, 者는 소리 부분이다"라고 하였음. 오늘날에는 '나타나다', '현저하다'의 의미로 사용함.

용법

한중일 모두 '나타나다', '저술하다'의 의미로 사용함. 일본에서는 ちょ로 읽으면 '저술', '저서'의 뜻을 나타내는 명사로 활용됨. 중국에서는 著가 着의 본자로 일반적으로 着를 많이 사용함. 예를 들어 한국어에서는 執着(집착)이라고 주로 쓰나, 중국어에서는 執著[zhízhuo]라고 함. 顯著(xiǎnzhù)와 같이 '뚜렷하다' 등의 형용사와 '저작하다', '저술하다'의 의미로 쓰일 때는 著를 사용함.

용례

著者(저자), 顯著(현저)

성어

저명인사(著名人士):이름이 드러난 사람. 업적이 탁월하여 이름을 널리 알린 인물을 가리키는 말.

---

* 중국의 명나라 시대에 편찬됨 자전(字典)임.

윤

低 낮을 저

갑골문	금문	전국문자	소전	예서	해서
			低	低	低

한
低 음 저
뜻 낮다 / 숙이다

중
低 음 dī
뜻 낮다 / 숙이다

일
低 음 てい tei
뜻 낮다

자원
형성

의미 부분인 人[사람 인]과 소리 부분인 氐[근본 저]로 이루어져 '낮다'의 뜻을 나타냄. 소리 부분인 氐에 대한 『설문』의 풀이를 보면 "본래 의미가 '도달하다'이며, 의미 부분인 氏(씨)로 이루어졌고, 아래 부분이 一에 붙어 있는데 一은 '땅'이다"라고 하였음.

용법

한중일 모두 '낮다'의 의미로 많이 사용함. 한국어와 일본어에서 低下(저하, ていか)는 '(정도, 수준, 능률 따위가) 낮아짐'을 의미하는데, 중국어에서는 '저속하다'라는 뜻의 형용사로도 활용되어 '취미가 저속하다'를 趣味低下(qùwèidīxià)와 같이 씀. 또 중국어에서는 '숙이다'라는 뜻의 동사로도 활용되어 '머리를 숙이다'를 低頭(dītóu)라고 씀.

용례

低價(저가), 低速(저속), 低潮(저조)

성어

안고수저(眼高手低): 눈은 높지만 손은 낮음. 겉은 그럴듯하나 실력이 형편 없는 경우를 이르는 말.

ㅈ

강

貯

쌓을 저

갑골문	금문	전국문자	소전	예서	해서
圅	崮		鼡	貯	貯

한 ─────
貯
음 저
뜻 쌓다, 쌓아 두다

중 ─────
贮
음 zhù
뜻 저축하다 /
쌓다, 쌓아 두다

일 ─────
貯
음 ちょ tyo
뜻 저축하다

자원
형성

의미 부분인 貝[조개 패]와 소리 부분인 宁[쌓을 저]로 이루어짐. 조개를 본뜬 貝는 '재물'을 뜻함. 宁는 '뒤주'를 본뜬 글자로 貯[쌓을 저]의 뜻을 나타낸 글자였는데, 그 뜻을 분명히 나타내기 위해 貝를 더해 貯를 다시 만든 것임. 갑골문은 貝가 宁 안에 있어 뒤주 안에 조개가 들어 있는 모양이었는데, 금문에서 貝가 아래로 빠져나왔고, 소전에서는 貝의 위치가 왼쪽으로 다시 바뀌었음. 『설문』에서는 "쌓다"로 풀이하였음. 貯와 積[쌓을 적]은 뜻이 통하는 글자임.

용법

한중일 모두 '쌓다'의 의미로 사용함. 한국어에서는 貯金筒(저금통)이라고 하지만, 중국어에서는 存錢罐(cúnqiánguàn)이라 하고, 일본어에서는 貯金箱(ちょきんばこ)라고 함. 한중일 모두 '절약하여 모아둠'을 貯蓄(저축, zhùxù, ちょちく)라고 하는데, 중국어에서는 積蓄(jīxù) 혹은 存錢(cúnqián)이라는 표현도 사용함. 또 중국어에서 貯存(zhùcún)은 '貯藏(저장)'의 뜻을 나타냄.

용례

貯水(저수), 貯藏(저장), 貯蓄(저축)

성어

근검저축(勤儉貯蓄): 부지런하고 검소하게 생활하며 돈을 모으는 일.

的 과녁 적

갑골문	금문	전국문자	소전	예서	해서
			㫄	的	的

한
的 음 적
뜻 과녁 / ~의 /
적실하다

중
的 음 de, dì
뜻 [de] ~의, ~한
(관형어 뒤에 쓰여,
일반적인 수식
관계임)
[dì] 과녁, 목표

일
的 음 てき teki
뜻 과녁 / 잘 맞다 /
선명하다 /
확실하다

자원
형성
소전에 와서 처음 보이지만, 무엇을 본뜬 글자인가는 명확하지 않음.『설문』에는 수록되어 있지 않지만, 소전의 자형을 근거로 보면 白[흰 백]은 의미 부분이고 勺[구기 작]은 소리 부분으로 볼 수 있음. 양(梁)나라 고야 왕(顧野王)이 편찬한 『옥편玉篇』에서는 "화살 과녁의 중심"으로 뜻을 풀이하였음. 오늘날에도 '과녁'이라는 의미는 있으며, 積極的(적극적)·肯定的(긍정적)처럼 관형어 뒤에 쓰이는 조사로도 많이 활용됨.

용법
한중일 모두 '과녁', '참', '진실', '목표'의 의미로 사용함. 한중일 모두 積極的(적극적, jíjíde, せっきょくてき)처럼 명사 뒤에서 '그 성격을 띠는' 혹은 '그에 관계된'의 뜻을 더하는 접미사로 활용함. 일본어에서는 '과녁', '목표', '대상'이라는 의미를 나타낼 때는 まと로 읽고, 접미사로 쓰일 때는 ーてき로 읽음. 중국어에서도 '과녁', '목표'라는 명사로 쓰일 때는 di로 읽고, 접미사로 쓰일 때는 de로 읽음.

용례 肯定的(긍정적), 目的(목적), 積極的(적극적)

성어 유적방시(有的放矢): 과녁을 두고 화살을 날림. 뚜렷한 목적을 가지고 무엇인가를 하는 행위를 이르는 말. 반대는 무적방시(無的放矢).

敵

대적할 적

갑골문	금문	전국문자	소전	예서	해서
	𢾭		敵	敵	敵

한 ——————
敵
음 적
뜻 대적하다 / 원수

중 ——————
敌
음 dí
뜻 적, 상대 / 적대적인 /
비슷하다

일 ——————
敵
음 てき teki
뜻 상대가 되다,
필적하다 / 원수

자원
형성

의미 부분인 攴[칠 복]과 소리 부분인 啻[밑동 적]으로 이루어짐. 금문은 啻[뿐 시]로만 적거나 혹은 손에 막대기를 들고 있는 모습을 본뜬 攴을 대신하여 人[사람 인]으로 구성되었는데, 이는 상대방인 적을 의미함. 『설문』에서는 "원수[仇]"라고 풀이하였음. 소전 이후에 현재와 같은 攴이 추가되었으며, 중국 간화자에서는 啻이 舌[혀 설]로 바뀌었음. '적', '원수' 등의 뜻에서 확장되어 '상대하다', '대등하다' 등의 의미가 더해졌음.

용법

한중일 모두 '적', '상대'의 의미로 사용함. 한국어와 일본어에서 서로 싸우거나 해치고자 하는 상대인 敵(적, てき)를 중국어에서는 이음절인 敵人(dírén)이라고 함. 한편 재주나 힘이 비슷해 상대가 되는 사람을 한국어와 일본어에서는 敵手(적수, てきしゅ)라고 하는데, 중국어에서는 對手(duìshǒu)라고 함. 일본어에서는 이 밖에 相手(あいて)라는 표현도 사용함.

용례

敵國(적국), 敵意(적의), 無敵(무적)

성어

중과부적(衆寡不敵): 무리가 많은 쪽과 적은 쪽이 서로 상대를 이루지 못함. 수가 적은 세력이 수가 많은 세력을 상대로 싸움을 벌이지 못한다는 뜻.

오

適 마침 적

갑골문	금문	전국문자	소전	예서	해서
			𧗿	適	適

한 適
음 적
뜻 맞다 / 즐기다 / 가다

중 适
음 shì
뜻 가다 / 출가하다 / 적합하다

일 適
음 てき teki
뜻 가다 / 알맞다 / 마음에 들다

자원
형성

의미 부분인 辵[쉬엄쉬엄 갈 착]과 소리 부분인 啇[밑동 적]으로 이루어짐. 『설문』에서는 "가다"로 풀이하였음. 辵은 길거리[彳]와 발[止]이 합쳐진 글자로서 움직임을 강조하고 있음. 여기에서 '가다', '맞다', '적합하다' 등의 뜻이 생겼음. 중국 간화자는 适[빠를 괄]과 자형이 동일하므로 주의해야 함.

용법

한중일 모두 '알맞다'의 의미로 사용함. 한국어에서는 '일이나 조건 따위에 꼭 알맞다'를 適合(적합)이라고 표현하는데, 중국어에서는 適合(shìhé) 이외에 형용사 合適(héshì)로도 표현함. 한편 중국어에서 適當(shìdàng)은 '적절하다', '적합하다'의 뜻을 가지고 있지만, 한국어와 일본어에서 適當(적당, てきとう)는 이러한 의미 이외에 '적당하게 둘러대고'처럼 엇비슷하게 요령이 있다는 표현으로도 사용됨.

용례 適當(적당), 適用(적용), 適合(적합)

성어 적자생존(適者生存): 환경에 적응하는 것이 살아남고, 그렇지 못한 것은 도태된다는 자연법칙.

ㅈ

오

572

赤 붉을 적

갑골문	금문	전국문자	소전	예서	해서

한
赤 음 적
뜻 붉다 / 비다, 없다 /
벌거벗다 / 베다

중
赤 음 chì
뜻 붉다 / 충성스럽다 /
텅 비다

일
赤 음 しゃく syuku,
せき seki
뜻 빨강, 빨갛다 /
진심 / 벌거벗다 /
공산주의

자원
회의

갑골문은 뜻을 나타내는 大[클 대]와 火[불 화]로 구성되어 있으나 예서 이후 현재의 자형으로 변했음. 大는 본래 양팔을 벌리고 서 있는 사람의 모습을 본뜬 글자로, 후에 '크다'라는 의미가 더해졌음. 火는 활활 타오르는 화염의 모습을 본뜬 글자임. 따라서 이 둘을 더하면 '커다란 불꽃'이 되고, 본래 의미는 붉게 타오르는 큰불이었음. 이로부터 '붉다', '빨강' 등의 의미가 더해졌음. 한편 핏덩이로 태어난 갓난아이는 붉은색을 띠기 때문에 赤子[적자]라고 하며 갓난아기처럼 아무것도 걸치지 않은 자연 그대로의 모습을 赤裸裸(적나라)라고 함. 여기에서 '없다', '벌거벗다'의 의미로 확장되었음. 이 밖에 붉은빛은 선혈(鮮血)의 상징이기도 하다는 점에서 '진심', '충성' 등의 의미도 더해졌음.

용법

한중일 모두 '붉다'의 의미로 사용함. 한국어와 일본어에서는 국제적 민간조직 단체의 이름을 赤十字(적십자, せきじゅうじ)라 하고, 붉은 포도주를 赤葡萄酒(적포도주, あかぶどうしゅ)라고 하는 반면, 중국어에서는 각각 紅十字(hóngshízi)와 紅葡萄酒(hóngpútaojiǔ)라고 함. 한편 붉은 포도주를 일본어에서는 赤酒(せきしゅ), 중국어에서는 紅酒(hóngjiǔ)로 줄여서 쓰기도 함.

용례 赤道(적도), 赤子(적자), 赤血球(적혈구)

성어 적수성가(赤手成家): 맨손으로 집안을 일으킴. 아무것도 없이 혼자의 노력으로 사회적 성공을 거두는 일.

錢 돈 전

갑골문	금문	전국문자	소전	예서	해서
			錢	錢	錢 錢

(한) 錢 음 전 / 뜻 돈, 화폐

(중) 钱 음 qián / 뜻 화폐 / 재물, 돈

(일) 錢 음 せん sen / 뜻 화폐

자원
형성

의미 부분인 金[쇠 금]과 소리 부분인 戔[쌓을 전]으로 이루어짐. 『설문』에서는 "고대의 농기구"로 풀이했음. 『시경』의 '신공(臣工)'이라는 시의 "命我衆人, 庤乃錢鎛, 奄觀銍艾(우리 백성들에게 명하시어 가래와 호미로 일하게 하시니 곧 수확하게 되리로다)"라는 구절에서 '농기구'라는 뜻으로 사용된 용례를 찾아볼 수 있음. 화폐를 처음 만들 때 농기구 모양을 본떠 만들었기 때문에 錢이 화폐의 통칭이 되었음. 전국시대에는 '돈'의 의미를 泉[샘 천]으로 나타냈다고 하는데, 그 이유는 돈이 샘처럼 사방으로 흘러나가기 때문이라고 함.

용법

한중일 모두 '돈'의 의미로 사용함. 한국어에서 銅錢(동전)은 구리나 은 또는 니켈 등의 금속을 섞어서 만든 동그랗게 생긴 돈을 통틀어 말하는데, 일본어에서는 コイン(coin) 이라고 하며, 중국어에서는 硬幣(yìngbì)라고 함. 한국어와 중국어에서는 '장사나 사업을 할 때 본밑천으로 들인 돈'을 本錢(본전, běnqián)이라고 하지만, 일본어에서는 本金(ほんきん)이라고 함.

용례

金錢(금전), 紙錢(지전), 換錢(환전)

성어

무전취식(無錢取食): 돈 없이 음식을 먹음. 남의 음식을 돈을 내지 않고 먹는 불법적인 행위를 이르는 말.

ㅈ

강

田 밭 전

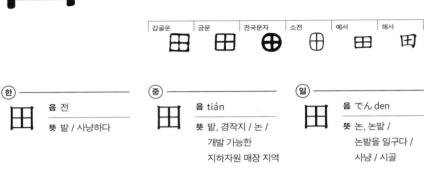

갑골문	금문	전국문자	소전	예서	해서
田	田	⊕	田	田	田

한

田

음 전

뜻 밭 / 사냥하다

중

田

음 tián

뜻 밭, 경작지 / 논 /
개발 가능한
지하자원 매장 지역

일

田

음 でん den

뜻 논, 논밭 /
논밭을 일구다 /
사냥 / 시골

자원
상형
갑골문은 두둑이 가지런한 밭의 모양을 본뜬 글자임.『설문』에서는 본뜻이 "가지런히
늘어놓다", "곡식을 심다"라고 하였음. 또 田에는 '사냥'이라는 의미가 있는데, 밭에서
농사도 짓지만, 농한기에는 밭에서 전술훈련도 한 것에서 유래되었음. 후에 田에
동작을 나타내는 요소인 攴[칠 복]을 더하여 畋[사냥할 전]을 만들었음.

용법
한중일 모두 '밭'이나, '밭처럼 무엇이 나는 땅'의 의미로 사용함. 논밭을 한국어에서는
보통 田畓(전답)이라 하고, 일본어에서는 田畑(たはた)라고 하며, 중국어에서는
田地(tiándi)라고 함. 중국어에서는 '육상경기'를 田徑賽(tiánjìngsài)라고 쓰는데,
여기에서 田은 필드(field)의 뜻을 나타냄.

용례
田園(전원), 丹田(단전), 鹽田(염전), 油田(유전)

성어
상전벽해(桑田碧海): 뽕나무 밭이 푸른 바다로 변한다는 뜻으로, 전혀 알아볼 수 없을
만큼 큰 변화를 이르는 말.

575

電 번개 전

갑골문	금문	전국문자	소전	예서	해서
雫	䨓	䨊	電	電	電

한 電 음 전
뜻 번개 / 전기 /
전화, 전보

중 电 음 diàn
뜻 전기 / 번개 / 전보

일 電 음 でん den
뜻 번개 / 환히 비치다 /
전기

자원
회의
의미 부분인 雨[우]와 소리 겸 의미 부분인 申[아홉째 지지 신]으로 이루어짐.
'번개'를 본뜬 申에 자연현상의 뜻을 나타내는 雨를 더해 만든 글자임. 고대인에게
번개는 '자연현상'이자 '신의 계시 내지는 신의 또 다른 모습' 같은 것이었음. 申이
가차되어 간지(干支)의 뜻으로 쓰이자, 원래의 '번개'와 '신'의 뜻을 구별하기 위하여
雨를 더해 電을 만들어 '번개'의 전용자로 사용하고, '제단'을 본뜬 示[보일 시]를 더한
神[귀신 신]을 만들어 '신'을 나타내는 전용자로 사용하였음. 『설문』에서는 "음양이
부딪혀서 빛나는 것"으로 풀이하였음.

용법
한중일 모두 '전기', '전류'의 의미로 사용함. 한국어에서는 '원자력 발전' 혹은 '원자력
발전소'를 줄여서 原電(원전)이라고 하는데 중국어에서는 核電(hédiàn)이라 하고,
일본어에서는 原子力發電(げんしりょくはつでん)이라 함.

용례 電氣(전기), 電話(전화)

성어 뇌봉전별(雷逢電別): 우레처럼 만났다 번개처럼 헤어짐. 아주 빠른 속도로 만나고
헤어지는 일을 비유하는 말.

ㅈ

박

609

576

典 법 전

갑골문	금문	전국문자	소전	예서	해서

한
典
음 전
뜻 법 / 책 / 예, 의식 /
맡다

중
典
음 diǎn
뜻 전당잡히다 /
제도, 법규 /
본보기가 되는 서적 /
의식 / 전고

일
典
음 てん ten
뜻 책, 서적 / 바르다 /
법, 규칙 / 의식 /
전당

자원
회의

冊[책 책]과 廾[두 손으로 받들 공]으로 이루어져 '책을 두 손으로 공손히 받들고 있는 모습'을 본뜬 글자임. 종이가 발명되기 이전에는 길게 자른 대나무를 엮은 죽간(竹簡)에 글씨를 적었음. 이것이 바로 지금의 서적에 해당하는 冊(책)의 원형임. 따라서 典의 자형에서 두 손이 공손하게 받들고 있는 책은 바로 간책(簡冊)이라고 할 수 있음. 본래의 뜻은 중요한 내용을 적고 있는 죽간이지만, 후에 규범이 되는 선현의 말씀을 담은 서적을 높여 부르는 '경전'의 의미로도 사용되었음. 여기서 다시 '법', '제도', '의식' 등의 의미로 확대되었음.

용법

한중일 모두 '서적', '제도', '의식'의 의미로 사용함. 한국어와 일본어에서는 辭典(사전, じてん)이라고 하는데, 중국어에서는 辭典(cídiǎn)도 쓰지만 詞典(cídiǎn)을 더 일반적으로 사용함. 한국어에서는 '물건을 잡고 돈을 빌려주어 이익을 취하는 곳'을 가리켜 典當鋪(전당포)라고 하는데, 중국어에서는 當鋪(dàngpù)라고 줄여서 많이 쓰고, 일본어에서는 전혀 다른 표현인 質屋(しちや) 또는 質店(しちみせ)라고 함.

용례

典禮(전례), 法典(법전), 字典(자전)

성어

금석지전(金石之典): 쇠와 돌 같은 제도. 변치 않고 오래 가는 법률이나 제도라는 뜻.

오

戰

577

싸움 전

갑골문	금문	전국문자	소전	예서	해서
	戰	戰	戰	戰	戰

한 戰
음 전
뜻 싸움, 싸우다 /
두려워하다

중 战
음 zhàn
뜻 전투, 전쟁 /
싸우다, 전쟁하다 /
떨다, 전율하다

일 戰
음 せん sen
뜻 싸우다 /
두려워 떨다

자원
형성

의미 부분인 戈[창 과]와 소리 겸 의미 부분인 單[홑 단]으로 이루어짐. 單의 갑골문을
보면 사냥에 쓰는 도구의 모양이었는데, 이로부터 '크다', '하나'의 의미를 나타내게
되었음. 戰은 무기와 사냥 도구가 합쳐진 글자로 '전쟁', '싸움'의 의미를 나타내고,
후에 '두려워하다'의 의미도 더해졌음.

용법

한중일 모두 '싸우다', '두려워하다'의 의미로 사용함. 위기감에 떠는 심정을
비유할 때 일반적으로 戰戰兢兢(전전긍긍)이라 하는데, 일본어에서는 그 외에
戰戰恐恐(せんせんきょうきょう)라고도 함. 한국어에서는 '전쟁터에서 사망하는
것'을 戰歿(전몰) 또는 戰死(전사)라고 하는데, 일본어에서는 戰沒(せんぼつ) 또는
陣沒(じんぼつ)라 하고, 중국어에서는 戰死(zhànsǐ) 또는 陣亡(zhènwáng)이라고 함.

용례

戰慄(전율), 戰爭(전쟁), 冷戰(냉전)

성어

전전긍긍(戰戰兢兢): 겁에 질려 떨면서 조심함. 커다란 위기 등을 맞아 어찌할 줄
모르고 고민함을 이르는 말.

ㅈ

김

前 앞 전

갑골문	금문	전국문자	소전	예서	해서
			歬	前	前

한

前 음 전

뜻 앞, 앞서다 / 먼저

중

前 음 qián

뜻 바로 앞, 정면 /
과거, 종전 /
앞으로 나아가다

일

前 음 ぜん zen

뜻 앞, 정면 /
어느 시점보다 이전

자원
형성

의미 부분인 刀[칼 도]와 소리 부분인 歬[앞 전]으로 이루어짐. 『설문』에서는 본뜻이 "가지런하게 자르다"라고 했음. 하지만 前이 '앞'이라는 의미로 사용되자, 前에 刀를 더하여 剪[자를 전]을 만들어 사용했음. 소리 부분인 歬의 갑골문 자형은 두 가지인데, 하나는 歬과 行[갈 행]이 합쳐진 형태(歬)이고, 다른 하나는 歬의 형태임. 舟[배 주]와 止[그칠 지]로 구성되어 '배가 앞으로 나아가다'라는 뜻을 나타내며 여기에서 止는 '그치다'가 아니라 '발 모양으로 가다'라는 뜻을 나타냄.

용법

한중일 모두 공간이나 시간상 '앞'이나 '앞쪽'의 의미로 사용함. 한국어와 일본어에서는 午前(오전, ごぜん), 午後(오후, ごご), 正午(정오, しょうご)라고 하지만, 중국어에서는 上午(shàngwǔ), 下午(xiàwǔ), 中午(zhōngwǔ)라고 함. '일이 일어나기 전' 혹은 '일을 시작하기 전'을 한중일 모두 事前(사전, shìqián, じぜん)이라고 하는데, 중국어에서는 事先(shìxiān)이라는 표현도 자주 사용함. 한국어에서는 '이 세상에 태어나기 이전의 생'을 前生(전생)이라고 하는데, 중국어와 일본어에서는 前生(qiánshēng, ぜんしょう)와 前世(qiánshì, ぜんせ·ぜんぜ) 두 가지를 모두 사용함. 한국어에서는 前世(전세)를 '이전 세대'의 의미로 사용함.

용례

前提(전제), 前後(전후), 以前(이전)

성어

풍전등화(風前燈火): 바람 앞의 등불. 거센 바람 앞에서 흔들거리다 곧 꺼질 수 있는 등불. 매우 위험한 상황을 비유적으로 이르는 말.

강

온전 전

갑골문	금문	전국문자	소전	예서	해서
			全	全	全

한 全
음 전
뜻 온전하다 /
　　모두, 다

중 全
음 quán
뜻 모두 갖추다 /
　　모든 / 모두, 완전히

일 全
음 ぜん zen
뜻 모두, 온통 /
　　모두 갖추다

자원
회의

『설문』에는 入[들 입]과 玉[옥 옥]으로 구성된 全[온전할 전]이 수록되어 있으며,
"온전한 옥"이라고 하였음. 임의광(林義光)은 여기서 기인하여 옥은 파손되기 쉬운
물건이므로 안으로 들여 놓고 보관해야만 완전하게 보전할 수 있는 것이라 하였음.
고대 중국인들이 소중하게 여겼던 옥은 안으로 깊숙이 들여 놓았을 때 온전하게
보존될 수 있다는 점에서 '온전히', '모두', '갖추다' 등의 의미를 나타내게 되었음.

용법

한중일 모두 '모두'의 의미로 가장 널리 사용함. 한국어에서는 全國民(전 국민),
全世界(전 세계)와 같이 명사 앞에 붙여 '모두', '전체'의 뜻을 나타냄. 한편 健全(건전,
jiànquán, けんぜん)의 경우 한중일 모두 '건강하고 온전하다'라는 뜻을 나타내지만,
한국어와 일본어에서는 '사상이나 사물 따위의 상태가 정상적이며 위태롭지 않다'는
뜻도 가지고 있음.

용례

全國(전국), 全部(전부), 安全(안전)

성어

전심전력(全心全力): 온 마음과 온 힘. 어떤 일을 할 때 온갖 정성과 능력을 모두
기울이는 행위를 이르는 말.

ㅈ

오

580

傳 전할 전

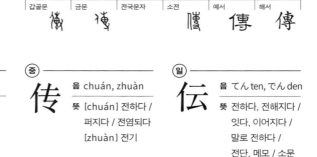

갑골문	금문	전국문자	소전	예서	해서

한
傳
음 전
뜻 전하다 / 펴다 /
옮기다 / 전기

중
传
음 chuán, zhuàn
뜻 [chuán] 전하다 /
퍼지다 / 전염되다
[zhuàn] 전기

일
伝
음 てん ten, でん den
뜻 전하다, 전해지다 /
잇다, 이어지다 /
말로 전하다 /
전단, 메모 / 소문

자원
형성

의미 부분인 人[사람 인]과 소리 부분인 專[오로지 전]으로 이루어짐.『설문』에서는 본뜻이 "역참(驛站)"이라고 풀이하였음. 소리 부분인 專의 갑골문을 보면 '방추(紡錘)와 방추를 돌리고 있는 손'을 본뜬 것임을 알 수 있음. 專이 '오로지'라는 뜻으로 사용되자 車[수레 거]를 더하여 轉[구를 전]을 만들어 사용했음. 따라서 傳[전할 전]은 '사람이 역참에 있는 마차를 굴려 소식을 전하다'라는 뜻에서 의미가 확장됐다고 할 수 있음.

용법

한중일 모두 '전하다'의 의미로 사용함. 한국어와 일본어에서는 '교회에서 목사를 도와 전도의 임무를 맡은 사람'을 傳道師(전도사, でんどうし)라고 하는데, 중국어에서는 傳教士(chuánjiàoshì)라고 함. 삼국 모두 '명령, 물품 따위를 다른 사람이나 기관에 전하여 이르게 함'을 傳達(전달, でんたつ, chuándá)라고 하는데, 중국어에서는 '(기관학교공장 등의) 접수원, 수위'라는 의미로도 사용함.

용례

傳染(전염), 傳統(전통), 宣傳(선전), 遺傳(유전)

성어

교외별전(教外別傳): 가르침 밖에서 달리 전해짐. 말이나 글이 아닌, 마음에서 마음으로 전해지는 깨달음을 이르는 말.

강

614

展 펼 전

갑골문	금문	전국문자	소전	예서	해서
		𩔖	屛	展	展

한
展
음 전
뜻 펴다 / 벌이다 / 살펴보다

중
展
음 zhǎn
뜻 펴다 / 전시하다 / 펼치다

일
展
음 てん ten
뜻 늘어놓다 / 펴다 / 성해지다

자원
형성

의미 부분인 尸[주검 시]와 소리 부분인 襄(전)의 생략된 형태가 결합된 글자임. 『설문』에서는 "구르다"라고 풀이하였음. 즉 사람이 바닥에서 몸[尸]을 엎치락뒤치락 구른다는 의미임. 후에 사람이 누워 사지(四肢)를 벌린 모습에 근거해 '벌이다', '펼치다' 등의 의미로 확대 사용하게 되었고, '구르다'라는 원래 의미는 車[수레 거]를 더하여 輾[구를 전]을 새로 만들어 사용하고 있음. 즉 展과 輾은 한 글자에서 파생된 관계임.

용법

한중일 모두 '퍼지다', '펼치다'의 의미로 사용함. 한국어와 일본어에서는 '어떤 물품을 전시할 목적으로 세운 건물'을 展示館(전시관, てんじかん)이라고 하는데, 중국어에서는 展覽館(zhǎnlǎnguǎn)이라고 함. 또 한중일 모두 展示品(전시품, zhǎnshipǐn, てんじひん)이라고 하지만, 중국어에서는 展品(zhǎnpǐn)이라는 표현도 자주 사용함.

용례
展示(전시), 發展(발전), 進展(진전)

성어
생생발전(生生發展): 계속 자라고 자람. 끊임없이 발전하는 모양을 이르는 표현.

582

絶 끊을 절

갑골문	금문	전국문자	소전	예서	해서
畫	艥		絕	絶	絶

한 ── 絶 음 절
뜻 끊다 / 뛰어나다

중 ── 绝 음 jué
뜻 끊다, 끊어지다 /
몹시 / 절대로 /
훌륭하다

일 ── 絶 음 ぜつ zetu
뜻 끊다 / 훌륭하다

자원
형성
금문은 칼로 실타래를 자르는 모습을 본뜬 글자임.『설문』에서는 의미 부분인
糸[가는 실 멱]과 刀[칼 도] 그리고 卩[병부 절]로 이루어진 글자로 보았으며, 본래
의미는 "실을 끊는 것이다"라고 하였다. 따라서 칼[刀]로 실[糸]을 끊는다는 본래의
뜻에 따라 자형의 구조를 분석하는 것이 적절해 보임. 다만 卩은 의미 부분이 아닌
소리 부분으로 보아야 함. 이상의 내용에서 '끊다', '절대', '뛰어나다' 등의 확장된
의미를 가지게 되었음.

용법
한중일 모두 '끊다', '훌륭하다'의 의미로 사용함. 중국어에서는 주로 부정사 앞에서
'절대', '결코'를 나타내는 부사로도 자주 사용함. 한국어에서는 絶世(절세, juéshì,
ぜっせい)를 '세상에 견줄 데가 없을 정도로 아주 뛰어남'을 나타내는 뜻으로 쓰지만,
중국어와 일본어에서는 世[대 세]를 '세상'보다 '세대'의 의미로 써서 '당대에 비교할
만한 것이 없음'의 의미로 사용하고, 동일한 의미를 絶代(juédài, ぜつだい)로
표현하기도 함. 중국어에서 絶活(juéhuó)는 '특기', '절묘한 재주'의 뜻이며,
일본어에서 絶好調(ぜっこうちょう)는 '절정', '최상의 컨디션'을 의미함.

용례
絶景(절경), 絶對(절대), 斷絶(단절)

성어
백아절현(伯牙絶絃): 백아가 거문고의 줄을 끊어 연주를 하지 않음. 자신을 알아주는
진정한 친구의 죽음을 매우 슬퍼한다는 뜻.

ㅈ

오

節 마디 절

갑골문	금문	전국문자	소전	예서	해서
	節	節	節	節	節

한
節
음 절
뜻 마디 / 절개, 절조 / 절약하다 / 철, 때 / 부신

중
节
음 jié
뜻 기념일 / 절약하다 / 마디 / 절기 / 절조

일
節
음 せち seti, せつ setu
뜻 마디 / 절개 / 철, 절기 / 축일, 명절

자원
형성

의미 부분인 竹[대나무 죽]과 소리 부분인 卽[곧 즉]으로 이루어짐. 본래 대나무의 '마디'를 나타냈는데 의미가 확장되어 '뼈의 마디[關節]'처럼 모든 물체의 연결되는 부위를 나타내게 되었음. 후에 더 추상화되면서 글의 마디인 단락(段落)의 의미를 나타내고, 여기서 더 확장되어 절기(節氣), 절약(節約), 절도(節度)의 의미까지 더해졌음.

용법

한중일 모두 '마디', '기념일'의 의미로 사용함. 한중일 모두에서 節目(절목, せつもく, jiémù)는 글자 그대로 '나무의 마디'를 뜻했는데, 후에 '규칙의 세부 항목'이라는 의미로 사용하고 있음. 한국어와 일본어에서는 후자의 의미로 주로 사용하지만, 현대 중국어에서는 '프로그램(program)'의 의미로 많이 사용함. 일본어에서는 '사물의 단락'을 뜻하는 글자로 사용할 경우 ふしめ로 읽음. 名節(명절, míngjié, めいせつ)는 '명예와 절조'를 뜻하는 말로 쓰였는데, 한국어에서는 설, 추석과 같은 '전통 명절'을 가리키는 말임. 중국어에서는 전통 명절을 節日(jiérì)라고 하고, 일본어에서는 祝日(しゅくじつ)라고 함.

용례
節目(절목), 符節(부절), 季節(계절)

성어
구구절절(句句節節): 모든 구절이라는 뜻.

ㅈ

류

店 가게 점

갑골문	금문	전국문자	소전	예서	해서
				店	店

한 店 음 점 / 뜻 가게, 상점

중 店 음 diàn / 뜻 상점, 가게

일 店 음 てん ten / 뜻 전방, 가게

자원
형성
의미 부분인 广[기슭 엄]과 소리 부분인 占[차지할 점]으로 이루어짐. '물건을 보관하는 장소'를 의미함. 广을 의미 부분으로 사용한 글자는 대부분 '건축물' 또는 '집'과 같은 실내공간과 관련이 있음. 후에 '상점', '숙소' 등의 의미로 확대 사용하고 있음.

용법
한중일 모두 '물건을 판매하는 공간'이라는 의미로 많이 사용함. 한국어와 일본어에서 飯店(반점, はんてん)은 대부분 '중국요리 식당'을 뜻하지만, 중국어에서 飯店(fàndiàn)은 주로 '호텔'을 의미함. 또한 한국어와 일본어에서는 酒店(주점, さかだな)가 '술집'을 의미하지만, 중국어에서 酒店(jiŭdiàn)은 역시 '호텔'을 의미함.

용례
店鋪(점포), 商店(상점), 書店(서점)

성어
목로주점(木壚酒店): 긴 널빤지로 만든 상이 있는 주점이라는 뜻으로, 목로가 있는 선술집을 이르는 말.

黑占

점 점

갑골문	금문	전국문자	소전	예서	해서
			黑占	點	點

한
黑占
음 점
뜻 점 / 불붙이다,
켜다 / 조사하다,
검사하다 / 점수

중
点
음 diǎn
뜻 (~儿) 약간 /
지적하다 /
끄덕이다 /
점을 찍다 / 시 /
불붙이다

일
点
음 てん ten
뜻 점, 흔적 /
점찍다, 써넣다 /
표기상의 보조 부호 /
물건을 세는 단위 /
곳, 장소

자원
형성

소전은 의미 부분인 黑[검을 흑]과 소리 부분인 占[차지할 점]으로 이루어짐. 黑의
갑골문은 전신에 검은 점이 찍힌 사람의 모습을 본뜬 글자로 '검다'의 의미를 나타냄.
占은 口[입 구]와 卜[점 복]으로 이루어진 글자로 본래는 '점을 치다'를 나타냈는데,
후에 '어떤 위치를 차지하다'의 의미로 사용했음. 따라서 點은 '검은 지점(얼룩)',
'점을 찍다'의 의미를 지니게 되었고, 점차 '불붙이다', '더럽히다', '시간의 단위' 등의
의미로 확대되었음.

용법

한중일 모두 '점', '조사하다'의 의미로 사용함. 한국어에서는 '낮 끼니'를 點心(점심)
이라 하는데, 현대 중국어에서는 한 끼니의 식사보다는 식간에 먹는 간단한 음식을
주로 點心(diǎnxīn)이라고 함. 한국어와 일본어에서는 집합한 사람의 이름을 부르며
모여 있는지 확인하는 것을 點呼(점호, てんこ)라고 하는데, 현대 중국어에서는
點名(diǎnmíng)을 주로 사용함. 중국어에서는 시각을 표시할 때도 사용하는데,
가령 12시는 十二点(shí'èrdiǎn)이라고 씀. 또 중국어에서는 가짓수를 세는 단위로도
사용하는데, 兩点(liǎngdiǎn)이라고 쓰면 '2시'라는 의미도 되지만 '두 가지'라는
의미도 됨.

용례 點檢(점검), 點眼(점안), 點劃(점획)

성어 일점일획(一點一劃): 한 점과 한 획이라는 뜻으로, 글이나 그림에서 아주 작은 부분을
일컫는 말.

接 접할 접

갑골문	금문	전국문자	소전	예서	해서
			燐	接	接

한 接 음 접
뜻 잇다 / 대접하다 /
사귀다

중 接 음 jiē
뜻 잇다, 이어지다 /
접근하다 /
연속하다

일 接 음 せつ setu
뜻 사귀다, 섞다 /
대접하다 /
가까이 다가가다

자원
형성
의미 부분인 手[손 수]와 소리 부분인 妾[첩 첩]으로 이루어짐. '손으로 첩을 당겨
가까이 오게 하다'로 풀이할 수 있고, 이로부터 '끌어들이다'의 뜻을 나타냈음. 여기서
'접근하다'의 의미가 더해졌고, 다시 '접을 붙이다', '사귀다' 등의 의미까지 더해졌음.
接을 구성하는 妾은 원래는 辛[매울 신]과 女[여자 녀]로 이루어져 '묵형을 받은 천한
여자'를 뜻했는데, 이후 '첩'의 뜻으로 쓰였고 자형도 조금 변했음.

용법
한중일 모두 '잇다', '접촉하다', '맞아들이다'의 의미로 사용함. 중국어에서는 단독으로
'잇다', '맞아들이다', '받아들이다' 등을 나타내는 동사로도 쓰이는데, 한국어와
일본어에는 없는 용법임. 또 한국어와 일본어에서 接着(접착, せっちゃく)는 '끈기
있게 붙거나 붙임'의 의미이지만, 중국어에서는 부사로 쓰여 '연이어', '잇따라'를
뜻하거나 동사로 쓰여 '(손이나 그릇으로) 받음'을 의미함. 또 한국어와 일본어에서는
'기나 전투에서 서로 맞붙어 싸움'이나 '승부가 쉽게 나지 아니하는 경기나 전투'를
接戰(접전, せっせん)이라고 하는데, 중국어에서는 近戰(jìnzhàn)이나 拉鋸戰
(lājùzhàn)이라고 함.

용례
接近(접근), 接續(접속), 接受(접수), 接觸(접촉), 直接(직접)

성어
피골상접(皮骨相接): 살가죽과 뼈가 서로 붙음. 심한 굶주림이나 고생을 겪어 몹시
마른 모습을 일컫는 표현.

靜 고요할 정

587

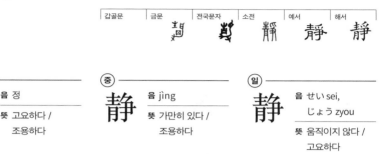

갑골문	금문	전국문자	소전	예서	해서
	🧾	🧾	靜	靜	靜

한 靜
음 정
뜻 고요하다 /
조용하다

중 静
음 jìng
뜻 가만히 있다 /
조용하다

일 静
음 せい sei,
じょう zyou
뜻 움직이지 않다 /
고요하다

자원
형성

의미 부분인 靑[푸를 청]과 소리 부분인 爭[다툴 쟁]으로 이루어짐. 현재 사용하고 있는 글자의 의미와 연관 짓기에는 어려움이 있음. 따라서 임의광(林義光)은 靑과 爭 모두를 소리 부분으로 여기기도 했음. 한편 황석전(黃錫全)*은 淨[편안할 정]을 靜의 원래 글자로 보았음. 『설문』에서는 淨을 "안정하다"라고 풀이하였음. 즉 淨과 靜은 서로 자음이 비슷한 글자를 빌려 쓰는 가차 관계로서, 이로부터 '고요하다', '조용하다' 등의 의미를 가지게 되었음.

용법

한중일 모두 '조용하다', '움직이지 않다'의 의미로 사용함. 한국어와 일본어의 安靜(안정, あんせい)은 일반적으로 '몸과 마음을 편하게 한다'라는 뜻을 나타내지만, 중국어의 安靜(ānjìng)은 '조용하다'의 의미로도 사용됨. 한국어와 일본어에서는 '조용하고 엄숙함'을 靜肅(정숙, せいしゅく)라고 쓰지만, 중국어에서는 어순이 바뀌어 肅靜(sùjìng)이라고 씀.

용례   靜物(정물), 動靜(동정), 鎭靜(진정)

성어   일동일정(一動一靜): 한 번 움직이고 한 번 조용함. 모든 동작을 이르는 말.

---

* 1950~, 중국의 저명한 고문자학자이자 문헌학자로서 현재는 북경대학교 역사학과 교수이자
중국 화폐박물관의 관장으로 재직 중임.

오

621

깨끗할 정

갑골문	금문	전국문자	소전	예서	해서
			瀞	淨	淨

한 淨 음 정
뜻 깨끗하다

중 浄 음 jìng
뜻 깨끗하다

일 浄 음 じょう zyou
뜻 깨끗하다

자원
형성

의미 부분인 水[물 수]와 소리 부분인 爭[다툴 쟁]으로 이루어짐. 『설문』에서는 "노나라 성의 북문인 爭門(쟁문)에 있는 연못"이라고 설명하였음. 瀞[맑을 정] 혹은 淨[찰 정]으로도 쓰고 '깨끗하다'의 의미를 나타냄. 爭의 갑골문은 爪[손톱 조]와 又[또 우] 모두 손을 본뜬 것이고 두 사람이 어떤 물건을 두고 서로 다투는 모습임. 의미상 爭은 淨과 연관이 없으므로 순전히 소리 역할만 담당한 것이라 볼 수 있음.

용법

한중일 모두 '깨끗하다'의 의미로 사용함. 중국어에서는 사물이나 동작의 범위를 나타내 '모두', '늘'의 의미로 쓰이기도 함. 또 중국어에서는 淨是(jingshi)라 하여 '모두(온통) ~이다'라는 동사구어로 활용되기도 함. 중국 전통극인 잡극(雜劇)에는 末(말)旦(단)淨(정)丑(축)이라는 배역이 있었는데, 末은 남자 역할, 旦은 여자 역할, 淨은 갈등을 조성하는 악역, 丑은 광대 역할로 등장함.

용례 淨潔(정결), 淨水(정수), 淨化(정화)

성어 서방정토(西方淨土): 서쪽으로 아주 멀리 떨어진 깨끗한 땅. 인간세계로부터 서쪽에 있는 아주 먼 이상향 또는 극락을 가리키는 불교 용어.

589

庭 뜰 정

갑골문	금문	전국문자	소전	예서	해서
自	囯	庭	庭	庭	

한
庭 음 정
뜻 뜰 / 집안

중
庭 음 tíng
뜻 뜰, 정원 /
대청, 홀 / 법정

일
庭 음 てい tei
뜻 마당, 뜰 / 집안

자원
형성
겸
회의

의미 부분인 广[기슭 엄]과 소리 겸 의미 부분인 廷[조정 정]으로 이루어짐. 廷이
초기 형태이며, 후에 의미 부분 广을 추가한 것임. 따라서 廷과 庭은 한 글자에서
파생된 관계임. '건물 내부의 뜰(공간)'을 의미하며, 후에 '조정', '관청' 등의 의미로
확대 사용하고 있음.

용법
한중일 모두 '건물 내부의 뜰(공간)'의 의미로 가장 많이 사용함. 한국어와
일본어에서는 '학교의 마당이나 운동장 등의 공간'을 校庭(교정, こうてい)라고
하지만, 중국어에서는 校園(xiàoyuán)이라고 함. 한국어에서는 '결혼한 여자의 부모,
형제 등이 살고 있는 집'을 親庭(친정)이라고 하는데, 중국어에서는 娘家(niángjiā)
라고 하고, 일본어에서는 實家(じっか)라고 함.

용례
庭園(정원), 家庭(가정), 法庭(법정)

성어
과정지훈(過庭之訓): 뜰을 지날 때의 가르침. 공자가 뜰을 지나가는 아들을 불러
가르쳤다는 데서 나온 일화. 아버지의 자식 교육을 강조하는 말.

天

문

623

情

뜻 정

갑골문	금문	전국문자	소전	예서	해서
		𢜻	𢜻	情	情

한 情 음 정
뜻 뜻 / 인정 / 사정

중 情 음 qíng
뜻 감정 / 애정 / 상황

일 情 음 じょう zyou, せい sei
뜻 정 / 마음 / 정황

자원
형성
의미 부분인 心[마음 심]과 소리 부분인 靑[푸를 청]으로 이루어짐. '사물에 접하여 느끼는 마음', 즉 '희로애락' 등의 느낌을 의미함. 후에 '본성', '의욕', '상황' 등의 의미로 확대 사용하고 있음.

용법
한중일 모두 '사람이 느끼는 마음'의 의미로 사용함. 한국어와 일본어에서는 事情(사정, じじょう)를 '일의 형편이나 까닭' 또는 '남에게 부탁하다'라는 뜻으로 사용하지만, 중국어에서는 事情(shiqing)을 '일', '사건', '사고'의 뜻으로 사용함. 한국어와 일본어에서는 '연애의 경쟁자'를 戀敵(연적, こいがたき)라고 하는데, 중국어에서는 戀[사모할 연] 대신 情[뜻 정]을 써서 情敵(qíngdi)라고 함.

용례
感情(감정), 愛情(애정), 熱情(열정)

성어
다정다감(多情多感): 정이 많고 감정이 풍부함. 섬세해서 감정적인 분위기에 잘 반응하는 성격을 이르는 말.

ㅈ

590

문

停

머무를 정

갑골문	금문	전국문자	소전	예서	해서
			帾	停	停

한 停 음 정 / 뜻 머무르다 / 멈추다

중 停 음 tíng / 뜻 정지하다, 멈추다 / 머물다, 체류하다

일 停 음 てい tei / 뜻 멎다, 머물다 / 중도에서 그만두게 하다

자원
형성

의미 부분인 人[사람 인]과 소리 부분인 亭[정자 정]으로 이루어짐. 본래 의미가 '멈추다'임. 소리 부분인 亭의 갑골문은 '정자'를 본뜬 모양으로 아랫부분은 기둥이며, 여행객이 쉴 수 있도록 길옆에 세워진 건축물임. 일설에 의하면, 亭의 소리 부분인 丁[넷째 천간 정]은 '여행객'을 의미하며, 윗부분은 '정자'를 나타낸다고 함. 亭의 본래 의미도 '정자에서 여행객이 쉬다'인데, 亭이 '정자'라는 뜻으로 사용되자 人을 더한 停을 만들어 사용했다고 함.

용법

한중일 모두 '멈추다'의 의미로 사용함. 한국어와 일본어에서는 '자동차를 일정한 곳에 세워두는 것'을 駐車(주차, ちゅうしゃ)라고 하는데, 중국어에서는 停車(tíngchē)라고 함. 또 한국어와 일본어에서는 '공무원이나 직원이 직장에서 물러나도록 정하여져 있는 나이'를 停年(정년, ていねん)이라고 하는데, 일본어에서는 定年(ていねん)이라는 표현도 함께 사용하고, 중국어에서는 退休年齡(tuìxiūniánlíng)이라고 함.

용례

停戰(정전), 停電(정전), 停止(정지), 停學(정학)

성어

마불정제(馬不停蹄): 말이 발을 멈추지 않음. 쉼 없이 길을 가는 말처럼 끈질기게 노력함을 비유하는 말.

正

바를 정

갑골문	금문	전국문자	소전	예서	해서

한

正

음 정
뜻 바르다 / 바로잡다 /
정월 / 가운데 /
본디

중

正

음 zhèng
뜻 바르다 / 중간이다 /
순수하다 /
표준적인 / 마침

일

正

음 せい sei,
   しょう syou
뜻 바르다 /
   바르게 하다 /
   틀림없이 / 정통

자원
회의

갑골문을 보면 □[에워쌀 위]와 이동을 나타내는 止[그칠 지]로 구성되어, 목적지를 향하여 이동하는 모습을 본뜬 것임을 알 수 있음. 그런데 『설문』에서는 "옳은 것"이라고 풀이하였음. 아마도 동한 시기에는 '옳다'라는 의미로 가차된 것으로 보이며, 오늘날에도 '바르다'라는 의미로 주로 사용함.

용법

한중일 모두 '바르다', '정당하다'의 의미로 사용하고, '위치가 중간인', '주된', '정강' 등의 형용사로도 활용함. 중국어에서는 '지금 (한참) ~을 하고 있다'라는 동작이나 행위가 진행 중임을 나타내는 부사로도 쓰임. 한국어에서는 '틀림없는 바로 그 시각'을 正刻(정각)이라고 하는데, 일본어에서는 定刻(ていこく)라 하고, 중국어에서는 正點(zhèngdiǎn) 또는 整(zhěng)이라는 표현을 사용함.

용례

正確(정확), 不正(부정), 嚴正(엄정)

성어

사필귀정(事必歸正): 모든 일은 반드시 옳은 것으로 돌아감. 시시비비가 일어 혼란스러워도 결국은 진리로 귀결된다는 뜻.

윤

井 우물 정

갑골문	금문	전국문자	소전	예서	해서

한

井

음 정

뜻 우물 /
우물 난간의 모양 /
가지런하다

중

井

음 jǐng

뜻 우물 /
우물 모양을 한 것 /
(질서) 정연하다

일

井

음 せい sei,
しょう syou

뜻 우물 / 우물틀 /
마을

자원
상형

우물에 설치된 난간(欄干)의 모양을 본뜬 것으로 '우물'이 본래 의미임. 가운데 빈
공간에 점[·]을 찍은 자형도 자주 보이고 있음. 우물에 설치된 난간은 넘어가서는 안
되기에 '법도', '법칙', '형벌' 등의 의미로 확대 사용하고 있음. 刑[형벌 형], 形[모양
형], 型[거푸집 형]에 보이는 幵/开(견)이 바로 井의 변형된 모양임.

용법

한중일 모두 '우물'의 의미로 사용함. 한국어에서는 천장(天障)의 의미로 천정(天井)을
쓰는 경우가 있으나 '천장'만 표준어임. 다만 天井不知(천정부지)는 널리 쓰이므로
표준어로 인정하고 있음. 일본어에서도 天井(てんじょう)는 한국어와 동일한
의미이지만, 중국어에서 天井(tiānjǐng)은 '집 안에서 하늘을 볼 수 있는 공간'을 나타냄.

용례

井蛙(정와), 市井(시정), 油井(유정)

성어

정중지와(井中之蛙): 우물 안에 있는 개구리. 식견이 좁거나 다른 세상의 일을 모른
채 살아가는 사람을 일컫는 표현.

594

政 정사 정

갑골문	금문	전국문자	소전	예서	해서
𣂁	政	政	政	政	政

한 政 음 정
뜻 정사 / 다스리다

중 政 음 zhèng
뜻 정치 / 정부 기관의
행정 업무

일 政 음 せい sei,
しょう syou
뜻 다스리다, 정사 /
바로잡다

자원
형성
의미 부분인 攴[칠 복]과 소리 겸 의미 부분인 正[바를 정]으로 이루어짐.『설문』에서는
"바로잡다"로 풀이하였음. 正의 갑골문은 성읍을 나타내는 □[에워쌀 위]와 발을
나타내는 止[그칠 지]로 구성되어 죄 있는 무리를 가서 친다는 정벌(征伐)의 의미를
나타내고 있음. 이처럼 옳지 않은 상대가 나를 따라 올바르게 된다는 본래의 뜻에서
확장되어 '바르다'라는 의미가 더해졌으며, 여기에 다시 손에 막대기를 들고 있는
모습을 본뜬 攴이 더해져 정벌의 본래 의미를 더욱 강조하게 되었음. 이로부터
'다스리다', '정치', '정사' 등의 의미가 나왔음.

용법
한중일 모두 '정사', '다스리다'의 의미로 사용함. 한국어와 일본어에서는 정치에
관련된 일에 종사하는 조직체나 개인의 활동 분야를 政界(정계, せいかい)라고
하지만, 중국어에서는 政壇(zhèngtán)이라고 함.

용례
政策(정책), 政治(정치), 行政(행정)

성어
가정맹어호(苛政猛於虎): 가혹한 정치는 호랑이보다 더 무섭다는 뜻. 국민의 삶을
힘들게 하는 혹독한 정치가 사람을 잡아먹는 맹수보다 더 두려움을 이르는 말.

ㅈ

오

頂

정수리 정

갑골문	금문	전국문자	소전	예서	해서
	𩑞		慣	頂	頂

한
頂 음 정
뜻 정수리 /
꼭대기, 정상 /
아주, 대단히 /
머리로 받치다 /
무릅쓰다

중
顶 음 dǐng
뜻 (~儿) 꼭대기 /
머리로 받치다 /
무릅쓰다 /
대신하다 / 아주

일
頂 음 ちょう tyou
뜻 머리의 맨 꼭대기 /
머리 위에 올려놓다

자원
형성
의미 부분인 頁[머리 혈]과 소리 부분인 丁[넷째 천간 정]으로 이루어짐. 못[丁]의 핵심인 머리 부분처럼 머리[頁]의 가장 윗부분인 '정수리'를 말하며, 이로부터 '최고', '극점', '정점', '대단히' 등의 뜻이 나왔음. 이후 '물건을 지탱하다', '담당하다', '부딪히다', '맞닥뜨리다' 등의 뜻이 더해졌음. 금문에서는 貞[곧을 정]이 소리 부분으로 채택되었으나 소전 이후 丁으로 대체되어 지금의 자형이 되었음. 丁은 원래 못의 머리를 그린 독립된 상형자였으나, 못의 옆모습을 그린 지금의 자형으로 변했음. 丁이 간지를 나타내는 글자로 가차되어 쓰이자 원래의 뜻인 '못'은 金[쇠 금]을 더한 釘[못 정]을 만들어 나타냈음.

용법
한중일 모두 '꼭대기'를 기본 의미로 사용하고, 이로부터 파생된 여러 가지 의미로도 사용함. 현대 중국어에서는 頂級(dǐngjí, 최고급)처럼 '최고'라는 뜻으로도 사용하고, 頂風(dǐngfēng, 바람을 무릅쓰다)처럼 '무릅쓰다'라는 뜻으로도 사용하며, 一頂帽子(yìdǐngmàozi, 모자 한 개)처럼 모자 등을 헤아리는 단위로도 활용함. 또 최근 중국에서는 인터넷 게시판에서 좋은 게시물을 추천할 때도 사용하여 '推薦(추천)'과 같은 의미로 쓰이기도 함. 일본어에서는 頂戴(ちょうだい, 남에게서 받음)처럼 윗사람에게서 '받다'라는 의미로도 사용함.

용례
頂上(정상), 頂點(정점), 山頂(산정), 絶頂(절정)

성어
정문일침(頂門一鍼): 정수리에 일침을 놓음. 상대의 잘못을 따끔하게 지적함.

定

정할 정

갑골문	금문	전국문자	소전	예서	해서
肙	定	囸	囼	定	定

한 ——————
定
음 정
뜻 정하다 / 정해지다

중 ——————
定
음 dìng
뜻 결정하다 /
고정적이다 /
안정시키다 /
반드시

일 ——————
定
음 てい tei,
じょう zyou
뜻 정하다, 정해지다 /
꼭, 반드시

자원
회의

두 개의 의미 부분인 宀[집 면과]과 正[바를 정]으로 이루어짐. 원래는 불특정 목적지를 의미하는 '□'와 사람의 발을 의미하는 止[그칠 지]가 결합되어 '목적지를 향해 가다'를 나타내는 글자였음. 이후 □가 一(가로획)으로 바뀌었고, 여기에 의미 부분인 宀이 추가되어 '집으로 가다'를 의미하게 되었음. 집에 간다는 것은 누구에게나 편안함을 가져다준다는 점에서 '안정', '고정', '정착', '규칙'이라는 의미로 확대 사용하고 있음.

용법

한중일 모두 '고정되다'의 의미로 사용함. '식당 등에서 일정한 식단에 따라 차리는 음식'을 한국어와 일본어에서 定食(정식, ていしょく)라고 하는데, 이는 중국어에는 없는 표현임. 유사한 뜻으로는 套餐(tàocān)이 있음. 또한 삼국 모두 一定(일정, yídìng, いってい)를 '크기, 모양, 범위, 시간 따위가 하나로 정하여져 있음'을 뜻하는 형용사로 쓰는데, 중국어와 일본어에서는 '반드시'라는 부사로도 사용하며 이때 일본어는 いちじょう로 다른 발음으로 읽음.

용례

定期(정기), 固定(고정), 安定(안정)

성어

혼정신성(昏定晨省): 저녁에는 부모님 잠자리를 살피고, 아침에는 찾아가서 문안을 드림. 자식이 부모를 모시는 몸가짐을 이르는 말.

精

정할 정

갑골문	금문	전국문자	소전	예서	해서
		牆	精	精	精

한 精
음 정
뜻 정하다, 깨끗하다 /
훌륭하다 /
정성스럽다 / 찧다

중 精
음 jīng
뜻 정교하다 /
정통하다 /
정밀하다

일 精
음 せい sei,
しょう tyou
뜻 희다 /
자세하다 /
순수한 것

자원
형성

의미 부분인 米[쌀 미]와 소리 부분인 靑[푸를 청]으로 이루어짐. 나락의 껍질을 깨끗하게[靑] 벗겨내 찧은 쌀[米]을 말하며, 이로부터 '(곡식을) 도정하다', '정화', '정통' 등의 뜻이 나왔음. 또 精靈(정령)처럼 육체를 떠난 '혼백'을 나타내기도 함. 靑은 금문에서 丹[붉을 단]이 의미 부분이고 生[날 생]이 소리 부분이었는데, 자형이 변해 지금처럼 되었음. 生은 屮[싹날 철]이 흙[土]을 비집고 올라오는 모습이고, 丹은 광정에서 캐낸 염료[ヽ]를 상징함.

용법

한중일 모두 '정성스럽다', '우수하다'의 의미로 사용함. 현대 중국어에서는 精明(jingming)처럼 '총명하다'의 뜻으로도 쓰이고, '매우'나 '극히'라는 뜻의 정도부사로도 활용됨. 한국어와 일본어에서는 '지방이나 뼈 등을 발라낸 고기'를 精肉(정육, せいにく)라고 하지만, 중국어에서는 瘦肉(shòuròu)라는 표현을 주로 사용함. 또 한국어와 일본어에서는 '정성을 들여 잘 만들다'를 精製(정제, せいせい)라고 하지만, 중국어에서는 精制(jingzhi)라고 함.

용례 精巧(정교), 精靈(정령), 精誠(정성), 精神(정신)

성어 박이부정(博而不精): 넓으나 자세하지 않음. 널리 알지만 세부적인 일에서는 정통하지 못하다는 뜻.

除

덜 제

598

갑골문	금문	전국문자	소전	예서	해서
			瞭	除	除

한
除
음 제
뜻 덜다, 감면하다 /
나누다 / 버리다 /
벼슬을 주다 /
섣달 그믐날

중
除
음 chú
뜻 제거하다, 없애다 /
~을 제외하고 /
나누다

일
除
음 じょ zyo, じ zi
뜻 제거하다,
없애 버리다 /
새로운 관직에
임명하다 / 나누다

자원
형성

의미 부분인 阜[언덕 부]와 소리 부분인 余[나 여]로 이루어짐. 흙 언덕을 오르내릴 수 있도록 한 돌층계나 궁전의 계단을 뜻하는 글자였음. 그런데 섬돌이나 돌계단을 놓으려면 흙을 파내야 한다는 점에서 '덜다'라는 뜻도 갖게 되었음. 또 제수(除授)라는 말도 있는데, 이는 추천에 의하지 않고[除] 임금이 직접 관직을 수여하는[授] 것을 말함. 余는 원래 임시로 만들어진 기둥과 지붕이 갖추어진 객사를 의미했는데, 여기에서 아랫부분에 기단이 갖추어지면 舍[집 사]가 됨. 이후 일인칭 대명사로 가차되어 '나'나 '우리'라는 뜻으로 쓰였음.

용법

한중일 모두 '없애다', '제외하다', '해제하다'의 의미로 사용함. 또한 삼국 모두 加減乘除(가감승제)에서처럼 '나누기'라는 의미로도 사용함. 중국어에서는 革除(géchú, 깨끗이 없애다), 掃除(sǎochú, 쓸어버리다), 開除(kāichú, 해고하다), 去除(qùchú, 제거하다) 등처럼 동사의 뒤에 붙어 '제거함'을 나타내는 데 자주 사용함. 한국어와 일본어에서는 섣달 그믐날, 즉 12월의 마지막 날을 除夜(제야, じょや) 또는 除夕(제석, じょせき)라고 쓰지만, 중국어에서는 除夕(chúxī) 또는 除日(chúrì)라 하고 除夜라는 표현은 쓰지 않는 대신 年夜(niányè)라는 표현을 사용함.

용례

除去(제거), 除外(제외), 排除(배제)

성어

전초제근(剪草除根): 풀을 베고 뿌리를 없앰. 나쁜 일의 조짐을 알고 미리 없앤다는 뜻.

ㅈ

하

諸 모든 제

갑골문	금문	전국문자	소전	예서	해서
		鴼	鰼	諸	諸

한 諸 음 제
뜻 모두 / 모든, 여러

중 诸 음 zhū
뜻 모든 / 그것 /
대명사 之와
어조사 乎의 합음

일 諸 음 しょ syo
뜻 많은 / 여러가지

자원
형성
의미 부분인 言[말씀 언]과 소리 부분인 者[놈 자]로 이루어짐. '말로 다투다'라는
뜻의 글자임. 말로 다투는 것은 여러 사람이 있는 상황이라는 점에서 '여럿'이라는
뜻이 생겼고, 후에 之於나 之乎 등 두 글자의 발음을 합한 준말로도 쓰이게 되었는데,
이 경우에는 '저'로 읽음.

용법
한중일 모두 '모든'이라는 의미로 사용함. 중국어에서 諸夏(zhūxià)는 '중국의 제후'나
'중국' 자체를 가리키는 말인데, 한국어에서 諸夏(제하)는 '중국의 제후'를 가리키고,
일본어에서는 아예 사용하지 않음. 諸元(제원, しょげん)은 한국어와 일본어에서만
'기계의 성능을 항목마다 분석하여 수치 따위로 나타낸 것'의 의미로 쓰임. '여러분'을
나타내는 諸氏(제씨, しょし)는 한국어와 일본어에서만 사용하고, '양손'을 나타내는
諸手(もろて)는 일본어에서만 사용함.

용례
諸位(제위), 諸子(제자), 諸侯(제후)

성어
제행무상(諸行無常): 모든 움직임은 일정하지 않다는 뜻. 우주의 모든 존재와 현상이
한곳에 머물지 못하고 끊임없이 변한다는 불교의 가르침. 또는 덧없는 인생을
비유하는 말.

ㅈ

류

弟

아우 제

갑골문	금문	전국문자	소전	예서	해서
￥	￥	羕	羑	弟	弟

한 ——

弟

음 제

뜻 아우 /
나이 어린 사람 /
공경하다 / 제자

중 ——

弟

음 dì

뜻 남동생, 아우 /
친척 중 자기보다
나이 어린 남자를
부르는 말

일 ——

弟

음 てい tei, だい dai,
で de

뜻 남동생, 아우 /
제자

자원
회의

두 개의 의미 부분인 弋[주살 익]과 己[자기 기]로 이루어짐. 己는 '끈'을 나타내는데,
끈으로 주살을 묶으려면 일정한 차례에 따라 묶어야 제대로 모양이 나온다는 점에서
'차례'라는 뜻을 나타냄. 후에 같은 항렬 중에 나보다 나이가 적은 남자를 지칭하는
'아우'라는 뜻으로 쓰이게 되었음.

용법

한중일 모두 '아우', '어린 남자', '제자'의 의미로 사용함. 한국어에서 弟氏(제씨)는 남의
아우를 부르는 존칭인데, 중국어와 일본어에서는 사용하지 않는 표현임. '형과 아우'를
뜻하는 兄弟(형제, xiōngdì, きょうだい)의 경우 한국어와 일본어에서는 같은 뜻이지만,
중국어에서는 弟를 제1성으로 읽으면 '형제'의 뜻이 되고, 경성으로 읽으면 '동생'의
뜻이 됨. 중국어에서 '형제'의 뜻으로 弟兄(dìxiong)을 쓰기도 함. 小弟(xiǎodì)는
중국어에서 '어린 아우'라는 뜻 이외에 자신을 낮추어 부르는 겸양어로도 사용함.
'아우의 배우자'를 한국어에서는 弟嫂(제수)라고 많이 쓰는데, 일본어에서는 弟嫁
(おとうとよめ)를, 중국어에서는 弟媳(dìxí)를 일반적으로 사용함. 일본어에서 弟弟子
(おとうとでし)는 兄弟子(あにでし)와 대비되는 단어로 '같은 선생 밑에 나중에 들어온
남자 제자'를 가리킴.

용례

弟子(제자), 徒弟(도제), 兄弟(형제)

성어

결의형제(結義兄弟): 의리로써 형제를 맺음. 서로 남이지만 의기 등이 맞아 형제
관계를 맺음을 이르는 말.

류

題

題 제목 제

갑골문	금문	전국문자	소전	예서	해서
			題	題	題

한
題 음 제
뜻 제목 / 적다

중
題 음 tí
뜻 제목 / 시험 문제 / 적다, 쓰다

일
題 음 だい dai
뜻 머리말 / 기록하다

자원
형성
의미 부분인 頁[머리 혈]과 소리 부분인 是[옳을 시]로 이루어짐. 얼굴[頁]의 바로 정면[是]인 '이마'를 뜻했는데, 이로부터 '드러나다', '문제', '서명' 등의 의미가 생겨났음. 題와 비슷한 구조로 된 提[끌 제]는 手[손 수]가 의미 부분이고 是가 소리 부분으로서 '손으로 들어서 위로 끌어 올리다'라는 뜻이 담겼음. 또 堤[둑 제]는 土[흙 토]가 의미 부분이고 是가 소리 부분으로서 흙을 쌓아 물이 머물거나 들지 않게 만든 '제방(堤防)'을 의미함. 제방을 나타낼 때 土 대신 阜[언덕 부]가 들어간 隄[둑 제]를 사용하기도 함.

용법
한중일 모두 '제목', '물음'의 의미로 사용함. 중국어에서는 '서명하다'의 뜻으로 쓰여 '책 등에 서명하다' 또는 '기념으로 글을 쓰다'의 의미를 題字(tízì)로 나타냄. 또 한국어와 일본어에서 題名(제명, だいめい)는 '책 이름'이라는 뜻이지만, 중국어에서 題名(tímíng) 은 '책 이름'이라는 뜻 외에도 '(기념·표창 따위를 위해) 이름을 쓰다', '서명하다'라는 뜻으로 더 자주 쓰임.

용례
題目(제목), 問題(문제), 出題(출제)

성어
무리난제(無理難題): 도리가 없는 어려운 문제. 매우 곤란한 일이나 문제를 남에게 무리하게 떠맡기는 일. 또는 결코 받아들이기 어려운 조건을 이르는 말.

祭 제사 제

갑골문	금문	전국문자	소전	예서	해서

한		중		일	
祭	음 제 뜻 제사 / 행사	祭	음 jì 뜻 제사 지내다 / 추도하다	祭	음 さい sai 뜻 제사

자원
회의

갑골문은 손으로 고깃덩어리를 들고 있는 모습을 묘사한 것으로 후에 신주(神主)의 모양을 본뜬 示[보일 시]가 추가된 것임. 이로써 손[又]으로 고기[肉]를 들어 신[示]에게 제물로 바친다는 의미가 좀 더 분명해졌음. 『설문』에서도 자형의 구조를 이것과 동일하게 손으로 고기를 들어 신에게 올리는 것으로 보았으며, 그 의미는 '제사'로 풀이했음. 祭는 바로 이러한 고대 제사의 한 종류를 나타냄. 이후 신과 조상에게 제를 올린다는 통칭으로 사용되어 '제사', '행사' 등의 의미를 갖게 됨.

용법

한중일 모두 '제사', '행사'와 관련된 의미로 사용함. 한국어에서는 祈雨祭(기우제), 藝術祭(예술제)처럼 '제사' 또는 '축제'의 뜻을 더하는 접미사로도 쓰임. 한편 한국어와 일본어에서는 축하하여 벌이는 큰 행사를 祝祭(축제, しゅくさい)라고 하는데, 중국어에서는 慶典(qìngdiǎn)이라고 함.

용례

祭祀(제사), 祭物(제물), 祭典(제전)

성어

종묘제례(宗廟祭禮): 조선 시대 종묘에서 역대 왕들에게 제사를 지내던 예를 이르는 말.

製 지을 제

갑골문	금문	전국문자	소전	예서	해서
			叡	製	製

한 製 음 제 / 뜻 짓다 / 만들다

중 制 음 zhì / 뜻 만들다 / 재단하다 / 제정하다

일 製 음 せい sei / 뜻 짓다 / 만들다

자원
형성

의미 부분인 衣[옷 의]와 소리 부분인 制[마를 제]로 이루어짐. 옷감을 마름질하는 모습을 그렸고, 이로부터 '만들다'라는 일반적 의미를 뜻하게 되었음. 制는 원래 刀[칼 도]와 末[끝 말]로 구성되어, 칼로 나뭇가지의 끝을 정리하는 모습을 그렸는데, 자형이 변해 지금처럼 되었음. 이후 옷감이나 재목 따위를 치수에 맞도록 재거나 자르는 일을 뜻하게 되었고, 이로부터 '제정하다', '규정하다', '제지하다', '제도' 등의 의미가 더해졌음.

용법
한중일 모두 '제작하다', '만들다'의 의미로 사용함. 현대 중국어에서는 制[마를 제]에 통합됨. 한국어와 일본어에서는 '인쇄물 등을 풀로 붙이고 실로 매고 표지를 씌워 책으로 만드는 것'을 製本(제본, せいほん)이라고 하는데, 중국어에서는 裝訂(zhuāngdìng)이라고 함. 또 '빵이나 과자를 만드는 것'을 의미하는 製菓(제과, せいか)의 경우, 중국어에는 정확한 대응어가 없고 制造餻點(zhìzàogāodiǎn) 정도로 표현할 수 있음. 또 '밀 따위의 곡식을 가루로 만드는 것'을 의미하는 製粉(제분, せいふん)의 경우 역시 대응어가 없어 面粉加工(miànfěnjiāgōng) 정도로 표현해야 함.

용례
製品(제품), 製作(제작), 製造(제조)

성어
제조업(製造業): 무엇인가를 만들어 파는 업종. 유통, 판매 등과 달리 제품을 직접 만드는 산업.

第

604

차례 제

갑골문	금문	전국문자	소전	예서	해서
				第	第

한

第 음 제

뜻 차례, 순서 /
집, 저택 /
과거, 시험

중

第 음 dì

뜻 순서, 단계 /
과거 / 저택

일

第 음 だい dai, てい tei

뜻 순서 / 저택

자원
회의
겸
형성

의미 부분인 竹[대나무 죽]과 소리 겸 의미 부분인 弟[아우 제]로 이루어짐. 원래
弟는 주살[弋]과 끈[己]으로 구성되었는데, 주살을 끈으로 묶을 때는 일정한 순서가
있어야 한다는 점에서 '차례'라는 뜻을 나타내다가 '아우'라는 뜻으로 확장되었음.
그래서 다시 순서대로 자라는 대나무[竹]를 추가해 만든 第로써 '차례'라는 뜻을
나타냈음. 이런 과정 때문에 단옥재(段玉裁)는 『설문해자주』에서 第를 "竹과 弟로
구성되었다"고 풀이하였음.

용법

한중일 모두 '순서', '집'의 의미로 사용함. 한중일 모두에서 次第(차제, cìdì, しだい)는
'순서'를 의미하는데, 중국어에서는 '순차적으로'의 뜻을 나타내는 부사로도 사용하고,
일본어에서는 '점점', '차차'와 같은 부사적 용법과 명사나 동사 뒤에서 '되어가는
대로'의 뜻을 나타내는 접미사로도 사용함.

용례

第一(제일), 第宅(제택), 次第(차제)

성어

천하제일(天下第一): 세상에서 으뜸이라는 뜻.

調 고를 조

갑골문	금문	전국문자	소전	예서	해서
			調	調	調

한

調
음 조
뜻 고르다 / 헤아리다 /
뽑다 / 가락

중

调
음 diào, tiáo
뜻 [diào] 옮기다 /
찾다 / 조사하다
[tiáo] 조절하다 /
골고루 섞다 /
고르다

일

調
음 ちょう tyou
뜻 조절되다,
조화되다
가락, 운율 /
조사하다

자원
형성

의미 부분인 言[말씀 언]과 소리 부분인 周[두루 주]로 이루어짐. 소전에 처음
나오며, 『설문』에서는 "화합하다"로 풀이하였음. 여러 소리가 잘 '어울리다'라는
뜻에서 '조화롭다'라는 의미로 확장되고, 다시 '잘 섞다', '화해시키다'의 뜻도 더해짐.

용법

한중일 모두 '조화롭다', '고르다', '조사하다'의 의미로 사용함. 한국어와 일본어에서는
'필요한 곳에 자금이나 물자 따위를 대어주다'를 調達(조달, ちょうたつ)라고 하는데,
중국에서는 備辦(bèibàn) 혹은 籌辦(chóubàn)라고 함. 중국어에서 調達(tiáodá)는
'조화롭다', '잘 통하다'의 의미로 사용함. 한중일 모두 調製(조제, tiáozhì, ちょうせい)를
주로 먹는 것을 '가공하여 만들다'의 뜻으로 쓰지만, 일본어에서는 옷이나 도시락 등을
'맞추다', '제조하다'의 뜻으로도 사용함. 다만 중국어에서는 制[마를 제]가 製[지을
제]를 대신하여 쓰이므로 調制라고 씀. 또 한국어에서는 調劑(조제, tiáojì, ちょうざ
い)를 주로 '여러 가지 약품을 섞어 약재를 만들다'의 뜻으로 사용하지만, 중국어와
일본어에서는 '조절하다'의 뜻으로 많이 사용함. 한국어와 일본어에서는 調理(조리,
ちょうり)가 '건강이 회복되도록 몸을 보살피고 병을 다스리다'와 '요리하다'의 뜻을
나타내는데, 중국어에서 調理(tiáolǐ)는 두 가지 뜻 외에 '돌보다'의 뜻으로도 많이 쓰임.

용례
調和(조화), 調製(조제), 調査(조사)

성어
풍조우순(風調雨順): 바람이 적당하고 비가 알맞음. 적절한 기후, 나아가 평화롭고
순조로운 세상을 가리키는 말.

助 도울 조

갑골문	금문	전국문자	소전	예서	해서
		㞢	昍	助	助

한 助 음 조
뜻 돕다

중 助 음 zhù
뜻 돕다, 협조하다.

일 助 음 じょ zyo
뜻 돕다, 보좌하다

자원
형성

의미 부분인 力[힘 력]과 소리 부분인 且[또 차]로 이루어진 글자로 전국문자에 처음
나옴. 力은 밭을 갈 때 사용하는 쟁기를 나타내는 글자인데, 이 力이 나타내는 '힘을
쓰다'라는 의미에서 소리 부분을 보태 남을 '돕다'의 의미를 나타냄.

용법
한중일 모두 '돕다'의 의미로 사용함. 한국어와 일본어에서 幇助(방조, ほうじょ)는
'죄가 될 만한 일을 도와주다'라는 부정적 의미로 사용되지만, 중국어에서 幇助
(bāngzhù)는 '도와주다', '원조하다', '보조하다' 등 긍정적 의미로 사용됨. 한국어와
중국어에서 助手(조수, zhùshǒu)는 '보조원'의 의미를 나타내는데, 일본어에서 助手
(じょしゅ)는 그 외에 대학에서의 '조교'를 부르는 명칭으로도 사용됨. 또 중국어에서만
조감독을 나타내는 助理導演(zhùlǐdǎoyǎn)처럼 '보조원', '인턴'을 가리키는 말로
助理(zhùlǐ)를 사용. 한국어와 일본어에서는 助命(조명, じょめい)가 救命(구명,
きゅうめい)와 함께 '목숨을 구해주다'의 뜻으로 쓰이는데, 중국어에서는 사용하지
않는 표현임. 助言(조언, じょげん)도 한국어와 일본어에서만 '도움이 되는 말'의 뜻으로
사용하며, 助太刀(すけだち)는 일본어에서만 '조력', '조력자'의 뜻으로 사용함.

용례
助手(조수), 助力(조력), 協助(협조)

성어
알묘조장(揠苗助長): 싹을 뽑아 올려 키가 자라게 함. 어린 싹을 억지로 올려 키를
키운다는 뜻으로, 조급하게 일을 서두르다 망치는 행위를 이르는 말.

류

607

鳥 새 조

갑골문	금문	전국문자	소전	예서	해서

한
鳥 음 조
뜻 새, 새의 총칭

중
鸟 음 niǎo
뜻 새, 날짐승

일
鳥 음 ちょう tyou
뜻 새

자원
상형

갑골문을 보면 새의 머리와 몸통, 꼬리, 발 등의 모양을 본떠 만든 글자임을 알 수 있음.『설문』에서는 "鳥는 '꼬리가 긴 새'이고 隹는 '꼬리가 짧은 새'이다"라고 했지만, 실제 鳥나 隹[새 추]를 부수로 하는 글자들을 살펴봐도 의미상 거의 차이가 없고 발음도 '조'와 '추'로 큰 차이가 없음. 또 이와 관련된 烏[까마귀 오]의 소전[鸟]은 鳥와 비교해서 새 머리의 눈에 해당되는 한 획이 없을 뿐인데, 이는 까마귀는 검은색 새이기 때문에 검은 눈이 잘 보이지 않아 한 획을 생략한 것으로 풀이됨.

용법

한중일 모두 '새'의 의미로 사용함. 한국어에서는 닭, 오리 따위와 같은 가금류와 야생 조류 등이 걸리는 급성 바이러스 전염병을 鳥類毒感(조류독감)이라 하는데, 중국어에서는 鳥禽類流行性感冒(niǎoqínlèiliúxíngxìnggǎnmào)' 또는 줄여서 禽流感(qínliúgǎn)이라 하고, 일본어에서는 鳥インフルエンザ(とりインフルエンザ)라고 함. '고니'는 새의 일종으로 한국어와 일본어에서는 白鳥(백조, はくちょう)라고 하지만, 중국어에서는 天鵝(tiān'é)라고 함.

용례

鳥類(조류), 不死鳥(불사조), 一石二鳥(일석이조), 駝鳥(타조)

성어

일석이조(一石二鳥): 돌 하나에 새 두 마리. 한 번에 하나 이상의 효과를 얻음을 비유적으로 이르는 말.

ㅈ

강

朝

아침 조

갑골문	금문	전국문자	소전	예서	해서
𣱿	朝		𣎟	朝	朝

한

朝 음 조

뜻 아침 / 조정 / 왕조

중

朝 음 cháo, zhāo

뜻 [cháo] ~을 향하여 /
알현하다 / 조정 /
왕조
[zhāo] 아침

일

朝 음 ちょう tyou

뜻 아침 / 조정

자원
회의

갑골문을 보면 풀 더미[屮]에서 해[日]가 떠오르는데 달[月]도 여전히 떠 있는 모습을 본떠 만든 것임을 알 수 있음. 본뜻은 '아침'인데, 고대 사람들은 아침에 왕을 알현하는 습관이 있어서 '알현하다'의 의미로 확장되었다는 주장도 있음.

용법

한중일 모두 '왕조', '알현하다'의 의미로 사용함. 한국어와 일본어에서는 주로 '아침'이라는 뜻으로 쓰여 '아침식사'를 朝飯(조반, あさはん), 朝餐(조찬, ちょうさん)과 같이 쓰지만, 중국어에서는 '아침'을 나타내는 글자로 朝(zhāo)를 드물게 쓰기는 하지만 주로 晨(chén)과 早(zǎo)를 쓰며, 아침식사는 早飯(zǎofàn) 또는 早餐(zǎocān)이라고 함. 학교나 관청 따위에서 아침에 모든 구성원이 한자리에 모이는 일을 한국어와 일본어에서는 朝會(조회, ちょうかい)라고 하는데, 중국어에서는 早會(zǎohuì) 또는 晨會(chénhuì)라고 함. 날마다 아침에 발행하는 신문 역시 한국어와 일본어에서는 朝刊新聞(조간신문, ちょうかんしんぶん)이라고 하는데, 중국어에서는 早報(zǎobào) 또는 晨報(chénbào)라고 함.

용례 朝廷(조정), 王朝(왕조)

성어 조삼모사(朝三暮四): 아침에는 셋, 저녁에는 넷. 잔꾀로 남을 속이는 일을 비유하는 말.

早 일찍 조

| 갑골문 | 금문 | 전국문자 | 소전 | 예서 | 해서 |

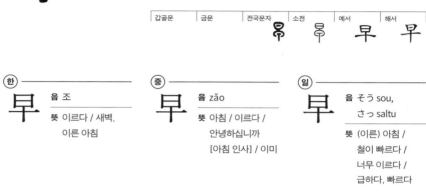

한
早
음 조
뜻 이르다 / 새벽,
이른 아침

중
早
음 zǎo
뜻 아침 / 이르다 /
안녕하십니까
[아침 인사] / 이미

일
早
음 そう sou,
さっ saltu
뜻 (이른) 아침 /
철이 빠르다 /
너무 이르다 /
급하다, 빠르다

자원
회의
소전에서 日[날 일]과 甲[첫째 천간 갑]으로 구성되어, 해[日]가 처음[甲] 뜰 때의 시간대로부터 새벽을 뜻했고, 이로부터 '아침'과 '일찍', '이르다', '급하다' 등의 뜻까지 나왔음. 이후 甲이 十[열 십]으로 바뀌어 지금의 자형이 되었는데, 十은 甲의 옛날 형태임.

용법
한중일 모두 '이르다'의 의미로 사용함. 일본어에서는 足早(あしばや, 잰걸음)이나 氣早(きばや, 성급하다)와 같이 '급하다'의 의미로 자주 사용함. 한국어와 중국어에서는 '매우 성급함'을 躁[성급할 조]를 써서 躁急(조급, zàojí)라고 하는데, 일본어에서는 早急(さっきゅう)라고 함. 중국어에서 早就(zǎojiù)는 '일찌감치'나 '진작'이라는 뜻의 부사로 주로 활용되며, 시간상으로 '훨씬 이전'을 가리키는 부사로도 사용하는데, 한국어와 일본어에서는 사용하지 않는 용법임.

용례
早期(조기), 早速(조속), 早晚間(조만간)

성어
조만간(早晚間): 머지않아. 얼마 지나지 않아.

ㅈ

兆 조짐 조

| 갑골문 | 금문 | 전국문자 | 소전 | 예서 | 해서 |

한 ──────
兆
음 조
뜻 조(억의 만 배) /
　　조짐, 징조

중 ──────
兆
음 zhào
뜻 전조, 조짐 /
　　조 / 지극히 많다

일 ──────
兆
음 ちょう tyou
뜻 징조 / 조 /
　　수가 많다

자원
회의
이 글자의 자원에 대해서는 아직 정설이 없음. 갑골문과 금문에서 보듯이 뼈에 卜[점복]을 추가한 형태에서 '징조', '조짐'이라는 뜻을 유추할 수 있음. 전국시대에는 종종 발음이 유사한 涉[건널 섭]을 차용했고, 더 나아가 氵[물 수]가 卜으로 바뀌었고, 步[걸음 보]가 兆로 바뀌면서 새로운 글자 𣥚가 만들어져 소전까지 전해졌음. 예서부터 卜이 생략되면서 해서까지 이어지고 있음. 후에 수의 단위인 '조'를 나타내는 글자로 사용했는데, 본래 의미와는 상관없이 차용된 용법임.

용법
한중일 모두 숫자 '조'의 의미와 '조짐'의 의미로 사용함. '좋거나 나쁜 일이 생길 기미가 보이는 현상'을 뜻하는 兆朕(조짐)은 원래 중국에서 전해진 어휘지만 현재는 한국어에서만 사용하고 있음. 현대 중국어에서는 預兆(yùzhào)라고 하고, 일본어에서는 前兆(ぜんちょう), 兆し(きざし)라고 함. 또한 중국어에서는 각종 단위에 많이 사용하고 있음. 주파수 단위 메가헤르츠(MHz)를 兆赫(zhàohè)라고 하며, (컴퓨터) 메가바이트는 兆字節(zhàozìjié)라고 함.

용례
吉兆(길조), 前兆(전조), 徵兆(징조)

성어
불길지조(不吉之兆): 불길한 조짐.

造

지을 조

갑골문	금문	전국문자	소전	예서	해서
	𧗲		𧻡	造	造

한

造

음 조

뜻 짓다, 만들다 /
이루다 /
조작하다

중

造

음 zào

뜻 만들다 / 조작하다 /
이르다

일

造

음 ぞう zou

뜻 만들다 / 이르다 /
때, 시대

자원
형성

의미 부분인 辶[쉬엄쉬엄 갈 착]과 소리 부분인 告[알릴 고]로 이루어짐. 『설문』에 따르면 "이루는 것"이라고 하였음. 금문을 보면 宀[집 면] 혹은 舟[배 주], 金[쇠 금], 貝[조개 패] 등이 더해진 다양한 자형이 발견됨. 辶은 길거리[彳]와 발[止]이 합쳐져 이루어진 글자로서 움직임을 나타내며, 금문에서 첨가된 여러 나머지 자형들은 '만드는 대상' 혹은 '재료' 등을 표시하는 것임. 여기에서 확장되어 '만들다', '조작하다' 등의 의미가 더해졌음.

용법

한중일 모두 '만들다', '조작하다'의 의미로 사용함. 중국어에서는 出國深造(chūguó shēnzào, 해외로 나가 깊이 연구하다)와 같이 '어떤 경지에 도달하다'의 뜻을 나타내기도 함. 한국어와 일본어에서는 '같은 땅에서 1년에 종류가 다른 농작물을 두 번 심어 거두는 것'을 二毛作(이모작, にもうさく)라고 하지만, 중국어에서는 一年二造(yìniánèrzào)라고 함. 또 한국어와 일본어에서는 '같은 농작물 가운데 다른 것보다 일찍 성숙하는 품종'을 早生種(조생종, そうせいしゅ)라고 하는데, 중국어에서는 早造(zǎozào)라고 함.

용례

造成(조성), 構造(구조), 創造(창조)

성어

일체유심조(一切唯心造): 모든 것은 마음이 만들어낸다는 뜻. 모든 것이 마음가짐에 달려 있다는 불교의 가르침.

祖

할아버지 조

갑골문	금문	전국문자	소전	예서	해서
且	祖	祖	祖	祖	祖

한
祖
음 조
뜻 할아버지 / 조상 /
근본

중
祖
음 zǔ
뜻 조상 / 할아버지 /
창시자

일
祖
음 そ so
뜻 할아버지 / 조상 /
창시자

자원
형성
의미 부분인 示[보일 시]와 소리 부분인 且[또 차]로 이루어짐. 곽말약(郭沫若)은 且를 남근을 본뜬 것으로 여겼으며, 이로부터 뜻이 확대되어 돌아가신 남자 조상을 이르게 되었다고 설명했음. 한편 이후 且가 '장차' 등의 의미로 가차되어 사용되자 본래의 의미를 보다 분명히 하기 위해서 신주(神主)의 모양을 본뜬 示를 첨가하였음. 『설문』에서는 祖를 조상의 위패를 모시는 사당인 '시묘'라고 풀이했는데, 이는 이미 확장된 의미를 본뜻으로 오해한 것임. 현재 사용하는 '할아버지', '조상' 혹은 '근본'과 '창시자'의 의미는 모두 본뜻에서 확대된 것임.

용법
한중일 모두 '할아버지', '조상'의 의미로 사용함. 한국어에서는 五代祖(오대조)와 같이 代 뒤에 붙어 조상의 뜻을 더하는 접미사로 사용됨. 한편 한국어와 일본어에서는 어떤 일을 처음으로 시작한 사람을 元祖(원조, がんそ)라고 하며, 또한 제1대 조상을 元祖 또는 始祖(시조, しそ)라고 쓰는데, 중국어에서는 元祖라는 표현은 쓰지 않고 始祖(shǐzǔ) 또는 鼻祖(bízǔ)라고 씀.

용례
祖國(조국), 祖父(조부), 始祖(시조)

성어
동조동근(同祖同根): 같은 할아버지, 같은 뿌리. 같은 혈통을 가진 친족을 가리키는 말.

천

오

族 겨레 족

갑골문	금문	전국문자	소전	예서	해서
				族	族

한 族 음 족
뜻 겨레 / 일가, 친족 / 무리

중 族 음 zú
뜻 가족 / 부족, 민족 / 족(같은 속성의 부류)

일 族 음 ぞく zoku
뜻 겨레 / 일가, 친족 / 무리

자원
회의

두 개의 의미 부분인 '깃발'을 나타내는 㫃[나부낄 언]과 '화살'을 나타내는 矢[화살 시]로 이루어짐. 군대를 상징하는 깃발 아래에 화살을 놓은 모양으로 처음에는 '화살촉'의 뜻으로 쓰였다가, 후에 무기로 함께 전쟁을 치르는 단위인 '무리'를 나타내게 되었음. '무리'나 '종족'의 뜻으로 많이 쓰이게 되자 화살촉의 뜻은 金[쇠 금]을 보태 鏃[살 촉]을 새로 만들어 사용했음.

용법

한중일 모두 '무리', '겨레'의 의미로 사용함. 중국어와 일본어에서 族生(zúshēng, ぞくせい)는 '뭉쳐서 살다'의 뜻으로 叢生(cóngshēng, ぞくせい)와 같이 사용하지만, 한국어에서는 쓰지 않음. 한국어와 일본어에서 族父(족부, ぞくふ)는 '씨족 또는 부족의 우두머리'를 나타내지만, 중국어에서 族父(zúfù)는 '아저씨'의 의미로 사용함. 族母(zúmǔ)의 경우도 중국어에서는 '아주머니'의 뜻으로 쓰이지만, 한국어와 일본어에서는 사용하지 않음. 현대 중국어에서는 族이 특정 '무리', '패거리'를 나타내는 신조어에 많이 사용되는데, 가령 上班族(shàngbānzú)는 '샐러리맨'을 나타냄.

용례

族譜(족보), 家族(가족), 種族(종족)

성어

동족상잔(同族相殘): 같은 동족끼리 서로 죽임. 가족이나 친척, 나아가 같은 민족끼리 서로 싸우고 죽임을 이르는 말.

足 발족

갑골문	금문	전국문자	소전	예서	해서

한

足

음 족

뜻 발 / 넉넉하다,
족하다

중

足

음 zú

뜻 다리, 발 /
~에 충분하다 /
제자

일

足

음 そく soku

뜻 다리, 발 /
걷다, 걸음 /
족하다 / 제자

자원
상형

갑골문은 윗부분의 口[입 구]와 아래의 止[그칠 지]로 이루어졌는데, 사실은 다리와
발의 모습을 그린 것임. 口는 다리의 모습이고 止는 발의 모습으로서 사람의 '발'을
나타냄. 후에 사람뿐만 아니라 기물의 아랫부분도 足(족)이라 부르게 되었고,
충족(充足)에서처럼 '가득하다'의 의미도 더해졌음. 한편 갑골문에서 같은 자형이
서로 다른 뜻을 담고 있는 경우도 있는데, 足의 자형과 正[바를 정]의 자형도 비슷함.
다만 正은 '정벌하다'의 뜻을 나타냈는데, 이 경우에 口[에워쌀 위]는 정벌의 대상이
되는 도읍을 나타내고, 止는 정벌하려 '이동하다'라는 뜻을 나타냄.

용법

한중일 모두 '발'과 '넉넉하다'의 의미로 사용함. 한중일 모두 '남의 제자를 높여
부르는 말'로 高足(고족, gāozú, こうそく)를 사용하고, '귀하'라는 경어로 足下(족하,
zúxià, そっか)를 사용함. 한국어와 일본어에서는 蹴球(축구, しゅうきゅう)라고
하지만, 중국어에서는 足球(족구)라고 함. 한국어에서 足球(족구)는 두 팀이 발로
공을 차 네트를 넘겨 승부를 겨루는 구기 종목을 가리키는데, 중국과 일본에는 없는
종목임. 일본어에서 足首(あしくび)는 '발목'을 가리키는 말인데 '손목'을 가리키는
手首(てくび)와 함께 일본어에서만 사용됨. '교통비'를 나타내는 足代(あしだい)와
'행패'를 나타내는 足蹴(あしげ)도 일본어에서만 사용하는 단어임.

용례

足鎖(족쇄), 足跡(족적), 滿足(만족)

성어

사족(蛇足): 뱀의 다리. 원래 없던 것을 엉뚱하게 만들어내거나 갖다 붙임.

류

尊 높을 존

갑골문	금문	전국문자	소전	예서	해서

한
尊
음 존
뜻 높다, 높이다 /
존경하다 /
높은 사람

중
尊
음 zūn
뜻 높다 / 존경하다 /
당신

일
尊
음 そん son
뜻 귀중하다 /
존경하다 /
존경해야 할 사람

자원
회의
갑골문과 금문은 두 손으로 술 단지[酉]를 들고 있는 모습인데, 소전 이후로 술
단지를 나타내는 酋[두목 추]와 받드는 손을 나타내는 寸[마디 촌]으로 바뀌었음.
양손으로 윗사람에게 술을 바치는 모양으로 '존경하다'라는 뜻과 '술 단지'라는
뜻을 나타냈음. 또 술을 윗사람에게 바친다는 점에서 '존귀하다'의 의미도 더해졌음.
『설문』에서는 "술그릇"으로 풀이하였음. 단옥재(段玉裁)에 의하면, 尊이 '존경'의
뜻으로 쓰이자 '술 단지'를 나타내는 전용자로 木[나무 목]을 더한 樽[술통 준],
缶[장군 부]를 더한 罇[술두루미 준]을 새로 만들어 사용했다고 함.

용법
한중일 모두 '높다', '존경하다'의 의미로 사용함. 한중일 모두 尊을 상대방을 높여
부르는 이인칭으로도 사용하는데, 가령 尊大人(존대인, zūndàren, そんたいじん)은
남의 아버지를 높여 이르는 말임. 또한 한중일 모두 令尊(영존, lìngzūn, れいそん)과
尊堂(존당, zūntáng, そんどう)를 각각 남의 아버지와 어머니를 높여 부르는 말로
사용함. '귀하의 분부'를 나타내는 尊命(존명, zūnmìng, そんめい)는 삼국에서
공통적으로 사용하고, '귀하의 연세'를 나타내는 尊壽(zūnshòu)는 중국어에서만,
'귀하의 이름'을 나타내는 尊銜(존함)은 한국어에서만 사용함. 이 밖에 尊大(zūndà)는
일본어와 중국어에서만 '거만하다', '건방지다'의 뜻으로 사용됨.

용례
尊敬(존경), 尊貴(존귀), 至尊(지존)

성어
유아독존(唯我獨尊): 이 세상에 나보다 존귀한 사람은 없다는 뜻.

ㅈ

류

615

存 있을 존

갑골문	금문	전국문자	소전	예서	해서
		才	枔	存	存

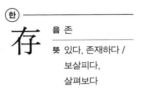

한

存

음 존

뜻 있다, 존재하다 /
보살피다,
살펴보다

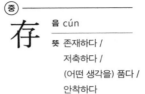

중

存

음 cún

뜻 존재하다 /
저축하다 /
(어떤 생각을) 품다 /
안착하다

일

存

음 そん son, ぞん zon

뜻 존재하다 /
갖고 있다 /
마음에 지니다 /
안부를 묻다

자원
형성

의미 부분인 子[아들 자]와 소리 부분인 才[재주 재]로 이루어짐. 『설문』에서는
"안부를 묻다"라고 풀이하였음. 어린아이[子]는 가장 보살핌이 필요한 대상이므로
이러한 의미를 가지게 되었다고 본 것임. 한편 단옥재(段玉裁)는 存을 子와
在[있을 재]의 생략형이 결합된 글자로 보고 "在는 存과 같다"라고 하였음. 실제로
갑골문이나 금문 등과 같은 고문자에서는 才를 在의 의미로 사용하기도 했음. 이러한
과정을 통해 '있다', '존재하다', '보살피다', '안부를 묻다' 등의 의미가 더해졌음.

용법

한중일 모두 '있다', '갖고 있다'의 의미로 사용함. 한국어에서는 '다른 것에 의지하여
존재하는 것'을 依存(의존)이라고 하지만, 중국어에서는 依賴(yīlài) 또는 依靠(yīkào)
라고 함. 반면 한국어에서 依賴(의뢰)는 '굳게 믿고 의지하는 신뢰 또는 남에게
부탁하다'의 의미로 사용됨. 또한 한국어에서는 '이미 존재하는 것'을 旣存(기존)이라고
하지만, 중국어에서는 已存(yǐcún) 또는 現存(xiàncún)이라고 함. 한편 한국어와
일본어에서는 '돈을 모으는 것'을 貯金(저금, ちょきん), '절약하여 모아두는 것'을
貯蓄(저축, ちょちく)라고 하지만, 중국어에서는 '은행 등의 기관에 돈을 예금하는
것'을 存款(cúnkuǎn)이라고 함.

용례

存在(존재), 保存(보존), 現存(현존)

성어

명존실무(名存實無): 이름만 있고 실제는 없음. 겉으로는 번지르르해 보이나 실제
내용은 없는 경우에 쓰는 표현.

오

군사 졸

| 갑골문 | 금문 | 전국문자 | 소전 | 예서 | 해서 |

한 ────

卒 **음** 졸

뜻 마치다 / 죽다 /
군사 / 갑자기

중 ────

卒 **음** zú, cù

뜻 [zú] 병졸 / 하인 /
졸[장기말의 하나]
[cù] 갑자기

일 ────

卒 **음** そつ sotu

뜻 병사 / 갑자기 /
끝나다 / 죽다

자원
지사

고문자를 보면 옷을 그린 衣[옷 의]에 표식으로 가로획 [一]을 더한 모양의 글자임.
『설문』에 의하면 "고대에 급사 일을 하는 노예들의 옷"을 가리킴. 궂은일을 하던
노예들을 일반인들과 구분하기 위하여 그들의 옷에 표식을 하였던 것임. 후에
'노예'를 뜻하게 되었고, 또 이들이 전쟁에서 병사로 나가기 때문에 '병졸'이라는 뜻도
가지게 되었음. 또 전쟁에서 가장 많이 사망하는 것이 병졸이어서 '죽다', '마치다'의
의미로도 확장되었음. 다른 일설에서는 옷을 만드는 사람이 다 만들었다는 표시로
一을 옷 위에 나타낸 모양을 그린 글자로서 본래 의미는 '마치다'라고 함.

용법

한중일 모두 '군사', '졸업하다'의 의미로 사용함. 한국어와 일본어에서는 '학업
과정을 마치다'를 卒業(졸업, そつぎょう)라고 하는데, 중국어에서는 畢業(bìyè)라고
함. 중국어에서는 卒이 '갑자기'의 뜻으로도 쓰여 '갑자기 사망하다'에 卒死(cùsǐ)를
사용하기도 함.

용례

卒年(졸년), 兵卒(병졸), 倉卒(창졸)

성어

오합지졸(烏合之卒): 까마귀가 모인 것 같은 군대라는 뜻으로, 질서와 규율이 없는
군대나 집단을 가리키는 말.

天

류

마루 종

갑골문	금문	전국문자	소전	예서	해서

한

宗

음 종

뜻 마루, 근본 / 사당 /
일족 / 갈래, 유파

중

宗

음 zōng

뜻 조상 / 가족 / 종파
근본

일

宗

음 しゅう syu-u,
そう sou

뜻 근본, 본가 /
우두머리 /
근본으로서 받들다 /
교리, 종교

자원
회의

두 개의 의미 부분인 宀[집 면]과 示[보일 시]로 이루어짐. 조상의 신주를 모신
장소를 의미하는데, 후에 '조상', '혈연', '근본' 등의 의미로 확대 사용함. 示는 신주를
본뜬 글자이며, 갑골문에는 다양한 형태가 보이고 있음. 示를 의미 부분으로 사용하는
글자는 대부분 '신', '영험', '계시' 등의 의미와 관련 있음.

용법

한중일 모두 '조상', '갈래'의 의미로 사용함. 한국어와 일본어에서 '바른 계통'을 正統
(정통, せいとう)라고 하는데, 중국어에서는 正宗(zhèngzōng)이라고 함. 또한 正宗
(정종, まさむね)는 일본식 淸酒(청주)를 가리키며 상품명이기도 함.

용례

宗敎(종교), 宗廟(종묘), 宗派(종파)

성어

종묘사직(宗廟社稷): 왕실과 국가. 왕실의 제례를 지내는 종묘와 국가의 얼굴인
사직을 통틀어 부르는 말.

619

마칠 종

갑골문	금문	전국문자	소전	예서	해서
			縈	終	終

한 終
음 종
뜻 마치다 /
끝, 마지막 / 죽다 /
마침내

중 終
음 zhōng
뜻 결말 / 끝나다 /
결국 / 죽다

일 終
음 しゅう syu-u
뜻 완성되다 /
끝까지 / 마침내

자원 의미 부분인 糸[가는 실 멱]과 소리 부분인 冬[겨울 동]으로 이루어짐. 冬의 갑골문
형성 [∧]은 실 끝에 매듭이 묶여 있는 모습을 본뜬 글자로서, 이로부터 '뒤엉키다', '매듭
짓다' 등의 뜻이 생겨났음. 『설문』에서는 "줄을 감는 것"이라고 풀이하였음. 이상의
내용을 통해 '마치다', '결말', '마침내' 등의 의미로 확장됨.

용법 한중일 모두 '마치다', '결말'의 의미로 사용함. 삼국 모두 '어떤 행동이나 일이 끝남'을
終了(종료, zhōngliǎo, しゅうりょう)라고 하는데, 중국어에서는 結束(jiéshù)라고도
하며, 일본어에서는 結了(けつりょう)라고도 함.

용례 終結(종결), 始終(시종), 最終(최종)

성어 유종지미(有終之美): 끝을 제대로 맺을 때의 아름다움. 일의 끝맺음이 중요함을
강조하는 말.

ㅈ

오

鐘

종 종

갑골문	금문	전국문자	소전	예서	해서
	鍾	鐘	鐘	鐘	鐘

한

鐘 **음** 종

뜻 쇠북 / 종 / 시계 /
모으다

중

钟 **음** zhōng

뜻 종 / 시각, 시간 /
기울이다 /
종[고대 타악기]

일

鐘 **음** しょう syou

뜻 종 / 종소리

자원
형성
의미 부분인 金[쇠 금]과 소리 부분 童[아이 동]으로 이루어짐. 청동으로 만들어진
고대의 타악기를 나타낸 글자임. 『설문』에서는 '악기 종'이라고 풀이하였음. 鐘의
간화자인 钟은 鍾[술병 종]의 간화자이기도 함. 鍾은 의미 부분인 金과 소리 부분인
重[무거울 중]으로 이루어진 글자로서 『설문』에서는 본뜻이 '술그릇'이라고
하였음. 단옥재(段玉裁)의 풀이에 의하면, 鍾은 술을 저장하는 용기인데 배 부분이
크고 목 부분이 좁다고 함. 鍾[술병 종]에는 '모이다'라는 뜻이 있어 鍾愛(종애,
사랑을 한 데로 모으다)라는 말이 있으며, 중국어에서는 '첫눈에 반하다'라는 뜻의
一見鍾情(yíjiànzhōngqíng)이라는 말을 자주 사용함.

용법
한중일 모두 '종'의 의미로 사용함. 미리 정하여 놓은 시각이 되면 저절로 종소리가
나도록 장치가 된 시계를 한국어와 일본어에서는 自鳴鐘(자명종, じめいしょう)라고
하는데, 중국어에서는 鬧鐘(nàozhōng)이라고 함. '지하수가 석회암 지대를 용해하여
생긴 동굴'을 한중일 모두 鐘乳洞(종유동, zhōngrǔdòng, しょうにゅうどう)라고 함.
鐘乳(종유)는 악기인 鐘(종)의 표면에 돌기한 장식물을 말함.

용례
掛鐘(괘종), 警鐘(경종)

성어
반후지종(飯後之鐘): 식사 뒤에 올리는 종소리. 이미 지나가서 늦은 경우를 일컫는 말.

種 씨종

갑골문	금문	전국문자	소전	예서	해서
		種	種	種	種

한 種
음 종
뜻 씨 / 종류 /
핏줄, 혈통 /
심다, 뿌리다

중 种
음 zhǒng, zhòng
뜻 [zhǒng] 씨 /
종류 / 인종
[zhòng] 심다,
뿌리다

일 種
음 しゅ syu
뜻 씨를 뿌리다, 심다 /
씨, 종자, 근본 /
분류, 동아리

자원
형성
의미 부분인 禾[벼 화]와 소리 부분인 重[무거울 중]으로 이루어짐. 禾는 '벼와 같은 곡식의 씨앗을 심다'의 뜻을 나타냄. 種은 예전에 穜[만생종 동]으로 적기도 했는데, 『설문』에서는 "種의 원래 의미는 '먼저 심어야 나중에 익는다'의 뜻이다(先穜後孰也)"라고 하여, 穜으로 種의 뜻을 풀이하고 그 의미는 '심다'라고 하였음. '씨를 심다'라는 뜻에서 '씨'의 뜻이 파생되었고, '씨'라는 뜻에서 '종류'라는 뜻이 파생되었음. 重은 腫[부스럼 종], 鍾[술병 종], 動[움직일 동]의 소리 부분으로 쓰여 '종', '동' 등의 소리도 나타냄.

용법
한중일 모두 '종류', '씨'의 의미로 사용함. 한국어와 일본어에서는 '여러 가지 종류에 따라 나눈 것'이라는 의미의 種目(종목, しゅもく)와 項目(항목, こうもく)를 때에 따라 구별해 가며 쓰지만, 중국어에서는 項目(xiàngmù) 한 가지만 씀. 한중일 모두 '씨를 뿌리고 식물을 심는 일'을 栽培(재배, zāipéi, さいばい)라고 하는데, 중국어에서는 種植(zhǒngzhí)라는 표현도 함께 사용함. 한국어와 중국어에서 '이야깃거리'를 의미하는 話題(화제, huàtí)를 일본어에서는 話の種(はなしのたね)라고 함.

용례
種類(종류), 種子(종자), 品種(품종)

성어
종두득두(種豆得豆): 콩 심으면 콩이 난다는 뜻. 결과에는 반드시 원인이 있음을 이르는 말.

ㅈ

박

從 좇을 종

갑골문	금문	전국문자	소전	예서	해서
彳彳	從	從	訓	從	從

한 從
음 종
뜻 좇다, 따르다 /
사촌(친족 관계를
나타내는 말)

중 从
음 cóng
뜻 따르다, 좇다 /
종사하다 / ~부터 /
사촌

일 從
음 じゅう zyu-u,
しょう syou,
じゅ zyu
뜻 따르다, 거느리다 /
따라가는 사람 /
부수적인 것 /
종사하다

자원
형성

갑골문은 두 사람이 나란히 서 있고, 옆에 '길'을 나타내는 彳[조금 걸을 척]이 있는
모양으로, '두 사람이 나란히 이동하다'의 의미를 나타냄. 이후 전국문자에서는 '발'을
나타내는 부분이 추가되어 오늘날의 從과 같은 형태가 되었음. 『설문』에서도 "從은
'따라서 간다'는 것이다. 辵[쉬엄쉬엄 갈 착]은 의미 부분이고, 从[좇을 종]은 의미
부분이자 동시에 소리 부분이기도 하다"라고 하였음. 오늘날에는 주로 '따르다',
'좇다'의 의미로 사용함.

용법

한중일 모두 '따르다', '일하다'의 의미로 사용함. 중국어에서는 '~로부터'의 뜻을
나타내는 개사(전치사)로도 사용함. 가령 從九點到十點은 '9시부터 10시까지'라는
의미이며, 從學校到家는 '학교부터 집까지'의 의미를 나타냄. '어떤 업무에 종사하는
사람'을 뜻하는 從業員(종업원, じゅうぎょういん)을 중국어에서는 服務員(fúwùyuán)
이라고 함.

용례

從事(종사), 從業員(종업원), 順從(순종)

성어

유유상종(類類相從): 같은 부류끼리 따름. 기질이나 성향이 비슷한 사람끼리
어울리는 현상을 가리키는 말.

623

左 왼 좌

갑골문	금문	전국문자	소전	예서	해서

한 左 음 좌
뜻 왼쪽 / 증거 /
물리치다 / 돕다

중 左 음 zuǒ
뜻 왼쪽 / 근방, 옆 /
틀리다

일 左 음 さ sa
뜻 왼쪽 / 표, 증거 /
낮은 순위, 내리다 /
도리에 어긋나다 /
돕다

자원
회의

두 개의 의미 부분인 屮[왼손 좌]와 工[장인 공]으로 이루어져, 왼손으로 공구를
든 모습을 그린 글자였음. 이후 왼손임을 더욱 명확하게 하고자 손의 오른쪽에 두
점을 더했으며, 두 점이 다시 工으로 바뀌어 지금의 자형이 되었음. 왼손의 뜻에서
'왼쪽', '곁'의 뜻이 나왔음. 또 오른쪽과 반대된다는 점에서 '반대하다', '옳지 않다',
'편파적이다' 등의 부정적인 뜻도 더해졌음. 左에서 파생한 佐[도울 좌]는 人[사람
인]이 의미 부분이고 左가 소리 부분으로, 임금의 옆에서 보좌하는 사람을 말했고,
이로부터 '돕다', '보좌하다'의 의미가 파생되었음.

용법

한중일 모두 '왼쪽'을 기본 의미로 사용함. 삼국 모두 '낮은 관직이나 지위로 떨어지거나
외직으로 전근되다'를 左遷(좌천, zuǒqiān, させん)이라고 하는데, 여기에서 左는
'지위를 깎아내리다'의 의미를 나타냄. 또 한중일 모두 '지위가 높은 사람을 돕다'를
輔佐(보좌, fǔzuǒ, ほさ)라고 하는데, 여기에서 左는 '돕다'의 의미를 나타냄. 한국어와
일본어에서는 '증거'를 證左(증좌, しょうさ)라고도 함.

용례 左右(좌우), 左遷(좌천), 輔佐(보좌)

성어 좌지우지(左之右之): 왼쪽으로 가게 하고 오른쪽으로 가게 함. 어떤 일이나 상황을
자기 마음대로 하는 행위.

ㅈ

하

657

罪

허물 죄

갑골문	금문	전국문자	소전	예서	해서
	𡴁	𦋝	𦋐	罪	罪

한 罪 음 죄
뜻 죄 / 잘못, 과실

중 罪 음 zuì
뜻 범죄 / 잘못 / 형벌

일 罪 음 ざい zai
뜻 범죄 / 양심에 어긋남

자원
회의

의미 부분인 网[그물 망]과 소리 부분인 非[아닐 비]로 이루어짐. 非는 죄가 그릇된 일이라는 점에서 罪의 뜻도 나타냄. 罪는 辠[허물 죄]와 같은 글자임. 『설문』에서 罪를 "물고기를 잡는 그물"로 풀이한 뒤로 사람들이 그 본뜻을 '그물'로, 가차된 뜻을 '죄'로 설명했는데, 이는 잘못된 해석임. 罪의 본뜻은 죄를 범해 그물로 포박당한 '죄인'으로 보아야 함. 罪는 辠와 같이 '죄'의 뜻을 나타내는 글자로 쓰였는데, 진시황이 辠가 皇[임금 황]과 비슷한 모양인 것을 싫어하여 辠는 쓰이지 않게 되고, 罪만 쓰이게 되었음. 非는 悲[슬플 비], 扉[문짝 비], 排[밀칠 배], 輩[무리 배] 등의 발음 글자로 쓰여 '비', '배' 음도 나타냄.

용법
한중일 모두 '죄', '과실'의 의미로 사용함. 한국어와 일본어에서는 '죄를 처단함'을 斷罪(단죄, だんざい)라고 하는데, 중국어에서는 判罪(pànzuì)라고 함. 한국어와 일본어에서는 '범죄를 저지른 사람'을 犯人(범인, はんにん)이라고 하는데, 중국어에서는 罪犯(zuìfàn)이라고 함.

용례
罪名(죄명), 免罪(면죄), 犯罪(범죄)

성어
석고대죄(席藁待罪): 자리를 깔고 죄를 기다림. 자신의 잘못을 알아 미리 죗값을 치르기 위해 기다린다는 뜻.

천

박

낮 주

| 갑골문 | 금문 | 전국문자 | 소전 | 예서 | 해서 |

한 晝 음 주
뜻 낮, 정오

중 昼 음 zhòu
뜻 낮

일 昼 음 ちゅう tyu-u
뜻 낮, 정오

자원
회의
금문에서 聿[붓 율]과 日[날 일]로 이루어져 붓으로 글을 쓸 수 있는 햇빛이 있는 시간대인 '낮'을 의미함. 이후 자형이 변해 지금처럼 되었음. 초서체를 참고해 '정오 시간대'를 뜻하였다가, 다시 '낮'의 뜻으로 사용했음. 晝와 유사한 구조로 된 畵[그림 화]는 갑골문에서 붓으로 그림이나 도형을 그리는 모습을 그렸으며, 이로부터 '그림'이나 '그림을 그리다'라는 뜻을 나타냄. 금문에서는 도형 대신 농사지를 땅의 경계를 그리는 모습을 나타내는 周[두루 주]가 더해졌고, 이후 周가 田[밭 전]으로 변해 지금의 자형이 되었음.

용법
한중일 모두 '낮'의 의미로 사용함. 일본어에서는 '정오'와 '점심식사'를 뜻하기도 하여, 가령 '점심식사'를 晝食(ちゅうしょく)나 晝飯(ひるめし)라고 함. 한국어에서는 '점심식사'를 午餐(오찬)이라 하고, 중국어에서는 午飯(wǔfàn) 또는 午餐(wǔcān) 이라고 함. 또 '낮잠'을 한국어에서는 午寢(오침)이라 하고, 중국어에서는 午睡 (wǔshuì), 일본어에서는 晝寢(ひるね)라 함. 또 '낮 열두 시'인 正午(정오)를 중국어에서는 中午(zhōngwǔ), 일본어에서는 晝時(ひるどき)라고도 함.

용례
晝間(주간), 晝耕夜讀(주경야독), 晝夜(주야), 白晝(백주)

성어
주경야독(晝耕夜讀): 낮에는 밭을 갈고 밤에는 공부함. 어려운 환경에서도 끊임없이 공부에 열중함을 이르는 말.

ㅈ

하

走 달릴 주

갑골문	금문	전국문자	소전	예서	해서

한
走 음 주
뜻 달리다 / 달아나다 / 걷다

중
走 음 zǒu
뜻 걷다 / 떠나다 / 달리다 / 사람이 죽다 / 새다, 누설하다

일
走 음 そう sou
뜻 달리다 / 도망가다 / 달리게 하다 / 심부름꾼

자원
상형
두 팔을 앞뒤로 휘두르며 달리는 모습을 묘사한 글자임. 원래 의미는 '달리다'이며, 후에 '빠르다', '달아나다', '떠나가다' 등의 의미로 확대 사용함. 사람이 두 다리를 이용해 걷거나 뛰는 모습을 묘사한 글자는 이외에도 步[걸음 보]와 奔[달릴 분]이 있음. 步는 '두 발로 걷는 모습'을 본뜬 글자이고, 奔은 走 아랫부분에 발을 세 개 추가하여 走보다는 '빠른 속도로 달리다'를 의미함. 소전에서는 글자의 윗부분이 夭[어릴 요]로 잘못 변형되어 그려지기도 했음.

용법
한중일 모두 '달리다'의 의미로 사용함. 한국어와 일본어에서는 '자동차나 열차 따위가 달리다'를 走行(주행, そうこう)라고 하는데, 중국어에서는 行駛(xíngshǐ)라고 함. 중국어에서는 走를 '걷다'라는 뜻으로 많이 사용하고 있으며, '달리다'의 뜻은 跑(pǎo)를 사용함.

용례
走狗(주구), 逃走(도주), 疾走(질주)

성어
주마간산(走馬看山): 말을 달리며 산을 바라봄. 자세히 살피지 못하고 대충 본다는 뜻.

注 물댈 주

갑골문	금문	전국문자	소전	예서	해서

한 注 음 주
뜻 붓다, 물대다 /
마음 쓰다 /
풀이하다

중 注 음 zhù
뜻 주입하다, 붓다 /
한곳에 집중하다 /
(도박에) 거는 돈 /
풀이하다

일 注 음 ちゅう tyu-u
뜻 흘러들다, 쏟다 /
집중하다 /
기록하다 /
풀이하다

자원
형성

의미 부분인 水[물 수]와 소리 부분인 主[주인 주]로 이루어짐. '물을 따르다', '물을 대다'가 본래 의미이고, 이후 물을 한곳으로 대야 한다는 점에서 '모으다', '집중하다' 등의 의미로 확장됨.

용법

한중일 모두 '주입하다', '집중하다'의 의미로 사용함. 한국어와 일본어에서는 '기름을 넣는 것'을 注油(주유, ちゅうゆ)라 하고, 기름 넣는 곳은 각각 注油所(주유소)와 給油所(きゅうゆしょ)라 하는데, 중국어에서는 각각 加油(jiāyóu)와 加油站(jiāyóuzhàn) 이라 함. 기름을 넣으면 기운이 생긴다는 점에서 중국어에서는 加油(jiāyóuu)가 '기운을 내다', '파이팅'의 의미로 많이 쓰임. 한국어와 일본어에서 '암기 위주의 교육 방식'은 注入式(주입식, ちゅうにゅうしき)라 하는 한편 중국어에서는 填鴨式(tiányāshì)라고 함.

용례

注目(주목), 注文(주문), 注力(주력)

성어

고의주의(故意注意): 일부러 조심한다는 뜻으로, 조짐을 미리 알고 주의를 기울임을 이르는 말.

ㅈ

661

朱

붉을 주

갑골문	금문	전국문자	소전	예서	해서

한		중		일	
朱	음 주 뜻 붉다, 붉게 하다	朱	음 zhū 뜻 붉다 / 주사(朱砂)	朱	음 しゅ syu 뜻 주홍색

자원
지사

갑골문과 금문을 보면 '나무'의 중간 부분에 점을 찍거나 짧은 가로획을 그었는데, 이는 상형문자에 기호나 부호를 더하여 나무의 가운데 부분을 나타낸 것으로 보임. 아마도 살아 있는 나무의 중간 부분을 베어내면 붉은색을 띠므로 '붉다'라는 의미를 나타내게 된 것으로 보임. 『설문』에서도 "속이 붉은 나무"로 뜻을 풀이하였음. 오늘날에도 주로 '붉은색'을 뜻하는 글자로 사용함.

용법

한중일 모두 '붉다', '붉게 하다'의 의미로 사용함. 일본어에서는 朱筆(しゅひつ)는 '붉은 먹물을 묻힌 붓'으로서 '교정, 인쇄에서 시문을 고치는 붉은 글씨'라는 뜻을 나타냄. 가령 朱筆を入れる(주필을 넣다)는 '교정을 가하다'의 의미를 나타내는 표현임. 중국어에서는 朱門(zhūmén)이 '지위가 높은 벼슬아치의 집', '호족'의 뜻을 나타내기도 함. 한국어와 일본어에서는 '이십팔수 가운데 남서쪽을 지키는 일곱 별'을 朱雀(주작, すざく)라고 하는데, 중국어에서는 朱鳥(zhūniǎo)라고 함.

용례

朱木(주목), 朱雀(주작), 朱黃(주황)

성어

근주자적(近朱者赤): 붉은색을 가까이하면 붉게 변한다는 뜻으로, 사람은 자신이 놓인 환경과 비슷한 상태로 변함을 비유하는 말.

윤

住

살 주

갑골문	금문	전국문자	소전	예서	해서
				住	住

한 住 음 주
뜻 살다, 거주하다

중 住 음 zhù
뜻 거주하다 /
숙박하다 /
정지하다 /

일 住 음 じゅう zyu-u
뜻 한곳에 머무르다 /
살다, 거주하다

자원
형성

의미 부분인 人[사람 인]과 소리 부분인 主[주인 주]로 이루어짐. '멈추다', '살다'의 뜻을 나타내는데, 『설문』에는 보이지 않음. 소리 부분인 主의 소전[主]은 燈[등잔 등]과 심지의 모양을 본떠 만든 글자이며, 본뜻은 '심지(등잔, 남포등, 초 따위에 불을 붙이기 위하여 꼬아서 꽂은 실오라기나 헝겊)'임. 主가 '주인'이라는 뜻으로 사용되자, '심지'의 의미를 나타내기 위해 主에 火[불 화]를 더한 炷[심지 주]를 만들어 사용했음.

용법

한중일 모두 '머물다', '살다'의 의미로 사용함. 여러 사람의 주소를 적어 모아 둔 장부를 한국어와 일본어에서는 住所錄(주소록, じゅうしょろく)라고 하지만, 중국어에서는 通信錄(tōngxìnlù)나 通訊錄(tōngxùnlù)라고 함. 중국어에서는 '머무르다'라는 뜻의 동사로도 사용하여 住了一夜(zhùleyíyè, 하룻밤 머무르다)와 같이 씀. '새집에 들어가 살다'를 한국어와 중국어에서는 入住(입주, rùzhù)라고 하지만 일본어에서는 入居(にゅうきょ)라고 함.

용례

住居(주거), 住持(주지), 住宅(주택), 居住(거주), 安住(안주)

성어

거주양난(去住兩難): 가야 할지 머물러야 할지 결정하기 어렵다는 뜻. 이러지도 저러지도 못하는 입장을 이르는 말.

酒 술 주

갑골문	금문	전국문자	소전	예서	해서
酒	酉		酒	酒	酒

한 ——————
酒 음 주
뜻 술

중 ——————
酒 음 jiǔ
뜻 술

일 ——————
酒 음 しゅ zyu
뜻 술

자원
형성

의미 부분인 水[물 수]와 소리 부분인 酉[닭 유]로 이루어짐. 이때 氵는 '물과 같은 액체로 되어 있는 술'의 뜻을 나타냄. 酉는 '술 단지'를 본떠 '술'의 뜻을 나타낸 글자인데, 가차되어 간지를 나타내는 글자로 널리 사용되자 酒를 만들어 본뜻을 나타냈음. 금문에서 氵가 다시 생략된 酉로 쓰였음. 『설문』에서는 "酒는 就[나아갈 취]와 관련이 있음. 술로 인해 인성의 선악으로 나아가게 된다"라고 풀이하였는데, 사람들이 술로 인해 선한 사람과 악한 사람으로 나누어지게 됨을 지적한 것임. 酉는 猶[오히려 유], 醜[추할 추] 등의 소리 부분으로 쓰여 '유', '추' 등의 소리도 나타냄. 酒는 액체로 되어 있다는 점에서 水, 油[기름 유], 乳[젖 유], 雨[비 우] 등의 글자들과 뜻이 통함.

용법

한중일 모두 '술'의 의미로 사용함. 한국어와 일본어에서는 麥酒(맥주, ビール)라고 한지만, 중국어에서는 啤酒(píjiǔ)라고 함. 중국어에서 酒吧(jiǔbā)는 서양식 술집인 '바(bar)'의 뜻을 나타냄. 일본어에서 酒手(さかて)는 '팁' 또는 '술값'의 의미를 나타냄.

용례

禁酒(금주), 藥酒(약주), 葡萄酒(포도주)

성어

주지육림(酒池肉林): 술로 연못을 채우고 고기로 수풀을 이룸. 대단히 사치스러운 생활을 빗대는 말.

박

主

주인 주

| 갑골문 | 금문 | 전국문자 | 소전 | 예서 | 해서 |

한 主 음 주
뜻 임금 / 주인 /
주되다 / 위패

중 主 음 zhǔ
뜻 주인 / 주관하다 /
주장하다

일 主 음 しゅ syu, す su
뜻 우두머리 / 군주 /
천주 / 주인 /
주장하다

자원
상형
갑골문을 보면 등 받침대와 심지의 모양을 본떠 만든 것임을 알 수 있음.『설문』에서는 본뜻이 '등잔 속의 심지'라고 했음. 소전에서 심지[ㅣ]를 제외한 나머지는 燈[등잔 등]의 모양임. '심지'는 등잔, 남포등, 초 따위에 불을 붙이기 위하여 꼬아서 꽂은 실오라기나 헝겊을 말함. 뒤에 主가 '주인'이라는 뜻으로 사용되자, '심지' 의 의미를 나타내기 위해 主에 火[불 화]를 더한 炷[심지 주]를 만들어 사용했음.

용법
한중일 모두 '중심이 되다'의 의미로 사용함. 한국어와 일본어에서는 '행사나 모임을 주장하고 기획하여 열다'를 主催(주최, しゅさい)라고 하는데, 중국어에서는 主辦(zhǔbàn)이라고 함. 한중일 모두 '대상이나 물건 따위를 소유한 사람'을 主人(주인, zhǔrén, しゅじん)이라고 하는데, 한국어와 일본어에서는 '남편'이라는 뜻도 나타냄. 한국어와 일본어에서는 主唱(주창, しゅしょう)가 '주의나 사상을 앞장 서서 주장함'을 뜻하지만, 중국어에서 主唱(zhǔchàng)은 '리드싱어(lead singer)', '메인(main) 가수'의 의미를 나타냄.

용례
主要(주요), 主義(주의), 主張(주장)

성어
주객전도(主客顚倒): 주인과 손님의 자리가 뒤바뀜. 앞뒤 순서가 뒤바뀌는 상황을 가리키는 말.

ㅈ

강

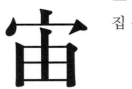

宙　집 주

갑골문	금문	전국문자	소전	예서	해서
			甶	宙	宙

한　宙　음 주
뜻 집 / 하늘 /
　　무한의 시간

중　宙　음 zhòu
뜻 무한의 시간

일　宙　음 ちゅう tyu-u
뜻 하늘 / 암기

자원
형성

의미 부분인 宀[집 면]과 소리 부분인 由[말미암을 유]로 이루어짐. 소전에 처음
나오며,『설문』에서는 "배와 수레가 가는 곳"으로 풀이함. 즉 드넓은 공간을 의미함.
후에 무한한 시간적 범위로 확대 사용되면서 宇宙(우주)라는 어휘가 만들어졌고,
현재는 다시 '공간'의 의미로 사용하고 있음.

용법

한중일 모두 宇[집 우]와 결합하여 '무한한 시간과 만물을 포함하고 있는 끝없는 공간의
총체'를 지칭하는 말로 사용함. 한국어와 일본어에서는 '우주 공간을 비행하기 위한
비행 물체'를 宇宙船(우주선, うちゅうせん)이라고 하지만, 중국어에서는 宇宙飛船
(yǔzhòufēichuán)이라고 함.

용례　宇宙(우주)

성어　기탄우주(氣呑宇宙): 기세가 하늘과 땅을 삼킴. 아주 크고 웅대한 기세를 이르는 말.

竹 대죽

갑골문	금문	전국문자	소전	예서	해서

한 竹
음 죽
뜻 대, 대나무 / 피리

중 竹
음 zhú
뜻 대나무 / 대나무로 만든 관악기

일 竹
음 ちく tiku
뜻 대 / 관악기, 피리 / 문자를 쓰기 위한 대쪽

자원
상형
두 개의 대나무 줄기와 옆으로 난 잔가지를 본뜬 글자임. 대나무의 잎은 겨울에도 지지 않고 사시사철 푸르기 때문에 동생초(冬生草)라고 불렸는데, 이에 대나무는 예로부터 사군자(四君子)의 하나로 칭송되었음. 또 대나무가 악기의 재료로 많이 사용되었기에 팔음(八音)의 하나가 되었고, 죽간(竹簡)으로 가공되어 종이 발명 이전의 중요한 필기 자료로 쓰였음. 이런 이유로 竹으로 이루어진 글자들은 대나무 혹은 대나무로 만든 제품과 관련된 다양한 뜻을 나타냄.

용법
한중일 모두 '대나무'와 '대나무로 만든 제품'의 의미로 사용함. 한중일 모두 竹帛(죽백, zhúbó, ちくはく)는 본래 '대나무와 비단'을 나타냈지만, 오늘날에는 '서적'이나 '역사책'의 뜻으로 사용함. 竹刀(죽도, zhúdāo, しない)는 삼국 모두 '대나무 칼'의 뜻으로 사용되는데, 竹光(たけみつ)는 일본어에서만 '죽도'라는 일반적인 뜻 이외에 '잘 들지 않는 무딘 칼'을 비웃을 때 사용하기도 함. 竹筏(죽벌, zhúfá)는 한국어와 중국어에서만 '대나무 뗏목'을 가리키는 말로 사용함.

용례
竹竿(죽간), 竹林(죽림), 松竹(송죽)

성어
파죽지세(破竹之勢): 대나무를 쪼개서 죽 내리 찢을 때의 기세. 거침없이 상대 진영을 공격해 들어가는 모양을 일컫는 표현.

中 가운데 중

갑골문	금문	전국문자	소전	예서	해서

한

음 중

뜻 가운데 / 안, 속 /
사이 / 맞다, 뚫다

중

음 zhōng, zhòng

뜻 [zhōng] 가운데 /
안, 내부
[zhòng] 맞히다,
합격하다 / 받다,
당하다

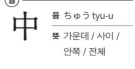

일

음 ちゅう tyu-u

뜻 가운데 / 사이 /
안쪽 / 전체

자원
상형

갑골문을 보면 둥그런 원 안에 깃대나 깃발이 꽂혀 있는 모양을 본뜬 것임을 알 수 있음. 둥그런 원은 성(城)이나 마을을 나타내며 그 중심에 깃발을 꽂았으므로 '가운데'라는 뜻을 나타냄. 후에 '가운데에 들어맞다'에서 '맞히다'라는 뜻으로 확장됨. 『설문』에서는 의미 부분인 囗[에워쌀 위]와 丨[뚫을 곤]으로 이루어져 있으며, 본래 의미는 "안으로 들어가다"라고 풀이하였음.

용법

한중일 모두 '가운데'의 의미로 사용함. 한중일 모두 中心(중심, zhōngxīn, ちゅうしん)은 '사물의 한가운데'를 뜻하는데, 중국어에서는 '센터(center)'라는 뜻으로도 사용됨. 중국어에서는 '서비스센터'를 服務中心(fúwùzhōngxīn)이라고 함. 한국어와 일본어에서는 '중학교 졸업'을 줄여서 中卒(중졸, ちゅうそつ)라고 하지만, 중국어에서는 初中畢業(chūzhōngbìyè)라고 함. '화살이나 탄환 따위가 겨냥한 곳에 바로 맞음'을 한국어와 일본어에서는 命中(명중, めいちゅう)라고 하지만, 중국어에서는 擊中(jīzhòng), 射中(shèzhòng)이라고 함.

용례

中央(중앙), 集中(집중)

성어

부중지어(釜中之魚): 가마솥 안에 들어 있는 물고기. 죽음의 위기에 놓인 사람 또는 그런 상황.

무거울 중

갑골문	금문	전국문자	소전	예서	해서

한

重

음 중

뜻 무겁다 / 크다 /
소중히 하다 /
심하다 / 겹치다

중

重

음 zhòng, chóng

뜻 [zhòng] 무겁다 /
심하다
[chóng] 거듭하다 /
다시, 거듭

일

重

음 じゅう zyu-u,
ちょう tyou

뜻 무겁다 / 크다 /
소중히 하다 /
심하다 / 겹치다

자원
형성

소리 부분인 東[동녘 동→중]과 사람[人]이 무거운 짐을 짊어지고 있다는 의미
부분으로 이루어진 글자였는데, 임신한 사람을 본뜬 壬[아홉째 천간 임]을 의미
부분으로 하고 東을 소리 부분으로 하는 글자로 바뀐 것임.『설문』에서는 원래 의미를
"두텁다"로 풀이하였는데, '두텁다'는 '무겁다'라는 뜻에서 파생된 것임. 또한 重은
부풀어 오르는 종기를 의미하는 腫[부스럼 종], 계속 더해져 거듭함을 나타내는
緟[더할 종], 무거워 위엄이 있음을 나타내는 尊[높을 존], 두껍게 겹친 옷을
나타내는 複[겹옷 복], 불룩 튀어나온 배를 나타내는 腹[배 복] 등의 글자들과 뜻이
통함. 重은 種[씨 종], 鍾[술병 종], 動[움직일 동] 등의 소리 부분으로도 쓰임.

용법

한중일 모두 '무겁다', '소중하다', '거듭하다'의 의미로 사용함. 한국어와 일본어에서는
'회사의 임원'을 통틀어 重役(중역, じゅうやく)라고 하지만, 중국어에서는
董事(dǒngshì)라고 함. 한국어와 일본어에서는 '빈틈없이 둘레를 에워싼 체계'를
包圍網(포위망, ほういもう)라고 하는데, 중국어에서는 重圍(chóngwéi)가 같은 뜻을
나타냄. 한중일 모두 '몸에 상처를 입는 것'을 負傷(부상, fùshāng, ふしょう)라고
하는데, 일본어에서는 '심각한 부상'을 重手(おもで)라고 쓰기도 함.

용례

重大(중대), 重量(중량), 重視(중시)

성어

은인자중(隱忍自重): 숨기고 참아 스스로 신중히 군다는 뜻. 어떤 상황에서도 의도를
드러내지 않고 참고 또 참으며 몸가짐을 신중하게 함을 이르는 말.

衆 무리 중

갑골문	금문	전국문자	소전	예서	해서

한
衆
음 중
뜻 무리 / 많다

중
众
음 zhòng
뜻 많다 / 많은 사람

일
衆
음 しゅう syu-u,
　 しゅ syu
뜻 수가 많다 /
　 많은 사람 /
　 수도자의 집단

자원
희의

갑골문은 무리의 사람을 나타내는 것으로 태양[日] 아래 여러 명의 사람[人]이 모여 있는 모습을 본뜬 글자임. 사람에 해당하는 자형은 측면의 모습으로 경우에 따라 두 명 내지 세 명 이상을 묘사하고 있으나 의미에는 차이가 없음. 다만 금문 이후 소전에 이르는 일부 자형에서 태양의 모습이 눈[目]으로 변형되었으며, 예서 이후로는 血[피 혈]로 더욱 잘못 변형되어 지금의 형태에 이르렀음. 따라서 현재 통용되는 衆의 본래 글자는 目[눈 목]으로 이루어진 眾[무리 중]이라고 할 수 있음. 이 글자의 본뜻은 '태양이 중천에 떠 있는 시간에 사람들이 모여 일하고 있는 것'으로, 후에 의미가 확장되어 여러 명의 '무리', '다수' 등의 의미를 갖게 됨. 중국어의 간화자는 众으로 세 명의 사람[人]을 위아래로 포개서 적고 있는데, 이는 고문자에서 태양을 제외한 나머지 부분의 구조와 유사한 형상임.

용법

한중일 모두 '무리', '많다'의 의미로 사용함. 중국어에서 衆所周知(zhòngsuǒzhōuzhī)는 '모든 사람이 다 알고 있다'라는 뜻을 나타냄. '여러 사람의 지혜'를 한국어와 일본어에서는 衆智(중지, しゅうち)라고 하는데, 중국어에서는 群策(qúncè)라는 표현을 사용하기도 함.

용례

大衆(대중), 民衆(민중), 聽衆(청중)

성어

중구난방(衆口難防): 여러 사람의 입은 막기가 어려움. 한 번 대중의 입에 오르면 쉽게 번져나가 통제하기가 어렵다는 뜻.

增

더할 증

갑골문	금문	전국문자	소전	예서	해서
		増	増	増	増

한
增
음 증
뜻 더하다, 늘리다

중
增
음 zēng
뜻 늘다, 더하다

일
增
음 ぞう zou
뜻 늘다, 늘리다,
더하다 / 뽐내다

자원
형성

의미 부분인 土[흙 토]와 소리 겸 의미 부분인 曾[일찍 증]으로 이루어짐. 曾은 아래는 구멍 뚫린 시루를, 윗부분은 김이 모락모락 피어오르는 '질그릇'을 본뜬 글자임. 이러한 모양에서 김이 오르고 올라 '겹치다', '더하다'의 의미를 나타냈음. 후에 '일찍' 이라는 뜻으로 가차되자 '질그릇'의 의미를 나타내기 위하여 瓦[기와 와]를 더한 甑 [시루 증]을 만들어 사용했음. 흙이 겹겹이 쌓여 '겹치다', '더하다'의 의미를 나타내기 위하여 土를 더해 增으로 쓰게 됨.

용법

한중일 모두 '더하다'의 의미로 사용함. 일본어에서는 '뽐내다'의 의미로도 쓰여 增長(ぞうちょう)는 '우쭐해서 거만하게 굴다'를 의미함. 한국어와 일본어에서는 '운행 차량의 수를 늘리다'를 增車(증차, ぞうしゃ)라고 하는데, 중국어에서는 增 대신 加[더할 가]를 써서 加車(jiāchē)라고 함. 한국어와 일본어에서는 '갑절로 불어나다'를 倍增(배증, ばいぞう)라고 하는데, 중국어에서는 倍增(bèizēng)과 함께 加倍(jiābèi)라는 표현을 자주 사용함.

용례   增加(증가), 增額(증액), 增便(증편)

성어   일가월증(日加月增): 나날이, 달마다 늘어남. 시간이 갈수록 계속 더해짐을 이르는 말.

증거 증

갑골문	금문	전국문자	소전	예서	해서
			證	證	證

한 ──────────
證
음 증
뜻 증거 / 증명하다

중 ──────────
证
음 zhèng
뜻 증서 / 증거 /
증명하다

일 ──────────
証
음 しょう syou
뜻 증명하다 / 깨닫다 /
증명 서류

자원
형성
의미 부분인 言[말씀 언]과 소리 부분인 登[오를 등]으로 이루어짐. 말로 '증명하다'라는 뜻을 나타내며, 후에 증명에 사용하는 '증거'와 '증거가 기록된 문서'의 뜻도 나타내었음. 일본어와 중국어 간화자에서는 소리 부분인 登을 획수가 적은 正[바를 정]으로 교체하였음.

용법
한중일 모두 '증명하다', '증거'의 의미로 사용함. 한국어와 일본어에서 '어떤 사실을 증명하는 문서'를 證明書(증명서, しょうめいしょ)라고 하는데, 중국어에서는 證明書(zhèngmíngshū) 외에 證書(zhèngshū)와 證件(zhèngjiàn)이라는 표현도 많이 사용. 중국어에서 證件은 身分證(신분증, shēnfènzhèng)이라는 의미로도 사용함.

용례
證據(증거), 證明(증명), 身分證(신분증)

성어
단문고증(單文孤證): 하나의 문서와 증거. 불충분한 근거나 증거 등을 일컫는 말.

枝

가지 지

갑골문	금문	전국문자	소전	예서	해서
		枝	枝	枝	枝

한 枝 음 지
뜻 가지 / 팔다리 / 버티다

중 枝 음 zhī
뜻 (~儿) 가지 / 송이, 자루

일 枝 음 し si
뜻 가지 / 분지

자원
형성
전국문자에 처음 보이며, 나무와 손으로 무언가를 들고 있는 모습이 결합된 글자임. 이후 글자의 손으로 무언가를 잡고 있는 글자의 오른쪽 부분이 나무의 가지를 나타내는 支[가를 지]의 모습으로 변하여, 木[나무 목]과 支가 결합된 글자로 변하였음. 『설문』에서는 "나무에서 별도로 자라는 가지"라고 풀이하였으며, 오늘날에도 주로 '(나무나 초목의) 가지'라는 의미로 사용함.

용법
한중일 모두 '(초목의) 가지', '팔다리'의 의미로 사용함. 한국어와 일본어에서는 '육손이'의 뜻을 나타내기도 함. 중국어에서는 '가지'라는 뜻 외에도 꽃을 헤아리는 단위인 '송이'의 뜻으로도 쓰임. 또한 줄기가 아닌 가지라는 의미에서 확대되어 枝蔓(zhīmàn)처럼 '주제와 관련이 없는 말'이라는 의미로도 쓰임.

용례
枝幹(지간), 枝葉(지엽), 竹枝(죽지)

성어
낙화난상지(落花難上枝): 떨어진 꽃은 다시 가지에 오르기 어렵다는 뜻으로, 한 번 저지른 일은 다시 되돌리기 힘듦을 이르는 말.

ㅈ

윤

持 가질 지

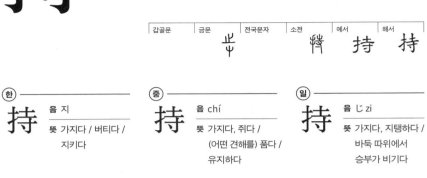

갑골문	금문	전국문자	소전	예서	해서
		半		持	持	持

한 ── 持 음 지
뜻 가지다 / 버티다 / 지키다

중 ── 持 음 chí
뜻 가지다, 쥐다 / (어떤 견해를) 품다 / 유지하다

일 ── 持 음 じ zi
뜻 가지다, 지탱하다 / 바둑 따위에서 승부가 비기다

자원
형성

의미 부분인 手[손 수]와 소리 부분인 寺[절 사]로 이루어짐. '손으로 어떤 일을 하다[寺]'라는 형상에서 '손에 쥐다'라는 뜻이 나왔고, 일반적인 '쥐다'의 의미로 확장되었음. 여기에서 다시 '지속하다', '다스리다', '관리하다' 등의 의미도 더해졌음. 持를 구성하는 寺는 손을 뜻하는 又[또 우]가 의미 부분이고 之[갈 지]가 소리 부분으로서 '처리하다', '어떤 곳으로 가서 일을 처리하다'가 원래 뜻인데, 이후 又가 寸[마디 촌]으로 변하고 之가 士[선비 사]로 잘못 변해 지금의 자형이 됨. 之는 어떤 정해진 곳으로 가는 것을, 又는 손으로 '일하다'의 뜻을 나타냈고 이로써 寺는 그러한 '일을 처리하다'를 의미했음.

용법

한중일 모두 '가지다', '유지하다'의 의미로 사용함. 한국어와 일본어에서는 '오랫동안 낫지 않는 병'을 持病(지병, じびょう)라고 하는데, 중국어에서는 老毛病(lǎomáobìng)이라고 함. 또한 한국어와 일본어에서는 '오랫동안 변하지 않고 늘 가지고 있는 의견'을 持論(지론, じろん)이라고 하는데, 중국어에는 없는 표현임. 또 '지니고 오다'를 뜻하는 持參(지참, じさん)도 한국어와 일본어에만 있는 표현임. 그리고 일본어에서는 특별히 持碁(じご, 비긴 바둑)에서처럼 '승부가 없음'을 뜻하기도 함.

용례

持續(지속), 堅持(견지), 矜持(긍지), 維持(유지)

성어

지구지계(持久之計): 질질 끄는 계책. 일부러 시간을 끌면서 기회를 엿보려는 꾀라는 말.

그칠 지

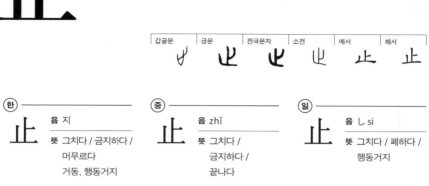

갑골문	금문	전국문자	소전	예서	해서

한

止

음 지

뜻 그치다 / 금지하다 /
머무르다
거동, 행동거지

중

止

음 zhǐ

뜻 그치다 /
금지하다 /
끝나다

일

止

음 し si

뜻 그치다 / 폐하다 /
행동거지

자원
상형

갑골문은 '발'을 간략하게 그린 것이며, 원래는 '이동'이라는 뜻으로 쓰였음. 이를 증명하는 글자의 예를 들면, 止를 상하로 겹쳐 써서 '걷다'라는 의미를 나타낸 步[걸음 보], 阜[언덕 부]를 편방으로 삼고 止를 상하로 겹쳐 써서 '오르다'의 뜻을 나타낸 陟[오를 척], 水[물 수]를 편방으로 삼고 止를 상하로 겹쳐 써서 '건너다'라는 의미를 나타낸 涉[건널 섭] 등이 있음.

용법

한중일 모두 '그치다', '그만두다'의 의미로 사용함. 중국어에서 不止(bùzhǐ)는 부정의 형태인 '멈추지 않다', '(일정한 수량이나 범위를 초과하여) ~에 그치지 않다'의 뜻으로 쓰이는데, 이는 중국어에만 있는 용법임. '외출을 금지하는 일'인 금족(禁足)을 일본어에서는 足止め(あしどめ)라 하고 중국어에서는 禁閉(jìnbì)라고 함. 불교 천태종의 수행법을 止觀(지관, しかん)이라고 하는데, 이때 止는 '산란한 생각을 멈추다'라는 뜻임.

용례

禁止(금지), 停止(정지), 廢止(폐지)

성어

행동거지(行動擧止): 걷고 옮기고 움직이고 멈춤. 사람의 모든 동작, 품행 등을 가리키는 말.

地

땅 지

갑골문	금문	전국문자	소전	예서	해서
		𡐦	墬	地	地

한 ── 地 음 지
뜻 땅 / 장소 / 자리

중 ── 地 음 dì
뜻 육지, 땅 / 장소, 곳

일 ── 地 음 ち ti, じ zi
뜻 땅 / 장소 / 신분

자원
형성
의미 부분인 土[흙 토]와 소리 부분인 也[어조사 야]로 이루어짐. '대지'를 의미하며, 이로부터 '장소', '육지', '처지', '신분' 등의 의미가 파생됨. 고대에는 '대지'를 地 외에 여러 가지 자형으로 썼는데, 대지는 흙과 물로 이루어졌다 하여 坔[땅 지]로, 혹은 산 아래 물이 흐르고 그 아래 흙이 있다 하여 墬[땅 지]로, 흙으로 둘러싸여 있다 하여 墬[땅 지, 막을 방]로, 온갖 짐승들이 흙먼지를 일으키며 뛰어다닌다 하여 墜[땅 지]와 墜[땅 지]로 썼음.

용법
한중일 모두 '땅', '장소'의 의미로 사용함. 한국어와 중국어에서도 '바탕'의 의미로 쓰이기도 하지만, 일본어에서는 특히 地の文(じのあや, 바탕의 무늬), 地色(じいろ, 바탕색)이라 하여 地가 '바탕' 혹은 '특별한 점을 돋보이게 하는 부분'의 의미로 더욱 자주 쓰임. 한중일 모두 地盤(지반, dìpán, じばん)은 '기초', '땅의 표면'을 의미하는데, 중국어에서는 그 외에 '한 사람의 역량 혹은 힘이 미치는 범위'를 나타내기도 함. 일본어에서는 이를 縄張り(なわばり)라고 함. 또한 중국어에서는 단어나 구의 뒤에 오는 술어를 수식하는 경우에 쓰이는데, 가령 慢慢地走(mànmàndìzǒu)는 '천천히 가다'를 의미함.

용례
地球(지구), 地質(지질), 處地(처지)

성어
천재지변(天災地變): 하늘의 재앙, 땅의 변고. 태풍과 홍수, 지진과 가뭄 등 자연에서 벌어지는 모든 재난을 일컫는 말.

志 뜻지

갑골문	금문	전국문자	소전	예서	해서

한 志 음 지
뜻 뜻 / 마음 /
기록하다

중 志 음 zhì
뜻 뜻, 소망, 의지 /
기록하다 /
표기, 기호

일 志 음 し si
뜻 뜻, 목적 /
기록하다, 적다 /
마음, 정성

자원
형성
겸
회의

의미 부분인 心[마음 심]과 소리 겸 의미 부분인 之[갈 지]로 이루어짐. 본래 의미는 '마음이 향하는 곳'임. 예서에 와서 之가 士[선비 사]로 잘못 바뀌면서 현재까지 그대로 사용하고 있음. 후에 '본심', '희망' 등의 의미로 확대 사용됨. 志에서 파생된 글자로 言[말씀 언]을 추가한 誌[기록할 지]가 있는데 '(뜻을) 기록하다'라는 의미로 사용함.

용법

한중일 모두 '뜻', '마음'의 의미로 사용함. 한국어와 일본어에서는 '뜻과 목적이 같은 사람'을 同志(동지, どうし)라고 하는데, 중국어에서는 同志(tóngzhì)를 '동성애자'를 지칭하는 은어로도 사용함. 한국어에서는 '어떤 일을 대가 없이 자발적으로 참여하여 돕는 사람'을 自願奉仕者(자원봉사자)라고 하는데, 중국어에서는 志願者(zhìyuànzhě)라고 함. 또한 한국어와 일본어에서는 志와 誌[기록할 지]를 구별해서 사용하나, 중국어에서는 통합하여 志로 사용함. 예를 들어, 한국어와 일본어의 雜誌(잡지, ざっし)를 중국어에서는 雜志(zázhì)로 표기함.

용례

志願(지원), 意志(의지), 同志(동지)

성어

청운지지(靑雲之志): 푸른 구름에 담은 뜻. 높은 지위에 도달하고자 하는 의지를 이르는 말.

손가락 지

갑골문	금문	전국문자	소전	예서	해서

한
指 음 지
뜻 손가락 / 가리키다

중
指 음 zhǐ
뜻 손가락 / 가리키다 / 의지하다

일
指 음 し si
뜻 손가락 / 가리키다

자원
형성

의미 부분인 手[손 수]와 소리 부분인 旨[맛있을 지]로 이루어짐. 指는 旨에 手를 더해 분화한 글자임. 旨는 원래 입[口]과 숟가락[匕]을 그려 맛있는 음식을 떠먹는 모습을 본뜬 글자인데, 이후 입 부분이 甘[달 감]으로 변했다가 다시 曰[가로 왈]로 변했으며, 다시 日[날 일]로 잘못 변했고, 현대 옥편에서는 日 부수에 귀속되었음. 그래서 指는 맛있는 음식물을 찍어서 맛보는[旨] 손[手]의 부위인 손가락[手指]을 뜻하게 됨. 이후 '손으로 가리키다' 등의 의미도 더해졌음.

용법

한중일 모두 '손가락', '지시하다', '가리키다'의 의미로 사용함. 한국어와 일본어에서는 '극장, 비행기 등에서 정해진 좌석'을 指定席(지정석, していせき)라고 하는데, 중국어에는 이에 해당하는 표현이 없음. 한국어와 일본어에서는 '매우 뛰어나 수많은 가운데서 손꼽힘'을 屈指(굴지, くっし)라고 하는데, 중국어에서는 屈指可數(qūzhǐkěshǔ)라고 써서 해당 의미를 나타냄. 중국어에서 그냥 屈指(qūzhǐ)라고 쓰면 '손가락을 꼽아보다'라는 의미의 동사임. '가리키다'를 한국어와 중국어에서는 뜻의 指示(지시, zhǐshì)라고 하고, 일본어에서는 指圖(さしず)라고 함.

용례

指紋(지문), 指示(지시), 指摘(지적), 指針(지침)

성어

지록위마(指鹿爲馬): 사슴을 가리켜 말이라고 함. 진실을 가리고 권력을 휘두르는 행위를 비유하는 말.

知 알 지

갑골문	금문	전국문자	소전	예서	해서

한 ——————

知 음 지

뜻 알다 / 맡다,
주재하다

중 ——————

知 음 zhī

뜻 알다. 이해하다 /
알리다 / 주관하다

일 ——————

知 음 ち ti

뜻 알다 / 다스리다 /
지혜

자원
형성

의미 부분인 口[입 구]와 소리 부분인 矢[화살 시]로 이루어져 '알다'를 의미하는 글자임. 현재 각종 자전에서는 『설문』에 근거해 '矢'를 부수로 삼고 있으나 소리 부분은 부수가 될 수 없기에 오류임. 이 글자의 원래 의미 및 변천 과정에 대해서는 아직까지 명확하게 규명된 바가 없음. 다만 갑골문과 금문을 근거로 볼 때, 智[슬기 지]에서 파생되었으며, 문헌에서도 두 글자는 구별 없이 통용되고 있음. 후에 '알리다', '지식' 등의 의미로 확대 사용하고 있음.

용법

한중일 모두 '알다'의 의미로 사용함. 한국어와 일본어에서는 知와 智[슬기 지]를 혼용하고 있으나, 중국어에서는 智慧(zhìhuì), 智能(zhìnéng)과 같이 '슬기'나 '재능'을 뜻할 때는 일반적으로 智를 사용하는 등 구분하여 표현함.

용례

知識(지식), 認知(인지), 周知(주지)

성어

지피지기(知彼知己): 상대를 알고 나를 안다는 뜻. 상대의 사정을 정확히 알고, 내 형편도 잘 알아야 이길 수 있다는 말.

이를 지

갑골문	금문	전국문자	소전	예서	해서

한 ─────

至

음 지

뜻 이르다 / 지극하다 /
하지, 동지

중 ─────

至

음 zhì

뜻 이르다 / 지극히 /
최고조

일 ─────

至

음 し si

뜻 이르다 / 지극히

자원
회의

『설문』에서는 "새가 높은 곳에서 땅으로 날아 내려오는 것이다"라고 풀이하였지만, 새의 모습은 아니고 화살[矢]이 땅[一]에 박힌 모습임. 화살 하나가 멀리 날아와 땅에 도달했다는 뜻을 나타냄. 또 땅에 떨어진 것은 최종 목표지에 도착한 것이라는 점에서 종점(終點)을 의미하고, 이로부터 '최고', '지극하다'라는 뜻을 나타내게 되었음. 지고지순(至高至純)에서의 지(至)는 바로 이런 뜻으로 쓰인 것임. 또 절기를 나타내는 하지(夏至)와 동지(冬至)는 바로 낮이 가장 긴 날과 밤이 가장 긴 날을 가리킴.

용법

한중일 모두 '이르다', '지극하다'의 의미로 사용함. 중국어에서는 기점을 표시하는 '~로부터'의 自[스스로 자]와 호응하는 '~까지'라는 종점을 표시하는 전치사로 자주 사용됨. 예를 들어 自始至終(zìshǐzhìzhōng)이라고 쓰면 '처음부터 끝까지'라는 의미임. 같은 의미를 한국어에서는 自初至終(자초지종) 또는 始終一貫(시종일관)이라고 쓰고, 일본어에서는 始終(しじゅう)라고 주로 씀.

용례

至今(지금), 至大(지대), 至親(지친)

성어

수지청즉무어(水至淸則無魚): 물이 지극히 맑으면 곧 물고기가 없다는 뜻. 지나치게 엄격하면 다른 사람이 꺼려 곁에 오지 않음을 비유적으로 이르는 말.

류

紙 종이 지

갑골문	금문	전국문자	소전	예서	해서
		𥾤	紙	紙	紙

한 紙 음 지
뜻 종이 / 장(종이를
세는 단위) / 신문

중 纸 음 zhǐ
뜻 종이 / 장, 매

일 紙 음 し si
뜻 종이 /
신문지의 준말

자원
형성

의미 부분인 糸[가는 실 멱]과 소리 부분인 氏[각시 씨]로 이루어짐. 『설문』에서는
"발 위에 놓인 풀솜 찌꺼기"라고 풀이하였음. 이것은 실[糸]과 같은 섬유질을 잘게
잘라서 물속에 가라앉힌 후에 건져 올려 발에 말려서 종이를 만드는 초기 제조법을
설명하는 것임. '종이' 또는 '종이를 세는 단위'를 나타내는 글자로 사용됨.

용법

한중일 모두 '종이'의 의미로 사용함. 한국어와 일본어에서는 模造紙(모조지, もぞうし),
日刊紙(일간지, にっかんし)와 같이 '종이'나 '신문'의 뜻을 나타내는 접미사로 쓰임.
또한 한국어에서는 시험 문제가 쓰인 종이나 답안을 쓰는 종이를 試驗紙(시험지)
라고 하지만, 중국어에서는 試卷(shìjuàn) 또는 考卷(kǎojuàn)이라 하고, 일본어에서는
試驗問題紙(しけんもんだいし)라고 함. 일본어에서 試驗紙(しけんし)는 '시약을 바르는
화학 실험용 종이'의 뜻을 나타냄.

용례

紙面(지면), 白紙(백지), 包裝紙(포장지)

성어

낙양지가(洛陽紙價): 한꺼번에 오른 낙양의 종잇값. 종잇값이 오를 정도로 많은
사람들의 인기를 얻은 책을 가리키는 표현.

오

支

지탱할 지

갑골문	금문	전국문자	소전	예서	해서
			支	支	支

한

支 음 지

뜻 버티다, 지탱하다 / 가르다 / 주다, 치르다

중

支 음 zhī

뜻 받치다 / 버티다 / 값을 치르다

일

支 음 し si

뜻 버티다 / 방해하다 / 가르다 / 할당하다

자원
회의

두 개의 의미 부분인 又[또 우]와 대나무 가지(竹의 반쪽)로 이루어짐. 손[又]으로 대나무 가지를 들고 있는 모습을 본뜬 글자인데, 손에 들었다는 것은 곧 대나무에서 떼어낸 가지를 의미함. 후에 '지탱하다', '붙들어 버티게 하다'라는 의미로 확대 사용됨. 또한 '나뭇가지'의 의미로 확대 사용되자 木[나무 목]을 추가한 枝[가지 지]를 새로 만들었으며, 신체의 '팔다리'를 뜻하는 글자로 사용되자 肉[고기 육]을 추가한 肢[사지 지]도 새로 분화하여 사용하게 됨. 이와 같이 枝와 肢는 모두 支에서 파생된 글자임.

용법

한중일 모두 '버티다', '가르다'의 의미로 사용함. 중국어에서는 가늘고 기다란 사물의 수량을 세는 단위로도 사용하고, 일본어에서는 支와 枝를 혼용하는 경우가 있음. '일의 진행에 방해가 되는 장애'를 한국어와 일본어에서는 支障(지장, ししょう) 라고 하지만, 중국어에서는 障碍(zhàng'ài) 정도가 여기에 해당함. 한국어에서는 '은행에 당좌예금을 가진 사람이 소지인에게 일정한 금액을 줄 것을 은행 등에 위탁하는 유가증권'을 手票(수표)라고 하는데, 중국어에서는 支票(zhīpiào)라고 함. 일본어에서는 '준비'라는 뜻으로 支度(したく)를 쓰는데, 보통 가게 영업시간 전에 문에 내걸려 있는 표현임.

용례

支流(지류), 支援(지원), 支持(지지)

성어

지리멸렬(支離滅裂): 이리저리 없어지고 찢어짐. 충격 등에 의해 찢어지고 흩어져 갈피를 잡을 수 없는 상황을 이르는 말.

直 곧을 직

갑골문	금문	전국문자	소전	예서	해서

한

直

음 직

뜻 곧다, 굳세다 /
바로 / 당번

중

直

음 zhí

뜻 곧다 / 수직의 /
솔직하다 /
공정하다 / 직접

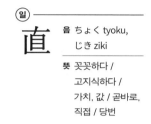

일

直

음 ちょく tyoku,
じき ziki

뜻 꼿꼿하다 /
고지식하다 /
가치, 값 / 곧바로,
직접 / 당번

자원
회의

두 개의 의미 부분인 目[눈 목]과 세로획[丨]으로 이루어짐. '곧은 도구[丨]를 사용하여
비뚤어지지 않도록 측량하다'라는 뜻을 나타냄. 금문에서 세로획 중간에 점 또는
짧은 가로획을 추가하면서 十[열 십] 형태로 변하였음. 또한 금문에서 ㄴ 형태가 추가
되면서 오늘날의 자형을 갖추게 되었음. 추가된 ㄴ은 길을 뜻하는 彳[조금 걸을 척]의
변형으로 보기도 하나 명확한 의미는 아직 파악된 바가 없음. 후에 '바르다', '옳다',
'꾸밈없다' 등의 의미로 확대 사용됨.

용법

한중일 모두 '곧다', '직접'의 의미로 사용함. 한국어와 일본어에서 '프로그램의
제작과 방송이 동시에 이루어지는 방송'을 生放送(생방송, なまほうそう)라고 하는데,
중국어에서는 直播(zhíbō)라고 함. 또한 '어떤 일이 생기기 바로 前(전)과 後(후)'를
한국어에서는 直前(직전)과 直後(직후)라고 하는데, 일본어 直前(ちょくぜん)과
直後(ちょくご)에서 전해진 것이며, 중국어에는 없는 표현임. 한국어와 일본어에서
'생산자가 직접 소비자에게 배급하거나 배달하는 일'은 直配(직배, ちょくはい)라고
하는데, 중국어에서는 이와 유사한 표현으로 直接送到(zhíjiēsòngdào)를 사용함.

용례

直角(직각), 直視(직시), 直接(직접)

성어

불문곡직(不問曲直): 굽음과 곧음을 묻지 않음. 옳고 그르고를 따지지 않는 태도.

ㅈ

문

進

나아갈 진

| 갑골문 | 금문 | 전국문자 | 소전 | 예서 | 해서 |

한
進
음 진
뜻 나아가다 / 오르다 / 바치다

중
进
음 jìn
뜻 들다 / 오르다 / 바치다 / 채, 동

일
進
음 しん sin
뜻 오르다 / 나아가다 / 좋아지다 / 바치다

자원
형성

의미 부분인 辶[쉬엄쉬엄 갈 착]과 소리 부분인 閵[새 이름 린]의 생략된 자형으로 이루어짐. 갑골문은 발[止]과 새[隹]의 모습을 본뜬 것임. 고홍진(高鴻縉)[1]은 이것을 의미 부분의 결합으로 여겨 "새의 발은 앞으로는 나아갈 수 있지만 뒤로는 물러날 수 없다"라고 여겨 이로부터 '나아가다'라는 뜻을 지니게 된 것으로 보았음. 『설문』에서는 "오르다"로 풀이하였음. 길거리[彳]와 발[止]로 이루어진 辶은 이러한 동작을 나타내는 것임. 여기에서 '나아가다', '오르다' 등의 의미로 확대되었음.

용법

한중일 모두 '나아가다', '오르다'의 의미로 사용함. 중국어에서는 走進大門(zǒujìndàmén, 대문 안으로 걸어 들어가다)과 같이 동사 뒤에 쓰여 동작이 밖에서 안으로 행해짐을 나타내기도 함. 한국어와 일본어에서 '다른 나라로부터 물건을 사들이다'를 輸入(수입, ゆにゅう)라고 하는데, 중국어에서는 進口(jìnkǒu)라고 함. 한편 한국어와 일본어에서 進出(진출, しんしゅつ)는 '어떤 방면으로 활동 범위나 세력을 넓혀 나가다'의 뜻인데, 중국어에서 進出(jìnchū)는 '출입하다'의 뜻을 나타내며, 이 밖에 '수입과 지출'이라는 의미로도 사용함.

용례

進步(진보), 前進(전진), 推進(추진)

성어

진퇴양난(進退兩難): 나아가기도 물러서기도 어려움. 싸움에서 이러지도 저러지도 못하는 상황을 이르는 말.

---

1 중국의 저명한 언어학자로 주요 저술에 《중국자례中國字例》등이 있음.

盡 다할 진

| 갑골문 | 금문 | 전국문자 | 소전 | 예서 | 해서 |

한 盡
음 진
뜻 다하다 / 완수하다 / 다 없어지다

중 尽
음 jìn
뜻 다 없어지다 / 죽다 / 극치에 달하다 / 온 힘을 다하다

일 尽
음 じん zin
뜻 다하다 / 힘을 다하다 / 전부, 모두

자원
회의
갑골문은 손으로 털 같은 것이 달린 솔을 잡고 그릇을 씻는 모습을 본뜬 글자임. 그릇이 비어 있어야 씻는 것이라는 점에서 '비다', '다하다'의 뜻을 나타냄. 일설에는 '솔로 그릇 속의 찌꺼기까지 남김없이 씻어내는 모습'이라고도 함. 그릇을 씻는다는 것은 식사가 다 끝난 상황이라는 점에서 '끝에 다다르다', '모두 비었다', '죽다'의 의미로 확장되었음.

용법
한중일 모두 '(기력, 감정 등을) 다하다'의 의미로 사용함. 중국어에서는 '다만'이라는 뜻의 부사로도 쓰이며, '죽다'라는 뜻의 동사로도 쓰임. 한중일 모두 '사랑니'를 智齒 (지치, zhìchǐ, ちし)라고 하는데, 중국어에서는 盡頭牙(jìntóuyá)라고도 하며, 일본어에서는 智慧齒(ちえば)라고도 함. 또한 '한꺼번에 모조리 잡다'라는 뜻의 사자성어 一網打盡(일망타진, yìwǎngdǎjìn, いちもうだじん)은 삼국 모두 사용하는 표현임.

용례
盡力(진력), 盡心(진심), 未盡(미진)

성어
무궁무진(無窮無盡): 끝이 없고 다함이 없다는 뜻.

ㅈ

류

참 진

| 갑골문 | 금문 | 전국문자 | 소전 | 예서 | 해서 |

한

眞

음 진

뜻 참, 진리 /
진실하다

중

真

음 zhēn

뜻 진실하다, 참되다 /
정말 / 또렷하다

일

真

음 しん sin

뜻 진실한 / 바른 /
순수한

자원
회의

이 글자의 자원은 아직까지 명확하게 밝혀지지 않았음. 갑골문에서는 匕[비수
비]와 鼎[솥 정]이 결합된 형태의 글자임. 후에 鼎이 目[눈 목] 형태로 변화하고,
아랫부분에 丌[대 기]가 추가되면서 소전의 형태로 변하였음. 고대 문헌에서는
'본질', '본성' 등의 의미로 사용되었으며, 후에 '진실', '사실' 등의 의미로 확대
사용되었음.

용법

한중일 모두 '진실하다'의 의미로 사용함. 한국어에서 '조개 등의 살 속에 생긴 구슬'을
眞珠(진주) 또는 珍珠(진주)라고 하는데, 중국어에서는 珍珠(zhēnzhū)라고 하며,
일본어에서는 眞珠(しんじゅ)라고 함. 또한 한국어에서는 '거짓 없는 이야기'를
眞談(진담)이라고 하는데, 중국어에서 眞言(zhēnyán)이라 하며, 일본어에서는 本当の話
(ほんとうのはなし)라고 함.

용례

眞理(진리), 眞實(진실), 天眞(천진)

성어

농가성진(弄假成眞): 장난삼아 하다가 진짜로 이루어짐. 기대하지 않고 어떤 일을
하다가 실제 상황으로 번지는 경우를 일컬음.

質

바탕 질

갑골문	금문	전국문자	소전	예서	해서
	缷	質	質	質	質

한 質
음 질
뜻 바탕 / 품질 / 묻다 / 바로잡다 / 순박하다 / 볼모

중 质
음 zhì
뜻 성질 / 품질 / 묻다 / 저당 잡히다 / 소박하다

일 質
음 しつ situ, しち siti, ち ti
뜻 품질 / 성질 / 묻다 / 저당물 / 저당 잡히다

자원
형성

의미 부분인 貝[조개 패]와 소리 부분인 所[모탕 은]으로 이루어짐. 과거에 화폐로 쓰인 '조개'를 본뜬 글자인 貝는 '재물을 저당 잡히다'의 뜻을 나타냄.『설문』에서는 "물건으로 저당 잡히는 것"이라고 풀이하였음. 이러한 본뜻에서 파생된 '인질'과 가차된 뜻인 '질박하다', '바탕' 등의 의미로 널리 쓰임. 質은 '인질'의 뜻으로 볼 때 저당 잡혀 '두다'의 뜻에서 置[둘 치]와 뜻이 통하고, 재물로 저당 잡혀 '채우다'의 뜻에서 '차다'의 뜻이 있는 實[열매 실]과 뜻이 통함. 또한 '바탕'의 뜻으로 볼 때 地[땅 지]와 的[과녁 적]과도 뜻이 통함.

용법

한중일 모두 '품질', '묻다'의 의미로 사용함. 일본어에서는 '저당물'의 의미로도 쓰여 '저당을 잡고 돈을 빌려주는 곳'을 質屋(しちや)라고 하는데, 한국어에서는 典當鋪(전당포)라고 하고, 중국어에서는 當鋪(dàngpù)라고 함. 한중일 모두 '의심나거나 모르는 것을 묻다'를 質疑(질의, zhìyí, しつぎ)라고 하는데, 중국어에서는 質詢(zhìxún)이라고도 함.

용례

質疑(질의), 質量(질량), 物質(물질)

성어

양질호피(羊質虎皮): 바탕은 양, 가죽은 호랑이. 실제 내용은 변변치 않은데 겉은 화려한 것을 이르는 말.

ㅈ

박

654

集

모을 집

갑골문	금문	전국문자	소전	예서	해서

한 ────────
集 음 집
뜻 모으다, 모이다

중 ────────
集 음 jí
뜻 모이다 /
(영화, 텔레비전
드라마 등의) 편, 집

일 ────────
集 음 しゅう syu-u
뜻 모으다, 모이다 /
문학 작품 등을
모은 책

자원
회의
두 개의 의미 부분인 木[나무 목]과 隹[새 추]로 이루어짐. 갑골문과 금문을 보면 나무 위에 새가 앉아 있는 모습을 그린 것임. 아마도 새가 나무 위에 둥지를 틀고 모여드는 형상을 나타낸 것으로 보이며, 여기서 '모이다'라는 의미가 나온 것으로 보임. 이후 새의 모습이 隹로 변화되었고, 오늘날과 같은 자형이 되었음.

용법
한중일 모두 '모으다', '모이다'의 의미로 사용함. 한중일 모두 '~集(집)'형태로 '유사한 종류의 문학 작품을 모아 엮은 책'이라는 의미의 접미사로도 활용됨. 중국어에서는 영화나 텔레비전 드라마 등을 헤아리는 단위인 '편', '회' 등의 의미로도 쓰임.

용례
集團(집단), 集中(집중), 收集(수집)

성어
집대성(集大成): 모아서 크게 이룸. 여기저기 흩어져 있는 것을 정리하여 한데 모아 큰 것으로 이뤄내는 일.

윤

ㅈ

執 잡을 집

갑골문	금문	전국문자	소전	예서	해서
𡘇	𡘇	執	執	執	執

한

執
음 집
뜻 잡다 /
맡아 다스리다 /
고집하다

중

执
음 zhí
뜻 잡다, 쥐다 /
집행하다 /
고집하다

일

執
음 しつ situ,
しゅう syu-u
뜻 붙잡다 / 집행하다 /
고집하다, 집착하다

자원
회의

갑골문은 무릎을 꿇은 사람의 양손에 형벌 도구를 채운 모습을 본뜬 글자로서 죄인을 '잡다'의 뜻을 나타냈음. 후에 㚔[놀랠 녑]은 幸[다행 행]으로 바뀌고, 丮[잡을 극]은 丸[둥글 환]으로 바뀌었음. 형구에 손이 끼여 있다는 점에서 '가지다'의 의미로, 또 죄인을 잡았다는 점에서 '처리하다', '두려워하다' 등의 의미로 확장됨. 후에 '벗', '동지'의 의미로도 쓰였음.

용법

한중일 모두 '잡다', '처리하다', '고집하다'의 의미로 사용함. 중국어에서는 回執(huízhí, 영수증), 執照(zhízhào, 증명서)라 하여 '증빙'의 의미로 쓰이기도 하는 한편 父執(fùzhí)라 하여 '아버지의 친구'라는 의미로도 쓰임

용례

執着(집착), 執筆(집필), 執行(집행)

성어

고집불통(固執不通): 단단하게 잡고 있어 통하지 않음. 고집을 부려 남과 전혀 통하지 않는 사람의 성격이나 행위를 이르는 말.

ㅈ

김

次 버금 차

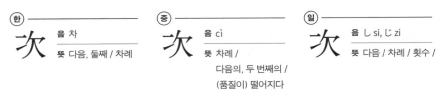

次 음 차
뜻 다음, 둘째 / 차례

次 음 cì
뜻 차례 /
다음의, 두 번째의 /
(품질이) 떨어지다

次 음 し si, じ zi
뜻 다음 / 차례 / 횟수 /

자원
회의

두 개의 의미 부분 欠[하품 흠]과 二[두 이]로 이루어짐. 본래 의미인 '둘째'에서, 후에 '차례', '부차적' 등의 의미로 확대되었음. 그러나 이 글자의 자원에 대해서는 아직까지 학계의 의견이 분분함. 갑골문은 '사람이 침을 흘리는 모습'을 본뜬 글자로서 次(涎)[침 연]의 초기 형태이며, '둘째', '버금'은 소전에 이르러 차용된 의미라는 주장도 있음.

용법

한중일 모두 '차례', '순서'의 의미로 사용함. 한국어와 일본어에서 '두 번째 순서' 혹은 '서열'을 뜻할 때 次를 사용하여 次官(차관, じかん), 次長(차장, じちょう) 등으로 표현하는데, 중국어에서는 副部長(fùbùzhǎng)처럼 주로 副[버금 부]를 사용함. 또한 '회사에서 달마다 직원에게 주어지는 휴가'를 한국어와 일본어에서는 月次休暇(월차휴가, つきなみきゅうか) 또는 줄여서 月次(월차, つきなみ)라고 하지만, 중국어에서는 月度休假(yuèdùxiūjià, つきなみきゅう)라고 함.

용례

屢次(누차), 目次(목차), 再次(재차)

성어

이차전령(以次傳令): 차례에 따라 명령을 전함. 순서에 따라 정해진 일을 하는 것.

借 빌릴 차

657

갑골문	금문	전국문자	소전	예서	해서
		𦫼	𦫼	借	借

한
借 음 차
뜻 빌리다 / 핑계 삼다

중
借 음 jiè
뜻 빌리다, 빌려주다 /
빌미로 삼다 /
~에 의지하다

일
借 음 しゃく syaku
뜻 빌리다 / 빌려 주다,
용서하다 / 임시로,
시험적으로

자원
형성
의미 부분인 人[사람 인]과 소리 부분인 昔[예 석]으로 이루어짐. '오랜 경험이 있는 사람', '관록이 있는 사람'으로부터 무언가를 얻을 수 있다는 생각에서 '빌리다[假]'의 뜻이 생긴 것으로 추정하기도 함. 昔의 갑골문[𦫼]은 윗부분은 범람하는 물의 모양이고 아랫부분은 시간을 나타내는 해의 모양을 본떠 만든 글자이며, 본래 '(홍수가 났던) 옛날'을 의미하였음.

용법
한중일 모두 '빌리다'의 의미로 사용함. 한국어와 일본어에서는 '한 나라의 정부나 기업, 은행이 외국 정부나 공적 기관으로부터 빌려 온 자금'을 借款(차관, しゃっかん)이라고 하는데, 중국어에서는 借 대신 貸[빌릴 대]를 써서 貸款(dàikuǎn)이라 함. 중국어에서 借款(jièkuǎn)은 '개인적으로 빌린 돈'을 뜻함. 또 '남의 돈이나 물건을 빌린 것을 증명하는 문서'를 한국어와 일본어에서는 借用證書(차용증서, しゃくようしょうしょ)라고 하지만, 중국어에서는 借條(jiètiáo)라고 함.

용례
借名(차명), 借用(차용)

성어
차청입실(借廳入室): 대청마루를 빌렸다가 방에 들어옴. 남에게 신세를 지다가 급기야 주인 노릇까지 하는 일. '사랑채 빌리면 안방까지 달라고 한다'는 속담과 같은 맥락.

차

강

691

車 수레 **차**, 수레 거

갑골문	금문	전국문자	소전	예서	해서

한 ——
車 음 차
뜻 수레 / 수레바퀴

중 ——
车 음 chē
뜻 자동차, 자전거, 수레

일 ——
車 음 しゃ sya
뜻 수레 / 차의 바퀴

자원
상형

갑골문에서 마차를 간략하게 그렸는데, 금문에서는 두 바퀴와 중간의 차체와 이를 가로지르는 굴대[軸]에 멍에[軶]와 끌채[轅]까지 완벽하게 표현되었음. 소전에서 두 바퀴는 가로획으로, 차체는 네모꼴로 변했으며, 『설문』의 주문(籀文)에서는 戔[해칠 잔]을 더해 전쟁을 위한 전차(戰車)임을 구체화했음. 고대 중국에서 마차는 사람과 물건을 나르는 본래 용도 이외에 전차나 사냥 수레로도 사용되었음. 이 때문에 이후 수레처럼 굴대[軸]에 의해 움직이는 동력장치를 나타내 水車(수차)나 自動車(자동차) 등까지 지칭하게 되었음. 다만, 수레는 '거'로, 동력기관인 차는 '차'로 구분해 읽음.

용법

한중일 모두 '자동차'와 '굴러가는 도구'를 통칭하는 글자로 사용함. 한국어와 일본어에서는 '기관차'를 汽車(기차, きしゃ)나 列車(열차, れっしゃ)라고 하지만, 중국어에서는 火車(huǒchē)라 함. 중국어에서 汽車(qìchē)는 自動車(자동차)를 뜻함. 이외에도 중국어에서는 '기계'를 뜻하기도 하는데, 작업장이나 공장을 車間(chējiān)이라 하고, 선반 작업을 車工(chēgōng)라 함. 또 일본어에서는 '기차나 버스의 승무원'을 車掌(차장, しゃしょう)라 하는데, 중국어에서는 乘務員(chéngwùyuán)이라고 함. 한국어에서도 車掌 대신 乘務員(승무원)으로 바꾸어 쓰고 있음.

용례

車輛(차량), 車馬(거마), 汽車(기차), 列車(열차), 自動車(자동차)

성어

전거복철(前車覆轍): 앞의 수레가 뒤집힌 바퀴 자국이라는 뜻으로, 실패를 교훈으로 삼아 되풀이하지 말 것을 비유하는 말.

차

하

着

붙을 착

갑골문	금문	전국문자	소전	예서	해서
				着	着

한 着
음 착
뜻 붙다, 붙이다 /
입다, 쓰다, 신다 /
시작하다 / 이르다

중 着
음 zháo, zhe, zhuó
뜻 [zháo] 닿다,
접촉하다 / 불이 붙다
[zhe] ~하고 있다
[zhuó] (옷을) 입다

일 着
음 ちゃく tyaku,
じゃく zyaku
뜻 (옷을) 입다 / 함부로
자기 것으로 하다
붙다 / 이르다 /
침착하다

자원
형성

이 글자의 기원은 아직까지 분명하게 규명되지 않았음. 한(漢)나라 이후에 등장하기
시작하여 著[분명할 저]의 이체자로 많이 사용되었으며, 현재까지 한중일 삼국에서
여전히 혼용되고 있음. 이를 근거로 着이 著에서 파생된 것으로 추정하고 있음. 着의
윗부분 艹[풀 초]에 근거하여 풀이 뿌리를 내리듯 '붙다'라는 원래 의미가 생겨난
것으로 보기도 함. 이로부터 '(옷을) 입다', '접근하다' 등의 의미로 확대 사용하고
있음. 또한 著의 의미로도 사용되고 있어 다소 혼란스러운 상황임.

용법
한중일 모두 '붙다', '(옷을) 입다'의 의미로 사용함. 한국어와 일본어에서는 '목적한
곳에 다다름'을 到着(도착, とうちゃく)라고 하는데, 중국어에서는 抵達(dǐdá)라고
함. 중국어에서는 다양한 뜻으로 사용하고 있으며, 용법에 따라 着(zháo), 着(zhuó),
着(zhe) 세 가지 발음으로 읽음. '감기 걸리다'는 着凉(zháoliáng), '옷차림'은 衣着
(yīzhuó), '듣고 있다' 또는 '들어 보세요'는 聽着(tingzhe)라고 함.

용례
着眼(착안), 附着(부착), 執着(집착)

성어
자가당착(自家撞着): 스스로 부딪쳐 닿음. 스스로 한 말이 행동과 맞지 않음을 이르는 말.

ㅊ

察

살필 **찰**

갑골문	금문	전국문자	소전	예서	해서
		𥁕	𥁕	察	察

한 ─────────────
察
음 찰
뜻 살피다, 관찰하다 /
　조사하다

중 ─────────────
察
음 chá
뜻 살피다, 관찰하다 /
　조사하다

일 ─────────────
察
음 さつ satu
뜻 살피다 / 헤아리다

자원
형성

의미 부분인 宀[집 면]과 소리 부분인 祭[제사 제]로 이루어짐. 『설문』에 의하면 본래 의미는 '세심하게 보다'이고, 후에 '조사하다', '고찰하다', '관찰하다' 등의 의미로 확대되어 자세히 분석하며 보는 동작에 주로 사용하고 있음. 祭는 손에 고깃덩어리를 들고 신에게 제사 지내는 모습을 본뜬 글자임. 여기에 '집'을 뜻하는 宀이 더해진 察은 집에서 제사를 드릴 때 세심하게 정성을 다했던 행위를 나타냈고, 여기에서 '살피다'와 같은 의미가 유래한 것으로도 추측해볼 수 있음.

용법

한중일 모두 '살피다', '조사하다'의 의미로 사용함. 한국어와 일본어에서 주로 '사상적(思想的)인 동태를 조사하는 경찰의 직무'를 査察(사찰, ささつ)라고 하지만, 중국어에서는 稽查(jīchá)라고 함. 한국어와 일본어에서는 '눈, 귀, 입, 마음의 네 가지로 살피어 아는 일'을 四察(사찰, しさつ)라고 하는데, 중국어에는 없는 표현임.

용례

檢察(검찰), 警察(경찰), 考察(고찰)

성어

관형찰색(觀形察色): 모습과 낯빛 등을 살핌. 남의 눈치를 잘 살핌. 또는 자세히 관찰하다는 뜻.

문

661

참여할 **참**, 석 삼

갑골문	금문	전국문자	소전	예서	해서

한

參

음 참

뜻 [참] 참여하다 /
헤아리다 / 뵙다
[삼] 셋

중

参

음 cān, shēn

뜻 [cān] 가입하다 /
참여하다 / 뵙다
[shēn] 인삼

일

参

음 さん san, しん sin

뜻 참여하다, 참가하다 /
가다 / 뵙다 /
숫자 '三'의 갖은자

자원
지사

금문은 사람 위에 '별'을 나타내는 부분이 세 개 추가된 것으로, 서쪽 하늘 세 개의 별[參星]이 사람을 비추는 모습을 본뜬 글자라고 함. 별빛이 내려오는 모습에서 '침투하다', '스며들다' 등의 의미가 생겼고, 다시 '참여하다'의 의미가 파생된 것으로 추정함.

용법

한중일 모두 '참여하다', '간여하다'의 의미로 사용함. 한국어에서는 두 가지 뜻과 발음이 있는데, '참여하다'와 '살피다'의 뜻을 나타낼 때는 '참'으로 읽고, 숫자 3을 나타낼 때는 '삼'으로 읽음. 중국어에서는 cān으로 읽으면 '참가하다', '가입하다', '뵙다', '참고하다' 등의 동사로 활용됨. 중국어에서 參은 '인삼'의 의미로도 쓰이는데, 이때는 shēn으로 읽음.

용례

參拜(참배), 參席(참석), 參與(참여)

성어

정상참작(情狀參酌): 사정을 헤아림. 형벌을 매길 때 그 사람의 사정을 헤아려 벌을 가볍게 내리는 것을 이르는 말.

츳

윤

662

唱 부를 창

갑골문	금문	전국문자	소전	예서	해서
			㖉	唱	唱

한 唱 음 창
뜻 부르다, 노래하다 / 노래

중 唱 음 chàng
뜻 노래하다 / 제창하다 / 큰 소리로 외치다

일 唱 음 しょう syou
뜻 소리 내어 읽다 / 노래 부르다

자원
형성

의미 부분인 口[입 구]와 의미 겸 소리 부분인 昌[창성할 창]으로 이루어짐. 본래 의미는 '인도하다'였는데, 지금은 주로 '노래하다'의 뜻으로 쓰임. 『설문』에서는 "인도하다"로 풀이하였음. 口는 '입으로 소리 내어 인도하다'의 뜻을 나타내고, 昌은 두 개의 日[해 일]이 합쳐진 글자로 '밝음으로 인도하다'의 뜻을 나타냄. 唱은 '앞장서서 인도하다'의 뜻에서 創[비롯할 창]과 뜻이 통하고, 또한 '노래하는 광대'의 뜻에서 倡[여광대 창], '노래하는 기생'의 뜻에서 娼[기생 창]과 뜻이 통함.

용법

한중일 모두 '(노래를) 부르다'의 의미로 사용함. 중국어와 일본어에서는 歌唱 (gēchàng, かしょう)와 唱歌(chànggē, しょうか)가 모두 '노래하다'의 뜻으로 쓰임. 또한 한국어과 일본어에서 唱歌(창가, しょうか)는 근세에 서양음악을 수용하기 시작할 무렵에 발생한 과도기적 시가 형식을 가리키기도 함.

용례 三重唱(삼중창), 歌唱(가창), 合唱(합창)

성어 만고절창(萬古絶唱): 어느 시기에도 비길 데 없는 명창 또는 그런 노래를 이르는 말.

663

窓 창문 창

갑골문	금문	전국문자	소전	예서	해서
				窓	窓

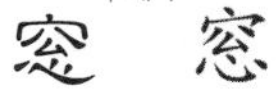

한 窓 음 창 / 뜻 창, 창문

중 窗 음 chuāng / 뜻 창, 창문

일 窓 음 そう sou / 뜻 창, 창문

자원 형성 의미 부분인 穴[구멍 혈]과 소리 부분인 悤[바쁠 총]으로 이루어짐. 『설문』에는 囪[창 창]을 높은 곳에 있는 지붕창의 일종으로 보고 "천장에 있는 것은 창이다"라고 하였음. 후에 일반적인 창문은 穴[구멍 혈]을 더해 窗[창 창]으로 사용하게 되었음. 한편 이것의 이체자인 窻[창 창]은 『설문』에서 穴[구멍 혈]이 의미 부분이고 悤[바쁠 총]이 소리 부분으로 "통하는 지붕창이다"라고 풀이하였음. 여기에서 囪 부분이 厶[사사 사]로 변해 지금의 窓이 되었는데, 중국의 간화자는 囪의 모양을 그대로 유지하고 있음. '창', '창문' 등의 의미는 모두 이로부터 나온 것임.

용법 한중일 모두 '창', '창문'의 의미로 사용함. 한국어와 일본어에서는 '같은 학교에서 공부한 사이'를 同窓(동창, どうそう)라고 하는데, 중국어에서는 일반적으로 同學(tóngxué) 또는 校友(xiàoyǒu)라고 함. 한편 중국어에서 同學(tóngxué)는 일반적인 친구나 학생의 뜻으로도 사용함.

용례 窓口(창구), 窓戶(창호), 鐵窓(철창)

성어 십년한창(十年寒窓): 10년 동안 찾아오는 사람 하나 없는 차가운 창문. 오랜 기간 남과 어울리지 않고 공부에만 전념하여 결실을 맺음을 비유하는 말.

菜

나물 채

갑골문	금문	전국문자	소전	예서	해서
			菜	菜	菜

한 ── 菜 음 채 / 뜻 나물, 푸성귀

중 ── 菜 음 cài / 뜻 채소 / 반찬

일 ── 菜 음 さい sai / 뜻 채소 / 술안주나 반찬

자원
형성

소전에 처음 보이는데, 艹[풀 초]와 爪[손톱 조] 그리고 木[나무 목]으로 이루어짐. 爪와 木으로 구성된 采[캘 채]는 나무의 열매나 잎을 따는 모습을 본뜬 글자인데, 결국 菜는 캘 만한 풀, 곧 '나물'을 의미함. 『설문』에서도 풀 가운데 먹을 수 있는 것이다라고 풀이하였음. 이 글자는 오늘날에도 주로 '나물', '채소'라는 의미로 쓰임.

용법

한중일 모두 '나물', '푸성귀'의 의미로 사용함. 일본어에서는 さい로 읽어 '부식물', '반찬'의 의미를 나타내며, 중국어에서는 '반찬', '요리'의 의미를 나타내기도 함. 그래서 중국어에서는 '식단' 또는 '차림표'를 菜單(càidān)이라고 함.

용례

菜蔬(채소), 菜食(채식), 野菜(야채)

성어

박주산채(薄酒山菜): 변변치 못한 술과 산나물. 남에게 대접하는 음식과 술을 낮춰 부르는 말.

採 캘 채

갑골문	금문	전국문자	소전	예서	해서

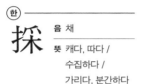
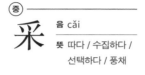

한 採
음 채
뜻 캐다, 따다 /
　수집하다 /
　가리다, 분간하다

중 采
음 cǎi
뜻 따다 / 수집하다 /
　선택하다 / 풍채

일 採
음 さい sai
뜻 뽑아 내다 /
　가리다

자원
형성
采[캘 채]에서 手[손 수]를 더해 분화한 글자로, 손으로 나무의 열매나 잎을 따는 모습을 나타냄. 采는 원래 爪[손톱 조]와 木[나무 목]으로 이루어져, 손으로 나무 열매를 따는 모습을 그렸음. 현대의 옥편에서는 편의상 형체가 비슷한 采[분별할 변] 부수에 귀속시켰지만, 별개의 글자임. 이후 의미를 더욱 강화하기 위해 手를 더한 採[캘 채]로 의미를 더 구체화했으며, 모든 채집 행위를 통칭하게 되었음. 采에서 파생한 다른 글자를 보면, 菜[나물 채], 彩[무늬 채], 埰[영지 채], 綵[비단 채] 등이 있음.

용법
한중일 모두 '캐다', '수집하다', '선택하다'의 의미로 사용함. 현대 중국어에서는 採가 采[캘 채]에 통합되었음. 한국어와 일본어에서는 '점수를 매기는 것'을 採點(채점, さいてん)이라고 하는데, 중국어에서는 打分(dǎfēn)이라고 함. 또 한국어와 일본어에서 '수입과 지출을 맞추어 계산함'을 採算(채산, さいさん)이라고 하는데, 중국어에서는 核算(hésuàn)이라 함.

용례
採用(채용), 採取(채취), 採擇(채택)

성어
채신지우(採薪之憂): 땔감을 해올 수 없는 걱정. 산에 올라 땔나무를 구해오지 못할 정도로 병약하다는 뜻. 또는 자신의 병을 겸손하게 이르는 말.

ㅊ

하

責

꾸짖을 책

갑골문	금문	전국문자	소전	예서	해서
󰀀	󰀀		󰀀	責	責

한 責
음 책
뜻 꾸짖다 / 책임 / 권하다

중 責
음 zé
뜻 꾸짖다 / 책임

일 責
음 せき seki, しゃく syaku
뜻 꾸짖다 / 책임

자원
형성
의미 부분인 貝[조개 패]와 소리 부분인 朿[가시 자]로 이루어짐. 『설문』에서는 "요구하다"로 풀이하였음. 옛날에는 조개를 화폐로 썼는데, 貝에 아픔을 상징하는 가시나무를 뜻하는 朿를 더해 '저당 잡힌 재물을 요구하다'의 뜻을 나타낸 것임. 가차되어 '꾸짖다', '책임'의 뜻으로 널리 쓰임. 債[빚 채]는 음이 다르지만 원래는 責의 속자였음. 債務(채무)는 債로 쓰고, 責任(책임)은 責으로 씀. 責은 積[쌓을 적], 績[길쌈할 적]의 소리 부분으로 쓰여 '적' 음도 나타냄.

용법
한중일 모두 '책임', '꾸짖다'의 의미로 사용함. 한국어와 일본어에서는 '직무에 따른 책임과 임무'를 責務(책무, せきむ) 혹은 責任(책임, せきにん)이라고 하지만, 중국어에서는 責任(zérèn)이라고만 함. 그리고 한국어와 일본어에서는 '꾸짖어 나무람'을 叱責(질책, しっせき)라고 하지만, 중국어에서는 指責(zhǐzé)라고 함.

용례
責任(책임), 免責(면책), 自責(자책)

성어
책기지심(責己之心): 자신을 꾸짖는 마음. 스스로를 돌아보며 반성하는 마음을 이르는 말.

책 책

갑골문	금문	전국문자	소전	예서	해서

한
음 책
뜻 책, 문서 /
세우다, 봉하다

중
음 cè
뜻 책, 책자 / 권, 책 /
간책(문자가 쓰인
죽간)

일
음 さつ satu,
さく saku
뜻 책 / 권 / 기록

자원
상형
갑골문을 보면 대나무쪽을 실로 꿰어놓은 죽간(竹簡)을 그린 것으로 '책'이라는
의미로 쓰였음. 고대에는 대나무쪽이 종이 역할을 했기 때문임. 이후에도 자형에
큰 변화가 없어 오늘날 冊이 되었음. 『설문』에서는 "冊은 하늘의 부절을 나누어
명령하는 것이다. 제후가 왕 앞으로 나아가 받는다"라고 풀이하였음. 『설문』의
뜻풀이에 의하면, 초기에 冊은 冊封(책봉)과 같은 중요하고 상서로운 것을 의미했던
것으로 보임.

용법
한중일 모두 '책', '문서'의 의미로 사용함. 중국어와 일본어에서 책을 세는 단위로
冊를 사용하지만, 한국어에서는 券(권)을 사용함. 일본어에서는 冊す(さくす)라고
써서 '책봉하다'의 뜻으로도 사용함.

용례
冊床(책상), 冊子(책자), 空冊(공책)

성어
책상퇴물(冊床退物): 책상의 쓸모없는 물건. 공부에만 매달리면서 현실 생활에는
어두운 사람. 책상물림과 같은 뜻.

處

곳 처

갑골문	금문	전국문자	소전	예서	해서
	𤤩	𢄙	𩲡	處	處

한
處
음 처
뜻 곳, 장소 /
처리하다 / 처하다 /
살다, 머무르다

중
处
음 chǔ, chù
뜻 [chǔ] 교제하다
처하다 / 처리하다
[chù] 장소 / 부분

일
処
음 しょ syo
뜻 머물러 있다, 살다 /
처리하다, 다스리다 /
장소

자원
회의
금문을 보면 호랑이의 머리 모양, 발 모양, 그리고 사람 모양으로 이루어져 있으며, 호랑이가 사람을 해치는 모양을 본떠 만든 글자임을 알 수 있음. 죄인을 호랑이 굴에 넣어 처형하거나 감옥에 호랑이를 넣어 죄인을 처형하는 모습으로, 본뜻은 '처형하다'였던 것으로 추정됨. 일설에는 호랑이가 뒷발을 꿇고 앉아 있는 모습으로 보아 '멈추다', '머무르다'의 의미가 생겨난 것으로 추정하기도 함.『설문』에는 処[처할 처]가 표제자이고 處는 処의 이체자로 수록되어 있음.『설문』에서는 의미 부분인 几[안석 궤]와 夊[뒤져 올 치]로 이루어져 있으며, 본래 의미는 '멈추다'라고 하였음.

용법
한중일 모두 '장소', '처리하다'의 의미로 사용함. 한국어와 중국어에서는 '여러 곳'을 到處(도처, dàochù)라고 하지만, 일본어에서는 到[이를 도] 대신 隨[따를 수]를 써서 隨處(ずいしょ)라고 함. '처하여 있는 사정이나 형편'을 한국어에서는 處地(처지)라 하고, 중국어에서는 處境(chǔjìng)이라 하고, 일본어에서는 立場(たちば)라고 함. 한국어와 일본어에서는 '사형에 처함'을 處刑(처형, しょけい)라고 하지만, 중국어에서는 處死(chǔsǐ)라고 함.

용례
處理(처리), 處罰(처벌), 處分(처분)

성어
마행처우역거(馬行處牛亦去): 말이 가는 곳은 소도 간다는 뜻. 남이 하는 것은 나도 할 수 있음을 이르는 말.

妻

아내 처

669

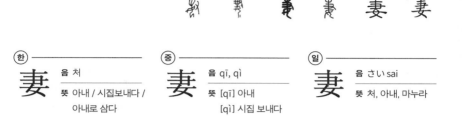

갑골문	금문	전국문자	소전	예서	해서

한 妻 음 처
뜻 아내 / 시집보내다 /
아내로 삼다

중 妻 음 qī, qì
뜻 [qī] 아내
[qì] 시집 보내다

일 妻 음 さい sai
뜻 처, 아내, 마누라

자원
회의

갑골문은 손[彐]과 머리를 풀어헤친 여성[ ]을 본뜬 글자인데, 그 의미에 대해서는 현재 두 가지 견해가 있음. 첫 번째는 손으로 머리카락을 손질하고 있는 여성의 모습, 즉 단정하게 머리카락을 정리하고 비녀를 꽂는 아내의 모습을 담고 있다는 견해임. 두 번째는 여성의 머리채를 잡아 강제로 잡아가는 모습, 즉 고대사회에서 여성을 강제로 약탈하여 아내로 삼았던 약탈혼의 모습을 담고 있다는 주장임. 설명의 방식에는 차이가 있지만 '아내'라는 의미는 동일하다고 할 수 있음.

용법

한중일 모두 '아내'의 의미로 사용함. 한국어와 일본어에서는 '아내에게 눌려 지내는 남편'을 恐妻家(공처가, きょうさいか)라고 하지만, 중국어에서는 妻管嚴(qīguǎnyán)이라고 함. 또한 한국어에서는 아내의 남자형제와 여동생을 일러 妻男(처남)과 妻弟(처제)라고 표현하지만 일본어에서는 義兄(ぎけい)·義弟(ぎてい)·義妹(ぎまい)라고 하고, 중국어에서는 舅子(jiùzi)·內妹(nèimèi)와 같이 표현함. 친족 호칭은 한중일 삼국이 서로 다르기에 유의해야 하는데, 특히 妻男의 경우 중국어와 일본어에서는 아내의 정부(情夫)로 오해할 수 있음.

용례

夫妻(부처), 前妻(전처), 賢妻(현처)

성어

조강지처(糟糠之妻): 지게미와 쌀겨로 끼니를 때우던 시절의 아내. 함께 고생하며 가정을 이룬 아내를 일컫는 말.

尺 자 척

갑골문	금문	전국문자	소전	예서	해서

한 尺
음 척
뜻 자 / 법, 법도 / 짧다

중 尺
음 chǐ
뜻 자, 척(길이를 재는 단위) / 자

일 尺
음 しゃく syaku, せき seki
뜻 척, 자 / 길이

자원
상형
『설문』에서는 "尺은 十寸(십촌)을 의미하며, 尸[주검 시]와 乙[새 을]이 결합되었음"이라고 설명하고 있음. 중국 고대에서 사용되었던 길이단위는 대부분 손이나 발과 같은 신체 부위를 이용하였음. 尺 역시 尸[사람]의 특정 부위를 이용한 것으로 추측되지만 구체적으로 어떤 부위를 의미하는지에 대해서는 의견이 분분함. 일설에는 손가락의 엄지와 검지 사이, 즉 '한 뼘'을 가리켰다고도 함. 어떤 견해이든 간에 尺이 길이 단위인 것은 확실하며, 직간접적으로 인체와 관계가 깊다는 점 또한 알 수 있음. 한편 중국어에서는 시대별로 '尺'의 길이가 다르기에 유의해야 함.

용법
한중일 모두 '길이의 단위'로 사용함. 현재 '一尺(일척)'은 한국과 일본에서는 30.3센티미터이고, 중국에서는 33.3센티미터로 차이가 남. 尺牘(척독, chǐdú, しゃくどく)는 원래 한 자[尺] 정도 길이의 木簡(목간)을 지칭하였으나, 여기에 기재된 서신 또는 짧은 글을 뜻하기도 함.

용례
尺度(척도), 尺牘(척독), 咫尺(지척)

성어
백척간두(百尺竿頭): 아주 높은 백 척의 장대 위에 올라 있다는 뜻으로, 매우 위태로운 상황을 가리키는 말.

川 내 천

갑골문	금문	전국문자	소전	예서	해서
川	川	川	川	川	川

한 川 음 천 뜻 하천, 내

중 川 음 chuān 뜻 하천, 내 / 사천성

일 川 음 せん sen 뜻 하천, 강

자원
상형
갑골문을 보면 양쪽 언덕 사이로 흐르는 물의 모양을 본뜬 글자로서 '내', 하천' 등을 뜻함. 하천은 끊이지 않고 계속 흐른다는 점에서 '계속해서', '끊임없이'의 의미로 확대 사용되었음. 또한 중국의 사천성(四川省)을 줄여서 川이라 부르기도 함.

용법
한중일 모두 '하천'의 의미로 사용함. 한국어와 중국어에서는 淸溪川(청계천, qīngxī chuān)처럼 하천의 이름 뒤에 붙는 접미사로도 활용함. 중국어에서는 용법이 더욱 다양한데, 먼저 '여행길'의 뜻을 나타내어 川資(chuānzi)는 '여행 경비'를 의미하고, '평원'의 뜻도 나타내어 '말이 달릴 수 있는 넓은 평원'을 一馬平川(yìmǎpíngchuān) 이라고 표현하기도 함. 또한 끓는 물에 살짝 '데치다'의 뜻으로도 사용함.

용례
山川(산천), 河川(하천)

성어
산천초목(山川草木): 산과 시내, 풀과 나무. 자연 그대로의 모습을 일컫는 말.

초

김

泉 샘 천

| 갑골문 | 금문 | 전국문자 | 소전 | 예서 | 해서 |

한 泉 음 천 / 뜻 샘

중 泉 음 quán / 뜻 샘 / 샘구멍 / 지하

일 泉 음 せん sen / 뜻 샘 / '온천'의 준말

자원
상형
갑골문은 물이 솟아나오던 근원을 본뜬 글자로 '샘물'이 본래 의미이고, 물이 나오는 땅의 아래, 즉 '지하'를 나타내기도 함. 고대에는 금속화폐를 泉幣(천폐), 泉布(천포)라 하였는데, 샘물이 솟아서 퍼지는 것처럼 돈도 널리 쓰이게 된다는 점에서 붙여진 명칭임. 溫泉(온천), 鑛泉水(광천수) 등도 샘물의 의미와 관계있는 말이고, 저승을 泉下(천하) 혹은 黃泉(황천)이라 한 것은 지하의 의미와 관계있음.

용법
한중일 모두 '샘'의 의미로 사용함. 일본어에서는 溫泉(온천, おんせん)을 줄여서 泉(せん)이라고 쓰기도 함. 중국 고대에는 泉(quán)이 '화폐'를 뜻하기도 했는데, 오늘날에는 사용하지 않는 용법임. 한중일 모두 黃泉(황천, huángquán, こうせん)이라고 써서 '저승'의 의미로도 사용함.

용례 泉水(천수), 泉河(천하), 源泉(원천)

성어 천석고황(泉石膏肓): 냇물과 바위에 대한 깊은 병. 자연에 푹 빠져 깊은 병에 걸린 듯 헤어 나오지 못하는 것.

얕을 천

갑골문	금문	전국문자	소전	예서	해서

한 淺 음 천
뜻 얕다 /
(색깔이) 엷다

중 浅 음 qiǎn, jiān
뜻 [qiǎn] 얕다 / 쉽다
[jiān] '浅浅(졸졸)'의
구성자

일 浅 음 せん sen
뜻 얕다 / 엷다

자원
형성
의미 부분인 水[물 수]와 소리 겸 의미 부분인 戔[해칠 잔]으로 이루어짐. 戔은 두 개의 戈[창 과]로 이루어져 본뜻은 '상해를 입히다'임. 그 외에 '작다', '부스러기' 등의 의미로 쓰였고, 이 편방으로 구성된 글자들은 대부분 '작다'의 의미를 지니게 됨. 예를 들면 물이 적으므로 淺[얕을 천], 재물이 적으므로 賤[천할 천], 몸이 엷으므로 俴[맨몸 천], 속옷을 의미하는 幒[기저귀 천] 등을 들 수 있음.

용법
한중일 모두 '얕다', '엷다'의 의미로 사용함. 중국어에서 浅浅(jiānjiān)은 물이 빨리 흐르는 모양을 나타내는 표현임. 한국어와 중국어에서는 '초봄'을 初春(chūchūn) 혹은 早春(zǎochūn)이라 하는데, 일본어에서는 早春(そうしゅん) 혹은 淺春(せんしゅん)이라 함.

용례
鄙淺(비천), 深淺(심천), 淺薄(천박)

성어
천학비재(淺學菲才): 얕은 배움과 보잘것없는 재주. 자신의 학문과 능력을 낮춰 부르는 말.

ㅊ

킴

674

千 일천 **천**

갑골문	금문	전국문자	소전	예서	해서
𠂤	千	千	𢆉	千	千

한 ──────
千
음 천
뜻 일천 / 많다

중 ──────
千
음 qiān
뜻 천 / 매우 많다

일 ──────
千
음 せん sen
뜻 천 / 수가 많음

자원
형성
의미 부분인 一[한 일]과 소리 부분인 亻[사람 인]으로 이루어짐. 갑골문과 금문에서는 의미 부분인 一을 바꿔가며 숫자를 표시하였음. 예를 들면 二(이)로 바꾸면 二千(이천)이 되고, 三(삼)으로 바꾸면 三千(삼천)이 되는 것임. 千은 상당히 큰 숫자이므로 '많다'라는 뜻으로 확장되었음. 숫자 一, 二가 표시부호이므로 이 글자에서 一도 표시부호로 봐야 한다는 견해도 있음.

용법
한중일 모두 숫자 '천'의 의미로 사용함. 한중일 모두 千金(천금, qiānjīn, せんきん)은 '많은 돈'을 의미하는데, 중국어에서는 남의 딸을 높여 부를 때도 사용함. 이 경우 한국어와 일본어에서는 중국어에서도 쓰고 있는 令愛(영애, lìng'ài, れいあい)를 씀. 千里(천리, qiānlǐ, せんり)는 '아주 먼 거리'를 나타내므로, 중국어에서는 달을 千里燭(qiānlǐzhú)라 함. 千萬(천만)은 많은 수를 나타내기도 하지만 千萬不當(천만부당)과 같이 부정을 강화하는 뜻으로도 사용함.

용례 千金(천금), 千萬(천만), 千秋(천추)

성어 천금매소(千金買笑): 큰돈을 들여 (여인의) 웃음을 사들임. 쓸데없는 일에 큰돈을 들여 낭비하는 것을 이르는 말.

류

 하늘 천

갑골문	금문	전국문자	소전	예서	해서

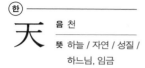
음 천
뜻 하늘 / 자연 / 성질 / 하느님, 임금

음 tiān
뜻 하늘 / 하루 / 낮

음 てん ten
뜻 하늘 / 자연의

자원
회의

'두 팔과 다리를 벌리고 서 있는 사람'을 본뜬 大[클 대] 위에 '머리'를 나타내는 가로획(一)을 하나 더한 글자임. 본래 의미는 '머리'임. 『설문』에서도 "머리"라고 풀이하였음. 음과 뜻이 비슷한 顚[이마 전]으로 天의 뜻을 풀이한 것임. 頂[정수리 정] 역시 顚과 마찬가지로 天과 뜻이 통함. 또한 머리가 몸의 앞에 있다는 점에서 前[앞 전], 先[먼저 선]과 뜻이 통하고, 하늘에서 사는 존재라는 점에서 仙[신선 선], 神[신 신]과 뜻이 통하며, 성인이 하늘에서 사는 신선과 같은 사람이라는 점에서 聖[성인 성]과 뜻이 통함.

용법

한중일 모두 '하늘'의 의미로 사용함. 일본어에서는 天候(てんこう) 자체가 '날씨'의 뜻으로 쓰이지만, 한국에서는 惡天候(악천후), 全天候(전천후)와 같이 다른 말과 결합해서만 쓰임. 중국어에서는 '날씨'의 뜻으로 天氣(tiānqi)를 사용함.

용례

天堂(천당), 天命(천명), 天文(천문)

성어

청천벽력(靑天霹靂): 맑은 하늘에 치는 번개. 전혀 예기치 못한 일을 당했을 때 쓰는 표현.

천

박

709

676

鐵 쇠 철

갑골문	금문	전국문자	소전	예서	해서
		鐵	鐵	鐵	鐵

한 鐵 음 철
뜻 쇠 / 무기, 갑옷 /
단단하다

중 铁 음 tiě
뜻 쇠 / 무기 /
단단하다

일 鉄 음 てつ tetu
뜻 쇠, 철 / 무기

자원
형성
의미 부분인 金[쇠 금]과 소리 부분인 戴(질)로 이루어짐. 『설문』에서는 본래 의미가
'검은색 금속[黑金]'이라고 하였음. 소리 부분인 戴은 본뜻이 '많다'이므로, 鐵은 '많은
금속' 즉 쉽게 얻을 수 있는 흔한 금속이라는 뜻도 나타냄. 중국어와 일본어에서 모두
소리 부분이 失[잃을 실]로 바뀜.

용법
한중일 모두 '쇠'의 의미로 사용함. 한국어와 일본어에서는 '낡고 오래된 쇠'를 古鐵
(고철, ふるかね)라고 하지만, 중국어에서는 廢鐵(fèitiě)라고 함. 한국어와
일본어에서는 鋼鐵(강철, こうてつ)와 鐵鋼(철강, てっこう)가 같은 의미로도
사용되는데, 중국어에서는 鋼鐵(gāngtiě)만을 사용함.

용례
鐵器(철기), 鐵道(철도)

성어
철중쟁쟁(鐵中錚錚): 많은 쇠 중에서 훌륭한 소리를 낸다는 뜻으로, 재주가 돋보이는
사람을 비유할 때 쓰는 말.

ㅊ

강

710

晴 갤 청

갑골문	금문	전국문자	소전	예서	해서
				晴	晴

한 晴 음 청
뜻 (날이) 개다, 맑다

중 晴 음 qíng
뜻 (하늘이) 맑다

일 晴 음 せい sei
뜻 (날이) 개다

자원
형성

의미 부분인 日[해 일]과 소리 부분인 靑[푸를 청]으로 이루어져 '해[日]가 맑게[靑] 비추다'의 의미를 그렸음. 원래는 夕[저녁 석]이 의미 부분이고 生[날 생]이 소리 부분인 姓[맑을 청]을 써서 밤[夕]에 날이 맑게 개어 별이 생겨남[生]을 뜻했음. 晴을 구성하는 靑은 원래 丹[붉을 단]이 의미 부분이고 生이 소리 부분이었는데, 자형이 변해 지금처럼 되었음. 生은 싹[屮]이 흙[土]을 비집고 올라오는 모습이고, 丹은 광정[井]에서 캐낸 염료[丶]를 상징함. 『설문』에서 靑은 음양오행에서 '동방의 색(東方色也)'으로 해석하는데, 동방은 초목이 생장하기 시작할 때의 상징이고, 이 때문에 靑은 봄날 피어나는 초목의 어린 싹의 '초록색'을 말함. 그래서 靑은 푸른색, 즉 '자연의 순색'을 말하며 이 때문에 '순수'의 뜻이 담겼으며, 그런 순수함은 '깨끗함'과 '빛남'의 상징이라는 점에서 '젊음', '청춘', '청년'의 의미도 더해졌음.

용법

한중일 모두 '날이 개다', '맑다'의 의미로 사용함. 일본어에서는 '마음이 즐겁다', '화려하다', '경사스럽다' 등의 뜻으로도 사용하는데, '경사스러운 자리'를 晴の場所 (はれのばしょ)와 같이 표현함. 이는 한국어와 중국어에는 없는 용법임. 중국어에서는 '날씨가 개다'를 放晴(fàngqíng), 轉晴(zhuǎnqíng)과 같이 표현함.

용례 晴天(청천), 快晴(쾌청)

성어 청경우독(晴耕雨讀): 갠 날에는 밭을 갈고 비가 오면 책을 읽음. 부지런히 일을 하면서도 공부를 게을리 하지 않음을 이르는 말.

聽

678

들을 청

갑골문	금문	전국문자	소전	예서	해서

한

聽

음 청

뜻 듣다 / 따르다 /
판결하다

중

听

음 tīng

뜻 듣다 / 받아들이다 /
깡통

일

聴

음 ちょう ryou,
てい tei

뜻 듣다 / 허락하다

자원
형성

의미 부분인 耳[귀 이]와 悳[덕 덕]과 소리 부분인 壬[좋을 정]으로 이루어져
'귀[耳]를 기울여 듣다'의 뜻을 나타냄. 금문에서는 耳와 口[입 구]로 이루어져
'말[口]을 귀[耳]로 듣다'의 뜻을 나타냈는데, 口가 두 개로 변하기도 했음. 소전에
들어 소리 부분인 壬이 더해졌으며, '곧은 마음[悳]으로 발돋움 한 채[壬] 귀[耳]
기울여 듣고 청을 들어주다'의 뜻을 반영했음. '듣다'라는 뜻 이외에도 '받아들이다',
'판결하다', '판단하다' 등의 뜻이 더해졌음.

용법

한중일 모두 '(주의해서) 듣다'의 의미로 사용함. 중국어에서는 영어 '틴(tin)'의
음역어로 쓰여 '캔'이나 '깡통'을 뜻하고, '캔 맥주' 등 캔으로 만든 것을 세는 단위로도
사용됨. 또 聽從(tīngcóng, 남의 말을 듣다)처럼 '(남의 의견을) 받아들이다' 혹은
'따르다'의 뜻을 나타내기도 하며, 聽訟(tīngsòng, 소송을 심리하다)처럼 '판단하다'의
의미로도 사용함.

용례

聽覺(청각), 敬聽(경청), 視聽(시청)

성어

청이불문(聽而不聞): 들어도 들리지 않음. 남의 말을 건성으로 대충 듣는 일.

淸

맑을 청

갑골문	금문	전국문자	소전	예서	해서
			淸	淸	淸

한
淸
음 청
뜻 맑다 / 깨끗하다 /
청나라

중
淸
음 qīng
뜻 깨끗하다 /
분명하다 /
청소하다

일
淸
음 せい sei,
しょう syou
뜻 맑다 / 깨끗하다

자원
형성

의미 부분인 水[물 수]와 소리 겸 의미 부분인 靑[푸를 청]으로 이루어짐. 물이 푸르다
못해 투명하여 '맑다'를 의미함. '물이 맑다'라는 점에서 모든 사물이 '깨끗하다',
'남김없이 말끔하게 하다' 등의 의미로 확장되어 쓰였음. 또한 고유명사로서 중국
최후의 왕조인 청(淸)나라를 지칭하기도 함.

용법

한중일 모두 '맑다', '깨끗하다'의 의미로 사용함. 한국어와 일본어에서는 맑고 깨끗한
아름다움을 지니고 있는 것을 淸楚(청초, せいそ)라 하지만, 중국어에서의 淸楚
(qīngchǔ)는 '분명하다', '명확하다'의 뜻을 나타냄. 또한 한국어의 淸掃(청소)를
일본어에서는 掃除(そうじ)라 하고, 중국어에서는 打掃(dǎsào)라 함. 淸掃夫(청소부)를
일본어에서는 掃除夫(そうじふ)라 하고, 중국어에서는 淸道夫(qīngdàofū)라 하여
각기 다르게 씀.

용례

淸潔(청결), 淸算(청산), 肅淸(숙청)

성어

청풍명월(淸風明月): 맑은 바람과 밝은 달. 깨끗하고 담백한 사람의 성격. 또는
풍자와 해학 등으로 세상사를 거론하는 일.

ㅊ

김

請 청할 청

갑골문	금문	전국문자	소전	예서	해서
	請	請	請	請	請

한 請
음 청
뜻 청하다 / 청탁하다 / 묻다

중 请
음 qǐng
뜻 부탁하다 / 초청하다 / 안부를 묻다

일 請
음 せい sei, しん sin, しょう syou
뜻 청하다, 기원하다 / 부탁하다

자원
형성

의미 부분인 言[말씀 언]과 소리 부분인 靑[푸를 청]으로 이루어짐. 순수하고[靑] 곡진한 말[言]과 관련되어 '요청하다'라는 의미를 표현하였으며, 비슷한 개념의 '초청하다'라는 뜻도 생겼음. 정중한 요청은 상대방의 의견을 묻는다는 점에서 후에 '묻다'의 의미도 더해졌음.

용법

한중일 모두 '청하다'의 의미로 사용함. 현대 중국어에서는 정중하게 권유나 부탁을 할 때 말머리에 쓰는 경어로도 사용됨. 가령 請問(qǐngwèn)은 '뭐 좀 여쭤보겠습니다'라는 의미이고, 請喝咖啡(qǐnghēkāfēi)는 '커피 드세요'라는 의미임. 한국어와 일본어에서는 '말미를 청하다' 혹은 '휴가를 신청하다'를 請暇(청가, せいか)라고 하는데, 중국어에서는 請假(qǐngjià)라고 함. 한국어에서 請客(청객)은 '손님을 초대하다'의 의미인데, 중국어에서 請客(qǐngkè)는 그 외에 '한턱 내다'의 의미로도 자주 사용함. 일본어에서는 '손님을 초대하다'를 招客(しょうきゃく)라고 함.

용례 請求(청구), 請帖(청첩), 申請(신청)

성어 청로(請老): 늙어서 자리에서 물러나게 해주기를 청함.

青 푸를 청

갑골문	금문	전국문자	소전	예서	해서
㫃	峕	青	靑	靑	靑

한
靑
음 청
뜻 푸르다 / 젊다

중
青
음 qīng
뜻 푸르다 / 젊다 / 청해성

일
青
음 せい sei, しょう syou
뜻 푸르다 / 무성하다

자원
형성

금문을 보면 生[날 생]과 丹[붉을 단]으로 구성되거나 혹은 生[날 생]과 井[우물 정]으로 이루어졌음. 生은 새싹[屮]이 땅[一]에서 솟아 나오는 모습을 본뜬 것임. 임의광(林義光)은 초목이 싹을 피우면 푸른색을 띠는 것을 의미 부분으로 보고 井[정]을 소리 부분으로 보았음. 반면 왕균(王筠)은 丹을 색이 있는 광물의 일종으로 보았음. 이 같은 연유로 회의자로 보는 시각도 있음. 이러한 본뜻에서 확장되어 '젊음', '청춘', '청년' 등의 의미가 더해졌음. 『설문』에서 이를 五行(오행)의 관점에서 '동방의 색(東方色也)'이라고 한 것은 오류임. 靑布(청포, qīngbù)는 한국어에서는 푸른빛의 베를 뜻하지만 중국어에서는 靑이 '검다'는 뜻으로 쓰여 '검은 천'울 이름.

용법

한중일 모두 '푸르다', '젊다'의 의미로 사용함. 한국어에서는 피부에 먹물로 글씨나 그림을 새기는 것을 文身(문신)이라고 하지만, 중국어에서는 刺青(cìqīng), 일본어에서는 彫り物(ほりもの)라고 함. 한편 한국어와 중국어에서 殺青(살청, shāqīng)은 竹簡(죽간)으로 사용할 대나무를 말려 푸른빛을 없애는 것을 뜻하는데, 중국어에서는 문장이나 저서를 '탈고하다'의 뜻으로도 사용함.

용례 靑年(청년), 靑春(청춘), 丹靑(단청)

성어 청출어람(靑出於藍): 쪽에서 나온 푸른색이 쪽빛보다 더 푸르다. 제자가 스승보다 뛰어남을 비유하는 말.

청

오

體 몸 체

갑골문	금문	전국문자	소전	예서	해서

한
體
음 체
뜻 몸 / 몸소 / 격식 /
물질

중
体
음 tǐ
뜻 몸 / 신체의 일부분 /
물체

일
体
음 たい tai, てい tei
뜻 몸 / 형체, 모양 /
본체

자원
형성
의미 부분인 骨[뼈 골]과 소리 부분인 豊[풍성할 풍]으로 이루어짐. 『설문』에서는 "12개 신체 부위의 총칭이다"라고 풀이하였음. 이처럼 몸 전체를 지칭하는 의미로 사용되었으며, 여기서 '물체', '형체' 등의 의미로 확장되었음. 중국의 간화자와 일본의 한자에서는 骨을 人[사람 인]으로 바꾸고, 豊을 本[밑 본]으로 줄여 体로 적음.

용법
한중일 모두 '몸', '물체'의 의미로 사용함. 한국어에서는 健康體(건강체), 企業體(기업체)와 같이 일정한 명사 뒤에서 몸이나 조직을 나타내는 접미사로 쓰임. 또한 '자동차의 몸체'와 같이 물체의 몸이 되는 부분을 나타내기도 함. 한편 한국어와 일본어에서는 '자기가 몸소 겪음'을 뜻하는 體驗(체험, たいけん)이나 '경험을 통해 얻어지는 것'을 뜻하는 體得(체득, たいとく)을 중국어에서는 體會(tǐhui)라고 함.

용례
體育(체육), 體力(체력), 全體(전체)

성어
일심동체(一心同體): 한마음과 한 몸. 서로 마음을 합치는 일.

천

오

招

招 부를 초

갑골문	금문	전국문자	소전	예서	해서
			招	招	招

한
招 음 초
뜻 부르다, 손짓하다

중
招 음 zhāo
뜻 손짓하다 /
모집하다 /
초래하다

일
招 음 しょう syou
뜻 손짓하여 사람을
부르다

자원
형성
의미 부분인 手[손 수]와 소리 부분인 召[부를 소]로 이루어짐. 손짓[手]으로 부르는[召] 것을 말하며, 이로부터 招待(초대)의 뜻이 생겼음. 손으로 부르는 것을 招[부를 초], 말로 부르는 것을 召로 구분해 쓰기도 했음. 招를 구성하는 召는 원래 갑골문[召]이나 금문[召]에서처럼, 위쪽의 숟가락[匕]과 아래쪽의 입[口]으로 이루어진 글자임. 기물의 아가리[口]로부터 뜰 것[匕]으로 술을 뜨는 모습을 그렸으나, 숟가락이 刀[칼 도]로 변해 지금의 자형이 되었음. 손님을 접대하기 위해 술을 뜬다는 점에서 '초청하다'의 뜻이 나왔고, 이로부터 '부르다', '초대하다', '초치하다' 등의 뜻도 나왔음. 이후 부르는 행위를 더욱 강조하기 위해 手를 더한 招가 만들어졌음.

용법
한중일 모두 '부르다'의 의미로 사용함. 한국어와 일본어에서는 '사람을 청하여 부름'을 招請(초청, しょうせい)라고 하는데, 중국어에서는 邀請(yāoqǐng)이라고 함. 또 한국어에서는 招致(초치)가 '(사람 등을) 불러오는 것'을 뜻하는 데 반해, 일본어의 招致(しょうち)는 올림픽 등 국제행사를 誘致(유치)하는 것까지 포함하는 개념으로 쓰임.

용례
招待(초대), 招聘(초빙)

성어
만초손겸수익(慢招損謙受益): 거만함은 손해를 부르고, 겸손함은 이익을 얻게 한다는 뜻.

초

初

처음 초

| 갑골문 | 금문 | 전국문자 | 소전 | 예서 | 해서 |

| 한 | | 중 | | 일 | |

初 음 초
뜻 처음, 시작

初 음 chū
뜻 처음의 / 원래의

初 음 しょ syo
뜻 시초 / 처음으로

자원
회의

갑골문을 보면 옷[衣]을 칼[刀]로 자르고 있는 모양을 본뜬 것임을 알 수 있음. 『설문』에서는 본래 의미가 '시작'이라 풀이하고, 또 "마름질하는 것이 옷을 만들 때 처음 하는 일"이라고 하였음.

용법

한중일 모두 '처음이 되는 때'의 의미로 사용함. '차례로 이어나가는 자리나 지위에서 그 첫 번째에 해당하는 차례'를 한국어와 일본어에서는 初代(초대, しょだい)라고 하지만, 중국어에서는 首任(shǒurèn)이라고 함. '운동 경기나 바둑, 장기 따위에서 승부의 처음 단계나 어떤 일이나 일정한 기간의 처음 단계'를 한국어에서는 初盤(초반)이라 하고, 일본어에서는 序盤(じょばん)이라고 함. 중국어에서 初盤(chūpán)은 '도박사가 베팅한 구기 경기에 대한 초반 배당률 동태'라는 뜻으로 終盤(zhōngpán, 마감 시세)과 상대적임.

용례

初期(초기), 初級(초급), 初步(초보)

성어

자초지종(自初至終): 처음부터 끝까지의 과정. 일의 처음부터 끝까지의 전체 과정을 가리키는 말.

草

풀 초

갑골문	금문	전국문자	소전	예서	해서
			𦷾	草	草

한 ——————
草
음 초
뜻 풀 / 시작하다 /
거칠다 / 초를 잡다

중 ——————
草
음 cǎo
뜻 풀 / 산과 들

일 ——————
草
음 そう sou
뜻 풀 / 조잡하다 /
기초, 초안 /
초서(서체의 하나)

자원
형성

의미 부분인 艸[풀 초]와 소리 부분인 早[새벽 조]로 이루어짐.『설문』에서는 "草는 검은색으로 된 껍데기에 싸여진 열매[草斗]로 상수리나무의 열매이다. 일설에는 도토리나무의 열매라고도 한다"라고 하였음. 草는 본래 도토리나무의 열매를 뜻하다가 이후 '초목'의 총칭으로 의미가 확장되어 쓰이게 되었고, 이에 새로이 皂[하인 조]를 만들어 도토리를 사용해서 만드는 검은색을 뜻하도록 한 것으로 보임.

용법

한중일 모두 '풀', '잡초'의 의미로 사용함. 일본어에서는 くさ로 읽으면, '풀'의 뜻과 더불어 草野球(くさやきゅう, 동네야구)처럼 '본격적인 것이 아닌 것'의 뜻을 나타내는 접두사로도 활용됨. 그리고 そう로 읽으면 草稿(초고, そうこう)처럼 '기초', '초안'이라는 뜻을 나타냄. 중국어에서는 재배 식물을 제외한 '초본 식물의 총칭'으로 쓰이거나, '곡식 등의 줄기나 잎'이라는 의미로 주로 쓰이며, 예외적으로 '민간'이라는 의미로도 쓰이는데, 이는 한국어에서 일반 백성을 질긴 잡초에 비유하여 民草(민초)라고 쓰는 것과 유사한 경우임. 또한 중국어에서는 '거칠다', '엉성하다'의 뜻으로도 쓰이는데, 가령 草率(cǎoshuài)는 '적당히 하다', '대강하다', '건성으로 하다'의 의미를 나타냄.

용례

草木(초목), 草案(초안), 甘草(감초)

성어

삼고초려(三顧草廬): 초가집을 세 번 찾아감. 인재를 얻기 위해 기울이는 간절한 정성을 이르는 말.

寸 마디 촌

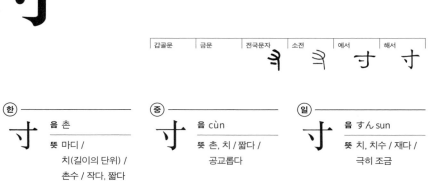

갑골문	금문	전국문자	소전	예서	해서

한
寸 음 촌
뜻 마디 /
치(길이의 단위) /
촌수 / 작다, 짧다

중
寸 음 cùn
뜻 촌, 치 / 짧다 /
공교롭다

일
寸 음 すん sun
뜻 치, 치수 / 재다 /
극히 조금

자원
지사

오른손의 손목 부분에 한 획을 표시해놓은 모습으로 전형적인 지사자임. 옛날에는 손으로 길이를 쟀는데, 촌[寸]에서 표시해놓은 곳이 바로 일촌(一寸)에 해당하는 부분으로 촌구(寸口)라고 부름. 촌(寸)은 비교적 작은 단위라서 '짧다', '적다'라는 뜻으로 확장되어 촌음(寸陰), 촌보(寸步)처럼 '짧은 시간', '작은 걸음' 등의 의미로 사용함.

용법

한중일 모두 '길이를 재는 단위'와 '짧다', '조금'의 의미로 사용함. 한국어에서는 四寸(사촌)처럼 친족 관계의 멀고 가까움을 나타낼 때도 사용함. 중국어에서는 '공교롭다'의 뜻으로도 사용함. 오늘날 그 의미가 다소 퇴색되기는 했지만, 한국어에서 주로 선생이나 기자에게 '정성을 드러내기 위해 주는 돈'을 寸志(촌지)라고 하는데, 그 본래 의미는 '마음을 담은 작은 선물'임. 일본어에서는 그 의미를 나타내는 말로 寸志(すんし)와 寸心(すんしん)을 모두 사용하는데, 중국어에서는 주로 寸心(cùnxīn)을 사용하고, 구어에서는 小意思(xiǎoyisi)를 널리 사용함. 한국어에서는 寸心(촌심)을 寸志의 뜻으로는 사용하지 않고, '속에 품은 작은 뜻'의 의미로, 혹은 '자신의 생각을 낮춰 이르는 말'로 사용함.

용례 寸刻(촌각), 寸劇(촌극), 寸志(촌지)

성어 촌철살인(寸鐵殺人): 작은 쇳조각으로도 사람을 죽일 수 있다는 뜻. 아주 간략한 말이나 글로 핵심을 찔러 사람들의 공감을 얻음을 이르는 말.

류

村 마을 촌

갑골문	금문	전국문자	소전	예서	해서
				村	村

한 村 음 촌
뜻 시골, 마을

중 村 음 cūn
뜻 시골, 마을

일 村 음 そん son
뜻 시골, 마을

자원
형성
의미 부분인 木[나무 목]과 소리 부분인 寸[마디 촌]으로 이루어짐. 옛날에 마을과 마을 사이에 나무를 심어 경계로 삼은 데에서 의미가 유래했음. 『설문』에서는 村 대신 邨[마을 촌]을 쓰고, 그 뜻을 '지명(地名)'으로 풀이하였음.

용법
한중일 모두 '마을', '시골'이라는 의미로 사용함. 일본어에서는 むら로 읽으면 '마을', '촌락'이라는 의미와 함께 접두어로 쓰여 '시골풍인', '촌스러운'이라는 의미로도 쓰임. 중국어에서는 荒[거칠 황]과 함께 써서 荒村(huāngcūn)이라 하여 '외딴 마을', '산간벽지'의 의미를 나타내기도 함.

용례
村落(촌락), 江村(강촌), 農村(농촌)

성어
면면촌촌(面面村村): 모든 면과 촌. 전국의 모든 지역을 이르는 말. '방방곡곡'과 같은 맥락.

ㅊ

윤

最

가장 **최**

갑골문	금문	전국문자	소전	예서	해서
			最	最	最

한 ——
最
음 최
뜻 가장, 제일

중 ——
最
음 zuì
뜻 가장, 제일

일 ——
最
음 さい sai
뜻 가장 뛰어나다, 제일

자원
회의
의미 부분인 冃[쓰개 모]와 取[취할 취]로 이루어짐. 冃는 투구와 같이 생긴 모자로 일단 모자를 눌러쓰면 시야에 장애가 생겨 보이는 것이 없으므로 용감해지는 경향이 있음. 그래서 모험을 한다든가 무모하게 일을 저지르는 성향이 생기기도 함. 이와 관련한 最의 자원에 대해 두 가지 이견이 있는데, 한 가지는 '이것저것 안 가리고 덮쳐 취하다'의 의미였다가 '가장'의 의미로 쓰이게 되었다는 견해이고, 다른 한 가지는 모자를 빼앗는 것이 으뜸가는 공이어서 '가장'의 의미가 유래되었다는 견해임.

용법
한중일 모두 '가장', '제일'의 의미로 사용함. 중국어에서는 最別好(zuibiéhǎo, 웬만하면 그러지 마)처럼 '웬만하면'의 의미로도 쓰이고, 고대 중국어에서는 最萬物(zuiwànwu, 만물을 모으다)처럼 '모으다'의 뜻으로도 쓰였음.

용례
最近(최근), 最新(최신), 最初(최초)

성어
최후일각(最後一刻): 마지막 순간이라는 뜻.

689

秋 가을 추

갑골문	금문	전국문자	소전	예서	해서
龠		秋	爩	秋	秋

한 秋 음 추 / 뜻 가을 / 세월

중 秋 음 qiū / 뜻 가을 / 해, 년

일 秋 음 しゅう syu-u / 뜻 가을 / 세월 / 중요한 시기

자원
회의
두 개의 의미 부분인 禾[벼 화]와 火[불 화]로 이루어져 '벼가 익어가는 가을'의 뜻을 나타낸 글자임. 원래는 '메뚜기'를 본뜬 자형과 火를 통해 '가을에 메뚜기를 불로 태우는 모습'으로 '가을'을 나타낸 글자였는데, '메뚜기'를 본뜬 자형이 龜[거북 귀]로 바뀌었다가 다시 禾로 바뀐 것임. 『설문』에서는 원래 의미를 "벼가 익는 것"이라고 풀이하였음. 秋는 가을에 날아다니는 메뚜기가 곤충이라는 점에서 蟲[벌레 충]과 뜻이 통하고, 가을에 곡식을 수확한다는 점에서 收[거둘 수]와도 뜻이 통함. 또한 가을에 만물이 익고 성숙한다는 점에서 熟[익을 숙]과 뜻이 통하고, 근심이 많은 계절이 가을이라는 점에서 愁[근심 수]와도 뜻이 통함.

용법
한중일 모두 '가을'의 의미로 사용함.중국어에서는 잠자리를 蜻蜓(qīngtíng)이라고 하지만, 일본어에서는 秋津(あきつ)라고 함. 그리고 한중일 모두 '늦가을'을 晚秋(만추, wǎnqiū, ばんしゅう)라고 하는데, 중국어에서는 深秋(shēnqiū)라고도 함.

용례
秋季(추계), 秋風(추풍), 立秋(입추)

성어
추풍낙엽(秋風落葉): 가을바람에 힘없이 떨어지는 잎사귀. 때와 상황이 바뀌어 힘을 잃고 사라짐을 비유하는 말.

追 따를 추

갑골문	금문	전국문자	소전	예서	해서

한 ─────
追 음 추
뜻 쫓다 / 따르다 /
사모하다

중 ─────
追 음 zhuī
뜻 쫓다, 추격하다 /
추구하다 /
구애하다

일 ─────
追 음 つい tui
뜻 쫓다 / 과거로
거슬러 올라가다 /
추가하다

자원
형성

갑골문은 발[止]과 군사[師]를 나타내는 부분이 합쳐진 모습을 그린 것으로 '군대를 뒤쫓다'라는 뜻을 나타냄. 후에 발[止]의 모양이 辵[쉬엄쉬엄 갈 착]으로 변해 움직임을 강조하였음. 이로부터 '쫓다', '따르다' 등의 확장된 의미를 지니게 되었음.『설문』에서는 형성자로 보았으나 이러한 연유로 회의자로 보는 시각도 있음. 『설문』에서도 '쫓다'라고 풀이하였음. 그러나 사람을 쫓는 것을 追, 짐승을 쫓는 것을 逐[쫓을 축]으로 구분해 쓰기도 하였음.

용법

한중일 모두 '쫓다', '따르다'의 의미로 사용함. 한국어와 일본어에서는 '지나간 일을 돌이켜 생각하는 것'을 追憶(추억, ついおく)라고 하지만, 중국어에서는 回憶(huíyì) 라고 함. 또한 한국어와 일본어에서 '도망가는 사람의 뒤를 쫓는 것'을 追跡(추적, ついせき)라고 하는데, 중국어에서는 追踪(zhuīzōng)이라고 함.

용례

追加(추가), 追擊(추격), 追求(추구)

성어

궁서막추(窮鼠莫追): 막다른 곳에 몰린 쥐는 쫓지 않는다는 뜻. 이미 궁지에 몰린 사람을 더 몰아치면 오히려 해를 입을 수 있음을 경계하는 말.

오

推

밀 추

갑골문	금문	전국문자	소전	예서	해서
			椎	推	推

한 推 음 추
뜻 밀다 / 헤아리다 / 받들다

중 推 음 tuī
뜻 밀다 / 추천하다

일 推 음 すい sui
뜻 밀다 / 미루어 생각하다 / 윗사람에게 권하다

자원
형성

의미 부분인 手[손 수]와 소리 부분인 隹[새 추]로 이루어짐. 본래 의미가 '밀다'로서 새[隹]의 속성처럼 '앞으로 나아가도록[隹] 손[手]으로 밀다'라는 뜻을 담았음. 이후 '유추하다', '미루다', '사양하다' 등의 의미가 더해졌음. 이와 유사한 구조로 된 錐[송곳 추]는 '송곳'을 말하는데, 안으로 들어가도록[隹] 구멍을 뚫는 금속[金] 도구라는 뜻을 담았으며, 椎[몽치 추]는 물체를 안으로 들어가도록[隹] 두드리는 짧막하고 단단한 나무[木] 몽둥이를 말함.

용법

한중일 모두 '밀다', '추천하다', '헤아리다'의 의미로 사용함. 중국어에서는 推磨(tuīmò)처럼 '곡식을 빻다', 推讓(tuīràng)처럼 '사양하다', 推延(tuīyán)처럼 '(날짜를) 미루다', 推草(tuīcǎo)처럼 '풀을 깎다'라는 뜻도 함께 지녀 용법이 더욱 다양함.

용례

推進(추진), 推薦(추천), 類推(유추)

성어

추기급인(推己及人): 자신의 마음을 미루어 남을 헤아림. 자신의 경우에 비추어 다른 사람의 입장과 처지를 이해함을 이르는 말.

ㅊ

祝 빌 축

갑골문	금문	전국문자	소전	예서	해서
祝	祝	祝	祝	祝	祝

한

祝 음 축

뜻 빌다, 바라다 /
축하하다

중

祝 음 zhù

뜻 기원하다 /
축하하다

일

祝 음 しゅく syuku,
しゅう syu-u

뜻 기원하다 /
축하하다

자원
회의
두 개의 의미 부분인 示[보일 시]와 兄[맏 형]으로 이루어짐. 갑골문에 대해 곽말약 (郭沫若)은 무릎을 꿇고 기도를 하는 모습을 본뜬 것이라 하였음. 후에 신주의 모양을 본뜬 示가 추가된 갑골문이 보이는데, 이는 신 앞에서 경건하게 기도를 올린다는 의미를 더욱 명확하게 드러낸 것임. 『설문』에서는 "제를 올릴 때 축문을 담당하는 사람"이라고 풀이하였음. 이로부터 '빌다', '기원하다', '축하하다'의 의미로 확장되어 사용함.

용법
한중일 모두 '기원하다', '축하하다'의 의미로 사용함. 영어로 '행운을 빈다'는 뜻의 '굿 럭(Good Luck)'에 해당하는 중국어는 일반적으로 祝你好運(zhùnǐhǎoyùn)으로 표현함.

용례
祝福(축복), 祝賀(축하), 慶祝(경축)

성어
앙천축수(仰天祝手): 하늘을 우러러보며 빈다는 뜻.

초

오

693

봄춘

갑골문	금문	전국문자	소전	예서	해서

한 ────────
春
음 춘

뜻 봄 / 젊은 때 /
정욕 / 움직이다

중 ────────
春
음 chūn

뜻 봄 / 한 해 / 생기 /
정욕

일 ────────
春
음 しゅん syun

뜻 봄 / 새해 / 한창때 /
창창하다

자원
형성

원래는 艸[풀 우거질 망]과 日[날 일]이 의미 부분이고, 屯[진 칠 둔]이 소리 부분으로,
따스한 햇살[日] 아래 땅을 비집고 돋아나는[屯] 풀[艸]을 그려 놓고 그러한 때가
'봄'임을 그렸는데, 예서에 들면서 지금의 형태로 바뀌었음. 艸 대신 艸[풀 초]가
들어간 萅[봄 춘]이나 이를 줄인 旾[봄 춘]으로 쓰기도 했음. '봄'이 원래 뜻이며,
만물이 자라나는 계절이라는 점에서 '욕정'이나 '춘정'의 뜻이 더해졌음. 또 '봄부터
다음 봄까지의 시간인 한 해'를 뜻하기도 하며, '동쪽'을 상징하기도 함.

용법
한중일 모두 '봄', '젊음'의 의미로 사용함. 한중일 모두 春情(춘정, chūnqíng,
しゅんじょう)은 '남녀 간의 욕정'을 나타냄. 일본어에서 賀春(がしゅん)은 연하장에
쓰는 말로 '새해를 축하하다'라는 뜻의 賀正(하정, がしょう)와 같은 말인데, 이때
春은 '한 해' 전체를 뜻함. 중국어에서도 春을 '한 해'의 의미로 쓰는데, 한국어에는
없는 용법임. 또 중국어에서는 유명한 술의 이름인 劍南春(Jiànnánchūn, 검남춘)처럼
春이 '술'의 별칭으로도 사용되는데, 이는 春酒(춘주)라는 고어에서 나온 표현임.

용례
春夏秋冬(춘하추동), 春秋(춘추), 靑春(청춘), 一場春夢(일장춘몽)

성어
일장춘몽(一場春夢): 한 번 꾸어본 봄날의 꿈. 옳고 바르게 노력하지 않으면 금세
지나가버리는 인생의 의미를 일깨우는 말.

出 날 출

694

갑골문	금문	전국문자	소전	예서	해서
				出	出

한 出
음 출
뜻 나다, 낳다 / 나가다 /
떠나다 / 뛰어나다

중 出
음 chū
뜻 나가다 / 생산하다 /
지출하다 /
초과하다

일 出
음 しゅつ syutu,
すい sui
뜻 나가다 / 나타내다 /
태어나다

자원
상형

갑골문을 보면 움집[凵]에서 발[止]이 밖으로 나가는 모양을 본뜬 것임을 알 수
있음. 止의 갑골문은 '사람의 발바닥과 엄지발가락, 발가락 두 개'의 모양을 본떠 만든
글자이며, 일반적으로 발가락이 향하고 있는 쪽이 앞이며 '앞으로 나아가다'라는
뜻을 나타냄. 『설문』에서는 본뜻이 '나아가다'이며 "초목이 점점 자라서 위로 나아가
도달하는 모습을 본뜬 것"이라고 풀이하였음. 아마도 소전의 자형이 마치 '풀이
위로 자라는 모양'처럼 보였던 것으로 짐작됨. 예서부터 지금의 자형이 되어 마치
山[뫼 산] 두 개가 위아래로 배열된 모양과 같은데, 사실 出의 윗부분은 艸[풀 초]의
일부분인 屮[싹날 철]이고, 아랫부분은 凵[입 벌릴 감]이었음.

용법

한중일 모두 '나가다', '내다'의 의미로 사용함. '일터로 근무하러 나가거나 나옴'을
한국어와 일본어에서는 出勤(출근, しゅっきん)이라고 하지만, 중국어에서는 上班
(shàngbān)이라고 함. 출석 상황을 적는 장부를 한국어와 일본어에서는 出席簿
(출석부, しゅっせきぼ)라고 하지만, 중국어에서는 點名册(diǎnmíngcè)라고 함.
국내의 상품이나 기술을 외국으로 팔아 내보냄을 한국어와 일본어에서는 輸出(수출,
ゆしゅつ)라고 하지만, 중국어에서는 出口(chūkǒu)라고 함.

용례

出發(출발), 排出(배출), 提出(제출)

성어

출고반면(出告反面): 집을 나갈 때 알리고, 돌아와서는 직접 뵘. 부모에 대한 자식의
도리를 일컫는 말.

강

蟲

벌레 충

갑골문	금문	전국문자	소전	예서	해서
			𧑃	蟲	蟲

한

蟲 　음 충
　　뜻 벌레

중

虫 　음 chóng
　　뜻 곤충, 벌레 / 놈

일

虫 　음 ちゅう tyu-u
　　뜻 벌레, 곤충

자원
회의

왕균(王筠)은 虫[벌레 충]과 它[다를 타]는 '뱀[蛇]이 머리를 들고 있는 모습'을 본뜬 것으로 본래 같은 글자이며, 또한 虫 역시 蟲과 동일한 글자라고 여겼음. 이처럼 虫의 본뜻은 '뱀'임. 이후 이것의 중첩된 자형인 蟲은 의미가 확장되어 파충류를 포함하는 '곤충', '벌레', 심지어는 '일반적인 생물'까지도 지칭하게 되었음. 중국어에서 蟲의 간화자는 虫으로 통합되었음. 따라서 虫의 자형만을 가지고는 蟲의 간화자인지 혹은 虫의 본래 글자인지 구분할 수 없음.

용법

한중일 모두 '벌레', '곤충'의 의미로 사용함. 한국어와 일본어에서는 '벌레 먹은 이'를 蟲齒(충치, むしば)라고 하지만, 중국어에서는 蟲 대신 蛀[나무좀 주]를 써서 蛀牙(zhùyá)라고 함. 한편 중국어에서는 笨蟲(bènchóng, 멍청이)처럼 경멸이나 해학적인 의미로 사용하기도 함.

용례

昆蟲(곤충), 爬蟲(파충), 害蟲(해충)

성어

하충의빙(夏蟲疑氷): 여름 벌레는 얼음을 의심함. 한여름의 벌레는 겨울의 얼음을 알지 못한다는 뜻으로, 배움이 적어 세상을 보는 눈이 작음을 이르는 말.

충

오

696

充

채울 충

갑골문	금문	전국문자	소전	예서	해서
			㞢	充	充

한 充 음 충
뜻 차다, 채우다 /
막다, 가리다

중 充 음 chōng
뜻 차다, 충분하다 /
채우다 / 담임하다

일 充 음 じゅう zyu-u
뜻 차다, 채우다 /
메우다 / 막다

자원
회의
소전에 처음 나타남. 『설문』에서는 儿[어진사람 인]과 育[기를 육] 두 글자가 조합된
형태로 보아 "성장하고 채워지는 모습"이라고 설명하고 있으나 정설이라고 할
수는 없음. 소전을 근거로 한다면, 글자의 위쪽은 子[아들 자]를 거꾸로 쓴 것이며,
아래쪽은 사람[儿]인데, 이렇게 본다면 역시 사람이 성장하는 모습과 관련이 있을
것으로 추정됨.

용법
한중일 모두 '채우다'의 의미로 사용함. 한국어에서는 '교통카드 등에 돈을 보충하는
것'을 充塡(충전)이라고 하는데, 중국어에서는 充值(chōngzhí)라고 하고, 일본어
에서는 チャージ(charge)라고 함. 또한 한국어에서는 '시장기를 면하기 위해 조금
먹는 것'을 療飢(요기)라고 하는데, 중국어에서는 充飢(chōngjī)라고 표현함.

용례
充滿(충만), 充電(충전), 補充(보충)

성어
할육충복(割肉充腹): 제 살을 베어 배를 채움. 가족이나 친척 등 혈족의 재물을
빼앗는 행위를 비유하는 말.

문

충성 충

갑골문	금문	전국문자	소전	예서	해서

한

忠 음 충
뜻 충성 / 정성

중

忠 음 zhōng
뜻 충성스럽다

일

忠 음 ちゅう tyu-u
뜻 충성을 다하다 /
정성, 충실

자원
형성

의미 부분인 心[마음 심]과 소리 부분인 中[가운데 중]으로 이루어짐. '어디에도
치우치지 않는 공평한 마음'을 뜻하고, 이로부터 '진심', '충심' 등의 의미가 더해진
것으로 보고 있음. 일설에서는 '마음속 깊은 곳에서 우러나오는 참된 뜻'을 나타낸다고
보아 中이 의미 부분 역할을 겸한다고 보기도 함. 후에 '충성', '정성' 등의 의미로 확대
사용하고 있음.

용법

한중일 모두 '충성', '정성'의 의미로 사용함. 한중일 모두 忠心(충심, zhōngxīn,
ちゅうしん)과 衷心(충심, zhōngxīn, ちゅうしん)을 발음은 같되 뜻은 구별하여 사용함.
忠心은 '충성스러운 마음'을 뜻하고, 衷心은 '마음속에서 우러나는 참된 마음'을 뜻함.
또한 한국어와 일본어에서는 '한 가지 일에 정신을 쏟다'를 熱中(열중, ねっちゅう)라고
하는데, 중국어에서는 熱衷(rèzhōng)이라고 함.

용례

忠告(충고), 忠誠(충성), 忠臣(충신)

성어

사군이충(事君以忠): 임금을 충성으로 받듦.

ㅊ

문

取

가질 취

갑골문	금문	전국문자	소전	예서	해서

한 取 음 취
뜻 가지다, 취하다

중 取 음 qǔ
뜻 가지다 / 고르다

일 取 음 しゅ syu
뜻 손에 쥐다, 가지다

자원 '오른손'을 본뜬 又[또 우]와 '귀'를 본뜬 耳[귀 이]를 통해 '취하다'의 뜻을 나타냄.
회의 옛날 전장에서 적의 왼쪽 귀를 베어 증거물로 가져왔는데, 聝[귀 벨 괵] 역시 이러한
사실을 반영하는 글자임. 이와 다른 견해도 있음. 예전에 가축을 잡을 때 귀를
막고서 잡았는데, 이는 가축 소리의 비명을 들으면 잡은 가축을 차마 먹을 수 없었기
때문이라고 함. 이로부터 取를 손으로 귀를 막은 모습을 나타낸 글자로 풀이하기도 함.
『설문』에서는 "붙잡다"로 뜻을 풀이하였음. 取는 最[가장 최]의 소리 부분으로 쓰여
'최' 음도 나타내고, 女[여자 녀]를 더한 娶[장가들 취] 대신 쓰여 '장가들다'의 뜻도
나타냄. 取는 적의 귀를 가진다는 점에서 持[가질 지]와 뜻이 통하고, 손으로 잡고
지킨다는 점에서 掫[지킬 추]와도 뜻이 통함.

용법 한중일 모두 '취하다'의 의미로 사용함. 한국어와 일본어에서는 '작품이나 기사에
필요한 재료나 제재(題材)를 조사하여 얻는 것'을 取材(취재, しゅざい)라고 하지만,
중국어에서는 采訪(cǎifǎng)이라고 함. 한국어와 일본어에서 쓰이는 取扱(취급,
とりあつかう) 역시 중국어에서는 쓰이지 않고 處理(chǔlǐ)라는 말로 나타냄.

용례 聽取(청취), 採取(채취), 奪取(탈취)

성어 사생취의(捨生取義): 자기 목숨을 버려 의로움을 취함. 목숨을 버려서라도 옳은 것을
추구하는 자세나 행위.

박

就

나아갈 **취**

갑골문	금문	전국문자	소전	예서	해서
		𣂂	𩇢	就	就

한
就
음 **취**
뜻 나아가다 / 이루다

중
就
음 jiù
뜻 나아가다 / 이루다 /
즉시, 바로 /
이미, 벌써

일
就
음 しゅう syu-u,
じゅ zyu
뜻 따라가다 /
위치에 서다 /
이루다

자원
회의

두 개의 의미 부분인 京[서울 경]과 尤[빼어날 우]로 이루어짐. 京은 높게 지은 집이고 尤는 평범하지 않은 것으로서, 就는 '어렵사리 높은 곳으로 나아가다'의 의미를 나타냄. 이로부터 비범한 사람이 어려운 장애를 겪고 일을 '성취하다', 어떤 목표 지점에 '가까이 다가가다' 등의 의미로 쓰였음. 그러나 현대 중국어에서는 이러한 원래 의미보다 '곧', '즉시' 등의 부사적 용법으로 훨씬 더 많이 사용함.

용법

한중일 모두 '나아가다', '이루다'의 의미로 사용함. 중국어에서 '곧', '~인 바에는', '설사 ~라 하더라도' 등 부사 용법 외에 就地採購(jiùdìcǎigòu, 현지에서 구입하다)처럼 동작이 일어나는 시점에서 가까운 장소를 뜻하기도 하고, 就酒(jiùjiǔ, 술안주를 곁들이다)와 같이 '곁들이다'를 의미하기도 함.

용례

就業(취업), 就任(취임), 成就(성취)

성어

일취월장(日就月將): 나날이 나아지고 달마다 발전함. 끊임없는 노력으로 학문이 계속 높아지고 새로워짐을 이르는 말.

吹 불 취

갑골문	금문	전국문자	소전	예서	해서
喝	喝		晱	吹	吹

한 ——————
吹 음 취
   뜻 불다 / 부추기다

중 ——————
吹 음 chuī
   뜻 바람이 불다 /
   입으로 불다 /
   허풍을 떨다

일 ——————
吹 음 すい sui
   뜻 불다 / 숨을 내쉬다 /
   바람이 불다

자원
회의

'입'을 본뜬 口[입 구]와 '사람이 하품하는 모습'을 본뜬 欠[하품 흠]으로 이루어져 '불다'의 뜻을 나타낸 글자임. 『설문』에서는 "바람을 내뱉는 것"이라고 풀이하였음. '의견이나 사상 따위를 열렬히 주장하여 불어넣다'라는 뜻의 고취(鼓吹), '관악기를 중심으로 하면서 타악기를 합하여 대규모로 연주하는 음악'을 뜻하는 취주악(吹奏樂) 등의 단어에 쓰임. 歌[노래 가], 歡[기뻐할 환], 歎[탄식할 탄], 歇[쉴 헐], 飮[마실 음] 등과 같이 欠이 들어간 글자도 있음. 吹는 바람을 세게 불어 밀어낸다는 점에서 推[밀 추]와 뜻이 통하고, 입으로 바람을 불어 불을 땐다는 점에서 炊[불땔 취]와도 뜻이 통함.

용법

한중일 모두 '불다'의 의미로 사용함.중국어에서는 눈보라를 暴風雪(bàofēngxuě) 라고 하지만, 일본어에서는 吹雪(ふぶき)라고 함. 한국어와 일본어에서는 '의견이나 사상 따위를 불어넣음'을 鼓吹(고취, こすい)라고 하는데, 중국어에서는 鼓吹(gǔchuī) 외에 導揚(dǎoyáng)이라는 표현도 사용함. 중국어에서는 '허풍을 떨다'의 뜻으로도 쓰이는데 보통 吹牛(chuīniú)라고 표현함.

용례

吹奏(취주), 吹奏樂(취주악), 鼓吹(고취)

성어

취모구자(吹毛求疵): 털을 입김으로 불어 결점을 찾아냄. 남의 아주 작은 잘못까지 샅샅이 찾아내는 행위를 비유하는 말.

박

治

다스릴 치

갑골문	금문	전국문자	소전	예서	해서
		治	治	治	治

한
治
음 치
뜻 다스리다 /
　　병을 고치다

중
治
음 zhì
뜻 다스리다 /
　　병을 고치다 /
　　처벌하다

일
治
음 じ zi, ち ti
뜻 다스리다 /
　　병을 고치다 /
　　관리하다

자원
형성

의미 부분인 水[물 수]와 소리 부분인 台[별 태]로 이루어짐. 본래는 산동성에 흐르는 하천의 이름이었음. 물길을 바로잡는다는 생각에서 '다스리다'의 의미가 파생된 것으로 추측됨. 고자(古字)로 亂이 있는데, 이는 손으로 엉킨 실을 풀고 있는 모습으로 엉키어 있으므로 '어지러울 란(亂)'이라고도 하고, 풀어서 다듬으므로 '다스릴 치(治)'라고도 함. 후에 亂이 분화되어 '어지럽다'라는 의미에는 亂을 쓰고 '다스리다'의 의미에는 治를 쓰게 되었음.

용법

한중일 모두 '다스리다', '관리하다'의 의미로 사용함. 한중일 모두 병을 치료할 때 근원부터 다스리는 것을 治本(치본, zhìběn, ちほん)이라 하고, 겉으로 드러난 증세만을 치료하는 것을 한국어와 일본어에서는 治表(치표, ちひょう)라 쓰지만, 중국어에서는 治標(zhìbiāo)라 씀. 곱게 모양을 내는 것을 한국어와 일본어에서는 治粧(치장, ちしょう)라 표현하는데, 중국어에서는 打扮(dǎban)이라 함.

용례

治療(치료), 政治(정치), 退治(퇴치)

성어

치산치수(治山治水): 산과 물을 다스림. 자연을 잘 다스려 재해를 막는 것을 이르는 말.

치

致 이를 치

갑골문	금문	전국문자	소전	예서	해서

致

한

致 음 치

뜻 보내다 / 이르다 /
나아가다 / 극치

중

致 음 zhì

뜻 보내다, 표시하다 /
초래하다 /
이르다 / 세일하다

일

致 음 ち ti

뜻 초대하다 / 합치다 /
이르다 / 취향

자원
회의

'도달하다'의 뜻인 至[이를 지]에 '손으로 무엇을 하다'의 뜻인 攵[칠 복]이 더해져
이루어짐. 至와 마찬가지로 '이르다'의 뜻을 나타내지만, '뜻을 전달하다', '모든
것을 쏟아 붓다' 등으로 至보다 적극적으로 이르게 하는 뜻이 강함. 후에 고대
중국어에서는 내면의 의식을 표현하는 '흥치(興致)' 등으로도 의미가 확장되었음.

용법

한중일 '이르다', '보내다'의 의미로 사용함. '벼슬을 사직하다'의 의미로 한중일 모두
致仕(치사, zhishi, ちし)를 사용함. 중국어에서 '정교하다'의 뜻을 精致(jingzhi)로
나타내는데, 여기에서 致는 '세밀하다'의 뜻으로 쓰였음. 한편 致辭(치사, ちじ)를
한국어와 일본어에서는 '감사드리다'의 뜻으로 사용하지만, 중국어에서는 致辭
(zhicí)를 주로 '연설을 하다'의 뜻으로 사용함. 중국어에서 '감사드리다'는 致謝
(zhixiè)라고 씀.

용례

致命(치명), 致富(치부)

성어

격물치지(格物致知): 사물의 이치를 잘 살펴 확고한 지식에 이름. 진지한 관찰과
배움으로 자신의 지식 세계를 확실하게 다지는 것.

736

齒 이 치

| 갑골문 | 금문 | 전국문자 | 소전 | 예서 | 해서 |

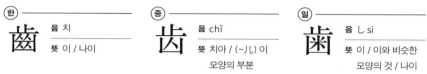

한

齒

음 치

뜻 이 / 나이

중

齿

음 chǐ

뜻 치아 / (~儿) 이
모양의 부분

일

歯

음 し si

뜻 이 / 이와 비슷한
모양의 것 / 나이

자원
형성

입속의 이를 그린 아랫부분과 소리 부분인 止[그칠 지]가 더해져, '이'를 뜻하는
글자임. 갑골문에서는 이를 사실적으로 그렸음. 금문에서부터 止가 더해졌는데,
이후 자형이 조금 변해 지금처럼 되었음. 중국어 간화자에서는 아랫부분을 간단히
줄여 齿로 씀. 그래서 齒는 '이'의 통칭으로 쓰이며, 깨무는 도구를 말하기도 함. 齒와
牙[어금니 아]가 결합한 齒牙(치아)는 '이'의 점잖은 말로 쓰임.

용법

한중일 모두 '이'나 이처럼 생긴 것을 지칭하고, 또 이로부터 파생한 '나이'의 의미로
사용함. 중국어에서는 齒[이 치] 대신 牙[어금니 아]를 사용하는 경우가 많은데, 가령
한국어와 일본어에서는 齒科(치과, しか)라 하지만 중국어에서는 牙科(yákē)라 하고,
한국어와 일본어에서는 齒石(치석, しせき)라 하지만 중국어에서는 牙石(yáshí)라고
함. 또 한국어와 일본어에서는 齒牙(치아, しが)라고 하지만, 중국어에서는 순서를
바꾸어 牙齒(yáchǐ)라고 함. 또 齒藥(치약)을 일본어에서는 歯磨き(はみがき)라 하고,
중국어에서는 牙膏(yágāo)라고 함.

용례

齒藥(치약), 蟲齒(충치), 脣亡齒寒(순망치한)

성어

순망치한(脣亡齒寒): 입술이 없으면 이가 시리다는 뜻. 서로 이해관계가 있던 두 사람
중 한 명이 없어지면 당하는 고통이나 위기를 이르는 말.

ㅊ

하

則

법칙 **칙**, 곧 즉

갑골문	금문	전국문자	소전	예서	해서
	影	剔	剔	則	則

한

則 음 칙, 즉

뜻 [칙] 법, 규칙

[즉] 곧

중

則 음 zé

뜻 규칙 / 규범 /

본받다

일

則 음 そく soku

뜻 법칙 / 조항 /

본받다

자원 금문을 보면 鼎[솥 정]과 刀[칼 도]로 이루어져 있음을 알 수 있으며, 솥 두 개가
회의 위아래로 그려진 '影(칙)'도 있음. 고대에는 청동으로 솥[鼎]을 주조하고 여기에
법률을 칼[刀]로 새겨 사람들이 오래도록 이를 준수하도록 하였음. 그래서 則의 본래
의미는 '규칙', '법칙'이었으나 소전에 와서 鼎이었던 자형이 貝[조개 패]로 바뀌자
『설문』에서는 "재물을 균등히 나누다"라고 풀이하였음.

용법 한중일 모두 '법', '규칙'의 의미로 사용함. 한국어와 일본어에서는 '모임의 규칙'을
會則(회칙)이라고 하지만, 중국어에서는 會規(huìguī)라고 함. 한국어와 일본어에서는
'법칙이나 규정, 규칙 따위를 어김'을 反則(반칙)과 犯則(범칙) 두 가지로
표현하는데, 둘의 발음이 はんそく로 같음. 중국어에서는 犯規(fànguī), 違規(wéiguī)
라고 함. 또 한국어와 일본어에서는 '학생이 지켜야 할 학교의 규칙'을 校則(교칙,
こうそく)라고 하지만, 중국어에서는 校規(xiàoguī)라고 함.

용례 規則(규칙), 法則(법칙), 原則(원칙)

성어 이신작칙(以身作則): 제 몸으로 법칙을 삼음. 솔선수범하여 남에게 모범을 보이는 일.

親

친할 친

갑골문	금문	전국문자	소전	예서	해서
	釆	親	親	親	親

한
親
음 친
뜻 친하다 / 어버이 /
몸소 / 일가

중
亲
음 qīn, qìng
뜻 [qīn] 같은 혈통의 /
사이 좋다 / 입맞추다
[qìng] '亲家
(사돈댁)'의 구성자

일
親
음 しん sin
뜻 어버이 / 친척 /
친하다 /
친히 하다

자원
형성

의미 부분인 見[볼 견]과 소리 부분인 亲[친할 친]으로 이루어짐.『설문』에서는 '매우 지극하다'라고 하였음. 단옥재(段玉裁)는 이에 대하여 "정(情)이 간절하고 빈틈없음"이라고 설명하였음. 금문을 보면 소리 부분이 辛[매울 신]으로 이루어져 있음. 그래서 辛은 '죄인'을 의미하고 見은 '보다'를 의미하여 '감옥에 갇혀 있어도 면회할 정도로 가까운 사이', 즉 '친척'을 뜻한다는 주장도 있음.

용법

한중일 모두 '친근하다'의 의미로 사용함. 한국어에서는 '오래도록 가깝게 사귀어 온 사람'을 親舊(친구)라 하고, 일본어에서는 親友(しんゆう)나 友達(ともだち)라고 하며, 중국어에서는 朋友(péngyou)라고 함. '결혼한 여자의 부모와 형제 등이 살고 있는 집'을 한국어에서는 親庭(친정)이라 하고, 일본어에서는 實家(じっか)라 하고, 중국어에서는 娘家(niángjia)라고 함. '아주 가깝고 두터운 정분'을 한국어에서는 親分(친분)이라 하고, 중국어에서는 交情(jiāoqing)이라 함. 일본어에서 親分(おやぶん)은 '부모처럼 의지하고 있는 사람', '두목·우두머리'라는 뜻을 나타냄.

용례

親近(친근), 親密(친밀), 親切(친절), 親戚(친척)

성어

사고무친(四顧無親): 사방을 돌아봐도 친척이 없다는 뜻으로, 의지할 사람 하나 없는 외로운 처지를 이르는 말.

706

七 일곱 칠

갑골문	금문	전국문자	소전	예서	해서

한 七 음 칠 / 뜻 일곱

중 七 음 qī / 뜻 일곱

일 七 음 しち siti / 뜻 일곱

자원
지사
숫자 '7' 또는 '일곱 번째'를 의미함. '자르다', '쪼개다'의 의미인 切[끊을 절]의 초기 형태로 추정됨. 숫자 '7'로 가차되어 사용되자 의미 부분 刀[칼 도]를 추가한 切이 만들어지면서 七과 切 두 글자로 분화되었음. 따라서 현재 사용하고 있는 七은 본래의 의미와 상관없는 차용된 글자임.

용법
한중일 모두 숫자 '일곱'과 '일곱째'의 의미를 나타냄. 중국어에서 七成(qīchéng)은 10분의 7, 즉 '70퍼센트'를 뜻하고, 七折(qīzhé)는 '30퍼센트 할인'을 뜻함. 한국어에서 三七日(삼칠일)은 '아이가 태어난 지 스무하루가 되는 기간'을 뜻함. 한국에서는 이 기간 동안은 금줄을 쳐서 가족이나 이웃주민의 출입을 금함. 일본에는 七五三(しちごさん)이라고 하여 '남자아이는 3세·5세, 여자아이는 3세·7세가 되는 해의 11월 15일에 행하는 축하 잔치'가 있음. 또한 한국어와 일본어에서 七面鳥(칠면조, シチメンチョウ)라고 하는 것을 중국어에서는 火雞(huǒjī)라고 함. 삼국 모두 七의 갖은자로 柒(칠)을 사용함.

용례 七旬(칠순), 七夕(칠석)

성어 칠보지재(七步之才): 일곱 걸음을 걷는 동안 시를 지어 읊을 수 있는 인재. 아주 뛰어난 문학적 재능을 지닌 사람을 일컫는 표현.

ㅊ

문

707

針 바늘 침

갑골문	금문	전국문자	소전	예서	해서
			鍼	針	針

한 ─────
針 음 침
   뜻 바늘

중 ─────
针 음 zhēn
   뜻 (~儿) 바늘 / 침

일 ─────
針 음 しん sin
   뜻 바늘 /
      바늘 모양을 한 것

자원
형성
본래 鍼[침 침]의 속자로서 『설문』에는 鍼만 있음. 鍼은 의미 부분인 金[쇠 금]과 소리 부분인 咸[다 함]으로 이루어졌으며, 본래 '옷을 꿰매는 데 사용되는 것'으로 풀이하였음. 즉 '바늘'을 뜻하는 글자임.

용법
한중일 모두 '바늘'의 의미로 사용함. 한국어에서는 한의사가 사용하는 의료기구를 일컬을 때는 鍼이라고 하고, 옷을 꿰매는 바늘이나 시계, 저울 따위의 눈금을 가리키는 뾰족한 물건은 針[바늘 침]이라고 하여 구분해서 사용함. 하지만 일본어와 중국어에서는 針으로 통일하여 사용함. 한국어와 일본어에서는 '방향을 알아내는 계기'를 羅針盤(나침반, らしんばん)이라고 하지만, 중국어에서는 指南針(zhǐnánzhēn)이라고 함. 중국어에서는 '침을 놓다' 혹은 '주사를 맞다'를 打針(dǎzhēn)이라고 함.

용례
針葉樹(침엽수), 方針(방침), 秒針(초침)

성어
침소봉대(針小棒大): 바늘만큼 작은 것을 몽둥이만큼 크다고 말함. 작은 일을 크게 부풀려 말함을 비유하는 말.

ㅊ

강

741

쾌할 쾌

갑골문	금문	전국문자	소전	예서	해서
			㤓	快	快

한 快
음 쾌
뜻 유쾌하다 /
시원하다 / 빠르다

중 快
음 kuài
뜻 빠르다 / 유쾌하다 /
곧, 머지않아

일 快
음 かい kai
뜻 유쾌하다 / 빠르다

자원
형성

의미 부분인 心[마음 심]과 소리 부분인 夬[터놓을 쾌]로 이루어져 '기분이 좋다'라는 뜻을 나타냄. 후에 '시원하다', '막힌 곳이 없다', '빠르다' 등의 의미로 확대 사용하고 있음.

용법

한중일 모두 '빠르다', '유쾌하다'의 의미로 사용함. 중국어에서는 동사 앞에서 '곧 ~하다'라는 뜻을 나타내는 부사로 많이 사용하고 있으며, 패스트푸드(fast food)를 快餐(kuàicān)이라고 함. 또한 한국어와 일본어에서 '성격이나 행동이 시원스럽고 쾌활한 남자'를 快男兒(쾌남아, かいだんじ)라고 하는데, 중국어에서는 好漢(hǎohàn)이라고 함.

용례

快樂(쾌락), 快速(쾌속), 痛快(통쾌)

성어

쾌인쾌사(快人快事): 활달한 사람의 시원스러운 행동.

ㅋ

문

742

他 다를 타

갑골문	금문	전국문자	소전	예서	해서
		𦧟	𢓡	他	他

한 他 음 타
뜻 다르다 /
남, 다른 사람

중 他 음 tā
뜻 그, 그 사람 / 다른

일 他 음 た ta
뜻 다르다 /
남, 다른 사람

자원
형성

소전은 의미 부분인 人[사람 인]과 소리 부분인 它[다를 타]로 이루어짐. 예서에
와서 소리 부분인 它가 也[어조사 야]로 바뀌었음. 『설문』에서는 본래 의미가
"짐을 지다"라고 풀이했으나, 『洪武正韻홍무정운』에서는 "그 사람의 호칭"이라고
풀이하였음. 소리 부분인 它와 也 모두 갑골문에서는 '뱀'의 모양을 본뜬 글자였음.
它가 '다르다'라는 뜻으로 가차되어 사용되자, 它에 虫[살무사 훼]를 더한 蛇[뱀
사]를 만들어 '뱀'을 뜻하는 글자로 사용하고 있음.

용법

한중일 모두 '다르다'의 의미로 사용함. 한국어와 일본어에서는 '다른 지방이나
지역'을 他地(타지, たち)라고 하지만, 중국어에서는 外埠(wàibù)라고 함. 한국어와
일본어에서는 자기 학교가 아닌 '남의 학교'를 他校(타교, たこう)라고 하지만,
중국어에서는 外校(wàixiào)라고 함. 한국어와 중국어에서는 '그 밖의 또 다른 것'을
其他(기타, qítā)라고 하지만, 일본어에서는 其の他(そのた)라고 함.

용례

他人(타인), 他鄕(타향), 排他(배타)

성어

타산지석(他山之石): 다른 산의 돌멩이라는 뜻으로, 남의 잘못을 보고 나의 생각과
행동을 바로잡음을 이르는 말.

---

1 중국 명(明)나라 태조 때 락소봉과 락소봉(樂紹鳳), 송염(宋濂) 등이 지은 사성의 체계를
북경 음운을 표준으로 삼아 고쳐 펴낸 15권의 운서.

打 칠 타

710

	갑골문	금문	전국문자	소전	예서	해서
				扚	打	打

한 打 음 타
뜻 치다, 때리다 /
어떤 동작을 하다

중 打 음 dǎ
뜻 치다 / 열다 /
(전화를) 걸다 /
짓다

일 打 음 だ da,
だあす daasu
뜻 두드리다 /
동사 위에 붙어
어조를 고르게 함

자원
형성
의미 부분인 手[손 수]와 소리 부분인 丁[넷째 천간 정]으로 이루어져, 못[丁]을 치는
손동작[手]를 그렸고, 이로부터 '때리다'의 뜻이 나왔으며, 이후 '공격하다', '전쟁을
치르다', '사격하다', '붙잡다' 등의 뜻이 나왔음. 丁의 자형은 원래 '●'으로 못의
머리를 그린 독립된 상형자였으나, 못의 옆모습을 본뜬 지금의 자형으로 변했음. 현대
옥편에서는 유사성에 의하여 一[한 일] 부수에 귀속시켜 놓았음. 이후 丁이 간지를
나타내는 글자로 가차되어 쓰이자 원래의 '못'을 나타낼 때에는 金[쇠 금]을 더한 釘[못
정]으로 구분해 사용했음. 못은 물체를 고정하는 역할을 한다는 점에서 丁에 '단단하다',
'건장하다'의 뜻이 더해졌고, 이후 壯丁(장정)처럼 '건장한 성년 남자'의 뜻도 더해졌음.

용법
한중일 모두 '(손으로) 치다', '적극적으로 하다'의 의미로 사용함. 중국어와 일본어에서는
영어 다스(dozen)의 음역어로 쓰여 '12개'를 뜻하기도 하고, 물건을 세는 단위로도
쓰임. 그런가 하면 중국어에서는 打電話(dǎdiànhuà, 전화를 하다), 打掃(dǎsǎo,
청소하다), 打印(dǎyìn, 인쇄하다)에서처럼 다양한 동사의 대용으로 사용함. 또
한국어와 일본어에서는 打算(타산, ださん)이 '이해관계를 따져 계산함'을 뜻하지만,
중국어에서는 '~할 생각이다', '작정이다', '~하려고 하다' 등의 뜻으로 더 많이 쓰임.

용례
打擊(타격), 打破(타파), 毆打(구타)

성어
일망타진(一網打盡): 한 번의 그물질로 물고기를 다 잡음. 한 번의 움직임으로 상대를
제압한다는 뜻. 그물을 한번 쳐서 물고기를 모조리 잡는다는 뜻

하

E

脫

벗을 **탈**

갑골문	금문	전국문자	소전	예서	해서
			脫	脫	脫

한 脫
음 탈
뜻 벗다, 벗어나다 /
빠지다, 빠드리다

중 脱
음 tuō
뜻 벗다 / 빠지다 /
벗어나다 /
제거하다

일 脱
음 だつ datu
뜻 벗다 /
자유롭게 되다 /
뽑다, 빼다 /
빠뜨리다, 빠지다

자원
형성

의미 부분인 肉[고기 육]과 소리 부분인 兌[기쁠 태]로 이루어짐. 『설문』에서는 "살[肉]이 빠져 수척함을 말한다"라고 했으며, 『이아爾雅』[1]에서는 "살[肉]에서 뼈를 제거하는 것을 말한다"라고 했음. 곤충이나 뱀이 허물을 벗듯 육신[肉]을 벗어버리고 기쁘게[兌] 새로운 모습으로 태어남을 말한 것으로 추정됨. '가죽을 벗기고 뼈를 제거하다'의 뜻에서 '벗어나다', '떠나다', '사면하다', '해제하다', '탈락하다' 등의 뜻이 파생되었음.

용법

한중일 모두 '벗어나다', '탈락하다', '탈출하다' 등의 의미로 사용함. 한국어와 일본어에서 쓰이는 脫法(탈법, だっぽう)나 脫落(탈락, だつらく), 脫退(탈퇴, だったい), 脫稅(탈세, だつぜい) 등은 근대 일본어에서 만들어진 한자어로 중국어에서는 사용되지 않고, 각각 逃脫法律(táotuōfǎlù), 漏掉(lòudiào)나 落伍(luòwǔ), 退出(tuìchū), 逃稅(táoshui) 등으로 씀.

용례 脫黨(탈당), 脫出(탈출), 離脫(이탈)

성어 탈토지세(脫兔之勢): 뛰쳐나가는 토끼의 기세. 우리를 빠져나가는 토끼처럼 매우 빠르고 날쌘 모습을 비유하는 표현.

E

---

1 십삼경(十三經)의 하나로 중국에서 가장 오래된 '자전(字典)'임.

하

712

探 찾을 탐

갑골문	금문	전국문자	소전	예서	해서

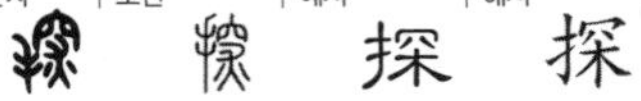

한 探 음 탐 / 뜻 찾다 / 엿보다

중 探 음 tàn / 뜻 찾다 / 정찰하다 / 스파이

일 探 음 たん tan / 뜻 찾다 / 염탐하다

자원 형성 의미 부분인 手[손 수]와 소리 부분인 深[깊을 심]의 생략형으로 이루어짐. 손[手]으로 깊숙이 감추어진 것을 '찾다'라는 뜻이며, 이로부터 '취하다', '멀리서 가져오다', '탐색하다', '탐문하다', '정탐하다' 등의 뜻이 나왔음.

용법 한중일 모두 '찾다', '몰래 파헤치다'의 의미로 사용함. 중국어에서는 探親(tànqīn)처럼 '친척을 방문하다'의 뜻으로도 쓰며, 探出頭來(tànchūtóulái)처럼 '(머리나 상체를) 앞으로 내밀다'의 뜻을 나타내기도 함. 또 한국어와 일본어에서는 '드러나지 않은 사정을 몰래 살펴 알아냄. 또는 그런 일을 하는 사람'을 探偵(탐정, たんてい)라고 하는데, 중국어에서는 순서가 바뀌어 偵探(zhēntàn)이라 하며, '탐정'의 명사와 '정탐하다'의 동사 모두로 활용됨.

용례 探究(탐구), 探訪(탐방), 探索(탐색)

성어 탐탕(探湯): 끓는 물을 만짐. 더위에 매우 괴로워하는 모양 또는 두려워하며 매우 조심하는 모습을 이르는 말.

ㅌ

하

크 태

갑골문	금문	전국문자	소전	예서	해서
			貪	太	太

한 太 음 태
뜻 크다 /
심하다, 통하다 /
처음, 최초 / 콩

중 太 음 tài
뜻 최고의 / 크다 /
매우 / 그다지

일 太 음 たい tai, た ta
뜻 매우 / 매우 큰 /
시초 / 존귀한 사람

자원
지사

사람이 팔다리를 벌리고 서 있는 모습을 본뜬 大[클 대]의 소리가 '태'로 바뀜에 따라 大와 구별하기 위해 점을 하나 찍어 만든 글자임.『설문』에서는 泰[클 태]의 고문인 㚓[클 태]의 생략형으로 풀이하였음. 또한『설문』에서는 "미끄럽다"로 풀이하였는데, 그 본래 뜻이 '크다'가 아님을 알 수 있음. 泰가 나타내는 '크다'의 뜻은 大를 가차하여 생긴 것임. 太는 '크다'라는 의미 외에 '심하다', '처음', '콩'이라는 의미를 나타내기도 함.

용법

한중일 모두 '크다'의 의미로 사용함. 한국어에서 '갈치'라고 하는 생선의 한 종류를 중국어에서는 帶魚(dàiyú)라고 하지만, 일본어에서는 太刀魚(たちうお)라고 함. 중국어에서 太는 太熱(tàirè, 너무 덥다)처럼 '지나치게', '몹시', '너무' 등의 뜻을 나타내는 부사로 활용됨.

용례

太陽(태양), 太子(태자), 太平(태평)

성어

만사태평(萬事太平): 모든 일이 평안함. 아무 탈이 없는 조용하고 평화로운 시절을 일컫는 말.

E

박

714

泰 클 태

갑골문	금문	전국문자	소전	예서	해서
			𣹢	泰	泰

한 ──────
泰
음 태
뜻 크다 / 편안하다

중 ──────
泰
음 tài
뜻 편안하다 / 너무

일 ──────
泰
음 たい tai
뜻 편안하다 / 심하다

자원
형성

전국문자는 양손[廾]으로 물[水]을 잡은 모습에 소리 부분인 大[클 대]가 더해져 이루어진 글자로서 본래 의미는 '미끄럽다'임. 미끄러우므로 막히는 바가 없이 통한다는 점에서 '관대하고 여유롭다', '평온하다', '크다'의 의미가 더해졌음. 『설문』에 夳[클 태]를 고자(古字)로 수록하였고, 그 외에 太[클 태], 汰[사치할 태]와 혼용하여 쓰기도 하였음.

용법

한중일 모두 '크다', '편안하다'의 의미로 사용함. 예전에는 동양과 서양을 각각 泰東(태동)과 泰西(태서)라 했는데, 泰山(태산)의 동쪽과 서쪽이라는 의미임. 중국 산동성에 위치한 태산은 중국 五嶽(오악) 중에서도 으뜸으로 꼽히는 산이기도 함. 또한 중국어에서는 太(tài)와 혼용하여 '너무', '지나치게'의 뜻으로도 쓰임. 또한 삼국 모두 泰國(태국)의 약칭으로 씀.

용례

泰斗(태두), 泰安(태안), 國泰(국태)

성어

태산북두(泰山北斗): 으뜸인 산과 하늘의 북두칠성. 각 분야에서 실력이 가장 뛰어난 사람을 이르는 표현.

E

김

748

土

흙 **토**

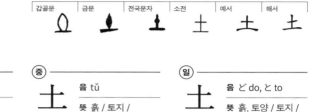

갑골문	금문	전국문자	소전	예서	해서

한 土
음 토
뜻 흙 / 땅, 토양 / 곳, 장소

중 土
음 tǔ
뜻 흙 / 토지 / 촌스럽다

일 土
음 ど do, と to
뜻 흙, 토양 / 토지 / 지면

자원
상형
갑골문을 보면 하단은 지표면, 상단은 흙덩이의 모양으로서 '토양'의 뜻을 나타냈음. 이로부터 '곳', '국토'라는 뜻이 더해지고, 나아가 '향토', '농촌' 등의 의미로 확대되었음. 또한 만물의 원리, 원소로서 오행(五行)의 하나를 지칭하기도 함.

용법
한중일 모두 '흙', '토지'의 의미로 사용함. 중국어에서는 '가공하지 않다'와 '촌스럽다'의 의미로도 자주 쓰이는데, 예를 들면 煙土(yāntu, 가공하지 않은 아편)와 土里土氣的(tǔlǐtǔqìde, 촌스럽다) 등과 같이 표현함. 중국어에서는 감자를 土豆(tǔdòu)라 하는 반면, 한국어와 일본어에서는 甘藷(감저, ジャガイモ)라 하여 동일 식물이라도 각기 다른 이름으로 불렸음. 삼국 모두 土産(토산, tǔchǎn, どさん)이 '지방 특산품'이라는 뜻으로 쓰이지만, 일본어에서는 みやげ로 읽으면 '선물'의 뜻을 지니기도 함.

용례
土俗(토속), 土地(토지), 國土(국토)

성어
권토중래(捲土重來): 흙먼지를 휘날리며 다시 온다는 뜻으로, 한 번 실패한 사람이 힘을 회복하여 다시 등장하는 모습을 이르는 말.

716

統 거느릴 통

갑골문	금문	전국문자	소전	예서	해서
			統	統	統

한 統
음 통
뜻 거느리다 /
총괄하다, 합치다 /
계통, 줄기

중 统
음 tǒng
뜻 계통 / 거느리다 /
총괄하다 / 실마리

일 統
음 とう tou
뜻 계통 / 총괄하다,
하나로 합치다 /
다스리다

자원
형성
『설문』에 따르면 의미 부분인 糸[가는 실 멱]과 소리 부분인 充[찰 충]으로 이루어진
글자로 본래 의미는 '실마리'임. '실의 첫머리'라는 뜻에서 '계통', '총괄', '합치다' 등의
의미로 확장되어 사용하였음.

용법
한중일 모두 '계통', '총괄'의 의미로 사용함. 한국에서는 국가의 원수를 大統領(대통령)
이라고 하는데, 일본에서는 首相(しゅしょう), 그리고 중국은 國家主席(guójiāzhǔxí)
라고 함. 한국어의 '대통령'에 해당하는 중국어는 總統(zǒngtǒng)임. 한편 중국어의
統統(tǒngtǒng)은 '모두', '전부'의 뜻을 나타냄.

용례
統一(통일), 系統(계통), 傳統(전통)

성어
창업수통(創業垂統): 나라나 사업 등을 일으켜 후손들로 하여금 그를 이어받게 하는 일.

E

오

통할 통

갑골문	금문	전국문자	소전	예서	해서

한 通 음 통
뜻 통하다 / 내왕하다 /
전하다 / 알다

중 通 음 tōng
뜻 통하다 / 순조롭다

일 通 음 つう tu-u, つ tu
뜻 통하다 / 정통하다 /
다니다 / 전하다

자원
형성
갑골문은 用[쓸 용] 혹은 甬[길 용]으로 이루어져 있음. 이효정(李孝定)은 이것을
'종'을 나타내는 鏞[쇠북 용]의 본래 글자로 보았음. 『설문』에서는 의미 부분인 辵
[쉬엄쉬엄 갈 착]과 소리 부분인 甬[길 용]으로 이루어졌으며, 본래 의미는 '도달하다'로
풀이하였음. 길거리[彳]와 발[止]이 합쳐져 이루어진 辵은 동작을 나타내는 글자로서,
여기에서 '통하다', '다니다', '모두 알다' 등의 의미로 확장되어 사용함.

용법
한중일 모두 '통하다', '정통하다'의 의미로 사용함. 삼국 모두 '정통한 사람'을 뜻하는
접미사로도 사용하는데 가령 일본어의 消息通(しょうそくつう)와 중국어의 中國通
(zhōngguótōng)이 그 예임. 한편 한국어와 일본어에서는 편지를 세는 단위로 通(통,
つう)를 사용하지만, 중국어에서는 一封信(yìfēngxìn, 편지 한 통)처럼 封(fēng)을
사용함. 이 밖에 중국어에서 通通(tōngtōng)은 統統(tǒngtǒng)처럼 '모두', '전부'의
뜻을 지니고 있음.

용례
通過(통과), 交通(교통), 精通(정통)

성어
사통팔달(四通八達): 사방팔방으로 막힌 데 없이 모두 통함. 막힘없이 모든 곳으로
이어지는 교통의 중요한 길목이라는 뜻.

E

오

751

물러갈 **퇴**

갑골문	금문	전국문자	소전	예서	해서
	退	退	退	退	退

<한>

退 음 퇴
뜻 물러나다 /
물리치다

<중>

退 음 tuì
뜻 물러나다 /
반환하다 /
취소하다

<일>

退 음 たい tai
뜻 물러나다 /
물리치다 /
소극적이 되다 /
사양하다

자원
회의

금문은 辵[쉬엄쉬엄 갈 착]과 日[날 일] 그리고 夊[뒤져 올 치]로 이루어져 있음. 여기서 辵과 夊는 움직이는 동작을 나타냄.『설문』에서는 의미 부분인 彳[조금 걸을 척]과 日 그리고 夊[뒤져 올 치]로 이루어진 復로 적었으며 의미는 '물러서다'라고 풀이하였음. 오늘날에는 辵과 艮[어긋날 간]으로 이루어진 글자를 사용하며 '물러나다', '물리치다' 등의 의미를 나타내는 글자로 사용함.

용법

한중일 모두 '물러나다'의 의미로 사용함. 한국어와 일본어에서는 '어떤 일을 그만두고 물러서는 것'을 辭退(사퇴, じたい)라고 하는데, 중국어에서는 辭去(cíqù)라 함. 중국어에서 辭退(cítuì)는 '해고하다'의 뜻을 나타냄. 한편 한국어와 일본어에서는 '현직에서 물러나는 것'을 退職(퇴직, たいしょく)라고 하는데, 중국어에서는 退休 (tuìxiū)라고 함.

용례

退却(퇴각), 退場(퇴장), 後退(후퇴)

성어

임전무퇴(臨戰無退): 싸움에 나아가 물러서지 않음. 적에게 등을 보이지 않으며 끝까지 싸운다는 뜻.

E

오

投

던질 투

갑골문	금문	전국문자	소전	예서	해서
		肑	牌	投	投

한 投 음 투
뜻 던지다 /
주다, 보내다 /
머무르다 / 맞다

중 投 음 tóu
뜻 던지다 / 집어넣다 /
보내다 / 들어가다 /
마음이 맞다

일 投 음 とう tou
뜻 던지다, 던져 넣다 /
그만두다 / 맞다 /
머무르다

자원
형성

의미 부분인 手[손 수]와 소리 부분인 殳[창 수]로 이루어짐. 손[手]으로 창[殳]을 '던지다'의 뜻이며, 이로부터 '투척', '투항' 등의 뜻이 나왔음. 殳는 갑골문 肑에서 손[又]에 끝이 뾰족한 창을 든 모습인데, 자형이 변해 几[안석 궤]와 又의 구조로 변한 글자임. 殳는 '창', '때리다', '창과 유사한 도구' 등의 뜻을 나타냄. 또 진시황 때 쓰였던 서체의 하나로, 병기에 쓰인 문자를 지칭하기도 함.

용법

한중일 모두 '던지다', '넣다', '머무르다', '마음이 맞다'의 의미로 사용함. 한국어와 일본어에서는 投機(투기, とうき)가 '기회를 틈타 큰 이익을 보려고 함'을 뜻하지만, 중국어에서 投機(tóujī)는 '견해가 일치하다', '의기투합하다'의 뜻으로 쓰임. 또 한국어와 일본어에서는 '내던져버리다'를 投棄(투기, とうき)라고 하는데, 중국어에서는 投 대신 抛[던질 포]를 써서 抛棄(pāoqì)라고 함.

용례 投機(투기), 投資(투자), 投票(투표)

성어 이란투석(以卵投石): 달걀로 바위를 침. 불가능한 일을 시도하는 어리석은 사람이나 그런 행동을 이르는 표현.

特 특별할 특

갑골문	금문	전국문자	소전	예서	해서
		特	特	特	特

(한) 特
음 특
뜻 특별하다 / 특히 /
홀로 / 수컷

(중) 特
음 tè
뜻 특별하다 /
아주, 특히 /
일부러, 특별히

(일) 特
음 とく toku
뜻 혼자, 다만 / 특히 /
특별하다

자원
형성
의미 부분인 牛[소 우]와 소리 부분인 寺[절 사]로 이루어져 본래 '제물로 바치는 수소'를 표현했는데, 후에 '질 좋은 소', '덩치가 큰 수컷 소', 더 나아가 '덩치가 큰 수컷동물'을 지칭하는 의미로 확대되었으며, 여기에서 다시 '크다', '독특하다' 등의 의미도 더해졌음.

용법
한중일 모두 '특별하다'의 의미로 사용함. 한국어와 일본어에서는 '자신의 발명에 대하여 특허 등록함으로써 갖는 독점적 전용권'을 特許權(특허권, とっきょけん)이라고 하는데, 중국어에서는 專利權(zhuānlìquán)이라고 함. 또한 한국어와 일본어에서 '뉴스의 취재와 보도를 위하여 외국에 파견된 기자'를 特派員(특파원, とくはいん)이라고 하는데, 중국어에서는 特派記者(tèpàijìzhě)라고 하며, 特派員(tèpàiyuán)은 글자 그대로 다양한 기관에서 특수 목적을 수행하기 위해 파견된 사람을 뜻함. 중국어에서는 외래어 표기에도 많이 사용하고 있는데, 전력(電力)의 단위인 '와트(watt)'는 瓦特(wǎtè), '볼트(volt)'는 伏特(fútè)라고 표기함.

용례
特別(특별), 特色(특색), 獨特(독특)

성어
대서특필(大書特筆): 크게 쓰고 특별히 씀. 사건이나 사고 등을 크게 여론화하는 일.

754

破

깨뜨릴 파

갑골문	금문	전국문자	소전	예서	해서
			䃶	破	破

한 破 음 파
뜻 깨다, 깨뜨리다 /
해내다 / 망가지다

중 破 음 pò
뜻 깨다 / 망가지다 /
파손하다 /
격파하다

일 破 음 は ha
뜻 깨어지다 /
망가지다 / 해내다

자원
형성

의미 부분인 石[돌 석]과 소리 부분인 皮[가죽 피]로 이루어짐. 石은 깨뜨리는 대상이
'돌'이라는 것을 나타냄. 『설문』에서 破는 "돌이 깨지는 것이다"라고 풀이하였음.
뜻이 같은 碎[부술 쇄]로 뜻을 풀이한 것임. 碎도 의미 부분이 石임. 깨져서
무너진다는 점에서 壞[무너질 괴]와 뜻이 통하고, 무너지고 깨진다는 점에서 敗[패할
패]와도 뜻이 통함. 다만 敗의 뜻은 '조개를 깨뜨리다'에서 파생된 것인데, 무너지고
깨지는 대상이 '흙'과 '조개'로 차이가 있음.

용법

한중일 모두 '깨뜨리다'의 의미로 사용함. 한국어와 일본어에서는 離婚(이혼, りこん)
혹은 破鏡(파경, はきょう)라고 하지만 중국어에서는 離婚(líhūn)이라고만 함.
중국어에서 破(pò)는 '큰돈을 잔돈으로 바꾸다'의 뜻도 나타내어 "五元票子能破开吗?
(5원짜리 지폐를 잔돈으로 바꿀 수 있습니까?)"와 같이 쓰임.

용례

破壞(파괴), 破産(파산), 突破(돌파)

성어

파천황(破天荒): 자연이 준 열악한 조건을 깨뜨림. 전례가 없던 일을 새로 해냄을
이르는 말.

ㅍ

박

755

波
물결 파

722

갑골문	금문	전국문자	소전	예서	해서
		澂	澗	波	波

한 ─── 波 음 파
뜻 물결 / 눈빛, 눈길

중 ─── 波 음 bō
뜻 물결, 파도 / 파

일 ─── 波 음 は ha
뜻 물결, 물결치다

자원
형성
의미 부분인 水[물 수]와 소리 겸 의미 부분인 皮[가죽 피]로 이루어짐. 皮의 금문
𧗊은 손으로 짐승의 살갗을 벗겨내는 모습으로 '껍질', '피부'를 의미함. 즉 波는
강이나 바다의 수면(水面)이 바람에 따라 올라갔다 내려갔다 출렁이는 것을
의미하고, 다시 '파도가 일다'의 의미로 쓰임. 또한 눈의 영채(映彩)를 의미하여
여기에서 '눈빛', '눈길'의 의미가 더해졌으며, 이로부터 '추파(秋波)를 던지다'라는
말이 나왔음.

용법
한중일 모두 '물결'의 의미로 사용함. 일본어에서 津波(つなみ)는 바다 밑에서 일어나는
지진이나 화산 폭발 등 급격한 지각 변동으로 인해 수면에 갑작스럽게 큰 파도가
일어 육지로 덮쳐오는 현상을 말하는데, 영어에 도입되어 '쓰나미(tsunami)'라 함.
중국어에서는 海嘯(hǎixiào)라 하고, 한국어에서는 海溢(해일)이라 함. 최근에는 전
세계적으로 '쓰나미'라는 용어가 일반화되고 있음.

용례
波浪(파랑), 波紋(파문), 餘波(여파)

성어
만경창파(萬頃蒼波): 만 이랑의 푸른 물결. 크고 넓고 푸른 바다를 형용하는 말.

파

김

判 판단할 판

갑골문	금문	전국문자	소전	예서	해서
			𣂏	判	判

한 判
음 판
뜻 판단하다 / 가르다 / 나누다

중 判
음 pàn
뜻 판단하다 / 판결하다 / 명백하다

일 判
음 はん han, ばん ban
뜻 판단하다 / 재판 / 명백하다

자원
형성
의미 부분인 刀[칼 도]와 소리 부분인 半[반 반]으로 이루어짐. 『설문』에서는 "나누다"라고 풀이하였음. 『설문』에서 半의 소전은 牛[소 우]와 八[나눌 팔, 여덟 팔]로 이루어져 있으며, 본래 의미는 '물건의 가운데를 나누다'라고 했음. 半이 후에 '절반'이라는 뜻으로 사용되자, 半에 刀를 더하여 判을 만들어 '나누다'라는 뜻을 나타냈음. 判은 '나누다'라는 뜻에서 '구별하다'라는 뜻을 갖게 되었고, 또 구별하여 '판단하다'라는 뜻도 갖게 되었음.

용법
한중일 모두 '시비를 가려 판단하다'의 의미로 사용함. 한국어와 일본어에서는 '사법기관이 법률에 근거하여 소송에 대한 공권적 판단을 내림'을 裁判(재판, さいばん)이라고 하지만, 중국어에서는 審判(shěnpàn)이라 함. 중국어에서 裁判(cáipàn)은 '운동경기 심판'을 뜻함. 한국어와 일본어에서는 대법원을 제외한 각급 법원의 법관을 判事(판사, はんじ)라고 하지만, 중국어에서는 審判員(shěnpànyuán)이라고 함.

용례
判決(판결), 判斷(판단), 談判(담판)

성어
이판사판(理判事判): 이판과 사판. 조선 시대 불교 억제 정책으로 천민의 신분이 된 이판승과 사판승을 가리키는 말로, 막다른 데 이르러 어찌할 수 없는 지경이라는 뜻.

표

강

여덟 팔

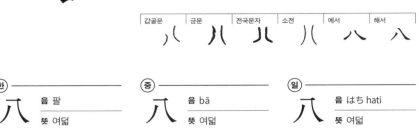

| 갑골문 | 금문 | 전국문자 | 소전 | 예서 | 해서 |

한 음 팔 / 뜻 여덟

중 음 bā / 뜻 여덟

일 음 はち hati / 뜻 여덟

자원
지사
갑골문은 두 개의 필획이 서로 교차하지 않고 맞대고 있는 형상임. 이것은 어떤 물건이 둘로 나누어진 모습을 본뜬 것임. 『설문』에서는 "사물이 나누어져 서로 맞대고 있는 모습"이라 하였음. 이처럼 八[여덟 팔]의 본래 의미는 分別(분별) 혹은 分離(분리)인데, 숫자 '8'을 나타내는 글자로 가차해 사용한 것임.

용법
한중일 모두 숫자 '8', 수량 '여덟', 또는 순서 '여덟 번째'를 나타냄. 일본어에서는 '야채 장수'나 '푸성귀 가게'를 八百屋(やおや)라고 함. 한국어와 일본어에서 열 가운데 여덟이나 아홉 정도로 '거의 대부분'을 뜻하는 十中八九(십중팔구, じっちゅうはっく)는 중국어에서는 八成(bāchéng)이라고 함. 이것은 본래 '팔할'의 의미로 '대체로', '십중팔구'의 뜻도 가지고 있음.

용례
八景(팔경), 八卦(팔괘), 八字(팔자)

성어
십중팔구(十中八九): 열에 여덟이나 아홉. 전체의 대부분을 차지한다는 뜻.

貝 조개 패

갑골문	금문	전국문자	소전	예서	해서

한 ──────
貝 음 패
　　뜻 조개 / 돈

중 ──────
贝 음 bèi
　　뜻 조개 / 조개 화폐

일 ──────
貝 음 ばい bai
　　뜻 조개 / 소라고둥

자원
상형
고대 중국에서 화폐로 사용하던 '조개'를 본뜬 글자임. 虫[벌레 충]을 더해 蛽[조개 패]로 적기도 함. 『설문』에서 貝는 "바다의 딱딱한 생물(海介蟲世)"이라고 하였음. 介[끼일 개]는 鎧[갑옷 개]와 뜻이 통하는 글자로 딱딱한 껍질을 뜻함. 조개가 딱딱한 껍질을 갖고 있다는 것을 강조하여 풀이한 것임. 貝가 들어간 글자는 賧[조개 표], 賦[조개 지], 賏[조개 이름 기] 등으로 모두 '조개'의 뜻을 나타내고, 대부분은 재물과 관련된 뜻을 나타냄. 고대에 조개를 화폐로 사용했기 때문임. 조개와 관련된 글자들은 蚌[방합 방], 蛤[대합조개 합], 蚧[조개 이름 개], 蚶[새고막조개 감], 蜃[무명조개 신], 蜁[소라 선], 蜵[작은 소라 선] 등과 같이 대부분 虫으로 이루어졌음.

용법
한중일 모두 '조개'의 의미로 사용함. 한국어와 일본어에서는 '조개더미'를 貝塚(패총, かいづか)라고 하는데, 중국어에서는 貝丘(bèiqiū)라고 함. 貝는 '보물'이라는 뜻도 나타내는데, 한국어에서 '아주 귀하고 소중한 물건'을 뜻하는 보배는 寶貝(보패)의 음이 변한 것임. 중국어에서 寶貝(bǎobèi)는 '보물'이라는 뜻 외에 '귀염둥이' 혹은 '귀여워하다'의 뜻도 나타냄.

용례
貝殼(패각), 魚貝(어패), 魚貝類(어패류)

성어
보패(寶貝): 보배의 원래 말로, 아주 귀중하고 소중한 물건이라는 뜻.

ㅍ

박

敗

패할 패

| 갑골문 | 금문 | 전국문자 | 소전 | 예서 | 해서 |

한 ──────

敗 음 패

뜻 패하다 / 깨뜨리다 / 썩다

중 ──────

敗 음 bài

뜻 지다, 패하다 / 물리치다 / 실패하다

일 ──────

敗 음 はい hai

뜻 파손되다 / 실패하다 / 싸움에 지다

자원 회의

갑골문은 손에 든 막대[攴]로 솥[鼎]이나 화폐 대용의 조개[貝]를 깨뜨리는 것을 본뜬 글자로, 이후 攴[칠 복]과 貝[조개 패]로 정착되었음. 『설문』에서는 회의자로 보았으나 貝[조개 패]를 소리 부분으로 여겨 형성자로 보는 시각도 있음. 『설문』에서는 '훼손하다'로 풀이하였음. 고대 사회에서 청동기와 화폐는 모두 집안의 가장 소중한 물건으로서 이것을 파손하는 행위의 본뜻에서 확장되어 '깨뜨리다', '실패하다', '지다' 등의 의미가 더해졌음.

용법 한중일 모두 '패하다', '지다'의 의미로 사용함. 중국어에서 敗筆(bàibǐ)는 시문이나 서예 등에서의 '결함'을 의미함. 한편 '집안의 재산을 다 써 없애고 몸을 망치는 것'을 한국어에서는 敗家亡身(패가망신)이라고 하지만, 중국어에서는 家破人亡(jiāpòrénwáng)이라고 표현함.

용례 敗因(패인), 勝敗(승패), 失敗(실패)

성어 일패도지(一敗塗地): 싸움에서 한 번 패하여 땅바닥에 떨어짐. 싸움에서 져서 다시 일어설 수 없는 지경임을 이르는 말.

片 조각 편

갑골문	금문	전국문자	소전	예서	해서
	片		片	片	片

한 ———————
片 음 편
뜻 조각 / 쪽, 한쪽

중 ———————
片 음 piān, piàn
뜻 [piān] 片儿
(조각)의 구성자
[piàn] 혼자의 /
부분적이다 /
얇게 썰다

일 ———————
片 음 へん hen
뜻 반쪽 /
납작하고 얇은 것 /
아주 작은 것

자원
상형
갑골문은 나무[木]를 세로로 잘라 놓은 모양으로, '조각'의 뜻을 나타냈음. 또 나무의 한쪽이기 때문에 '한쪽[片面]'이라는 뜻도 함께 나타냄. 이로부터 '작다', '적다'의 뜻이 더해지고, 여기서 더 확장되어 '얇고 평평한 것'을 나타내게 되었음. 한편 편(片)이 나무뿐만 아니라 일반적인 뜻으로 확장되어 쓰이자, 소리 부분인 反[되돌릴 반]을 더하여 版[널 판]을 만들어 나뭇 조각을 나타내는 글자로 사용하였음. 그리고 온전한 나무를 가리키는 木[나무 목]과 소리 부분인 反을 더해 같은 의미로 사용할 수 있는 板[널판지 판]도 생겼음.

용법
한중일 모두 '조각'의 의미로 사용함. 한중일 모두 '동전 형태의 약제'를 錠劑(정제, dìngjì, じょうざい)라고 하는데, 중국어에서는 片劑(piànjì)라고도 함. 한국어와 일본어에서는 성명과 소속 등을 적은 카드 모양의 것을 名銜(명함, めいし)라고 하는데, 중국어에서는 名片(míngpiàn)이라고 함. 중국어에서 片이 나타내는 범위가 한국어와 일본어에 비해 훨씬 넓음을 알 수 있음.

용례 片鱗(편린), 片肉(편육), 斷片(단편)

성어 일편단심(一片丹心): 한 조각의 붉은 마음. 변치 않는 진심, 충성심, 사랑하는 마음을 표현할 때 쓰는 말.

ㅍ

류

便

728

편할 **편**, 똥오줌 **변**

갑골문	금문	전국문자	소전	예서	해서

한

便

음 편, 변

뜻 [편] 편하다 / 소식
[변] 똥오줌

중

便

음 biàn, pián

뜻 [bià] 편하다 /
편리한 때 / 간단한 /
대소변을 보다
[pián] '便宜
(싸다)'의 구성자

일

便

음 べん ben,
びん bin

뜻 편리하다 / 편하다 /
편지 / 배설하다 /
배설물

자원
회의

의미 부분인 人[사람 인]과 更[고칠 경]으로 이루어진 글자로, 『설문』에서는 "사람이
불편함이 있으면 이를 바꾼다"라고 풀이하였음. 便의 본래 의미는 '편하다'인데, 후에
간접적인 표현을 즐겨 쓰는 중국인들은 오줌을 '작은[小] 편안함[便]'이라는 뜻에서
小便(소변)이라 하고, 똥을 '큰[大] 편안함[便]'이라는 뜻에서 大便(대변)이라고
했음. 이로써 便에 '똥오줌'이라는 뜻이 더해졌음.

용법

한중일 모두 '편하다' 또는 '똥오줌'의 의미로 사용함. 한국어와 일본어에서는 便宜
(편의, べんぎ)가 '형편이나 조건 따위가 편하고 좋음'을 의미하는데, 중국어에서 便宜
(piányi)는 주로 '값이 싸다'의 의미로 사용함. '안부, 소식, 용무 따위를 적어 보내는
글'을 한국어에서는 便紙(편지)라고 하고, 일본어에서는 手紙(てがみ)라고 하며,
중국어에서는 信(xìn)이라고 함. 한국어와 일본어에서 方便(방편, たつき)는
'그때그때의 경우에 따라 편하고 쉽게 이용하는 수단과 방법'을 의미하지만, 중국어
에서 方便(fāngbiàn)은 주로 '편리하다'의 의미로 사용함.

용례

便利(편리), 大便(대변), 小便(소변),

성어

이국편민(利國便民): 나라를 이롭게 하고 국민을 편하게 함. 나라와 사회에 좋은 일을
하는 것.

강

762

729

平 평평할 평

| 갑골문 | 금문 | 전국문자 | 소전 | 예서 | 해서 |

한

平

음 평

뜻 평평하다 / 고르다,
고르게 하다 /
다스리다 / 쉽다 /
보통

중

平

음 píng

뜻 평평하다 / 동급이다 /
공평하다 / 안정되다 /
보통의

일

平

음 へい hei,
びょう byou,
ひょう hyou

뜻 평평하다 /
평온하다

자원
회의

『설문』에서는 의미 부분인 亏[어조사 우]와 八[여덟 팔]로 이루어졌으며, 본래
의미가 "어기(語氣)가 고르고 차분하다"라고 풀이하였음. '고르다'라는 뜻에서 후에
일반적으로 '평평하다'의 뜻으로 확장되었음. 이 글자도 年[해 년]과 같이 해서의
자형구조에 따라 부수를 干[방패 간]으로 했을 뿐이지, 부수의 의미와는 아무런
상관이 없음.

용법

한중일 모두 '평평하다', '차이가 없이 고르다'의 의미로 사용함. 한국어와 일본어에서는
'전쟁, 분쟁이 없이 평온함'을 平和(평화, へいわ)라고 하는데, 중국어에서는
和平(hépíng)이라고 함. 한국어와 중국어에서 平生(평생, píngshēng)은 '세상에
태어나서 죽을 때까지의 시간'을 뜻하는데, 일본어에서 平生(へいぜい)는 '평소'라는
뜻으로 사용됨. '기계체조에서 쓰는 평균대'를 한국어와 일본어에서는 平均臺(평균대,
へいきんだい)라고 하는데, 중국어에서는 平衡木(pínghéngmù)라고 함.

용례

平均(평균), 平衡(평형), 平行(평행), 公平(공평)

성어

평지풍파(平地風波): 고른 땅 위의 풍파. 아무런 일이 없는 상태에서 괜히 일을
일으켜 말썽을 빚는 행동.

평

閉 닫을 폐

갑골문	금문	전국문자	소전	예서	해서
	䏌	䏌	閉	閉	閉

한 ─────
閉 음 폐
뜻 닫다 / 막다 /
마치다

중 ─────
闭 음 bì
뜻 닫다, 다물다 /
막히다 /
정지하다

일 ─────
閉 음 へい hei
뜻 문을 닫다 /
마치다 / 갇히다

자원
회의
갑골문은 양쪽으로 열리는 문[門]과 도구[才]를 이용하여 문이 열리지 않게 받쳐놓은 모양으로 '닫다'가 본래 의미임. 閈의 형태로 쓰기도 하였음. 후에 '합치다', '감추다', '막다', '끝나다'의 의미로 확장되었음.

용법
한중일 모두 '닫다', '막히다'의 의미로 사용함. '여성이 나이가 들면서 생기는 생리 단절 현상'을 한국어와 일본어에서는 閉經(폐경, へいけい)라 하는데, 중국어에서는 經閉 (jingbi)라 함.

용례
閉塞(폐색), 密閉(밀폐), 閉校(폐교)

성어
폐호선생(閉戶先生): 문을 닫아건 선생. 남과 어울리지 않고 문을 닫아건 채 독서에만 열중하는 사람을 이르는 말.

布 베 포

갑골문	금문	전국문자	소전	예서	해서

한
布
음 포
뜻 베 / 화폐 / 펴다,
널리 알리다 /
베풀다

중
布
음 bù
뜻 천, 베 /
고대 화폐의 일종

일
布
음 ふ hu
뜻 베 / 펴다 /
널리 알리다

자원
형성

금문에서 의미 부분인 巾[수건 건]과 소리 부분인 父[아비 부]로 이루어진 글자로 '베'나 '천'이 본래 의미임. 후에 '펴다', '베풀다'의 의미로 확장되었음. 고대 중국에서는 베를 교환수단으로 많이 사용했기에 화폐를 泉布(천포)라고도 했음. 그런 점에서 자비심으로 남에게 재물이나 불법을 베푸는 것을 布施(보시)라 하는데, 이 경우에는 포로 읽지 않고 보로 읽음.

용법

한중일 모두 '베', '널리 알리다'의 의미로 사용함. 일본어에서 財布(さいふ)는 '돈지갑'이라는 의미임. 돈지갑이라는 의미에 해당하는 중국어는 錢包(qiánbāo), 錢袋(qiándài)가 있고, 한국어에서는 紙匣(지갑) 혹은 드물게 錢袋(전대)를 쓰기도 함. 한국어에서 '탁자나 식탁의 위를 덮는 천'을 테이블보라고 하는데, 중국어에서는 卓布(zhuōbù) 또는 台布(táibù)라고 함.

용례

布告(포고), 布陣(포진), 分布(분포)

성어

포의지교(布衣之交): 베옷 입었을 때의 사귐. 이해관계 없이 순수하게 사귄 친구 또는 그런 우정을 비유하는 말.

抱 안을 포

갑골문	금문	전국문자	소전	예서	해서
			抱	抱	抱

한
抱 음 포
뜻 안다, 품다 /
마음, 품

중
抱 음 bào
뜻 안다, 품다 /
둘러싸다 /
자식이나 손자를
처음 얻다 /
입양하다 / 품

일
抱 음 ほう hou
뜻 안다 / 마음에 품다

자원
형성
의미 부분인 手[손 수]와 소리 부분인 包[쌀 포]로 이루어져 '태아를 감싸듯[包]
손[手]으로 끌어당겨 안음'을 나타냄. 또 인체에서 가슴과 배 사이의 부분을
지칭하는데, 이로부터 '흉금', '생각', '가슴에 묻어두다' 등의 뜻이 나왔음. 抱를
구성하는 包는 원래 巳[여섯째 지지 사]가 의미 부분이고 勹[쌀 포]가 소리 부분으로,
아직 팔이 생기지 않은 아이[巳]가 배 속에서 어미의 몸에 둘러싸인 모습을 본뜬
글자임. 그래서 鮑[전복 포], 泡[거품 포], 砲[대포 포], 飽[물릴 포], 疱[천연두 포]
등과 같이 包로 구성된 글자들은 대부분 '둥글다'의 뜻을 나타냄.

용법
한중일 모두 '안다', '마음속에 두다'의 의미로 사용함. 중국어에서는 抱孫子(bàosūnzi,
첫 손자를 얻다)처럼 '자식이나 손자를 처음 얻다'의 뜻을 나타내고, 또 抱一個孤兒
(bàoyígègū'ér, 고아를 양자로 들이다)처럼 '입양하다'의 뜻을 나타내기도 함. 또
한국어와 일본어에서는 '얼싸안음'을 抱擁(포옹, ほうよう)라 하는데, 중국어에서는
擁抱(yōngbào)라고 함.

용례
抱負(포부), 抱擁(포옹), 懷抱(회포)

성어
포복절도(抱腹絶倒): 배를 안고 넘어짐. 너무 우스워서 배를 안고 쓰러질 정도라는 뜻.

暴 사나울 폭, 사나울 포

갑골문	금문	전국문자	소전	예서	해서
		暴	暴	暴	暴

한
暴
음 폭

뜻 [폭] 사납다 /
세차다 / 갑자기 /
쬐다
[포] 난폭하다 /
모질다

중
暴
음 bào, pù

뜻 [bào] 급격한
급하다 / 난폭하다 /
[pù] '曝(pù)'와
같음

일
暴
음 ぼう bou,
ばく baku

뜻 난폭하다 / 거칠다 /
무모한 / 날뛰다 /
갑자기

자원
회의

원래는 日[날 일]과 出[날 출]과 廾[받들 공]과 米[쌀 미]로 이루어져 해[日]가
나오자[出] 벼[米]를 두 손으로 들고[廾] 말리는 모습을 그려 '강한 햇살'을
나타냈음. 후에 米가 氺(水의 변형)로 변하고 전체 자형도 조금 변해 지금처럼
되었음. 이후 '강렬하다'의 뜻에서 '포악하다'는 뜻으로 쓰이게 되자 원래 뜻은 다시
日을 더한 曝[쬘 폭]으로 분화했음. 『설문』에서는 日과 出과 収[손들 공]과 米로
이루어진 暴[사나울 포]로 썼고, 고문에서는 日이 의미 부분으로 麃[큰사슴 포]가
소리 부분으로 이루어진 자형으로 썼음.

용법

한중일 모두 '사납다', '갑자기'의 의미로 사용함. 한국어와 일본어에서는 '비밀을
드러내다'를 暴露(폭로, ばくろ)라고 하는데, 중국어에서는 揭露(jiēlù)라 함.
또 한국어와 일본어에서는 '난폭한 말'을 暴言(폭언, ぼうげん)이라고 하는데,
중국어에서는 狂言(kuángyán)이라 함. 한중일 모두 '난폭한 짓을 하는 무리'를
暴徒(폭도, bàotú, ぼうと)라고 하는데, 일본어에서는 暴漢(ぼうかん)이라고도 함.
또 한국어와 일본어에서는 '난폭하게 달리는 것'을 暴走(폭주, ぼうそう)라고 하는데,
중국어에서는 狂奔(kuángbēn, 광분)으로 표현함.

용례   暴力(폭력), 暴露(폭로), 暴言(폭언)

성어   이포역포(以暴易暴): 포악함으로 포악함을 바꿈. 나쁜 임금을 몰아냈더니 다시 나쁜
임금이 들어서는 경우를 빗대는 말.

表

겉 표

갑골문	금문	전국문자	소전	예서	해서
			悹	表	表

한 表 음 표
뜻 겉, 거죽 / 밝히다 /
뛰어나다 / 도표 /
표리 / 시계

중 表 음 biǎo
뜻 겉 / 용모 /
내외종 사촌 /
나타내다 / 모범 /
계기 / 시계

일 表 음 ひょう hyou
뜻 겉 / (건물의) 앞 /
바깥 / 나타내다 /
모범 / 표

자원
회의

원래는 衣[옷 의]와 毛[털 모]로 이루어졌는데, 자형이 조금 변해 지금처럼 되었음.
옛날에는 가죽옷을 입을 때 털 있는 부위를 밖으로 나오게 입었는데, 이로부터
'드러내다'의 뜻이 더해졌고, 다시 이로부터 '바깥쪽', '겉'의 뜻이 나왔음. 또
年表(연표)처럼 '항목을 나누어 기록한 것'을 지칭하기도 하였고, 이로부터 '시계',
'온도계' 등의 뜻도 나왔음. 그리고 '사촌' 간을 지칭하는 친족 호칭으로도 쓰였음.
『설문』소전에서는 衣와 毛로 구성된 내외구조로 썼고, 고문에서는 衣가 의미
부분이고 麃[큰사슴 포]가 소리 부분인 襃의 형태로 썼음.

용법

한중일 모두 '겉', '나타내다', '도표'의 의미로 사용함. 중국어에서는 '시간이나
온도 등을 측정하는 기구'를 지칭하는 말로도 쓰여, 가령 時計(시계, とけい)를 手表
(shǒubiǎo), 전량계(電量計, でんりょうけい)를 電表(diànbiǎo), 수량계(水量計,
すいりょうけい)를 水表(shuǐbiǎo)라고 함. 또 (친척 관계의) 내외종사촌을 뜻하여
表妹(biǎomèi)는 '(내외종) 사촌 여동생'을, 表哥(biǎogē)는 '(내외종) 사촌 형이나
오빠'를 가리킴.

용례

表裏不同(표리부동), 表示(표시), 表現(표현), 代表(대표), 發表(발표)

성어

표리부동(表裏不同): 겉과 속이 같지 않음. 행동과 달리 나쁜 마음을 품은 사람을
이르는 말.

品

물건 품

갑골문	금문	전국문자	소전	예서	해서
品	品	品	品	品	品

한
品
음 품
뜻 물건 / 등급 / 품격

중
品
음 pǐn
뜻 물품 / 종류 / 등급

일
品
음 ひん hin, ほん hon
뜻 물건 / 등급

자원
회의

'세 개의 물건'을 본뜬 글자로서, 여러 개의 물품(物品)을 뜻함. 『설문』에서는 본래 의미가 "많은 것이다"라고 하였음. 많은 물품은 그 품질의 좋고 나쁨이 차이가 나기 때문에 '등급'이라는 의미가 생겼음. 品은 區[지역 구]에서 여러 마을이 합쳐진 지역을 뜻하고, 嵒[바위 암]과 巖[험할 암]에서 여러 돌덩어리가 합쳐진 험한 바위를 뜻하고, 喿[떠들썩할 소]에서 여러 입으로 떠들썩한 소리를 뜻함.

용법

한중일 모두 '물건', '등급'의 의미로 사용함. 한국어와 일본어에서는 '단어를 기능, 형태, 의미에 따라 동사명사형용사 등으로 나눈 갈래'를 品詞(품사, ひんし)라고 하는데, 중국어에서는 詞類(cílèi)라고 함. 한국어에서는 '물건이 귀하다'를 品貴(품귀)라고 하는데, 일본어에서는 品切(しなぎれ)나 品薄(しなうす)로 나타내고, 중국어에서는 短貨(duǎnhuò) 혹은 缺貨(quēhuò) 등으로 나타냄.

용례 品位(품위), 品種(품종), 品質(품질)

성어 천하일품(天下一品): 세상에서 가장 뛰어나다는 뜻.

바람 풍

갑골문	금문	전국문자	소전	예서	해서

한 ——————

風 음 풍

뜻 바람 / 풍속 /
경치 / 모습

중 ——————

风 음 fēng

뜻 바람 / 풍속 /
풍경 / 태도

일 ——————

風 음 ふう hu-u, ふ hu

뜻 바람 / 교화하다 /
풍습

자원
형성
갑골문은 머리 깃털이 화려한 공작새의 모습을 본뜬 鳳[봉새 봉]을 빌려서
바람[風]의 뜻을 나타냈으며, 여기에 소리 부분인 凡[무릇 범]이 더해진 글자임.
후에 공작새의 모습이 虫[벌레 충]으로 점차 변형되었으며 소전에 이르러 鳳에 들어
있는 새[鳥]의 모습이 虫으로 바뀌면서 지금의 風으로 분화되었음. 이처럼 본뜻은
'바람'이지만 여기서 확장되어 바람처럼 널리 퍼지는 '풍속', '풍경' 등의 의미가
더해졌음.

용법
한중일 모두 '바람', '경치'의 의미로 사용함. 한국어에서는 '도시풍'처럼 風俗(풍속)의
뜻을 나타내는 접미사로 쓰이며, 또한 '풍을 치다'와 같이 지나치게 과장하는 허풍의
뜻으로도 사용됨. 일본어에서는 '감기'를 風자를 써 風邪(かぜ)라고도 함. 한편 중국어
에서는 '마이크(mike)'를 음역하여 麥克風(màikèfēng)이라고 함.

용례
颱風(태풍), 風俗(풍속), 風景(풍경)

성어
풍수지탄(風樹之嘆): 나무가 고요히 있으려고 하나 바람이 그치지 않음을 탄식함.
자식이 효도를 다하려고 해도 부모는 기다려주지 않고 먼저 떠난다는 뜻.

오

770

豊 풍년 풍

갑골문	금문	전국문자	소전	예서	해서
			豊	豊	豊

한 豊 음 풍 / 뜻 풍년 / 넉넉하다

중 丰 음 fēng / 뜻 넉넉하다 / 높고 크다

일 豊 음 ほう hou, ぶ bu / 뜻 풍년 / 넉넉하다

자원
상형
갑골문에서 윗부분은 제사에 쓰는 옥이 꽉 찬 모양이고, 아랫부분은 그것을 담은 제기[豆]를 본뜬 것으로 '신께 바칠 귀중한 물품이 제기에 가득하다'가 본래 의미이며 豐[풍년 풍]과 같은 형태로 썼음. 그때 사용했던 제기를 豊라 하였다는 데서 豐과 豊은 본래 같은 글자였음을 알 수 있음. 또한 여기에 제사의 의미를 나타내는 示[보일 시]를 더하여 신을 섬기는 일을 禮[예도 례]라 하였음. 즉 禮, 豐, 豊 세 글자는 모두 같은 맥락에서 나온 글자임을 알 수 있음.

용법
한중일 모두 '넉넉하다'의 의미로 사용함. 일본어에서는 豊臣秀吉(とよとみひでよし, 도요토미 히데요시)로 대표되는 豊臣 씨를 줄여서 '豊'이라 칭하기도 하고, 또 일본국을 豊秋津島(とよあきつしま) 혹은 豊葦原(とよあしはら)라 부르기도 함. 한중일 모두 '불후의 걸작이나 위대한 업적'을 傑作(걸작, jiézuò, けっさく) 혹은 偉業(위업, wěiyè, いぎょう)라고 표현하는데, 중국어에서는 豊碑(fēngbēi)라는 표현도 사용함.

용례
豊滿(풍만), 豊富(풍부), 豊盛(풍성)

성어
시화연풍(時和年豊): 시절은 평화롭고 풍년이 찾아듦. 풍족한 좋은 시절을 가리키는 표현.

738

가죽 피

갑골문	금문	전국문자	소전	예서	해서

한 皮 음 피
뜻 가죽 / 껍질

중 皮 음 pí
뜻 피부, 가죽 / 고무

일 皮 음 ひ hi
뜻 가죽 / 겉, 표면

자원
회의
손[又]으로 가죽 방패를 잡고 있는 모양을 본뜬 글자임.『설문』에서는 "벗겨낸 짐승의 가죽"으로 풀이하였음. 짐승의 가죽을 벗겨내어 손질하지 않은 것을 皮라 하고, 손질한 것을 革[가죽 혁]이라 하였음. 皮는 皮膚(피부)의 뜻으로 주로 쓰이고, 革은 '바꾸다'의 뜻으로 가차되어 革命(혁명)의 뜻으로 주로 쓰임. 皮는 가죽과 같이 얇은 천으로 만들어졌다는 점에서 被[이불 피], 옷도 일종의 가죽이라는 점에서 衣[옷 의], 지구의 표면인 땅이 지구를 덮고 있는 얇은 막이라는 점에서 地[땅 지]의 뜻과 통함. '바꾸다'의 뜻을 나타내는 革은 易[바꿀 역]과 뜻이 통함.

용법
한중일 모두 '가죽'의 의미로 사용함. 중국어에서는 '가죽으로 만든 띠'를 皮帶(pídài) 라고 하는데, 한국어와 일본어에서는 革을 써서 革帶(혁대, かわおび)라고 함. 중국어에서 皮(pí)는 '가죽', '피부'라는 뜻 외에 '장난이 심하다', '까불다', '버릇없다' 등의 뜻도 나타내 調皮(tiáopí, 장난스럽다)와 같이 사용함.

용례
皮膚(피부), 毛皮(모피), 羊皮(양피)

성어
철면피(鐵面皮): 쇠로 만든 얼굴 피부. 뻔뻔해서 미안함과 염치를 모르는 사람을 일컫는 말.

피

박

739

彼 저 피

갑골문	금문	전국문자	소전	예서	해서

한 ──────
彼 음 피
뜻 저 / 그 / 아니다

중 ──────
彼 음 bǐ
뜻 그 / 저 / 상대방

일 ──────
彼 음 ひ hi
뜻 상대방 / 제삼자 / 저쪽

자원
형성

금문은 손으로 무언가를 잡고 있는 형상인데, 정확히 무엇을 본뜬 것인가는 명확하지 않음. 전국문자에서는 '길'을 나타내는 彳[조금 걸을 척]이 추가되어, 이 글자가 '이동'과 관계가 있었음을 나타냄. 『설문』에서도 "조금 더 나아가다"의 뜻으로 풀이하였음. 이로부터 '저곳', '저것', '저 사람'이라는 의미가 파생되었음.

용법

한중일 모두 '저', '그', '저쪽'이라는 의미로 사용함. 일본어에서는 あれ로 읽으면 '먼 것'을 가리키는 말이 되고, かれ로 읽으면 (명사적으로) '그이', '저이' 등 남편이나 애인을 가리키는 완곡한 표현으로 사용됨. 한국어에서는 '두 편이 서로 같음'을 彼此一般(피차일반)이라고 하는데, 중국어에서는 彼此彼此(bǐcǐbǐcǐ, 피차피차)라고 표현함.

용례

彼日(피일), 彼此(피차), 於此彼(어차피)

성어

차일피일(此日彼日): 이 날 저 날. 오늘 일을 내일 일로 미루고, 또 그다음 날로 미루는 행위.

피

윤

773

반드시 필

갑골문	금문	전국문자	소전	예서	해서

한
必 음 필
   뜻 반드시

중
必 음 bì
   뜻 반드시

일
必 음 ひつ hitu
   뜻 반드시

자원
형성

원래 고대 兵器(병기)의 손잡이 모양을 본뜬 글자였음. 전국시대를 거치면서
소리 부분인 八[여덟 팔]이 추가되었고, '손잡이 모양'은 戈[창 과]로 변형되었음.
예서에서 의미 부분과 소리 부분이 합쳐지면서 원래의 의미를 찾아보기 힘들게
변형되었음. 후에 본래 의미와는 상관없는 '반드시', '틀림없이'의 의미로 차용되자,
의미 부분인 木[나무 목]을 추가하여 柲[자루 비]를 만들었음. 일설에 의하면 금문의
형태로 보아 낫창 같은 무기를 반드시 자루에 끼워 사용해야 하므로 여기에서
'반드시', '꼭' 등의 의미가 생겼다고도 함.

용법

한중일 모두 '반드시'의 의미로 사용함. 한국어에서는 '일상생활에 반드시 있어야
할 물품'인 生活必需品(생활필수품) 또는 줄여서 生必品(생필품)이라고 하지만,
중국어와 일본어에서는 生活必需品(shēnghuóbìxūpǐn, せいかつひつじゅひん)을
줄이지 않고 그대로 사용함. 또한 한국어에서는 '아마도 틀림없이'라는 뜻으로
必是(필시)를 사용하지만, 중국어와 일본어에는 없는 표현임. 이와 유사한 표현으로
중국어에는 想必(xiǎngbì)가 있고 일본어에는 定めし(さだめし)가 있음.

용례   必勝(필승), 必然(필연), 必要(필요)

성어   거자필반(去者必返): 갔던 사람은 반드시 돌아온다는 뜻. 헤어지더라도 다시 만날 수
있음을 알리는 말.

筆 붓 필

갑골문	금문	전국문자	소전	예서	해서
			筆	筆	筆

한 筆 음 필
뜻 붓 / 글씨 /
글씨를 쓰다 /
토지의 한 구획

중 笔 음 bǐ
뜻 붓 / 쓰다 / 필적 /
획수

일 筆 음 ひつ hitu
뜻 붓 / 붓으로 쓴 문자 /
쓰다 / 토지의
한 구획

자원
회의
겸
형성

의미 부분인 竹[대 죽]과 소리와 의미를 나타내는 聿[붓 율]로 이루어짐. 聿이 원래 손으로 붓을 잡은 모양을 그린 '붓'을 나타낸 글자인데, 붓의 주요 재료인 대나무[竹]를 추가하여 지금의 筆을 만들었음. 후에 붓으로 하는 행위인 '쓰다'의 뜻과 '필획(筆劃)'의 뜻으로 확장되었으며, 또 붓처럼 '곧다'라는 뜻으로도 사용되었음. 장병린(章炳麟)[1]은 筆의 원래 발음이 이음절의 불률(不律)이라고 하여, 소위 고대의 모든 한자가 일음절로 발음된 것은 아니라고 주장하였음.

용법
한중일 모두 '붓'과 '쓰다'의 의미로 사용함. 중국어에서는 一筆錢(yìbǐqián), 一筆買賣(yìbǐmǎimai)처럼 '몫'이나 '건'을 세는 단위로도 사용됨. 한국어와 일본어에서는 주로 밭임야대지 따위를 세는 단위로 사용됨. 한국어와 일본어에서는 達筆(달필, たっぴつ), 惡筆(악필, あくひつ)와 같이 필적 자체를 뜻하는 말로도 사용함.

용례
筆記(필기), 筆談(필담), 鉛筆(연필)

성어
동호지필(董狐之筆): 꼿꼿했던 사관 동호의 바른 기록. 권력에 굴하지 않고 바르고 옳게 쓰는 글을 이르는 말.

---

1 1896~1936, 중국 청나라 말기의 학자로서 언어학 연구에 탁월한 업적을 남겼음.
대표적인 저서에 『고문상서습유古文尙書拾遺』가 있음

河

물 하

갑골문	금문	전국문자	소전	예서	해서
				河	河

한 ——— 河 음 하
뜻 물 / 내, 강

중 ——— 河 음 hé
뜻 강, 하천 / 황하

일 ——— 河 음 か ka, が ga
뜻 중국의 황하 /
강, 내

자원
형성
갑골문은 의미 부분 水[물 수]와 소리 부분 可[옳을 가]로 이루어짐. 『설문』에 "물
이름이다. 돈황의 변새 바깥 곤륜산에서 발원하여 바다로 들어가다(水, 出燉煌塞外
昆侖山, 發原注海)"라고 하였듯이, 본래는 황하(黃河)를 가리키는 고유명사였음.
중국의 대표적인 하천으로는 황하와 장강(長江)을 들 수 있음. 일반적으로 중국의
하천은 장강을 경계로 하여 북쪽에 위치한 것은 '~河(하)'로 불리고, 남쪽에 위치한
것은 '~江(강)'으로 불리어 '南江北河(남강북하)'를 이룬다고 함.

용법
한중일 모두 '강'의 의미로 사용함. 江河(강하)라 하면 '강과 하천'을 뜻하고 河川(하천)
이라 하면 '강과 시내'를 뜻함. 江河에서의 河에는 시내(川)가 포함되고, 河川에서의
河에는 큰 강(江)이 포함되어 있음. 하천의 명칭을 보면 중국에서는 '~강'과 '~하'로
모두 불리지만, 한국에서는 거의 모두 '~강'으로, 일본어에서는 '~천'으로 불림.

용례
河口(하구), 河川(하천), 山河(산하)

성어
현하지변(懸河之辯): 폭포와 같은 말솜씨. 물을 매단 상태, 즉 폭포처럼 거침없이
쏟아내는 말이나 그런 말솜씨를 가리키는 표현.

아래 하

갑골문	금문	전국문자	소전	예서	해서

한

下

음 하

뜻 아래 / 내리다,
내려가다 / 낮추다 /
아랫사람

중

下

음 xià, xia

뜻 [xià] 아래 / 다음 /
하급 / 내리다 /
내려가다
[xia] 동작의
완성이나 결과

일

下

음 か ka, げ ge

뜻 아래 / 내리다,
떨어지다 /
표면에 나타나지
않은 부분

자원
지사
기준 가로획 아래에 가로획(一) 또는 점(·)을 그려 넣어 '아래쪽' 방향을 의미하는 글자였는데, 후에 세로획(丨)이 추가되면서 현재의 형태를 완성하였음. 여기에서 '손아래', '백성' 등의 의미로 확대되었으며, '내리다', '내려가다' 등의 동사로도 사용하고 있음. '上(상)'은 이와 반대 개념으로 만들어졌음.

용법
한중일 모두 '공간이나 위치상 아래나 아래쪽' 또는 '내려가다', '떨어지다'의 의미로 사용함, 한중일 모두 '차에서 내리다'를 下車(하차, xiàchē, げしゃ)라고 함. 한국어와 일본어에서 남보다 지위나 능력이 낮은 사람을 下手(하수, したて)라고 하지만, 중국어에서 下手(xiàshǒu)는 '착수하다'라는 뜻임. 또한 일본어에서 '서툴다'는 뜻으로도 사용하는데 이 경우 下手(へた)라고 발음함. '어떤 일을 시작하다'라는 뜻의 着手(착수, zhuóshǒu, ちゃくしゅ)는 한중일 모두 사용하고 있음.

용례
地下(지하), 以下(이하), 天下(천하)

성어
안하무인(眼下無人): 눈앞에 다른 사람이 없음. 남을 전혀 의식하지 않고 자기 마음대로 무례하게 행동하는 사람을 이르는 말.

하

문

何 어찌 하

갑골문	금문	전국문자	소전	예서	해서

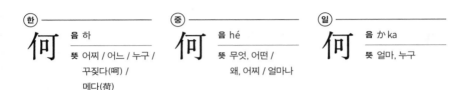

한 ———
何 음 하
뜻 어찌 / 어느 / 누구 /
꾸짖다(呵) /
메다(荷)

중 ———
何 음 hé
뜻 무엇, 어떤 /
왜, 어찌 / 얼마나

일 ———
何 음 か ka
뜻 얼마, 누구

자원
형성

갑골문을 보면 '사람이 농기구를 어깨에 메고 있는 모양'을 본뜬 것임을 알 수 있음.
나중에 의미 부분인 人[사람 인]과 소리 부분인 可[옳을 가]로 변형되었으나 본뜻은
'메다'임. 후에 '어찌'라는 뜻으로 가차되었고 '메다'의 본뜻은 艹[풀 초]가 위에
더해진 荷[연꽃 하]를 빌려 나타냈음.

용법

한중일 모두 '어떠한', '어찌'의 의미로 사용함. 한국어와 중국어에서는 잘 모르는
때를 문어적으로 何時(하시, héshí)라고 하는데, 일본어에서 何時(なんどき)는
'몇 시'라는 뜻임. '그 형편이나 정도가 어떠한가'의 뜻을 한국어와 중국어에서는
如何(여하, rúhé)로 나타내는데, 일본어에서는 如何(どう)를 '어떻게'라는 뜻의
부사로도 사용함.

용례

何等(하등), 何時(하시), 何必(하필)

성어

억하심정(抑何心情): 도대체 무슨 심정이냐는 뜻. 어떤 마음으로 그런 일을 하는지 알
수 없다는 푸념이 섞인 말.

夏 여름 하

갑골문	금문	전국문자	소전	예서	해서

한 夏 음 하 / 뜻 여름 / 중국의 하나라

중 夏 음 xià / 뜻 여름 / 하(夏)

일 夏 음 か ka, げ ge / 뜻 여름 / 중국의 하나라

자원
회의

금문을 보면 頁[머리 혈]과 臼[움켜쥘 국]으로 이루어져 '한 사람의 모양'을 본뜬 글자임을 알 수 있음. 『설문』에서는 '두 발'을 나타내는 夊[천천히 걸을 쇠], '머리'를 나타내는 頁[머리 혈], '두 손'을 나타내는 臼[움켜쥘 국]으로 이루어져 있으며, 본래 의미는 '중원에 사는 사람'이라고 풀이하였음. 그러나 春[봄 춘]의 갑골문 을 보면 日[해 일]과 艸[풀 초], 屯[새싹 둔]으로 이루진 글자로, 따뜻한 햇볕과 풀과 싹의 '봄'을 상징함. 또 秋[가을 추]의 갑골문 을 보면 '가을'을 상징하는 메뚜기를 본뜬 글자임. 冬[겨울 동]의 갑골문 은 '겨울'을 상징하는 '겨우살이'의 모양을 본뜬 글자라는 견해가 있음. 이와 같은 계절을 나타내는 상형문자에 대한 설명으로 미루어 보아, 夏도 '날씨가 더워 한 사람이 옷을 풀어헤친 모양'으로 '여름'을 상징하는 것으로 보임.

용법

한중일 모두 '여름'의 의미로 사용함. 한중일 모두 '여름철에 입는 옷'을 夏服(하복, xiàfú, なつふく)라고 하는데, 중국어에서는 夏裝(xiàzhuāng)이라고도 함. 한국어에서는 여름방학 또는 夏期放學(하기방학)이라고 하는데, 중국어에서는 暑假(shǔjià)라고 하고, 일본어에서는 夏休み(なつやすみ)라고 함.

용례   夏季(하계), 夏至(하지), 春夏秋冬(춘하추동)

성어   하로동선(夏爐冬扇): 여름의 난로와 겨울의 부채. 쓸모없거나 때에 맞지 않은 물건이나 지식을 이르는 말.

779

賀

하례할 하

갑골문	금문	전국문자	소전	예서	해서
	賀		賀	賀	賀

한 賀 음 하 / 뜻 축하하다

중 贺 음 hè / 뜻 축하하다

일 賀 음 が ga / 뜻 축하하다

자원
형성

의미 부분인 貝[조개 패]와 소리 부분인 加[더할 가]로 이루어짐. 고대에 화폐로 쓰인 조개[貝]는 '재물'을 뜻하는데, '재물'을 가지고 축하한다는 뜻을 나타냄. 『설문』에서는 "예물로써 서로 축하하는 것"이라고 풀이하였음. 賀는 기쁘고 좋은 일로 축하한다는 점에서 嘉[아름다울 가], 노래를 불러 축하한다는 점에서 歌[노래 가]와 뜻이 통함. 加는 駕[멍에 가], 伽[절 가], 架[시렁 가], 苛[매울 가], 柯[자루 가]의 소리 부분으로도 쓰임.

용법

한중일 모두 '축하'의 의미로 사용함. 한국어에서는 '축하의 뜻을 나타내는 말 또는 글'을 祝辭(축사)라고 하는데, 중국어와 일본어에서는 祝辭(zhùcí, しゅくじ) 혹은 賀詞(hècí, がし)라고 함. 그리고 한국어와 일본어에서는 '축하하는 뜻을 나타내기 위하여 보내는 전보'를 祝電(축전, しゅくでん)이라고 하는데, 중국어에서는 賀電(hèdiàn)이라고 함.

용례 慶賀(경하), 謹賀(근하), 祝賀(축하)

성어 근하신년(謹賀新年): 삼가 새해를 축하한다는 뜻으로, 새해를 맞아 하는 인사말.

배울 **학**

갑골문	금문	전국문자	소전	예서	해서
				學	學

한 學
음 학
뜻 배우다 / 학교 /
학문

중 学
음 xué
뜻 배우다 / 모방하다 /
학교

일 学
음 がく gaku
뜻 배우다 / 학교 /
학문

자원
회의
갑골문은 손으로 그물을 엮는 모습을 묘사한 것이거나 혹은 손으로 산가지를 늘어놓는 모습을 본뜬 것임. 이는 모두 배워서 할 수 있게 된다는 것을 의미함. 양손을 이용한다는 의미를 보다 명확하게 드러내 보였으며 금문에서는 어린아이에게 산술을 가르친다는 의미를 강조하여 子[子, 아들 자]가 첨가되기도 하였음. 學의 본래 의미는 '따라 배우다'라는 것으로 후에 '학문', '학교' 그리고 '모방하다' 등의 의미가 더해졌음.

용법
한중일 모두 '배우다'의 의미로 사용함. 한국어에서 學院(학원)은 '사립 교육기관'을 뜻하는데, 중국어에서는 補習班(bǔxíbān)이라고 함. 중국어에서 學院(xuéyuàn)은 '문과대학'을 뜻하는 文學院(wénxuéyuàn)처럼 '단과대학'을 나타냄. 일본어에서 學院(がくいん)은 공교육 및 사교육 기관 모두에 사용함.

용례
學校(학교), 學問(학문), 學生(학생)

성어
곡학아세(曲學阿世): 그릇된 배움으로 세상에 아부함. 지식을 함부로 사용하여 출세에만 집착하는 행위를 이르는 말.

호

오

限

한정 **한**

갑골문	금문	전국문자	소전	예서	해서
			限	限	限

한
限
음 한
뜻 한정, 한계 /
제한하다

중
限
음 xiàn
뜻 한도, 한계 /
제한하다 / 문지방

일
限
음 げん gen
뜻 제한하다 /
한계, 한도

자원
형성

의미 부분인 阜[언덕 부]와 소리 부분인 艮[어긋날 간]으로 이루어짐. 머리를 돌려 부릅뜬 눈으로 노려보는 시선[艮] 앞에 높다란 언덕[阜]이 가로막혀 있는 형상을 통해 '한계', '한도', '제한' 등의 뜻을 나타냄. 限을 구성하는 艮에 대해 『설문』에서는 "匕[비수 비]와 目[눈 목]으로 이루어져 '복종하지 않다'라는 뜻이다. 서로 노려보며 양보하지 않음을 말한다"라고 했음. 艮의 갑골문[𠬝]을 보면 크게 뜬 눈으로 뒤돌아 보는 모습을 그렸고, 금문[𠬝]에서는 눈을 사람과 분리해 뒤쪽에 배치하여 의미를 더 구체화했음. 이들 자형을 종합해보면, 艮은 '눈을 크게 뜨고 머리를 돌려 노려보는 모습'을 그린 것으로 추정됨.

용법

한중일 모두 '제한하다', '한도'의 의미로 사용함. 일본어에서는 특별히 '~は ~に'의 꼴로 사용되어 '~하는 것이 제일이다', '~밖에 없다'라는 뜻으로 쓰이기도 함. 한국어와 일본어에서는 '일정한 한계'를 限制(제한, せいげん)이라고 하는데, 중국어 에서는 순서가 바뀌어 限制(xiànzhì)라고 씀. 또 중국어에서는 문지방이나 문턱을 門限(ménxiàn)이라 하는데, 한국어나 일본어에는 없는 표현임.

용례

限界(한계), 權限(권한), 制限(제한)

성어

산정무한(山情無限): 산의 경치 등에서 느끼는 정취가 끝이 없음. 숲이나 산에서 자연의 아름다움을 예찬하는 말.

한

 찰 한

갑골문	금문	전국문자	소전	예서	해서

한 寒 음 한
뜻 차다, 춥다 /
가난하다

중 寒 음 hán
뜻 춥다, 차다 / 겨울 /
오싹하다

일 寒 음 かん kan
뜻 추위, 춥다 /
궁하다, 쓸쓸하다

자원
회의
'얼음'과 '움집 안의 짚과 사람'을 통해 '차다'의 뜻을 나타낸 글자임. 밖의 날씨가
매우 춥기 때문에 움집 안에 짚을 깔고 들어가 있는 것을 나타낸 것임. 『설문』에서는
'차갑다'로 풀이하였고, 여기에서 파생되어 '두려워하다'의 뜻으로 쓰이기도 했음.
'차갑다'의 뜻을 가진 한자로 涼[서늘할 량]이 있는데, 涼에 비해 寒이 더 추운
날씨를 나타냄. 『열자』 주석에서 "涼은 차가움의 시작이고, 寒은 차가움의 끝이다.
涼是冷之始, 寒是冷之極"이라고 하여 寒의 차가움이 涼보다 심하다고 하였음.

용법
한중일 모두 '춥다'의 의미로 사용함. '해양의 한류'를 뜻하는 寒流(한류, hánliú,
かんりゅう), '일 년 중 날씨가 가장 추운 날'을 뜻하는 大寒(대한, dàhán, だいかん)
등도 한중일 모두 공통적으로 사용하는 표현임. 한국어와 일본어에서는 '한랭기류'를
한파(寒波, かんぱ)라고 하는 반면에, 중국어에서는 寒潮(háncháo)라고 하며,
관용적으로 寒流(hánliú)라고도 함. 한국어에서 寒心(한심)은 본래 「高唐賦
고당부」에서 "두려운 마음에 코가 시리다(寒心酸鼻)"에서처럼 두려움에 차갑게 언
마음을 표현한 것이었는데 '한심하다'와 같은 뜻으로 사용하고 있음.

용례
寒流(한류), 酷寒(혹한)

성어
북풍한설(北風寒雪): 북쪽에서 불어오는 바람과 차가운 눈. 몹시 추운 겨울의 날씨를
가리키는 말.

---

1 중국 초(楚)나라 때의 시인 송옥(宋玉)이 지은 부(賦)임.

閑

한가할 **한**

갑골문	금문	전국문자	소전	예서	해서
	開		閑	閑	閑

한 ────
閑　음 한
뜻 한가하다 /
　　등한하다 / 막다

중 ────
闲　음 xián
뜻 한가하다 /
　　여가, 틈 /
　　쓸데없는 /

일 ────
閑　음 かん kan
뜻 조용하다 /
　　한가하다 /
　　소홀하다

자원
회의
두 개의 의미 부분인 門[문 문]과 木[나무 목]으로 이루어짐. 문[門] 사이에 나무[木]로 울타리를 친 모습을 본뜬 글자로 '울타리', '막다'가 본래 의미임. 이로부터 '한가하다', '관심이 없다'의 뜻이 파생되었고, 閒[한가할 한], 嫺[우아할 한] 등의 글자와 혼용하게 되었음.

용법
한중일 모두 '한가하다', '등한하다'의 의미로 사용함. 중국어에서는 '쓸데없이', '비어 있는'의 의미로 쓰여 管閑事(guǎnxiánshì, 쓸데없는 일에 관여하다)라 하거나 吃閑飯(chīxiánfàn, 무위도식하다)이라 씀. 한국어와 일본어에서는 '한가한 세월을 보내다'라는 의미로 閑日月(한일월, かんじつげつ)를 쓰는 데 반해 중국어에서는 過清閑的日子(guòqīngxiánderìzi) 또는 優遊歲月(yōuyóusuìyuè)라 함.

용례
閑散(한산), 閑職(한직), 閑寂(한적)

성어
망중한(忙中閑): 바쁜 가운데서도 맞는 한가로움.

韓

한국 **한**

갑골문	금문	전국문자	소전	예서	해서
	𩎟	韓	韓	韓	韓

한 —————
韓 음 한
뜻 나라 / 대한민국

중 —————
韩 음 hán
뜻 한(韓)[주(周)대의
나라 이름] /
대한민국

일 —————
韓 음 かん kan
뜻 중국 고대의 나라
이름 / 대한민국

자원
형성

『설문』에서는 韓으로 적고 있으며, 이에 따르면 의미 부분인 韋[가죽 위]와 소리
부분인 倝[해돋을 간]으로 이루어진 글자로 '우물가를 에워싸는 난간'이라고
하였음. 이와 같은 본래의 뜻에서 후에 전국시대 七雄(칠웅)의 하나인 韓(한)과 같이
나라이름으로 사용되었으며, 현재는 大韓民國(대한민국)을 뜻함.

용법

한중일 모두 '대한민국'의 의미로 사용함. 한국어에서는 한국의 고유음식을 '韓食
(한식)'이라고 하는데, 중국어에서는 韓國菜(hánguócài)라고 함. 또한 중국어에서는
한국 화폐를 韓幣(hánbì) 혹은 韓元(hányuán)이라고 함. 한편 과거에는 대한민국의
수도 '서울'을 중국어로 漢城(Hánchéng)이라고 하였지만, 지금은 음역하여 首爾
(Shǒu'ěr)라고 함.

용례

駐韓(주한), 訪韓(방한), 韓流(한류)

성어

삼한갑족(三韓甲族): 우리나라 땅의 으뜸 가족. 한반도에서 대대로 명망과 부유함을
이어온 가문을 가리키는 말.

등

오

한수 한

| 갑골문 | 금문 | 전국문자 | 소전 | 예서 | 해서 |

한

漢 음 한
뜻 한수(漢水) /
중국의 한나라 /
종족 이름 /
은하수 / 사나이

중

汉 음 hàn
뜻 한나라 /
한족 / 은하수

일

漢 음 かん kan
뜻 중국 본토 / 은하수 /
남자, 사나이 /
중국의 한나라 /
한수

자원
형성

의미 부분인 水[물 수]와 소리 부분인 難[어려울 난]의 생략형(隹를 제외한 부분)으로 이루어짐. 본래는 장강의 지류인 漢水(한수)를 지칭하였다가 장강 유역에 거주하는 민족인 한족(漢族)을 의미하기도 하였음. 또한 흐르는 모양이 한수와 비슷하다고 하여 은하수(銀河水)를 銀漢(은한)이라 함. 그 외에 '성년 남자'를 가리켜 怪漢(괴한), 巨漢(거한)처럼 쓰기도 하지만, 門外漢(문외한)에서처럼 성별과 관계없이 '사람'이라는 의미에도 쓰임.

용법

일반적으로 '중국의 종족 혹은 본토', '사나이'의 의미로 사용함. '동양의학을 전공하여 의사로 활동하는 사람'을 한국어에서는 韓醫師(한의사)라 하는데, 일본어에서는 대개 漢醫(かんい)라 하고, 중국어에서는 中醫(zhōngyī)라 함.

용례

漢語(한어), 前漢(전한), 好漢(호한)

성어

문외한(門外漢): 문 바깥에 있는 사람. 어느 분야에 전문적인 식견이나 체계적인 지식이 없는 사람이라는 뜻.

恨

한 한

갑골문	금문	전국문자	소전	예서	해서
			悁	恨	恨

한 恨 음 한
뜻 한 / 유감 / 원망하다 / 후회하다

중 恨 음 hèn
뜻 원망하다 / 원한 / 후회하다

일 恨 음 こん kon
뜻 한스러움 / 후회하다

자원
형성

의미 부분인 心[마음 심]과 소리 부분인 艮[어긋날 간]으로 이루어져 '원한'을 의미함. 艮의 자형은 갑골문, 금문 등을 보면 '눈을 부라려 노려보는 모습'으로 감정적으로 좋지 않은 상태를 표현하고 있음을 알 수 있음. 여기에서 비롯한 '원한'의 본래 의미가 후에 '불만', '후회', '유감' 등의 의미로 확장되었음. 怨[원망할 원]과 恨은 유사한 의미이나, 그 정도에 있어 후자가 좀 더 강한 어감으로 사용되고 있음.

용법

한중일 모두 '원망', '후회'의 의미로 사용함. 중국어에서 '몹시 화난 모습'을 氣恨恨(qìhènhèn)이라는 형용사로 표현함. 또 恨不得(hènbude)와 같이 써서 '~하지 못해 안타깝다', '간절히 ~하고 싶다'의 뜻을 나타냄.

용례

怨恨(원한), 痛恨(통한), 悔恨(회한)

성어

철천지한(徹天之恨): 하늘을 뚫을 만한 원한. 매우 큰 분노를 이르는 말.

合할 **합**

갑골문	금문	전국문자	소전	예서	해서
合	合	合	合	合	合

<한>

合

음 합

뜻 합하다 / 모이다,
만남 / 홉(곡식의
부피를 재는 단위) /
적합하다

<중>

合

음 hé, gě

뜻 [hé] 닫다 / 합하다 /
맞다
[gě] 홉

<일>

合

음 ごう gou,
がっ galtu,
かっ kaltu

뜻 맞다 / 합하다 / 홉

자원
회의

갑골문을 보면 윗부분은 뚜껑을, 아랫부분은 단지의 입을 묘사했는데, '뚜껑을 덮은
그릇'을 본떠 '합하다'의 뜻을 나타낸 글자임. 뚜껑을 덮은 그릇이 일종의 상자와
같다는 점에서 匣[문갑 갑]과 뜻이 통하고, 내용물을 가두어둔다는 점에서 閘[수문
갑], 閤[쪽문 합], 閣[문짝 합] 등과 뜻이 통하며, 같은 그릇이라는 점에서 盒[찬합 합],
勺[구기 작]과 뜻이 통함. 『설문』에서는 본래 의미가 '입을 다문 것'이라고 하였음.
'입을 다물었다'라는 뜻으로 볼 때 合은 含[머금을 함]과 뜻이 통함. 合은 給[줄 급],
拾[주울 습] 등 글자의 소리 부분으로도 쓰여 '급', '습'의 음을 나타내기도 함.

용법

한중일 모두 '합하다', '맞다'의 의미로 사용함. 한국어와 일본어에서는 合板(합판,
ごうはん)이라고 하지만, 중국어에서는 膠合板(jiāohébǎn)이라고 함. 한국어와
일본어에서 쓰이는 競合(경합, きょうごう) 역시 중국어에서는 쓰이지 않고, 競爭
(jìngzhēng)으로 그 뜻을 나타냄.

용례

合格(합격), 合算(합산), 合作(합작)

성어

오합지중(烏合之衆): 무리를 지어 있는 까마귀라는 뜻. 질서가 없고 하나로 뭉쳐지지
않는 군대나 집단을 이르는 말. 오합지졸과 같은 말.

ㅎ

박

海 바다 해

갑골문	금문	전국문자	소전	예서	해서

한
海 음 해
뜻 바다

중
海 음 hǎi
뜻 바다

일
海 음 かい kai
뜻 바다

자원
형성
의미 부분인 水[물 수]와 소리 겸 의미 부분인 每[매양 매]로 이루어짐. 每의 갑골문 은 머리장식을 한 여성의 앉은 모습으로 '어머니'가 본래 의미임. 『설문』에 '풀이 무성하게 자라는 것'이라 하였듯이 바다에 끝없이 가득 찬 물을 무성한 풀에 빗대 每를 붙여 海라 하였음. 혹은 모든 물이 귀소(歸巢)하는 어머니 같은 물이라는 점에서 '바다'를 뜻한 것으로 볼 수도 있음.

용법
한중일 모두 '바다'의 의미로 사용함. 한중일 모두 바다처럼 '마음이 넓고 이해심이 많음'을 海量(해량, hǎiliàng, かいりょう)라고 함. '바다에서 나는 수산물'을 한국어에서는 海(産)物(해산물)이라 하고, 일본어에서는 海幸(うみさち)라 하는데, 중국어에서는 海鮮(hǎixiān)이라 함. 또한 중국어에서는 '마구잡이', '무턱대고' 등의 뜻으로도 쓰여 胡吃海喝(húchīhǎihē, 마구 먹고 마시다), 海聊一通(hǎiliáoyītōng, 무턱대고 이것저것 말하다)이라고 표현하기도 함.

용례
海邊(해변), 海洋(해양), 人山人海(인산인해)

성어
창해일속(滄海一粟): 넓은 바다 속 좁쌀 한 톨. 너무 작고 하찮은 물건이나 일을 이르는 말.

해

킴

789

解

풀 해

갑골문	금문	전국문자	소전	예서	해서
			解	解	解

한
解
음 해
뜻 풀다, 풀어지다 /
흩어지다 / 없애다

중
解
음 jiě, jiè, xiè
뜻 [jiě] 풀다 /
흩어지다 / 없애다
[jiè] 호송하다
[xiè] 이해하다 /
기예

일
解
음 かい kai, げ ge
뜻 흩어지다 /
알게 하다 /
(속박 등에서) 풀다

자원
회의

角[뿔 각]과 刀[칼 도]와 牛[소 우]로 구성되어, 소[牛]의 뿔[角]을 뽑고 칼[刀]로 해체하는 모습을 그렸고, 이로부터 '해체하다', '해부하다', '분할하다', '풀이하다', '이해하다' 등의 뜻이 나왔음. 解로 구성된 글자들은 대부분 '해체하다'의 뜻을 갖는데, 蟹[게 해]는 갑각류 절지동물인 '게'를 말하는데, 살을 파먹으려면 모든 뼈를 해체해야[解] 하는 해산물[虫]이라는 뜻을 반영했음. 또 懈[게으를 해]는 '게으르다'의 뜻인데, 마음[心]이 풀어져[解] 해이함을 말하며, 이로부터 '나태하다', '피곤하다', '풀어지다'의 뜻도 나왔음.

용법

한중일 모두 '분해하다', '해체하다', '이해하다', '해제하다'의 의미로 사용함. 중국어에서는 한국어와 일본어와는 달리 '대소변을 보다'라는 뜻으로도 사용하는데, 大解(dàjiě)는 '대변을 보다', 小解(xiǎojiě)는 '소변을 보다'라는 뜻임. 또 한국어와 일본어에서는 '까닭이나 내용을 풀어서 말함'을 解明(해명, かいめい)이라고 하는데, 중국어에서는 辯解(biànjiě)나 弄清(nòngqīng) 정도로 표현함.

용례 解決(해결), 解弛(해이), 解體(해체), 見解(견해), 理解(이해)

성어 와해(瓦解): 기와가 깨져 무너짐. 기왓장이 잘게 쪼개지면서 무너지는 모습처럼 사물이 깨져 흩어지며 없어지는 상태를 가리키는 말.

害 해할 해

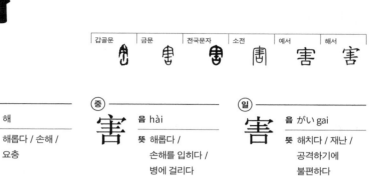

| 갑골문 | 금문 | 전국문자 | 소전 | 예서 | 해서 |

한
害
음 해
뜻 해롭다 / 손해 / 요충

중
害
음 hài
뜻 해롭다 / 손해를 입히다 / 병에 걸리다

일
害
음 がい gai
뜻 해치다 / 재난 / 공격하기에 불편하다

자원
형성
세 개의 의미 부분인 宀[집 면], 丯[산란할 개], 口[입 구]의 결합으로 보는 견해가 있지만, 이는 학계의 정론은 아님. 害의 기원과 변천 과정에 대해서는 아직 명확하게 설명할 수 없음. 다만 일부 학자는 갑골문 자형에 근거해 위쪽은 '창[矛]의 예리한 부분'을 본뜬 글자라고 주장하고 있음. 후에 '다치다', '해롭다' 등의 의미로 확대 사용되자, 아래쪽에 口를 추가하여 害로 파생되었다는 주장임. 이를 근거로 한다면, 현재 자형의 宀과 丯는 '창의 예리한 부분'이 변형된 것이며, 口는 의미 없는 부호로 볼 수 있음.

용법
한중일 모두 '해치다'의 의미로 사용함. 한국어와 일본어에서 '홍수나 장마로 인한 피해'를 水害(수해, すいがい) 또는 水災(수재, すいさい)라고 하지만, 중국어에서는 주로 水災(shuǐzāi)라고 함.

용례
殺害(살해), 損害(손해), 被害(피해)

성어
이해득실(利害得失): 이로움과 해로움, 얻음과 잃음.

行

다닐 **행**, 항렬 **항**

갑골문	금문	전국문자	소전	예서	해서
굿	굿	굿	굿	行	行

한

行

音 행, 항

뜻 [행] 다니다, 가다 /
행하다 / 서체 이름
[항] 항렬, 줄

중

行

音 xíng, háng

뜻 [xíng] 걷다, 가다
여행(의) / 보내다 /
행위, 행동
[háng] 줄, 항렬 /
업무, 직업

일

行

音 こう kou,
ぎょう gyou,
あん an

뜻 가다 / 보내다 /
행하다

자원
회의

갑골문은 '네거리'의 모습을 본뜬 글자임. 사람이 다니는 거리로부터 '걷다', '다니다', '떠나다'라는 의미가 더해졌음. 『설문』에서도 "사람이 걸음으로 걷거나 잰걸음으로 걷는 것"이라고 풀이하였음. 후에 다시 '행하다', '행위', '품행' 등의 의미가 파생되었고, 같이 다닌다는 점에서 '대오', '항렬'의 의미가, 한 가지 일에 종사한다는 점에서 '직업'의 의미도 더해졌음.

용법

한중일 모두 '가다', '행하다'의 의미로 사용함. 한중일 모두 발음에 따라 뜻이 달라짐. 한국어에서는 '행하다', '다니다'의 의미일 때는 '행'으로 읽고, '항렬', '대열'의 의미일 때는 '항'으로 읽음. 일본어에서도 こう로 읽으면 '다니다'의 의미로, ぎょう로 읽으면 '글자의 가로세로 줄'의 의미로 각각 사용함. 중국어에서는 xíng으로 읽으면 '~해도 좋다', '걷다', '외출하다'의 뜻이며 háng으로 읽으면 '행', '줄', '열,' 혹은 '업종', '직업', '직종'이라는 뜻을 나타냄.

용례

慣行(관행), 施行(시행), 進行(진행)

성어

지행합일(知行合一): 앎과 행동이 일치함. 지식이 행동으로 나타나야 한다는 뜻.

幸 다행 행

갑골문	금문	전국문자	소전	예서	해서

<table>
<tr><td>한</td><td colspan="3"></td></tr>
</table>

한

幸 음 행

뜻 행복 / 요행

중

幸 음 xìng

뜻 행운이다 /
총애하다 /
행차하다

일

幸 음 こう kou

뜻 행복 / 총애하다 /
천자의 행차

자원
회의

본래 소전 夻[다행 행]과 㚔[놀랠 녑] 두 글자가 해서로 변하는 과정에서 하나의 글자로 통합되었음. 夻은 『설문』에서 의미 부분인 夭[어릴 요]와 屰[거스를 역]으로 이루어져 있으며, "길하여 재앙을 면하다"라고 했음. 또 㚔은 『설문』에서 의미 부분인 大[클 대]와 辛[매울 신]으로 이루어져 있으며, 본래 의미는 "사람들을 공포에 떨게 만드는 도구"라고 했음. 㚔이 의미 부분으로 사용된 한자에 圉[마부 어]가 있는데, 갑골문 𡈰을 보면 본래 '사람이 수갑을 차고 감옥에 무릎을 꿇고 있는 모양'을 본뜬 것임을 알 수 있음. 圉에서 㚔은 본래 '수갑'의 모양을 본뜬 𢆉에서 변한 것임. 또 執[잡을 집]도 갑골문 𡊁을 보면 본래 '사람이 수갑을 차고 무릎을 꿇고 있는 모양'을 본뜬 것임을 알 수 있음. 圉와 마찬가지로 오늘날 㚔이 의미 부분으로 사용된 한자 중에는 '다행'의 뜻과 관련이 없는 글자들이 있는데, 그 이유는 바로 㚔에서 변한 幸이 있기 때문임.

용법

한중일 모두 '행복'의 의미로 사용함. '뜻밖에 일이 잘되어 운이 좋음'을 한국어에서는 多幸(다행)이라고 하고, 중국어에서는 大幸(dàxìng)이라 함. 일본어에서 多幸(たこう)는 '복이 많음', '다복함'을 뜻하고, '다행'의 뜻은 幸い(さいわい)로 나타냄.

용례

幸福(행복), 幸運(행운), 不幸(불행)

성어

천만다행(千萬多幸): 아주 다행스러움.

鄉 시골 향

갑골문	금문	전국문자	소전	예서	해서
䢼		鄕	鄕	鄉	鄉

한 鄉
음 향
뜻 시골 / 고향

중 鄉
음 xiāng
뜻 시골 / 고향 /
향(행정구역 단위)

일 鄉
음 きょう kyou,
ごう gou
뜻 마을, 읍 / 토지 /
고향

자원
회의
'두 사람이 가운데 음식물을 두고 입을 벌리고 마주 앉아 먹는 모습'을 본뜬 글자로서
본래 의미는 '같이 음식을 먹다'임. 여기에서 饗宴(향연), 故鄕(고향)의 뜻이 파생되었음.
鄕이 공동 식사하는 지역 단위를 뜻하는 글자로 사용되자 食[밥 식]을 더한 饗[잔치할
향]을 만들어 본래의 의미를 나타냈음. 『釋名 석명』¹에서는 1만 2,500家(가)를
鄕(향)이라 한다고 하였음. '같이 음식을 먹다'의 鄕은 음식의 향기가 좋다는 점에서
香[향기 향]과 뜻이 통하고, 음식을 향유한다는 점에서 享[누릴 향]과 뜻이 통하며,
같은 음식이라는 점에서 餉[건량 향]과 뜻이 통함.

용법
한중일 모두 '고향'의 의미로 사용함. 한국어와 일본어에서는 歸鄕(귀향, ききょう)
라고 하지만, 중국어에서는 回鄕(huíxiāng), 還鄕(huánxiāng), 返鄕(fǎnxiāng) 등으로
씀. 還鄕(환향)은 한국어에서는 錦衣還鄕(금의환향)과 같은 형태로 쓰이기도 함.
한편 한국어에서는 他鄕(타향)이라고 하지만, 일본어에서는 他鄕(たきょう) 혹은
異鄕(いきょう)라고 하고, 중국어에서는 外鄕(wàixiāng) 혹은 異鄕(yìxiāng)이라고 함.

용례
鄕愁(향수), 故鄕(고향), 同鄕(동향)

성어
금의환향(錦衣還鄕): 비단옷을 입고 고향으로 돌아옴. 타지에 나가서 출세하거나
성공하여 고향을 방문함을 이르는 말.

---

1 중국 한나라 말기의 훈고학자 유희(劉熙)가 펴낸 백과사전 성격의 자전으로
총 8권 27편으로 구성되어 있음.

박

등

香 향기 향

갑골문	금문	전국문자	소전	예서	해서
			蒼	香	香

한 香 음 향
뜻 향기, 향기롭다

중 香 음 xiāng
뜻 향기롭다 / 맛있다 /
(잠이) 달다 /
인기 있다

일 香 음 こう kou,
きょう kyou
뜻 냄새, 향기

자원
회의
두 개의 의미 부분인 禾[벼 화]와 曰[가로 왈]로 이루어짐. 햅쌀로 갓 지은 향기로운 밥이 입으로 들어가는 모습을 본뜬 글자로서, 본래 의미는 새로 수확한 곡식으로 갓 지어낸 밥의 '향기'임. 이후 향기로운 모든 것을 지칭하게 되었고, 이로부터 '향기', '향료', '훌륭하다', '맛이 좋다', '편안하다', '인기가 있다'의 뜻까지 나타내게 되었음.

용법
한중일 모두 '향기로움', '향'의 의미로 사용함. 일본어에서는 특별히 장기에서 사용하는 말의 하나를 지칭하는 香車(きょうしゃ)의 준말로도 사용됨. 그리고 중국어에서는 香甜(xiāngtián)에서처럼 '맛있다', 睡得眞香(shuìdézhēnxiāng, 잠을 달게 자다)에서처럼 '달콤하다', '감미롭다', 吃香(chīxiāng)에서처럼 '인기가 좋다'의 뜻으로도 쓰이는 등 용법이 다양함.

용례
香氣(향기), 香料(향료), 香水(향수)

성어
천향국색(天香國色): 하늘의 향기, 나라 제일의 아름다움이라는 뜻. 모란꽃 또는 매우 예쁜 여인을 가리키는 말.

向 향할 향

갑골문	금문	전국문자	소전	예서	해서
向	向		向	向	向

한
向
음 향
뜻 향하다 / 이전

중
向
음 xiàng
뜻 방향 / 향하다 /
편들다 /
의지의 경향 /
이전

일
向
음 きょう kyou,
こう kou
뜻 향하다 / 따르다 /
이전 / 앞서다

자원
회의
두 개의 의미 부분인 宀[집 면]과 口[입 구]가 합해져 '집의 창문'을 나타낸 글자임.
높은 집을 본뜬 高[높을 고], 舍[집 사], 堂[집 당], 창고를 본뜬 倉[창고 창] 등의
글자들에도 모두 창문이 있음. 집의 창문은 사람의 입과 같이 공기가 통하는 곳이기
때문에, 창문 모양을 입을 뜻하는 口로 나타낸 것임. 『설문』에서는 '북쪽으로 난
창'이라고 풀이하였음. 창문을 통해 밖을 내다보기 때문에 '방향'의 뜻으로 널리 쓰였음.
'창문'이라는 원래의 뜻은 窓[창문 창]으로 나타내고, '방향'의 뜻은 嚮[향할 향]으로
쓰기도 했음. 向은 사방으로 향한다는 점에서 '사방'과 '방향'의 뜻을 갖고 있는 方[모
방]과 뜻이 통함. 向은 尙[오히려 상]의 소리 부분으로 쓰여 '상' 음도 나타냄.

용법
한중일 모두 '향하다'의 의미로 사용함. 한국어와 일본어에서는 向後(향후, こうご)
라고 하지만, 중국어에서는 往後(wǎnghòu)라고 함. 한국어에서 '배움에 뜻을 두어 그
길로 나아가려는 열의'를 向學熱(향학열)이라고 하는데, 일본어에서는 向學(こうがく)
の熱意(ねつい)로 나타내고, 중국어에서는 求知欲(qiúzhīyù) 혹은 求學熱情
(qiúxuérèqíng)으로 나타냄. 해바라기의 한자어로 한국어에서는 向日花(향일화)를
쓰고, 일본어에서는 向日葵(ひまわり), 중국어에서는 朝陽花(cháoyánghuā)를 사용함.

용례
向上(향상), 傾向(경향), 方向(방향)

성어
향배(向背): 향하는 곳과 등진 쪽. 일이 흘러가는 추세 또는 어떤 사안에 대한 사람의
태도를 이르는 말.

향

박

빌 허

갑골문	금문	전국문자	소전	예서	해서

<table>
<tr><td>(한)</td><td>(중)</td><td>(일)</td></tr>
</table>

(한) 虛
음 허
뜻 비다, 없다 /
헛되다 / 약하다

(중) 虚
음 xū
뜻 비다, 공허하다 /
헛되이 / 약하다 / 틈

(일) 虚
음 きょ kyo, こ ko
뜻 비다 / 실속이 없다 /
사심이 없다

자원
형성

의미 부분인 丘[언덕 구]와 소리 부분인 虍[호피무늬 호]로 이루어짐. 『설문』에서는 "큰 언덕"이라고 풀이하였음. 虛가 '텅 비다', '없다'의 뜻으로 사용되자, 虛에 土[흙 토]를 더하여 따로 墟[언덕 허]를 만들어 구분하였음. 虛는 소전에 근거하면 본래 부수가 丘이었으나, 예서에서 자형이 변하여 丘가 사라지고 부수가 虍로 바뀌었음.

용법

한중일 모두 '비다'의 의미로 사용함. 불충분하거나 허술한 점을 한국어에서는 虛點(허점), 弱點(ruòdiǎn, じゃくてん)이라고 함. 한편 일본어에서는 虛(きょ) 또는 透き(すき)라고 간단히 표현하기도 함. '보람을 얻지 못하고 쓸데없이 한 노력'을 한국어에서는 虛事(허사)라 하고, 일본어에서는 徒事(とじ)라고 함. 중국어에는 虛事(허사)에 대응되는 단어는 없고, 落空(luòkōng) 또는 泡湯(pàotāng)이라는 말로 '허사가 되다'라는 뜻을 나타냄.

용례

虛榮(허영), 虛僞(허위), 謙虛(겸허), 空虛(공허)

성어

허송세월(虛送歲月): 헛되이 시간을 보냄. 하는 일 없이, 또는 의미 없이 세월을 허비하는 행위.

허

갑

797

許

허락 허

갑골문	금문	전국문자	소전	예서	해서

한 許
음 허
뜻 허락하다 / 매우

중 许
음 xǔ
뜻 칭찬하다 /
허락하다 / 아마도

일 許
음 きょ kyo
뜻 허락하다 /
대략 / 곳

자원
형성
의미 부분인 言[말씀 언]과 소리 부분인 午[낮 오]로 이루어짐. 원래 요청에
'동의하다'의 뜻이며, '허락하다', '칭찬하다'의 뜻도 지니게 되었음. 중국어에서는
발음을 빌려서 '매우'라는 뜻과 '장소'라는 뜻으로도 사용함.

용법
한중일 모두 '허락하다'의 의미로 사용함. 중국어에서만 쓰이는 許의 용법이 많은데,
何許人?(héxǔrén, 어디 사람?)에서 許는 장소를 가리키는 뜻으로 사용되었고,
二十許(èrshíxǔ)에서는 '가량'이라는 뜻으로, 그리고 許大(xǔdà, 이렇게 크다)에서는
'이렇게'의 뜻으로 사용되었음. 이러한 쓰임은 한문의 용법을 계승한 것으로, 이를테면
한국어에서도 '낙양성 십리許에'와 같이 '가량'의 뜻으로 국악 가사에 쓰인 바가 있음.

용례
許可(허가), 許多(허다), 允許(윤허)

성어
면허개전(免許皆傳): 조건 없이 모두 전해줌. 스승이 무예나 예술 등의 기법을
제자에게 모두 전해주는 일.

능

류

革 가죽 혁

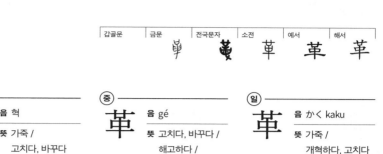

갑골문	금문	전국문자	소전	예서	해서

한	중	일
革 음 혁 뜻 가죽 / 　　고치다, 바꾸다	革 음 gé 뜻 고치다, 바꾸다 / 　　해고하다 / 　　무두질한 가죽	革 음 かく kaku 뜻 가죽 / 　　개혁하다, 고치다

자원
상형

'짐승 가죽을 두 손으로 손질하는 모습'을 본뜬 글자임. 본래 의미는 '손질한 짐승 가죽'이며, 이로부터 '고치다', '개혁하다'의 뜻이 파생되었음.『설문』에서 는 "짐승의 가죽을 손질해 털을 제거한 것"이라고 풀이하였음. 가죽을 皮革(피혁)이라고도 하는데, 皮(피)는 털을 제거하지 않은 가죽을 뜻함. 털이 있는 가죽을 제거하여 변화시켰기 때문에 革(혁)에 '바꾸다'의 뜻이 더해진 것임. 革은 '고쳐 바꾸어 변화시킨다'라는 점에서 更[고칠 경], 易[바꿀 역], 變[변할 변], 改[고칠 개], 飜[뒤집을 번], 譯[번역할 역] 등과 소리와 뜻이 통함.

용법

한중일 모두 '고치다', '바꾸다'의 의미로 사용함. 가죽을 벗기고 털을 제거하면 원래 모습과 판이하게 달라지므로, 革으로 조어된 어휘는 대개 '확연하게 일신되다'라는 의미를 지니고 있음. '가죽을 손질하듯이 예전 모습을 혁신하는 것'이 改革(개혁, gǎigé, かいかく)이며, '하늘의 명을 받아 천하를 다스리는 임금의 운명을 뒤집어엎어 바꾸는 것'이 革命(혁명, gémìng, かくめい)임.

용례

革命(혁명), 革新(혁신), 改革(개혁)

성어

무혈혁명(無血革命): 피를 흘리지 않고 평화적으로 이루는 혁명.

現 나타날 현

갑골문	금문	전국문자	소전	예서	해서
				現	現

한 現 음 현
뜻 나타나다 /
지금, 이제

중 现 음 xiàn
뜻 현재 / 나타나다

일 現 음 げん gen
뜻 나타나다 /
지금 있다 / 현세

자원
형성
의미 부분인 玉[옥 옥]과 소리 부분인 見[볼 견]으로 이루어짐. 『집운』에서는 '옥의 광채'라고 하였음. 이는 돌을 깨고 옥이 모습을 드러내며 그 빛을 발산한다는 의미로서, 이로부터 '나타나다', '드러나다' 등의 의미가 더해졌음. 이후 눈앞에 드러난 '지금', '현재', '현세' 등의 뜻을 나타내게 되었음.

용법
한중일 모두 '지금', '나타나다'의 의미로 사용함. 한국어에서는 '현 시각'과 같이 '현재의'의 뜻을 나타내는 관형사로 쓰임. 한국어와 일본어에서 表現(표현, ひょうげん)은 '생각이나 느낌 따위를 드러내어 나타내는 것'을 뜻하지만, 중국어에서 表現(biǎoxiàn)은 이러한 뜻 이외에도 '태도'나 '품행'의 뜻을 나타내기도 함.

용례
現代(현대), 現在(현재), 實現(실현)

성어
현신설법(現身說法): 몸을 드러내 법을 말함. 부처가 여러 가지 몸으로 변신해 나타나서 설법하는 일.

767

賢 어질 현

갑골문	금문	전국문자	소전	예서	해서
	腎		賢	賢	賢

한 賢
음 현
뜻 어질다, 현명하다 /
현명한 사람

중 贤
음 xián
뜻 어질다, 현명하다 /
현명한 사람

일 賢
음 けん ken
뜻 어질다, 현명하다

자원 의미 부분인 貝[조개 패]와 소리 부분인 臤[어질 현]으로 이루어짐. 臤은 손을 본뜬
형성 又[또 우]와 臣[신하 신]이 결합된 것으로 '손으로 일을 처리하는 어진 신하'의
뜻도 나타냄. 貝는 예전에 화폐의 뜻으로 쓰였는데, 화폐와 같이 쓸모가 많은 어진
신하라는 점에서 賢의 뜻을 나타낸 것임. 『설문』에서는 "재능이 많은 사람"이라고
풀이하였음. 오랜 수양을 거쳐야 어질어질 수 있다는 점에서 賢은 堅[굳을 견]과 뜻이
통하고, 심성이 착해야 어진 것이라는 점에서 善[착할 선]과 뜻이 통함.

용법 한중일 모두 '어질다'의 의미로 사용함. 한국어에서는 賢母良妻(현모양처)라고
하지만, 중국어에서는 賢妻良母(xiánqiliángmǔ)라고 하고, 일본어에서는 良妻賢母
(りょうさいけんぼ)라고 함. 일본어에서는 '현명하다' '약삭빠르다'라는 뜻으로 賢い
(かしこい)라고 표현함.

용례 賢母(현모), 賢人(현인), 聖賢(성현)

성어 현모양처(賢母良妻): 어진 어머니와 좋은 아내. 가정에서 가장 바람직한 여성의
모습을 이르는 말.

증

박

피 혈

갑골문	금문	전국문자	소전	예서	해서

한 ——————
음 혈
뜻 피 / 혈연

중 ——————
음 xuè, xiě
뜻 [xuè] 피 / 연의 /
강렬하다 / 월경
[xiě] 피

일 ——————
음 けつ ketu
뜻 피 / 핏줄

자원
상형
皿[그릇 명]과 丿[삐침 별]로 이루어져 그릇에 담긴 피를 묘사하고 있음. 갑골문에서는 피를 둥근 형상이나 세로획으로 그려 보다 사실적으로 표현했으나 소전에서는 가로획으로 그리고 예서 이후에는 삐침으로 변해 지금의 자형이 되었음. 과거에는 동물 등을 희생물로 삼아 제사를 올리는 관습이 있었는데, 血[피 혈]은 이러한 고대 문화와 관련이 있음. 『설문』에서는 '제사 때 바치는 제물의 피'라고 풀이하였음. 이로부터 '기력', '인척 관계', '계통' 등의 의미가 더해졌음.

용법
한중일 모두 '피', '혈연'의 의미로 사용함. 수혈이 필요한 환자를 위해 피를 뽑는 것을 삼국 모두 獻血(헌혈, xiànxuè, けんけつ)라고 하는데, 중국어에서는 捐血(juānxuè) 라고도 하며, 일본어에서도 供血(きょうけつ)라는 표현을 함께 사용함. 한중일 모두 '피가 남'과 '손해를 보다'라는 뜻으로 出血(출혈, chūxiě, しゅっけつ)를 사용함.

용례
血緣(혈연), 血液(혈액), 血統(혈통)

성어
조족지혈(鳥足之血): 새 발의 피. 아주 적어 보잘것없을 정도의 부피와 양.

ㅎ

오

協

화합할 협

| 갑골문 | 금문 | 전국문자 | 소전 | 예서 | 해서 |

한 協
음 협
뜻 화합하다 / 일치하다 / 좇다

중 协
음 xié
뜻 합하다 / 협조하다 / 어울리다

일 協
음 きょう kyou
뜻 화합하다 / 합하다 / 일치하다

자원
회의

'많다'의 뜻을 나타내는 十[열 십]과 여러 개의 쟁기를 나타내는 劦[힘 합할 협]으로 이루어졌음. 하지만 갑골문에서는 쟁기[力] 세 개만 그리거나, 입[口]을 추가한 자형을 보이고 있음. 당시의 주된 산업인 농사는 여러 사람이 협력해야 하기 때문에 대표적인 농기구를 여럿 그려서 '협력하다'의 뜻을 나타냈음. 소전에 와서 '소리로 서로 보조를 맞추다'라는 뜻으로 들어간 口[입 구] 대신 '여럿'이라는 뜻으로 十을 넣어 현재의 자형이 되었음. 협력을 위해서는 서로 '돕고', '어울려야' 한다는 점에서 이러한 의미들도 더해졌음.

용법

한중일 모두 '화합하다', '돕다', '어울리다'의 의미로 사용함. 한중일 모두 協力(협력, xiélì, きょうりょく)를 '함께 힘쓰다'의 의미로 사용하는데, 현대 중국어에서는 合作(hézuò)나 協作(xiézuò)를 더 많이 사용함. 한국어에서는 協贊(협찬)과 贊助(찬조)를 거의 같은 뜻으로 사용하지만, 중국어에서 協贊(xiézàn)은 贊助(zànzhù)보다는 協翼(xiéyì)의 뜻에 더 가깝게 사용함. 사회경제적으로 약자의 위치에 놓인 사람들이 사업이나 생활의 개선을 위해 만든 협력 조직인 協同組合(협동조합, きょうどうくみあい)를 중국어에서는 合作社(hézuòshè)라고 표현함.

용례

協力(협력), 協商(협상), 協助(협조)

성어

동심협력(同心協力): 마음을 같이하면서 힘을 합침. 다른 사람들과 마음을 모아 서로 돕는다는 뜻.

兄

맏 형

갑골문	금문	전국문자	소전	예서	해서
艿	艿	孑	兇	兄	兄

한
兄
음 형
뜻 형, 맏이 / 높이다

중
兄
음 xiōng
뜻 형 / 친척 중
연장자에 대한 호칭 /
같은 또래에 대한
존칭

일
兄
음 けい kei,
きょう kyou
뜻 형, 형님 /
친구, 선배를
호칭할 때의 높임말

자원
회의
두 개의 의미 부분인 口[입 구]와 儿[사람 인]으로 이루어져, 입을 크게 벌리고
서 있는 사람을 묘사한 글자임. 입을 크게 벌리고 있다는 것은 누군가에게 명령을
내린다는 의미로 볼 수 있으며, 이로부터 '윗사람'이라는 의미가 더해졌음. 일설에는
입을 크게 벌리고 서 있는 사람을 제사에서 축원하는 역할을 맡은 장자로 보아 이
글자가 '맏이'의 의미를 지니게 되었다고 함. 아무튼 兄은 후에 형제 중 나이가 많은
사람을 지칭하게 되었고, 더 나아가 '연장자' 또는 타인에 대한 '존칭'으로 의미가
확장되었음. 이와 유사한 글자로는 '무릎을 꿇고 앉아 입을 크게 벌리고 축문을 읽는
모습을 묘사한 祝[빌 축]이 있음.

용법
한중일 모두 '형'의 의미로 사용함. 중국어에서는 혈연관계의 형을 지칭할 때는
哥哥(gēge)라고 하고, 일본어에서는 お兄さん(おにいさん)이라고 함. 한국어와
중국어에서는 주로 남자들 사이에서 金兄(김형, jīnxiōng)처럼 성씨 뒤에 붙여
상대방을 높여 부르는 말로 사용함.

용례
兄弟(형제), 師兄(사형)

성어
호형호제(呼兄呼弟): 형이라 부르고 아우라 부름. 서로 형이니 동생이니 하며 가까이
지내는 사이를 이르는 말.

形 모양 형

갑골문	금문	전국문자	소전	예서	해서
			形	形	形

한
形 음 형
뜻 모양 / 용모 /
나타나다

중
形 음 xíng
뜻 형체 / 형상, 모양 /
나타나다

일
形 음 けい kei,
ぎょう gyou
뜻 모습, 모양 /
나타나다

자원
형성
의미 부분인 彡[터럭 삼]과 소리 겸 의미 부분인 幵[평평할 견]으로 이루어짐. 본래 의미는 '물건을 만들어내기 위한 틀'이고, 여기에서 '모습', '모양', '나타나다'의 의미가 더해졌음. 彡이 포함된 글자들은 대부분 '채색', '모양' 등의 의미를 나타내는데, 예를 들면 紋[채색 문], 彧[문채 욱], 彩[무늬 채], 彪[무늬 표] 등이 있음.

용법
한중일 모두 '모양', '나타나다'의 의미로 사용함. 한중일 모두 相形(상형, xiāngxíng, そうぎょう)를 얼굴 모양, 즉 '생김새'의 뜻으로 사용하는데, 중국어에서는 그 외에 '서로 비교하다'의 의미로도 쓰임. 또한 중국어에서는 바둑 전문용어로 '돌의 형태'를 뜻할 때 棋形(qíxíng)이라 하고, 棋形(기형)에서의 요점을 形(xíng)이라 함.

용례
形式(형식), 形容(형용), 形態(형태)

성어
형형색색(形形色色): 모양이나 색깔이 여러 가지라는 뜻. 매우 다양한 모습과 여러 색깔을 형용하는 말.

刑 형벌 형

자원
형성

의미 부분인 刂[칼 도]와 소리 부분인 开[평평할 견]으로 이루어짐. 금문에서는 소리 부분이 井[우물 정]이었으나, 현재는 开[열 개]로 바뀌어 소리 부분이 사라졌음. 『설문』에서는 '칼로 목을 베다'라고 풀이했음. 오늘날에는 목을 베는 형벌을 비롯해 모든 형벌의 총칭으로 사용함.

용법

한중일 모두 '형벌'의 의미로 사용함. 한중일 모두 죄인을 가두어 두는 곳을 監獄(감옥, jiānyù, かんごく)라고 하는데, 일본어에서는 刑務所(けいむしょ)라고도 하며, 한국어에서도 刑務所(형무소) 혹은 矯導所(교도소)라고 함. 한국어와 일본어에서는 기간이 정해져 있는 형벌과 그렇지 않은 형벌을 각각 有期刑(유기형, ゆうきけい)와 無期刑(무기형, むきけい)라고 하는데, 중국어에서는 有期徒刑(yǒuqītúxíng)과 無期徒刑(wúqītúxíng)이라고 함.

용례

刑罰(형벌), 刑法(형법), 死刑(사형)

성어

출례입형(出禮入刑): 예를 벗어나면 형벌의 범위에 들어섬. 예를 어기고 문란케 한 사람은 법도가 정한 형벌로 다스린다는 뜻.

惠

은혜 혜

| 갑골문 | 금문 | 전국문자 | 소전 | 예서 | 해서 |

한
惠
음 혜
뜻 은혜 /
은혜를 베풀다 /
착하다

중
惠
음 huì
뜻 은혜 /
은혜를 베풀다

일
惠
음 けい kei, え e
뜻 은혜를 베풀다 /
슬기롭다

자원
형성
초기 형태는 叀[오로지 전]이며, 이는 베를 짤 때 쓰는 실패인 방추의 모양을 본뜬 글자임. 갑골문과 금문에서는 주로 唯[허사 유]로 차용되었고, 금문에서 心[마음 심]이 추가되면서 '사랑'이라는 의미로 차용되었음. 일설에는 베를 짜는 세심한 마음에서 '배려'의 의미가 생겨났다고도 함. 후에 '은혜', '자애' 등의 의미로 확장되었음.

용법
한중일 모두 '은혜를 베풀다'의 의미로 사용함. 한국어와 일본어에서는 '특별한 혜택'을 特惠(특혜, とっけい)라고 하는데, 중국어에서는 優惠(yōuhuì)라고 표현함. '혜택을 받다'라는 뜻의 受惠(수혜)는 주로 한국어에서 많이 사용하며, 중국어에서는 受益(shòuyì)라는 표현을 사용. 자기의 저서나 작품을 남에게 보낼 때, 상대편 이름 밑에 '잘 보아 주십시오'라는 뜻을 한중일 모두 惠存(혜존, huìcún, けいぞん)이라고 표현함.

용례 惠存(혜존), 恩惠(은혜), 互惠(호혜)

성어 혜량(惠諒): 살펴서 이해함. 옛날에 편지의 마지막 부분에 쓰던 말. 살펴서 잘 이해해달라는 뜻.

虎 범호

774

갑골문	금문	전국문자	소전	예서	해서

한 虎 음 호
뜻 범, 호랑이 /
용맹스럽다

중 虎 음 hū
뜻 호랑이 /
용맹스럽다

일 虎 음 こ ko
뜻 호랑이

자원
상형
갑골문을 보면 호랑이의 큰 입과 얼룩무늬, 날카로운 발톱 등 호랑이의 모양을 본떠 만든
것임을 알 수 있음. 『설문』에서는 虍[호피 무늬 호]와 儿[사람 인]으로 이루어져 있으며,
본뜻은 '산짐승의 왕'이고, "호랑이의 발이 사람의 발과 같다"라고 하였음. 이로부터
'용맹', '무인', '위풍당당' 등의 의미가 파생되었음. 한국어와 일본어에서는 모두 儿으로
구성된 虎를 사용하고 있는데, 중국어에서는 几[안석 궤]로 구성된 虎를 사용하고 있음.

용법
한중일 모두 '호랑이'의 의미로 사용. 한중일 모두 虎口(호구, hǔkǒu, ここう)는
'범의 아가리'라는 뜻으로 '매우 위태로운 처지나 형편'을 비유하지만, 한국어에서는
'어수룩하여 이용하기 좋은 사람'이라는 뜻으로도 사용함. 옷감이나 가방에 많이
사용되는 虎皮(호피) 무늬를 중국어에서는 豹紋(bàowén)이라 하고, 일본어에서는
唐皮(からかわ)라고 함.

용례
虎皮(호피), 虎口(호구)

성어
호사유피(虎死留皮): 호랑이는 죽어서 가죽을 남긴다는 뜻. 사람은 죽어서 명예를
남겨야 함을 비유적으로 이르는 말.

775

呼 부를 호

갑골문	금문	전국문자	소전	예서	해서

한 呼
음 호
뜻 부르다 /
(숨을) 내쉬다 /
탄식의 소리

중 呼
음 hū
뜻 숨을 내쉬다 /
부르다 /
소리 지르다

일 呼
음 こ ko
뜻 숨을 내쉬다 /
탄식하다

자원
형성
의미 부분인 口[입 구]와 소리 부분인 乎[어조사 호]로 이루어짐. 乎는 원래 악기와 악기에서 나오는 소리를 형상화한 글자로 갑골문, 금문 모두 원래는 口 없이 呼의 뜻을 나타냈는데, 소전에서 口를 더해 '입으로 부르다'의 뜻을 좀 더 분명히 나타낸 것임. 『설문』에서는 '밖으로 숨을 내뱉는 것'이라고 풀이하였음. 안으로 숨을 들이마시는 것은 吸[숨 들이쉴 흡]으로 나타냄. 呼는 김[부를 소]와 뜻이 통하고, 큰 소리로 부른다는 점에서 號[부르짖을 호], 唬[범이 울 호], 咆[큰 소리 낼 포], 哮[큰 소리 낼 효] 등과 뜻이 통하며, 불러서 알려준다는 점에서 告[알릴 고]와 뜻이 통함.

용법
한중일 모두 '부르다', '내쉬다'의 의미로 사용함. 한국어와 일본어에서는 呼稱(호칭, こしょう)라고 하지만, 중국어에서는 稱呼(chēnghu)라고 함. 한국어에서 '팔거나 사려고 물건 값을 부르는 것'을 呼價(호가)라고 하는데, 중국어에서는 要價(yàojià), 叫價(jiàojià), 命價(mìngjià) 등으로 나타냄.

용례
呼應(호응), 呼吸(호흡), 歡呼(환호)

성어
환호작약(歡呼雀躍): 기뻐서 소리를 지르면서 참새처럼 펄쩍 뜀. 매우 기뻐서 어쩔 줄 모르는 모습.

호

박

809

號 이름 호, 부를 호

갑골문	금문	전국문자	소전	예서	해서
		乕	號	號	號

한
號 음 호
뜻 부르다 / 부르짖다 /
이름

중
号 음 háo, hào
뜻 [háo] 소리 지르다 /
[hào] 이름 /
(~儿) 번호 /
(~儿) 사이즈 /

일
号 음 ごう gou
뜻 부르짖다 /
호령하다 / 일컫다 /
이름 / (잡거나
순위의) 발행 순위

자원
형성

의미 부분인 虎[범 호]와 소리 부분인 号[부를 호]로 이루어짐. 『설문』에서는 본래
의미가 '큰 소리로 외치다'라고 하였음. 단옥재(段玉裁)는 호랑이 우는 소리가 사납기
때문에 虎로 구성되어 있다고 하였음. '호랑이가 큰 소리로 울부짖다'라는 본래
의미에서 '외치다', '부르다', '호칭', '명칭', '부호' 등의 의미가 파생되었음.

용법

한중일 모두 '부르다', '이름'의 의미로 주로 사용함. 한국어와 일본어에서는 電話番號
(전화번호, でんわばんごう)라고 하지만, 중국어에서는 電話號碼(diànhuàhàomǎ)라고 함.
한국어와 일본어에서는 郵便番號(우편번호, ゆうびんばんごう)라고 하지만, 중국어
에서는 郵政編碼(yóuzhèngbiānmǎ)라고 함. 한국어와 일본어에서는 '위험한 상태에
있음을 알려 주는 각종 조짐'을 비유적으로 赤信號(적신호, あかしんごう)라고 하는데,
중국어에서는 紅燈(hóngdēng)이라고 함.

용례

口號(구호), 記號(기호), 信號(신호)

성어

호령여산(號令如山): 명령은 산과 같음. 군대에서는 명령이 산처럼 매우 무겁고 커서
다시 고치기 어렵다는 뜻.

강

好 좋을 호

갑골문	금문	전국문자	소전	예서	해서
𢀛	㚻	𡥀	𡥀	好	好

한
好
음 호
뜻 좋다, 사이좋다

중
好
음 hǎo, hào
뜻 [hǎo] 좋다 /
안녕하다 /
~하기가 쉽다
[hào] 좋아하다

일
好
음 こう kou
뜻 아름답다 /
사랑하다 /
의가 좋다 / 잘하다

자원
회의
두 개의 의미 부분인 女[여자 녀]와 子[아들 자]로 이루어짐. '자식을 안고 있는 여성의 모습' 또는 '자식을 낳은 여성'을 나타내는 글자로서, 이로부터 '좋다', '훌륭하다' 등의 의미로 확장되었음. 자식을 낳는다는 것은 예나 지금이나 사람에게 가장 행복한 일이며 축복받을 일이라는 점을 알 수 있음.

용법
한중일 모두 '좋다'의 의미로 사용함. 중국어에서는 동사 뒤에 쓰여 '동작의 완성', 그리고 동사 앞에 쓰여 '효과가 좋음'을 나타내기도 함. 예를 들어 作好(zuòhǎo)는 '다했다'의 뜻을, 好聽(hǎotīng)은 '듣기 좋다'의 뜻을 나타냄. 또 중국어에서는 '동의', '승낙'의 뜻으로 好(hǎo)를 사용하기도 함. 실력이 비슷해 상대가 될 만한 좋은 적수를 뜻하는 好敵手(호적수, こうてきしゅ)를 중국어에서는 好對手(hǎoduìshǒu)라고 표현함.

용례
好感(호감), 好奇(호기), 愛好(애호)

성어
호의호식(好衣好食): 좋은 옷과 좋은 음식. 풍족함을 누리며 잘사는 모습을 일컫는 말.

등

문

지게문 **호**

갑골문	금문	전국문자	소전	예서	해서

한

戶 음 호

뜻 집 / 지게, 지게문

중

戶 음 hù

뜻 외짝 문 / 인가, 주택

일

戶 음 こ ko

뜻 건물의 출입구 / 집

자원
상형

門[문 문]의 갑골문은 양쪽을 밀어서 열 수 있는 문의 모양을 본뜬 것임. 반면 戶의 갑골문은 한쪽 문을 본뜬 것이며 『설문』에서도 '외짝 문'이라고 하였음. 이처럼 戶는 본래 의미가 출입구인데, 이로부터 '집,' '주택' 등의 의미가 파생되었음. 戶, 門 등과 같은 문자의 출현은 원시시대와 달리 일정한 구조가 있는 건축물의 존재를 알려주는 것이기도 함.

용법

한중일 모두 '집'의 의미로 사용함. 한국어에서는 '초가집 삼사십 호'와 같이 집을 세는 단위로도 사용함. 한편 중국어에서 賬戶(zhànghù)는 '수입 지출 명세'나 '계좌'를 뜻하며 個體戶(gètǐhù)는 개인 자영업자를 의미함. 일본어에서는 '술꾼'을 上戶(じょうこ)라고 표현하기도 함.

용례

戶籍(호적), 戶主(호주), 門戶(문호)

성어

문호개방(門戶開放): 대문을 열어젖힘. 국가에서 출입 제한을 풀어 다른 나라 사람들이 들어와서 경제나 관광 활동 등을 할 수 있게 하는 일.

중

오

湖

호수 호

갑골문	금문	전국문자	소전	예서	해서
		淵		湖	湖

한

湖 음 호
뜻 호수

중

湖 음 hú
뜻 호수

일

湖 음 こ ko
뜻 호수

자원
형성

의미 부분인 水[물 수]와 소리 부분인 胡[턱밑 살 호]로 이루어져 '호수'를 나타내는 글자임. 육지에 물이 고여 있는 것을 나타내는 글자에는 湖 외에 沼[늪 소], 池[못 지], 塘[못 당] 등이 있는데, 이들은 湖보다 규모가 작은 것들임. 沼와 池는 중국 위진남북조 시기 이전에 쓰였던 명칭이고, 塘은 위진남북조 시기에 이르러 생겨난 것임. 또한 沼는 구불구불 구부러진 것을 말하고, 池는 원의 형태를 가진 것이라고 함. 湖는 海와 함께 '천하', '세상'의 의미로 확장되어 쓰이기도 함.

용법

한중일 모두 '호수'의 의미로 널리 사용함. 중국어에서는 규모가 큰 洞庭湖(동정호)를 중심으로, 일본어에서는 琵琶湖(비파호)를 중심으로 북쪽 지역은 湖北(호북)이라 하고 남쪽 지역을 湖南(호남)이라 하여 행정구역의 명칭으로 쓰기도 함. 한편 한국에는 湖北은 없고 湖南과 湖西가 있는데 각각 김제의 벽골제호와 제천의 의림지를 가리킴. 江湖(강호, jiānghú, こうこ)는 삼국 모두 '자연'을 뜻하기도 하고 '공통된 기예를 연마하는 한 무리의 집단'을 뜻하기도 함.

용례

湖畔(호반), 湖上(호상), 江湖(강호)

성어

강호지인(江湖之人): 번잡한 곳을 피해 자연에 사는 사람. 속세의 번잡함을 피해 자연에 묻혀 살아가는 사람을 이르는 말.

호

김

813

混

섞을 혼

갑골문	금문	전국문자	소전	예서	해서
			混	混	混

한 —————
混
음 혼
뜻 섞다, 섞이다 /
합하다 / 혼탁하다

중 —————
混
음 hùn
뜻 섞다 / 남을 속이다 /
그럭저럭 살다

일 —————
混
음 こん kon
뜻 섞다, 섞이다 /
혼잡하다 /
불분명하다

자원
형성

의미 부분인 水[물 수]와 소리 부분인 昆[형 곤]으로 이루어짐. 본래 의미는 '성대한 물 기운'이었는데, 후에 물에 진흙이 많이 섞여서 '맑지 못함'을 의미하였음. 후에는 물에만 국한되지 않고 '명료하지 못하고 어지러운 것' 혹은 '섞다' 등을 의미하게 되었음.

용법

한중일 모두 '섞다'의 의미로 사용함. 한국어와 중국어에서는 '여러 사람이 섞여 살다'라는 뜻으로 混居(혼거, hùnjū) 또는 雜居(잡거, zájū)라고 하는데, 일본어에서는 같은 뜻으로 雜居(ざっきょ)를 사용함. 중국어에서는 '그럭저럭 살다', '교류하다'라는 뜻으로도 쓰여 你不想混瞭嗎?(nǐbuxiǎnghùnlémǎ, 살고 싶지 않니?)라고 표현하기도 함. 또한 '남을 속이다'를 魚目混珠(yúmùhùnzhū, 물고기 눈알을 진주라 속이다)는 말은 물고기 눈알과 진주를 섞어 놓고 속인 데서 '속이다'라는 뜻으로 파생된 말임.

용례

混亂(혼란), 混濁(혼탁), 混血(혼혈)

성어

옥석혼효(玉石混淆): 옥과 돌이 한데 섞여 있음. 좋은 것과 나쁜 것이 한데 섞여 있는 모습을 비유하는 말.

婚 혼인 혼

갑골문	금문	전국문자	소전	예서	해서
		婚	婚	婚	婚

한 婚 음 혼 뜻 결혼하다

중 婚 음 hūn 뜻 결혼하다

일 婚 음 こん kon 뜻 결혼하다

자원
형성
겸
회의

'의미 부분인 女[여자 녀]와 소리 겸 의미 부분인 昏[어두울 혼]으로 이루어짐. 중국 고대사회에서 결혼식은 저녁에 거행되기에 昏을 의미 부분으로 사용한 것임. 현재 확인할 수 있는 가장 빠른 시기의 婚은 전국시대 진(秦)나라 때 쓰인 「詛楚文 저초문」¹에 보이고 있으며, 그 이전에는 발음이 유사한 다른 글자를 차용하여 婚의 의미로 사용하였음.

용법
한중일 모두 '결혼'의 의미로 사용함. 한국어와 일본어에서는 '신혼부부가 가는 여행'을 新婚旅行(신혼여행, しんこんりょこう)라 하고, 중국어에서는 蜜月旅行(mìyuèlǚxíng)이라고 함. 단, 일본어에서는 영어 그대로 ハネムーン(honeymoon)이라는 표현을 더 많이 씀. 蜜月(밀월)은 honeymoon을 의역한 것임. 또한 한국어에서는 '결혼하기로 약속하는 것'을 約婚(약혼)이라고 하는데, 중국어에서는 訂婚(dìnghūn)이라 하고, 일본어에서는 婚約(こんやく)라고 함.

용례
結婚(결혼), 未婚(미혼), 離婚(이혼)

성어
지복위혼(指腹爲婚): 배를 손가락으로 가리키며 혼인을 약속함. 출산을 앞둔 두 집안이 배 속의 아이들을 서로 혼인시키기로 약속하는 일.

---

1 중국 전국시대에 진(秦)나라 혜문왕이 돌에 새긴 글로서, 글자 그대로 초(楚)나라 군사를 저주하는 내용의 글임.

782

붉을 홍

갑골문	금문	전국문자	소전	예서	해서
		紅	紅	紅	紅

한		중		일	
紅	음 홍 뜻 붉다	红	음 hóng 뜻 붉다 / 순조롭다 / 상여금 / 혁명적이다	紅	음 こう kou, く ku 뜻 선명한 적색

자원
형성

『설문』에 따르면 의미 부분인 糸[가는 실 멱]과 소리 부분인 工[장인 공]으로 이루어진 글자로 "엷은 붉은색 비단"이라고 하였음. 이처럼 본래의 뜻은 흰빛이 섞인 분홍색으로 물들인 천[糸]을 말하는 것으로, 여기서 확대되어 '붉은색'을 지칭하게 되었음. 중국에서 붉은빛은 좋은 의미를 상징하고 있어서 '경사', '인기' 등의 뜻을 나타내기도 하며, '혁명', '공산당'을 지칭하는 의미로도 사용함. 중국의 경극에서도 붉은빛 얼굴 분장은 관우(關羽)와 같은 충직한 인물을 상징함.

용법

한중일 모두 '붉다'의 의미로 사용함. 중국어에서 붉은 종이봉투를 뜻하는 紅包(hóngbāo)는 '상여금', '용돈', '보너스' 등의 뜻을 나타냄. 중국어에서 紅(hóng)은 走紅(zǒuhóng, 인기가 있다)처럼 '번창하다', '명성이 있다'의 뜻으로도 사용됨.

용례

紅顏(홍안), 紅茶(홍차), 百日紅(백일홍)

성어

홍일점(紅一點): 붉은색 점 하나. 많은 남자들 속에 끼어 있는 한 명의 여자를 이르는 말.

홍

오

畫

그림 화, 그을 획

갑골문	금문	전국문자	소전	예서	해서
𣂈	畫	畫	畫	畫	畫

한

畫 음 화, 획

뜻 [화] 그림, 그리다
[획] 긋다, 나누다
꾀하다 / 획

중

画 음 huà

뜻 그리다 /
(~儿) 그림 / 긋다

일

画 음 が ga, かく kaku,
え e

뜻 그리다 / 나누다 /
계획하다 /
직선을 긋다

자원
회의

갑골문을 보면 '손으로 붓을 잡고 그림을 그리는 모습'을 본뜬 글자임을 알 수 있음.
소전을 보면 갑골문과 달리 손으로 붓을 잡고 밭[田]의 주변에 선을 그린 모양을 본뜬
것임. 『설문』에서도 "밭의 네 경계를 본떴다"라고 했으며, 본래 의미도 '경계'라고
하였음. 엄밀하게 말하면 갑골문은 '그림'이라는 뜻으로 畫[그림 화]로 보아야 하고,
소전은 '경계선'이라는 뜻으로 劃[그을 획]으로 보는 것이 타당할 것임.

용법

한중일 모두 '그림'의 의미로 사용함. '텔레비전이나 사진 전송에서 화면을 전기적으로
분해한 최소의 단위 면적'을 한국어와 일본어에서는 畫素(화소, がそ)라고 하지만,
중국어에서는 像素(xiàngsù)라고 함. 중국어에서는 '그리다'라는 뜻의 동사로도
사용하고, 일본어에서는 '구획하다'라는 뜻의 동사로도 사용함. 일본어에서 畫는
'그림'의 뜻으로 쓰일 때는 が로 읽고, '나누다'의 뜻으로 쓰일 때는 かく로 읽음. '토지
따위를 경계를 지어 가르는 것'을 한국어와 중국어에서는 區劃(구획, qūhuà)라고
하고, 일본에서는 區畫 또는 區劃으로 쓰고 모두 'くかく'라고 읽음.

용례

畫面(화면), 漫畫(만화), 人物畫(인물화)

성어

화룡점정(畫龍點睛): 용을 그리면서 마지막으로 눈동자를 그려 넣음. 일을 완성하는
데 가장 중요한 작업을 비유적으로 이르는 말.

花 꽃 화

갑골문	금문	전국문자	소전	예서	해서
		𣓀	𦻻	花	花

한
花
음 화
뜻 꽃 / 꽃 모양의 물건 /
꽃이 피는 초목 /
아름다운 것의 비유

중
花
음 huā
뜻 (~儿) 꽃 /
(~儿) 꽃처럼 생긴 것
쓰다, 소비하다 /
미녀

일
花
음 か ka, け ke
뜻 꽃, 꽃이 피다 /
화려하다

자원
형성
전국문자에 처음 보이는데, 무엇을 본뜬 것인지는 명확하지 않음. 주로 華[꽃 화]의
속자로 보는 견해가 많음. 『廣雅疏證광아소증』[1]에서는 花는 남북조 이전의 서적에서는
거의 보이지 않으며, 위(魏)나라 張揖(장읍)의 『廣雅광아』에 "花는 華이다"라고
한 구절이 있는 것으로 보아 위나라 때에 이 글자가 비로소 쓰이기 시작한 것으로
추측하였음. 오늘날에도 주로 '꽃'이라는 의미로 쓰임.

용법
한중일 모두 '꽃'의 의미로, 또 '꽃 모양의 물건'을 지칭할 때 사용함. 일본어에서는
はな로 읽어 '꽃과 같이 아름다운 것', '아름답고 한창인 것'을 뜻하는 명사로도
사용함. 중국어에서는 '(돈이나 시간)을 쓰다'라는 뜻의 동사로도 사용함.

용례
花草(화초), 花卉(화훼), 桃花(도화)

성어
금상첨화(錦上添花): 비단 위에 꽃을 올림. 좋은 것에 좋은 것을 얹어 더 좋은 상태로
만듦을 일컫는 말.

---

1 중국 청(淸)나라 때의 고증학자이자 문자음운학자인 왕념손(王念孫)이 지은
고음학(古音學)에 관한 저술임.

785

化 될 화

갑골문 금문 전국문자 소전 예서 해서

(한) 化 음 화
뜻 되다 / 교화하다 /
가르치다

(중) 化 음 huà
뜻 변하다 / 변화시키다 /
감화하다

(일) 化 음 か ka, け ke
뜻 변하다 /
가르쳐 이끌다 /
화학의 준말

자원
회의
'서 있는 사람'과 '거꾸로 서 있는 사람'을 나타낸 글자로 상태나 상황이 180°로 뒤바뀐 모습을 나타낸 것임. 化는 花[꽃 화], 貨[재화 화], 訛[그릇될 와] 등의 소리 부분으로 쓰여 '화', '와' 등의 음을 나타냄. 『설문』에서 본래 의미는 "교화시키는 것"이라고 하였음. 교육을 통해서만이 인간이 올바르게 변모된다는 것을 강조하여 말한 것임. 예전에 貨를 化로 쓰기도 했는데, 이를 통해 財貨(재화)에 '인간 생활을 변화시키는 것'이라는 뜻이 내포되어 있음을 알 수 있음. 또한 잘못 변화된 것이라는 점에서 訛[그릇될 와]도 뜻이 통함.

용법
한중일 모두 '변하다'의 의미로 사용함. 한중일 모두 '변하다'의 뜻을 變化(변화, biànhuà, へんか)라는 이음절로 주로 나타내는데, 變[변할 변]은 '조금씩 서서히 바뀌는 것'을 의미하는 반면 化는 '새로운 것으로 바뀌는 것'을 의미하여, 비슷한 뜻을 나타내되 정도와 범위가 다르게 쓰임. 한중일 모두 一般化(일반화, yībānhuà, いっぱんか)나 大衆化(대중화, dàzhònghuà, たいしゅうか)처럼 '그렇게 만들거나 됨'의 뜻을 더하는 접미사로도 사용함. 한국어와 일본어에서는 '어떤 물질이 산소와 결합하는 것'을 酸化(산화, さんか)라고 하는데, 중국어에서는 氧化(yǎnghuà)라고 함.

용례
化學(화학), 變化(변화)

성어
귤화위지(橘化爲枳): 귤이 탱자가 된다는 뜻. 자연 환경에 따라 사물의 성질이 달라지는 것을 비유하는 말.

등

박

話

말씀 화

갑골문	금문	전국문자	소전	예서	해서
			話	話	話

한 話 음 화
뜻 말씀, 말하다

중 话 음 huà
뜻 (~儿) 말 / 말하다 / 일

일 話 음 わ wa
뜻 이야기 / 말하다

자원
형성
의미 부분인 言[말씀 언]과 소리 부분인 舌[혀 설]로 이루어짐. '말하다', '말'의 뜻임. 고문자를 보면 소리 부분은 원래 昏[입 막을 괄]이었는데, 예서로 변할 때 모양이 바뀌어 舌로 되어서 지금의 글자 발음과는 관련이 없게 된 것임.

용법
한중일 모두 '말', '이야기'의 의미로 사용함. 중국어에서는 ~的話(dehuà)처럼 가정의 어기를 나타내는 조사로도 쓰임. 世話(せわ)는 일본어에서만 쓰는 일본식 한자어로 여러 가지 뜻이 있지만 보통 '타인을 돌보다'라는 뜻으로 사용함. 이 뜻은 중국어에서는 照顧(zhàogù)나 關照(guānzhào)를 쓰고, 한국어에서는 한자어가 따로 없음. 또 중국어에서는 한국어나 일본어와 달리 話가 '일'을 뜻하기도 함. '전화부스'를 가리키는 話亭(huàtíng)도 중국어에서만 사용함.

용례
話題(화제), 談話(담화), 神話(신화)

성어
만단설화(萬端說話): 온갖 이야기. 아주 다양한 이야기.

불화

갑골문	금문	전국문자	소전	예서	해서
₩	₩	₩	火	火	火

한
火 음 화
뜻 불, 열과 빛 /
타다, 태우다 /
급하다

중
火 음 huǒ
뜻 (~儿) 불 /
무기 / 싸움 /
(~儿) 화내다 /
왕성하다

일
火 음 か ka
뜻 불(꽃) /
타다, 태우다 /
음식물을 익히다 /
몹시 기세가 세차다

자원
상형
불꽃의 모양을 본뜬 글자임. 그 형태가 山[뫼 산]과 유사한데, 차이가 있다면 일반적으로 山은 바닥을 직선으로 그렸고, 火는 곡선으로 그렸다는 것임. 간혹 火에 점을 추가해 불꽃이 튀는 모습을 강조하기도 했는데, 이러한 규율이 절대적인 것은 아님. 후에 '불', '태우다', '싸우다' 등의 의미로 확장되었음.

용법
한중일 모두 '불'의 의미로 사용함. 중국어에서는 연료를 태워 동력을 추진하는 장치에 火를 사용하는데, 가령 '기차'는 火車(huǒchē)라 하고, '로켓(rocket)'은 火箭 (huǒjiàn)이라 함. 일본어에서는 '불이 번지는 속도'를 火足/火脚(ひあし)로 나타내는데, 한국어와 중국어에서는 사용하지 않는 표현임.

용례
火力(화력), 火災(화재), 點火(점화)

성어
명약관화(明若觀火): 밝기가 불을 보는 것과 같다는 뜻. 매우 뚜렷하여 더는 의심할 만한 구석이 없는 상태를 이르는 말.

華 빛날 화

갑골문	금문	전국문자	소전	예서	해서
		華	華	華	華

한
華 음 화
뜻 빛나다 / 꽃 /
아름답다 / 중국

중
华 음 huà
뜻 광채 /
빛나다, 화려하다 /
중국 / 사치하다

일
華 음 か ka, け ke
뜻 꽃 / 화려하다 /
번영하다

자원
회의

전국문자에 처음 보이는데, 정확하게 무엇을 본뜬 것인지는 명확하지 않음. 소전의
자형은 전국문자를 그대로 따랐음. 『설문』에서는 "꽃이다"라고 풀이하였음. 中華(중화)
와 같이 '중국'을 나타내는 뜻으로도 사용하는데, 별도로 '꽃'을 지칭하는 花를 만들어
구분하였음. 오늘날에는 중국을 가리키는 대명사로 쓰임과 더불어 주로 '빛나다',
'번화하다'의 의미로 쓰이는데, 이는 꽃의 모양이 아름답고 풍성한 데서 유래된
것으로 보임.

용법

한중일 모두 '빛나다', '화려하다'의 의미로 사용함. 한중일 모두 年華(연화, niánhuá,
ねんか)가 '세월'을 의미함. 일본어에서는 はな로 읽으면 '꽃', '꽃처럼 아름다운
것', '모두가 가지고 싶어 하는 것', '아름답고 한창인 것'이라는 의미로도 사용됨.
중국어에서는 '번화하다', '번성하다'의 뜻 외에 '사치하다'라는 뜻이 있어 '사치스럽다'를
奢華(shēhuá)라고 표현함.

용례

華麗(화려), 華婚(화혼), 昇華(승화)

성어

외화내빈(外華內貧): 겉은 화려하나 속은 빈약함. 겉만 번지르르하고 속은 알차지
못한 사람이나 사물을 이르는 말.

ㅎ

윤

貨 재물 화

갑골문	금문	전국문자	소전	예서	해서
		𧶘	𧵽	貨	貨

한 貨 음 화
뜻 재물 / 물품

중 货 음 huò
뜻 돈, 화폐 / 물품 / 팔다

일 貨 음 か ka
뜻 재화 / 돈, 화폐

자원
형성

의미 부분인 貝[조개 패]와 소리 부분인 化[될 화]로 이루어짐. '조개'를 본뜬 貝는 '재물'의 뜻을 나타냄. 『설문』에서 본래 의미는 '재물'이라고 하였음. 化는 재물이 있어야 변화가 가능하다는 점에서 貨[재화 화]의 뜻도 나타냄.

용법

한중일 모두 '물품', '돈'의 의미로 사용함. 한국어에서는 달러를 美貨(미화)라고 하지만, 중국어에서는 美元(měiyuán) 혹은 美金(měijin)이라고 하고, 일본어에서는 米貨(べいか)라고 함. 그리고 小賣商品(소매상품, xiǎomàishāngpǐn, こうりしょうひん)을 중국어에서는 零貨(línghuò)라고도 함. 일본어에서는 美國을 米國으로 쓰는 데서 기원한다. '아메리카'의 '메'가 美보다 米의 발음에 가깝기 때문임.

용례
貨物(화물), 貨幣(화폐), 百貨(백화)

성어
기화가거(奇貨可居): 귀한 물건을 미리 사둠. 좋은 물건을 미리 사두었다가 나중에 좋은 조건으로 판다는 뜻.

和

화할 화

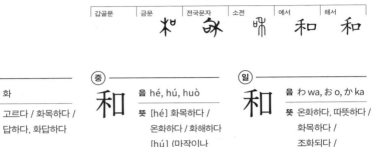

갑골문	금문	전국문자	소전	예서	해서

한

和

음 화

뜻 고르다 / 화목하다 /
답하다, 화답하다

중

和

음 hé, hú, huò

뜻 [hé] 화목하다 /
온화하다 / 화해하다
[hú] (마작이나
트럼프에서) 나다
[huò] 섞다, 젓다

일

和

음 わ wa, お o, か ka

뜻 온화하다, 따뜻하다 /
화목하다 /
조화되다 /
일본, 일본식

자원
형성

의미 부분인 口[입 구]와 소리 부분인 禾[벼 화]로 이루어짐. 口는 '입에 잘 맞다'의
뜻을 나타냄. 『설문』에서는 "서로 응하는 것"이라고 풀이하였음. 서로 조화를 이루기
위해서는 먼저 만나서 대화해야 함을 지적한 것임. 악기가 서로 조화를 이루어 화음을
내는 것과 같다는 뜻에서 口 대신 龠[피리 약]을 龢[풍류 조화될 화]로 쓰기도 했고,
조화를 이루는 데 사람이 가장 중요하다는 뜻에서 人[사람 인]을 더해 俰[화할 화]로
쓰기도 했음. 곡식의 뜻을 나타내는 禾는 오곡을 골고루 섭취해야 한다는 뜻에서
和[화할 화]의 뜻도 나타냄.

용법

한중일 모두 '화목하다'의 의미로 사용함. 한국어와 일본어에서는 平和(평화, へいわ)
라고 하지만, 중국어에서는 和平(hépíng)이라고 함. 중국어에서 和(hé)는 我和他(나와
그)와 같이 접속사로 쓰여 병렬관계를 나타냄.

용례

共和(공화), 溫和(온화), 平和(평화)

성어

화씨지벽(和氏之璧): 화씨가 캐낸 옥돌. 천하의 가장 좋은 옥을 이르는 말.

근심 환

갑골문	금문	전국문자	소전	예서	해서
			患	患	患

한 患 음 환
뜻 근심, 걱정 /
병, 질병

중 患 음 huàn
뜻 병이 나다 /
근심(하다) / 재난

일 患 음 かん kan
뜻 근심하다 /
병, 앓다

자원
형성
의미 부분인 心[마음 심]과 소리 부분인 串[꿸 관]으로 이루어져 '마음을 찌르다'의
뜻을 나타냄. 이로부터 '근심'의 의미가 더해지고, 다시 근심의 대상이 되는 '질병',
'재앙' 등의 의미로 확장되었음.

용법
한중일 모두 '근심'의 의미로 사용함. '병 들거나 다쳐서 치료를 받아야 할 사람'을
한국어에서는 患者(환자)라고 하지만, 중국어에서는 病人(bìngrén)이 더 일반적인
표현임. 일본어에서는 患者(かんじゃ)와 病人(びょうにん) 두 가지 표현을 모두
사용하되 患者는 병원에 입원해서 치료를 받거나 통원 치료를 하는 사람을, 病人은
일반적으로 위중한 병에 걸린 사람을 가리킴.

용례
病患(병환), 外患(외환), 後患(후환)

성어
환난지교(患難之交): 큰 재난을 당했던 시절의 우정이라는 뜻. 아주 어려운 상황에
있을 때 만난 친구 또는 그런 우정을 가리키는 말.

歡

792

기쁠 환

갑골문	금문	전국문자	소전	예서	해서
			歡	歡	歡

한 歡
음 환
뜻 기쁘다

중 欢
음 huān
뜻 즐겁다

일 歓
음 かん kan
뜻 기뻐하다

자원
형성
의미 부분인 欠[하품 흠]과 소리 부분인 雚[황새 관]으로 이루어져 '즐겁다'의 뜻을 나타냄. 후에 '기쁘다', '좋아하다' 등의 의미로 확장되었음. 현대 중국어의 간화자는 복잡한 소리 부분을 의미 없는 단순한 부호로 대체한 것임.

용법
한중일 모두 '기쁨'의 의미로 사용함. 한국어와 일본어에서는 '반갑게 맞아 정성껏 후하게 대접하는 것'을 歡待(환대, かんたい)라고 하는데, 중국어에서는 歡 대신 款[정성 관]을 써서 款待(kuǎndài)라고 함.

용례
歡迎(환영), 歡喜(환희), 哀歡(애환)

성어
환천희지(歡天喜地): 하늘을 보며 기뻐하고 땅을 보며 즐거워함. 아주 기뻐하는 모습을 표현할 때 쓰는 말.

793

活 살활

갑골문	금문	전국문자	소전	예서	해서
			㴧	活	活

한
活 음 활
뜻 살다 / 생기 있다

중
活 음 huó
뜻 살다 / 살리다 / 유동적이다

일
活 음 かつ katu
뜻 살다, 살리다 / 생동하다

자원
형성
의미 부분인 水[물 수]와 소리 부분인 昏[입 막을 괄]로 이루어진 글자로서 본래 의미는 '물이 흐르는 소리'임. 일반적으로는 '살다', '활동성이 있는'의 의미로 주로 쓰임. 이후 舌[혀 설]로 변해 지금의 자형이 되었음. 물소리의 의미일 때는 '괄'로 읽고, '살다'의 의미일 때는 '활'로 읽음.

용법
한중일 모두 '살다', '생기 있다'의 의미로 사용함. 중국어에서는 活兒(huór)과 같은 형태로 써서 '노동', '일' 그리고 그를 통해 얻어진 '산물(제품)'의 뜻을 나타내는데, 가령 干活兒(gànhuór)는 '일을 하다'라는 의미임. 또 구어에서 '당연히 ~하다'의 의미로 쓰여 活該(huógāi)는 '~꼴을 당해도 싸다', '쌤통이다'의 의미임.

용례
活動(활동), 活潑(활발), 活用(활용)

성어
활인지방(活人之方): 사람의 목숨을 살리는 방도. 죽어가는 사람을 살리는 처방이나 그런 방도를 이르는 말.

827

黃 누를 황

갑골문	금문	전국문자	소전	예서	해서
朿	黄	黄	黄	黄	黄

한 ——

黃 음 황
뜻 황색, 누런색 /
누렇다 /
새끼, 어린아이

중 ——

黃 음 huáng
뜻 황색 /
노랗다, 누렇다 /
선정적인 /
실패하다

일 ——

黃 음 こう kou, おう ou
뜻 황색 / 누렇게 되다

자원
상형

갑골문에서 옥[玉]을 실로 꿰어 매듭을 지은 자락이 두 갈래로 늘어지는 아름다운 장식인 패옥(佩玉)을 그렸는데, 자형이 변해 지금처럼 되었음. 본래 의미는 '장식 옥'이고, 길상을 뜻하는 황색의 옥을 패옥으로 주로 썼기 때문에 '누르다'의 뜻이 나왔고, 이후 황하를 지칭하기도 했음. 그러자 원래 뜻은 玉[옥 옥]을 더한 璜[서옥 황]을 만들어 분화했음. 황하가 중국의 상징이듯 노란 황금색도 중국의 상징이라 할 수 있는데, 이 때문에 黃帝(황제)는 중국인의 시조로 인식되었으며, 황금색은 황제의 전용 색깔이 되었고, 유독 黃金(황금)을 좋아하는 중국인들의 습성 또한 이와 관련되었을 것으로 볼 수 있음.

용법

한중일 모두 '누런색'을 지칭하고, 이로부터 나온 '누렇다'의 의미로도 사용함. 근대 이후 들어 서양의 영향을 받아 黃色片(huángsèpiàn, 포르노 영화)에서처럼 색정적인 것을 말하기도 함. 그리고 '계란 노른자'를 중국어에서는 蛋黃(dànhuáng)이라 하고, 일본어에서는 黃身(きみ)라 하여 일부 차이를 보임.

용례

黃金(황금), 黃砂(황사), 黃土(황토), 黃河(황하)

성어

황량몽(黃粱夢): 조죽을 쑤는 사이에 꾼 아주 짧은 꿈. 부귀와 명예 등 세상에서의 행복이 다 부질없는 꿈에 불과하다는 뜻.

795

皇　　임금 황

갑골문	금문	전국문자	소전	예서	해서
皇	皇	皇	皇	皇	皇

한 ─────
皇　음 황
뜻 임금 / 크다 / 겨를

중 ─────
皇　음 huáng
뜻 크다 / 임금

일 ─────
皇　음 こう kou, おう ou
뜻 임금 / 허둥대다

자원
상형

금문에 대해서 여러 가지 설이 있는데, 예를 들면 '해가 땅 위로 솟아오르는 모습'이라 하기도 하고, 왕이 쓰던 면류관을 본뜬 것이라는 주장도 있음. 이들의 주장은 모두 다르지만 皇이 '빛나다'라는 뜻과 관계가 있다는 점에서는 의견이 일치함. 또 白[흰 백]을 의미 부분으로, 王[임금 왕]을 소리 부분으로 보아 임금 중의 우두머리를 뜻하는 것으로 풀이하기도 함. 『설문』에서는 '크다'라고 풀이하였음. 오늘날에는 주로 '임금'이나 '크다'의 의미로 사용함.

용법

한중일 모두 '임금', '봉황'의 의미로 사용함. 일본어에서는 두 가지 발음과 뜻으로 쓰이는데, みかど로 읽어 '궁중', '조정', '황실'이라는 뜻을 나타내고, すめ-로 읽어 신이나 천황에 관한 사항을 표시하는 말 앞에 붙여 경의를 표하는 말로 사용하기도 함. 중국어에서는 '크다'의 뜻을 나타내는 형용사로도 사용하는데, 皇皇(huánghuáng)은 '(기세가) 장대하다', '성대하다'의 뜻을 나타내고, 또는 '놀라고 두려워 불안한 모양'을 나타내기도 함.

용례

皇宮(황궁), 皇帝(황제), 教皇(교황)

성어

옥황상제(玉皇上帝): 도가(道家)에서 가장 높은 존재, 하늘의 가장 높은 신을 이르는 말.

황

윤

796

回 돌아올 회

| 갑골문 | 금문 | 전국문자 | 소전 | 예서 | 해서 |

한
回
음 회
뜻 돌아오다 /
돌이키다 /
번, 횟수

중
回
음 huí
뜻 되돌리다 /
대답하다 /
보고하다

일
回
음 かい kai, え e
뜻 다, 돌리다 /
번, 횟수

자원
상형
물이 돌고 있는 모양을 본뜬 글자로 '돌다'가 본래 의미임. 구불구불 돌다가 돌이나 모종의 변수에 의해 물의 방향이 바뀌므로 '바꾸다', 방향이 바뀌면 기존의 방향과는 위배되므로 '위배하다' 등의 의미가 생겨났음. 그 외에 사건의 횟수를 세는 수량사로도 쓰이고, 중국의 소수민족 중 하나인 回族(회족)을 일컫는 말로도 쓰임.

용법
한중일 모두 '돌아오다'의 의미로 사용함. 한중일 모두 '차례'와 '횟수'를 뜻하는 의존명사로도 사용함. 한국어와 일본어에서는 最終回(최종회, さいしゅうかい)라고 하는데, 중국어에서는 末[끝 말]을 써서 末回(mòhuí)라는 표현을 일반적으로 사용함. 중국어에서는 일을 수행하고 나서 그 경과를 보고하거나, 받은 물품은혜손해 등에 대해 보답하는 것을 回報(huíbào)라 함.

용례
回復(회복), 回生(회생), 回避(회피)

성어
명예회복(名譽回復): 잃었던 명예를 다시 찾음.

ㅎ

김

모일 **회**

갑골문	금문	전국문자	소전	예서	해서

한 會
음 회
뜻 모이다, 모으다 /
때 / 깨닫다 / 맞다

중 会
음 huì
뜻 모임 /
모이다, 모으다 /
~할 것이다 /
능숙하다 /
(~儿) 짧은 시간

일 会
음 かい kai, え e
뜻 모이다 / 모임 /
만나다 / 일치하다 /
깨닫다 /

자원
회의
음식물이 담겨 있는 용기와 뚜껑을 본뜬 글자로서, 뚜껑과 몸통이 만난다는 점에서 '합치다', '모으다'의 뜻을 나타냄. 여기에서 '위아래가 잘 들어맞다', '일치시키다' 등의 뜻이 파생되었음. 또한 '이치를 깨닫다', '이해하다'의 의미를 나타내기도 함.

용법
한중일 모두 '모이다', '모임'의 의미로 사용함. 중국어에서는 '~할 수 있다', '~를 잘하다', '~할 가능성이 있다'의 뜻을 나타내는 동사로도 자주 사용. 또 중국어에서는 '짧은 시간', '잠시'의 뜻을 나타내기도 하는데 주로 一會兒(děngyihuìr)과 같은 형태로 쓰임. 가령 '잠깐 기다리세요'는 等一會兒(děngyihuìr)이라 쓰고, '잠시 후에 봐요'는 一會兒見(yìhuìrjiàn)과 같이 표현함. 일본어에서는 '일생에 한 번밖에 없는 일'을 一期一会(いちごいちえ)로 표현하기도 함.

용례
會議(회의), 社會(사회), 宴會(연회)

성어
견강부회(牽强附會): 가져다가 억지로 꿰어 맞춰서 모음. 사리에 맞지 않는 일을 자신에게 유리하게 억지로 갖다 붙이는 행위를 일컫는 말.

효 본받을 **효**

갑골문	금문	전국문자	소전	예서	해서

한

效

음 효

뜻 본받다 / 힘쓰다 /
효능, 보람

중

效

음 xiào

뜻 효과, 효능 / 본받다 /
힘을 다하다

일

効

음 こう kou

뜻 본받다, 배우다 /
힘을 다하다 /
효능, 효과

자원
형성
『설문』에 따르면 의미 부분인 攴[칠 복]과 소리 부분인 交[사귈 교]로 이루어져 본래
의미가 "모양을 따르다"라고 하였음. 소전은 갑골문과 금문 등의 고문자 자형을
그대로 잇고 있음. 본래의 뜻은 '본받다'로 이를 위해 노력한다는 것을 강조하기 위해
손에 막대기를 들고 있는 모습인 攴으로 구성되어 있음. 여기서 의미가 확장되어
'배우다', '힘쓰다', '효과' 등의 의미가 더해졌음. 일본어에서는 攴 대신 力[힘 력]으로
이루어져 있음.

용법
한중일 모두 '효험'의 의미로 사용함. 한국어와 일본어에서 效力(효력, こうりょく)는
'약의 효력'이나 '효력 정지'와 같이 약 따위를 사용한 후에 얻는 보람 또는 법률
따위의 작용을 뜻하지만, 중국어에서는 이 밖에도 爲國效力(wèiguóxiàolì, 조국을
위해 충성을 다하다)와 같이 '진력하다', '힘쓰다'의 뜻도 지니고 있음.

용례
效果(효과), 效能(효능), 效力(효력)

성어
백약무효(百藥無效): 온갖 약을 써도 효과가 없음. 문제 해결을 하는 데 있어서
아무런 방도가 없는 상황을 가리키는 말.

孝 효도 효

갑골문	금문	전국문자	소전	예서	해서

한 孝
음 효
뜻 효도 /
부모상을 입다

중 孝
음 xiào
뜻 효도하다 /
부모상을 입다

일 孝
음 こう kou,
きょう kyou
뜻 효도하다 /
부모의 복을 입다

자원
회의
갑골문은 머리카락이 긴 노인의 모습을 묘사한 것이며, 금문은 자식[子]이
노인[老]을 부축하여 받드는 모습을 본뜬 것으로, 이로부터 '연로한 부모를
봉양하다'라는 의미를 가지게 되었음. 『설문』은 소전을 풀이하여 "부모를 잘
봉양하는 것이다"라고 하였고. 오대징(吳大澂)1은 부모와 자식 간의 서로 의지하는
모습을 묘사한 것으로 보았음. 이처럼 孝는 부모를 진심으로 모시는 것으로서 부모에
대한 존경과 순종의 의미 또한 지니고 있음. '부모님이 살아계실 때 효를 다하다'라는
본래의 의미에서 확대되어 '상을 당하거나 제사를 올리다'의 의미로도 사용되었음.

용법
한중일 모두 '효'와 관련된 의미로 사용함. 한중일 모두 '부모를 잘 섬기는 아들과
딸'을 孝子(효자, xiàozǐ, こうし), 孝女(효녀, xiàonǚ, こうじょ)라고 하는데,
일본어에서는 이외에도 孝行息子(こうこうむすこ), 孝行娘(こうこうむすめ)라는
표현도 사용. 중국어의 孝子와 孝女는 喪中(상중)에 있는 아들과 딸을 뜻하기도 함.
한편 까마귀가 어미에게 먹이를 물어다 주어 보은한다는 것에서 유래하여 삼국 모두
까마귀를 孝鳥(효조, xiàoniǎo, こうちょう)라고도 함.

용례
孝道(효도), 孝子(효자), 孝行(효행)

성어
반포지효(反哺之孝): 까마귀 새끼가 자라서 어미에게 먹이를 물어다주는 효. 부모를
잘 받들어 모시는 자식의 정성스러운 효도를 이르는 말.

---

1 1835~1902, 중국 청조 말기의 관료이자 학자로서 대표 저술에 『설문고주보說文古籀補』 등이 있음.

厚

두터울 후

갑골문	금문	전국문자	소전	예서	해서

한
厚
음 후
뜻 두텁다 / 넉넉하다

중
厚
음 hòu
뜻 두텁다 / 두께 / (감정이) 깊다

일
厚
음 こう kou
뜻 두텁다, 짙다 / 풍족하다

자원
형성

의미 부분인 厂[기슭 엄]과 소리 부분인 𣪩[두터울 후]로 이루어짐. 산[厂]처럼 두터움[𣪩]을 말하며, 이로부터 '깊다', '무겁다', '진하다', '크다', '후하다' 등의 뜻이 나왔음. 『순자荀子』에 "깊은 계곡에 가보지 않으면 땅의 두터움을 알 수 없다. 不臨深谿, 不知地之厚也"라는 구절이 나오는데, 이처럼 땅의 두터움을 아는 데는 계곡의 깎아지른 절벽만 한 것이 없었기에 '두터움'에 '산'을 뜻하는 厂이 의미 부분으로 채택되었을 것으로 보임.

용법

한중일 모두 '두텁다', '깊고 무겁다', '넉넉하다'의 의미로 사용함. 중국어에서는 厚今薄古(hòujīnbógǔ, 요즘 것을 중시하고 옛것을 경시하다)에서와 같이 '추앙하다'나 '중요시하다'라는 뜻도 있음. 그런가 하면 일본어에서 厚生(こうせい)는 '삶을 넉넉하게 하고 풍족하게 하다'의 뜻이며, 厚生省(こうせいしょう)는 그런 정책을 관장하는 정부 기관으로 한국의 보건복지부에 해당함.

용례

厚德(후덕), 濃厚(농후), 重厚(중후)

성어

후안무치(厚顔無恥): 얼굴이 두꺼워 부끄러움이 없음. 옳지 않은 일을 해놓고도 부끄러움이 전혀 없는 사람을 가리킬 때 쓰는 표현.

後 뒤 후

갑골문	금문	전국문자	소전	예서	해서
		後	後	後	後

한

後 음 후
뜻 뒤

중

后 음 hòu
뜻 뒤, 다음, 나중 /
후대, 자손 / 황후 /
뒤떨어지다

일

後 음 ご go, こう kou
뜻 뒤, 나중 /
뒤지다, 늦어지다,
뒤떨어지다

자원
회의
금문은 彳[조금 걸을 척]과 幺[작을 요], 그리고 夊[뒤져 올 치]로 구성되어 뒤처져
길을 가는 것을 표현하였음. 이후 자형에 큰 변화 없이 오늘날의 자형이 되었고, 주로
'뒤', '다음'이라는 의미로 쓰임.

용법
한중일 모두 '뒤', '곁'이라는 의미로 사용함. 중국어에서는 '황후'라는 의미로도 쓰임.
일본어에서는 しり로 읽어 '엉덩이', '볼기'의 뜻을 나타내기도 함. 중국어에서는
주로 '시간상으로 뒤의', '다음의', '순서상으로 뒤의', '말미'라는 뜻의 형용사로도
사용하고, '후대', '자손', '자식'이라는 뜻의 명사로도 사용함.

용례
後遺症(후유증), 午後(오후), 以後(이후)

성어
후생가외(後生可畏): 뒤에서 자라는 후배들이 두려울 정도. 인생과 학문의 후배들이
앞선 선배들의 수준을 넘어설 가능성이 보이는 경우.

訓 가르칠 훈

갑골문	금문	전국문자	소전	예서	해서
			訓	訓	訓

한 訓
음 훈
뜻 가르치다 /
뜻을 풀이하다

중 训
음 xùn
뜻 가르치다 /
훈련하다 /
해석하다 / 교훈 /
준칙

일 訓
음 くん kun, きん kin
뜻 가르치다, 타이르다 /
읽다, 문구의 뜻을
해석하다 /
한자를 훈독하다

자원
형성
의미 부분인 言[말씀 언]과 소리 겸 의미 부분인 川[내 천]으로 이루어짐. 川은 흐르는 물의 모양을 그린 것으로 '막힘없이 흐름'을 나타냄. 따라서 이 글자의 원래 뜻은 말을 잘 '풀이하다'이며, 여기에서 잘 풀이하기 위하여 '가르치다', '훈련하다'의 뜻이 파생되었음. 그리고 잘 풀이되는 말이라는 점에서 '준칙'의 의미도 나타냄.

용법
한중일 모두 '가르치다' '풀이하다'의 의미로 사용함. 한국어와 일본어에서는 한자의 '뜻'을 訓(훈, くん)이라고 하여, 한자의 '소리'를 뜻하는 音(음, おと)과 대비되어 쓰이는데, 중국어에서는 訓 대신 義나 意를 사용함. 일본어에서 訓은 '한자의 의미를 국어로 읽는다'라는 의미이기도 함.

용례
訓戒(훈계), 訓練(훈련), 校訓(교훈)

성어
산상수훈(山上垂訓): 산 위에서 가르침을 내림. 예수가 갈릴리 호숫가 산 위에서 설교한 그리스도교도의 덕목.

803

休 쉴 휴

갑골문	금문	전국문자	소전	예서	해서
休	林	㫫	㡹	休	休

休

한

음 휴

뜻 쉬다 / 아름답다

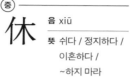

休

중

음 xiū

뜻 쉬다 / 정지하다 /
이혼하다 /
~하지 마라

休

일

음 きゅう kyu-u

뜻 쉬다 / 크다

자원
회의

갑골문을 보면 '사람이 나무에 기대어 쉬고 있는 모양'을 본뜬 것임을 알 수 있음.
『설문』에서는 의미 부분인 人[사람 인]과 木[나무 목]으로 이루어져 있으며, 본래
의미는 '쉬다'라고 하였음. 이로부터, '그만두다' '멈추다' 등의 의미로 확장되었음.

용법

한중일 모두 '쉬다'의 의미로 사용함. '일하지 않고 쉬는 날'을 한국어와 일본어에서는
休日(휴일, きゅうじつ)라고 하는데, 중국어에서는 假日(jiàrì) 또는 休息日(xiūxīrì)라고 함.
'길을 가는 사람들이 잠깐 동안 머물러 쉴 수 있도록 마련하여 놓은 장소'를
한국어와 일본어에서는 休憩所(휴게소, きゅうけいじょ)라고 하는데, 중국어에서는
服務區(fúwùqū) 또는 休息站(xiūxizhàn)이라고 함. '학업 또는 근무를 일정 기간 동안
쉬는 것'을 한국어와 일본어에서는 休暇(휴가, きゅうか)라고 하지만, 중국어에서는
休假(xiūjià)라고 함.

용례

休刊(휴간), 休息(휴식), 休學(휴학)

성어

만사휴의(萬事休矣): 모든 일이 헛수고가 되었다는 뜻. 실패로 돌아가서 아무 가망이
없는 상황을 이르는 말.

중

강

胸

가슴 흉

갑골문	금문	전국문자	소전	예서	해서
		𩩌	𩩌	胸	胸

한 胸 음 흉
뜻 가슴 / 마음

중 胸 음 xiōng
뜻 가슴 / 마음

일 胸 음 きょう kyou
뜻 가슴 / 마음

자원
형성
의미 부분인 肉[고기 육]과 소리 부분인 匈[오랑캐 흉]으로 이루어짐. 이는 凶[흉할 흉]에서 출발했는데, 凶은 원래 죽은 사람의 가슴 부위에다 영혼이 육체에서 분리될 수 있도록 칼집(문신)을 새겨 놓은 것을 그린 글자로서 '해', '흉', '액', '지나치다' 등의 뜻을 나타냈는데, 고대사회에서 액을 막으려는 조치였던 것으로 보임. 이후 의미를 명확하게 하고자 凶에다 사람의 모습[儿]을 더한 것이 兇[흉악할 흉]이며, 凶은 다시 勹[쌀 포]를 더하여 匈[흉흉할 흉]으로 변했는데, 匈이 胸의 원래 글자임. 여기에 다시 肉을 더하여 胸으로 발전하였음.

용법
한중일 모두 신체 부위인 '가슴'의 의미로 사용하고, 이로부터 파생한 '마음'의 의미로도 사용함. 한국어와 일본어에서는 '가슴속에 품은 생각'을 胸襟(흉금, きょうきん)이라고 하는데, 중국어에서는 胸襟(xiōngjīn) 외에 胸懷(xiōnghuái)라고 쓰기도 함. 일본어에서는 특별히 흉부에 자리한 신체기관 중 '심장', '위', '폐' 등을 지칭하기도 함.

용례
胸襟(흉금), 胸部(흉부), 胸像(흉상)

성어
흉유성죽(胸有成竹): 가슴속에서 이미 대나무가 완성됨. 대나무 그림을 그리기에 앞서 마음속으로 그 모습을 완성했다는 뜻으로, 일에 착수하기 전에 모든 준비를 마치는 것을 이르는 말.

黑 검을 흑

갑골문	금문	전국문자	소전	예서	해서
甲	鼎	界	界	黑	黑

한
黑 음 흑
뜻 검다 / 흑색 /
어둡다

중
黑 음 hēi
뜻 검다 / 검은색(의) /
어둡다 / 나쁘다 /
불법의

일
黑 음 こく koku
뜻 검다 / 어둡다

자원
회의
『설문』에서는 소전에 근거하여 "불에 그을린 색"이라고 하였으나 갑골문과 금문 자형을 볼 때 온몸에 검은 얼룩이 진, 즉 묵형(墨刑)을 받은 사람의 모습이라 볼 수 있음. 이로부터 '검다', '어둡다'의 의미가 생겼고, 나아가 '옳지 않음', '사악하다' 등의 의미도 파생되었음.

용법
한중일 모두 '검다', '어둡다'의 의미로 사용함. 중국어에서는 불법적인 것에 黑을 붙여 상용어로 사용하는데, 예를 들면 黑社會(hēishèhuì, 암흑가), 黑車(hēichē, 불법 운행 영업 차량), 黑孩子(hēiháizi, 산아제한에 위배되어 호적에 올리지 못한 아이) 등과 같은 표현이 있음.

용례
黑白(흑백), 黑手(흑수), 暗黑(암흑)

성어
흑색선전(黑色宣傳): 검은색의 선전. 근거 없이 상대를 거짓 내용 등으로 깎아내리기 위해 벌이는 선전 행위.

일 흥

갑골문	금문	전국문자	소전	예서	해서

<한>

興

음 흥

뜻 일다 / 일으키다 /
흥겹다 / 흥취

<중>

兴

음 xīng, xìng

뜻 [xīng] 일으키다 /
시작하다 / 유행하다 /
성행시키다
[xìng] 흥, 흥취

<일>

興

음 こう kou,
きょう kyou

뜻 흥하다 / 일으키다 /
흥미

자원
회의

갑골문은 위아래 네 개의 손으로 함께 물건을 드는 것을 본뜬 것임. 『설문』에 따르면
의미 부분인 舁[마주 들 여]와 同[한 가지 동]으로 이루어진 글자로 본래 의미는
"일어서다"라고 하였음. 舁 역시 함께 물건을 들어 올리는 것을 형상한 것으로, 따라서
모두가 힘을 합쳐 들어 올린다는 뜻을 나타내게 되었음. 여기에서 '일으키다',
'흥하다' 등의 확장된 의미가 나왔음.

용법

한중일 모두 '일으키다', '흥하다'의 의미로 사용함. 한국어에서는 '흥이 나다'와 같이
재미나 즐거움이 일어나는 감정을 뜻하며, 또한 번성하여 잘되는 '흥하다'의 어근이
되기도 함. 한국어와 일본어에서는 흥을 느끼는 재미를 興味(흥미, きょうみ)라고
하지만 중국어에서는 興趣(xìngqù) 또는 意思(yìsi)라고 함. 따라서 중국어에서
有意思(yǒuyìsi)는 '흥미롭다', '재미있다'의 표현임. 한편 중국어에서 高興(gāoxìng)은
'기쁘다', '즐겁다'의 뜻을 나타냄.

용례

興起(흥기), 興盛(흥성), 興趣(흥취)

성어

중흥지주(中興之主): 기울어가던 나라를 다시 일으킨 임금이라는 뜻.

흥

오

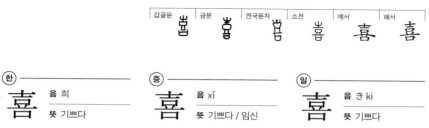

喜 기쁠 희

갑골문	금문	전국문자	소전	예서	해서
𤭖	𤭖	𤭖	喜	喜	喜

한 ── 喜 음 희 / 뜻 기쁘다

중 ── 喜 음 xǐ / 뜻 기쁘다 / 임신

일 ── 喜 음 き ki / 뜻 기쁘다

자원
회의

갑골문에서 '받침대 위에 놓인 북'을 본뜬 글자였는데, 자형 변천에 따라 지금과 같은 글자로 변한 것임. 기쁘고 흥겨울 때 북을 두드렸기 때문에 원래의 뜻인 '북'에서 '기쁘다'의 뜻이 파생되었음. 『설문』에서는 "즐겁다"라고 풀이하였음. 歡[기뻐할 환], 欣[기뻐할 흔], 歎[탄식할 탄] 등에 쓰인 것처럼 감정을 나타내는 欠[하품 흠]을 더해 歖[갑자기 기뻐할 희]로 쓰기도 했음. 『설문』에서 喜 다음에 憙[기뻐할 희]의 뜻을 풀이하여 '기쁘다'라고 하였는데, 憙의 뜻이 喜의 뜻과 통함을 알 수 있음.

용법

한중일 모두 '기쁘다'의 의미로 사용함. 한국어에서는 '기쁨과 슬픔'을 喜悲(희비)라고 하지만, 중국어와 일본어에서는 悲喜(bēixǐ, ひき)라고 함. 중국어에서 喜(xǐ)는 '기쁘다', '즐거워하다'의 뜻 외에 '임신'의 뜻도 나타냄. 일본어에서는 喜를 초서체로 쓰면 十七의 위에 七이 붙어 있어 七十七로 보이므로 77세를 喜寿(きじゅ)라고 함.

용례

喜劇(희극), 喜悅(희열), 歡喜(환희)

성어

일희일비(一喜一悲): 한 번 기뻐하고 한 번 슬퍼함. 감정의 변화가 많음 또는 그런 사람을 가리키는 말.

등

박

希

바랄 희

갑골문	금문	전국문자	소전	예서	해서
				希	希

한 ——————

希 음 희

뜻 바라다 / 드물다

중 ——————

希 음 xī

뜻 희망을 바라다 /
드물다

일 ——————

希 음 き ki, け ke

뜻 드물다, 진기하다 /
묽다

자원
회의

의미 부분인 巾[수건 건]과 爻[효 효]로 이루어짐. 巾은 삼이나 베 등의 직물이고, 爻는 선이 교차한 모양으로서 성기게 짠 베를 가리킴. 이로부터 '성기다', '드문드문하다'의 의미가 나왔음. 후에 희망을 이루기 어려운 일이라는 점에서 '바라다'의 의미가 생겼고, 본래 뜻인 '드물다'는 禾[벼 화]를 더한 稀[드물 희]로 분화해 나타냈음.

용법

한중일 모두 '바라다', '드물다'의 의미로 사용함. 한국어에서 '특이하거나 희귀함'을 稀罕(희한)이라고 하는데, 중국어에서 稀罕(xihan)은 '탐닉하다', '좋아하다'의 의미로도 사용함. 또한 중국어에서는 그리스를 希臘(Xilà)라고도 함.

용례

希望(희망), 希薄(희박), 希世(희세)

성어

포탄희량(抱炭希凉): 숯불을 안고 시원하기를 바란다는 뜻. 실제 행위와 그 목적이 전혀 맞지 않는 상태를 비유적으로 이르는 말.

능

한중일 공용한자 808자
유니코드표

유니코드(Unicode)는 전 세계의 모든 문자마다 고유한 코드 값을 제공하여 운영체제, 프로그램, 언어에 관계없이 표현하고 다룰 수 있도록 설계된 산업 표준으로, 유니코드 협회가 제정한다. 한자도 유니코드에 포함되어 하나의 자형에 하나의 코드가 적용된다. 유니코드를 사용한 프로그램이나 홈페이지에서는 어떤 언어의 컴퓨터에서도 글자의 깨짐 없이 한자를 볼 수 있다. 아래한글에서 유니코드를 사용할 때는 ctrl+F10 유니코드 문자표에서 직접 코드를 입력하면 된다. 코드를 알면 코드를 바로 입력하면 되고, 코드값을 확인하고 싶을 때는 글자 뒤에 Alt+Shift+F10을 입력하면 확인할 수 있다.

		한	중	일
001	價 값 가	U+50F9	U+4EF7	U+4FA1
002	街 거리 가	U+8857	U+8857	U+8857
003	假 거짓 가	U+5047	U+5047	U+4EEE
004	歌 노래 가	U+6B4C	U+6B4C	U+6B4C
005	加 더할 가	U+52A0	U+52A0	U+52A0
006	可 옳을 가	U+53EF	U+53EF	U+53EF
007	家 집 가	U+5BB6	U+5BB6	U+5BB6
008	各 각각 각	U+5404	U+5404	U+5404
009	角 뿔 각	U+89D2	U+89D2	U+89D2
010	看 볼 간	U+770B	U+770B	U+770B
011	間 사이 간	U+9593	U+95F4	U+9593
012	敢 감히 감	U+6562	U+6562	U+6562
013	感 느낄 감	U+611F	U+611F	U+611F
014	甘 달 감	U+7518	U+7518	U+7518
015	減 덜 감	U+6E1B	U+51CF	U+6E1B
016	江 강 강	U+6C5F	U+6C5F	U+6C5F
017	講 강론할 강	U+8B1B	U+8BB2	U+8B1B
018	强 강할 강	U+5F3A	U+5F3A	U+5F37
019	降 내릴 강	U+964D	U+964D	U+964D
020	改 고칠 개	U+6539	U+6539	U+6539
021	個 낱 개	U+500B	U+4E2A	U+500B
022	皆 다 개	U+7686	U+7686	U+7686
023	開 열 개	U+958B	U+5F00	U+958B
024	客 손 객	U+5BA2	U+5BA2	U+5BA2
025	去 갈 거	U+53BB	U+53BB	U+53BB
026	擧 들 거	U+64E7	U+6319	U+6319
027	居 살 거	U+5C45	U+5C45	U+5C45
028	巨 클 거	U+5DE8	U+5DE8	U+5DE8
029	建 세울 건	U+5EFA	U+5EFA	U+5EFA
030	犬 개 견	U+72AC	U+72AC	U+72AC
031	堅 굳을 견	U+5805	U+575A	U+5805
032	見 볼 견	U+898B	U+89C1	U+898B
033	決 결단할 결	U+6C7A	U+51B3	U+6C7A
034	潔 깨끗할 결	U+6F54	U+6D01	U+6F54
035	結 맺을 결	U+7D50	U+7ED3	U+7D50
036	輕 가벼울 경	U+8F15	U+8F7B	U+8EFD
037	慶 경사 경	U+6176	U+5E86	U+6176
038	更 고칠 경	U+66F4	U+66F4	U+66F4
039	敬 공경 경	U+656C	U+656C	U+656C
040	經 글 경	U+7D93	U+7ECF	U+7D4C
041	驚 놀랄 경	U+9A5A	U+60CA	U+9A5A
042	競 다툴 경	U+7AF6	U+7ADE	U+7AF6
043	耕 밭갈 경	U+8015	U+8015	U+8015
044	景 별 경	U+666F	U+666F	U+666F
045	京 서울 경	U+4EAC	U+4EAC	U+4EAC
046	季 계절 계	U+5B63	U+5B63	U+5B63
047	計 셀 계	U+8A08	U+8BA1	U+8A08
048	界 지경 계	U+754C	U+754C	U+754C
049	告 고할 고	U+544A	U+544A	U+544A
050	固 굳을 고	U+56FA	U+56FA	U+56FA
051	高 높을 고	U+9AD8	U+9AD8	U+9AD8
052	考 생각할 고	U+8003	U+8003	U+8003
053	苦 쓸 고	U+82E6	U+82E6	U+82E6
054	故 연고 고	U+6545	U+6545	U+6545
055	古 옛 고	U+53E4	U+53E4	U+53E4
056	穀 곡식 곡	U+7A40	U+8C37	U+7A40
057	曲 굽을 곡	U+66F2	U+66F2	U+66F2
058	困 곤할 곤	U+56F0	U+56F0	U+56F0
059	骨 뼈 골	U+9AA8	U+9AA8	U+9AA8
060	功 공 공	U+529F	U+529F	U+529F
061	公 공평할 공	U+516C	U+516C	U+516C
062	空 빌 공	U+7A7A	U+7A7A	U+7A7A
063	工 장인 공	U+5DE5	U+5DE5	U+5DE5
064	共 함께 공	U+5171	U+5171	U+5171
065	科 과목 과	U+79D1	U+79D1	U+79D1
066	課 과정 과	U+8AB2	U+8BFE	U+8AB2
067	果 실과 과	U+679C	U+679C	U+679C
068	過 지날 과	U+904E	U+8FC7	U+904E
069	官 벼슬 관	U+5B98	U+5B98	U+5B98
070	觀 볼 관	U+89C0	U+89C2	U+89B3
071	關 빗장 관	U+95DC	U+5173	U+95A2
072	廣 넓을 광	U+5EE3	U+5E7F	U+5E83
073	光 빛 광	U+5149	U+5149	U+5149
074	敎 가르칠 교	U+654E	U+6559	U+6559
075	橋 다리 교	U+6A4B	U+6865	U+6A4B
076	交 사귈 교	U+4EA4	U+4EA4	U+4EA4

	한	중	일

		한	중	일
077 校 학교 교	U+6821	U+6821	U+6821
078 球 공 구	U+7403	U+7403	U+7403
079 區 구역 구	U+5340	U+533A	U+533A
080 救 구원할 구	U+6551	U+6551	U+6551
081 句 글귀 구	U+53E5	U+53E5	U+53E5
082 九 아홉 구	U+4E5D	U+4E5D	U+4E5D
083 究 연구할 구	U+7A76	U+7A76	U+7A76
084 舊 예 구	U+820A	U+65E7	U+65E7
085 久 오랠 구	U+4E45	U+4E45	U+4E45
086 口 입 구	U+53E3	U+53E3	U+53E3
087 國 나라 국	U+570B	U+56FD	U+56FD
088 局 판 국	U+5C40	U+5C40	U+5C40
089 軍 군사 군	U+8ECD	U+519B	U+8ECD
090 君 임금 군	U+541B	U+541B	U+541B
091 弓 활 궁	U+5F13	U+5F13	U+5F13
092 權 권세 권	U+6B0A	U+6743	U+6A29
093 勸 권할 권	U+52F8	U+529D	U+52E7
094 卷 책 권	U+5377	U+5377	U+5DFB
095 貴 귀할 귀	U+8CB4	U+8D35	U+8CB4
096 歸 돌아갈 귀	U+6B78	U+5F52	U+5E30
097 均 고를 균	U+5747	U+5747	U+5747
098 極 극진할 극	U+6975	U+6781	U+6975
099 近 가까울 근	U+8FD1	U+8FD1	U+8FD1
100 勤 부지런할 근	U+52E4	U+52E4	U+52E4
101 根 뿌리 근	U+6839	U+6839	U+6839
102 禁 금할 금	U+7981	U+7981	U+7981
103 金 쇠 금	U+91D1	U+91D1	U+91D1
104 今 이제 금	U+4ECA	U+4ECA	U+4ECA
105 急 급할 급	U+6025	U+6025	U+6025
106 及 미칠 급	U+53CA	U+53CA	U+53CA
107 給 줄 급	U+7D66	U+7ED9	U+7D66
108 記 기록 기	U+8A18	U+8BB0	U+8A18
109 期 기약할 기	U+671F	U+671F	U+671F
110 氣 기운 기	U+6C23	U+6C14	U+6C17
111 己 몸 기	U+5DF1	U+5DF1	U+5DF1
112 起 일어날 기	U+8D77	U+8D77	U+8D77
113 技 재주 기	U+6280	U+6280	U+6280
114 基 터 기	U+57FA	U+57FA	U+57FA

		한	중	일
115 吉 길할 길	U+5409	U+5409	U+5409
ㄴ 116 暖 따뜻할 난	U+6696	U+6696	U+6696
117 難 어려울 난	U+96E3	U+96BE	U+96E3
118 南 남녘 남	U+5357	U+5357	U+5357
119 男 사내 남	U+7537	U+7537	U+7537
120 內 안 내	U+5167	U+5185	U+5185
121 女 여자 녀	U+5973	U+5973	U+5973
122 年 해 년	U+5E74	U+5E74	U+5E74
123 念 생각 념	U+5FF5	U+5FF5	U+5FF5
124 怒 성낼 노	U+6012	U+6012	U+6012
125 農 농사 농	U+8FB2	U+519C	U+8FB2
126 能 능할 능	U+80FD	U+80FD	U+80FD
ㄷ 127 多 많을 다	U+591A	U+591A	U+591A
128 茶 차 다/차	U+8336	U+8336	U+8336
129 端 끝 단	U+7AEF	U+7AEF	U+7AEF
130 團 둥글 단	U+5718	U+56E2	U+56E3
131 短 짧을 단	U+77ED	U+77ED	U+77ED
132 單 홑 단	U+55AE	U+5355	U+5358
133 達 통할 달	U+9054	U+8FBE	U+9054
134 談 말씀 담	U+8AC7	U+8C08	U+8AC7
135 答 대답 답	U+7B54	U+7B54	U+7B54
136 當 마땅 당	U+7576	U+5F53	U+5F53
137 堂 집 당	U+5802	U+5802	U+5802
138 待 기다릴 대	U+5F85	U+5F85	U+5F85
139 代 대신 대	U+4EE3	U+4EE3	U+4EE3
140 對 대할 대	U+5C0D	U+5BF9	U+5BFE
141 大 클 대	U+5927	U+5927	U+5927
142 宅 댁 댁	U+5B85	U+5B85	U+5B85
143 德 큰 덕	U+5FB7	U+5FB7	U+5FB3
144 圖 그림 도	U+5716	U+56FE	U+56F3
145 道 길 도	U+9053	U+9053	U+9053
146 都 도읍 도	U+90FD	U+90FD	U+90FD
147 徒 무리 도	U+5F92	U+5F92	U+5F92
148 度 법도 도	U+5EA6	U+5EA6	U+5EA6
149 島 섬 도	U+5CF6	U+5C9B	U+5CF6
150 到 이를 도	U+5230	U+5230	U+5230
151 刀 칼 도	U+5200	U+5200	U+5200
152 讀 읽을 독	U+8B80	U+8BFB	U+8AAD

		한	중	일			한	중	일
229	無 없을 무	U+7121	U+65E0	U+7121	267	服 옷 복	U+670D	U+670D	U+670D
230	舞 춤출 무	U+821E	U+821E	U+821E	268	本 근본 본	U+672C	U+672C	U+672C
231	務 힘쓸 무	U+52D9	U+52A1	U+52D9	269	奉 받들 봉	U+5949	U+5949	U+5949
232	文 글월 문	U+6587	U+6587	U+6587	270	部 떼 부	U+90E8	U+90E8	U+90E8
233	聞 들을 문	U+805E	U+95FB	U+805E	271	浮 뜰 부	U+6D6E	U+6D6E	U+6D6E
234	門 문 문	U+9580	U+95E8	U+9580	272	婦 부인 부	U+5A66	U+5987	U+5A66
235	問 물을 문	U+554F	U+95EE	U+554F	273	富 부자 부	U+5BCC	U+5BCC	U+5BCC
236	物 만물 물	U+7269	U+7269	U+7269	274	扶 붙들 부	U+6276	U+6276	U+6276
237	尾 꼬리 미	U+5C3E	U+5C3E	U+5C3E	275	夫 사나이 부	U+592B	U+592B	U+592B
238	味 맛 미	U+5473	U+5473	U+5473	276	否 아닐 부	U+5426	U+5426	U+5426
239	米 쌀 미	U+7C73	U+7C73	U+7C73	277	不 아닐 불/부	U+4E0D	U+4E0D	U+4E0D
240	未 아닐 미	U+672A	U+672A	U+672A	278	父 아버지 부	U+7236	U+7236	U+7236
241	美 아름다울 미	U+7F8E	U+7F8E	U+7F8E	279	北 북녁 북	U+5317	U+5317	U+5317
242	民 백성 민	U+6C11	U+6C11	U+6C11	280	分 나눌 분	U+5206	U+5206	U+5206
243	密 빽빽할 밀	U+5BC6	U+5BC6	U+5BC6	281	佛 부처 불	U+4F5B	U+4F5B	U+4ECF
244	反 돌이킬 반	U+53CD	U+53CD	U+53CD	282	備 갖출 비	U+5099	U+5907	U+5099
245	半 반 반	U+534A	U+534A	U+534A	283	比 견줄 비	U+6BD4	U+6BD4	U+6BD4
246	飯 밥 반	U+98EF	U+996D	U+98EF	284	飛 날 비	U+98DB	U+98DE	U+98DB
247	發 필 발	U+767C	U+53D1	U+767A	285	悲 슬플 비	U+60B2	U+60B2	U+60B2
248	放 놓을 방	U+653E	U+653E	U+653E	286	非 아닐 비	U+975E	U+975E	U+975E
249	防 막을 방	U+9632	U+9632	U+9632	287	鼻 코 비	U+9F3B	U+9F3B	U+9F3B
250	方 모 방	U+65B9	U+65B9	U+65B9	288	貧 가난할 빈	U+8CA7	U+8D2B	U+8CA7
251	訪 찾을 방	U+8A2A	U+8BBF	U+8A2A	289	氷 얼음 빙	U+6C37	U+51B0	U+6C37
252	拜 절 배	U+62DC	U+62DC	U+62DD	290	四 넉 사	U+56DB	U+56DB	U+56DB
253	百 일백 백	U+767E	U+767E	U+767E	291	寫 베낄 사	U+5BEB	U+5199	U+5199
254	白 흰 백	U+767D	U+767D	U+767D	292	史 사기 사	U+53F2	U+53F2	U+53F2
255	番 차례 번	U+756A	U+756A	U+756A	293	謝 사례할 사	U+8B1D	U+8C22	U+8B1D
256	伐 칠 벌	U+4F10	U+4F10	U+4F10	294	私 사사로울 사	U+79C1	U+79C1	U+79C1
257	法 법 법	U+6CD5	U+6CD5	U+6CD5	295	思 생각 사	U+601D	U+601D	U+601D
258	變 변할 변	U+8B8A	U+53D8	U+5909	296	士 선비 사	U+58EB	U+58EB	U+58EB
259	別 다를 별	U+5225	U+522B	U+5225	297	師 스승 사	U+5E2B	U+5E08	U+5E2B
260	兵 군사 병	U+5175	U+5175	U+5175	298	射 쏠 사	U+5C04	U+5C04	U+5C04
261	病 병 병	U+75C5	U+75C5	U+75C5	299	事 일 사	U+4E8B	U+4E8B	U+4E8B
262	報 갚을 보	U+5831	U+62A5	U+5831	300	寺 절 사	U+5BFA	U+5BFA	U+5BFA
263	步 걸음 보	U+6B65	U+6B65	U+6B69	301	死 죽을 사	U+6B7B	U+6B7B	U+6B7B
264	保 보전할 보	U+4FDD	U+4FDD	U+4FDD	302	舍 집 사	U+820D	U+820D	U+820E
265	福 복 복	U+798F	U+798F	U+798F	303	使 하여금 사	U+4F7F	U+4F7F	U+4F7F
266	伏 엎드릴 복	U+4F0F	U+4F0F	U+4F0F	304	産 낳을 산	U+7523	U+4EA7	U+7523

#	한자	한	중	일	#	한자	한	중	일
305	山 뫼 **산**	U+5C71	U+5C71	U+5C71	343	姓 성씨 **성**	U+59D3	U+59D3	U+59D3
306	算 셈할 **산**	U+7B97	U+7B97	U+7B97	344	聖 성인 **성**	U+8056	U+5723	U+8056
307	散 흩을 **산**	U+6563	U+6563	U+6563	345	性 성품 **성**	U+6027	U+6027	U+6027
308	殺 죽일 **살**	U+6BBA	U+6740	U+6BBA	346	盛 성할 **성**	U+76DB	U+76DB	U+76DB
309	三 석 **삼**	U+4E09	U+4E09	U+4E09	347	聲 소리 **성**	U+8072	U+58F0	U+58F0
310	常 항상 **상**	U+5E38	U+5E38	U+5E38	348	成 이룰 **성**	U+6210	U+6210	U+6210
311	賞 상줄 **상**	U+8CDE	U+8D4F	U+8CDE	349	誠 정성 **성**	U+8AA0	U+8BDA	U+8AA0
312	傷 상할 **상**	U+50B7	U+4F24	U+50B7	350	細 가늘 **세**	U+7D30	U+7EC6	U+7D30
313	想 생각 **상**	U+60F3	U+60F3	U+60F3	351	稅 세금 **세**	U+7A05	U+7A0E	U+7A0E
314	相 서로 **상**	U+76F8	U+76F8	U+76F8	352	洗 씻을 **세**	U+6D17	U+6D17	U+6D17
315	上 위 **상**	U+4E0A	U+4E0A	U+4E0A	353	世 인간 **세**	U+4E16	U+4E16	U+4E16
316	喪 잃을 **상**	U+55AA	U+4E27	U+55AA	354	歲 해 **세**	U+6B72	U+5C81	U+6B73
317	商 장사 **상**	U+5546	U+5546	U+5546	355	勢 형세 **세**	U+52E2	U+52BF	U+52E2
318	色 빛 **색**	U+8272	U+8272	U+8272	356	所 바 **소**	U+6240	U+6240	U+6240
319	生 날 **생**	U+751F	U+751F	U+751F	357	素 본디 **소**	U+7D20	U+7D20	U+7D20
320	書 글 **서**	U+66F8	U+4E66	U+66F8	358	消 사라질 **소**	U+6D88	U+6D88	U+6D88
321	暑 더위 **서**	U+6691	U+6691	U+6691	359	笑 웃음 **소**	U+7B11	U+7B11	U+7B11
322	西 서녘 **서**	U+897F	U+897F	U+897F	360	小 작을 **소**	U+5C0F	U+5C0F	U+5C0F
323	序 차례 **서**	U+5E8F	U+5E8F	U+5E8F	361	少 적을 **소**	U+5C11	U+5C11	U+5C11
324	石 돌 **석**	U+77F3	U+77F3	U+77F3	362	速 빠를 **속**	U+901F	U+901F	U+901F
325	惜 아낄 **석**	U+60DC	U+60DC	U+60DC	363	續 이을 **속**	U+7E8C	U+7EED	U+7D9A
326	昔 옛 **석**	U+6614	U+6614	U+6614	364	俗 풍속 **속**	U+4FD7	U+4FD7	U+4FD7
327	席 자리 **석**	U+5E2D	U+5E2D	U+5E2D	365	孫 손자 **손**	U+5B6B	U+5B59	U+5B6B
328	夕 저녁 **석**	U+5915	U+5915	U+5915	366	送 보낼 **송**	U+9001	U+9001	U+9001
329	選 가릴 **선**	U+9078	U+9009	U+9078	367	松 소나무 **송**	U+677E	U+677E	U+677E
330	鮮 고울 **선**	U+9BAE	U+9C9C	U+9BAE	368	收 거둘 **수**	U+6536	U+6536	U+53CE
331	先 먼저 **선**	U+5148	U+5148	U+5148	369	愁 근심 **수**	U+6101	U+6101	U+6101
332	船 배 **선**	U+8239	U+8239	U+8239	370	樹 나무 **수**	U+6A39	U+6811	U+6A39
333	仙 신선 **선**	U+4ED9	U+4ED9	U+4ED9	371	誰 누구 **수**	U+8AB0	U+8C01	U+8AB0
334	線 줄 **선**	U+7DDA	U+7EBF	U+7DDA	372	修 닦을 **수**	U+4FEE	U+4FEE	U+4FEE
335	善 착할 **선**	U+5584	U+5584	U+5584	373	首 머리 **수**	U+9996	U+9996	U+9996
336	雪 눈 **설**	U+96EA	U+96EA	U+96EA	374	須 모름지기 **수**	U+9808	U+987B	U+9808
337	說 말씀 **설**	U+8AAA	U+8BF4	U+8AAC	375	壽 목숨 **수**	U+58FD	U+5BFF	U+5BFF
338	設 베풀 **설**	U+8A2D	U+8BBE	U+8A2D	376	水 물 **수**	U+6C34	U+6C34	U+6C34
339	舌 혀 **설**	U+820C	U+820C	U+820C	377	受 받을 **수**	U+53D7	U+53D7	U+53D7
340	星 별 **성**	U+661F	U+661F	U+661F	378	秀 빼어날 **수**	U+79C0	U+79C0	U+79C0
341	省 살필 **성**	U+7701	U+7701	U+7701	379	數 셈 **수**	U+6578	U+6570	U+6570
342	城 성 **성**	U+57CE	U+57CE	U+57CE	380	手 손 **수**	U+624B	U+624B	U+624B

	한	중	일
381 授 줄 **수**	U+6388	U+6388	U+6388
382 守 지킬 **수**	U+5B88	U+5B88	U+5B88
383 宿 잘 **숙**	U+5BBF	U+5BBF	U+5BBF
384 純 순수할 **순**	U+7D14	U+7EAF	U+7D14
385 順 순할 **순**	U+9806	U+987A	U+9806
386 崇 높을 **숭**	U+5D07	U+5D07	U+5D07
387 習 익힐 **습**	U+7FD2	U+4E60	U+7FD2
388 拾 주울 **습**	U+62FE	U+62FE	U+62FE
389 勝 이길 **승**	U+52DD	U+80DC	U+52DD
390 承 이을 **승**	U+627F	U+627F	U+627F
391 乘 탈 **승**	U+4E58	U+4E58	U+4E57
392 時 때 **시**	U+6642	U+65F6	U+6642
393 施 베풀 **시**	U+65BD	U+65BD	U+65BD
394 示 보일 **시**	U+793A	U+793A	U+793A
395 視 볼 **시**	U+8996	U+89C6	U+8996
396 始 비로소 **시**	U+59CB	U+59CB	U+59CB
397 詩 시 **시**	U+8A69	U+8BD7	U+8A69
398 試 시험 **시**	U+8A66	U+8BD5	U+8A66
399 是 이 **시**	U+662F	U+662F	U+662F
400 市 저자 **시**	U+5E02	U+5E02	U+5E02
401 食 밥 **식**	U+98DF	U+98DF	U+98DF
402 式 법 **식**	U+5F0F	U+5F0F	U+5F0F
403 植 심을 **식**	U+690D	U+690D	U+690D
404 識 알 **식**	U+8B58	U+8BC6	U+8B58
405 神 귀신 **신**	U+795E	U+795E	U+795E
406 辛 매울 **신**	U+8F9B	U+8F9B	U+8F9B
407 身 몸 **신**	U+8EAB	U+8EAB	U+8EAB
408 信 믿을 **신**	U+4FE1	U+4FE1	U+4FE1
409 新 새 **신**	U+65B0	U+65B0	U+65B0
410 臣 신하 **신**	U+81E3	U+81E3	U+81E3
411 申 알릴 **신**	U+7533	U+7533	U+7533
412 室 방 **실**	U+5BA4	U+5BA4	U+5BA4
413 實 열매 **실**	U+5BE6	U+5B9E	U+5B9F
414 失 잃을 **실**	U+5931	U+5931	U+5931
415 深 깊을 **심**	U+6DF1	U+6DF1	U+6DF1
416 心 마음 **심**	U+5FC3	U+5FC3	U+5FC3
417 十 열 **십**	U+5341	U+5341	U+5341
418 氏 성씨 **씨**	U+6C0F	U+6C0F	U+6C0F
419 我 나 **아**	U+6211	U+6211	U+6211
420 兒 아이 **아**	U+5152	U+513F	U+5150
421 惡 모질 **악**	U+60E1	U+6076	U+60AA
422 樂 노래 **악**	U+6A02	U+4E50	U+697D
423 眼 눈 **안**	U+773C	U+773C	U+773C
424 案 책상 **안**	U+6848	U+6848	U+6848
425 安 편안 **안**	U+5B89	U+5B89	U+5B89
426 暗 어두울 **암**	U+6697	U+6697	U+6697
427 央 가운데 **앙**	U+592E	U+592E	U+592E
428 仰 우러를 **앙**	U+4EF0	U+4EF0	U+4EF0
429 愛 사랑 **애**	U+611B	U+7231	U+611B
430 哀 슬플 **애**	U+54C0	U+54C0	U+54C0
431 野 들 **야**	U+91CE	U+91CE	U+91CE
432 夜 밤 **야**	U+591C	U+591C	U+591C
433 若 같을 **약**	U+82E5	U+82E5	U+82E5
434 藥 약 **약**	U+85E5	U+836F	U+85AC
435 弱 약할 **약**	U+5F31	U+5F31	U+5F31
436 約 언약 **약**	U+7D04	U+7EA6	U+7D04
437 養 기를 **양**	U+990A	U+517B	U+990A
438 揚 날릴 **양**	U+63DA	U+626C	U+63DA
439 陽 볕 **양**	U+967D	U+9633	U+967D
440 讓 사양할 **양**	U+8B93	U+8BA9	U+8B72
441 羊 양 **양**	U+7F8A	U+7F8A	U+7F8A
442 洋 큰 바다 **양**	U+6D0B	U+6D0B	U+6D0B
443 魚 고기 **어**	U+9B5A	U+9C7C	U+9B5A
444 漁 고기 잡을 **어**	U+6F01	U+6E14	U+6F01
445 語 말씀 **어**	U+8A9E	U+8BED	U+8A9E
446 憶 생각 **억**	U+61B6	U+5FC6	U+61B6
447 億 억 **억**	U+5104	U+4EBF	U+5104
448 言 말씀 **언**	U+8A00	U+8A00	U+8A00
449 嚴 엄할 **엄**	U+56B4	U+4E25	U+53B3
450 業 업 **업**	U+696D	U+4E1A	U+696D
451 如 같을 **여**	U+5982	U+5982	U+5982
452 餘 남을 **여**	U+9918	U+4F59	U+4F59
453 與 더불 **여**	U+8207	U+4E0E	U+4E0E
454 逆 거스를 **역**	U+9006	U+9006	U+9006
455 易 바꿀 **역**	U+6613	U+6613	U+6613
456 歷 지날 **역**	U+6B77	U+5386	U+6B74

		한	중	일			한	중	일
457	研 갈 **연**	U+784F	U+7814	U+7814	495	園 동산 **원**	U+5712	U+56ED	U+5712
458	然 그럴 **연**	U+7136	U+7136	U+7136	496	圓 둥글 **원**	U+5713	U+5706	U+5186
459	煙 연기 **연**	U+7159	U+70DF	U+7159	497	遠 멀 **원**	U+9060	U+8FDC	U+9060
460	熱 더울 **열**	U+71B1	U+70ED	U+71B1	498	原 언덕 **원**	U+539F	U+539F	U+539F
461	葉 잎 **엽**	U+8449	U+53F6	U+8449	499	怨 원망할 **원**	U+6028	U+6028	U+6028
462	永 길 **영**	U+6C38	U+6C38	U+6C38	500	願 원할 **원**	U+9858	U+613F	U+9858
463	英 꽃부리 **영**	U+82F1	U+82F1	U+82F1	501	元 으뜸 **원**	U+5143	U+5143	U+5143
464	迎 맞을 **영**	U+8FCE	U+8FCE	U+8FCE	502	月 달 **월**	U+6708	U+6708	U+6708
465	榮 영화 **영**	U+69AE	U+8363	U+6804	503	偉 거룩할 **위**	U+5049	U+4F1F	U+5049
466	藝 재주 **예**	U+85DD	U+827A	U+82B8	504	威 위엄 **위**	U+5A01	U+5A01	U+5A01
467	誤 그르칠 **오**	U+8AA4	U+8BEF	U+8AA4	505	危 위태할 **위**	U+5371	U+5371	U+5371
468	悟 깨달을 **오**	U+609F	U+609F	U+609F	506	位 자리 **위**	U+4F4D	U+4F4D	U+4F4D
469	午 낮 **오**	U+5348	U+5348	U+5348	507	油 기름 **유**	U+6CB9	U+6CB9	U+6CB9
470	五 다섯 **오**	U+4E94	U+4E94	U+4E94	508	遺 남길 **유**	U+907A	U+9057	U+907A
471	玉 구슬 **옥**	U+7389	U+7389	U+7389	509	遊 놀 **유**	U+904A	U+6E38	U+904A
472	屋 집 **옥**	U+5C4B	U+5C4B	U+5C4B	510	由 말미암을 **유**	U+7531	U+7531	U+7531
473	溫 따뜻할 **온**	U+6EAB	U+6E29	U+6E29	511	柔 부드러울 **유**	U+67D4	U+67D4	U+67D4
474	完 완전할 **완**	U+5B8C	U+5B8C	U+5B8C	512	幼 어릴 **유**	U+5E7C	U+5E7C	U+5E7C
475	往 갈 **왕**	U+5F80	U+5F80	U+5F80	513	有 있을 **유**	U+6709	U+6709	U+6709
476	王 임금 **왕**	U+738B	U+738B	U+738B	514	肉 고기 **육**	U+8089	U+8089	U+8089
477	外 바깥 **외**	U+5916	U+5916	U+5916	515	育 기를 **육**	U+80B2	U+80B2	U+80B2
478	要 요긴할 **요**	U+8981	U+898	U+8981	516	銀 은 **은**	U+9280	U+94F6	U+9280
479	浴 목욕할 **욕**	U+6D74	U+6D74	U+6D74	517	恩 은혜 **은**	U+6069	U+6069	U+6069
480	欲 하고자 할 **욕**	U+6B32	U+6B32	U+6B32	518	陰 그늘 **음**	U+9670	U+9634	U+9670
481	勇 날랠 **용**	U+52C7	U+52C7	U+52C7	519	飮 마실 **음**	U+98EE	U+996E	U+98F2
482	用 쓸 **용**	U+7528	U+7528	U+7528	520	音 소리 **음**	U+97F3	U+97F3	U+97F3
483	容 얼굴 **용**	U+5BB9	U+5BB9	U+5BB9	521	泣 울 **읍**	U+6CE3	U+6CE3	U+6CE3
484	憂 근심 **우**	U+6182	U+5FE7	U+6182	522	應 응할 **응**	U+61C9	U+5E94	U+5FDC
485	又 또 **우**	U+53C8	U+53C8	U+53C8	523	意 뜻 **의**	U+610F	U+610F	U+610F
486	遇 만날 **우**	U+9047	U+9047	U+9047	524	義 옳을 **의**	U+7FA9	U+4E49	U+7FA9
487	友 벗 **우**	U+53CB	U+53CB	U+53CB	525	衣 옷 **의**	U+8863	U+8863	U+8863
488	雨 비 **우**	U+96E8	U+96E8	U+96E8	526	議 의논할 **의**	U+8B70	U+8BAE	U+8B70
489	牛 소 **우**	U+725B	U+725B	U+725B	527	醫 의원 **의**	U+91AB	U+533B	U+533B
490	右 오른 **우**	U+53F3	U+53F3	U+53F3	528	依 의지할 **의**	U+4F9D	U+4F9D	U+4F9D
491	宇 집 **우**	U+5B87	U+5B87	U+5B87	529	耳 귀 **이**	U+8033	U+8033	U+8033
492	雲 구름 **운**	U+96F2	U+4E91	U+96F2	530	異 다를 **이**	U+7570	U+5F02	U+7570
493	運 운전 **운**	U+904B	U+8FD0	U+904B	531	二 두 **이**	U+4E8C	U+4E8C	U+4E8C
494	雄 수컷 **웅**	U+96C4	U+96C4	U+96C4	532	以 써 **이**	U+4EE5	U+4EE5	U+4EE5

	한	중	일
533	移 옮길 **이** ········ U+79FB	U+79FB	U+79FB
534	已 이미 **이** ········ U+5DF2	U+5DF2	U+5DF2
535	益 더할 **익** ········ U+76CA	U+76CA	U+76CA
536	引 끌 **인** ········ U+5F15	U+5F15	U+5F15
537	印 도장 **인** ········ U+5370	U+5370	U+5370
538	人 사람 **인** ········ U+4EBA	U+4EBA	U+4EBA
539	認 알 **인** ········ U+8A8D	U+8BA4	U+8A8D
540	仁 어질 **인** ········ U+4EC1	U+4EC1	U+4EC1
541	因 인할 **인** ········ U+56E0	U+56E0	U+56E0
542	忍 참을 **인** ········ U+5FCD	U+5FCD	U+5FCD
543	日 날 **일** ········ U+65E5	U+65E5	U+65E5
544	一 한 **일** ········ U+4E00	U+4E00	U+4E00
545	入 들 **입** ········ U+5165	U+5165	U+5165
546	字 글자 **자** ········ U+5B57	U+5B57	U+5B57
547	者 사람 **자** ········ U+8005	U+8005	U+8005
548	慈 사랑 **자** ········ U+6148	U+6148	U+6148
549	姉 손위누이 **자** ········ U+59CA	U+59CA	U+59C9
550	自 스스로 **자** ········ U+81EA	U+81EA	U+81EA
551	子 아들 **자** ········ U+5B50	U+5B50	U+5B50
552	昨 어제 **작** ········ U+6628	U+6628	U+6628
553	作 지을 **작** ········ U+4F5C	U+4F5C	U+4F5C
554	章 글월 **장** ········ U+7AE0	U+7AE0	U+7AE0
555	長 길 **장** ········ U+9577	U+957F	U+9577
556	場 마당 **장** ········ U+5834	U+573A	U+5834
557	壯 씩씩할 **장** ········ U+58EF	U+58EE	U+58EE
558	將 장수 **장** ········ U+5C07	U+5C06	U+5C06
559	再 두 **재** ········ U+518D	U+518D	U+518D
560	栽 심을 **재** ········ U+683D	U+683D	U+683D
561	在 있을 **재** ········ U+5728	U+5728	U+5728
562	材 재목 **재** ········ U+6750	U+6750	U+6750
563	財 재물 **재** ········ U+8CA1	U+8D22	U+8CA1
564	才 재주 **재** ········ U+624D	U+624D	U+624D
565	爭 다툴 **쟁** ········ U+722D	U+4E89	U+4E89
566	著 나타날 **저** ········ U+8457	U+8457	U+8457
567	低 낮을 **저** ········ U+4F4E	U+4F4E	U+4F4E
568	貯 쌓을 **저** ········ U+8CAF	U+8D2E	U+8CAF
569	的 과녁 **적** ········ U+7684	U+7684	U+7684
570	敵 대적할 **적** ········ U+6575	U+654C	U+6575
571	適 마침 **적** ········ U+9069	U+9002	U+9069
572	赤 붉을 **적** ········ U+8D64	U+8D64	U+8D64
573	錢 돈 **전** ········ U+9322	U+94B1	U+92AD
574	田 밭 **전** ········ U+7530	U+7530	U+7530
575	電 번개 **전** ········ U+96FB	U+7535	U+96FB
576	典 법 **전** ········ U+5178	U+5178	U+5178
577	戰 싸움 **전** ········ U+6230	U+6218	U+6226
578	前 앞 **전** ········ U+524D	U+524D	U+524D
579	全 온전 **전** ········ U+5168	U+5168	U+5168
580	傳 전할 **전** ········ U+50B3	U+4F20	U+4F1D
581	展 펼 **전** ········ U+5C55	U+5C55	U+5C55
582	絶 끊을 **절** ········ U+7D76	U+7EDD	U+7D76
583	節 마디 **절** ········ U+7BC0	U+8282	U+7BC0
584	店 가게 **점** ········ U+5E97	U+5E97	U+5E97
585	點 점 **점** ········ U+9EDE	U+70B9	U+70B9
586	接 접할 **접** ········ U+63A5	U+63A5	U+63A5
587	靜 고요할 **정** ········ U+975C	U+9759	U+9759
588	淨 깨끗할 **정** ········ U+6DE8	U+51C0	U+6D44
589	庭 뜰 **정** ········ U+5EAD	U+5EAD	U+5EAD
590	情 뜻 **정** ········ U+60C5	U+60C5	U+60C5
591	停 머무를 **정** ········ U+505C	U+505C	U+505C
592	正 바를 **정** ········ U+6B63	U+6B63	U+6B63
593	井 우물 **정** ········ U+4E95	U+4E95	U+4E95
594	政 정사 **정** ········ U+653F	U+653F	U+653F
595	頂 정수리 **정** ········ U+9802	U+9876	U+9802
596	定 정할 **정** ········ U+5B9A	U+5B9A	U+5B9A
597	精 정할 **정** ········ U+7CBE	U+7CBE	U+7CBE
598	除 덜 **제** ········ U+9664	U+9664	U+9664
599	諸 모든 **제** ········ U+8AF8	U+8BF8	U+8AF8
600	弟 아우 **제** ········ U+5F1F	U+5F1F	U+5F1F
601	題 제목 **제** ········ U+984C	U+9898	U+984C
602	祭 제사 **제** ········ U+796D	U+796D	U+796D
603	製 지을 **제** ········ U+88FD	U+5236	U+88FD
604	第 차례 **제** ········ U+7B2C	U+7B2C	U+7B2C
605	調 고를 **조** ········ U+8ABF	U+8C03	U+8ABF
606	助 도울 **조** ········ U+52A9	U+52A9	U+52A9
607	鳥 새 **조** ········ U+9CE5	U+9E1F	U+9CE5
608	朝 아침 **조** ········ U+671D	U+671D	U+671D

		한	중	일
609	무 일찍 **조**	U+65E9	U+65E9	U+65E9
610	兆 조짐 **조**	U+5146	U+5146	U+5146
611	造 지을 **조**	U+9020	U+9020	U+9020
612	祖 할아버지 **조**	U+7956	U+7956	U+7956
613	族 겨레 **족**	U+65CF	U+65CF	U+65CF
614	足 발 **족**	U+8DB3	U+8DB3	U+8DB3
615	尊 높을 **존**	U+5C0A	U+5C0A	U+5C0A
616	存 있을 **존**	U+5B58	U+5B58	U+5B58
617	卒 군사 **졸**	U+5352	U+5352	U+5352
618	宗 마루 **종**	U+5B97	U+5B97	U+5B97
619	終 마칠 **종**	U+7D42	U+7EC8	U+7D42
620	鐘 종 **종**	U+9418	U+949F	U+9418
621	種 씨 **종**	U+7A2E	U+79CD	U+7A2E
622	從 좇을 **종**	U+5F9E	U+4ECE	U+5F93
623	左 왼 **좌**	U+5DE6	U+5DE6	U+5DE6
624	罪 허물 **죄**	U+7F6A	U+7F6A	U+7F6A
625	晝 낮 **주**	U+665D	U+663C	U+663C
626	走 달릴 **주**	U+8D70	U+8D70	U+8D70
627	注 물댈 **주**	U+6CE8	U+6CE8	U+6CE8
628	朱 붉을 **주**	U+6731	U+6731	U+6731
629	住 살 **주**	U+4F4F	U+4F4F	U+4F4F
630	酒 술 **주**	U+9152	U+9152	U+9152
631	主 주인 **주**	U+4E3B	U+4E3B	U+4E3B
632	宙 집 **주**	U+5B99	U+5B99	U+5B99
633	竹 대 **죽**	U+7AF9	U+7AF9	U+7AF9
634	中 가운데 **중**	U+4E2D	U+4E2D	U+4E2D
635	重 무거울 **중**	U+91CD	U+91CD	U+91CD
636	衆 무리 **중**	U+8846	U+4F17	U+8846
637	增 더할 **증**	U+589E	U+589E	U+5897
638	證 증거 **증**	U+8B49	U+8BC1	U+8A3C
639	枝 가지 **지**	U+679D	U+679D	U+679D
640	持 가질 **지**	U+6301	U+6301	U+6301
641	止 그칠 **지**	U+6B62	U+6B62	U+6B62
642	地 땅 **지**	U+5730	U+5730	U+5730
643	志 뜻 **지**	U+5FD7	U+5FD7	U+5FD7
644	指 손가락 **지**	U+6307	U+6307	U+6307
645	知 알 **지**	U+77E5	U+77E5	U+77E5
646	至 이를 **지**	U+81F3	U+81F3	U+81F3

		한	중	일
647	紙 종이 **지**	U+7D19	U+7EB8	U+7D19
648	支 지탱할 **지**	U+652F	U+652F	U+652F
649	直 곧을 **직**	U+76F4	U+76F4	U+76F4
650	進 나아갈 **진**	U+9032	U+8FDB	U+9032
651	盡 다할 **진**	U+76E1	U+5C3D	U+5C3D
652	眞 참 **진**	U+771E	U+771F	U+771F
653	質 바탕 **질**	U+8CEA	U+8D28	U+8CEA
654	集 모을 **집**	U+96C6	U+96C6	U+96C6
655	執 잡을 **집**	U+57F7	U+6267	U+57F7
656	次 버금 **차**	U+6B21	U+6B21	U+6B21
657	借 빌릴 **차**	U+501F	U+501F	U+501F
658	車 수레 **차/거**	U+8ECA	U+8F66	U+8ECA
659	着 붙을 **착**	U+7740	U+7740	U+7740
660	察 살필 **찰**	U+5BDF	U+5BDF	U+5BDF
661	參 참여할 **참**	U+53C3	U+53C2	U+53C2
662	唱 부를 **창**	U+5531	U+5531	U+5531
663	窓 창문 **창**	U+7A93	U+7A97	U+7A93
664	菜 나물 **채**	U+83DC	U+83DC	U+83DC
665	採 캘 **채**	U+63A1	U+63A1	U+63A1
666	責 꾸짖을 **책**	U+8CAC	U+8D23	U+8CAC
667	冊 책 **책**	U+518A	U+518C	U+518A
668	處 곳 **처**	U+8655	U+5904	U+51E6
669	妻 아내 **처**	U+59BB	U+59BB	U+59BB
670	尺 자 **척**	U+5C3A	U+5C3A	U+5C3A
671	川 내 **천**	U+5DDD	U+5DDD	U+5DDD
672	泉 샘 **천**	U+6CC9	U+6CC9	U+6CC9
673	淺 얕을 **천**	U+6DFA	U+6D45	U+6D45
674	千 일천 **천**	U+5343	U+5343	U+5343
675	天 하늘 **천**	U+5929	U+5929	U+5929
676	鐵 쇠 **철**	U+9435	U+94C1	U+9244
677	晴 갤 **청**	U+6674	U+6674	U+6674
678	聽 들을 **청**	U+807D	U+542C	U+8074
679	淸 맑을 **청**	U+6DF8	U+6E05	U+6E05
680	請 청할 **청**	U+8ACB	U+8BF7	U+8ACB
681	靑 푸를 **청**	U+9751	U+9752	U+9752
682	體 몸 **체**	U+9AD4	U+4F53	U+4F53
683	招 부를 **초**	U+62DB	U+62DB	U+62DB
684	初 처음 **초**	U+521D	U+521D	U+521D

		한	중	일
685	草 풀 초	U+8349	U+8349	U+8349
686	寸 마디 촌	U+5BF8	U+5BF8	U+5BF8
687	村 마을 촌	U+6751	U+6751	U+6751
688	最 가장 최	U+6700	U+6700	U+6700
689	秋 가을 추	U+79CB	U+79CB	U+79CB
690	追 따를 추	U+8FFD	U+8FFDU	+8FFD
691	推 밀 추	U+63A8	U+63A8	U+63A8
692	祝 빌 축	U+795D	U+795D	U+795D
693	春 봄 춘	U+6625	U+6625	U+6625
694	出 날 출	U+51FA	U+51FA	U+51FA
695	蟲 벌레 충	U+87F2	U+866B	U+866B
696	充 채울 충	U+5145	U+5145	U+5145
697	忠 충성 충	U+5FE0	U+5FE0	U+5FE0
698	取 가질 취	U+53D6	U+53D6	U+53D6
699	就 나아갈 취	U+5C31	U+5C31	U+5C31
700	吹 불 취	U+5439	U+5439	U+5439
701	治 다스릴 치	U+6CBB	U+6CBB	U+6CBB
702	致 이룰 치	U+81F4	U+81F4	U+81F4
703	齒 이 치	U+9F52	U+9F7F	U+6B6F
704	則 법칙 칙	U+5247	U+5219	U+5247
705	親 친할 친	U+89AA	U+4EB2	U+89AA
706	七 일곱 칠	U+4E03	U+4E03	U+4E03
707	針 바늘 침	U+91DD	U+9488	U+91DD
708	快 쾌할 쾌	U+5FEB	U+5FEB	U+5FEB
709	他 다를 타	U+4ED6	U+4ED6	U+4ED6
710	打 칠 타	U+6253	U+6253	U+6253
711	脫 벗을 탈	U+812B	U+8131	U+8131
712	探 찾을 탐	U+63A2	U+63A2	U+63A2
713	太 클 태	U+592A	U+592A	U+592A
714	泰 클 태	U+6CF0	U+6CF0	U+6CF0
715	土 흙 토	U+571F	U+571F	U+571F
716	統 거느릴 통	U+7D71	U+7EDF	U+7D71
717	通 통할 통	U+901A	U+901AU	+901A
718	退 물러갈 퇴	U+9000	U+9000	U+9000
719	投 던질 투	U+6295	U+6295	U+6295
720	特 특별할 특	U+7279	U+7279	U+7279
721	破 깨뜨릴 파	U+7834	U+7834	U+7834
722	波 물결 파	U+6CE2	U+6CE2	U+6CE2
723	判 판단할 판	U+5224	U+5224	U+5224
724	八 여덟 팔	U+516B	U+516B	U+516B
725	貝 조개 패	U+8C9D	U+8D1D	U+8C9D
726	敗 패할 패	U+6557	U+8D25	U+6557
727	片 조각 편	U+7247	U+7247	U+7247
728	便 편할 편	U+4FBF	U+4FBF	U+4FBF
729	平 평평할 평	U+5E73	U+5E73	U+5E73
730	閉 닫을 폐	U+9589	U+95ED	U+9589
731	布 베 포	U+5E03	U+5E03	U+5E03
732	抱 안을 포	U+62B1	U+62B1	U+62B1
733	暴 사나울 폭	U+66B4	U+66B4	U+66B4
734	表 겉 표	U+8868	U+8868	U+8868
735	品 물건 품	U+54C1	U+54C1	U+54C1
736	風 바람 풍	U+98A8	U+98CE	U+98A8
737	豊 풍년 풍	U+8C50	U+4E30	U+8C4A
738	皮 가죽 피	U+76AE	U+76AE	U+76AE
739	彼 저 피	U+5F7C	U+5F7C	U+5F7C
740	必 반드시 필	U+5FC5	U+5FC5	U+5FC5
741	筆 붓 필	U+7B46	U+7B14	U+7B46
742	河 물 하	U+6CB3	U+6CB3	U+6CB3
743	下 아래 하	U+4E0B	U+4E0B	U+4E0B
744	何 어찌 하	U+4F55	U+4F55	U+4F55
745	夏 여름 하	U+590F	U+590F	U+590F
746	賀 하례할 하	U+8CC0	U+8D3A	U+8CC0
747	學 배울 학	U+5B78	U+5B66	U+5B66
748	限 한정 한	U+9650	U+9650	U+9650
749	寒 찰 한	U+5BD2	U+5BD2	U+5BD2
750	閑 한가할 한	U+9591	U+95F2	U+9591
751	韓 한국 한	U+97D3	U+97E9	U+97D3
752	漢 한수 한	U+6F22	U+6C49	U+6F22
753	恨 한 한	U+6068	U+6068	U+6068
754	合 합할 합	U+5408	U+5408	U+5408
755	海 바다 해	U+6D77	U+6D77	U+6D77
756	解 풀 해	U+89E3	U+89E3	U+89E3
757	害 해할 해	U+5BB3	U+5BB3	U+5BB3
758	行 다닐 행	U+884C	U+884C	U+884C
759	幸 다행 행	U+5E78	U+5E78	U+5E78
760	鄕 시골 향	U+9115	U+4E61	U+90F7

	한	중	일			한	중	일
761	香 향기 향	U+9999	U+9999	U+9999	799	孝 효도 효	U+5B5D	U+5B5D	U+5B5D
762	向 향할 향	U+5411	U+5411	U+5411	800	厚 두터울 후	U+539A	U+539A	U+539A
763	虛 빌 허	U+865B	U+865A	U+865A	801	後 뒤 후	U+5F8C	U+540E	U+5F8C
764	許 허락 허	U+8A31	U+8BB8	U+8A31	802	訓 가르칠 훈	U+8A13	U+8BAD	U+8A13
765	革 가죽 혁	U+9769	U+9769	U+9769	803	休 쉴 휴	U+4F11	U+4F11	U+4F11
766	現 나타날 현	U+73FE	U+73B0	U+73FE	804	胸 가슴 흉	U+80F8	U+80F8	U+80F8
767	賢 어질 현	U+8CE2	U+8D24	U+8CE2	805	黑 검을 흑	U+9ED1	U+9ED1	U+9ED2
768	血 피 혈	U+8840	U+8840	U+8840	806	興 일 흥	U+8208	U+5174	U+8208
769	協 화합할 협	U+5354	U+534F	U+5354	807	喜 기쁠 희	U+559C	U+559C	U+559C
770	兄 맏 형	U+5144	U+5144	U+5144	808	希 바랄 희	U+5E0C	U+5E0C	U+5E0C
771	形 모양 형	U+5F62	U+5F62	U+5F62					
772	刑 형벌 형	U+5211	U+5211	U+5211					
773	惠 은혜 혜	U+60E0	U+60E0	U+6075					
774	虎 범 호	U+864E	U+864E	U+864E					
775	呼 부를 호	U+547C	U+547C	U+547C					
776	號 이름 호	U+865F	U+53F7	U+53F7					
777	好 좋을 호	U+597D	U+597D	U+597D					
778	戶 지게문 호	U+6236	U+6237	U+6238					
779	湖 호수 호	U+6E56	U+6E56	U+6E56					
780	混 섞을 혼	U+6DF7	U+6DF7	U+6DF7					
781	婚 혼인 혼	U+5A5A	U+5A5A	U+5A5A					
782	紅 붉을 홍	U+7D05	U+7EA2	U+7D05					
783	畵 그림 화	U+7575	U+753B	U+753B					
784	花 꽃 화	U+82B1	U+82B1	U+82B1					
785	化 될 화	U+5316	U+5316	U+5316					
786	話 말씀 화	U+8A71	U+8BDD	U+8A71					
787	火 불 화	U+706B	U+706B	U+706B					
788	華 빛날 화	U+83EF	U+534E	U+83EF					
789	貨 재물 화	U+8CA8	U+8D27	U+8CA8					
790	和 화할 화	U+548C	U+548C	U+548C					
791	患 근심 환	U+60A3	U+60A3	U+60A3					
792	歡 기쁠 환	U+6B61	U+6B22	U+6B53					
793	活 살 활	U+6D3B	U+6D3B	U+6D3B					
794	黃 누를 황	U+9EC3	U+9EC4	U+9EC4					
795	皇 임금 황	U+7687	U+7687	U+7687					
796	回 돌아올 회	U+56DE	U+56DE	U+56DE					
797	會 모일 회	U+6703	U+4F1A	U+4F1A					
798	效 본받을 효	U+6548	U+6548	U+52B9					

한중일 공용한자 808자

초판 1쇄 2015년 11월 30일
초판 2쇄 2016년 3월 15일

지은이 | 808 공용한자 편찬위원회

발행인·편집인 | 김교준
책임편집 | 서금선
디자인 | 제너럴그래픽스

펴낸곳 | 중앙일보
주소 | 서울특별시 중구 서소문로 100
구입문의 | 02-6416-3917
내용문의 | 02-6416-3988
팩스 | 02-6442-5390
등록 | 2007년 2월 13일 제2-4561호

ISBN 978-89-278-0697-4 03700